国家社科基金
后期资助项目

新中国70年
民族传统体育发展研究

Research on the Development of Traditional Ethnic Sports over the Past 70 Years of the People's Republic of China

田祖国 著

中国社会科学出版社

图书在版编目(CIP)数据

新中国 70 年民族传统体育发展研究 / 田祖国著. —北京：中国社会科学出版社，2023.6
ISBN 978 – 7 – 5227 – 1875 – 0

Ⅰ.①新…　Ⅱ.①田…　Ⅲ.①民族形式体育—研究—中国　Ⅳ.①G852.9

中国国家版本馆 CIP 数据核字（2023）第 076097 号

出 版 人	赵剑英	
责任编辑	刘　艳	
责任校对	陈　晨	
责任印制	王　超	

出　　版	中国社会科学出版社	
社　　址	北京鼓楼西大街甲 158 号	
邮　　编	100720	
网　　址	http://www.csspw.cn	
发 行 部	010 – 84083685	
门 市 部	010 – 84029450	
经　　销	新华书店及其他书店	
印　　刷	北京君升印刷有限公司	
装　　订	廊坊市广阳区广增装订厂	
版　　次	2023 年 6 月第 1 版	
印　　次	2023 年 6 月第 1 次印刷	
开　　本	710×1000　1/16	
印　　张	29	
插　　页	2	
字　　数	520 千字	
定　　价	158.00 元	

凡购买中国社会科学出版社图书，如有质量问题请与本社营销中心联系调换
电话：010 – 84083683
版权所有　侵权必究

国家社科基金后期资助项目
出 版 说 明

  后期资助项目是国家社科基金设立的一类重要项目，旨在鼓励广大社科研究者潜心治学，支持基础研究多出优秀成果。它是经过严格评审，从接近完成的科研成果中遴选立项的。为扩大后期资助项目的影响，更好地推动学术发展，促进成果转化，全国哲学社会科学工作办公室按照"统一设计、统一标识、统一版式、形成系列"的总体要求，组织出版国家社科基金后期资助项目成果。

全国哲学社会科学工作办公室

序　　言

"没有高度的文化自信、没有文化的繁荣兴盛，就没有中华民族的伟大复兴。"[①] 实现文化自信是我们现在以及将来为"夺取新时代中国特色社会主义伟大胜利"必须保持的民族本色。中国屹立于世界东方已有5000余年。厚重的历史、璀璨的文明让华夏儿女拥有令人自豪的民族传统文化。民族传统文化是我们树立和保持文化自信的动力源泉。唯有不忘却中华民族传统文化，中华民族的复兴之路才可以越走越宽、越走越快。中华民族传统体育作为民族传统文化的一部分，其自身独特的文化底蕴与内涵，早已成为民族传统文化版图中不可或缺的重要一环。时至今日，民族传统体育学作为一门学科，虽然已经取得了相对较为可喜的进步，但是在汹涌的西方竞技体育文化的国际传播下，中华民族传统体育发展态势不容乐观，持续不断的西方文化入侵和本土管理政策的失位对民族传统体育已经造成了难以估计的破坏。中华民族传统体育的持续衰败，引起学界及社会的关注，保护中华民族传统体育势在必行，理论支持将是保护民族传统体育的先行举措。完善的民族传统体育理论体系搭建，科学的民族传统体育发展规律总结将会为民族传统体育工作带来方向上的指引，并将会引导民族传统体育向着积极的方向生长，进而为繁荣民族传统文化，树立民族文化自信，为实现中华民族伟大复兴贡献民族传统体育自己的力量。

70年的风雨兼程，70年的砥砺前行，新中国成立伊始，就一直将民族平等作为民族政策的底线。在这70年里，中华民族传统体育曾有过新生，有过彷徨，有过黑暗，有过光芒。在这70年里，中华民族传统体育向我们展示出了它的种种模样。"以史为鉴，可以知兴替。"通过回顾中华民族传统体育在这70年的发展历史，我们可以清晰地厘清民族传统体育生长的脉络，可以准确地渗透中华民族传统体育发展的规律。历史的回顾

[①] 习近平：《决胜全面建成小康社会　夺取新时代中国特色社会主义伟大胜利——在中国共产党第十九次全国代表大会上的报告》，人民出版社2017年版。

可以给我们带来有关民族传统体育的丰富资料，而理论的运用将会让我们对这些翔实的史料拥有更深层的观点。

中华民族传统体育文化是中华民族传统体育的基础。没有深厚的文化积淀，民族传统体育将是无源之水、无本之木。文化理论的应用是梳理中华民族传统体育70年发展脉络的重中之重。宇宙无限，地域有界，中国是一个有着960万平方千米辽阔疆域的统一的多民族国家。依地形、地貌、气候等的不同可划分为不同的地域，如沿海地域、平原地域、高原地域等。① 如此广阔的疆域，一定孕育着不同的地域文化，而不同的地域文化则会衍生出不同的民族传统文化。民族传统体育文化作为民族传统文化的组成部分之一，也会相应呈现出不同的风情。因此，解析中华民族传统体育文化，必然不能忽略文化地理学相关理论。文化内涵繁杂多变，外在表现更是独具特色。在中国多民族的大背景下，中华民族传统体育文化呈现出多姿多彩的模样。如此前提下，对中华民族传统体育文化的相关内容的界定，将必然涉及文化层级理论。中华民族传统体育文化内涵丰富，涉及社会多个层面，因此文化生态学也将会被应用其中。"经济基础决定上层建筑。"中华民族传统体育发展需要坚实的物质基础，民族传统体育的产业组织、产业结构、产业布局以及产业发展都将是本书着重讨论的部分，由此需要的相应产业经济理论也会在本书有所体现。中华民族传统体育保护发展政策的制定必须要切合国家社会整体发展，相关社会学理论会在本书对民族传统体育政策的制定中发挥独特作用。

结合上述方法步骤与理论支撑，本书会对民族传统体育在这70年中所经历的变化和取得的经验教训进行科学的总结，并且对其未来进行合理的展望。为此，本书首先以研究缘起为切入点，通过对中华民族传统体育的特征进行概述，为接下来对中华民族传统体育发展现状的历史梳理打下坚实的理论基础；其次通过对中华民族传统体育70年发展历程与文化流变进行总结汇编和对其文化产业的发展历程进行归纳，得出新中国70年民族传统体育发展的整体脉络，并依据管理学"SWOT"分析模型，对中华民族传统体育发展进行全方位分析；再次依据上述研究成果，分离出新中国70年民族传统体育的宝贵经验，并指出中华民族传统体育当前所处的困境；最后在坚持民族特色的前提下，对中华民族传统体育未来发展进行展望。具体各章表述内容如下：

---

① 田祖国：《地域文化视阈下我国民族传统体育的发展研究》，《武汉体育学院学报》2010年第9期。

第一章是以研究缘起为引，以研究意义为结。国家政策的要求、民族传统体育在国人心中特殊的地位及作用要求我们不得不进行中华民族传统体育的相关研究。虽然，强大的文化自信是华夏儿女走向复兴的重要基石，并且中华民族传统体育是我们树立文化自信的动力源泉。但是，在现实中，中华民族传统体育却日渐衰败。其中剧烈的反差要求我们不得不发展民族传统体育。构建合理的中华民族传统体育保护发展体系，有利于文化自信的树立和中华民族文化相应理论体系的丰富。

第二章分析中华民族传统体育的来源与特征。对于前者，本书主要结论为：中华民族传统体育是由自然环境、社会环境和人文环境共同孕育而生的，与人类社会的政治、经济、文化、地理环境、生产生活方式等要素密切相关。而后者，本书认为在中华民族传统体育形成发展过程中，体现出文化形态多样性、地域环境依附性、宗教仪式性以及民俗节庆性等主要特征，并将中华民族传统体育与西方体育的差异进行了对比。

第三章对从新中国成立初到当前中华民族传统体育发展历程及流变进行整体梳理。首先，将中华民族传统体育发展依据时间节点划分为四个阶段，并对各个阶段中华民族传统体育发展的特点进行分析。其次，依据地域特征对各民族传统体育进行划分，由此将中华民族传统体育划分为东北地区、西北地区、华北地区、西南地区、华南地区、华中地区以及华东地区，并对各地区中相应的民族传统体育项目进行了介绍。再次，根据中华民族传统体育分布现状，得出中华民族传统体育发展总体呈现出的特征为：经济落后地区聚集较多民族传统体育项目、"大杂居、小聚居"民族分布现状依旧存在、自然环境以及地域因素仍然是民族传统体育发展的重要因素、各民族传统体育项目之间相互交流融合日益密切；中华民族传统体育文化主要以教育、生活方式、赛事举办以及产业发展为主要手段进行传承。而后，对新中国70年民族传统体育开展形式、发展形式的流变进行梳理。最后，对中华民族传统体育进行定位，民族自信、文化自信和民族精神是中华民族传统体育不可或缺的三个核心。

第四章是对新中国70年来民族传统体育文化资源开发以及民族传统体育产业发展进行整理分析。首先，对中华民族传统体育文化产业资源发展进行概述，得出中华民族传统体育具有自然性与文化性、地域性与民族性、交流性与共享性以及传承性与转化性。其次，依据文化生产理论和文化资本理论将中华民族传统体育文化产业发展划分为四个阶段，并总结出中华民族传统体育产业文化主要采用直接利用型、整合提升型以及深度挖掘型三种发展模式。然后，指出中华民族传统体育文化产业发展存在认识不清，缺乏保护意识、后劲不足，缺乏合理布局、一味模仿，缺乏创新意识、开发失衡，缺乏整体发展以及政府缺位，缺乏政策支持五个主要问题。这些问题的存在，严重阻碍了中华民族传统体育文化产业前进的步伐。最后，提出创新形式、培育市场以及鼓励多学科结合是解决民族传统体育文化产业发展问题的措施。本章同时也对中华民族传统体育产业进行了分析：首先，将中华民族传统体育产业发展划分为四个阶段，并归纳出各个阶段发展的特点；然后，解析中华民族传统体育产业的组成要素；而后，指出中华民族传统体育产业存在文化资源开发不足、缺乏理论指导以及内容与主题单一等问题；最后，提出以满足人民群众需要为主线，合理布局民族传统体育产业和搭建多元交流平台是针对现阶段民族传统体育产业最为有效的举措。

第五章主要运用 SWOT 分析模型，全方位、多层次地分析新中国 70 年民族传统体育发展的优势、劣势、机会与威胁。通过分析得出中华民族传统体育优势为：深厚的民族文化根基、鲜明的民族文化特征、多彩的民族文化生活以及多重的民族文化价值；劣势为：落后、保守、异化以及理论缺失影响了中华民族传统体育的发展；国家意志如建设体育强国和全民健身的执行以及民众日常生活的需要是中华民族传统体育发展的机会；中华民族传统体育面临的威胁包括：相关人才的缺失、外来文化的侵蚀、经济发展的代差以及举国体制下中华民族传统体育地位的弱化。机遇与挑战并存，威胁与潜力同在，是中华民族传统体育发展的现实写照。美好的事物前进总是需要克服困难，发展的道路总是崎岖坎坷的，但是这些都不能阻止它前进的脚步。中华民族传统体育发展需要抓住中华民族文化发展大背景提供的机会；加固中华民族传统体育文化的根基，突出自身特色，打造鲜明个性的体育品牌，充分发挥中华民族传统体育资源丰富的优势，加大开发与推广力度，辅以多元文化价值宣传；"打铁还需自身硬"，丰富中华民族传统体育自身内涵，增强自我抵抗风险能力。

第六章、第七章以及第八章是本书的重点章节，对新中国 70 年民族传统体育发展的经验、所处困境以及未来展望进行总体论述，为中华民族传统体育发展出谋划策。

第六章介绍了新中国 70 年民族传统体育发展的宝贵经验，具体表述为：战略领航，注重顶层设计；创新驱动，强调以创新为核心因素；统筹推进，坚持继承与发展并举；提质增效，突出中华民族传统体育内涵发展；面向世界，提高中华民族传统体育软实力。中华民族传统体育注重顶层设计的指导思想包括注重传统、融入现代、提倡文化以及珍视传承四个方面，其战略目标是建设体育强国、增强文化软实力以及推行全民健身；强调以创新为核心要素主要是从基本学科建设、民族传统体育发展模式、民族体育文化传承规范以及政府管理四方面着手；统筹城乡发展、统筹全局规范、深挖民族传统体育资源以及完善民族传统体育竞赛则是坚持继承与发展并举的发展经验；物质层面、行为层面、精神层面以及大国体育的"民族话语"是实现中华民族传统体育内涵发展的主要因素；民族传统体育面向世界，提升中华民族传统体育软实力则主要体现在抓住"一带一路"建设契机、建设国际品牌、实行开放发展策略、建立中华民族传统体育共享数据库等方面。

第七章是剖析中华民族传统体育发展面临的困境。这种困境首先表现为中华民族传统体育与西方竞技体育博弈带来的思想冲击，引发了民族传统体育发展的彷徨与迷茫；其次是西方文化同化中华传统文化带来的中华民族传统体育发展理论的薄弱、思维观念的固化以及传播方式的单一；最后是民族传统体育整体理论的缺失以及实践的尴尬。

第八章是对中华民族传统体育未来发展的展望。首先，注重中华民族传统体育价值。紧贴中国社会，遵循民族传统体育客观发展规律，加强顶层设计，凸显中华民族传统体育整体发展价值理念。其次，对中华民族传统体育进行文化批判并提出创新性发展思路。加深中华民族认同感，结合市场发展民族传统体育，丰富民族传统体育内容，创新民族传统体育传承路径。然后，唱响中国声音，打造中华民族符号，讲述中华民族故事，提高中国国际地位。再次，鼓励中华民族传统体育文化再生产。培养中华民族传统体育项目传承者、重视民族传统体育文化传承、更新民族传统体育建设制度、推动民族传统体育物质和传播途径现代化进程。最后，改革民族传统体育产业结构，实行供给侧结构性改革。从实行供给侧结构性改革的理论应用可能入手，指出现阶段中华民族传统体育供给侧改革现状，提出五大发展理念。坚持创新发展、坚持协调发展、坚持绿色发展、坚持开放发展以及坚持共享发展是实现中华民族传统体育供给侧结构性改革的必经之路。

总览全书，本书提出如下观点：

1. 树立中华民族文化自信，必须繁荣中华民族传统体育文化；

2. 中华民族传统体育深受地理环境、社会环境以及人文环境的影响，并体现出文化形态多样性、地域环境依附性、宗教仪式性以及民俗节庆性等主要特征；

3. 中华民族传统体育发展可分为四个阶段、七个地区，并呈现出地域发展不均衡、民族之间交流日益频繁等主要特点；

4. 中华民族传统体育具有自然性与文化性、地域性与民族性、交流性与共享性以及传承性与转化性四大特征；

5. 丰富中华民族传统体育内涵，抵御西方竞技体育文化冲击；

6. 尊重客观中国基本国情、把握民族传统体育发展客观规律、打造中华民族传统体育符号、创新民族传统体育文化传承方式、改革民族传统体育产业结构是繁荣民族传统体育文化的必经之路。

中华上下五千年的历史长河孕育了璀璨的中华民族传统体育文化，中华民族传统体育承载着华夏儿女的精神寄托。中华民族传统体育发展的衰败是让华夏儿女无法接受的现实，更是树立文化自信，实现大国复兴途中必须面临的挑战。本书的出版，希望可以为中华民族传统体育的相应研究提供资料支持，为民族传统体育发展政策的制定提供理论指导。重获新生的中华民族传统体育将帮助华夏儿女拾回自己内心最美好的精神寄托，在树立文化自信、实现伟大复兴的征途中贡献自己的力量。

目 录

第一章 导论 (1)
第一节 研究缘起 (1)
第二节 研究依据 (6)
一 增强中国文化软实力的需要 (6)
二 促进中国体育大国向体育强国转变的需要 (7)
三 推进"健康中国"战略实施的需要 (8)
四 实现乡村善治的需要 (10)
第三节 研究目的与意义 (11)
一 研究目的 (11)
二 研究意义 (12)
第四节 理论基础 (13)
一 族群认同理论 (13)
二 SWOT分析理论 (14)
三 "镜中我"理论 (14)
四 供给侧理论 (14)

第二章 中华民族传统体育的形成基础及特征 (16)
第一节 中华民族传统体育赖以生存的环境 (16)
一 自然环境：民族传统体育生存的物质基础与地理坐标 (16)
二 社会环境：民族传统体育生存的发展动力与活动场域 (17)
三 人文环境：民族传统体育生存的精神养料与空间维度 (19)
第二节 中华民族传统体育的共生要素 (20)
一 生产劳动要素 (20)
二 宗教信仰与图腾崇拜要素 (21)
三 军事战争要素 (22)
四 休闲娱乐要素 (23)

第三节　中华民族传统体育的主要特征 (24)
  一　文化形态多样性 (24)
  二　地域环境依附性 (26)
  三　宗教仪式性 (27)
  四　民俗节庆性 (28)

第四节　中华民族传统体育与西方体育的比较 (30)
  一　中西体育文化背景差异 (31)
  二　中西体育文化价值理念差异 (31)
  三　中西体育表现形式差异 (32)

第三章　新中国70年民族传统体育发展历程与文化流变 (35)

第一节　新中国70年民族传统体育发展的三个历史阶段 (35)
  一　民族传统体育发展的萌芽期（1949—1965年） (35)
  二　民族传统体育发展的中断期（1966—1977年） (44)
  三　民族传统体育发展的繁荣期（1978年至今） (46)

第二节　新中国70年民族传统体育发展的区域特征 (62)
  一　中国的地域划分 (62)
  二　东北地区民族传统体育发展现状及特征 (66)
  三　西北地区民族传统体育发展现状及特征 (70)
  四　华北地区民族传统体育发展现状及特征 (74)
  五　西南地区民族传统体育发展现状及特征 (75)
  六　华南地区民族传统体育发展现状及特征 (80)
  七　华中地区民族传统体育发展现状及特征 (84)
  八　华东地区民族传统体育发展现状及特征 (84)

第三节　新中国70年民族传统体育发展总体特点 (86)
  一　中华民族传统体育项目主要集中在经济发展较为落后的地区 (86)
  二　"大杂居、小聚居"是当前中华民族传统体育项目生存的一个缩影 (89)
  三　中华民族传统体育项目分布与环境和地域等因素的依附性越来越紧密 (92)
  四　中华民族传统体育项目分布呈现民族交融性特征 (94)
  五　新中国70年民族传统体育文化传承主要模式 (96)

第四节　新中国70年民族传统体育文化流变 (99)
  一　物质层面的流变 (99)

二　制度层面的流变 …………………………………………… (102)
　　三　精神层面的流变 …………………………………………… (103)
第五节　新中国 70 年民族传统体育开展形式的转变 ……………… (107)
　　一　民族传统体育与民俗节庆活动日益融合 ………………… (107)
　　二　民族传统体育与民族运动会结合越来越紧密 …………… (109)
　　三　民族传统体育与学校体育结合日趋密切 ………………… (110)
　　四　民族传统体育与非物质文化遗产的契合逐步增强 ……… (111)
第六节　新中国 70 年民族传统体育的发展形式转变 ……………… (115)
　　一　从"单一化"向"多元化"的转变 ……………………… (115)
　　二　从"自发性"向"自觉性"的转变 ……………………… (116)
　　三　从"封闭化"向"开放化"的转变 ……………………… (117)
　　四　从"仪式化"向"功能化"的转变 ……………………… (117)
　　五　从"个体化"向"社会化"的转变 ……………………… (117)
第七节　新中国 70 年民族传统体育的定位 ………………………… (118)
　　一　自我定位——在西方竞技体育思潮不断渗透中始终坚守
　　　　"我是谁" ……………………………………………………… (118)
　　二　空间定位——在体育全球化潮流中找寻中华民族传统
　　　　体育生存坐标 ………………………………………………… (119)
　　三　价值定位——中华民族传统体育传承的依据 …………… (120)
　　四　目标定位——中华民族传统体育永葆活力之源 ………… (122)

第四章　新中国 70 年民族传统体育文化资源 …………………… (126)
第一节　中华民族传统体育文化资源概述 ………………………… (126)
　　一　中华民族传统体育文化的表现 …………………………… (126)
　　二　中华民族传统体育文化资源的阐释 ……………………… (128)
　　三　中华民族传统体育文化资源的特点 ……………………… (132)
第二节　新中国 70 年民族传统体育文化资源的开发 ……………… (135)
　　一　中华民族传统体育文化资源开发概述 …………………… (135)
　　二　新中国 70 年民族传统体育文化资源开发状况 ………… (139)
　　三　新中国 70 年民族传统体育文化资源开发存在的问题 … (143)
　　四　中华民族传统体育文化资源开发的具体途径 …………… (147)
第三节　新中国 70 年民族传统体育文化资源的产业发展 ………… (150)
　　一　中华民族传统体育产业概述 ……………………………… (150)
　　二　新中国 70 年民族传统体育文化资源的产业转化 ……… (153)

三　新中国70年民族传统体育产业发展存在的问题 …………（157）
四　中华民族传统体育产业发展的途径 …………………（158）

第五章　新中国70年民族传统体育发展SWOT分析 …………（161）
第一节　SWOT分析法的理论基础 ………………………（161）
一　SWOT分析法的内涵 …………………………………（161）
二　SWOT分析法的理论依据 ……………………………（163）
第二节　新中国70年民族传统体育发展的
　　　　SWOT分析 ……………………………………（165）
一　优势（strengths）：中华民族传统体育发展的优势分析 ……（165）
二　弱势（weaknesses）：中华民族传统体育发展的
　　弱势分析 …………………………………………（168）
三　机会（opportunities）：中华民族传统体育发展的机会
　　分析 ………………………………………………（172）
四　挑战（threats）：中华民族传统体育发展的威胁挑战
　　分析 ………………………………………………（174）
第三节　新中国70年民族传统体育的SWOT
　　　　矩阵分析 ………………………………………（177）
一　矩阵整体构造 …………………………………………（177）
二　发展战略选择 …………………………………………（178）
小　结 ……………………………………………………（180）

第六章　新中国70年中华民族传统体育积累的宝贵经验 ………（182）
第一节　战略领航：注重顶层设计 …………………………（182）
一　中华民族传统体育发展战略指导思想 …………………（182）
二　中华民族传统体育发展的战略目标 ……………………（185）
三　中华民族传统体育发展战略阶段与发展重点 …………（188）
第二节　创新驱动：强化创新为核心元素 …………………（192）
一　民族传统体育学科的基本理论和方法体系逐步
　　建立 ………………………………………………（192）
二　中华民族传统体育发展模式稳步成型 …………………（195）
三　中华民族传统体育文化传承走向规范 …………………（198）
第三节　统筹推进：坚持继承与发展并举 …………………（199）
一　统筹中国不同区域民族传统体育的协调发展 …………（199）

二　将民族传统体育纳入全民健身及"健康中国"战略……………(203)
　　三　深挖中华民族传统体育资源，探索社会化与市场化的
　　　　发展门径………………………………………………………(206)
　　四　坚持走"有特色、高水平"运动会之路，完善全国
　　　　少数民族传统体育运动会……………………………………(209)
第四节　提质增效：突出中华民族传统体育内涵的发展……………(213)
　　一　提升中华民族传统体育在物质方面的发展…………………(213)
　　二　强化中华民族传统体育在行为方面的发展…………………(215)
　　三　突出中华民族传统体育在精神方面的发展…………………(217)
第五节　面向世界：提高中华民族传统体育软实力…………………(218)
　　一　抓住"一带一路"倡议实施契机，加强同世界各国
　　　　体育的交流……………………………………………………(218)
　　二　转变观念，重点培育民族传统体育世界品牌项目…………(222)
　　三　实施"走出去"国际化发展战略，彰显民族传统
　　　　文化魅力………………………………………………………(227)
　　四　建立中华民族传统体育资源数据库，开拓资源共享
　　　　渠道……………………………………………………………(230)

第七章　新中国70年民族传统体育发展所面临的困境……………(234)
第一节　民族传统体育转型困境………………………………………(234)
　　一　民族传统体育转型的迷茫与思考……………………………(234)
　　二　民族传统体育的"科学化"取向……………………………(237)
　　三　民族传统体育的竞技化剥离了民族传统体育的精髓………(240)
第二节　民族传统体育文化困境………………………………………(241)
　　一　民族传统体育文化认同困境…………………………………(241)
　　二　民族传统体育文化传播困境…………………………………(245)
　　三　民族传统体育文化传承与发展困境…………………………(246)
第三节　民族传统体育理论困境………………………………………(248)
　　一　民族传统体育基础理论薄弱…………………………………(249)
　　二　民族传统体育理论创新不足…………………………………(253)
　　三　民族传统体育价值认同研究缺失……………………………(256)
第四节　民族传统体育实践困境………………………………………(257)
　　一　武术现代化改革步履维艰……………………………………(257)
　　二　百废待兴………………………………………………………(264)

三　民族传统体育学校教育有所欠缺 …………………………（267）
　　四　民族传统体育本体价值遭遇功利主义扭曲 ………………（269）

第八章　新时代中华民族传统体育的发展展望 ………………（272）
第一节　新时代中华民族传统体育的价值显现 …………………（272）
　　一　紧贴中国实际，重视对中华民族传统体育的可持续
　　　　发展 …………………………………………………………（272）
　　二　遵循客观规律，探究中华民族传统体育发展规律 ………（275）
　　三　注重顶层设计，从战略与制度高度注重对中华民族
　　　　传统体育发展战略布局 ……………………………………（278）
　　四　强调协调协作，凸显中华民族传统体育发展的整体
　　　　价值理念 ……………………………………………………（282）
第二节　新时代中华民族传统体育文化批判与创新性发展 ………（286）
　　一　"西化论"和"国粹论"思潮与民族文化认同 ……………（286）
　　二　中华民族传统体育的传承机制 ……………………………（288）
　　三　中华民族传统体育的振兴与革新 …………………………（290）
　　四　中华民族传统体育产业发展图景 …………………………（292）
第三节　新时代传播好中华民族传统体育的"中国声音" ………（293）
　　一　新时代民族传统体育的自我审视与发展 …………………（293）
　　二　新时代中华民族传统体育文化的"中国符号" ……………（296）
　　三　新时代民族传统体育的"中国故事" ………………………（301）
　　四　新时代大国体育的"民族话语" ……………………………（304）
第四节　中华民族传统体育文化再生产 …………………………（305）
　　一　中华民族传统体育文化传承者的培养 ……………………（305）
　　二　中华民族传统体育精神文化的传承与发展 ………………（306）
　　三　中华民族传统体育制度文化的与时俱进 …………………（307）
　　四　中华民族传统体育物质文化的现代化 ……………………（308）
　　五　中华民族传统体育文化传承途径的现代化 ………………（309）
第五节　中华民族传统体育产业供给侧结构性改革 ……………（311）
　　一　民族传统体育产业供给侧结构性改革的理论基础 ………（311）
　　二　中华民族传统体育产业供给侧结构性改革实践逻辑 ……（315）
　　三　中华民族传统体育产业供给侧改革的推进思路 …………（318）

附录一　新中国70年文献研究情况 ………………………………（322）

附录二　全国各省市区民族运动会开展情况 …………………（375）

附录三　新中国70年民族传统体育相关事件统计 …………（403）

参考文献 ………………………………………………………（419）

后　记 …………………………………………………………（447）

第一章　导论

第一节　研究缘起

早在民国时期之前，对民族传统体育的论述已在少数相关文献中出现，只是当时用"土体育"代替"民族传统体育"，比如民国时期的"土洋体育之争"，此时的土体育主要指武术。到了20世纪晚期，随着体育科学研究热潮的掀起，有部分体育研究者的注意力聚焦在民族传统体育之上，并对民族传统体育概念等方面进行研究。比如，熊晓正（1988）认为，民族传统体育是1840年以前中国存在的体育模式，即各族人民流传至今的体育活动的价值观、体育活动表现方式以及体育活动内容的总和。[1] 熊志冲（1989）在对中国传统体育与传统文化进行研究的过程中对民族传统体育进行了界定，他认为中华民族传统体育包括少数民族传统体育和汉民族传统体育两大部分。换言之，中华民族传统体育是指"在中华大地上历代产生并大多流传至今和在古代历史长河中由外族传入并在中国生根发展的，并逐步形成具有中华民族传统特色的体育活动"[2]。又如，胡小明（1999）在研究中指出，民族传统体育是指在某一个或几个特定的民族开展的体育竞技娱乐活动，值得注意的是，此种体育竞技娱乐活动很少或从未受到现代化的影响。[3] 白晋湘（2000）在研究中指出，中国90%以上是汉族人口，与少数民族相比，汉族民族特色和地域性差异明显不如前者，因此，在研究中少数民族传统体育简称民族体育或民族传统体育。[4]

---

[1] 熊晓正：《机遇与挑战——对我国民族传统体育发展之浅见》，《成都体育学院学报》1988年第4期。
[2] 熊志冲：《传统体育与传统文化》，《体育文史》1989年第5期。
[3] 胡小明：《体育人类学》，广东人民出版社1999年版，第19页。
[4] 白晋湘：《民族传统体育教程》，中南工业大学出版社2000年版，第392页。

反观，在西方对民族传统体育研究早期阶段主要采用"traditional sports"一词来指称民族传统体育，而对于其他民族传统体育的研究称为非西方社会的传统体育。① 少数研究者也把传统游戏（traditional games）视为传统体育，比如 Van Mele 等认为传统体育是一种根植于民众传统生活中并具有当地文化特色的娱乐活动（recreational activities）。② 此外，Jaouen 认为传统体育不具有完善的规则制度，并与各民族的传统文化有着紧密联系。换言之，传统体育是属于传统范畴的具有运动性和娱乐性的活动。③

通过对国内外研究者关于民族传统体育概念的界定与解析的过程，我们大致可以总结出民族传统体育具有四个方面的内涵。具体来说，其一，对民族传统体育生存范围的强调，即突出民族传统体育的地域性；其二，对民族传统体育的多元一体的强调，即强调民族传统体育的主体性；其三，对民族传统体育文化遗传基因的强调，即注重对民族传统体育文化的传承性；其四，对民族传统健身娱乐的强调，即重视对民族传统体育的功能性。显而易见，科学技术的进步和时代的变迁，民族传统体育的内涵也在不断发生变化。

综合上述研究成果，本书所研究的民族传统体育是指长期流传在中华各民族、融合多种民族文化形成的一种文化形态；在中华民族不同历史时期，在一定的范围内开展的、从传统社会沿袭下来的、具有浓厚民族文化色彩的、对人体生理特征进行改造的各种身体活动的总称，本书后文在有中华、中国等范围限定下，简称民族传统体育。中华民族传统体育是指中国56个民族传统体育的总称，既包含汉族传统体育，也包含55个少数民族的传统体育。中华民族传统体育是中华民族传统文化的重要载体，是各民族智慧的结晶，是民族文化在体育方面的体现，是最富民族特色、最能反映各民族个性和群体气质的文化领域之一，也是中国现代体育的重要来源和有机构成。④ 换句话说，中华民族传统体育是指在中华历史上各民族人民在一定地区一定时期的生活中所形成的具有民族特色的身体性运动。

---

① Sogawa Tsuneo, "Ethnic Sport, its Concept and Research Perspectives", *International journal of Sport and Health science*, Vol. 4, Special_ Issue_ 2006, pp. 96 – 102.
② Roux Charl J., "A Physical Education Curriculum Enriched with Indigenous Zulu Games for Improved Social Development Through Cross-cultural Interaction", *Indilinga African Journal of Indigenous Knowledge Systems*, Vol. 6, No. 2, January 2007, pp. 143 – 151.
③ Higgins Vanessa and Angela Dale, "Ethnic Differences in Sports Participation in England", *European Journal for Sport and Society*, Vol. 10, No. 3, March 2013, pp. 215 – 239.
④ 田祖国、陈永辉、夏晟：《国家文化软实力提升下我国民族传统体育开发研究》，《成都体育学院学报》2010年第4期。

由此可见，民族传统体育内涵中包括了地域性、历史性、身体性、竞技性、文化性等元素。从社会学视角来看，中华民族传统体育具有重要的社会价值。具体而言，首先，中华民族传统体育代表中华民族母体文化的价值取向，民族传统体育作为中华民族传统文化的重要组成部分与各文化子系统以及母体文化之间有着千丝万缕的联系。可以说，中华民族传统体育受母体文化的制约和影响，这从中国众多武术门派倡导的"天人合一""道法自然"等阴阳学说中得到印证。其次，中华民族传统体育代表民族文化品格的价值取向。中华民族传统体育与母体文化之间具有天然统一性和历史传承性的特点。中华民族母体文化为民族传统体育的诞生提供了"土壤"，在中华民族传统体育与中华民族母体文化融合过程中，对中华民族传统体育的内涵进行丰富和创新，最终发展成为具有自身运动特色与母体文化特点的文化品格。[①] 然后，中华民族传统体育代表着中华民族文化发展的价值取向。中华民族传统体育开展的形式和内容都与中国农耕文化有着密切的联系。从某种意义上说，中华民族传统体育是特定习俗与宗教信仰的产物，诞生于人们生产劳作的余暇时间。中华民族传统体育对中国各民族的祭祀、庆典等活动起到一定的完善作用，同时，中华民族传统体育也是塑造中华民族性格与品格的一个重要载体。

尽管中华民族传统体育集竞技、社交、娱乐、健身于一体，但是随着社会生产、生活的发展，中国体育运动开展形式和价值功能等方面也发生了相应的转变，尤其在当前"健康中国"战略实施背景下，中华民族传统体育也暴露出理论滞后、观念陈旧、普及程度低和过度异化等方面的问题。首先，中华民族传统体育理论滞后，主要是指包括研究对象、研究方法、研究性质、研究内容等方面没有形成科学统一的研究范式。举例言之，在相关研究中对民族传统体育的提法也是五花八门、见仁见智，譬如用"中华民族传统体育""少数民族传统体育""民族体育""民俗体育""民间体育""传统体育"等不同表述来指代民族传统体育，从中影射出不同研究者对民族传统体育认识上的混乱和模糊，这不利于从理论和实践两个层面对中华民族传统体育的科学化、规范化进行研究。可以说，没有研究视域的制高点和理论的支持，中华民族传统体育发展方向就不明确，就会陷入低层次、重复性研究的窘境。其次，中华民族传统体育观念陈

---

① 马利亚：《社会学视角下民族传统体育发展的社会价值与文化选择》，《体育与科学》2012年第2期。

旧，使得民族传统体育传播力受阻。当前西方体育能风靡全球，与其自身的价值观念和文化理念有一定关系。中华民族传统体育传播力受阻的主要根源在于，没有使民族传统体育功能和价值契合时代发展的需求。以中华民族传统武术为例，当前韩国跆拳道运动深受中国青少年的喜爱，而武术作为优秀的中华民族传统体育项目，推广却举步维艰。为何中国青少年喜爱跆拳道运动项目的人数远远多于喜欢武术的人数？也许，我们可以从原国家体委主任李梦华对武术发展问题点评中找到答案，他说："对于武术项目的发展我们应该转变思想观念，需要从计划经济观念过渡到市场经济规律来考虑武术问题，否则，不要谈武术的发展，可能武术的生存都会变得非常艰难，阻碍武术文化传播的主要原因来自武术自我修炼观念。"① 再次，中华民族传统体育普及程度低主要是其影响力太小。尽管中华民族传统体育具有浓郁的民俗性、鲜明的民族性和独特的地域性等特征，但在学校、社区普及度非常低，反观，俄罗斯、韩国、泰国等国家早已把民族舞蹈、跆拳道、泰拳引入学校并进行了广泛的推广。最后，中华民族传统体育出现过度异化现象。一种文化产品是否能被民众喜闻乐见地接受，与其说是技巧和形式问题，还不如说是认同问题。

中华民族传统体育具有独特的民族性，民众在参加民族传统体育活动的过程中不断地对本民族的习俗、历史等方面产生认同，而且也产生了强烈的民族自豪感及自我身份的认同。然而，随着旅游业的兴起，一些少数民族地区，为了提高地区经济效率，吸引更多的游客到此旅游，商家对一些民族传统体育进行随意的改变，对原有的形式和内容进行很大的改动，突出了表演元素，导致民族传统体育原有的自然、古朴、原始的味道逐步褪去，民族传统体育逐步丧失原有的意义和价值。比如竞技武术的过度舞蹈化，完全脱离了"母体"导致与西方体操雷同，一度遭到学术界强烈抨击。显而易见，中华民族传统体育的过度异化无疑会阻碍其自身的认同和发展。

相比于西方体育，中华民族传统体育无论是在项目参与人数方面，还是在项目推广方面都存在一定的差距。可以说，西方竞技体育主导了全球体育发展的格局，"西学东渐"是对当前西方竞技体育思潮不断渗透进入中国这一五千年悠久历史文明古国的真实写照。可见，诞生在中国农耕文明基础上的民族传统体育与风靡全球的西方竞技体育相比，在发展规模和

---

① 汤立许、蔡仲林、刘轶：《我国民族传统体育发展的困境及路径选择》，《西安体育学院学报》2011年第5期。

影响力方面与后者相去甚远。我们如何迎头赶上，把中华民族传统体育纳入全球体育发展潮流中，特别是把中华民族传统体育文化注入国际体育文化交流中，进而树立中华民族传统体育发展的话语权，需要我们寻求一种参与世界文明对话的全球化语境。令人欣慰的是，国家也开始对民族传统体育的开展给予持续的关注，尤其是新中国成立70年以来，国家出台了一系列的政策扶持民族传统体育的开展，比如在1981年和1984年《全国少数民族体育工作座谈会报告》和《中华人民共和国民族区域自治法》对中华民族传统体育文物保护、产业发展、人才培养等方面提出了明确的要求。又如，2001年和2005年颁布的《全国少数民族传统体育运动会竞赛项目立项暂行规定》和《关于运用传统节日弘扬民族文化的优秀传统的意见》对中华民族传统体育各项工作的开展提出了针对性的发展建议。2006年、2007年、2009年、2016年颁布的《关于印发〈关于加强少数民族传统体育工作的意见〉的通知》《关于印发〈少数民族事业"十一五"规划〉的通知》《关于做好少数民族特色村寨保护与发展试点工作的指导意见》《"健康中国2030"规划纲要》等政策立足于群众体育需求和体育强国的实现，为中华民族传统体育的发展注入了发展动力。①

诚然，要想真正把中华民族传统体育的"本土性"与现代体育的"全球性"两者进行有效整合，一方面，我们需要搭建东西方文明有效对话的氛围和沟通机制；另一方面，需要基于现代性的视角对中华民族传统体育进行反思以及在21世纪人类社会发展出现的新趋势、新变化的基础上对中华民族传统体育的价值进行重构。具言之，用理性的思维把握民族传统体育的复杂性，用现代科学理论对民族传统体育的可持续发展做出合理的解释，进而重新认识和确认中华民族传统体育在新时代中国特色社会主义建设中的价值和功能。2019年，在新中国成立70周年之际，"回顾历史、展望未来"，中国改革开放这列"东方和谐号"继续引领我们驶向可持续发展的未来。在当前以"改革创新"和"民族精神"为核心的时代主旋律发展的大背景下，回顾中华民族传统体育70年发展历程显得尤为重要。②一个抛弃了或者背叛了自己历史文化的民族，不仅不可能发展起来，而且很可能上演一场历史悲剧。——2016年5月17日习近平在哲学社会科学

---

① 殷鼎、杨建鹏：《我国少数民族传统体育政策发展研究》，《体育文化导刊》2017年第10期。
② 白晋湘：《我国民族传统体育改革发展40年回顾与展望》，《上海体育学院学报》2018年第5期。

工作座谈会上的讲话。① 从而折射出文化对一个国家、一个民族能否繁荣昌盛起到不可取代的作用。体育文化是中华文化的重要组成部分，而中华民族传统体育文化则是体育文化繁荣发展和"体育强国"梦想实现的重要基石。基于形而上的视角对新中国成立70年民族传统体育发展进行梳理，尤其通过理论概括与思辨，可为新时代全民健身运动的进一步开展和"体育强国"战略的实施提供一些借鉴与参考。

第二节 研究依据

一 增强中国文化软实力的需要

第一，民族传统体育是发展文化软实力的重要载体。中华民族传统体育要作为肩负中国文化软实力传播的重要责任，就需要依托现在科学技术手段，尤其运用大众传媒对中华民族传统体育进行挖掘整理与传播，并基于中国国情对民族传统体育文化进行改良，使得中华传统体育文化逐步被世界其他地区和国家的人们认识和认可。只有这样，才能彰显中华民族传统体育发展的张力，进而促进中国文化软实力的提升，确保在当今纷繁复杂的国际竞争中赢得更多的竞争机会和优势。

第二，民族传统体育是文化软实力的重要组成部分。中国国土辽阔、物产资源丰富，是全世界唯一一个文明延续数千年且至今未中断的多民族统一的国家。基于这样的自然资源和社会文化背景，中国拥有丰富多彩的文化软实力资源，其中各民族在生产生活中所酝酿出的民族传统体育文化就是中国众多文化软实力重要内容的代表之一。2006年"少林寺"和"中国功夫"被美国《新闻周刊》评选为中国文化影响的国家符号。又如，新千年伊始，国际奥委会官员来北京交流之际，中国奥委会作为东道主把精心制作的《中国古代体育文物图案》作为礼物赠送给来北京考察的国际奥委会代表。国际奥委会代表为中国古代就有如此之多的体育文化遗产所震惊。无论是武术还是古代体育文化都是中华民族传统体育构成的重要元素。因此，民族传统体育是文化软实力的重要组成部分。

第三，民族传统体育是国家文化软实力的外在显现。国家文化软实

---

① 习近平：《要有高度的文化自信》，《党政干部参考》2017年第22期。

力是"软实力"中主要的形式之一,它是指在那些社会文化领域中具有精神感召力、社会凝聚力、市场吸引力、思想影响力与心理驱动力的文化资源。① 中国有着丰富多彩的民族传统体育,中华民族传统体育厚载着中华传统文化的精髓,受到中华传统文化思想的孕育,可见民族传统体育是展现国家文化软实力的重要"窗口"。以中华民族传统体育项目中的武术为例,武术作为中国优秀的民族传统体育项目具有悠久的历史,当我们谈及中华传统文化时,武术往往成为勾勒传统文化的典型元素之一。相比于其他运动项目,武术蕴含着丰富文化含量、放射着文化光芒、辉映着文化风采、承载着文化使命。② 从 1949 年至 2019 年,新中国已走过 70 年的发展历程,在这 70 年里,武术也为世界其他国家和各族人民所认识,甚至接受。越来越多的国际友人也加入到习武之中,感受到中华武术文化的厚重。总的来说,武术作为中国优秀的民族传统体育项目之一,成为国家文化软实力外在显现主要体现在四个方面:其一,武术规范人们行为的教化功能;其二,武术助人实现社会功能的工具特征;其三,武术保障自身特殊权益而产生的强烈排他性特征;其四,武术在实践中的实用性特征。

二 促进中国体育大国向体育强国转变的需要

体育大国是相对于体育小国而言的,它从"大小"等数量的维度来衡量一个国家体育的发展状况。而"体育强国"的最先提出要追溯到 1984 年,原国家体委主任李梦华在《2000 年中国体育》发展战略中提出,要在 20 世纪末把中国建设成体育强国。随后,中共中央颁布的《关于进一步发展体育运动会的通知》,再次强调了在 20 世纪内把中国建设成体育强国,以增强全民族体质,强国强民。③ 体育强国是一个具有中国特色和中国情结的词语,打上了很深的中华民族烙印。④ 中国体育强国是指在 21 世纪中期达到世界中等发达国家的体育事业发展水平,其内涵覆盖体育法治、体育产业、体育科技、体育教育、竞技体育、群众体育等方面。⑤ 当

---

① 田祖国:《国家文化软实力提升与民族传统体育发展的互动研究》,《沈阳体育学院学报》2010 年第 2 期。
② 郭玉成、范铜钢:《国家形象构建视域下的武术文化传播策略》,《上海体育学院学报》2013 年第 4 期。
③ 郑言:《全国体育发展战略讨论会综述》,《体育科学》1986 年第 1 期。
④ 田麦久、孙大光:《中国体育:体育强国的辨析与建设》,《体育文化导刊》2009 年第 8 期。
⑤ 冯宝忠:《中国迈向体育强国途径的研究》,博士学位论文,苏州大学,2012 年,第 8 页。

前中国还只是一个体育大国,而不能称为体育强国。从词意上解读,"体育大国"和"体育强国"不是静态一成不变的两个概念,而是不断发展变化的两个动态概念,从"强"与"弱"、"大"与"小"的字眼中可以窥见"体育大国"和"体育强国"两个概念的内涵和外延呈现不断发展变化的特点。总的来说,"体育大国"是指一个国家体育发展的规模和数量宏大,并在国际体育发展中发挥重要作用的国家,而"体育强国"主要是指一个国家体育综合实力超群,比如美国就是"体育强国"的优秀代表之一。可见,从体育大国迈向体育强国,是中国体育发展的方向和目标。体育强国的建设有助于推进中国城乡全民健身服务体系的建立,有助于坚持改革和完善竞技体育举国体制,有助于消除制约体育产业发展的体制障碍,有助于提升中国体育的国际影响力。

建设中国特色社会主义体育强国,必须立足国情,尤其适应中国社会主义制度的特点。概言之,必须服务于社会主义精神文明和物质文明,始终坚守社会主义发展方向和马克思主义思想路线。更为重要的是,"体育强国"建设离不开中华民族文化滋养,而中华民族传统体育就是中华民族文化的重要组成部分。回顾历史,法国、美国、韩国和日本都是在其民族社会文化基础上来践行"体育强国"的建设。比如:法国成就了体育的国际化;美国把体育产业打造为国家的支柱性产业;日韩以举办奥运会为契机把东方体育注入世界竞技体育舞台之中。因此,要全面提升中华民族传统体育文化在国际体育文化中的话语权,就要加快"体育强国"建设的步伐,其中建设的第一要义就是围绕"质"和"量"两个维度来提高中华民族传统体育在国际体育发展格局中的发展张力和竞争力。总的来说,对中华民族传统体育项目进行挖掘和整理,筛选出众多优秀的中华民族传统项目向体育国际化的方向发展,全面提升中华民族传统体育的话语权和竞争力,是当前我们建设"体育强国"的要义所在。

三 推进"健康中国"战略实施的需要

2007年卫生部长陈竺就提出了"健康中国"的雏形,为了建设全民都健康的中国需要进行"三步走"战略,即"健康护小康,小康看健康"。[①] 随后于2016年中共中央、国务院基于全面建成小康社会的战略角度,颁布了《"健康中国2030"规划纲要》,把"健康中国"提高到

---

① 王文娟、付敏:《"健康中国"战略下医疗服务供给方式研究》,《中国行政管理》2016年第6期。

国家发展战略高度，并对今后 15 年"健康中国"战略实施做出了整体规划。

第一，民族传统体育的健身价值是"健康中国"战略实施的重要推手，是实现全民健身和全民健康紧密结合的助推器。习近平总书记在全国卫生和健康大会上强调，"没有全民健康，就没有全民小康"。国民的健康是全面建设中国特色社会主义的基石。从经济性和实效性两个方面来看，丰富多彩、特点鲜明的中华民族传统体育是促进国民身体健康的最佳载体。比如蒙古族、彝族、哈萨克族、苗族等少数民族喜爱赛马，又如彝族、瑶族、藏族、壮族等民族酷爱摔跤，而藏族、维吾尔族、苗族、黎族、拉祜族、佤族等民族热衷于射箭或射弩。此外，苗族和壮族等民族喜爱舞龙，而傣族、白族、水族等都有划龙舟活动。在广西壮族以及湖南的苗族等地区每逢新春佳节会进行秋千活动。上述这些民族传统体育活动不仅丰富了各民族的文化生活，而且对发展人的身体素质、塑造健康体魄效果显著，特别是对改善人的肢体运动能力，提高人的呼吸系统和心血管循环系统效果明显。因此，这种具有体育属性和带有民族特色文化元素的民族传统体育对"健康中国"战略的实施起到了重要的作用。

第二，文化价值是民族传统体育推动"健康中国"战略实施的内在驱动力。物质文明和精神文明同步发展是"健康中国"战略实施的指导思想，就是倡导社会各行各业持续、健康和和谐的发展。对于拥有 56 个民族的多民族国家而言，注重精神文明建设显得更为重要。以回族为例，中国回族人口主要聚集地在宁夏，回族文化深深烙印在宁夏这片土地上，那么回族文化具有哪些特点？回族文化具体是什么？马宗保对这两个方面的问题进行了研究，回族文化是一种将阿拉伯—波斯伊斯兰文化与儒家文化以及其他文化类型兼容并蓄的复合型文化体系，回族文化的基本精神既是回族历史文化遗产的结晶，也是回族民众走向未来的支点，并将回族文化精神浓缩为"两世吉庆、和而不同、刚健自强、爱国有为"。[①] 从某种意义上来说，体育是度量社会发展的一把标尺，体育也是窥探社会现象的一面镜子。体育项目作为承载社会文化元素的载体，是社会发展到某种特定阶段形成的产物，可见，体育项目亦如社会现象，不是突然产生而是经过岁月的洗礼而逐步形成的并将它的地域和人的记忆刻烙于其中。就宁夏回族开展的民族传统体育而言，不仅具有回族细致含蓄的民族特点，还体现出西夏王国时期游牧民族的豪放，两者融入回族传统体育之

---

① 马宗保：《试论回族文化的基本精神》，《回族研究》2008 年第 4 期。

中，回族传统体育项目浓缩了回族同胞智慧的结晶。因此，传承与发扬民族传统体育是对中华民族文化的延续及传播，也契合了"健康中国"战略实施的需要。

四 实现乡村善治的需要

今日世界的前线在中国，而中国的前线在乡村，故中国乡村是世界之前线。① 中国自古以来就是农业大国，尤其20世纪以来，中国饱受战争破坏，有许多专家学者和有识之士把自己的目光聚焦于中国广大乡村地区，从卢作孚到费孝通再到黄炎培……都可以看到他们对中国乡村建设倾注大量精力。进入新千年以来，中国乡村问题不但没有缓解，有些问题还变得更加突出，比如城乡发展不协调的问题，尤其以习近平同志为核心的党中央，在新时代背景下对乡村问题更加关注，乡村振兴政策扶持力度也进一步加大。可以说乡村治理既是手段又是目标，如何治理好乡村成为一个既有现实意义又非常具有挑战性的问题。2018年中央农村工作会议把乡村振兴道路列为建设中国特色社会主义七个具体发展路径之一，必须创新乡村治理体系，走乡村善治之路。

中华民族传统体育根植于各民族生产和生活之中，作为一种社会历史文化现象，民族传统体育经历了曲折发展的历程，比如在新中国成立后的六七十年代，十年"文化大革命"对中华民族传统体育发展产生了深远的负面影响，党的十一届三中全会后，中国拉开了改革开放的大幕。从1949年至2019年，新中国建设已走过70年的发展历程，在政治、经济、军事、文化等领域取得的巨大成就为全球所瞩目。可以说民族传统体育不仅对乡村民众的政治生活、文化生活产生影响，还对乡村民众的生活态度、价值观以及行为方式都产生影响。乡村善治工程的推进需要借助民族传统体育的开展。具体而言，民族传统体育契合中华民族传统文化的价值取向，民族传统体育作为一种具有民族特点的体育运动形式与其母体文化及其各个文化子系统之间存在着紧密的联系，② 民族传统体育的社会价值有助于乡村善治工作的展开。以中国武术为例，人们从中不仅能找寻到武术各门派关于阴阳学说的印迹，而且还能感悟到中国武术中"天人合一"和"道法自然"的武术意境。③ 与日本大和民族的相扑、朝鲜民族的跆拳道一

---

① 熊培云：《一个村庄里的中国》，新星出版社2011年版，第168页。
② 刘凤虎：《从文化学的视角谈民族传统体育的传承与发展》，《体育与科学》2010年第5期。
③ 赵忠伟、栾桂芝：《将民族传统体育项目融入农村学校体育的探析——以东北地区为个案分析》，《体育与科学》2007年第1期。

样,中国武术作为中华民族传统体育项目深深地烙印上了民族文化品格。此外,民族习俗和生活习惯也与本民族传统体育运动的发展息息相关。从生产生活视角来看,民族传统体育可以看作是一种节庆礼仪与祭祀活动,是特定习俗与宗教信仰相结合的产物。[1] 所以,当前在新时代背景下开展乡村善治工作,一方面,不得不重视从民族传统体育中汲取积极因素参与到乡村治理中来;另一方面,要充分利用民族传统体育的优势来作为乡村善治工作开展的主要路径之一。

第三节 研究目的与意义

一 研究目的

近代以来,中国社会的发展主线是围绕农业文明向现代工业文明的方向发展。在向现代工业文明转型的过程中,我们的价值取向主要基于制度层面和器物层面来展开,对文化层面的转型比较忽视。这也折射出中国过去较长历史时期在制度层面、器物层面、文化层面发展不均衡的原因所在。从某种意义上来说,从1949年新中国成立伊始,中国社会文化层面的转型才开始觉醒和着手实施。在时间维度上,中国社会文化层面的发展明显落后于器物层面和制度层面。我们享受着经济发展所创造的丰硕的器物成果,也享受着社会进步带来的民主政治,然而由于文化层面的滞后性,出现了在物质追求和价值判断上的"无度化"和"无根化"的情况。这种"无度化"和"无根化"逐步成为社会的主流文化。加上西方文化不断输入和渗透,中华民族文化的流失和传统文化的异化等现象日趋严重,我们不仅意识到西方文化霸权是制约国家健康发展的主要障碍,而且在我们华夏儿女的心中也产生了愈发明显的心灵阵痛,这种心灵阵痛可以用"走出家门后,难以找到回家的路"的心灵阵痛来形容。[2]

自新中国成立以来,重塑民族自信,再次屹立于世界之巅成为了新中国建设的目标之一。为此需要大力弘扬民族精神,保持和发展本民族文化

---

[1] 彭劲松:《我国民族体育乐舞的多元文化特征及社会价值探析》,《北京体育大学学报》2006年第8期。

[2] 崔存明:《社会转型与文化重构》,《光明日报》2013年第11期。

的优良传统。目前中国已进入新时代中国特色社会主义建设的新阶段，关注民族传统文化命运已经成为国家发展战略，也契合中国改革开放过程中文化转型发展的时代诉求。

回顾新中国70年的发展历程，作为拥有悠久历史和传统文化意义的民族传统体育也重新回到了一个崭新的文化转型与文化重建的历史起点，即从过去偏向器物和制度层面的发展开始转向与器物、制度和文化三个层面协同发展的方向。站在新中国成立70周年的历史节点，梳理中华民族传统体育在过去70年中的开展情况，总结其取得的成就和经验，与此同时，研究重点基于文化自信和文化自觉的宏观视角对过去70年中华民族传统体育开展现状进行高度理论概括，旨在对中华民族传统体育的可持续发展建言献策。

二　研究意义

（一）理论意义

中华民族传统体育具有独特的文化内涵，不仅是中华文化沉淀和宝贵资源的重要组成部分，也是拥有五千年发展历史的中国传统文化精华代表之一。当前篮球、足球和网球等现代竞技体育项目风靡全球，现代竞技体育项目绝大多数都起源于西方，毋庸置疑，当前西方体育已主导体育的全球化。基于西方体育独领风骚的国际体育发展大背景，中华民族传统体育在开展的形式和发展的内容上也日益受到西方竞技体育思潮的影响，其中西方体育文化对中华民族传统体育开展的价值观影响尤为深远，这会影响中华民族传统体育的发展，特别是削弱民族传统体育在民众心中的地位。从某种意义上说，中华民族传统体育犹如一面镜子对中国社会发展，尤其是对新中国成立70年的社会历史成长的每一个阶段都进行了记录。我们应该充分认识到民族传统体育在这70年中所发挥的独特作用。因此，基于新中国成立70年的时间节点，回首历史，展望未来，我们不仅要对过去70年中华民族传统体育发展历程进行多层次和全方位的剖析，同时在传统与现代、东方和西方之间找到契合点，并结合人类学、文化学、民族学和社会学等学科理论与方法，从形而上的理论高度对中华民族传统体育在风雨中前行70年中的本质内涵与特点进行梳理与新的解读，为其在新时代中国特色社会主义建设新征程的过程中，促进中华民族传统体育向现代化方向发展提供理论参考。

（二）实际意义

中华民族传统体育不仅种类繁多而且各具特色，从作为"活化石"的少数民族传统体育到以娱乐需求为主体的民间乡土游戏，从以武术为主体的武艺到注重呼吸吐纳为主体的导引养生……无不记录着中国社会发展的林林总总。在这种背景下，一方面，民族传统体育与各民族生活息息相关，不仅是因为中华民族传统体育融合了中华民族传统文化元素并具有鲜明的个性特征，还因为中华民族传统体育包含着器材制造、竞赛程序和比赛规则等组成元素，中华民族传统体育作为一种体育文化现象已融入各民族的日常文化生活之中；另一方面，上一个历史发展阶段残存的陋习难免会带入下一个社会发展阶段，对于中华民族传统体育而言，同样如此，那些不能适应时代的中华民族传统体育必将经历淘汰、革新和发展的过程。历史早已证明，文化的兴起和衰亡是不可避免的事实。基于此，本书以新中国成立70年为时间段，顺应时代发展趋势，对中华民族传统体育的历史发展规律进行提炼，并基于现代发展视角对那些能适应现代社会发展特点的民族传统体育的后续发展提出建议，使之能进行有效的传承并充分发扬光大，实现创新发展。

第四节　理论基础

一　族群认同理论

　　族群认同理论在人类学领域有相关研究者进行了研究，比如纳日碧力戈把族群认同理论归纳为族群边界论、族群社会—符号丛论、族群原生论等。[①] 胡鸿保和王建民认为解释族群现象的主要理论范式包括"现代论、符号论、原生论"。[②] 本书结合研究的主题、参考上述研究以及杨海晨的博士学位论文《族群体育的实践理性与文化表达》，把族群认同理论分为内外两个因素，内部因素可归结为"原生论"（作为一种自然主义、相对静止的理论观点，在分析相应封闭的人类社会时具有较好的解释力），而影响族群形成的外部因素可归纳为场景论或工具论（强调对一种特点目标的获取，对于改变资源配置，灵活调动族群成员的组织方式具有重要意义）。

[①] 纳日碧力戈：《现代背景下的族群建构》，云南教育出版社2000年版，第44—66页。
[②] 胡鸿保、王建民：《近年来社会文化人类学若干热点透视》，《民族研究》2001年第1期。

在"中华民族传统体育的形成基础及特征""新中国70年民族传统体育发展历程与文化流变"等章节中涉及族群认同理论的运用。

二 SWOT分析理论

20世纪80年代初,旧金山大学史提勒（Steiner）教授最先提出SWOT分析理论,其理论常运用于竞争情报分析之中。SWOT分析理论又称态势分析法,主要针对内外部环境的基础上,围绕优势因素、劣势因素、机会因素、威胁因素依照一定的次序按矩阵形式排列起来,再通过系统分析的思想,对上述四个方面加以匹配分析,进而得出研究结论。运用SWOT分析理论有利于人们对研究对象所处情景进行全面分析,进而制定科学的发展战略。本书借助SWOT分析理论,主要围绕分析环境因素、构造SWOT矩阵、制定行动策略等方面对新中国70年民族传统体育发展情况进行研究。

三 "镜中我"理论

库利（Cooley C. H）作为美国著名的社会学家,对人的社会化问题进行持续研究,他反对"人类交往活动只是本能行为"的心理学本能主义阐释,也反对"自然选择的思想应用于人类社会"的社会达尔文主义思想。库利在1902年《人类本性与社会秩序》一书中提出"镜中我"（the looking-glass self）的理论,库利强调人的社会属性和社会生活不可还原为生物本能的特殊属性。在库利看来,人的行为在很大程度上取决于对自己的认识,而这种认识主要是通过与他人的社会互动形成的,他人对自己的评价、态度等,是反映自我的一面镜子,个人透过这面镜子,来认知和把握自己。[1] 本书运用库利的"镜中我"理论对民族传统体育的社会传播与社会互动进行了剖析。

四 供给侧理论

顾名思义,供给侧主要是指供给,而供给侧改革即从供给方面进行改革。自从萨伊提出"产品是以产品购买""供给创造需求"等论断之后,

---

[1] 陈敏、徐晓琴：《体育教学中社会互动的价值与策略——基于"镜中我"理论下的探析》,《北京体育大学学报》2018年第8期。

供给侧理论就受到国外研究者的关注并进行了持续的研究，进而形成了一套独立的理论体系。供给侧理论强调的是通过调整经济结构，使资源实现最优配置，最终使经济增长提质增效，其核心包括"劳动力""资本""土地""创新"四个方面的核心要素。本书借助供给侧理论对中华民族传统体育产业发展情况，以及中华民族传统体育产业推进思路等方面进行相关研究。

第二章 中华民族传统体育的形成基础及特征

中华民族传统体育是由自然环境、社会环境和人文环境共同孕育而生的，与人类社会的政治、经济、文化、地理环境、生产生活方式等要素密切相关。自然环境是促使民族传统体育形成的最基本条件；社会环境是民族传统体育得以延续的主要条件，而人文环境则为民族传统体育的发展注入动力。在漫长的历史进程中，中华民族传统体育在社会历史条件的变迁和自然生态环境的变化双重作用下，发展波澜起伏较大。本章主要将中华民族传统体育及其生存环境作为一个整体，进而分析中华民族传统体育与生存环境之间的联系及其形成要素，并阐述在这种生存环境和共生要素的滋养下，民族传统体育所体现出来的文化形态多元、地域环境依附强、宗教仪式色彩浓厚和民俗节庆多样等主要特征。

第一节 中华民族传统体育赖以生存的环境

一 自然环境：民族传统体育生存的物质基础与地理坐标

相对于社会环境，地理环境是指由水土、地域、气候等自然事物所形成的环境。自然环境既是人类赖以生存的基本环境，也是中华文化形成的源泉之一。中国能成为文明古国，其优秀的传统文化不仅仅源于华夏民族的智慧结晶，也源于中国具有辽阔的疆土、优越的地理位置和独特的自然资源等。从地理环境看，中国位于全球最大的陆地——亚欧大陆的东部，西有黄土高原，东侧面临大海，北有茫茫沙漠，南有炎炎烈日，由此而架构起了中国大陆板块的地理坐标，就像一个巨大的地理单元。外虽与朝鲜、东南亚国家接壤，但中国基本属于半封闭性质的内陆国家，相对封闭的内陆环境，拥有适宜的温度、平坦的地势和肥沃的土地，促成了中华民族以农耕经济为主、农牧渔业并举的经济格局。这种特点不仅直接影响了中华民族的生存方式，也影响到了民族心理和民族文化。在这种自然环境的熏陶下孕育而生的民族传统体育，繁衍并发展至今，离不开这得天独厚的自然环境的培育和所提供的物质养料。马克思主义者曾把自然环境（特别是地理环境）看成推动人类前进的潜在力量，其优劣是影响人类生存和社会发展的因素之一。正所谓"一方水土养一方人"，自然环境赋予了中华民族传统体育的基本底色，形成文化最初的特质，更是民族传统体育生存繁衍的物质依托和文化创造与传承的物质基础。

根据东西南北地方自然环境的差异，中国被划分为多个不同的地域类型（如西南地区、西北地区、东南地区、东北地区、华北地区以及中部地区），由于存在不同的生态环境，在不同地域上形成了各民族不一样的经济生活方式，于是也造就出不同种类的民族传统体育。如中国中东南地区自然环境较为优越、土地肥沃、气候温和、雨量充沛，十分有利于各种农作物的生长。当地民族主要从事农业、林业、渔业生产。得益于独特的地理环境和民族生活方式，当地居民创造出形式多样的民族传统体育活动，如苗族的爬杆舞、芦笙舞、划龙舟，土家族的摆手舞，壮族的高脚马、板鞋竞速、抢花炮等。又如在西南地区山峦密布，地势陡峭，分布山地、河谷、草原、深林等多样性的自然环境。在这样的自然环境下，狩猎与农事成为了西南地区较为普遍的生产方式，人们围绕狩猎而开展的民族传统体育活动有跑、跳、攀、射、骑等项目，其中反映农事生产则有哈尼族的栽秧舞、佤族的春谷舞等活动。而在中国北方的少数民族，以渔业、畜牧业为主要生产方式，长期的渔猎生活，使他们创造出游泳、鱼叉、划船等传统体育活动，如鄂温克族和鄂伦春族。同样，在地势平坦、一望无际的大草原孕育出蒙古族的射箭、摔跤、赛马等娱乐性与竞技性极强的体育活动。上述现象印证了一个基本的原理，即自然环境为民族传统体育的产生、发展提供了必要的客观条件和物质基础，民族传统体育活动也反映了各地区民族群众与其世代居住繁衍生息的自然环境之间和谐相处的共生法则。[①]

二 社会环境：民族传统体育生存的发展动力与活动场域

社会环境就是对我们所处的社会政治环境、经济环境、法制环境、科技环境、文化环境等宏观因素的综合。一方面，社会环境是人类精神文明

---

① 齐超：《割裂与重构——民族传统体育传承的反思》，《体育学刊》2016年第1期。

和物质文明发展的标志；另一方面，又是人类文明的演进而不断地丰富和发展的活动场域，所以也有人把社会环境称为文化—社会环境。在上述的五个因素中，科学技术是第一生产力，科技环境影响着民族传统体育的发展与传播；经济基础决定上层建筑，经济环境影响着民族传统体育的内容与形式；政治环境则影响着民族传统体育的组织结构；而法制环境和文化环境主要影响着人们的文化价值观念和道德标准。因此，自然环境孕育出的是民族传统体育的初态，此后，随着社会环境的不断丰富与发展，民族传统体育逐渐演化成为受广大民众喜爱的一种社会体育活动，以及深深影响着人们生活的一种体育文化形态。

回顾中国社会发展史，从几千年前的封建社会至今，中国在黄河流域的孕育下，形成了以个体农业经济为基础，以中央集权君主专制为政治体系，以宗法家庭为背景，以儒家思想为核心的文化个性的社会环境体系。而具有历史悠久的民族传统体育，其形成、生存和发展深深根植于传统社会文化土壤之中。就拿生活在西南地区的佤族、独龙族等民族来说，其生产方式以狩猎和农事活动为主，开展了许多与之相关的体育活动，如独龙族的阿格来依（跳高）和网石、景颇族的打汤跌（火枪射击）和爬滑竿等传统体育。这些项目和该民族所处的自然环境、生产、生活方式及交通方式都有着紧密的联系。而长期生活在黄河、长江两河流域以及珠江中下游地区的汉族，生产方式以农耕为主，它是一个崇尚农耕文化的古老民族。据《中华民族传统体育志》记载，汉族民众开展的 300 多项传统体育项目中，就有许多体育活动与汉族的农耕文化有关，其中最具民族特色的武术基本由生活在长江、黄河两大流域的农耕民众所创。由此可知，各民族生存环境中的地缘关系和经济生产方式，对民族传统体育的形成与发展有重要的影响。

如上所述，社会环境是催生、孕育各民族传统体育文化的摇篮，其中生产劳动是各民族传统体育文化形式的先前素材与雏形，民族心理、民族行为、民族文化等则是各民族传统体育活动发展中必不可少的文化因素。随着社会经济的发展，特别是新中国成立 70 年以来，社会环境发生了翻天覆地的变化，新中国的成立，使社会性质发生了根本性的转变。而市场经济体系的建立则加快了中国对外开放的步伐，使国家经济水平大幅度提高。在举国体制政策实施的助力下，中国竞技体育的发展加快，使中国逐渐从体育弱国发展到体育大国，并迎来向体育强国的转变。在 21 世纪之初实施的全民健身计划纲要，使全民健身活动如火如荼地开展，人们也从对体育的观望转变为参与其中。加之近年来形成的国家政府高度重视、企事业单位出力、群众积极参与等自上而下的互助发展模式,直接推动了体育休闲小镇、体育旅游、体育赛事、体育产业等体育相关业态的发展。如今在全球化环境下,加强民族文化自信,提高中国文化软实力则成为了新时代文化发展的要求。社会大转型背景对于中华民族传统体育的生存必定带来不可忽视的影响,只有随社会环境顺势而变,民族传统体育才会有更好、更大的生存空间与发展前景。

三 人文环境:民族传统体育生存的精神养料与空间维度

由上述民族传统体育产生与发展过程来审视,我们知道它是在一定的环境下形成和发展的,并受该环境的影响和制约。如自然条件是人类赖以生存和发展的物质基础,同样它对人类创造出的民族传统体育自然也会产生巨大的影响。而社会条件是人们所处各种社会关系的总和,它对民族传统体育的形成、发展起着主导性的影响作用。但体育与环境是对立统一的辩证关系,一方面,环境创造了体育,并制约着体育的形式、内容、方法、效果及发展速度;另一方面,体育对环境又有强大的能动作用,不断地改造环境。而体育能够有此类功能根源在于人,只因有"人"这个具有社会意识形态主体的存在而存在。因此,体育是由生活在自然环境和社会环境的人类创造出来的文化,同样通过体育活动又对人的道德情感、信仰的转移与强化以及意志品质产生影响,进而能动地影响着自然环境和社会环境。于是在人类活动不断演变的社会大环境中,由人为因素创造出的、社会性的、非自然形成的环境,便是我们所说的人文环境。而根据人文环境的内涵,其又有广义和狭义之分,广义的人文环境通常泛指人类社会的各种文化现象,是人类在改造自然和改造社会过程中所创造的一切物质成果和精神成果的总和;狭义的人文环境,特指人类的语言、文化及各种思想意识形态领域活动场所形成的精神文化境况和氛围。总的来说,人文环境是指以人的内心精神世界充盈为目标,使作为社会主体的人的人文素养、人文意识、人文品质、道德水准和文化心理素质等得以生成和提升的社会文化环境。

如今,随着现代体育的发展,民族传统体育的生存不仅需要自然环境和政治经济环境的培育,而且需要人文环境的观照。中华民族传统体育是在不同历史时期,由特定的主体(即各民族群众)创造并开展的,存在于特殊的文化空间和特定的民俗语境中,彰显各民族特色和民族精神的体育活动,其发展、演化和传承反映不同时期各民族群众追求身心发展和民族文化延续的需要，① 因此，民族传统体育流传至今，首先是各种与之相关的知识经验和民族文化底蕴成为其传承的重要条件。其次是依托于当地独特的地域性特征和人文基础作为物质载体。而以上两方面又取决于物的秩序、社会关系、价值判断三个维度之间的相互作用，从而共同构成了民族传统体育生存的人文环境。在这三个维度中，"物的秩序"主要体现在表层的有形物质传承上，如历史古迹、器皿、图腾等器物，或者是记载有古战争、狩猎、歌舞等活动的广西桂林左江流域花山崖壁画，以及记载有射箭、相扑、游泳等民族传统体育活动的敦煌莫高窟壁画。②又或者楼房、服饰、道具（包括动物）以及行为举止等通过身体语言加以固化的活动方式（如苗族鼓舞、瑶族的打铜鼓等）。而"社会关系"这个维度主要为各种正规与非正规制度，如表现形式有村落宗族制度、语言文字、宗教、节庆习俗和社会组织等。此外就是"价值判断"维度，它更多地表现为民族价值观、思维方式、宗教信仰、心理特征、伦理道德等意识形态方面的东西。因此，在人类主体与空间环境要素（器物、制度与意识形态）之间交互作用下，民族传统体育形成初步的感官投射并具有一定知识性。最后，随着人类在社会环境与经济环境持续的交互过程中不断地积累和完善，民族传统体育的民族精神与文化空间日益加强扩大。③

第二节　中华民族传统体育的共生要素

一　生产劳动要素

人类对生产劳动和生活节律的需要催生了民族传统体育，而民族传统体育的存在也促进了人类生产技能的锻炼与发展。一方面，我们要承认劳动创造了人和人类社会，同时也创造了"体育"这一观点，④ 因为在人类原始时期，面对恶劣的自然环境和严酷的生活条件，为了能生存下去，人

---

① 齐超：《割裂与重构——民族传统体育传承的反思》，《体育学刊》2016年第1期。
② 王智慧：《图腾崇拜与宗教信仰：民族传统体育文化传承的精神力量》，《体育与科学》2012年第6期。
③ 熊茂湘：《体育环境导论》，北京体育大学出版社2003年版，第6页。
④ 徐素卿：《论体育起源于生产劳动——兼与崔新京同志商榷》，《沈阳体育学院学报》1983年第4期。

们经常与自然界和凶禽猛兽进行艰苦的斗争，这要求人们学会走、跑、跳跃、攀登、投掷与游泳等各种技能，在漫长的生活劳动和斗争中不断改造自然界以及不断改进自己的身体技能。所以人们在生产劳动中不断发展自身的跑、投、跳、攀登等能力，并创造出了射箭、射弩、投掷、赛跑、摔跤等原始形态的活动项目，经过长期的孕育与发展，流变为中国各民族的传统体育。因此，生产劳动自然就成为民族传统体育产生的重要源泉之一。另一方面，我们更要意识到，随着时代的变迁，人类生产劳动方式日益科学化、技术化、现代化。此时，不断变化的生产劳动方式更是离不开以人类的身体活动作为支撑，它们之间的联系变得更加紧密和直接。我们知道，在人类社会早期，由于生产的技术和科学手段落后，生产效率取决于人们的体能和技巧，在这样的情况下，身体的体能和身体的活动成为生产的主要制约因素。为了提高生产效率，人们想方设法地加强体能训练，不断提高身体灵活程度，以期提高生产技巧。为此在生产效率得到提升时，人们的体能不断得到发展，技巧逐渐得到提高，也由此形成了拓展身体活动的一些基本方式和方法，为后续的体育活动提供丰富的身体活动原模特质。[①]然而，现如今人类体质健康却与高科技的生产方式似乎呈相背而行的趋势。虽然人类在劳动生产中创造了民族传统体育，又通过体育活动使人们的生产技能得到提高，共同促进人类自身与社会的发展；但是我们也不能忽视在新的生产方式和生活节律影响下，现代诸多"文明病"所产生的亚健康给人体带来的危害。因此，无论是现代体育还是民族传统体育，与人类生活生产劳动始终保持着一种相互影响的共生关系。

二 宗教信仰与图腾崇拜要素

在人类生活的远古时代，宗教是人类社会的一种普遍现象，它源于先人们对自然、社会和自身无法完全了解和充分理解而产生的幻觉，并希望通过对自然、图腾、巫术、祖先等被神化的人与物的崇拜，以求在现实生活中得到它的保佑和赐福。因此，宗教信仰是人类社会活动的精神寄托，对人类社会秩序的建立与调解起到了重要的作用，在人类文化史上一直占有十分重要的地位。在原始宗教信仰体系中，图腾崇拜被认为是人类历史上最早的文化现象之一，是人类一切宗教、文化、社会组织和道德的起

---

① 陈青：《民族体育跨文化融合》，民族出版社2010年版，第32页。

源。① 回顾民族传统体育的形成，不难发现民族传统体育的萌芽与宗教也有着密切的关系，并在其发展过程中一直受到宗教的影响。即通过文化生成机制和社会机制的双重作用，使用于祭祀和娱神的舞蹈和竞技项目被赋予了特殊的宗教仪式和图腾崇拜元素。比如在图腾信仰仪式和祭祀活动中，为了使人与神能达成共鸣的形态表现，根据信仰活动的需要，以人的"身体活动"为载体而产生各种各样的与宗教相互融合的体育形式，于是就有了各种带有祭祀性的体育活动。最后这些活动形成了民族传统体育项目中的文化内核，促进民族传统体育的形成与发展，同时也成为了民族传统体育文化传承的价值认同和心理力量。如在云南彝族进行的祭祀活动中，人们模仿动物扮成虎、牛、羊跳舞，还用斗牛、高脚马、跳火绳、荡秋千等方式来敬祭神灵，并进行摔跤比赛。因此，图腾崇拜与宗教信仰作为民族传统体育的文化支持与精神源泉，既塑造了民族传统体育文化的本源，又成为了民族传统体育文化传承的精神力量。② 简言之，它们之间相互依存的特殊关系，就是民族传统体育源于宗教，而宗教信仰寓于民族传统体育。即使在时代进步飞快、科学技术发达的今天，它们的形式发生了微妙的变化，但它们体现的人的精神世界与本质力量仍不变。并且在共生原理的指导之下，我们强调的是在尊重其他参与方（诸如文化习俗、宗教信仰等）的基础上，扩大中华民族传统体育与宗教信仰各自的共享领域。

三 军事战争要素

中华民族传统体育的起源是多种文化要素共同作用的结果，它的形成与发展与各民族的自然环境、生产生活方式、原始宗教祭祀活动、部落军事战争、精神娱乐、古代教育方式以及人们的传统健身养生观念与方式都有着密切的关联。因此，民族传统体育的起源并不是单一的、孤立的，而是以多源、多流、多渠道的形式并存着。③ 在民族传统体育文化的多元化形成过程中，它与军事战争的关系密切，军事战争也是民族传统体育的一个重要源头。因为在中国古代社会，尤其是进入奴隶社会以后，各民族为了自身的生存与发展而展开了一连串的部族军事战争。为了在频繁的战争

---

① 刘云德：《文化论纲一个社会学的视野》，中国展望出版社1988年版，第25页。
② 王智慧：《图腾崇拜与宗教信仰：民族传统体育文化传承的精神力量》，《体育与科学》2012年第6期。
③ 蒋雪涛、饶远：《对我国少数民族体育文化源流的多元探析》，《云南师范大学学报》（哲学社会科学版）2010年第5期。

中立于不败之地，必须发展战争所需的武器和战斗技能。冷兵器时代，人们便有意识地在战争中发明并制作兵器，如古代的剑、弓箭、戈、矛、戟、枪等兵器成为了后世民族传统体育——武术所使用的表演器械。此外，人民还创造了用于军士训练的民间体育项目和开展各类军事体育活动。因此，从一定意义上讲，古代部落战争和军事训练是民族传统体育形成的一个重要渠道，是推动民族传统体育发展的动力。同时，它们之间又是相辅相成的。体育作为军事战争依赖的重要手段之一，在冷兵器时代甚至可以说是唯一的手段。而人类在掌握了武器、提高了战斗技能的同时也促进了军事和身体训练，极大地推动了传统体育的产生和发展。又如目前世界上最大的体育赛事——奥林匹克运动会，在古代，奥运会就是战争的产物，它既来自战争，又服务于战争。虽然随着社会的发展，体育不断从军事战争中剥离出来，被赋予新的价值功能，形成了自身的体系，但始终难以分离两者的关系。

四　休闲娱乐要素

休闲娱乐是民族传统体育产生的直接原因，是民族传统体育形成的另一个重要源头。在氏族公社后期，人类除生产劳动和战争活动之外，娱乐也成为社会活动的主要内容之一。[①] 原始社会时期，娱乐和体育并没有很明显的区别，有很多传统体育产生的根源就是人们休闲时的娱乐活动，并且成为民族传统体育发展过程中的重要动力。回望人类初始，原始人以部落聚居的集体生活方式为主，共同劳动、共同享乐。特别是当劳动收获时，整个部落就集体跳舞为之欢腾；又或者狩猎满载而归时，为表心中的喜悦之感，众人围篝火而舞。此类情景在《诗经·大序》中就有描述，如"情动于中，而形于言，言之不足，故嗟叹之，嗟叹之不足，故咏之歌之，咏歌之不足，不知手之舞之，足之蹈之也"。可见原始人是借助手舞足蹈的身体活动来表达抒发他们内心的情感的，故原始舞蹈便成了他们娱乐生活的主要形式，也是原始舞蹈诞生的由来。至今在中国一些少数民族流传下来的一些民族传统体育中，仍保留着它的影子。如土家族的"摆手舞"、苗族的"鼓舞"、藏族的"锅庄舞"等，都是从原始舞蹈中演化而来的，很好地证实了民族传统体育萌生于原始人类的娱乐生活。

我们知道娱乐是对人性的尊重，是对人性的弘扬。在休闲时通过娱乐的方式使身心得以放松，精神得以满足，成为古今中外人类对娱乐的一致

---

① 曾于久、刘星亮：《民族传统体育概论》，人民体育出版社 2000 年版，第 29 页。

追求，只是采用的娱乐方式不同，其需求和内容也有所不同。如东方人追求的是娱乐的终身性，采用的是迂回的、意味深长的活动内容。而西方人追求的是娱乐现实性，擅长直接的、感官刺激的活动方式。但无论是哪一种娱乐内容和方式，娱乐对人类而言都是非常实用的。通过自娱自乐和观众参与的娱乐活动形式，既可享受民族传统体育带来的愉悦之感，满足人精神上和生活上的需求，还能够有效地达到自娱和他娱的社会效应。当把这种娱乐与人的本能活动区分开来时，也就形成了原始的民族传统体育形态。如表述生活经历、心理情感祈求的民族传统体育彝族阿细跳月、白族霸王鞭、黎族跳竹竿等。又如表达广大少数民族青年男女相识、相爱的婚恋与婚俗方式，同时为男女青年思想情感的交流提供了环境和手段的传统体育娱乐活动，比如哈萨克族的姑娘追、布依族的丢花包、苗族的八人秋，以及壮族的抢花炮等具有婚俗仪式形式的活动。总之，中华民族传统体育与休闲娱乐要素之间的共生关系，就是在较大的社会或经济或生态收支背景下，在共生单元里寻求自己定位的一种途径。

第三节　中华民族传统体育的主要特征

一　文化形态多样性

体育是人类社会发展过程中，根据生产和生活的需要，按照人的身心发展规律，以身体练习为基本手段，达到增强体质、增进健康，提高运动技能水平，丰富社会文化生活的一种有目的、有意识、有组织的社会活动，它是贯穿于人类社会发展过程中而建立起来的一个专门的科学领域。体育文化是存在于整个文化体系的重要构成，综合当前对体育文化的相关研究，可以将其界定为人类在体育实践过程中创造和保存的一切体育活动形式、体育精神和体育制度的发展水平、程度和质量的综合整体。按照这一定义，从广义上说，体育文化是指人类在历史发展进程中，在体育方面创造的一切物质文明与精神文明的总和；而从狭义上说，则是指有关体育的精神文明或观念文化。[①] 中华民族传统体育文化是以中华各民族传统体育文化为主的一个复杂体系。在中国历史长河中孕育了极具意境和内涵的

---

①　李春晖：《当代中国体育文化的内涵、特性与体育人文精神建设》，《北京体育大学学报》2015年第12期。

东方智慧的传统体育文化。在发展过程中融入了儒、释、道,有着丰富的养生思想,武术、引导术、健身气功等多种运动形式,以及包含着很深内涵的民俗习惯和风格,它包容各个民族对传统体育文化的不同价值取向,即各个民族对传统体育文化的认识,中华民族传统体育文化在发展过程中逐渐受到现代社会的认可,它是维系中华民族的精神纽带,是团结民众增强向心力的源泉。

中华民族传统体育是集各个民族的体育资源之大成,中国有56个民族,在每个民族传统体育项目上,表现出显著的多样性。例如舞龙、舞狮、武术、毽球、抢花炮、珍珠球、蹴球、押加、木球、射弩、拔河、风筝、板鞋竞速、踩高跷、荡秋千、姑娘追、打陀螺、赛马等,各种体育项目都具有各自民族不同的技术特点,同一项目不同民族又保留了本民族的各自特色,比如具有华夏特色的"舞龙"这一传统运动在全国各民族就呈现出不尽相同的表演特点。这些项目最终在本民族的历史和生产劳动影响下形成了各具特色、风格迥异的民族传统运动项目,它们是各个民族的智慧结晶,也蕴含了各自民族的人文气息,正是这些不同的民族体育项目,才构成了中国丰富的体育资源,体现了中华民族文化的多样性。中华民族传统体育是集竞争、娱乐、广适、地域及艺术观赏性、趣味性于一体的综合运动形式,涵盖了"性命双修、心身并育"的生命整体优化理论,把人与环境视为不断进行物质、能量和信息交流的统一体,并把人体功能的强化和优化看作是一个精神同物质紧密联系的统一体活动。[1] 它既是自贯一身、稳定的精神物质文化,又是在历史环境的变迁中不断改变其具体的结构式样,呈现出多姿多彩的体育文化。中国各少数民族的传统体育与汉族民俗体育的"和而不同",民间传统体育与官方主流现代体育的"和而不同",中华民族体育与全球体育文化的"和而不同",这是文化生态链的层层递进,体现当代体育的文化多样性价值。[2] 这是一种在历史不断演进发展中,保留本身的特色又不断进行创新的文化,经过了历史的洗礼,才有了中华民族传统体育"百花齐放"的局面。民族传统体育随着时代的变迁不断地进行转变,体现出自身的现代价值并融入新的理念才没有被社会淘汰,而且极大地满足了现代人们身体锻炼的需求和丰富了我们的精神文化生活,拥有几千年底蕴的中国民族传统体育正以其独特的文化价值发展开来。

---

[1] 曾于久、刘星亮:《民族传统体育概论》,人民体育出版社2000年版,第12页。
[2] 刘明:《民族传统体育文化多样性价值及其实践途径》,《广州体育学院学报》2010年第3期。

二 地域环境依附性

中国自古以来幅员辽阔，各类资源丰富，地形地貌复杂多变，各民族在不同地域的长期生产生活中产生了各自的文化与体育项目，地域的差别是影响民族传统体育的主要原因。每个民族传统体育项目都产生或发展于特定的地域环境，民族传统体育和特定地域息息相关，使得地域性成为民族传统体育的一种基本特征。[①] 在这样的大背景下，可以说地域差异造就了独具特色的民族传统体育。就像中国的西北地区多戈壁、沙漠、草原，南方地区多河流、湖泊等，这就形成了"南人善舟，北人善骑"的大局面，反映了中国各民族所处的地理环境对生产方式和传统体育的影响。中华民族传统体育由于原来的环境闭塞、交通不发达等多种原因而处在一种相对封闭的环境中，这更对民族传统体育的文化内涵进行了锤炼，既保留了各民族的原生态又使得民族特色更浓，文化底蕴更为雄厚。

中华民族传统体育起源于生产劳动，又利用诸多的自然环境条件进行适宜的开展，充分展现了不同地域间的人情风貌。比如中国的东北地区主要是黑、吉、辽三省份，地形特点是多山脉和平原，纬度高、气温低，冰雪类项目在这一区域居多，例如满族的冰上打球、打冰挞、打冰猴，鄂伦春族的滑雪、雪上竞走等项目。沙漠、戈壁、草原、荒漠是西北地区的地理特征，游牧民族也大多聚集在此地区，因此形成了该地区的独特项目，比如赛马、摔跤、姑娘追、射箭、赛骆驼、滑沙等民族传统体育项目是该地域特色；西南地区分布着盆地、平原、丘陵、山地和高原等多种类型地貌，多山是西南地区一个十分突出的地貌特征，所以该区域的登山、跳高、投掷等项目十分盛行，比如居住在山区和半山区的彝族喜欢射箭、秋千等体育活动；而在半山区下的彝族举行左脚舞活动；中原地区历史文化悠久底蕴深厚，多高原、盆地、平原，地形复杂，既是儒家文化最早诞生地，中国礼乐文明的发源地，也是佛释最早落户之所、道家的渊源之场，武术、养生、棋类等项目十分突出，比如太极拳、健身气功、太极柔力球等；长江中下游地区分布着众多的淡水湖泊，水资源丰富，降水量比较充沛，所以该区域的水上项目突出，如赛龙舟、舞龙、踢毽子、跳绳等；岭南地区位于中国最南方，降水充沛，处于丰水地带，汛期长达半年以上，赛龙舟、独竹漂、捉水鸭是本地区的代表项目；蒙古地区居住着"追逐水草而居的"游牧民族，游牧民族风格粗犷，活动也多姿多彩，蒙古族体育

---

① 周强猛：《民族传统体育传承中的地域性探索》，《贵州民族研究》2017年第9期。

的举办形式数"那达慕"最具特色，如摔跤、骑马、射箭是大会上的经典项目，许多传统体育活动都与马、骆驼有关，具有浓郁的草原特点。所以中华民族传统体育的发展传承具有鲜明的地域性特征。

三 宗教仪式性

每一次人类活动都在进行建造世界的活动，宗教在这种活动中占据重要位置。[①] 不管是从发生学的角度还是从人类学的角度来讲，宗教在人类发展过程中都占有一个不可或缺的位置。中国自古以来就是一个多民族多宗教的国家，各民族都有自己不同的信仰，有些民族全族的人都信仰一种宗教。每个人都有自由信仰宗教的权利，由于中华文化具有的长久传承性和不间断性的特点，中华民族传统体育除了地域性和文化多样性之外还有浓厚的宗教色彩。民族传统体育活动都带有一定程度的仪式性，且有些活动项目直接起源于宗教、祭祀、庆典等传统仪式。[②] 最早的宗教活动是在人类的原始社会时期，当时由于认知水平有限，对于出现的一些自然灾害和其他不能解释的事物，人们便会归结于上天神灵的警示，这便是人类原始宗教开始的萌芽，以自然崇拜为核心的最早的宗教信仰。人们由自然崇拜向诸神崇拜的中间环节就是图腾的构建。仪式指的是人们在不运用技术程序，而求助于对神秘物质或神秘力量的信仰的场合时的规定性正式行为。[③] 宗教仪式是宗教信仰的体现，宗教仪式在本质上具有沟通人与诸神关系的意义，是联结信仰主体—人和信仰客体—"超自然力"以及各主体部落信徒的中介和联结。[④] 在民族传统体育发展过程中，一些项目的起源和发展都会与各族的宗教仪式有千丝万缕的关联。

中华民族传统体育以最初的原始崇拜、迷信祭祀等形式流传下来，这不仅体现了民族传统特色的文化，也是民族传统体育项目不断延续的重要形式。在各民族长期的生活中因节令、风俗、事件等形式各异，又因其在事件的重要程度在规模和强度上有所差异，经过长期的发展变迁，仪式的形式逐渐成为民族传统体育项目的代表形式。现在传承下来的中华民族传

---

① 〔美〕彼得·贝格尔：《神圣的帷幕——宗教社会学理论之要素》，高师宁译，上海人民出版社1991年版，第7页。
② 王洪珅：《互动仪式链理论视域下的少数民族传统体育本质推演》，《体育科学》2014年第7期。
③ 〔英〕特纳著：《象征之林 恩登布人仪式散论》，赵玉燕、欧阳敏、徐洪峰译，商务印书馆2006年版，第19页。
④ 王志学、张勇、卢伟：《论宗教仪式对体育竞赛本源的塑造》，《体育与科学》2012年第4期。

统体育很多都是源自祭祀仪式，比如土家族的"上刀山，下火海""摆手舞""茅古斯"等，彝族的荡秋千最早是为了纪念星神而产生的，纳西族的"东巴跳"，还有白族的"绕三灵""火把节""蝴蝶会""海灯会"、侗族的"抢花炮""舞龙舞狮"等都是通过节日的仪式，举办不同种类的传统体育项目。就像"舞龙"是人们为了祈求上苍风调雨顺、五谷丰登而进行的活动，体现了人们对美好物质生活的向往和追求。在民族活动开展中，人们往往因为共同的体育项目而建立个体彼此之间的联系，仪式通过体育活动的方式，不断被广大民众认可并接受。① 民族传统体育所体现出来的内涵实际上就是仪式性的身体活动，人们创造一种寄托愿望的媒介然后把希望和力量寄托于神灵。信仰和崇拜需要物化的形式，许多少数民族体育活动最初正是作为一种求神拜祖的祭祀仪式和活动而创作的。据考证，在云南楚雄彝族自治州的彝族山村内的彝族人，每逢正月初八到十五跳的"虎舞"就是源于祖先对图腾的崇拜，通过传统的舞蹈编演形式用于祭祀神灵以期达到娱神驱鬼的目的，土家族的打响鞭开展的目的也是驱除邪魔，保佑一方土地。少数民族为了求神灵欢娱、降福祛恶而举行各种仪式，并由此能够得到精神安慰或受到鼓舞。宗教仪式文化功能主要表现在文化对内传承与对外传播。宗教信仰早已渗透到人们生活的各个方面，某些少数民族传统体育产生与发展的重要源泉就是宗教的仪式，民族传统体育的发展与宗教仪式密不可分，在隐性的传播过程中，人们通过仪式不断进行表演。在新时期少数民族受到现代化教育思想的影响，崇拜鬼神的思想逐渐被削弱，活动中的迷信思想也逐步去除，积极进行转变，剔除其中的愚昧思想，融入新的价值理念。随着宗教仪式的逐渐减弱，政府相关部门采取了相应对策，对正宗传统宗教祭祀予以的支持也加固了一些民族传统体育项目生存的根基和土壤，在大力挖掘与保护下使民族传统体育文化不断传承与发展。

四 民俗节庆性

一个民族早期的发展受到地理环境、社会生产方式、文化水平和宗教信仰差异等各方面的影响，所以人们进行多种形式的祭祀活动以期感动自然力量。在祭祀活动中，逐渐用舞蹈、竞技、角力来进行祈祷，娱乐神灵，祈求庇护，于是原来用于娱人的歌、舞等，又用来娱神，这样兼有体育和艺术双重性质的舞蹈就和宗教祭祀活动结下了不解之缘。② 因此，古

---

① 王雪梅、牛聪伟：《民族传统体育仪式的文化解读》，《武术研究》2016年第7期。
② 熊少波、周平：《湖南传统节庆体育流变研究》，《吉林体育学院学报》2015年第4期。

代节日祭祀活动是中国传统节庆体育的源头。湖湘地区在古代盛行祭祀风俗、鬼神信仰、祭祀仪式、巫傩风习，而这些活动一般都是在特定的节庆日进行，最早的节庆活动主要是围绕这些祭祀鬼神的仪式来进行的，传统节庆体育也是这些活动的重要内容。据调查，在中国现存的上千种民族传统体育项目中，仍有200多项与民俗节庆活动有关，所以各少数民族的节日文化是生活中的一个展示平台，综合全国各地的饮食文化、服饰特色、宗教背景等形成的丰富独特的民俗节庆活动在现在越来越受到重视，这种民俗活动具有多姿多彩的内涵，在现代文化的冲击中仍保留其民族特色，是通过民俗节庆活动彰显民族文化，源于古时祭祀中流传下来的祭祀节庆活动依旧是现在中华民族传统体育的一个重要组成部分，而且节庆活动的举办也是促进一个城市地区良好旅游形象的重要因素，是一种非物质文化遗产的体现形式。

民俗节庆的开展通常是一个民族的生活文化的精粹的表现。在漫长的历史演进过程中，诸多的民族庆典活动随着社会发展逐渐流失，实在令人惋惜，民族文化的精华不可避免地在变迁中流逝，以至于今日留存下来的更是珍稀，一个民族保留下来的独特节庆活动在当今社会不仅是传承中华民族传统文化的重要载体，同时也为民族文化传统的创新与发展提供了基础。例如春节、元宵节、清明节、中秋节等中国传统节日，以节日习俗的形式展现在民众的视野下，让其体会整个节日的文化与活动经历，在相同的仪式中体验相同的价值，这就是传统节庆活动带来的文化再生产功能，让人们在传统文化中熏陶，给人们最有效、最直接的展示。各个少数民族都有自己独特的节庆活动方式，典型的诸如回族的开斋节，壮族的"三月三"歌节、花朝节等，侗族的姑娘节、斗牛节、花炮节等，苗族的四月八、中元节等，仫佬族的拜树节，土家族的女儿会，瑶族的盘王节，白族的三月节，傣族的泼水节，京族的哈节，水族的卯节，藏族的赛马会等。在各民族开展最经典，整合有效且与当地旅游业结合最好的是蒙古族的"那达慕"，除了"那达慕"大会上的搏克、射箭、赛马等项目，它还融合了内蒙古当地的原生态特点与旅游资源，塑造成当地的民族传统体育盛会，吸引了众多的游客游览并积极参与到其中，感受民族传统体育项目带来的文化魅力，也推销了内蒙古的特色食品，在国内外形成了一定的影响力。通过开展多样的活动形式人们接受传统文化，体验节庆活动表现的民族传统文化，人们在感受传统的表演与传统的教育中，耳濡目染，自觉理解、接受传统，从而实现传统的传承。在多元文化并存的今天民族传统体育文化有着重要作用，许多地区对传统民族体育节开始重视，通过大力宣传，借助一些节日推广传统体育文化，不少地方依据地方特色开办了各式各样的体育文化节、体育表演会和体育比赛，使得各类的民族传统体育项目走出国门，走向世界，这些活动的开展有力地展现出很强的民族特色，传统文化的认同感、归属感和凝聚力，是一个民族的灵魂和特质。在世界"多极化"的今天，中华民族传统体育文化占有重要位置，因此，恢复、保护、认定民族传统节日，营造良好节日氛围，不仅是出于发展民族传统体育文化的需要，而且是彰显其认同价值的重要方式，我们支持传统民俗庆典活动的开展，将更多有趣味的民族传统体育项目引入民众生活，使民族传统体育发扬光大，内涵得以体现，促进中华民族传统体育的传播。

第四节　中华民族传统体育与西方体育的比较

民族传统体育在长期发展的历史进程中，受到地理环境、社会生产、生活方式、文化水平以及宗教民俗等各个方面的影响，逐渐形成了鲜明的特征。它从不同的角度和层面反映了中华民族的文化形态，其特点表现为民族性、传承性、地域性、交融性、多样性和适应性。[①] 而西方体育在其发展历程中，吸收了古希腊奥林匹克运动会中的公平竞争、追求卓越、实现自我等竞技特点，并在资产阶级革命的背景下产出具有西方文明特征的西方体育，既继承了古希腊奥运会的特色，又将新社会发展中更加符合人性的新兴元素融入其中，备受西方国家民众的喜爱。《体育简史》中对现代体育的发展进行了阐释，在人类历史的大部分时间中，大多数人的生活即是工作，工作即是生活。当工作和生活的对等关系暂时中断时，运动便产生了。这同民族传统体育相似，都是在劳作之余用来消遣的一种方式，与当时的生产方式有很大的关系。[②] 只是在后期的发展下，西方体育较之前有了显著的变化，有了普遍适用的规则，并且能够形成一定规模的产业，有规律的产生收入。从国格或横向地域的角度而言，这种文化交流是平等的，但从社会发展的纵深角度来看，这种交流却存在着巨大的时代差异。[③]

[①]　田祖国：《国家文化软实力与民族传统体育发展的制度保障研究》，民族出版社2016年版，第84页。
[②]　〔英〕托尼·柯林斯：《体育简史》，王雪莉译，清华大学出版社2017年版，第6页。
[③]　田祖国、钟海平、白晋湘：《论西方文化对我国民族传统体育文化的冲击》，《体育文化导刊》2002年第3期。

一 中西体育文化背景差异

人类文化在历史发展的长河中，不仅有共性的一面，也有其丰富多彩个性的一面，这主要通过人类文化的民族差异性具体表现出来。中国的文化是最典型的东方文化，东方文化注重人与自然、人与人之间的和谐统一，注重内在的修为，总能在社会的发展中寻求适合自己的地位。而西方文化则与之相对，理性地去辨析人与自然的关系，不甘于受到思想上的束缚。西方国家倡导个体的自由，充分发挥个体的主观意愿，注重在生活中形成更好的竞争空间，激发个体之间的竞争意识，将个体间的差异可以转化成个性的输出，并能在适合自己的位置实现自我价值。中国体育的目标就是修身、养性，它的典型项目是导引术、健身气功、太极拳等，其动作结构以模仿动物（如五禽戏）和平衡统一（如内外、神形、动静和刚柔之间的和谐）为精要。[1] 在练习这类中国传统体育项目时，除了进行肢体上的模仿外，更需要体会人与自然的融合，追求一种"天人合一"的境界。这就说明了中国传统体育蕴含很强的哲学思想，需要通过不断的练习，并在名师的指导下进行意念的升华，也是对中国文化的一种领悟。在西方的文化体系内，与古希腊体育繁盛相对应的是古希腊高度发达的数学及物理研究，运用数学的方法研究过动物运动和人体的结构，对于人们日后参与体育运动奠定了一定的基础。[2] 所以大多数的西方体育都处于物理学范畴，人们在参与体育运动时始终追求着更高、更快、更强，需要通过比赛来成就自我。西方体育随着时代的发展，由田径项目逐渐过渡到多元项目，但其内在的物理属性却不曾改变，现代奥林匹克运动会的评判标准同样是具有很强的西方文化的特性。总之，在东西半球的地理环境、气候条件、民族风俗等文化背景差异下，中西方体育形成了具有一定代表性的体育风格，都对现代体育的形成与发展有所助益。

二 中西体育文化价值理念差异

李力研认为东方体育是一种哲学体育，其实质是对宇宙的把握。西方体育是一种物理体育，其实质是对生命的展现。从导引术、健身气功、太极拳的内涵可以看出中国体育的哲学思维，在锻炼的过程中不断提高自己

---

[1] 李力研：《野蛮的文明：体育的哲学宣言》，中国社会出版社1998年版，第36页。
[2] 李力研：《野蛮的文明：体育的哲学宣言》，中国社会出版社1998年版，第43页。

的内在修为，力图达到"天人合一"。中华民族传统体育在长期的军事活动、生产生活和民俗活动的演进过程中得到不断的丰富与发展，形成了独树一帜的华夏民族体育。[①] 国家社科基金一般项目"中华民族传统体育项目志（1990至今）"对20世纪90年代以来中国56个民族的1200多项体育运动项目进行了梳理，发现中华民族传统体育项目除了显现出东方体育的哲学思想外，很多项目与西方体育有很多相似之处。如抢花炮、珍珠球、押加、高脚竞速、板鞋竞速等项目，开展过程充满了竞争，同样也体现出西方体育的物理属性，运动员也需要对自己进行物理性提高，才能在比赛中获得胜利。李力研在《野蛮的文明》中将中国体育和西方体育进行了辨析，可谓是对这两者一般性的总结，对中华传统体育项目中最常见的体育项目做了归纳，有一定的思想高度。民族传统体育作为中国体育的一部分，在社会的发展过程中起到了一定的积极作用，并在健身、娱乐、教育、宗教、文化方面丰富着中国民众的日常生活，成为世界体育发展中具有多元特色的体育活动。在历史的发展过程中，东西方文明也经历了多次的冲突与融合，在很多地域还形成了多元文化的体育风格。如地处中国西北部的"河西走廊"是东西文化交流之地，同时受到了古代中国文明、古希腊文明、古罗马文明、古印度文明、波斯文明和阿拉伯文明的影响，使这里的文化呈现出多元景态。所以，深受多元文化影响的中国体育，形成了具有多元特色的民族传统体育。但在历史发展的过程中，民族传统体育并未走上西方体育的发展模式，长期处于地域内或民族内部的一种活动，从而和西方体育产生了两种不同的效果。

三 中西体育表现形式差异

在中国2000多年的封建统治中，各个民族在生活中增添了许多活动，并发展成具有一定规模的体育活动。有的项目与种族的繁衍有关，如哈萨克等民族的姑娘追、羌族的推杆、朝鲜族的跳板等；有的活动源自生产、生活习俗，如赫哲族的叉草球、草原的赛马和骑射以及江南水乡的竞渡等；有的项目来自宗教习俗；有的项目则直接由军事技能转化而来，如各个民族的武术等，从而构成了多姿多彩的民族传统体育项目。[②] 众多的民族传统体育项目丰富了中国民众的生活，其表现形式是人们在劳动之余

---

① 单凤霞、郭修金：《民族传统体育与西方现代体育的共生发展》，《南京体育学院学报》（社会科学版）2017年第3期。
② 田祖国：《国家文化软实力与民族传统体育发展的制度保障研究》，民族出版社2016年版，第88页。

参与体育活动，或是在节日庆典举办体育活动，还有就是在仪式活动下的体育活动。从中华民族传统体育的表现形式来看，它始终处于一种附属地位，都是在其他活动的背景下展开的，在封建思想的禁锢下民族传统体育并未成为人们生活中的主要活动。如拔棍、押加、投梭镖、挑担赛、打扁担等项目，就是人们在农作之余用来消遣的活动，由于这些活动都是农民在劳动之余参与的活动，在当时的环境下还是有一定的排他性的，比如让一个商人跑到田地与他们一同竞赛，很显然是不现实的。节日庆典下的民族传统体育，如壮族"三月三"、蒙古族的那达慕、苗族的斗马节、傣族的泼水节等，民族传统体育的开展就是为了给节日助兴，并且通过体育的竞争性给参与者带来一定的收获。另外，还有宗教仪式下的民族传统体育活动，伴随祭祀活动展开的体育活动。所以，中华民族传统体育虽然在数量上较西方体育有很大的优势，但是在历史发展中，始终没有成为独立的体育活动，一直以一种附属的形式存在于中国民众的生活中。

而关于西方体育缘起，就表面上而言，西方体育起源说存在历史纪年与地域上的争论，一方认定体育起源于古希腊罗马时代的地中海地区，而另一方认定是起源于近代英国。但从深层次来分析，古希腊罗马时代是奴隶制下的农耕社会，而近代英国属于资本主义制度下的工业社会。[1] 同中国的民族传统体育一样，早期西方体育也是诞生于农耕社会，同样是在生产之余开展的活动，也是一种附属的活动。但是现代西方体育在性质上发生了重大的转变，不再是生产方式下的附属活动，逐渐成为影响人们生活方式的重要活动。在资本主义制度下，人们通过工业革命解放了双手，产生了闲暇时间，为现代体育的发展提供了良好的社会环境。在英国，处于上层社会的人对体育运动尤为喜欢，他们花钱聘请专业人士对他们进行技术指导，同时还会利用业余时间去观看专业人士进行体育比赛，就在这样的氛围下西方体育的性质发生了根本性的改变。从最初的劳动之余的休闲活动过渡到人们生活中必不可少的活动，并能为从事体育活动的人创造一定的财富，使花钱消费的人获得精神上的享受。

西方体育根本性质的改变为现代体育的发展奠定了基础，现代体育的发展模式也是在英国的体育模式下发展和壮大的，并不断完善了体育制度，让体育的内涵更加充实。中华民族传统体育在历史的发展过程中却未能进行这样的跨越，在封建思想下始终不敢越雷池一步，始终依附于生产

---

[1] 高强：《西方体育起源之争与身体维度解析》，《体育学刊》2010年第12期。

方式、休闲娱乐、宗教仪式、民俗风俗,未能成功实现根本性的转变。在1840年后,西方体育在西学东渐思潮中逐渐走进了中国社会,使中国的体育基本上沿用了西方体育的发展模式,更有甚者试图对中国的民族传统体育进行西方式改革。

第三章　新中国70年民族传统体育发展历程与文化流变

第一节　新中国70年民族传统体育发展的三个历史阶段

一　民族传统体育发展的萌芽期（1949—1965年）

（一）新中国成立初期民族传统体育发展的探索（1949—1956年）

1949年秋，中华民族经过了一百多年的英勇奋斗，终于在中国共产党的领导下，取得了反对帝国主义、封建主义和官僚资本主义的革命性胜利。新中国的成立，标志着我国从此成为一个完全独立、民主的国家。但由于经过长期的国内外战乱纷争，刚建立起来的新中国局势错综复杂，国家百废待兴，无论在经济、政治、文化、军事，还是在国民生活等各方面都亟待整顿。面对革命胜利后新中国的发展问题，中国共产党带领全国人民参与到国家的建设中，为巩固新中国政权、稳住脚跟积极出谋划策，根据国情探索出符合其发展的道路，尤其是这一时期的中央领导人以及中央领导下各级地方人民政府所提出的民族发展理论、报告、论著、讲话和制定的相关法律法规文件，都对新中国成立初期以及后期的发展起到巨大的指导性和推动作用。也正因国家振兴、民族团结、国民强健的需要，摆脱"东亚病夫"的国民体质衰弱状态，新中国成立后，国家体育事业得到党和中央领导的高度重视，提出了一系列相关的体育思潮和促进体育事业发展的途径与策略，民族传统体育在新中国成立初期得到较好的发展，同时也为后期民族传统体育振兴提供理论依据和宝贵经验。

1. 新中国成立初期的民族传统体育发展背景
(1) 国家实现稳定的社会环境

新中国的成立,结束了中国长期以来因战乱而导致的国家分裂状态,人民获得了当家作主的权利。但由于中国大陆部分地区未得到全部解放,国内反革命势力依旧存在且很猖獗,社会秩序仍不够安定,国民经济也处于萧条阶段尚未恢复。关于革命胜利后如何建设国家及规定新中国成立后的大政方针,如何用法律形式稳固革命胜利成果,如何制定全国人民共同遵循的准则,以用于团结全国各族人民把革命和建设事业继续推向前进等一系列问题,成为了党和中央政府的首要任务,亟须制定一些具有根本法性质的政策。为此,在新中国成立初期实施了一系列相关的政策,如1949年9月29日,中国共产党邀请各民主党派、人民团体、人民解放军、各地区、各民族以及国外华侨等各方面的代表,组织召开第一届中国人民政治协商会议,并通过了起临时宪法作用的《中国人民政治协商会议共同纲领》,该纲领制定有关于国家性质、经济、文化教育、民族、外交以及机关等各方面的政策;而后,在10月举行开国大典,宣布中华人民共和国成立;1950年为捍卫国家领土不可侵犯、主权完整,志愿军赴朝作战、抵抗美军入侵;同时在国内进行土地改革,颁发《中华人民共和国土地改革法》;直至1952年底,土地革命才基本完成,摧毁了两千多年的封建土地制度,从而保障农民群众的土地权益;为解放全国,使中国大陆得以统一,中国人民解放军不断进军深入到边远少数民族地区,帮助少数民族地区人民脱离战乱苦海,1951年西藏的和平解放,实现了各族人民大团结的愿望;1953年,为促进国家经济的发展,中国学习苏联社会经济发展模式,开始进行社会主义改造,实施"一五"计划,投资建设大型国营钢铁企业,国内经济发展水平明显提升;1954年9月第一届全国人民代表大会召开,制定中国第一部宪法《中华人民共和国宪法》,并将民族区域自治制度写入该宪法,明确了中国基本制度;同年,以周恩来为首的外交团,对中国周边邻国进行访问,促进中国与邻国的交流,建立了良好的外交关系,提出以"和平共处五项原则"作为处理国家外交关系的基本原则,以及1955年在万隆会议上所提出的"求同存异"的原则;随着各方面的快速发展,在1956年底,三大改造基本完成,社会主义制度基本建立,进入了社会主义初级阶段;而中共八大的召开,更是探索建设社会主义的良好开端。以上为新中国成立初期的国家发展背景,为这一时期新中国建设指明了道路和发展方向。

（2）体育政策的制定与实施

近百年来，中华民族一直蒙受着"东亚病夫"的耻辱，加上战争对人民身心的不断摧残，国民体质普遍下降。新中国成立后，为改造衰弱的民族体质，使之适应国家建设和国防的需要，改变民族形象，以崭新的面貌屹立于世界民族之林，发展体育成为了国家百废待兴中的一项重要任务，体育事业受到了党和政府的高度重视。如在1949年9月颁布的《共同纲领》第28条规定中提倡"国民体育"。而在10月，中华人民共和国中央人民政府刚刚成立，就组织召开了"全国体育工作者代表大会"，提出建设"民族的、科学的、大众的"新体育的号召，把倡导群众体育提上了党和政府的会议日程。随后在1951年，开始试行《准备劳动与保卫祖国体育制度》（以下简称《劳卫制》），以及由国家机关9个单位发出的《关于推进广播体操的联合通知》，在全国掀起了开展广播操的热潮，可知从新中国成立初期就初步建立了群众体育制度。而在1952年，中华全国体育总会成立，毛泽东同志发表了"发展体育运动，增强人民体质"的题词，为中国体育发展奠定了重要的思想基础，明确了该时期体育事业的基本目标与社会主义体育方针。在中华体育总会的基础上，国家运动委员会成立并建立了一系列体育管理制度。1954年，作为"国家体育教育制度基础"的《劳卫制》正式在全国推行，目的在于鼓励人民积极参加体育锻炼，促进体育运动的广泛开展，提高运动技术水平，使人民身强力壮、意志坚强，更好地为社会主义建设和保卫祖国服务。1955年10月，全国总工会设立体育部，以及成立各地区体委、各行业、各系统的体育协会和大量基层单位的体育协会。这一系列政策制度与管理机制的制定与实施，使广大人民群众把锻炼身体当作崇高的使命，以空前的革命热情投身到体育的行列中，使中国的体育能在极其困难的条件下发展起来，出现了令人乐观的开端。国民体质也相对之前得到较好改善。但是由于这一阶段相对落后的经济基础限制了体育的广泛发展。此外，受新中国成立初期的客观现实及对某些问题认识的片面性影响，导致许多体育措施难以得到较好的实施。

（3）体育活动的振兴与发展

新中国成立之初，在党和政府的引领下，人民群众积极参加各种符合本地区条件和特点的、对身体有益的体育活动，中国体育活动蓬勃开展。特别是新中国成立初期，群众体育逐渐流行，出现了欣欣向荣的景象。而新中国成立后，职工体育初步发展，具有特色的农村体育也开始兴起。如游泳、广播体操、乒乓球比赛、赛跑等活动在工厂、企业、机关中逐渐流行。在农村，摔跤、武术、骑马、射箭、举石锁、石担、登山、象棋等民间传统体育活动和球类、跑步也日益兴盛。而传统的军队体育如射击、武术、格斗、军事野营等项目也得到较好的发扬。由此，随着群众体育的逐步开展，群众体育骨干的培训活动也被提上日程，从1953年到1957年，训练体育干部的人数在不断增加，达到数万人以上。各阶级层次的体育协会、组织机构也纷纷建立，以保证职工体育与农村体育工作有领导、有组织、有计划地进行。[1] 为了给群众提供更多的体育活动场所，在第一个五年计划时期，中国除了提高经济建设和文化建设的规模和速度外，也投资兴建了一些体育场地设施。例如：1949—1952年，新建各类体育场馆1万多个，为解放前的两倍多；1953—1957年，全国共建将近2万个，仅1956年就建成5000多个。以上成就直接体现出新中国成立后国家经济的发展和对我国体育活动的重视。而这一时期，党和政府也尤为重视学校体育工作的组织与领导，制定《学校体育工作暂行规定》，使学校体育工作得到初步规范，同时建立了学校体育人才培养体系和成立六所直属体院（北体、沈体、上体、成体、武体和西安体育学院）。

此外，受国际竞技体育的影响，党中央于1952年提出了"普及与提高相结合"的体育方针，逐渐重视竞技体育的发展，在广泛参与群众运动的基础上，呼吁人民群众踊跃参与国内竞技运动和国际体育竞赛活动。这一时期，群众性的体育竞赛开展活跃，全国各产业系统都分别举办了各类体育运动会，并从比赛中选拔工农参加1955年举行的第一届全国规模最大的工人运动会，国内竞技运动的开展促使了群众体育竞赛向更广、更高的水平发展。而根据举国体制政策的需求，相关机构开始组建国家队并进行竞技运动训练，由此形成了中国独特的竞技运动管理机制和训练模式，即由基层体校、重点体校到体工队的"三级训练网"和提倡"从难、从严、从实战出发，大运动量"的"三从一大"原则。[2] 从而促进了运动技术水平的提升，也涌现出大批优秀的教练员、运动员并取得优异成绩，如熊开发、涂广斌、吴传玉、陈镜开、穆祥豪、陈运鹏、穆祥雄、郑凤荣等人都为中国竞技体育做出巨大贡献。[3] 综上可知，新中国成立时期，在党和政府的重视和支持下，中国体育得到不断的振兴和较好的发展，掀起了体育事业的第一次高潮。但对体育的主观认识偏差、盲目跟从、体育活动内容与形式单一、缺乏个性需要等问题的存在，成为了该阶段体育发展中

---

[1] 孙葆丽：《中华人民共和国开基创业时期的群众体育》，《北京体育大学学报》2002年第1期。
[2] 田雨普：《60年新中国体育发展回顾与展望》，《体育文化导刊》2009年第9期。
[3] 卢文云、唐炎、熊晓正：《建国初期我国竞技体育发展模式的历史回眸》，《西安体育学院学报》2007年第4期。

所表现出来的不足之处。

2. 新中国成立初期民族传统体育再现与兴起

中国是由多个民族组成的国家，新中国成立后，民族和民族问题备受党和国家政府的关注，帮助少数民族发展政治、经济、文化事业，是国家工作中的一项重大任务，特别是少数民族文化工作。因此，中国高度重视发展少数民族传统体育，把发展少数民族传统体育作为帮助少数民族进步和实现各民族团结、繁荣的重要内容。因此，在党和政府的"积极领导，改革提高，稳步前进"的民族体育方针指导下，以及各民族平等、团结、互助的民族政策的引领下，大力扶持发展少数民族体育事业，建立相应的各民族自治地体育工作机构，培养少数民族体育人才，开展民族传统体育活动，活跃群众文化生活等各种举动，为各民族的体育文化交流和发展创造了良好的条件，使中华民族传统体育重新走上了振兴与发展的道路。具体体现在以下几个方面：

（1）少数民族文化政策

从1949年新中国成立至1956年底社会主义改造基本完成，这一阶段党和政府一直在制定和执行少数民族文化发展政策，不仅从法律上保障少数民族文化的平等权利，贯彻和落实民族区域自治政策，还采取切实措施设立和建立少数民族文化机构与设施，尊重和保护民族风俗习惯，构建少数民族文化政策体系，为其文化事业的恢复与发展打好根基。[1] 如1950年7月21日，邓小平在欢迎赴西南地区的中央民族访问团大会上的讲话中指出：少数民族文化主要是指各地区本民族的文化；[2] 1951年3月，中央政府制定并实行"民族工作会议制度"，为新中国成立初期民族工作的有序开展提供了重要组织和制度保障；同年9月召开第一次全国民族教育会议，设置掌管少数民族教育行政机构和专责人；[3] 1952年8月批准《中华人民共和国民族区域自治实施纲领》，规定各民族群众相互尊重风俗习惯和宗教信仰等；同年10月8日，毛泽东在接见西藏致敬团代表时强调：民族文化"包括学校、报纸、电影等等，宗教也在内"；[4] 1954年9月民

---

[1] 刘源泉：《中国共产党少数民族文化政策研究》，博士学位论文，华中师范大学，2013年，第65页。

[2] 中共中央文献研究室、中共西藏自治区委员会编：《西藏工作文献选编》，中央文献出版社2005年版，第22页。

[3] 段尔煜主编：《中国西部民族文化通志 政治卷》，云南人民出版社2017年版，第245页。

[4] 中共中央文献研究室、中共西藏自治区委员会编：《西藏工作文献选编》，中央文献出版社2005年版，第87页。

族区域自治制度被写入《中华人民共和国宪法》,并规定宗教信仰自由;1956年,国务院颁发关于少数民族创立和改革文字方案的文件,年底召开的第一次全国少数民族文化工作会议上,党中央详细阐述了少数民族文艺工作的基本任务和要求,提出对那些即将失传的民族民间文学、艺术加以抢救、保护、记录或组织传授,同时加强对少数民族文字的古籍和民间的口头文学的搜集、记录和出版,积极开展对少数民族的历史文物的保护、征集和展览工作。① 可以看出,以上这些会议、报告、讲话、思想、理论和政策,使我们这一时期对少数民族文化的认识更为清晰,内容进一步扩展,为推进少数民族文化工作以及民族传统体育的发展创造了前提条件。

(2) 民族传统体育发展思想

1949年10月,中华人民共和国中央人民政府刚刚成立,就提出了建设"民族的、科学的、大众的"新体育号召。同时朱德同志在中华全国体育总会成立大会上提出"要广泛地采用民间原有的许多体育形式"的观点。1950年,在由中华全国体育总会主办的"武术座谈会"上对提高各派武师的政治思想水平、武技的议题进行了交流。此外还成立了"天津武术运动委员会",组织"武术界学习会"并定期有计划地进行武术表演。1953年在天津举行的全国民族形式体育表演及竞赛大会,不仅是新中国成立以来的第一次民族形式的体育盛会,也是一次体现民族平等团结思想的盛会。1956年,在福建省举行了农村体育工作会议,会议要求对少数民族体育加强指导,应帮助其特有的运动形式发展,会后,该省的许多民族传统体育活动日益扩大,丰富了人们的日常体育活动内容。1961年,周恩来总理亲临云南西双版纳与傣族人民一道欢度"泼水节"时,指出龙舟运动对增强人民体质、练习保卫祖国的本领起到了巨大作用,充分肯定了民族传统体育的社会价值。② 综上所述,可以看出这些民族传统体育交流、发展思想及政策,不仅是增进民族友谊和团结、消除民族隔阂的有效途径,也有力地确定了少数民族体育的战略地位,为少数民族体育发展提供了重要的政策支持和舆论保障。

(3) 少数民族传统体育事业

1949年,在北京召开的第一届人民体育大会上,武术进行了大型会演,向世人展现出武术的魅力与文化精髓。从1950年起中央访问团到民族地区访问。在新疆的蒙古族、柯尔克孜族等群众以赛马、叼羊等民族

---

① 吴大华主编:《民族法学讲座》民族出版社1997年版,第338页。
② 刘少英:《民族传统体育学》,民族出版社2011年版,第259页。

仪式欢迎西北访问团；西南访问团在石林村寨跳起了大三弦，而电影队则通过溜索等形式把电影送到了边远山寨。同时也邀请少数民族体育代表参观内地运动会，1950年北京市人民体育大会上就有云南的"阿西跳月"、延边的民族舞、内蒙古的马刀舞等参加演出；同年，东北第一届人民体育检阅大会上，内蒙古参观团在大会上表演了摔跤、骑马、土风舞等。[①] 1950年，山西省太原市举办了首届人民体育运动大会，大会设有摔跤、武术、拔河、射箭、棋类等民族传统项目。1952年设立了民族形式体育运动委员会，在河北省举办的第一届运动会中，武术被列为表演或比赛项目。而后建立河北省县级体育协会，在全省134个县中以群众的习惯形式组织开展武术、打拳、摔跤等为主的传统体育活动，并在全省内推广武术项目。[②] 1953年举行的全国少数民族传统体育运动大会，是民族传统体育获得新生的一个标志，是民族传统体育运动史上的一个里程碑。此外，各地少数民族地区也开始陆续举办相关的体育活动。比如1953年在西安举办的西北民族形式运动会上进行了西北地区各民族的有关运动项目。1954年在湖南省湘阴县开展的龙舟竞渡，极大地引起了人民群众对该项目的热爱，从而促进了龙舟项目的广泛开展。又如1955年，云南省大理市举办的首届少数民族传统体育运动会，对于体现民族平等、加强民族团结、振奋民族精神、推动民族地区群众性体育活动的开展，起到了积极作用。1956年，分别在北京、贵阳、杭州等地区开展了与民族传统体育相关的单项赛事，如省级、国家级的摔跤比赛、划船比赛、象棋比赛及武术表演等。此外，自新中国成立以来，国家先后抽调体育干部、教练员支援西藏、新疆、宁夏、内蒙古、广西等民族自治区和其他民族省份，并通过体育学院培训少数民族体育干部和体育专业人才；不断增加对民族地区的体育投资，为少数民族地区兴建体育场馆、配置体育设施。[③]

总之，新中国的成立，为我们扫清了文化艺术发展的根本障碍，在"百花齐放、百家争鸣"方针指导下，少数民族文化艺术迎来了发展的春天。对民族体育进行的大规模的挖掘、整理，以及民族传统体育运动会的举办，使中华民族传统体育得以再现并兴起。但是，由于受社会、

---

① 李延超：《建国以来少数民族体育发展的回顾与展望》，《山东体育科技》2012年第3期。
② 袁伟民、李志坚：《中华人民共和国体育史（地方卷）（1949—1999）》，中国书籍出版社2002年版，第54页。
③ 饶远、张云钢、徐红卫：《论中国少数民族体育政策的特征与启示》，《体育科学》2007年第10期。

历史等因素的影响,这一时期我们在取得许多成绩的同时,也存在着一定的问题,尤其是新兴起的现代体育,对民族传统体育的挖掘与整理、传承与推广造成了阻碍,也提出了更高的要求,这些都是值得反思的问题。

(二) 全面社会主义建设阶段民族传统体育发展的曲折(1957—1965年)

1. 民族传统体育的阻碍(1957—1959年)

这一时期中国的社会主义建设处于探索阶段,在第一个五年计划任务超额完成之际,中国在经济方向上出现了严重失误。于1958年"大跃进"提出"多快好省地建设社会主义"的口号,这违背了社会生产力发展的客观规律,以上发展战略在当时历史情形下成为国民经济发展的重大阻力。另外,由于国际形势的复杂变化以及社会主义建设的经验不足,中国在政治方面也出现了失误,成为民族传统体育文化发展的阻碍因素。

1957—1959年,中国传统文化发展整个大背景受到阻碍,民族传统体育文化置身其中不可避免地受到了一定程度的影响。1958年3月国务院科学规划委员会关于《厚今薄古,边干边学》的报告表现出对中国文化史的否定,此后关于否定传统文化的运动正式拉开序幕,陈寅恪作为弘扬中国传统文化的第一位代表人物,受到严重影响,关于他对传统文化的研究也被视为"伪科学",其作为弘扬传统文化的标杆性人物的落魄意味着传统文化的发展开始陷入泥潭。[①] 这种趋势迅速席卷全国,民族传统体育的发展也处于停滞状态,全国各地的民族传统体育活动鲜少在公共场所举行,有关民族传统体育的大型运动会被搁置一旁。直到1959年,民族传统体育的发展才出现了回暖势头,中国各地在公开场合又逐渐出现了民族传统体育活动,譬如:3月22日在北京举行的"全国青少年武术运动会"进行了武术表演;4月26日在郑州、洛阳、开封和新乡举行的"首届河南省民族运动会"开展了武术、中国式摔跤等民族传统体育项目;4月12日在上海举行的全国自由式、古典式摔跤锦标赛吸引了众多摔跤爱好者参与;9月14日,举行了"全国首届运动会各项比赛及表演赛",主要项目有武术、中国式摔跤等。全国范围内民族传统体育活动的举行意味着社会层面对传统文化的重新接纳,此后民族传统体育正式进入回暖期。

2. 民族传统体育的回暖(1960—1965年)

在这一阶段,中苏关系分歧公开化使中国开始思考政策体系中的不成熟之处,重新思考文化政策的价值本位。中国文化政策开始针对"左"的

---

① 白景坤:《建国以来中华民族凝聚力分析》,《广州师院学报》(社会科学版) 2000年第9期。

政策进行调整，深入挖掘文化发展的本质规律。原国家计委在讨论和编制1961年国民经济计划时，提出了"整顿、巩固、提高"的思路，周恩来将这一思路改为"调整、巩固、充实、提高"。在9月30日中央转发国家计委党组《关于一九六一年国民经济计划控制数字的报告》中，第一次正式提出了恢复和发展国民经济的"八字方针"。以"调整"为中心的发展战略代替了以"跃进"为中心的发展战略。[①] 民族传统体育文化的发展也开始回暖，中国各地开始举行民族传统体育运动会、各类传统体育项目竞赛以及颁布各项促进民族传统体育发展的政策措施。譬如：1960年4月17日在太原举行的"全国摔跤锦标赛"，迎来了众多摔跤爱好者的参赛；1960年9月18日在郑州举行的"全国武术运动会"，举行了各种等级的武术竞赛；1961年教育部颁发的第二部中小学体育教学大纲，将1956年的中小学体育教材和大纲合而为一，首次增设了具有民族特点的武术内容。"大纲规定：武术在小学体育课中每学期为6学时，中学为8学时；小学从三年级起学习武术基本功、基本动作、组合动作、武术操、初级拳；中学为初级拳二路、青年拳、青年拳对练。使武术教学走向正常化。"

党的八届九中全会后，党中央提出文化教育要全面贯彻"八字方针"，促进传统文化健康发展。1962年4月，中央批准了文化部党组和中国文联党组《关于当前文学艺术工作若干问题的意见（草案）》，即"文艺八条"，文化政策开始调整后，知识分子的作用、地位得以重新定位，知识分子在社会主义建设中的重要作用逐步受到重视，民族传统体育也由此得以兴盛。譬如：1962年11月7日在合肥举行了"中华人民共和国围棋协会和象棋协会"成立大会，推选了协会主席；1964年11月7日在郑州举行了"第二届省运动会"，主要内容有武术、中国式摔跤等；1965年11月5日在银川举行了"全国象棋锦标赛"，参赛者是来自全国各地的象棋爱好者；1964年5月15日，广州六单位举行了射箭对抗赛；1964年9月12日在济南举行了"十九单位武术暨射箭锦标赛"，参加比赛的有来自北京、上海、广东、福建、安徽、广西、四川、江苏、宁夏、山西、陕西、山东、黑龙江、吉林、辽宁、河北、新疆、浙江共19个单位的135名运动员（其中甲组男49人，女25人；乙组男9人，女12人；参加测验的男25人，女15人）。从以上事件可以看出，20世纪60年代初，由于国家政

[①] 王铁钢：《建国十七年中国共产党的文化政策及其演变研究（1949—1965）》，博士学位论文，湖南师范大学，2015年，第144页。

策方向的转变等诸多因素，民族传统体育开始回暖，各级各类的民族传统体育项目开始在全国各地举行，在一定程度上促进了民族传统体育文化的发展，然而这种趋势不容乐观，1966年由于"文化大革命"席卷全国，民族传统体育文化又从刚复苏的状态中跌入谷底。

二 民族传统体育发展的中断期（1966—1977年）

自新中国成立至"文化大革命"前夕，国家对于民族的相关政策处于左右摇摆不定的状态。或如1957年主张消除民族差异，或如1961年再次回到"逐步地加以区别地对待民族风俗习惯"，然而保护民族政策尚未确定，一些人又将民族问题上升到阶级斗争问题上。但总体上，"文化大革命"前夕的民族政策仍不足以完全扼杀少数民族进行文化生活的积极性。而"文化大革命"开始后，各少数民族文化生活陷入黑暗。不加区别的"以阶级斗争为纲"的"一刀切"做法，使得少数民族文化生活，包括民族传统体育生活难以生存。对民族文化生活的过分干预对少数民族文化造成了空前的冲击。即便周恩来等主张尊重民族差异的有识之士为维护少数民族文化生活做出了相应的贡献，但对于少数民族文化生活整体传承而言，"文化大革命"可谓是一场不折不扣的灾难。

（一）"消失"的民族传统体育文化（1966—1970年）

在"文化大革命"开始初期，"左"倾思想严重。民族传统体育文化体系全面瓦解，民族传统体育文化消失殆尽。自古以来中国就是一个多民族的国家，民族之间的摩擦、矛盾时常有之。然而客观存在的民族摩擦成为了"左"派对民族文化，以及民族传统体育文化摧残的借口。在"文化大革命"前期，多地都曾举行相应的民族运动会。西藏自治区政府就曾为庆祝新中国成立于1952年在拉萨举办了首届全区民族运动会，次年，宁夏回族自治区也举办了第二届人民体育暨民族形式运动大会。并且天津也连续举办了多届地方少数民族运动会。而"文化大革命"开始后，民族运动会皆被叫停。甚至在1970年，在讨论少数民族教育问题时，反革命政治团体暗示民族之间并无差异，鼓动禁止正常的民族文化生活。民族传统体育文化也随之陷入低谷。

（二）"求生"的民族体育精神（1971—1975年）

民族传统体育文化"借"政治保留了复活希望。1971年，中美之间乒乓球外交的顺利展开，无形中提升了体育在国人心目中的地位。在严酷的打压下，这次外交活动的成功使他们看到了复兴民族传统体育文化的一丝希望。民族传统体育寄希望于通过相应的民族体育交流项目保留火种。在1974年，中日之间通过民族传统体育——太极拳打破坚冰。日本派出太极拳代表团友好访问中国，两国走出了战后恢复双边关系的重要一步。中国通过民族传统体育——太极拳实现与日本关系正常化的这一外交活动显著地提升了民族传统体育在全社会的地位。1974年我国顺利举行了全国性质的武术比赛。在周恩来的主持下，1973年到1975年，国务院对教育领域进行了检查、整顿，在极其困难的情况下仍出台一些（对民族文化的）补救政策。[①] 一系列的行动与举措迫使原本不合理的民族传统体育文化政策得以松动，民族传统体育文化得以幸存。

（三）"残存"的民族体育意念（1976—1977年）

顽强存活下来的民族传统体育带来不协调的民族传统体育文化复兴。民族传统体育活动，特别是民族传统体育运动会，是民族传统体育文化的重要构成部分。民族传统体育活动的开展程度与强度是民族传统体育文化繁荣的标志。"文化大革命"初期乃至中期，民族传统体育文化极其萧条。多项民族传统体育活动，比如西藏以及新疆地区的民族运动会，因为"文化大革命"的冲击而中断、停办。但是经过中日的"太极拳"破冰外交活动，全国武术表演，以及相关政策的松动后，民族传统体育文化开始苏醒。在短短两年间，全国各地就开展了大大小小近16次省级或者国家级的民族传统体育活动。如此高频次、高规格的民族传统体育活动象征着被压迫十余年的民族传统体育得以解放，民族传统体育文化开始复苏。但是苏醒过程中的民族传统体育文化呈现出"三不均衡"的现象，具体为项目设置不均衡、地区分布不均衡以及活动性质不均衡。项目设置以武术项目居多，其他民族传统体育项目鲜有涉及。在16项各级体育活动中，以民族武术为主题的体育赛事就多达9项，其次是围棋5项，射箭和划船各1项。武术之所以可以在民族传统体育苏醒早期迅速实现复兴与其多样化的民间存在有关。武术作为中华民族国粹之一，其普及程度远非其他具有极强的民族特色的体育项目所及。众多民族都有相关武术的套路。民族相关武术套路的多样化为民族传统体育文化带来了积极的影响。具体而言，因为种类多样化的民族武术，使得当民族文化受到政策打压时，避免了相关体育文化出现"灭种"的危险，进而使得在民族传统体育文化受到"文化大革命"政策压迫后可以及时聚集其民族传统体育文化复兴的"火种"，

---

① 刘源泉：《中国共产党少数民族文化政策研究》，博士学位论文，华中师范大学，2013年，第90页。

并且因为其广泛存在于各民族之间,也使得在民族传统体育文化"百废待兴"之时,举办武术为主题的民族传统体育活动可以更好地引起多数民族的共鸣。因此在"文化大革命"后期,武术作为领航者得以率先突出重围,实现复兴。地区分布的不均衡表现为"文化大革命"后期两年的民族传统体育活动举办地除数次出国外交访问(1977,泰国、丹麦、新西兰、几内亚、朝鲜)以及一次省级(贵州省)的武术比赛之外,其余多集中在北方地区,如哈尔滨、保定、兰州以及内蒙古自治区。举办地具有明显的地理区域特征。但是实际上,我国南方是少数民族主要聚集区。这种举办地与民族聚居地的不匹配、不协调可能与当时国家对于民族政策没有完全放开、民族活动被限制在部分地区以及地方经济发展水平有关。开展活动性质的不均衡,外交性质活动比重较高。"文化大革命"后期民族传统体育活动有近半数(6次/16次)的活动属于外交性质,如日本围棋代表团访问中国以及中国武术代表团访问几内亚和丹麦等。而剩余活动多为比赛。中国作为一个少数民族众多的国家,外交事务占据"半壁江山"显然是不合理的。外交性质体育的增多可能与当时所处国际环境以及中国外交经验有关。中国在同美国建交后,国际社会对于中国的接受程度有了明显提升,进而推动中国积极走出去同他国进行外交。此外,"乒乓外交"的辉煌成果以及中日的"太极拳"破冰外交在一定程度上坚定了中国采用体育外交的决心。"文化大革命"后期民族传统体育比赛性质活动的增多,也间接反映了民族政策的不成熟导致无法使用更多元化的手段,诸如民族文化博览会等,来助力民族文化复兴繁荣。

综上所述,"文化大革命"期间的民族传统体育文化呈现出沉睡—挣扎—复苏三个阶段。因为民族体育文化顽强的生命力,使得其即便在受到"阶级问题"的污蔑时,仍保留着复苏的火种,而因为民族政策的松动,使得民族体育文化有了苏醒的可能,进而对国家外交发挥了一定的作用。随着反革命政治组织"四人帮"的破灭和改革开放国家战略的开启,民族体育文化在改革开放后迎来了新的春天。

三 民族传统体育发展的繁荣期(1978年至今)

中国是民族大国,56个民族的传统体育历史悠久,丰富独特,具有浓郁的民族特点,并由于环境、地域、经济、文化风俗等的不同而各自形成特色鲜明的民族传统体育,与民族生活结合形成一定的民族体育文化积淀,共同构筑起了中华民族传统体育的文化宝库。改革开放以来,少数民族地区得到快速发展,各民族面貌也发生翻天覆地的变化,中华民族的凝聚力空前增强，民族文化认可度大幅度提升，民族话语权地位不断上升。民族强，则国强；民族兴，则国兴，民族传统体育文化是中华民族特有的民族文化，同时也是世界民族文化之林的一部分，中华民族文化中孕育着优秀的民族传统体育文化体系，积淀着中华各民族的精神理念和健康价值观。传统文化是一个国家、民族的灵魂，是一个国家的精神支柱，而中华民族传统体育文化则是体育文化繁荣发展和"体育强国"梦想实现的重要基石。改革开放以来，中华民族传统体育发展先后经历了停滞恢复、挖掘整理、普及提高等阶段。在新时代，回顾中华民族传统体育的发展历程，将民族传统体育的研究与中华民族的大背景结合起来，以"传统"为底色，立足本国，博采众长，坚持创造性转化和创新性发展的原则，引领甚至开拓体育民族文化全球化的新状态和新境界，对于推动中华民族优秀传统体育文化在新时代的良性发展具有重要意义，并可为新时期大众体质健康发展和"体育强国"战略的实践提供借鉴与指引。展望新时代，改革开放永无止境，民族传统体育奋斗征程更加壮阔。让我们激扬改革开放精神力量，将改革开放进行到底，共同创造民族传统体育新时代的新光荣。

（一）停滞与恢复阶段（20世纪70年代后期至80年代中期）

20世纪70年代后期，受十年"文化大革命""左"倾思想的影响，国家政权遭到削弱，民主与法制建设遭到践踏；教育、科学和文化等事业遭受摧残，教育、科技等事业发展受阻；国家经济发展缓慢，政治局面动荡混乱，中华民族优秀文化断层。在这样的时代背景下，民族问题被当成阶级问题，宗教信仰被当成封建迷信问题来抓，民族传统体育，源于民族、源于宗教信仰的中华传统文化，也像其他事业一样，在"文化大革命"中，遭到反革命集团的严重摧残。他们把民族传统活动一概斥之为"封建落后"，加以"横扫"、禁绝；民族传统体育用品遭到毁灭性的破坏，民族传统体育项目迫于政治权力的压迫无法"照常进行"，具有民族认同、休闲娱乐、强身健体、道德教育、经济发展等价值的民族传统体育被禁止，被当成封建思想的延续，被一味激进地当成迷信而被禁止。与此同时，积极提倡民族传统体育的人，被戴上阶级敌人的"帽子"遭到残酷批斗，这种错误的思想与恶劣的行为严重地挫伤了民族自尊心，破坏了民族关系，隔断了优秀民族文化的自然演变体系，导致民族传统体育传承与发展的停滞。但随着"改革开放"推进，民族传统体育经历了"被迫"停滞时期后开始复苏，在国家社会环境的带动下，民族传统体育在思想上、形式上、理论上得到了发展，中华民族传统体育活动开始逐步恢复。

1. 思想上的变革

（1）"破旧"思想对民族传统体育的危害

随着"改革开放"的口号喊响，无论是思想上还是行动上，人民对于事物的认识不再局限于"新"的文化范畴，但是"破旧"思想在长达十几年的"革命"浪潮中仍然会影响人对事物的判断。民族传统体育因根植于民间文化中，其民族性、多样性、传统性的文化特征被归纳入"旧"的事物行列。这一时期，人民群众文化保护的观念非常淡薄，缺乏明辨"优秀传统文化"与"封建迷信"的能力，大部分优秀的民族传统体育项目被禁止，很多的民族传统活动在这一时期也只能"偷偷"开展，思想上的禁锢严重阻碍了民族传统体育的发展，甚至部分传统体育活动失传。

民族传统体育的发展除了受到历史遗留"破旧"思想的限制外，与各少数民族所固有的传统观念也密切相关。中国少数民族群众长期以来生活在封闭的地理条件下，交通阻隔，信息闭塞，经济基础薄弱，轻商贱利，价值观念差，因而形成一种自我满足、安于现状、封闭保守的思想观念。同时在中国长达2000多年的封建王朝统治的历史中，少数民族受历代统治者压迫与歧视，使少数民族群众形成一种对外来事物的本能戒备和排斥心理，担心在与民族之外的交往中受到欺负与压迫。这种安于现状、因循守旧、故步自封的传统观念与戒备排斥心理导致极大一部分的民族传统体育很难向外传播，各民族体育文化之间也形成交流的壁垒，民族传统体育发展的多样性受到限制，普及性不高。

20世纪80年代改革开放初期，思想上拨乱反正，经济上实施经济体制改革，文化上提倡解放思想，破旧立新之后，人民生活迎来了新的转变。包括民族传统体育文化在内的民族文化在改革开放初期实现了突破式的发展，但也不可避免地存在一定的局限性。任何民族文化的发展都会受到民族主体自身认识程度与过去实践经验的限制，民族传统体育的传统形式亦不例外。注重民族传统体育文化的继承运用无疑是好的，但也出现不辨优劣而原封不动地搬用的现象，应加以纠正。这是因为，首先，它要受到自身认识程度的局限。恩格斯曾指出："我们只能在我们时代的条件下去认识，而且这些条件达到什么程度，我们就认识到什么程度。"[1] 宴请巫师驱鬼治病，笃信灵魂、盲目崇拜信仰鬼神、星占、命相等习俗形式，是在生产力极为低下的社会环境中产生的，显然与现代化不相容。其次，它要受到过去实践的局限。民族传统体育文化是对民族过去实践经验的概括

---

[1] 《马克思恩格斯选集》第3卷，人民出版社2012年版，第933页。

和总结，它不可能解决已经发展了的民族传统体育实践中的所有问题；同时，随着实践的发展，过去成功的、有效的、受广大民众喜欢的民族传统体育也须受到新的实践的检验。因此，时代的限制性与民族发展的局限性，决定了我们对民族传统体育文化不能不加区分、不加选择地全盘继承，只能在批判的基础上择优为今所用。这里需要特别指出的是，在预防落后的"破旧"思想阻碍民族传统体育创新发展的同时需要革除激进的"求新"思想对传统体育文化的全面否认。在改革开放初期，少数搞资产阶级自由化的人，为了达到其目的，恶毒攻击四项基本原则，恣意贬低、全面否定中华民族的传统文化，不遗余力地鼓吹、赞美西方文化，他们视民族传统文化为沉渣的堆积，历史惰性的充塞，封建文化的延续；对民族思想教育的传统形式不屑一顾，一味地求"新"求洋，故弄玄虚。这种民族虚无主义，民族发展激进思想，在人民群众中，特别是青年中造成了极大的思想混乱，严重腐蚀瓦解了人们对国家、对民族的自豪感和自信心，影响了民族优秀文化的传承，危害了民族传统体育文化的发展。

（2）"改革"思想对民族传统体育的认识

"改革开放"思想以国家的顶层设计的指导方针向政治、经济、文化等领域扩散，快速推动整个社会体系向前迈步。1988年，邓小平同志提出了"科学技术是第一生产力"的著名论断，[①] 对知识的渴求成为社会发展的迫切需要。国家层面、社会层面、个人层面都意识到优秀的传统体育文化是弥补人民贫瘠的精神文化需求的重要元素。

在国家层面，1981年由国家民委、国家体委委托体育报社、新体育杂志社和人民体育出版社联合举办的"少数民族传统体育摄影及其历史考证作品评选"活动，[②] 成为民族传统体育在"改革"浪潮中的一点星光，同年9月在北京召开的全国少数民族体育工作座谈会提出了"积极倡导，加强领导，改革提高，稳步前进"的民族传统体育发展方针，全面提升了对民族传统体育的认识。

在社会层面，民族传统观念的"改革"与心理结构的调整，以及西方竞技体育、奥运精神的传入，促使人民对民族传统体育有了新的认识，开始意识到民族传统体育的特色性、民族性，而不可一味地吸收西方传入的竞技体育忽略本土体育文化的价值与功能。民族传统体育融合"天人合一""尚武""尚德"的同时，开展民族传统体育的现代化研究，竞技化、

[①] 何亚平：《现代科学技术革命与邓小平理论》，浙江人民出版社1998年版，第109页。
[②] 《大事记》，《中国民族》1981年第3期。

制度化发展研究，开始挖掘民族传统体育项目的文化遗产价值，并在新的社会背景下积极构建民族传统体育文化具有依附性的现实功能。马凌诺斯基从文化的功能角度提出"文化根本是一种'手段性的现实'，为满足人类需要而存在，其索取的方式却远胜于一切对于环境的直接适应"，他认为没有现实功能或合格功能的文化都将被遗弃，"遗俗"在当前的环境中没有完全合格的功能，其原来的功能已经无关紧要，同时，为满足当前的需要，一些新的文化也会出现并繁荣。[①]

在个人层面，民族传统体育作为一种生活中精神和身体放松的方式，一种情感表达和宣泄的手段，一种娱乐、玩耍、娱悦身心的方式，一种寻求共同的民族心理素质，一种增加族群间交往与交流、促进情感交融的基本媒介，构成各族人民生活的重要组成部分，与其他文化活动相比，民族传统体育增强民族情感、民族凝聚力和民族精神的文化娱乐活动的内涵并没有减少，反而有所增强。

(3)"发展"思想对民族传统体育的审视

"发展才是硬道理"，随着经济、文化等领域不断引进新的动力，整个社会都以"发展"的眼光来审视事物的性质。民族传统体育的本质属性决定了在这一时期必将成为矛盾的民族文化主体，在部分人的眼中，民族传统体育不符合社会发展的主流：西方竞技体育，不能占用珍贵的社会资源；在另一部分人眼中，民族传统体育是中华民族传统文化的瑰宝，应该继承和发展。熊晓正教授曾在《传统的批判与批判的传统——略论本世纪初提倡民族传统体育的得失》一文中指出：失去了时代精神，才是中国体育界提倡民族传统体育的悲剧所在。民族传统体育能否符合时代发展的需要，成为发展民族传统体育的关键因素。

改革开放初期，中国文化根基与社会经济基础受到不同程度的冲击与变革，同时，民族传统体育在某种程度上受到了威胁。建立在中国传统文化基础上的中华民族传统体育，是以一种经验和理性综合的直觉体验融入中国传统文化之中的，并呈现崇尚礼让、宽厚、平和的价值取向，有民族特长，同时也有它致命的缺陷和不足。优点是与中国传统的农业自然经济和血缘宗法社会相适应的，而其缺点则是当中国社会从古代缓慢步入近现代，从而获得外部文化的参考后才日益暴露出来的。牧民善骑，狩猎民族善弓弩，北方喜溜冰雪，南方嬉水划舟，这些都是在长期的共同劳动中形成的丰富多彩的传统项目。然而，随着社会经济基础的变革，中国一些富

---

① 〔英〕马凌诺斯基：《文化论》，费孝通译，中国民间文艺出版社1987年版，第90页。

有民族特色的传统体育项目已失去了往日的风采,有些已经逐渐为人们所遗忘和自行消失。除了中华民族传统体育文化受中华民族自身文化的内部影响因素外,中华民族传统体育在吸收外来体育文化时也经历了巨大的震荡。在初始阶段,中华民族传统体育对西方体育是抗拒,是企图摆脱征服的,20世纪30年代引发的"土洋体育之争"就是如此。西方体育的不断传播,有力地冲击了旧有的思想观念,同时也改变着中华民族传统体育方式。一些民族传统体育活动随着民族本身的衰落而衰亡,剩余部分也陷入艰难困境之中。

费孝通先生曾经指出:"文化本来就是人群的生活方式。在什么环境里得到的生活,就会形成什么方式,决定了这人群文化的性质。"[1] 在改革开放的新时期,中华民族文化不再是中华文化唱独角戏,而应立足于世界民族之林,用发展的眼光思考民族传统体育的发展,用辩证的眼光为民族传统体育注入新的元素。同时,必须清楚地看到,现代体育的形成,也同样来自丰富多彩的各国民族体育文化。否则,现代体育将变成无源之水,没有厚实的民族体育的基础,就不会有现代体育的不断创新与发展。共同的经济生活,是民族特征的前提,也是传统体育各具特色的基本条件。因此,改革开放伊始,一方面,对中华民族传统体育应进行积极的挖掘、整理、研究、推广以走向世界;另一方面,需要获得大量的经费支持援助民族传统体育的进一步研究发展。

2. 形式上的突破

(1) 民族传统体育赛事的恢复

20世纪70年代后期到80年代初,中华民族传统体育的发展逐渐走出十年混乱的停滞时期,民族传统体育赛事得到恢复并且全国民运会得到正式的推进,各地区每年一次的民运会也逐步开展,民族体育节日恢复正常,极大地促进了民族传统体育的群众化发展,迈出了改革开放新时期民族传统体育的第一步。

体育竞赛是承载体育活动的最主要形式,民族传统体育除了以传统习俗活动为发展的沃土,各种形式的比赛也是其延续发展的关键载体。据相关统计,1966—1976年十年中民族传统体育的活动开展几乎停滞,舞龙、舞狮、养生、气功等,被冠以"封、资、修"而不能开展。[2] 除了个别民族传统体育活动在农村得以延续,城镇民族传统体育活动被严重摧残。改

---

[1] 费孝通:《文化与文化自觉》,群言出版社2010年版,第12页。
[2] 傅砚农:《"文革"中城市职工体育一度复苏兴盛的历史原因》,《体育文史》1999年第6期。

革开放后，民族传统体育的发展开始出现生机，1979年，武术、摔跤、射箭、棋类等民族传统体育项目在第四届全运会上大放异彩，同时在印度加尔各答举行的第一届亚洲射箭锦标赛中，锡伯族女运动员郭梅珍以70米单轮的成绩打破了奥运会纪录，民族传统体育项目在各大赛事中崭露头角。① 1982年4月至7月，内蒙古、广西、西藏、宁夏、新疆、云南、贵州、青海、湖南、湖北、吉林、辽宁、黑龙江、河北、河南、甘肃、陕西、山东、山西、四川、天津、上海、安徽、福建、广东、浙江等省区市结合地区民族传统体育工作的特点积极开展民族传统体育赛事工作布置和组织。② 1982年5月16日至22日，贵州省人民政府批准由省体委、省民委联合组织的贵州省首届少数民族传统体育运动会在贵阳、清镇隆重举行。来自全省9个地、州、市的苗、布依、侗等9个民族的776名男女运动员参赛，这届运动会举行了赛龙舟、赛马、射弩、摔跤、抢花炮5个项目的比赛和舞狮子、耍龙灯、爬花杆、车秋、丢花包、射背牌、放响簧、打猎舞、芦笙、武术等50多个项目，110多个节目的表演。③ 1982年9月，中国第二届少数民族体育运动会在呼和浩特隆重举行，29个省、区、市代表团55个民族代表前往参加，成为改革开放后民族传统体育竞赛组织的一大盛事。据不完全统计，至1986年，中国已有21个省、区、市，120多个地、州市和300多个县，举办了少数民族传统体育运动会。④

（2）民族传统体育活动的延续

在"文化大革命"中，民族问题成为了阶级问题，民族传统体育活动被一概斥为"封建落后"，民族传统体育用品和活动遭到了毁灭性破坏。⑤ 党的十一届三中全会后民族运动会的开展，成为民族传统体育蓬勃发展的催化剂，各地区在国家体委、中央民委的号召下摆脱了"文化大革命"时期思想的禁锢，在"发展"思想的引领下民族传统体育活动逐渐呈现繁荣之势。1982年4月，在云南大理开展的"三月街"民族传统活动中，白族和藏族赛马得以恢复；⑥ 1985年的"三月三"民族活动中陕西省旬阳县城恢复中断了20年的龙舟赛，且增加了顺水、逆水竞赛项目。⑦ 在"开

---

① 李梦华：《落实民族政策发展民族传统体育》，《中国民族》1981年第9期。
② 《全国少数民族传统体育运动会开幕之前》，《中国民族》1982年第8期。
③ 罗廷华：《贵州省首届少数民族传统体育运动会在贵阳举行》，《贵州民族研究》1982年第3期。
④ 李梦华：《期待少数民族传统体育日益发展》，《中国民族》1986年第8期。
⑤ 李梦华：《落实民族政策发展民族传统体育》，《中国民族》1981年第9期。
⑥ 《全国少数民族传统体育运动会开幕之前》，《中国民族》1982年第8期。
⑦ 旬阳县地方志编纂委员会编：《旬阳县志》，中国和平出版社1996年版，第529页。

放"的文化氛围影响下,各地区民族传统体育活动开展日渐丰富,1982年上半年就有25个省、市、自治区开展了区域内少数民族运动会,有的地区出现了民族传统体育锻炼小组。[1] 文化的引领使各民族人民开始走出"革命"的禁锢,许多中断的优秀传统体育活动又重新回到人民的文化生活中,民族传统体育活动经历了一次"浩劫"后又生机勃勃。

（3）民族传统体育组织的成立

民族传统体育机构是民族传统体育发展的重要职能组织,是推进民族传统体育正常发展的必要元素。在新中国成立初期,民族传统体育工作由国家和地方的体委、民委负责组织管理,虽有庞大复杂的民族构成背景,却不能有效、合理地促进民族传统体育的发展。1979年《关于发掘整理武术遗产的通知》下发以后,各地体委和武协为抢救武术遗产,成立武术遗产挖掘组织,对以武术为核心的民族传统体育资源进行了大量的调查与挖掘研究工作。1984年10月24日,由北京市民族事务委员会、北京市体育局联合成立的北京市民族传统体育协会成为中国第一个民族传统体育协会;1985年,中国龙舟协会在湖北宜昌成立。1986年3月31日,国务院批准成立了国家级武术专业研究机构——国家体委武术研究院,使武术的研究走向专业化。[2] 至1986年,北京地区就有半数以上的区县和北京体院成立了民族传统体育协会。[3] 各种民族传统体育组织机构的成立在一定程度上促进了民族传统体育正规有序的发展,为后期民族传统体育体系的构建奠定了基础。

民族传统体育组织除了以政府出资资助某些项目的形式出现外,还以民族传统体育学科组织建设的形式存在,在恢复高考后,教育部不断恢复、调整、重新编制了相关的人才培养专门目录,其中大学体育专业中武术专业被保留和发展。民族传统体育组织的初步成立为后期成立专门的民族传统体育研究机构开辟性地创造了基础,有利于推进我国民族传统体育系统化、科学化发展;在社会上也有自发形成的相关民族传统体育的组织如以民族传统体育相关内容为主体的出版社、专门的期刊等,比如从1981年开始,一些介绍武术技术与知识的专业刊物相继问世,如《武林》、《武术健身》（1981年创刊）、《中华武术》等,这些刊物的出现鼓励了相关民族传统体育研究的进行,对武术研究发挥了重要的作用。

---

[1] 武恩莲:《生活气息浓郁的我国少数民族传统体育》,《沈阳体育学院学报》1983年第2期。
[2] 倪依克:《论中华民族传统体育的发展》,博士学位论文,华南师范大学,2004年,第50页。
[3] 王杰:《北京市厉兵秣马迎接民族体育盛会》,《中国民族》1986年第6期。

(4) 民族传统体育项目的发掘整理

自全国少数民族体育工作座谈会后，各省、市、自治区体委、民委就深入基层、深入山区农村少数民族居住的地区，了解少数民族体育活动的情况，挖掘整理传统体育活动形式，帮助开展活动。广西壮族自治区体委、民委，在调查全区 11 个少数民族时，发现有近 50 个不同内容的少数民族传统体育活动项目。新疆把挖掘、整理、发展少数民族传统体育提到增强民族团结的高度来认识，1981 年 6 月至 9 月，自治区体委和民委的 12 个人，分 4 个组，到 5 个地、州，6 个自治县，行程 8000 多千米，有重点地进行调查，掌握了 7 个民族传统体育项目的历史资料。福建省体委和民政厅调查组到高山族主要居住地龙溪地区调查时，得到福建省台湾同胞联谊会的大力支持和帮助，他们多次召集座谈会，为调查组提供高山族体育活动的有关资料。贵州省在 1982 年挖掘出来的民族体育项目已有 20 多个，如苗族的划龙舟、爬坡、斗牛、赛马、舞狮子，布依族的磨秋、丢花包，侗族的秋千、摔跤、抢花炮，水族的赛马、水棋，等等。[①] 1983 年 6 月出版的《体育词典》中收录的 174 个民间体育项目绝大部分属于少数民族项目，中央民族学院在 1984 年编写的《中国少数民族体育》一书中将 46 个少数民族的 110 多项民族传统体育活动分体系进行了梳理。[②] 在这一阶段对民族传统体育项目的发掘和整理为进一步深入研究民族传统体育工作、发掘民族传统体育的深层文化内涵提供了有利条件。

(5) 民族传统体育专业人才的培养

在改革开放的社会主义事业进程中，专业人才的缺乏是社会发展面临的最主要问题，民族传统体育在近十年的"批判"下，体育制度废止、运动队解散、体育场馆被迫关闭、体育报刊停刊、体育器材损毁严重。傅其芳、姜永宁、容国团等著名运动员遭受迫害而含冤离世，[③] 在这种社会背景下体育专业人才出现了严重的"断层"现象。在第三届民族传统体育运动会召开前夕，北京市在北京体院举办了民族传统体育教练员、裁判员培训班，培养了第一批 57 名民族传统体育裁判员、教练员。

3. 理论上的发展

(1) 初步形成民族传统体育的政策理论

全国少数民族体育工作座谈会的召开成为指引民族传统体育发展的

---

① 罗廷华：《贵州省少数民族体育工作座谈会在贵阳召开》，《贵州民族研究》1982 年第 1 期。
② 萧建波：《对开展民族传统体育活动的一些想法》，《中南民族学院学报》（社会科学版）1986 年第 4 期。
③ 朱珊、王冬：《文革期间我国体育变迁状况简析》，《体育文化导刊》2013 年第 1 期。

"灯塔"，会议肯定了民族传统体育的地位、作用和意义，研究制定了"积极倡导，加强领导，改革提高，稳步前进"的民族传统体育工作方针，提出了"贯彻落实党的民族政策，积极开展民族传统体育和现代体育活动，提高少数民族的健康水平，活跃群众文化生活，促进民族团结，建设社会主义精神文明，为社会主义现代化建设服务"的民族政策。改革开放初期，中华民族传统体育的发展不仅在思想上有一定的解放，在形式上有一定的突破，而且在理论研究上有初步发展成效。如在民族传统体育赛事规则中，地方体育相关管理部门开始出台相关规章制度的规范并颁布相关政策，初步形成民族传统体育的政策理论。

在党的十一届三中全会后，少数民族传统体育得到了当地政府和体育部门的大力发展，全国性和地区性的民运会定期举办，并逐步形成了正规的竞赛制度。1981年贵州、云南等各省市地区结合全国少数民族体育工作座谈会制定的"积极倡导，加强领导，改革提高，稳步前进"16字精神与区域民族特色，组织召开了本地区民族体育工作会议，认真部署了民族传统体育发展工作。20世纪80年代中期，西北五省（区）各体育局的有关部门进行了当地少数民族传统体育项目的挖掘和整理工作，并制定出了西北地区少数民族传统体育的竞赛规则，使当地的许多民间传统体育项目进入当地的民运会赛场。民族传统体育政策的初步形成为当时民族传统体育的发展提供了理论上的支撑，建立统一的民族传统体育政策制度有利于民族传统体育的普及与推广，推动了民族传统体育的"生活化"研究。但该阶段的民族传统体育研究局限于对赛事规章制度、少数民族传统体育运动会的举办等理论政策的研究，而在民族传统体育的人文、社会、教育、民族学等方面的研究由于民族传统体育资源的缺乏而受到限制。

（2）开始关注民族传统体育的文化内涵

改革开放后，中国政治、经济、文化全方位复苏，拥有丰富民族传统体育资源的体育文化呈现百花待放之势，国家政府给予民族传统体育应有的重视，因而学术界对其进行的研究呈现越来越兴旺的趋势，真正拉开了民族传统体育理论研究的帷幕。随着政治的开放、民族经济的发展，在对民族传统体育项目深入发掘的同时，民族传统体育的文化内涵开始逐步受到关注。20世纪80年代，受西方传入的"文化热"的影响，体育界也掀起了体育文化研究的浪潮。开展民族传统体育成为文化研究的新渠道，武术则被列为重点研究对象。1979年《关于发掘整理武术遗产的通知》下发以后，各地体委和武协为抢救武术遗产，国家对本地区的武术进行了调查研究和挖掘整理工作，1984年6月，中国武术挖掘整理汇报会在河北承德举行。① 经过几年的努力，查明了全国"源流有序、拳理明晰、风格独特、自成体系"的拳种达129个，并使许多濒于湮没、鲜为人知的拳种得到挽救和复苏。除此之外，各省市共编写出拳械录、录制录音带、征集文物资料482本，古兵器392件，有关珍贵实物29件。中国对武术遗产文化进行了及时的抢救，民族传统体育文化研究由此取得了一个好的开端。

首先，对民族传统体育概念的辨析。1986年8月在新疆乌鲁木齐举行的民族传统体育学术研讨会上，有人提出，民族传统体育是各民族世代相传、具有民族特点的各种体育活动的总称；也有人提出，民族传统体育不仅为了健身，还有娱乐功能，它应是具有悠久历史、乡土风情和民族特色的，以增强体质为目的的各种身体练习和娱乐活动。有人认为，民族传统体育是继萌芽体育之后，在古代体育的基础上延续下来的农业时代的产物，因此民族传统体育是指近代体育传入前，各民族就已经有的那些体育活动内容。有的则认为，凡是目前仍在一些民族地区流传的具有民族特色的体育活动（包括自娱活动）内容都应属于民族传统体育的范围；对古代典籍或历史文物中反映的古代体育项目现已失传的，不应看作是民族传统体育项目。② 学者们从各角度对民族传统体育的概念进行辨析，更能深刻反映出其理论发展的特征。

其次，对民族传统体育起源的探究。学者们在整理各民族传统体育项目时，开始探究民族传统体育的起源。1986年著名民族传统体育研究专家吴志平就将民族传统体育的起源归纳为四个方面：一是起源于生产劳动；二是由古代军事活动演变而成；三是风俗习惯和文化娱乐的需要；四是对古代英雄人物的敬仰和纪念。③ 此后民族传统体育的起源分类研究开始成为学者研究的热点，各种理论学说开始运用于民族传统体育研究领域。

最后，对民族传统体育功能、意义的探讨。民族传统体育的特点被学者们归纳总结，有直接表现生产生活的，有反映军事武技的，有纪念祖先或英雄人物的，有表现风情习俗的，有娱乐方面的，有表现宗教祭祀的，民族传统体育集体育、舞蹈、歌咏、音乐于一体，形式多样。④ 在这一时

---

① 倪依克：《论中华民族传统体育的发展》，博士学位论文，华南师范大学，2004年，第49页。
② 郑言：《民族传统体育学术研讨会综述》，《体育科学》1987年第1期。
③ 吴志平：《我国少数民族传统体育初探》，《贵州民族研究》1986年第3期。
④ 管学庭：《论广西少数民族传统体育》，《广西师范大学学报》（哲学社会科学版）1986年第3期。

期民族传统体育的发展开始与社会方方面面接轨,其意义与影响在"四化建设"的时代背景下被探索与发掘。民族传统体育的增强体质、培养意志、陶冶情操、调节身心、丰富人民的文化生活等功能为社会所关注。

(3) 逐步探究民族传统体育的研究方法

20世纪80年代中后期,受"文化热"以及西方国家多样化的文化研究方法的影响,民族传统体育学者们不再局限于用体育学的范式研究民族传统体育,而是将体育作为一种人类文化现象置入广阔的历史文化背景中加以研究。在研究的方法上打破了以往人们研究的局限和传统的教育学框架,不仅利用体育学、民族学和历史学的方法、手段,还采用了文化学、人类学,甚至经济学的知识和方法,从更广阔的领域、更高的层次来深入认识民族传统体育,为其理论的研究注入了新鲜的血液,推动了理论的快速发展。但该阶段的民族传统体育新研究方法仍处于雏形期,并未达到得心应手的境界,因而在民族传统体育研究方法上还有一段很长的路需要走。

(4) 拓展民族传统体育的研究视野

在社会改革的机制下,阶级利益不再是关注的重点,社会各层面拥有了充分的发展空间。经济、文化、政治等领域逐步形成一个相互促进的有机整体,民族传统体育的研究与各研究领域相结合,拓展了新的研究视野。一是民族传统体育与舞蹈:体育与舞蹈具有基本的共性特征,都是以肢体运动为基本的表现形式,王明兴在探究黎族民族传统体育与舞蹈之间的关系时发现两者之间有千丝万缕的联系,[1] 形成了如何区分的研究思考。二是民族传统体育与地理:区域性的民族传统体育研究开始进入研究的视野,民族传统体育与地理环境的关系是值得研究者思考的一个问题,体育与地理两个学科开始出现交集。三是民族传统体育与民族文化:两者的关系如何认定?民族传统体育通过民族文化因素的融合积累,最终将使各民族传统体育活动中有继承和发展价值的成分继承和发扬。[2] 民族传统体育研究不再关注于运动项目的本身。

(二) 挖掘与整理阶段 (20世纪80年代后期至90年代后期)

1. 制度上的审视

民族传统体育制度的缺失是一个现实新颖的问题,改革开放以来,中华民族传统体育有些项目在一定程度上取得了相应的发展,但还是有很多

---

[1] 王明兴:《黎族传统体育与民间舞蹈关系初探》,《体育与科学》1988年第3期。
[2] 胡小明:《民族体育与传统文化》,《体育与科学》1987年第1期。

项目依旧落后于国家体育发展水平，撇开西方体育文化对本土文化的不断冲击，仅从中华民族传统体育发展的内在机制来看，首先是因为部分民族传统体育项目资源缺乏，开展推广难度大；其次是部分地方管理不当，消极对待，在民族传统体育的发展规划和管理中有所欠缺；最后是民族传统体育的保护与开发机制欠缺，导致民族传统体育无制度保障，从而不能全面开展。但不可否认的是，改革开放以来民族传统体育的法制建设也在不断地深入，比如1995年国务院颁布了《全民健身计划纲要》和《体育法》，就标志着中国体育事业的发展渐入法制的轨道。其中《全民健身计划纲要》指出："积极发展少数民族体育，在民族地区广泛开展以少数民族传统体育项目为主的体育健身活动"，同时要"挖掘和整理中国传统体育医疗、保健、康复等方面的宝贵遗产，发展民族、民间传统体育"。《体育法》明确指出，"国家鼓励、支持民族、民间传统体育项目的发掘、整理和提高"。这都标志着民族传统体育保护和传承发展正式得到了系统的法规保障和支持。

2. 形式上的完善

（1）完善民族传统体育的赛事

20世纪80年代后期到90年代后期中华民族传统体育运动会逐渐完善，竞赛项目和表演项目在数量上远超前一阶段，并且系统的总规程、竞赛项目规程和规则、表演项目的评判方法等都逐渐规范化、科学化，参赛选手人数达到9000多人，观摩观众越来越多甚至包含部分港澳台同胞。在1991年的第四届民运会中第一次使用会歌——《爱我中华》，第五届民运会中参赛选手人数达到9000多人，1999年的第六届民运会中还设立了分赛场，这些都标志着民族传统体育文化独特的魅力，也标志着中华民族传统体育文化正在崛起。除了众所周知的少数民族传统体育运动会外，各民族地区的其他形式的民族体育节会也越办越强，展现民族传统体育文化的风采。如1991年内蒙古举办了"国际那达慕大会"，向世人展露了具有草原风采的民族体育文化，体现了改革开放新时期中外民族体育交流的新发展。1991年5月至7月，在上海举办了"首届中华民俗风情大型游艺会"，20多个省、市、自治区的34个民族代表队展示了各民族的习俗文化，有节日礼仪、民族音乐、舞蹈、服饰、体育娱乐和竞技等，其中属于体育竞技的就达数十项，这是一次中华民族体育的大交流。

民族传统体育赛事的发展除了在中国国内有一定突破性的发展外，也向国际体育市场迈开了初探的脚步，期望实现"走出去，请进来"的民族传统体育发展政策，而不是一味地"请进来"。1990年北京亚运会的赛场表演、比赛以及体育文化展览、体育科学大会，就是一次比较集中的亚洲民族体育文化交流。自20世纪80年代中国实行改革开放政策以来，体育的国际交往频繁，中外民族体育的交流也日益密切。在短短的十多年间，通过"走出去，请进来"，在武术、气功、导引术、围棋、龙舟、风筝、民族摔跤等项目上，与世界不同民族进行了卓有成效的交流。

（2）提高民族传统体育的学科地位

20世纪90年代末，中华民族传统体育在学科教育上取得了一定的进步，中华民族传统体育从幕后走向台前，它也逐渐成为民族文化中的一个亮点，其研究的学术价值将逐步得到学术界的认可。1997年国务院学位委员会和原国家教委在一级学科体育学下设4个二级学科，民族传统体育学名列其中；1998年，国家教育部颁布新修订的高校本科专业目录，民族传统体育榜上有名。这标志着体育学科研究的进步，更标志着民族传统体育学科研究走上科学发展的轨道。[1]

（3）丰富民族传统体育组织

民族传统体育组织制度方面逐步发生转变，除了规章制度的完善外，人民参与到组织建设中的积极性大大提高，不再是由各民族族群群体单独担起民族传统体育发展的大梁，不再由群众唱独角戏，而是政府、协会、团体等共同主动参与到研究民族传统体育文化的大队伍中来。其中，民族传统体育组织的活动形式由自发型向政府、协会、团体共同组织的方向转变。例如：1993年国家民族事务委员会、国家体育总局成立了全国性的少数民族体育专业的群众团体——中国少数民族体育协会；1994年成立了教育部中国大学生体育协会民族传统体育分会；1999年在分会下设立了大学生少数民族传统体育专业指导委员会。

3. 文化上的挖掘

（1）汇编《中华民族传统体育志》

20世纪80年代后期，在"文化热"潮流的掀起、将武术作为非物质文化遗产来保护等背景下，各级体委和民委设立专门机构，开展民族传统体育的挖掘整理工作，在各地体育史志中都列有"民族体育"部类，组织专门队伍对民族传统体育进行了广泛调查。历经四年的艰苦历程，走遍千村万寨，深入挖掘，最终收录的民族传统体育项目达977项，并汇编成为《中华民族传统体育志》。在该书目的收录中涉及项目的缘起、项目的流传

---

[1] 白晋湘：《我国民族传统体育改革发展40年回顾与展望》，《上海体育学院学报》2018年第5期。

开展情况（包括功能、价值、特色）、项目的型制和规则、器材、服装、重要人物、成绩记录、活动方式，等等。既有传说，又有考据，配以照片，图文并茂，地方特色、民族风格浓郁。

《中华民族传统体育志》的汇编，实际上是对中华民族传统体育文化的深入挖掘，对民族文化的高度认可，有利于中华民族传统体育项目走向国际化，便于国际交流。填补了中华民族传统体育项目当代志书的空白，开创了体育项目志的纸质书面工具书展示形式。除了1979年和1986年两次规模最大的挖掘整理工作取得的重大成果以外，各省区市也陆续开始整理本省区市的民族传统体育项目，只是受人力、物力束缚，挖掘整理规模比较有限，但针对性较强。例如，郭云聪博士在调研中，充分利用了云南省市县体育局的工作人员的便利，对全省各区各县的少数民族传统体育项目进行统计，比较系统地梳理了当地的少数民族传统体育项目。

（2）增添体育类国家社会科学项目研究

该阶段民族传统体育在科研文化领域也取得了一定的发展。1997年开始有体育类国家社会科学基金项目立项，这无疑反映了国家社会科学基金对民族传统体育研究的重视程度，同时也说明近几年民族传统体育研究内容更加多元，更有深度，从社会学的角度证明了民族传统体育的研究价值和文化内涵的重要性，研究成果也得到了国家和社会的认可。

（三）普及与提高阶段（21世纪伊始至今）

1. 政策法规上的充实

随着时代的快速发展，休闲娱乐时代的到来，人民逐渐意识到体育的重要性，意识到中华民族传统体育作为中华民族特有的文化的独特性，以及民族传统体育事物应用性价值及其健身、经济效益开发的重要性。在民族传统体育可持续性发展的整体规划下，学术界不仅仅局限于从民族文化的发展角度出发，而是从国家、世界的角度展开对民族传统体育这种文化特色的研究，对民族传统体育的政策制度保障展开了一系列的研究。中共中央、国务院2002年下发的《关于进一步加强和改进新时期体育工作的意见》对民族传统体育工作提出了指导性意见；国务院2005年通过的《国务院实施〈中华人民共和国民族区域自治法〉若干规定》，以及2009年7月国务院印发的《关于进一步繁荣发展少数民族文化事业的若干意见》，均进一步明确国家要定期举办少数民族传统体育运动会。该时期，全国各地的民族传统体育赛事、社区健身和民族传统体育进校园都得到了长足发展。2016年中共中央和国务院印发的《"健康中国2030"规划纲要》中指出，"大力发展群众喜闻乐见的运动项目，鼓励开发适合不同人群、不同地域特点的特色运动项目,扶持推广太极拳、健身气功等民族民俗民间传统运动项目";《国务院办公厅关于加快发展健身休闲产业的指导意见》中指出,"发展武术、龙舟、舞龙舞狮等民族民间健身休闲项目,传承推广民族传统体育项目,加强体育类非物质文化遗产的保护和发展",并积极推进其产业化发展;2017年1月,中共中央办公厅和国务院办公厅印发了《关于实施中华优秀传统文化传承发展工程的意见》,在国家层面对包括民族传统体育在内的优秀传统文化发展提出了要求和推进思路。该时期,民族传统体育文化的政策指引与制度保障研究出现了前所未有的局面,民族传统体育的发展出现了空前的繁荣局面,有效地促进了社会和谐、民族团结。

2. 形式上的多样化

(1) 民族传统体育赛事的飞跃

21世纪民族传统体育赛事的发展呈多元化的形式,不仅依靠民运会这一种赛事来推动传统体育的发展,还将民族传统体育有意识地融入到农运会、全运会、体育大会、大运会等大型的综合运动会中去,并且增加民族传统体育表演类项目的演出机会,在宣传推广民族传统体育文化的同时,增加了民族文化认同感和民族自豪感。而在2015年鄂尔多斯举办的全国民运会参赛人数达到了9000多人,一共设了17个竞赛项目和178个表演项目,无论是参赛人数还是比赛项目都较举办之初有质的飞跃。这与项目设置的合理性、普及性和全面性的提升均有非常大的关系。其中竞赛项目设置规范性较强,逐步淘汰开展难度大、群众基础差、民族特征不鲜明的项目,转而纳入竞赛规则清晰、项目基础好的项目,时至今日发展成为精彩纷呈的民族体育盛会。并且全国少数民族运动会参赛民族涵盖了55个少数民族,不仅推进了民族传统体育文化的保护和繁荣发展,还极大地促进了民族传统体育文化的展示交流和民族团结进步。[①]

(2) 民族传统体育教育的强化

中华民族传统体育事业从21世纪初开始成为体育课程标准中的必修课程,民族传统体育进校园已成为大多数地区体育课程改革的发展方向,民族传统体育在中小学教育中的强化说明了中国对民族传统体育教育事业的重视,也标志着体育教育的发展方向。大学教育中民族传统体育也得到了强化,2011年,教育部又进行了新一轮专业目录调整,结合当时的专业

---

① 白晋湘:《我国民族传统体育改革发展40年回顾与展望》,《上海体育学院学报》2018年第5期。

实际情况，并考虑到原有的民族传统体育专业难以涵盖和突出中国武术的地位和特色，将民族传统体育专业正式更名为"武术与民族传统体育"，并一直沿用至今。目前在教育部注册有武术与民族传统体育专业的高校已达到50余所，民族传统体育教育化发展呈上升趋势。

（3）民族传统体育产业的热化

在市场经济的大潮下，体育的产业化是当今体育界探讨的主题。从1998年起，开发民族传统体育的经济价值的问题受到关注，研究者对民族传统体育在旅游资源的开发和利用上着墨最多，基本的思路也很相似。[①] 在中国一些少数民族农村地区，许多少数民族农民经济收入低，生活水平相对落后，对传统体育项目逐渐冷漠，这在快速发展的当代加剧了一些少数民族体育项目的边缘化。因此，近些年来，为充分开发民族传统体育的经济效益，带动少数民族地区的经济发展，国家与政府倡导创新发展民族传统体育文化产业的发展。

3. 发展战略上的转变

在全球化、多元化的时代背景下，在中国这样的多民族的国家中民族传统体育文化是构成和谐社会必不可少的原动力，是构建和谐社会的重要基础。民族传统体育所弘扬的民族精神可增强社会凝聚力，民族传统体育的文化导向为和谐社会的建设指明方向，民族传统体育的经济效益带动民族经济共同发展为共同富裕作出贡献，因此在当代社会中发展民族传统体育不再局限于民族视域下，而是立足于世界民族之林，立足于中华民族"文化强国""体育强国"的广阔视野，全面发展民族传统体育。

第二节　新中国70年民族传统体育发展的区域特征

一　中国的地域划分

中国具有悠久的地域划分历史，从《禹贡》中的"九州"到《汉书地理志》《元和郡县志》《大唐西域记》《徐霞客游记》《大清一统志》

---

① 倪依克：《论中华民族传统体育的发展》，博士学位论文，华南师范大学，2004年，第12页。

《天下郡国利病书》《读史方舆纪要》及各省、府、县的地方志,① 都以时代主体的主观认识对中华大地进行了各种类型的区域划分,形成了独特的地域划分格局。中国地域辽阔,地形多样,民族构成多元化,在诸多因素的影响下,难以形成统一的、具有明显界线的地域划分依据。因此,在中国地域划分中主要依据文化、民族、地理环境、生产方式等因素进行分区,但自中华人民共和国成立以来,随着社会化进程的飞速发展,影响中国地域划分的因素在不断变化。

（一）中国人文地理环境特征

1. 偏居一方的世界地理格局

华夏文明形成于亚欧大陆的东方,在世界文明发源格局中,如果以北半球文明带中部的地中海文明区为中心的话,华夏文明处于偏中心地带的位置。以海路计算,从上海至印度河下游的巴基斯坦卡拉奇的航程为5290千米,至法国马赛为8950千米,至英国伦敦为10950千米,至中美洲巴拿马城为8560千米。② 在世界文明的格局中,中华文明因位置与距离因素,缺乏与外界的交流,即使拥有先进航海技术,开拓了丝绸之路,也因自我中心的文化保守意识阻绝了与外界的交流。从客观方面分析,偏离文化中心的区位因素同样能够保持文化的传统性与纯粹性,是形成中国文化"保护性反应机制"的重要条件之一。

2. 海陆隔绝的人文环境特征

中国的地形特征呈西高东低的"三级阶梯"形态,以"西靠高山荒漠,东临深海远洋"的地理环境形成封闭的地理特征。从帕米尔高原向东南,由北支喀喇昆仑山—阿尔金山—祁连山和南支喜马拉雅山—横断山包围形成了世界上最高、最大的青藏高原,其平均海拔在4000米以上,冰山雪峰,直插云汉,成为中西陆上交通的巨大屏障。从帕米尔高原向东北,天山—阿尔泰山—萨彦岭—外兴安岭横亘在蒙古高原外围,成为中国西北和北方的一道天然长城。这两条由帕米尔高原分别向东南和东北方向延伸的巨大山系,对于地处亚欧大陆东端的中国来说,恰恰形成了"人"字形的包围之势,它们构成了封闭中国的陆上骨架。③ 面对东南方位的浩瀚大海,以内陆黄河流域发展起来的中华文明缺乏对海洋的探索精神,这是陆地文明主体对海洋神秘莫测的"敬重"。中国古代历史发展的几千年

---

① 赵松乔:《中国综合自然地理区划的一个新方案》,《地理学报》1983年第1期。
② 王会昌:《中国文化地理》,华中师范大学出版社1992年版,第185页。
③ 王会昌:《中国文化地理》,华中师范大学出版社1992年版,第186页。

中，虽有过对海洋的探索，但是"天朝上国"的优越姿态不屑于对海洋文明进行开拓与殖民，这种弘扬国威的文化交流不能形成不同文化间的"对话"。正是海陆隔绝的地理环境特征，使内发型的中华传统文化得以传承和发展。

3. 幅员辽阔的多元文化形态

地域环境的因素成为文化发展的关键因素之一。黄河流域作为中华民族传统文化的发源地，在夏、商、周时代就形成统一的文化意识与形态。秦统一中国后，进行了一次文化的大融合，荆楚文化成为了中华民族传统文化的一部分。汉唐时期与少数民族的交融，不仅吸纳了辽阔的地域，更融合了多种文化形态。正是在不同历史时期民族融合与发展，形成了关东文化、燕赵文化、黄土高原文化、中原文化、齐鲁文化、淮河流域文化、巴蜀文化、荆湘文化、鄱阳文化、吴越文化、岭南文化、新疆文化、蒙古文化、台海文化等中华民族传统文化的组成部分，展现出分布于祖国大江南北幅员辽阔的多元文化形态。

（二）中国地域划分的主要依据与类型

1. 文化分区

文化分区是以文化形态或文化功能进行分区的形式，是许多文化物质和文化综合体的集合。① 文化作为综合的系统的以文化主体的群体表征为基础的复杂形态，具有同一性，也具有差异性。以不同的文化类型作为地域划分的依据可以以文化的起源进行划分，也可以以文化的主体生活区域进行划分。依据文化，中国可主要划分为关东文化区、燕赵文化区、黄土高原文化区、中原文化区、齐鲁文化区、淮河流域文化区、巴蜀文化区、荆湘文化区、鄱阳文化区、吴越文化区、岭南文化区、新疆文化区、蒙古文化区、台海文化区等区域。

2. 民族分区

中国是一个多民族国家，56个民族分布于祖国的大江南北。同时中国的民族分布又有"大杂居、小聚居""你中有我、我中有你"的特征。民族分区是以民族分布为主要依据来划分区域的，如土家族聚居区、满族聚居区、蒙古族聚居区、维吾尔族聚居区等民族区域。因为中华民族分散且相互杂居，有些地域不能按照单一的民族形态来进行划分，如湘西土家族苗族聚集区等多民族混合区域。

---

① 中国大百科全书总编辑委员会：《中国大百科全书　地理学、人文地理学》，中国大百科全书出版社1984年版，第219—220页。

3. 地理分区

地理分区是以地理形态和方位作为中国区域的划分依据，现代中国地理分区主要包括七个部分：华东地区——江苏省、浙江省、安徽省、福建省、江西省、山东省、上海市和台湾省；华南地区——广东省（包括东沙群岛）、广西壮族自治区海南省（包括南海诸岛）、香港和澳门特别行政区；华北地区——北京市、天津市、河北省、山西省和内蒙古自治区的部分地域；华中地区——湖北省、湖南省、河南省；东北地区——辽宁省、吉林省、黑龙江省或说东北四省区（包括内蒙古自治区东部地区）；西南地区——四川省、云南省、贵州省、重庆市、西藏自治区大部及陕西省南部（陕南地区）；西北地区——宁夏回族自治区、新疆维吾尔自治区及青海省、陕西省、甘肃省。①

4. 语言分区

中国地域宽阔，人口分布广阔却又相对集中，因此形成了具有地域特色与民族特色的语言形态——方言。20世纪50年代中期以后，国内最流行的是汉语八大方言的分区，即把汉语方言分为：北方方言区、吴方言区、湘方言区、赣方言区、客家方言区、粤方言区、闽南方言区和闽北方言区。70年代以前出版的汉语教材及有关论著，大都采用上述"八大方言"说。后来方言工作者根据日益增多的汉语方言调查成果，感到七大方言中的闽南、闽北两区宜合并为一个方言区，再在第二层次中区分若干不同的闽方言片，其余六区照旧，于是就形成了现代汉语七大方言的分区法。这七大方言区是：官话方言（又称北方方言）区、吴方言区、湘方言区、赣方言区、客家方言区、粤方言区、闽方言区。②

5. 生产方式分区

生产方式分区是依据生产方式的类型进行分区，中国东西南北具有显著的地形和气候差异，游牧、农耕、渔猎等获得生活资源的生产方式体现了不同的地理环境特点。在北方、东北及西北地区以高山高原为主要地理特征，属于山地游牧型的生产方式区域；南方沿海地区及西南地区以平原丘陵为主，属于平原农耕型生产方式区；西部及西南地区多高山峻岭，丛林密布，属于耕牧结合型的生产方式区域。

6. 行政分区

行政分区是最传统、最常见的区域划分形式。中国行政区划，自古至

---

① 向任华：《词语数字解析》，知识产权出版社2016年版，第542页。
② 廖栋雯：《趣数汉语"万能"动词》，贵州人民出版社2013年版，第137页。

今历代多有变更。《中华人民共和国宪法》明确规定了目前中国的行政区划，规定：第三十条　中华人民共和国的行政区域划分如下：（一）全国分为省、自治区、直辖市；（二）省、自治区分为自治州、县、自治县、市；（三）县、自治县分为乡、民族乡、镇。直辖市和较大的市分为区、县。自治州分为县、自治县、市。自治区、自治州、自治县都是民族自治地方。第三十一条　国家在必要时得设立特别行政区。在特别行政区内实行的制度按照具体情况由全国人民代表大会以法律规定。①

截至 2018 年 6 月 19 日，全国共有（省以下行政区划单位统计不包括港澳台）：

一级行政区（省级行政区）：34 个（23 个省、5 个自治区、4 个直辖市、2 个特别行政区）；

二级行政区（地级行政区）：334 个（294 个地级市、7 个地区、30 个自治州、3 个盟）；

三级行政区（县级行政区）：2851 个（966 个市辖区、367 个县级市、1347 个县、117 个自治县、49 个旗、3 个自治旗、1 个特区、1 个林区）；

四级行政区（乡级行政区）：39888 个（2 个区公所、21116 个镇、9392 个乡、152 个苏木、984 个民族乡、1 个民族苏木、8241 个街道）。②

二　东北地区民族传统体育发展现状及特征

（一）东北地区的划分概念

东北地区，是一个地理文化大区和经济大区，不是行政区；"东北"一词，最早见于《周礼·职方氏》："东北曰幽州，其镇山曰医巫闾。"《山海经》中，"东北海之外，大荒之中"，"有山，名曰不咸，有肃慎氏之国"。③ 元朝《大元一统志》说："开元路，南镇长白之山，北浸鲸川之海，三京故国，五国旧城，亦东北一都会也。"④

1945—1954 年中共设东北局和东北人民政府，以辖辽东、辽西、热河、内蒙古、吉林、松江、黑龙江 7 个省区。许多人会混淆东北地区与行

---

①　共产党员网：《中华人民共和国宪法》，https://news.12371.cn/2018/03/22/ARTI1521673331685307.shtml，2019 年 1 月 13 日。
②　四级行政区具体数量来源于《中华人民共和国行政区划简册·2018》，一年统计一次，截至 2018 年 1 月 1 日。
③　李凤飞、刁丽伟：《东北古代边疆史料学》，黑龙江教育出版社 2014 年版，第 2 页。
④　徐烈：《关东武术文化研究》，上海人民出版社 2016 年版，第 9 页。

政区划，但只有个别时期，东北地区才与东北所处的行政区重合。比如清朝 1636—1644 年盛京总管；1947—1954 年东北人民政府，东北人民政府管辖的辽东省、辽西省、吉林省、松江省、黑龙江省、内蒙古自治区、热河省省区，就是现在东北地区的辽宁省、吉林省、黑龙江省、内蒙古自治区东部五盟市（呼伦贝尔市、通辽市、赤峰市、兴安盟、锡林郭勒盟）。①

（二）东北地区主要民族构成

东北民族体系由四大古族构成：东胡鲜卑室韦蒙古族、秽貊夫余高句丽百济朝鲜、肃慎挹娄靺鞨女真、商族古燕族汉族，奠定了四大民族政权行政区布局变迁对东北历史的影响，春秋时期东北西部东胡、北部秽貊、东北部肃慎、南部古燕族，逐步演变为汉晋时期东北西部鲜卑柔然、中部夫余高句丽沃沮、东北部挹娄勿吉、南部幽州辽西辽东郡，隋唐时期东北西部室韦契丹、东北部靺鞨渤海、东南部高句丽百济、南部安东都护府，由于东北共同的地理环境和文化交流背景，从唐朝河北道开始，辽、金、元、清、民国北洋奉系、东北人民政府到东北经济区，东北从四大民族体系各自为政，发展到轮流坐庄形成统一的东北历史沿革，为东北各族民族政权七次入主中原打下基础，形成东北共同的文化地理历史沿革。② 现阶段东北地区主要由满族、朝鲜族、赫哲族、俄罗斯族、蒙古族、回族、达斡尔族、鄂温克族、鄂伦春族等少数民族构成。

（三）东北地区民族传统体育开展现状及特征

1. 蒙古族传统体育

蒙古族号称"马背上的民族"，向来以"精骑善射"而闻名于世。长期逐水草而居的游牧生活，使蒙古族的民族生活与草原紧密地结合在一起，所以在他们传统的体育活动中，处处散发出浓郁的草原民族特色。据统计，蒙古族的传统体育项目有摔跤（搏克）、赛马、马术、赛骆驼、射箭、打布鲁、套马、贵由赤、击石球（踢行头）、布木格（踢行头）、打唠唠球、玩嘎拉哈、沙塔拉（蒙古象棋）等。

2. 满族传统体育

满族传统体育是伴随满族民众生产与生活实践而发展起来的一种民族体育文化形态。它的延续与发展，与满族的语言习俗、岁时节日、生活习惯、伦理道德、宗教信仰、行为准则、价值观念、思维方式、思想

---

① 朱泓主编、教育部人文社会科学重点研究基地吉林大学边疆考古研究中心编：《边疆考古研究》，《中国北方长城地带青铜文化考古国际研讨会论文集》第 1 辑，科学出版社 2002 年版，第 170—178 页。

② 黄斌、黄瑞：《走进东北古国》远方出版社 2006 年版，序 1—5 页。

意识、心态感情等联系在一起。既是满族民众表达信任、交情、和谐、互惠等人际交谊的一种平台，又是中华传统体育的重要组成部分。流行于满族民间较具特色的传统体育活动主要有射箭、布库、"桦皮篓"、拉地弓、采"珍珠"、"狩猎"、铜锣球、踢石球、蹴球、踢毽、玩嘎啦哈、绳飞（跳百索）、放风筝、荡秋千、"骑马战"、跳马（骆驼）、赛威呼、双飞舞跑、雪地走、冰嬉、溜冰车、举重石（刀）以及掷子（扔石锁）等。①

3. 朝鲜族传统体育

朝鲜族传统体育是伴随朝鲜族民众生产与生活实践而发展起来的一种民族体育文化形态。它的延续与发展，与朝鲜族的语言习俗、岁时节日、生活习惯、伦理道德、宗教信仰、行为准则、价值观念、思维方式、思想意识、心态感情等联系在一起。既是朝鲜族民众表达信任、交情、和谐、互惠等人际交谊的一种平台，又是中华传统体育的重要组成部分。

朝鲜族人民的生活是丰富多彩的。歌舞艺术不仅是青年男女的爱好，就连白发苍苍的老人也常常载歌载舞。在田间地头或工地休息时，只要有一人领唱或敲起长鼓，人们就踩着节奏高歌，翩翩起舞。而在此基础上形成的民族传统体育文化更具浓厚的娱乐色彩。朝鲜族的传统体育活动十分普及，较具特色的有摔跤、荡秋千、跳板、拔河、顶罐走、投骰和铁连极等。②

4. 赫哲族传统体育

赫哲族是中国北方唯一以捕鱼为业，使用狗拉雪橇的民族。长期的社会生活和民族习俗，使赫哲人积累了丰富的渔猎经验，因而在其传统体育活动中，带有浓厚的渔猎风格。流行于赫哲族民间的代表性传统体育活动主要有射箭、木枪射击、摔跤、叉草球、鹿毛球、杜烈其、快马子赛、打爬犁、恰尔奇刻（滑雪）和冰磨等。③

5. 俄罗斯族传统体育

中国俄罗斯族的风俗习惯与苏联的俄罗斯族基本相同，他们为祖国边疆的发展做出了巨大贡献，是中国多民族大家庭的重要一员。俄罗斯人性格开朗，能歌善舞，他们在长期的历史进程中，创造了丰富多彩的体育文

---

① 崔乐泉：《中国少数民族传统体育》，贵州民族出版社2011年版，第27—51页。
② 崔乐泉：《中国少数民族传统体育》，贵州民族出版社2011年版，第72—78页。
③ 崔乐泉：《中国少数民族传统体育》，贵州民族出版社2011年版，第56—61页。

化。独具特色的俄罗斯踢踏舞,是他们最爱跳的舞蹈之一,而具有民族风格的体育项目嘎里特克,体现的是俄罗斯独有的文化习俗。①

6. 达斡尔族传统体育

达斡尔族是勤劳、勇敢、智慧的北方少数民族,悠久的农牧渔猎生活,造就和形成了独特的民间传统体育运动项目。其中,射箭、摔跤、颈力、波依阔、赛马、掷坑、滑雪和萨克等,是达斡尔族民间较具特色的传统体育项目。②

7. 锡伯族传统体育

锡伯族传统体育的特点与其生活习惯及历史发展有着紧密的关系。早期的锡伯人世代以狩猎、捕鱼为业,在长期的渔猎生活中,锡伯人逐渐形成了勇敢善战的民族性格,也具备了适应自然的各种能力,并创造了颇具特色的体育活动。锡伯族民间典型的传统体育活动主要有射箭、摔跤、打瓦、滑冰和玩嘎拉哈等。③

8. 鄂温克族传统体育

在长期的历史发展过程中,鄂温克族人民形成了本民族独特的衣、食、礼仪、嫁娶等风俗习惯,积累了众多的民间故事和优美的传说,创造和发展了丰富多彩的民族歌舞和体育活动。因而鄂温克族的传统体育活动也是其生活实践的真实写照。在鄂温克族的体育活动中,较具特色的传统项目主要有狩猎、赛马、套马、抢枢、滑雪、熊斗舞和爱达哈喜楞舞等。④

9. 鄂伦春族传统体育

长期的狩猎生活形成了鄂伦春族独具特色的体育文化,鄂伦春族的传统体育文化多与其狩猎实践、对敌斗争、宗教文化和娱乐生活紧密地联系在一起。尤其是在每年的农历四月间的萨满集会日、每年农历六月初十的"黄火节"、每年农历八月十五的祭月亮仪式等节日,都要根据时令进行传统的体育表演和比赛。在鄂伦春族的体育活动中,较具特色的传统项目主要有夏巴(射箭)、射击、塔理木咢(拉棍)、尼开米那基塔尔格木咢(颈力)、耶路里得楞(赛马)、乌木木咢欠(桦皮船)、皮爬犁、滑雪和班等吉等。⑤

---

① 崔乐泉:《中国少数民族传统体育》,贵州民族出版社2011年版,第409—413页。
② 崔乐泉:《中国少数民族传统体育》,贵州民族出版社2011年版,第94—100页。
③ 崔乐泉:《中国少数民族传统体育》,贵州民族出版社2011年版,第51—56页。
④ 崔乐泉:《中国少数民族传统体育》,贵州民族出版社2011年版,第67—72页。
⑤ 崔乐泉:《中国少数民族传统体育》,贵州民族出版社2011年版,第62—67页。

三 西北地区民族传统体育发展现状及特征

(一) 西北地区的划分概念

西北地区又称西北、中国西北、西北地区、西北五省,是当今中国七大地理分区之一。行政区划上的西北地区包括陕西省、甘肃省、青海省、宁夏回族自治区、新疆维吾尔自治区5个省、自治区。西北地区主要城市有西安、兰州、西宁、银川、乌鲁木齐等。西北地区深居中国西北部内陆,具有面积广大、干旱缺水、荒漠广布、风沙较多、生态脆弱、人口稀少、资源丰富、开发难度较大、国际边境线漫长、利于边境贸易等特点。

西北地区分布在黄土高原—黄河中上游以西,昆仑山—阿尔金山—祁连山—秦岭以北,国境线以东,国境线—蒙古高原以南,西北地区国境线漫长,与蒙古国、俄罗斯、哈萨克斯坦、吉尔吉斯斯坦、塔吉克斯坦、巴基斯坦、印度、阿富汗等国相邻。本地区面积广大,约占中国面积的30%,人口约占全国的7.3%。[①]

(二) 西北地区主要民族构成

西北地区是中国少数民族主要聚居地区之一,少数民族人口约占全国少数民族总人口的1/3,主要少数民族有回族、维吾尔族、哈萨克族、藏族、蒙古族、俄罗斯族、东乡族、柯尔克孜族、土族、羌族、撒拉族、塔吉克族、乌孜别克族、保安族、裕固族、塔塔尔族、门巴族等。[②]

(三) 西北地区民族传统体育开展现状及特征

1. 维吾尔族传统体育

维吾尔族是一个深沉而又浪漫的民族,千百年来,用他们火一样的激情和大度深邃的智慧,为祖国新疆的繁盛谱写着一个又一个历史篇章。维吾尔族传统体育活动多种多样,代表性的传统项目有骑射、切里西(摔跤)、帕卜孜、打嘎儿、萨哈尔地(转轮秋千)、达瓦孜(走索)和刀郎舞等活动。[③]

2. 哈萨克族传统体育

哈萨克族体育文化具有粗犷、豪放、独特的地域特征。以游牧为主的哈萨克族,由于地处特殊的地理环境,马在社会生活中扮演着重要角色,

---

① 王海军:《民族传统体育文化的传承发展与保护研究》,东北师范大学出版社2017年版,第61页。
② 王海军:《民族传统体育文化的传承发展与保护研究》,东北师范大学出版社2017年版,第62页。
③ 崔乐泉:《中国少数民族传统体育》,贵州民族出版社2011年版,第114—122页。

因而哈萨克族传统体育项目与马有着密切的关系。这些活动是哈萨克族人民长期劳动和生活的结晶。在哈萨克族的传统体育活动中，摔跤、马上摔跤、躺倒拔河、赛马、叼羊和姑娘追等，是较具特色的竞技运动形式，深受广大牧民和各族群众的欢迎。①

3. 藏族传统体育

藏族传统体育是藏族文化的典型代表，长期落后的经济水平和封闭的自然环境，使藏民族传承下来的体育项目表现出原始的粗犷和质朴。其中射箭、射碧秀、骑马点火枪、达久（赛马）、马术、赛牦牛、加哲（角力）、"大象"拔河、朵加（抱石头）、俄尔多、锅庄、吉韧、密芒（藏棋）和吉布杰曾等体育活动都是藏民族世代相传的代表性项目。②

4. 东乡族传统体育

东乡族人民十分崇尚体育活动，当地有许多流传民间的传统体育项目。东乡族的体育文化具有独特的地域特征，其活动形式与东乡人的生产、生活条件和地缘关系、人情世故等环境因素密切相关。如一马三箭、呔哑强啦（拔棍）、巴哈邦地（摔跤）、赛马、压走马（走骠）比赛、羊皮筏子（羊皮袋、牛皮袋）竞渡、骑木划水、夹木过河以及人、牛泗渡等，都是极具特色的传统体育活动。③

5. 柯尔克孜族传统体育

柯尔克孜族人勤劳勇敢，有着自己丰富多彩的传统体育文化。在节日里，人们都要举行各种文娱体育活动，以示庆祝。典型的传统体育项目有射元宝（骑马射箭）、狩猎、科力布卡（颈力拔河）、奥塔热希（马上角力）、二人秋、姑娘追、飞马拾银、叼羊和奥尔达（攻皇宫）等。④

6. 土族传统体育

在长期的历史发展过程中，土族人民与各族人民友好相处，用自己的聪明智慧创造出了本民族的文化历史，同时也形成了反映土族自身文明的独具特色的各种传统体育活动轮子秋等。⑤ 土族的传统体育活动，与生产劳动、传统习惯、宗教信仰、民族历史渊源等紧密相关，内容健康，形式多样。其中，拉棍、拔腰、打毛蛋、台毽巴嘎（踢毽子）、轮子秋和赛牦

---

① 崔乐泉：《中国少数民族传统体育》，贵州民族出版社2011年版，第122—128页。
② 崔乐泉：《中国少数民族传统体育》，贵州民族出版社2011年版，第157—171页。
③ 崔乐泉：《中国少数民族传统体育》，贵州民族出版社2011年版，第105—109页。
④ 崔乐泉：《中国少数民族传统体育》，贵州民族出版社2011年版，第128—138页。
⑤ 徐玉良：《中国少数民族传统体育史》，民族出版社2005年版，第216页。

牛等，都是土族典型的传统体育活动。①

7. 羌族传统体育

羌族聚居地区主要集中在青藏高原东部边缘，这里峰峦重叠，河川纵横，林密水急，高山上白雪皑皑，河谷中花红竹翠，景色旖旎。羌族传统体育文化的形成与发展，和羌族的自然地理环境及人文地理环境有着千丝万缕的联系。许多体育活动是经过长期的历史积淀得以继承和发展起来的，代表性的传统体育项目有骑射、摔跤、推杆、扭棍子、秋千、蛾捉（抱蛋）、跳盔甲和萨朗（圆圈舞）等，许多体育活动形式体现了羌族崇文尚武及诚挚豪爽的古风。②

8. 撒拉族传统体育

1954年，根据民族平等原则和该民族的意愿正式定为撒拉族。撒拉族先民是崇拜雄鹰、敬重苍狼、崇尚力量的民族，在长期的历史发展中，撒拉族人民创造了丰富多彩的传统文化。社会的发展，使撒拉族文化从游牧文化演变成一个以农业经济为主干、高度发达、极端成熟的文化形态，并由此繁衍出独特的体育文化。其代表性的传统体育项目主要有摔跤、拔腰、蹬棍、踢毽子、打"蚂蚱"、打缸、放木筏和赛瓦等。这些民族传统体育活动是撒拉族勤劳勇敢的优秀品质的象征。③

9. 塔吉克族传统体育

生活在帕米尔高原上的塔吉克人民，在漫长的历史长河中，逐步形成了丰富多彩的传统文化。素有"帕米尔之鹰"之称的塔吉克族，创造了具有浓郁民族特色的体育文化。塔吉克人传统的马上体育活动，也像山鹰一样，富有顽强、勇猛刚毅的特点。赛马、挂波齐（马球）和叼羊等马上游戏竞技，都是塔吉克人喜爱的民族传统体育项目。④

10. 乌孜别克族传统体育

乌孜别克族是具有悠久历史的民族。其历经几百年沧桑岁月和勤奋开拓，仍保留着自己独特鲜明的民族文化。乌孜别克族的传统体育活动多在传统民族节日里举行，由于长期和其他兄弟民族杂居相处，其民族传统体育与维吾尔族、哈萨克族大体相同，主要有代表性的民族传统体育项目摔

---

① 崔乐泉：《中国少数民族传统体育》，贵州民族出版社2011年版，第100—105页。
② 崔乐泉：《中国少数民族传统体育》，贵州民族出版社2011年版，第212—217页。
③ 崔乐泉：《中国少数民族传统体育》，贵州民族出版社2011年版，第145—150页。
④ 崔乐泉：《中国少数民族传统体育》，贵州民族出版社2011年版，第405—409页。

跤、赛马、叼羊和击木等，这些活动既具有自己的民族特色，又具有广泛的群众性。①

11. 保安族传统体育

历史上的保安族人民在长期的发展进程中，不仅创造了丰富的物质文明，还创造了灿烂的文化艺术。保安族的传统体育，就是在长期的实践和适应本民族特点中发展起来的。其典型的民族传统体育项目主要有射箭、抱腰与拔腰、羊皮筏竞渡、甩抛尕和夺腰刀等，呈现出自发性、普及性与因地制宜的特点，具有地方特色和民族特色。②

12. 裕固族传统体育

裕固族所生活的河西走廊中段，是一片断断续续的戈壁绿洲。他们在这里从事着农业、畜牧业经济，并顽强地传承着自己弥足珍贵的语言和文化传统。裕固族在漫长的生活岁月里，创造出了许许多多适合本民族特点的体育活动，代表性的项目有射箭、摔跤、拉棍、拉爬牛、赛马和赛骆驼等。这些体育活动集健身、娱乐、生产、融洽人际关系于一体，丰富了裕固族人民的生活。③

13. 塔塔尔族传统体育

中国信仰伊斯兰教的民族中塔塔尔族是人口最少的一个。但这个人口不到5000人的民族，却在中国创造了辉煌的历史文化。塔塔尔族人的文化生活丰富多彩，其传统的体育活动多在民族节日的欢乐日子里举行，尤其是每年春天在迎接春耕的"撒班节"（犁头节）的盛会上，常举行各种体育活动，代表性的传统体育项目主要有赛马、赛跳跑和爬杆等。④

14. 门巴族传统体育

门巴族的传统体育文化与本民族的生存环境、生产和生活方式、文化习俗以及宗教信仰等因素密切相关。它既与藏族体育文化有一定联系，同时又具有鲜明的特色。代表性体育项目米嘎巴（射箭）、狩猎、巴加惹比（拔河）和龙普勒（抱石）等，表现出了浓厚的民族性、生产性、娱乐性、竞争性和健身性等基本特征。⑤

---

① 崔乐泉：《中国少数民族传统体育》，贵州民族出版社2011年版，第138—142页。
② 崔乐泉：《中国少数民族传统体育》，贵州民族出版社2011年版，第109—112页。
③ 崔乐泉：《中国少数民族传统体育》，贵州民族出版社2011年版，第150—154页。
④ 崔乐泉：《中国少数民族传统体育》，贵州民族出版社2011年版，第142—145页。
⑤ 中国体育博物馆、国家体委文史工作委员会编：《中华民族传统体育志》，广西民族出版社1990年版，第392页。

四　华北地区民族传统体育发展现状及特征

(一) 华北地区的划分概念

华北地区是指位于中国北部的区域。一般指秦岭—淮河线以北，在政治、经济层面上指北京市、天津市、河北省、山西省和内蒙古自治区共计5个省级行政单位。

华北地区包括：北京市、天津市、河北省、山西省和内蒙古自治区中部即锡林郭勒盟、乌兰察布市和呼和浩特市等三盟（市）。政治上一般把整个内蒙古自治区都列入华北地区。

(二) 华北地区主要民族构成

华北地区以汉族为主体，少数民族有蒙、回二族。蒙民主要分布在绥远各盟旗，次为察哈尔的北部；回民分布在乌兰花旗，包头市、察南及省内各地，并山西长治、太原等地；绥远一带地势辽阔，草原千里，是一个天然牧场，故蒙民多以游牧为主。[①]

(三) 华北地区民族传统体育开展现状及特征

1. 汉族传统体育

公元前221年，秦国完成兼并六国、统一诸夏之大业，建立了统一的中央集权封建国家。在秦汉国家统一的条件下，汉族形成了统一的民族。对于汉族何时形成这一问题，目前学术界普遍认为：汉族是以先秦的华夏族为核心、在秦汉时期形成统一民族的。汉族的族称，是在中国统一的多民族国家形成、发展过程中确立的。秦统一以后，华夏的族称仍然沿用，但西域诸族、匈奴则称中原人为秦人。公元前206年汉朝建立后，统一的多民族国家有了新的发展，华夷同居中国。东晋十六国和南北朝（317—589年）时期，"五胡"在中国北部建号立国，成为统治民族，以据有两京（长安、洛阳）而自居中国正统。这些民族对于原先称为"华夏"的中原居民，因其行汉礼仪、服汉衣冠而渐被称为"汉人"。在以后的历史发展中，"汉人"遂逐渐成为华夏这一中国主体民族的族称。

汉族的传统体育大体可分为防身的体育项目如武术，健身性体育项目如气功和太极拳，表演性体育项目如舞狮、舞龙、风筝，竞技性体育项目如赛龙舟，以及智力性体育项目如中国象棋和围棋。汉族传统体育项目最

---

① 中国社会科学院、中央档案馆：《中华人民共和国经济档案资料选编：1949—1952（商业卷）》，中国物资出版社1995年版，第918—919页。

具代表性的就是中国武术。武术的起源源远流长，有上百种流派，在民间影响根深蒂固。[1]

2. 蒙古族传统体育

蒙古族号称"马背上的民族"，向来以"精骑善射"而闻名于世。长期逐水草而居的游牧生活，使蒙古族的民族生活与草原紧密地结合在一起，所以他们在传统的体育活动中，处处散发出浓郁的草原民族特色。据统计，蒙古族的传统体育项目有摔跤（搏克）、赛马、马术、赛骆驼、射箭、打布鲁、套马、贵由赤、击石球（踢行头）、布木格（踢行头）、打唠唠球、玩嘎拉哈、沙塔拉（蒙古象棋）等。

3. 回族传统体育

回族是一个勤劳、智慧、勇敢、顽强的民族。回族文化，深得阿拉伯伊斯兰文化之精髓，又吸收汉族文化之营养。在长期生产和生活实践中，回族创造了航海、文学等光辉历史，为中华民族大家庭的灿烂文化的发展做出了贡献。作为回族传统文化的重要组成部分，代表性的传统体育活动主要有拔腰、踔跤、木球、打铆球、踢毽子、拔河、花式跳绳、跳皮筋、打梭儿、赶老牛、顺风扯旗、中幡、掼牛、"斗鸡"、方棋、跳格、踏脚、弹腿、查拳、汤瓶拳和通备拳等。[2]

五　西南地区民族传统体育发展现状及特征

（一）西南地区的划分概念

西南地区，全称为中华人民共和国西南地区，为中国地理分区之一，东临中南地区，北依西北地区。广义上包括四川省、贵州省、云南省、西藏自治区、重庆市5个省市区，有时还包括广西壮族自治区、湖北恩施州、湖南湘西州。

狭义上的西南地区，一般只包括老四川（含重庆、不含川西高原的四川盆地）、云南全省、贵州全省，即"西南三省"。

其中，四川盆地是该地区乃至中西部人口最稠密、经济最发达、商业最繁华、历史最悠久、文化最昌盛、教育最领先、科技最超前、交通最便捷、区位最重要的地区。盆地内的成都、重庆是西南乃至中西部最发达的城市，是新一线城市的龙头，合称"西南双子星"。

西南地区省区行政区划代码均以数字"5"开头。西南地区曾多次调

---

[1] 刘雪芹：《中国民族文化双语读本　汉英对照》，中央民族大学出版社2013年版，第3页。
[2] 崔乐泉：《中国少数民族传统体育》，贵州民族出版社2011年版，第7—24页。

整，直至1955年形成稳定格局：川、黔、滇、藏四地合称为"西南四省（区）"。1997年恢复设立重庆直辖市，四省一区区划格局部分调整，在此之后重庆、四川、贵州、云南、西藏合称为"西南五省（区、市）"。自然区划概念下的西南地区，主要包括四川盆地、云贵高原、青藏高原南部、两广丘陵西部等地形单元，大致包括重庆、四川、贵州、云南、西藏。[1]

（二）西南地区主要民族构成

汉族在西南地区均有所分布，人口所占比例较大。西南地区是中国少数民族最多的地区，有白族、傣族、水族、佤族、苗族、怒族、门巴族、彝族、土家族、哈尼族、傈僳族、纳西族、拉祜族、景颇族、布朗族、阿昌族、普米族、德昂族、独龙族、珞巴族、基诺族等民族。[2]

（三）西南地区民族传统体育开展现状及特征

1. 白族传统体育

高山和湖泊的地理环境，形式多样的传统节日，使白族逐步发展出了具有民族特色的体育项目。代表性的有赛马、人拉人拔河、秋千、打陀螺、霸王鞭、仗鼓、耍火龙、赛龙船和洱海龙舟赛等活动形式，大多具有浓郁的民族特色。[3]

2. 傣族传统体育

傣族是雨林的民族，在傣族的传统文化中，傍水而建的干栏式居屋、水稻的种植、泼水节等，成为傣族美好生活乐章里最富色彩的音符。傣族传统体育文化是其独特的自然环境因素与人文环境因素复合作用的结果，其传统体育形式表现出柔美、细腻、传情、祥和、修身养性等文化特质。独具特色的白跌（打陀螺）、藤球、跳竹竿、象脚鼓、击抬鼓、赛龙舟、丢包、堆沙和武术等体育活动，是傣族传统体育文化的智慧结晶。[4]

3. 水族传统体育

水族传统体育具有典型的农耕文化特色，以休闲娱乐的项目居多，活动多与农耕生产方式、生活方式、风俗习惯相关。较具特色的扭扁担、扳腰、赛马、狮子登高、翻桌子、斗贵（斗牛舞）和丢压（铜鼓

---

[1] 王海军：《民族传统体育文化的传承发展与保护研究》，东北师范大学出版社2017年版，第66页。
[2] 王海军：《民族传统体育文化的传承发展与保护研究》，东北师范大学出版社2017年版，第67页。
[3] 崔乐泉：《中国少数民族传统体育》，贵州民族出版社2011年版，第251—259页。
[4] 崔乐泉：《中国少数民族传统体育》，贵州民族出版社2011年版，第290—297页。

舞）等体育活动，已经深深地融入了水族人民的生活，成为他们重要的文化生活方式。①

4. 佤族传统体育

佤族主要聚居地被称为阿佤山区。在历史大发展中，佤族人民利用山区的特点创造了多姿多彩的体育活动。如射弩、布隆（摔跤）、堵（顶杠）、卓威达威（拔腰力）、布球、莫海亚（鸡毛球）、布冷（陀螺）、重章撒（高跷）、舂米舞、木鼓舞、跺脚舞和牛角棋等，都是具有典型民族特色的体育活动形式。尤其是每逢年节或旱谷金黄、玉米叶泛红之时，人们便在田边地头开展这些带有民间色彩的娱乐活动。②

5. 苗族传统体育

苗族的历史悠久，文化传统丰厚。地理环境的差异，社会发展、经济生活和风俗习惯等方面的不同，使得苗族的传统体育活动呈现出丰富多彩的形式。苗族的民族体育活动项目，常见的有射弩、射背牌、秋千、麻古（手毽）、划龙舟、赛马、斗牛会、上刀梯、爬花杆、爬坡杆、打禾鸡、打泥脚、舞狮、接龙舞、跳狮子、猴儿鼓舞、跳鼓、打花棍、苗拳和舞吉保等。③

6. 怒族传统体育

历经千百年沧桑岁月的磨炼和怒族历代先民的勤奋开拓，怒族人民创造了自己独特鲜明的民族文化。怒族人民喜歌乐舞，酷爱传统的体育活动。受他们居住环境的影响，富有开拓精神的怒族同胞，用智慧和勇敢创造了许多传统的体育活动。典型性的项目包括摔跤、踢脚（脚斗）、怒球、跳竹、溜索、划猪槽船、虎熊抱石头和祭天舞等，大都和生产、生活密切相关。④

7. 彝族传统体育

彝族人世代居住于云贵高原和康藏高原东南部边缘地带的高山河谷间。作为一个创造了古老文明的民族，彝族的文字、文学、历法、哲学、宗教、艺术等，都有着自己独特的价值系统。彝族文化具有十分优秀的传统，其传统民族体育活动也打上了清晰的民族烙印。面对崇山峻岭，濒临深谷急流，应对高寒的气候和频繁的灾害，彝族先人在与天斗、与地斗的过程中，培育和发展了具有竞争性、对抗性强的体育项目。其中，较具代

---

① 崔乐泉：《中国少数民族传统体育》，贵州民族出版社 2011 年版，第 310—315 页。
② 崔乐泉：《中国少数民族传统体育》，贵州民族出版社 2011 年版，第 378—385 页。
③ 崔乐泉：《中国少数民族传统体育》，贵州民族出版社 2011 年版，第 335—357 页。
④ 崔乐泉：《中国少数民族传统体育》，贵州民族出版社 2011 年版，第 259—357 页。

表性的传统体育活动主要有射弩与射箭、摔跤、互布吉则（蹲斗）、阿克登登土（"斗鸡"）、赛马、斗牛、耍龙、磨秋、打陀螺和跳火绳等。①

8. 土家族传统体育

土家族在长期的历史发展中，创造了适合本民族文化环境的传统体育活动。其代表性的传统体育项目主要有搭撑腰（拔腰带）、扁担劲、抵杠、举石、秋千、打磨秋、踢毽子、高脚马、抱蛋、抢"贡鸡"、竹铃球、打飞棒、"摇旱船"、肉莲花、舞板凳龙、地龙、双虎凳和武术等。这些活动形式，充分反映了土家族民间体育的民族性、地域性、易行性、趣味性和群众性。②

9. 哈尼族传统体育

哈尼族被称为"雕塑群山的子民"，是一个被生活和苦难磨砺成艺术品的民族。多少个世纪以来，他们在群山中雕塑的梯田，犹如山神的脸谱，优美而庄严，堪称世界奇迹。哈尼族人民勤劳、善良、能歌善舞、爱好运动，创造了灿烂的传统体育文化。哈尼族体育文化的具体表现并不是一种独特的、纯粹单一的体育形式，而是渗透到各种社会活动之中，融入了哈尼族人民的理想、愿望、审美观和价值观。其主要项目有摔跤、磨秋、打陀螺、赛蒙抬（跳高跷）、侗尼尼和乐作舞等，其中摔跤和赛蒙抬（跳高跷）与汉族差别不大，磨秋则颇具民族特色。③

10. 傈僳族传统体育

傈僳族体育文化源远流长。在漫长的历史进程中，以能歌善舞著称的傈僳族人民在长期的生活实践中形成了丰富多彩的体育文化。其主要代表性项目有弯弓射击、泥弹弓、拉肚夺（顶杠）、尼昂急（顶牛）、傈德德（跳高）、砍竹竿的上刀山下火海等。④

11. 拉祜族传统体育

拉祜族居住在亚热带山区，气候适宜，常年翠绿，物产丰富，这里只分雨季和旱季。自然环境制约着拉祜族人的生活，农业、牧业、狩猎和采集构成了其经济生活的主体，造就了勇敢无畏的猎虎民族。其传统体育项目有射弩、蜡河毕、卡扒陀螺、迈切切（踢脚架）等。

12. 纳西族传统体育

纳西族居住的云南省西北部和四川省西南部，很早就融合了汉、藏、

---

① 崔乐泉：《中国少数民族传统体育》，贵州民族出版社2011年版，第175—184页。
② 崔乐泉：《中国少数民族传统体育》，贵州民族出版社2011年版，第231—235页。
③ 崔乐泉：《中国少数民族传统体育》，贵州民族出版社2011年版，第184—189页。
④ 崔乐泉：《中国少数民族传统体育》，贵州民族出版社2011年版，第189—194页。

白等民族文化，建立了发达先进的社会经济，是云南经济、文化最发达的少数民族之一。纳西族体育文化蕴含着纳西族人民长期积淀形成的思想观念、价值取向、审美情趣。其主要形式有内窝扑（射箭）、占占夺（摔跤）、丽江球、赛马、秋千、东巴跳和东巴武术等。①

13. 景颇族传统体育

景颇族的文化丰富多彩。由景颇族民间创作的口头文学，内容包罗万象，十分丰富。原始宗教董萨文化是景颇族传承本民族传统文化的主要手段之一，它对远古时代景颇族先民生产生活等产生了广泛的影响。作为山区民族景颇人，其传统体育与这种生活方式有着密切的联系。景颇族代表性的传统体育项目有打汤趺（火枪射击）、拉拉、扭杠、顶杠、秋千、爬滑竿、目瑙纵歌、刀术和走子棋等。②

14. 布朗族传统体育

布朗族历史悠久，文化博大精深。布朗族的体育活动丰富多彩，因其居住地区较为分散，各自所处自然环境与先进民族的交往程度互不相同，因而传承下来的体育项目明显地具有原始特征。但多数活动内容表现的是一种稳定和具有集体聚合力的社群娱乐。布朗族的传统体育活动中，"斗鸡"、布朗球（打竹球）、爬竹竿、亚都都、布朗舞、唱灯和武术较为常见。③

15. 阿昌族传统体育

由于受自然环境、生产生活方式和宗教信仰的影响，更由于阿昌族与当地的傣族、汉族和景颇族交往频繁，其民族传统体育文化在具有本民族鲜明特点的同时，又与其他民族相似，主要代表性项目有射弩、甩秋、车秋、耍白象与青龙、蹬窝罗、阿昌拳术、猫赖过（刀术）和晃赖过（棍术）等。④

16. 普米族传统体育

普米族体育文化具有鲜明的地域特色和民族特征，其产生、发展与普米族居住的自然环境、生产方式、宗教信仰等因素有着密切关系，其形式和内容蕴含着游牧生活的痕迹。普米族的民族传统体育，集中体现于民间节庆活动中，代表性的项目有射箭、射弩、摔跤、击鸡毛球、磨秋和搓蹉

---

① 崔乐泉：《中国少数民族传统体育》，贵州民族出版社 2011 年版，第 200—206 页。
② 崔乐泉：《中国少数民族传统体育》，贵州民族出版社 2011 年版，第 221—227 页。
③ 崔乐泉：《中国少数民族传统体育》，贵州民族出版社 2011 年版，第 389—393 页。
④ 崔乐泉：《中国少数民族传统体育》，贵州民族出版社 2011 年版，第 231—235 页。

（锅庄舞）等。①

17. 德昂族传统体育

德昂族是一个能歌善舞的民族，由于德昂族多与其他许多兄弟民族同田共耙，因而在传统文化方面与阿昌族、景颇族、汉族、傣族有着很多的共同之处。在体育活动方面也有着一定的共同点，其中，打篾弹弓、打陀螺、象脚鼓舞、佛鼓舞、水鼓舞、竹竿舞和武术是德昂族的特色项目，具有广泛的群众性，是节日庆祝活动的内容之一。②

18. 独龙族传统体育

虽然独龙族人数很少，但他们顽强地传承着自己弥足珍贵的语言和习俗，以坚韧的性格书写着自己独有的历史和文化。独龙族的传统体育有着较为突出的民族特色，主要代表性的传统体育项目有射弩、阿扁（摔跤）、阿格来依（跳高）、网石、溜索、老熊抢石头、巴楼木哇、滑草和拉姆等。这些项目无不和独龙族所处的自然环境、生产生活方式及交通方式有紧密的联系。③

19. 珞巴族传统体育

在珞巴族的民族文化中，珞巴族的服饰受气候影响丰富多彩；珞巴族的口头文学丰富，反映了珞巴族发展的历史；珞巴族有音乐和舞蹈，曲简而调古，舒缓而庄重。珞巴族人民世代过着采集、打猎和捕鱼的生活，养成了勇敢强悍、吃苦耐劳的民族性格。因而，珞巴族的体育文化具有浓厚的地域特征和民族特色，常见的如射箭、响箭、跳索和剥格（刀舞）等活动，与珞巴族的生活生产方式、宗教祭祀活动等密切相关，在节日、婚礼和大型宗教祭祀场合经常举行。④

20. 基诺族传统体育

基诺族是一个文化传统丰富的民族，其各种节日中的体育活动，多是就地取材、随时随地进行。主要代表性的传统体育活动有射弩、射箭、泥弹弓、藤条拔河、踩高跷、竹竿比赛、跳嘎（跳牛皮鼓）和大鼓舞等。⑤

六　华南地区民族传统体育发展现状及特征

（一）华南地区的划分概念

华南地区，中国大区之一，位于汉族地区南部，简称华南，包括广

---

① 崔乐泉：《中国少数民族传统体育》，贵州民族出版社2011年版，第217—221页。
② 崔乐泉：《中国少数民族传统体育》，贵州民族出版社2011年版，第385—389页。
③ 崔乐泉：《中国少数民族传统体育》，贵州民族出版社2011年版，第227—231页。
④ 崔乐泉：《中国少数民族传统体育》，贵州民族出版社2011年版，第262—266页。
⑤ 崔乐泉：《中国少数民族传统体育》，贵州民族出版社2011年版，第206—210页。

东省、广西壮族自治区、海南省、香港特别行政区、澳门特别行政区。民国时期，华南范围涵盖广东、广西、海南、福建及云南、贵州，1945年抗日战争胜利后又列入台湾省，合称"华南六省"，而民间的"华南地区"则有多种说法，广义自然地理上的华南地区包括福建省及台湾省。[1]

（二）华南地区主要民族构成

华南地区各省以汉族为主，主要由南迁的中原移民所形成。公元前214年，秦始皇统一岭南后，为了巩固对岭南的统治，从中原迁来了50万人。自秦朝统一岭南2200多年来，本地历史上至少发生过6次较大的移民潮。汉武帝平定岭南，留下占领军驻守，历经西汉覆亡和王莽篡政等政治变革，先后又有5批移民来到岭南。晋代岭南移民被称为"流人"，北方士族和黎民百姓纷纷逃到东南沿海。北宋灭亡和南宋末年，两度形成士族豪门、平民百姓和抗元将士南逃，两宋时期的移民潮从规模上远远超出了两晋。明朝末年，再次有中原移民迁徙至岭南，逐渐形成广府、客家、闽南三大汉族民系。

华南地区自古就有原住先民在此生息，被称为越人、百越，华南地区包括"南越""西瓯""骆越"。自秦朝统一中国后，随着中原移民不断南迁，这些百越部落除了一部分和南迁的中原人融合外，大部分迁入山区或往外迁徙，演化为今天的壮族、瑶族、黎族、布依族、傣族、侗族、畲族、仡佬族、毛南族、京族、仫佬族、水族等少数民族，南越部落演化为今天广东地区的壮族、瑶族、畲族。[2]

（三）华南地区民族传统体育开展现状及特征

1. 壮族传统体育

在几千年的历史发展中，壮族与各族人民相互交融、相互影响，创造了灿烂悠久的壮族文明史，也形成了风格独特的民族传统体育活动。其中，特朗（打扁担）、打拐、磨秋、打陀螺、投绣球、抢花炮、背篓球、舞狮、春榔争娃、板鞋竞技、翡翠舞、芭芒燕、踩风车和壮拳等活动形式，就体现着与自然环境、生产特点、经济生活和风俗习惯的紧密结合，是壮族人民改造自然、改造社会、发展自身过程的智慧结晶。[3]

---

[1] 王海军：《民族传统体育文化的传承发展与保护研究》，东北师范大学出版社2017年版，第57页。

[2] 王海军：《民族传统体育文化的传承发展与保护研究》，东北师范大学出版社2017年版，第58页。

[3] 崔乐泉：《中国少数民族传统体育》，贵州民族出版社2011年版，第269—282页。

2. 瑶族传统体育

瑶族漂泊游耕的生活练就了瑶胞的不屈不挠、果敢刚毅的团体习性。他们创造着物质，探索着文明。瑶族居住地区多为亚热带，村寨周围竹木叠翠，风景秀丽。这种独特的地理环境和人文背景，形成了瑶族独具特色的传统体育文化。对顶木杠、毛莱球（木头球）、打陀螺、人龙、打猎操、播公（打长鼓）、芦笙长鼓舞、串春珠、伞舞、刀舞、盾牌舞和瑶拳等活动形式，就是瑶族人民经常开展的传统体育活动。[①]

3. 黎族传统体育

在悠久的历史进程中，在与大自然的抗争和生产生活实践中，黎族人民创造出极为丰富多彩的体育文化，射箭、粉枪射击、弹弓、"顶牛"（顶膝盖）、"拉乌龟"、打狗归坡、打花棍、卡咯（跳竹竿）、盖浏（串藤圈）和钱铃双刀等，是黎族颇具民族特色的传统体育活动。[②]

4. 布依族传统体育

独特的地理地貌，铸就了布依族的文化特点，以敬畏崇拜自然，以生命呵护生态，以快乐装点生活便成为布依族的生活写照。布依族的传统体育文化与本民族的生产劳动、社会斗争和日常生活有着密切的联系，极富民族特色。诸如抵杠、秋千、打格螺、打乌龟、丢花包、耍狮、花棍舞、把式舞和铁链械等体育项目，是布依族典型的传统民族体育形式，各种类型的体育活动，大都在农闲季节及节日喜庆期间进行，都具有浓郁的民族特色。[③]

5. 傣族传统体育

傣族是雨林的民族，在傣族的传统文化中，傍水而建的干栏式居屋、水稻的种植、泼水节等，成为傣族美好生活乐章里最富色彩的音符。傣族传统体育文化是其独特的自然环境因素与人文环境因素复合作用的结果，其传统体育形式表现出柔美、细腻、传情、祥和、修身养性等文化特质。独具特色的白跌（打陀螺）、藤球、跳竹竿、象脚鼓、击抬鼓、赛龙舟、丢包、堆沙和武术等体育活动，是傣族传统体育文化的智慧结晶。[④]

6. 侗族传统体育

侗族地区的自然旅游资源和人文旅游资源极为丰富，独特的地理环境和人文背景，为侗族传统民族文化的多样化奠定了基础。合唱歌曲大歌、

[①] 崔乐泉：《中国少数民族传统体育》，贵州民族出版社2011年版，第357—366页。
[②] 崔乐泉：《中国少数民族传统体育》，贵州民族出版社2011年版，第319—328页。
[③] 崔乐泉：《中国少数民族传统体育》，贵州民族出版社2011年版，第282—290页。
[④] 崔乐泉：《中国少数民族传统体育》，贵州民族出版社2011年版，第290—297页。

合拢宴以及鼓楼、风雨桥,成为侗族文化的标志与象征。勤劳的侗族人民,在长期的历史发展中创造了丰富多彩的体育文化,摔跤、哆毽、骑木马(踩高脚)、抢花炮、舞龙头、耍"春牛"、踩芦笙、侗拳和三三棋等代表性的体育形式,与侗族人民的生活生产实践密切相关。①

7. 畲族传统体育

畲族的民族文化颇具特色,无论是聚居的村落,还是盘歌,甚至传统服装和手工艺织品等,都成为一种至今"活"着的畲族"文物"。处于东南丘陵地带的畲族人,在漫长的历史过程中,在生产、劳动、娱乐和原始宗教等社会活动中,创造了适宜山区开展的、地方特色浓郁的民族传统体育。"斗牛"(顶牛)、操石磉、打尺寸、舞狮、赛"海马"、稳凳、打柴棒、舞铃刀、畲族拳和硬气功等,都是颇具民族特色的运动娱乐方式。②

8. 仡佬族传统体育

仡佬族主要分布在云贵高原东部,这一环境为仡佬族丰富多彩的民族文化的产生奠定了基础。多彩多样的节日、各有特色的民歌、朴素优美的音乐舞蹈等,展示着丰富的仡佬族民风民俗。仡佬族的传统体育文化与其独特的地域特征和生活习俗有着密切的关系。其传统体育运动项目主要有打篾鸡蛋球、抢花炮、高台舞狮、打花龙、牛筋舞和踩堂舞等。③

9. 毛南族传统体育

毛南族文化积淀丰厚,著名的史诗、丰富的民歌、多彩的傩文化等,在民族文化中独树一帜。毛南族富有强烈的进取精神,其传统的体育活动主要有同填、同顶、都拼、马革球、举石担(石锁)和三棋等。其中,棋类项目最具特色,而同填、同顶则是毛南族人民最为喜爱的运动项目。④

10. 京族传统体育

在长期的生产斗争中,京族人民创造了绚丽多彩的体育文化,流行的传统体育项目有"打狗"、搏脚(踩高跷)、跳竹竿、顶竹竿和游水捉鸭竿等。⑤

11. 仫佬族传统体育

在长期的社会活动和与自然抗争中,仫佬族用勤劳的双手和智慧建设

---

① 崔乐泉:《中国少数民族传统体育》,贵州民族出版社2011年版,第297—306页。
② 崔乐泉:《中国少数民族传统体育》,贵州民族出版社2011年版,第366—373页。
③ 崔乐泉:《中国少数民族传统体育》,贵州民族出版社2011年版,第373—376页。
④ 崔乐泉:《中国少数民族传统体育》,贵州民族出版社2011年版,第315—319页。
⑤ 崔乐泉:《中国少数民族传统体育》,贵州民族出版社2011年版,第328—332页。

自己美丽的家园，创造了绚丽多彩的民族文化。形式多样的传统节日、优美的对歌，体现出仫佬族文化的深厚。仫佬族在历史的进程中，创造了丰富多彩的体育活动。代表性的活动如打灰包、打篾球、竹球、游泳和象步虎掌等，与仫佬人的生活紧密相连，成为与仫佬族人民须臾不可分离的生活的一部分。①

七 华中地区民族传统体育发展现状及特征

（一）华中地区的划分概念

中国华中地区，简称华中，中国七大地理分区之一，包括河南、湖北、湖南三省（按照自北向南的排序），华中国土总面积约56万平方千米，约占中国国土总面积的5.9%。截至2017年底，华中地区常住人口约2.23亿人，生产总值约11.61万亿元，人均生产总值约5.20万元。

华中地区位于中国中部、黄河中下游和长江中游地区，涵盖海河、黄河、淮河、长江四大水系，地处华北、华东、华南、西南、西北等地区之间，众多国家交通干线通达全国，具有全国东西、南北四境的战略要冲和水陆交通枢纽的优势，起着承东启西、连南望北的作用。②

（二）华中地区主要民族构成

华中地区处于中国中部地区，由于历史发展的原因，56个民族齐全，是一个多民族混居的区域。

（三）华中地区民族传统体育开展现状及特征

华中地区处于中国的中部，民族构成以汉族为主，主要少数民族聚居在湖南湖北的武陵山地区和湘南地区，以土家族、苗族、白族、瑶族等少数民族为主体，民族传统体育的开展集中在武陵山和湖南九嶷山区域。

八 华东地区民族传统体育发展现状及特征

（一）华东地区的划分概念

华东地区，简称华东。新中国成立初期，华东曾为中国六大行政区之一，为当时一级行政区，于1954年撤销，辖区相当于现在的上海、江苏、浙江、安徽、福建、山东和台湾等地，江西省当时属中南区。1961年，华

---

① 崔乐泉：《中国少数民族传统体育》，贵州民族出版社2011年版，第306—310页。
② 王海军：《民族传统体育文化的传承发展与保护研究》，东北师范大学出版社2017年版，第75页。

东经济协作区成立，包括上海、江苏、浙江、安徽、江西、福建、山东等地，1978年撤销。

华东地区是政治划分，不是人文和自然划分。如今，华东仍被用作地区用名，大致包括上述七省一市，其中，台湾省因其特殊性而单独列出，统计资料时一般也不包含在内。①

（二）华东地区主要民族构成

华东地区是少数民族散居的地区，56个民族齐全，根据第六次全国人口普查统计，华东地区有少数民族约360万人。其中，畲族是浙江世居的少数民族，也是浙江省人口最多的少数民族，浙江省的景宁畲族自治县是中国唯一的畲族自治县，也是华东地区唯一的少数民族自治县。台湾省最主要的少数民族是高山族，约占人口的2%，是台湾最早的居民。②

（三）华东地区民族传统体育开展现状及特征

1. 畲族传统体育

畲族的民族文化颇具特色，无论是聚居的村落，还是盘歌，甚至传统服装和手工艺织品等，都成为一种至今"活"着的畲族"文物"。处于东南丘陵地带的畲族人，在漫长的历史过程中，在生产、劳动、娱乐和原始宗教等社会活动中，创造了适宜山区开展的、地方特色浓郁的民族传统体育。"斗牛"（顶牛）、操石磉、打尺寸、舞狮、赛"海马"、稳凳、打柴棒、舞铃刀、畲族拳和硬气功等，都是颇具民族特色的运动娱乐方式。③

2. 高山族传统体育

高山族的传统文化丰富多彩，其传统因素保存着古越人典型的文化特质。高山族的传统体育文化，既保持固有文化的传统特色，又引进并融会了移民文化的合理内涵。其中，富于民族特色的射猎、斗力（角力）、刺球、背篓球、钱仔球（踢毽子）、拔河、风吹（风筝）、秋千、打干乐（陀螺）、龙舟竞渡、竹摔、顶壶竞走、弄龙（舞龙）、弄狮和头目棋等较为流行。④

---

① 王海军：《民族传统体育文化的传承发展与保护研究》，东北师范大学出版社2017年版，第52页。
② 王海军：《民族传统体育文化的传承发展与保护研究》，东北师范大学出版社2017年版，第54页。
③ 崔乐泉：《中国少数民族传统体育》，贵州民族出版社2011年版，第366—373页。
④ 崔乐泉：《中国少数民族传统体育》，贵州民族出版社2011年版，第393—405页。

第三节　新中国70年民族传统体育发展总体特点

一　中华民族传统体育项目主要集中在经济发展较为落后的地区

中华民族传统体育资源丰富，但民族传统资源富足的地方集中分布在中国经济发展较落后的地区，譬如少数民族集聚区主要集中在广西、贵州、西藏、青海、宁夏、新疆、内蒙古等省（区），而这些省（区）民族传统体育资源丰富形式多样，但由于自然、历史等多方面的原因，民族经济发展水平较低，社会事业发展相对滞后，与东部沿海地区相比，差距越来越大；还存在贫困问题依然突出、基础设施严重落后、产业发展薄弱、人力资源开发滞后、城市化进程缓慢、生态环境不容乐观等诸多问题。民族传统体育项目主要集中在经济较为落后的地区这一特征可以从历史经济发展特点与现代经济发展资源两个维度做出合理的阐释。经济基础决定上层建筑，各民族地区历史经济发展类型的不同决定着各民族传统体育文化物态、制度、行为等各方面的不同，为各民族传统体育文化的现代化发展奠定经济形态基础。现代经济发展直接影响着民族传统体育资源富足地区的先进与落后，进而影响着各民族传统体育文化的传承与发展，形成了中华民族传统体育项目主要分布在经济落后地区的特征。

（一）历史经济发展衍生传统体育项目

从历史源流发展的角度来看，中国各民族生活地域的地理环境、生态人文环境等各方面的差异导致各民族地区的历史经济发展各有特点。民族地区的历史经济发展类型主要包括三种经济发展类型：畜牧经济、农耕经济以及采集狩猎经济。农耕经济类型主要集中在中国中原以及南方部分地区，该类地区处于长江黄河以及珠江中下游，气候温和、土壤肥沃，对于耕种而言有着天然的优势。汉、布朗、高山、基诺、景颇、哈尼、苗、仫佬、瑶等民族主要为农耕经济。畜牧业经济类型主要集中在中国西部和北部地区，在地理环境上以山地高原为主，并有着极为广阔的草原，其牧草生长极为茂盛，哈萨克族、蒙古族、维吾尔族以及裕固族等少数民族主要为畜牧经济类型。采集狩猎类经济类型主要分布在中国西南部地区及少部分南方地区，如独龙族、藏族、白族以及彝族等，长期的游牧生活使得这些民族体育活动主要为马上项目运动。劳动起源说表明民族传统体育项目起源于人民日常劳作生活中,而劳作方式形成的传统的经济类型则在一定程度上直接影响着民族传统体育文化的形态构成,农耕经济的生活方式决定着以农耕为主的民族传统体育的活动方式围绕着农耕活动及其庆典展开;畜牧经济的生产方式则导致民族传统体育活动围绕游牧类活动等注重比拼运动者速度、力量或技术等的文化活动形态;狩猎经济民族中的民族体育活动形态主要围绕狩猎活动展开,更倾向于利用体育活动形式反映或者训练狩猎的技巧。其中较为典型的就有农耕经济型中布朗族与哈尼族的"鞭春牛";畜牧经济型中赛马、姑娘追、叼羊、射箭、摔跤、打响鞭、博克;狩猎经济型中打飞棒、攀藤、飞石锁、马术、射箭、射弩;等等。简言之,族群不同的生活、劳作方式形成不同的经济形态,不同经济形态下催生具备相应类型的传统体育文化活动,在社会发展趋势下,各经济形态的发展前景与潜力反作用于民族传统体育项目的发展,因此,民族体育活动得以代代传承。

随着中国改革开放以及少数民族地区经济发展政策的执行,少数民族地区传统经济文化形态也在不断发生改变,少数民族地区传统体育文化赖以生存的自然经济文化形态正在向现代经济文化形态发生转变,这给少数民族传统体育文化带来了一系列影响,但由于地域位置的偏僻、信息闭塞、民族排外心理、根深蒂固的保守传统观念等种种影响因素,有些民族至今仍然广种薄收,甚至刀耕火种,如现今赫哲族仍从事渔业,鄂伦春等民族仍从事狩猎,而独龙族、怒族等以采集为主,哈萨克、柯尔柯孜、蒙古与藏等民族仍从事畜牧业,由此可见,传统经济文化形态对民族传统体育文化构成的影响程度之深远。

(二) 民族传统体育资源影响地区发展

农耕、畜牧、狩猎等生产生活方式为各民族创造了丰富多样的民族传统体育,但在现代经济发展的影响下,富足的传统民族体育资源并不一定能带来良好的经济效益,反而可能阻碍经济的发展。"富足矛盾"理论指出自然资源丰度与经济增长速度成反比[1],这种现象的产生,缘于"富足矛盾"的传导机制即中心—外围论、经济类型、挤出效应等。中华民族传统体育项目主要集中在落后地区的特征虽然是受各方面因素的影响造成的,但就民族传统体育项目集中分布的地区经济发展而言,与民族传统体育资源富足有着密切联系。

---

[1] Sachs, Jeffrey D. and Andrew M. Warner, "The Curse of Natural Resources", *European Economic Review*, Vol. 45, No. 4-6, May 2001, pp. 827-838.

"富足矛盾"理论的中心—外围论强调富足矛盾存在的根源在于中心地区与外围地区之间存在不平等的交换①，中心地区的发展是建立在牺牲外围地区利益的基础上的。三大传统经济发展模式下的民族传统体育的地区经济差异性即"中心—外围"问题。民族传统体育赖以生存的大部分地区，虽然民族体育资源丰富，但与中国其他资源所处的社会地位相比仍处于"外围"地区，在中心资源依靠其中心优势而获取超额利润的前提下，即使民族体育资源丰富，也难以一己之力改变经济增长缓慢的趋势。中心地区凭借其现代的发展模式与中心资源迅速成长，但其"反哺"能力却远远弱于对"外围"地区的压榨依附能力，导致地处偏远地区以传统经济发展模式为主的民族传统体育人口年龄结构"断层"、文化传承主体缺失等问题的出现。同时，中心城市的盲目开发与建设导致民族传统体育赖以生存的自然环境被破坏，使外围地区的民族传统体育发展"雪上加霜"。以相邻的广东和广西两省为例，2017年广西生产总值仅为广东的22.58%。

民族传统体育项目集中在落后地区与其现代经济类型息息相关。现代经济类型主要分为两种：一种是点源型经济，即经济产业集中在少数的几种资源；另一种是发散型经济，即经济结构具有多元化特点。中华民族传统体育分布地区以点源式经济为主，劳动、技术和资本向一种资源及其生产部门集中以至于其他资源边缘化，相对于发散型经济，点源型经济由于容易导致边缘化、发展失衡等现象的产生，从而产生"富足矛盾"，导致民族传统体育项目集中地区经济相对落后。

除此之外，民族传统体育资源的挤出效应也影响着民族传统体育项目富足地区的经济发展。民族传统体育项目集中分布的地区，丰富的民族体育资源容易将教育、投资和创新等其他经济增长的驱动性要素挤出，导致经济发展失去长期增长的驱动力、民族传统体育发展激励机制不足、国家政府政策落实不到位等问题的出现，导致民族地区其他经济增长驱动性要素发展滞后，群众思想意识未跟上时代的步伐。以河北省为例，河北省民族传统体育非物质文化遗产已高达23项，资源十分充足，但人民群众创新发展意识不足，导致资源保留较少。

总而言之，中华民族传统体育项目围绕传统生产形式展开，进而形成各具特色的民族传统体育资源，在历史与自然的环境中与各民族经济文化

---

① 戚虎：《"富足矛盾"视角下我国少数民族传统体育发展的困境与破解》，《广州体育学院学报》2018年第4期。

相伴而生，民族地区的经济发展矛盾使传统体育分布地区经济发展落后。

二 "大杂居、小聚居"是当前中华民族传统体育项目生存的一个缩影

（一）民族传统体育项目分布动态平衡

民族"大杂居、小聚居"是一种民族社会的居住状态，是指两个或两个以上的民族交错居住的状态。民族社会的文化结构在与外界和其他民族的不断碰撞中发生着主动与被动的改变，文化结构的动态平衡受居住格局、语言使用、族群分布、族际通婚、族群意识、宗教信仰等因素的影响，同时也反作用于居住格局、语言使用等因素，两者之间协同变化构成动态平衡。如林耀华先生在《金翼》中所映射的：真正静态平衡是生活的变态，其常态是不断去寻求一种动态的平衡。[①] 这种由民族"大杂居、小聚居"演变过程形成的动态平衡，影响着民族群众的日常生活，同时影响着以生产生活为活动源泉的民族传统体育的分布与开展。聚居杂居形成的空间布局影响民族传统体育项目的开展等物态层面的变化，民族之间的沟通交流影响着民族体育项目之间的规则形式等制度层面的动态演变，民族间的文化构成影响着民族传统体育项目起源、故事形成等精神层面的动态发展。因此，民族传统体育项目也随着民族大杂居分布而表现出"大杂居"的特征，与民族社会文化结构一样动态平衡。虽然大部分项目并无十分明显的地域界线，但从现实过程看，民族杂居区域中民族体育文化的调适一般在民族文化互动中重点围绕生产生活和休闲娱乐审美等方面展开，从人的物质生活和精神生活等方面去实现对现状的适应。杂居区内部就民族传统体育而言有一套多元互动系统，在形式上表现出相对稳定的状态——互相学习、和谐共生的民族体育形态，但实际上各民族体育项目之间随着社会的发展变化而不断做出调整，在共性化的同时保留着个性，在社会的动态发展中，杂居区的民族体育随着社会发展而必然做出动态回应，这就是一种迎合杂居而做出的动态调适变化。

（二）民族居住格局营造"大杂居、小聚居"

居住格局是社会交往的客观条件之一。所以在研究族群关系时具有特殊的意义。首先，因为人们通常"同类相聚"，居住社区的形成往往与这种"相聚"和"排他"的趋势有关；其次，居住格局一旦形成，就会对居

---

① 刘勇、杨昌儒：《当代发展语境下民族杂居区文化适应研究——基于贵州的人类学观察》，《贵州民族研究》2014年第11期。

民与其他族群成员的日常交往形成一个稳定的客观条件。① 因此,"大杂居、小聚居"的民族居住格局有利于各族成员之间的交往、沟通,例如新疆玛纳斯县庄浪村便居住着回族(71.3%)、汉族(23.3%)、东乡族与维吾尔族(6.4%)4个民族,是典型的多民族杂居村落,在庄浪村中汉族和回族分别住在村中第四巷道两边,东乡族散居在回族中间,维吾尔族住在最东北角,这是典型的"大杂居、小聚居"的民族居住类型;而该地区盛行的民族传统体育项目也呈现出"大杂居、小聚居"的特点,以回族传统体育项目为主,汉族、东乡族、维吾尔族等民族传统体育项目为辅,交往沟通的民族间的民族传统体育项目之间存在着或多或少的交融性,形成项目分布"大杂居、小聚居"。

费孝通先生曾经指出:"文化本来就是人群的生活方式。在什么环境里得到的生活,就会形成什么方式,决定了这人群文化的性质。"② 作为民族传统体育文化的主体,人会像风携带植物种子一样携带着属于自己民族的文化属性,在其新栖息地播种培育,以期为自己营造熟悉的生存环境、文化环境,从而增加在异地他乡的舒适感。民族传统体育活动正是这一思想意识形态的具象表征,少数民族居民的民族活动蕴含着不同的民族精神、民族信仰,这种精神属性扎根于民族群众内心深处,坚不可摧,从而导致各民族人民的这种具有信仰与民族精神的民族传统体育项目的分布形式与民族居民居住格局——"大杂居、小聚居"相契合。在一定程度上民族传统体育项目的分布便是民族居住分布的缩影。例如,相对于全国来说的,仅以不同名目的体育活动项目进行统计,云南的民族传统体育就达226项之多,与全国其他省、市、自治区的民族传统体育活动相比,居全国首位。其次是广西壮族自治区,甘肃、新疆、西藏等省区都是民族传统体育项目比较集中的区域。然而,在一个省行政区域中,民族传统体育项目的分布也呈现"小聚居"的特点。例如,湖北省的民族传统体育主要集中在恩施自治州境内,湖南省的民族传统体育项目主要集中在武陵山区。

(三) 民族迁徙次生文化重构格局分布

"大杂居、小聚居"的现象除了受民族居住格局影响外,还有部分是民族迁徙而形成的,在民族迁徙过程中往往会伴随文化平衡被打破、

---

① 马戎:《民族社会学——社会学的族群关系研究》,北京大学出版社2004年版,第219—227页。

② 费孝通:《文化与文化自觉》,群言出版社2010年版,第12页。

文化重构、文化适应、文化次生等过程的产生。少数民族文化具有族群性，其民族文化中的信仰是他们生活的精神支柱，神圣不可侵犯，因此每当他们迁徙至不同地区时，会将其民俗文化活动同时带入迁徙地，与迁徙地的民俗文化互相交流发展。民族传统体育文化作为优秀传统文化的重要组成部分，同样也需要经历这个过程。正是经历了这个过程，民族传统体育项目的分布才呈现出与居住格局一致的"大杂居、小聚居"特色。

迁徙过程中的文化适应往往是以文化重构为依托的。在文化重构的过程中，"次生文化"的问题值得重视。[1] 在民族传统体育文化中，次生文化往往是新入民族与原居住民族双方之间的体育文化相互适应的过程，因不能达成直接的适应，而选择一种"第三方"的方式即产生"新"的民族体育形式来达成双方的认可，这种建立在双方体育文化基础上而衍生出的新的民族体育文化便是次生文化。族际间的文化张力来自民族文化的差异性，"大杂居、小聚居"地区民族体育次生文化的形成就是典型的民族间体育文化张力相互博弈的结果。当代发展语境下的杂居区是一种多元的框架，在这种框架内，相互博弈过程中力量较弱的一方或者几方就处于边缘地位，而其中有绝对优势的文化力量会成为中心，边缘则会出现中心趋同的现象，边缘文化则会发生部分变异，而生成次生文化。[2] 迁徙过程中各民族传统体育文化之间就面临着与迁入地民族传统体育文化之间的强弱博弈，博弈双方经过激烈的搏斗后终究形成中心民族体育文化与边缘民族体育文化，这种中心文化与边缘文化的形成构建了次生文化，次生文化的产生重构了迁入地的民族传统体育文化的结构，形成多元中心民族传统体育文化杂居、少数边缘文化聚居的新结构。

"大杂居、小聚居"的民族居住格局以及各民族迁徙杂居过程中的文化交流、文化适应重构等导致不同民族传统体育文化之间有机会互相沟通与交流，从而导致双方民族趋同体育文化的产生或者民族之间体育文化无法相互适应而产生民族次生体育文化并且以新文化形式发展，在此背景下，民族传统体育得以以"大杂居、小聚居"的形式存在于民族地区之间。

---

[1] 刘勇、杨昌儒：《当代发展语境下民族杂居区文化适应研究——基于贵州的人类学观察》，《贵州民族研究》2014年第11期。
[2] 陈熙、郭虹：《次生模式：边缘—中心文化互动的理论研究》，《中共四川省委党校学报》2005年第1期。

三 中华民族传统体育项目分布与环境和地域等因素的依附性越来越紧密

（一）自然地域环境的依附性

中华民族传统体育是在中华大地上成长起来的一种文化形态。历史表明，除了传统文化所给予的影响，多样的历史地域特点也为中华民族传统体育的产生和发展提供了客观条件。[①] 恰如"一方水土养育一方百姓，一方百姓创造一方文化"，每项民族传统体育项目都产生或发展于特定地域环境，民族传统体育和特定地域息息相关，使得地域性成为民族传统体育的一种基本特征。[②] 因而使得民族体育文化的发展无论是从历史的角度还是现代的角度都不得不依赖于自然地域环境，以更好地显示其独特性与自然性，从而突出不同民族与地区的体育文化原生性。

从历史的角度来看，多项民族传统体育项目的发源地由于成长空间就是当地山水、动植物、地理环境、特定气候构成的特定自然地域环境，在特定地域范围内，基于当地自然环境条件而形成，并长期以来依赖该特定环境而生存发展，因此从历史发展的角度来看，中华民族传统体育项目分布与发展对环境与地域的依附是必然的。从宏观的历史发展规律来讲，中国内地这种海上一面受阻、陆上三面屏障的地形地貌所导致的相对封闭的地貌特征，为中华民族2000多年的传统体育发展提供了独立的空间，在一定程度上促进了民族传统体育在历史上的长足发展。从民族传统体育现代化发展的诉求来说，立足本地区域环境，因地制宜发展民族传统体育，突出地域性与多样性的统一、原始性与自然性的统一，使得人们可以在众多的民族传统体育文化的比照中，一眼就能认出属于哪个民族的传统体育。例如，石林彝族的摔跤、哈尼族的打磨秋、撒尼人的"阿细跳月"、白族的"打霸王鞭"、傣族的"孔雀拳"、纳西族的东巴武术等，已成为本民族传统体育文化的象征和代表。[③] 因此从现代化角度来看，中华民族传统体育项目与环境、地域等因素的依附性越来越紧密才是民族传统体育可持续特色发展的要义。

从现代民族传统体育发展来看，自然地域环境的差异性是各民族传统体育独特性、差异化、本质性最有力的佐证，也是各民族传统体育项目发

---

① 李卫国：《从历史地域特点看中华民族传统体育的发展》，《体育学刊》2011年第3期。
② 周强猛：《民族传统体育传承中的地域性探索》，《贵州民族研究》2017年第9期。
③ 方桢、黄光伟：《云南少数民族传统体育的地域文化特征》，《体育文化导刊》2006年第5期。

展的特色所在。在民族传统体育的传承保护中,必须要关注这种地域性才能使民族传统体育的传承保护行为符合基本事实情况。[①] 从地域上看,人类生存生活的地理环境有三大类:海洋和岛屿、山地丛林、平原大漠(含草原)。中国疆域辽阔,东临太平洋,西有青藏高原,北接西伯利亚大草原,南有江南水乡。这三种地理环境在中国都有,且分布较为均匀。不同的地域环境影响产生不同的气候等其他自然环境,导致不同地域适合开展不同的民族传统体育项目,进而促进民族传统体育的合理开发与发展。例如,东北气候表现在季节性变化大,这种自然环境就是良好的旅游资源,冬季雪量大、雪期长、雪质好,适于挖掘开发滑雪、冰灯、冰雪等旅游项目;西北地区具有高原、草原、沙漠、戈壁等地貌特征,因此便形成了该地区特色的体育活动,如赛马、赛牦牛、射箭、摔跤等。地域差异造就了少数民族体育的差异,地域是民族传统体育差异化发展的重要原因,地域色彩是民族传统体育的特色之一。

(二) 生态人文环境的依附性

民族传统体育项目的传承与发展以人为主体与载体,民族传统体育项目离开了人便失去了意义,因而民族传统体育项目的生态人文依附性极强。生态人文环境又以地域文化为基础,不同的地区人文环境与结构各有不同,在一定程度上民族传统体育项目对人文环境的依附性越强说明其地域依附性越强。

民族传统体育的发展必须要有民众的支持和参与才能在民间扩散开来,而民族传统体育形成于民间,是从民族民众熟悉的生产生活或者宗教活动中演化成的体育活动,是民族大众较为熟悉的体育文化,因此其传播发展也需要借助民众所能接受的物质空间与文化空间形态,即包括自然环境与人文环境在内的人民群众赖以生存的环境与地域因素营造的空间。人民所处的生态环境的不同,民族支系属性和居民生产方式以及当时所处历史发展阶段的不同,会形成不同的民族传统体育文化形态,其文化便会发生分野现象。这种文化分野现象如需被接受再发展流传下去需要满足特定地区的民族体育审美价值取向,而要满足本土民众的审美价值观,则需突出本土特征,本土特征取决于环境地域等因素的差异产生的独特性。即在民族体育文化传播受众该层次依旧脱离不了人参与营造的地域文化,反而会因为符合地域文化而促进民族传统体育项目的多样性、长足化发展。现今大量民族传统体育文化的开发与传承正是因为缺失文化底蕴而"走味",

---

[①] 尹晓燕:《云南少数民族体育的宗教渊源及影响》,《贵州民族研究》2014年第10期。

因此与地域人文环境依附越来越紧密的民族传统体育项目才是民族传统体育项目发展的正确趋势。

千姿百态、纷繁复杂的少数民族传统体育从其由来、传播与最终呈现的表现特征都带有典型的地理环境差异性与人文环境特色性,可见中华民族传统体育对环境地域等因素的依赖性之强。

四 中华民族传统体育项目分布呈现民族交融性特征

民族传统体育文化在与外界环境的交流与发展中,不断发生文化的碰撞、重组、再生、再破坏、平衡再生过程的循环,在该过程中,民族传统体育文化中的结构成分与新元素不断交互作用实现文化从有序到无序再到有序的重构过程。中国是多民族国家,各民族之间在地理位置上以"大杂居、小聚居"的格局存在,各民族之间的文化交流亦随地理格局的变化而打破各民族之间的地理阻隔,民族文化互相沟通交流,彼此互相作用、互相影响。每一种文化都是一个完整的体系,它是由各种文化特质构成的价值整体,既包括不同民族所创造的物质文化,也包括其风俗、习惯、伦理、道德、宗教、信仰、政治、法律、哲学、艺术以及种种文化制度和精神内涵。民族传统体育文化亦是如此,在几千年的历史长河中,各民族文化要不断汲取汉族及其他少数民族的优秀文化来丰富自己、发展自己,再加上长期从事相同的生产方式,相同的自然环境,许多少数民族传统体育项目成为多民族所共有,但也从物态、制度、行为、精神四个层面糅进了本民族的某些特点。以龙舟竞渡为例,最早时各地龙舟的形态并不一样,比赛的时间、方式也不一样,这表明赛龙舟这一活动的起源是独立的、多点的。但随着中国各民族文化的交流和融会,龙舟竞渡活动就成为了中华民族广为流行的一项传统体育项目,许多地区的龙舟竞渡活动在举办时间、龙舟样式、竞渡规则上都大同小异。

(一)物态层面的融合

民族传统体育的物态层面是指在从事民族传统体育实践活动过程中所创造出来的器物层次文化,主要包括:民族传统体育运动及其相关运动器材、设备、服饰、书籍、象征物、雕塑、壁画与出土文物等几个方面。[①]在民族传统体育的发展历程中,不同的项目之间的运动器材、服饰、设备各有不同,但随着民族文化之间的交流,部分项目的运动器材、设备已大

---

① 田祖国:《国家文化软实力与民族传统体育发展的制度保障研究》,民族出版社2016年版,第6页。

同小异，比如赛马，长期从事畜牧业的蒙古、藏、苗、布依、哈萨克、柯尔克孜、维吾尔等民族都经常举行赛马比赛，而赛马比赛的马具、马种等类型日趋相同，但在各民族服饰方面依旧保持原民族的特色，可见民族传统体育在物质层面的融合并非一成不变地盲目吸收而是有选择性地择优同化。除此之外，对运动项目技能演练的高、难、美、新、真、准、险、奇、绝、完整情节等要求以及对表演类项目的表演的艺术性的标准和审美价值的取向也日趋接近，促进民族传统体育统一性的发展。

（二）制度层面的联合

民族传统体育的制度层面是指中华民族传统体育在历经几千年的发展和产生的过程中形成的一系列人与物、人与社会、人与人之间的相互关系处理的准则。制度文化包含在一系列民族传统体育相关的法令、法规文件中，例如某些民族传统体育项目的比赛规则、组织制度、宗教信仰习俗、礼仪规范度、项目组织传播、项目开发程度等均包括在民族传统体育的制度层面。大多数民族体育项目起源于各民族的生产生活或者宗教信仰中，大部分项目之间的竞赛机制随意性较大，无成文的规则，一般为特定时间阶段在具体的区域，民族群众之间约定俗成的规则，显露出粗糙、简单、不规范等缺点，在低水平上徘徊，难以普及。各个民族各有不同，并无统一规则，往往跨地区的同一项目之间的竞赛体系，组织流程均有差异。但随着第一届少数民族运动会的正式举办，各地区每隔一定时间的定期或不定期举办，甚至还有跨区民运会的举办，极大地促进了民族之间体育运动项目的交流，使得各民族在相似项目的举办中互相学习，将优秀的不同的制度文化融合到本民族的体育项目中。从宏观角度来看，经过长时间的打磨，逐渐融合多民族规章制度形成合理、完善、安全性强且具有科学性、竞技性的规章制度。其中一些项目还与国际体育项目接轨，如中国少数民族的摔跤与国际摔跤、赛龙舟与国际赛艇、射箭与国际射箭、赛马与国际赛马、藤球与国际藤球、抢花炮与国际橄榄球等项目对接，并引入国内外科学的训练理论与方法进行训练。

（三）行为层面的糅合

民族传统体育的行为层面是指人们在进行民族传统体育实践活动过程中长期形成的习惯性思维，即语言与非语言的"沟通"文化，其中包含民族传统体育专一性的语言、文字与留在动作的模拟与再现阶段，并未达到思维层次的沟通。但人们往往利用中间介质进行交往交流，比如在互动过程中选择以"喇叭苗"语言（有汉语发音特征）为通用语言，形成区域性方言。同时，虽然以"喇叭苗"语言来扮演主要角色，但同样具有一定的变异。毕竟语言作为沟通的桥梁，任何民族在互相交流的过程中，只有懂得了彼此的语言体系，或者形成两个民族之间的通用的语言体系构成民族文化交流的条件，双方才能互相沟通借鉴。因此，民族传统体育项目的沟通交流可以促进民族之间行为的互动，行为的耦合更是民族传统体育融合发展的前提条件。

（四）精神层面的耦合

精神文化是一个民族在长期的生存与发展过程中形成并不断发展的，渗透在民族共同的文化、性格、思维、情感和心理中的，为本民族大多数成员认同和追求并体现到其行为和实践上的意识形态、思想观念、思维方式、价值体系、性格品质、审美情趣和精神风貌等的总称，是为人们所尊奉并指导其行为和实践的主导性思想原则，是反映民族共同的世界观、人生观和价值观的一种积极的精神特质。它是文化的核心、灵魂，是不同类型文化的标志，它居于文化结构的内层，是最稳定、最保守的层面。[1] 精神文化的最深层次是价值观，这是文化的核心，与一定时期群体共同的理想、信念密切相关。所谓价值观，就是人们关于某种事物对人的价值、意义、作用的观点、看法和态度。[2] 民族传统体育的融合发展，不仅仅是各民族在体育项目的行为层次、物态层次、制度层次的沟通交流，更重要的或者说其核心的交融是通过传统体育项目所折射出来的人生价值观、思想态度的交融。以健身气功为例，各民族群众通过健身气功而联系，其意并不在于其气功中的几招几式，而在于健身气功所蕴含的"天人合一""礼让尚德""和谐共生"的内在精神追求。因此，当某一民族传统体育项目最初从某一区域、某一民族中传承下来，经过各民族间文化交流，逐渐被具有相同自然条件的民族接受和改造，使得这一项目也逐渐发展、完善起来时，其实体现的是该项目的精神价值观为当下阶段的民族所接受，并融合了多民族特点，成为中华民族所热爱的共有的文化遗产。因此，民族传统体育项目逐渐呈现出了民族交融性和融合性。

五　新中国70年民族传统体育文化传承主要模式

（一）民族传统体育文化传承模式的分类依据与主要模式

中华民族传统体育文化博大精深、特色鲜明、丰富多彩，是中国优秀传统文化的重要组成部分。民族传统体育文化的传承有利于推进中华民族

---

[1]　王岗、王铁新：《民族传统体育发展的文化审视》，北京体育大学出版社2005年版，第78页。
[2]　袁贵仁：《关于价值与文化问题》，《河北学刊》2005年第1期。

文化伟大复兴，助力"文化自信"战略的实施，同时也是在当今这个文化生态环境急剧改变的时代对此类非物质文化遗产保护的需要。新中国成立70年来，民族传统体育的传承模式从传承人与人的关系上来看，可分为血缘传承模式、拟血缘传承模式以及契约传承模式；从传承的主被动关系上来看，可分为民间传承模式（主动）与学校传承模式（被动）。民间传承模式本来是少数民族传统体育的主要传承方式，虽然近年来逐渐衰退，但是这种模式依然具有很强的生命力，还需要积极推动这种传承方式的延续与发展。学校传承模式，这是当前民族传统体育的重要传承方式，随着民间传承作用的弱化，学校的本土传承更加需要大力推广。从传承的形式上来看，可以分为生活传承模式、教育传承模式、赛事传承模式、产业传承模式四种传承模式。这种形式上的传承模式分类更为全面地涵盖了几乎所有的传承方式，本书主要讨论以传承形式分类的传承模式。

（二）生活传承模式

民族传统体育的产生源于生存与生产的需要，民族传统体育项目大部分是为了满足当时人类的生活休憩娱乐而产生的，因此这种传承方式也是民族体育文化传承中最常见、影响力最深的。首先，生活传承模式包含日常的民族生活方式的传承，民族生活方式是人们共同遵守的一种生活习性，它会在人根本意识不到的情况下自然地流传下去；其次，生活中的节庆活动承载着传承文化的功能，民族传统体育文化作为文化中的一种类型也有相应的节日用来纪念民族传统体育活动，如三月三、赶秋节、打铁节、泼水节等，这些节日虽然每年只举行一次，但其文化功能是不可低估的，对传统体育文化的传承起着推动作用；最后，少数民族生活中宗教活动较为丰富，而宗教活动的发展具有文化聚合作用，有利于文化的传承。民族传统体育文化价值观念在宗教信仰中得到充分的体现。

（三）教育传承模式

教育的传承模式在民族传统体育文化传承和发扬方面有着举足轻重的作用，而且这一任务的实现需要家庭教育与学校教育作为根本保障。新中国成立70年来民族传统体育的教育事业取得了巨大的进步，极大地促进了民族传统体育的发展与传承。教育传承模式又可以分为家庭教育模式、师徒传承模式、学校教育模式。家庭教育是子女教育生涯中处在基础地位并发挥着基石作用的教育形式，应该承担起传播与发扬传统文化的责任，在有意无意中真正用言传身教的方式来让子女提高对中华民族传统体育文化的认知，并对民族传统体育文化产生认同感，对文化传承产生使命感。

师徒传承模式，这种传承模式是一种依据中国乡村血缘关系建立的模拟血缘关系而产生的具有民俗风味的传承模式，在20世纪以及21世纪初的民族区域比较盛行，现今依靠此类传承方式传承民族传统文化的较少，可谓是一大损失。师徒传承模式建立师傅和徒弟之间的人身依附关系，然后师傅对徒弟的体育技艺手把手进行教授，类似于今天的精英教育模式。学校教育是传承民族传统体育文化的主阵地，学校教育传承模式与家庭教育模式相比较，可以让受教育者获得系统性民族传统体育理论知识体系的学习，使其进行系统化、科学化的学习。但学校民族传统体育的文化建设起步较晚，结构、体系、服务等方面还未完善，需根据中国现阶段民族传统体育教育发展政策进一步构建合理的学校传承体系保证中华民族传统体育的传承与可持续发展。

(四) 赛事传承模式

1981年9月国务院正式批准召开全国少数民族传统体育运动会且每四年举行一次。全国各地的民族传统体育运动会举办得越来越多，项目内容、表演形式等也日益完善，各地区甚至会加办每年一次的地区民族传统体育运动会。民族运动会的举办同样也是一种文化的传承模式，这种传承模式随着赛事的完善日渐得到人们的关注，对民族传统体育的传播影响力逐渐增大。但同时与西方的NBA赛事文化等具有成熟体系的发展传承相比较而言，中国赛事文化传承的模式还存在许多不足之处，竞技体系不完整、地区性赛事不规范、民族性体育节目严重缺失、民族单项或综合项得不到展示、观赏性不够等问题限制了民族传统体育赛事文化的传播与发展。因此作为国家和各地体育、文化、民族事务行政管理部门，应在广泛开展区域性民族传统节日体育的基础上充分发挥赛事的杠杆作用，增加民族传统体育赛事的权重，改变现今只有民运会一家独大的赛事局面，在全运会、农运会、体育大会、大运会等各大类综合性的运动会中增设摔跤、赛马、高脚、舞龙舞狮等具有广泛群众基础且发展较为成熟的民族传统体育项目，建立完善规范的赛事文化体系，为中华民族传统体育走向国际舞台、走向产业化发展打下基础。

(五) 产业传承模式

随着改革开放的深化，中国经济高速发展，经济与文化高度融合，以民族传统体育文化为基础的民族传统体育产业也被逐渐挖掘出来，现今为人们所熟知的民俗体育旅游便是民族传统体育文化的产业文化中的一种。中国通过推动民族传统体育文化遗产的产业化，来推广普及民族传统体育文化，使大家了解民族传统体育并主动积极地参与到民族传统体育活动中来，打开民族传统体育的产业文化市场。同时在当前国家积极提倡全民健身、"健康2030"战略的大背景下，利用传统体育文化遗产所具有的特色鲜明、健身效果明显、观赏性极强等特点开发民族传统体育市场的产业文化传承模式，成为中国结合时代发展背景拓展的新型民族传统体育文化保护的新体系。

第四节　新中国70年民族传统体育文化流变

一　物质层面的流变

文化变迁理论认为：在文化变迁的过程中，首先是文化系统的外层，即物质技术层面发生流变，所以在这个冲撞的过程中文化系统的技术层面最先破碎。当物质技术层面的东西破碎以后，组织制度便失去了保护层，引起制度层面发生流变。[①]

（一）地理环境流变

地理环境是孕育民族传统体育最本质的物质基础，无论人类文明如何发达，都离不开物质基础的支持。[②]作为"地理环境影响生产方式，生产方式改变生活方式，生活方式决定社会形态，社会形态最终决定体育文化本质"[③]的逻辑起点，自然地理环境是民族传统体育物质层面的基础，是构成关联因素的主体。在新中国成立70年的社会变革中，自然地理环境对民族传统体育的影响持久而多变，具体表现为以下几个层面。

1. 地理空间"点"—"网"的结构变化

新中国成立后虽然重视民族工作，但对民族传统体育的发掘与整理还没有成为单独的体系。直至1979年，开启了中华民族传统体育第一次大规模的发掘与整理工作，研究者们进入各民族地区进行深入调研。面对分散的民族聚居区域，崇山峻岭、高原深壑、湖沼大川成为天然的分割线，民族传统体育在"聚居"的环境中生存发展，形成了每村每寨都有自己体育特色的格局。自然环境既是限制民族传统体育传播发展的阻碍，也是其

[①] 汤立许、蔡仲林：《文化变迁视域下我国民族传统体育发展流变》，《武汉体育学院学报》2011年第4期。
[②] 郑勤：《地理环境与体育文化》，《华中师范大学学报》（自然科学版）1994年第3期。
[③] 田祖国、唐强：《武陵山片区苗族传统体育文化形成的地理学分析》，《湖南人文科技学院学报》2016年第6期。

完整性、民族性得以保存的屏障。自然地理的阻隔使民族传统体育的分布呈点状，"点"与"点"之间几乎没有沟通的媒介。改革开放后，随着国民经济的迅速发展，交通、通信、互联网等媒介的介入，以实体或虚拟的形式在各"点"之间构建起交流的通道，形成了相互关联的"网"，地理环境影响民族传统体育的空间意义已经不再突出。

2. 生活空间"原始"—"现代"的模式变化

民族传统体育是"生"于民间的文化模式，脱离了"生活"的环境，其生存与发展将会变得扑朔迷离。其中又一关键因素——作为文化主体的人，承载、影响着民族传统体育的传承与发展。环境与人，我们可称之为以人为主体的生活空间。在还没有被"现代化"的过去，民族传统体育的生活空间具有浓厚的"原始"气息，依托于地形地貌以及具有区域特征的动植物而生存发展。但随着标志着现代化的城镇建设飞速发展，大部分人脱离了原有的生活环境，追求物质和精神的富裕而进入城镇生活，生产和生活模式都被冠以"现代"的标志，如汽车、摩托车取代了骑马，养殖取代了狩猎等，生活模式的转变对民族传统体育的发展形成了巨大的冲击。

3. 自然空间"优美"—"危机"的状态变化

民族传统体育与自然环境休戚相关，各民族传统体育项目的差异性不能脱离自然环境的影响。民族传统体育项目在原始、优美的自然环境中得到充分的发展，形成了具有地域特色、民族特色的体育文化活动，如蒙古族在草原进行赛马、满族在湖面滑冰、土家族在田野中打飞棒、怒族在山涧溜索、汉族在江河中划龙舟等。在以经济为中心的大背景下，许多产业的发展以牺牲自然环境为代价，矿石的过度开采、森林的过度砍伐、草原的过度开垦，严重破坏了赖以生存的"优美"环境。自然空间的"危机"不仅破坏了生态系统，而且同样"危机"了民族传统体育的开展，各民族许多传统体育项目正濒临消亡的生存困境，从而导致民族传统体育正发生着不同程度的流变。

（二）场地器械流变

场地器械的流变在物质层面对民族传统体育的发展起着积极的推动作用，是民族传统体育文化体系中最具代表性意义的符号形式，并且具有重要的发展意义。民族传统体育的场地器械主要包括运动场地、运动器材、运动服饰、象征标志、辅助形式等基本部分，在赛事日益规范化的过程中参与主体对民族传统体育项目的基本要素提出了更高的要求，促使民族传统体育的场地与器械发生流变。

1. 附着科技的色彩

民族传统体育的场地器械与先祖的生活环境、劳动工具、作战兵器等有着密切的渊源关系，虽然这些场地器械多就地取材、因地制宜，但都是先祖们智慧的充分体现，是人类文化中创造性的成果。如弓的材料由传统的竹与牛筋发展成为现在的碳化纤维与钢丝；现代民族运动会的赛场上采用先进的电子仪器监控比赛过程，对比赛的公平性进行评判等。这些科学技术的运用大大提升了民族传统体育开展的可操作性。

2. 蕴含现代的元素

从1981年开始至今，全国民族传统体育运动会除了是竞技能力的比拼外，也是民族传统文化的展示盛会。每一届的民族传统体育运动会的开展都代表了不同时代标志性的文化模式，从服装、器械、场地、文化标志、环境布置等元素来看，都能够体现现代化的特征。

3. 创新传承的路径

场地器械是民族传统体育得以发展的物质保证，是随着时代发展、社会进步而不断调整、更新自身品质的动态要素。其与时代接轨越紧密，就越能为人们所接受，才能作为人们所需求和认可的文化形态传承发展。

民族传统体育的传承与保护并不具备现代体育所拥有的稳定空间。随着城镇化的快速发展，具有体育文化"源地"性质的民族村寨会被淹没在社会的进步之中。同时也意味着某些民族传统体育项目会因外界干扰而发生一定的改变，甚至湮灭。快节奏的生活环境与多元化的文化环境不断侵蚀着民族传统体育的生存空间，乡村旅游的红火也向民族传统体育项目原真性地保存发出了挑战，究竟是有利还是有弊？在外界环境的不断侵蚀中，中国各民族传统体育面临民族气息减弱、内涵淡化的困境，其基本功能也正在消散。村寨作为最基础的传承空间，发挥其最基本的功能，保持作为民族传统体育传承发展的"源地"特征的稳定性，是实现民族传统体育文化传承的有效方式。

（三）载体形式流变

书籍资料作为社会文化的意义符号，是民族传统体育所依赖的载体。科学技术的进步使承载模式呈现多元化的形式，通过字、图、音、影等文化符号呈现出立体化的形态，并且能够使民族传统体育的传承与发展朝多样化的形式发展。

1. 承载形式的多元化

在1979年开展的民族传统体育调研中多以文字的形式来记录民族传统体育的现状和特征，研究发现，大部分少数民族地区民族传统体育的传承是缺乏或者没有文字记载的,多以言传身教的形式来进行传承。现在民族传统体育的承载形式呈多元化特征,除了纸质文献的记载,还有电子文、图片、录音录像等形式。

2. 呈现形态的立体化

文字记录、言传身教、口口相传等传统文化传承模式在科技发达的现代社会只能成为民族传统体育文化形态体系中的组成元素之一,无论学习还是研究,查找民族传统体育的素材不再单一成立,有一段影音视频就能够将研究对象的立体构造呈现。立体化的影音资料突破了时间和空间的束缚,能够在需要的时候随时获取相关的信息。

3. 传播应用的多样化

在 20 世纪 70 年代至 80 年代这段历史时期,民族传统体育的传播主要依赖于报纸、电台等传统的信息传播媒介,单一且不能高效推广,虽然有杂志,但其刊发量远不能满足需要。20 世纪 90 年代,电视机、影碟机、电话(移动电话)等工具的产生进一步拓展了传播的广度和效度。随着"互联网+"时代的到来,民族传统体育的传播应用呈现多样化的趋势,微信、微博、QQ 等多样化的自媒体平台能够将传播的速度提升数倍甚至百倍。

二 制度层面的流变

在文化变迁的理论体系中,文化系统的外层成为首当其冲的演变层面,即物质层面的流变,被突破的最外层不能再给予中间层以保护,从而引起制度层面的改变,也称为制度层面的流变。[①] 民族传统体育的运动规则、运动形式、管理体制是其文化体系中制度层面的重要组成部分,随着社会的发展与主体意识的现代化而发生多样的、立体化的流变。

(一)运动规则流变

民族传统体育的运动规则是保障项目能够正常进行的条例制度,以一致的行为认同、制定的规则形式、个体的心理认同为主要的表现形式。各地区在发掘民族传统体育项目时多沿袭古老传统的外部表征和内部需求,随着时代的发展、信息的全球化、西方竞技体育的先进规则制度被发现并运用于民族传统体育的竞赛和表演。运动规则的变化是随着主体意识的变化而不断改进的,是一种在一定准则内相对变化的动态演进。

---

① 顾乃忠:《文化流动的规律性》,《江苏社会科学》2003 年第 5 期。

(二) 运动形式流变

民族传统体育在发展初期是扎根于民间的草根文化，偏重的是以一种自发的、松散的原始信仰的祭祀活动，通过各种动作来表达图腾，以示对祖先的崇拜、对万物之神的敬仰，以此来取悦神灵，驱除人世间的灾难，保佑人畜平安、五谷丰登。在祭祀活动过程中或多或少地掺杂了原始的、落后的、迷信的成分，甚至一些迷信和不健康的因素也常常被当作"突出的"民族特色被挖掘出来，甚至在许多较为正式的场合出现。距今4000年左右中国少数民族的猥亵舞、巫舞已经发展为恋爱或喜庆的舞蹈。[①] 随着文化观念的转变，特别是改革开放后，民族传统体育的健身价值不断被发掘，如摆手舞、仗鼓舞等源于祭祀活动中的舞蹈形式已成为具有广泛性与普遍性的民族传统体育活动。

(三) 管理体制流变

随着社会的转型、文化的变迁，民族传统体育组织制度方面逐步发生转变，其中活动形式由自发型向政府、协会、团体共同组织的方向转变。例如，1993年国家民族事务委员会、国家体育总局成立了全国性的少数民族体育专业的群众团体——中国少数民族体育协会；1994年成立了教育部中国大学生体育协会民族传统体育分会；1999年在分会下设立了"大学生少数民族传统体育专业指导委员会"；2005年组建中国少数民族体育协会第一届院校民族传统体育委员会。这标志着民族传统体育进入学术殿堂，各行工作出现专门的学会和学术团体负责的良好局面。譬如，针对项目运动规范性方面，国家民委、国家体育总局就不断地组织专家对部分项目的运动规范进行了修订，对场地器材、比赛方法、违反规则与判罚、名次排定等都做了详细规定，使民族传统体育运动多了一些合理的现代体育成分，少了一些宗教迷信元素。[②]

三 精神层面的流变

精神文化是一个民族在长期的生存与发展过程中形成并不断发展的，渗透在民族共同的文化、性格、思维、情感和心理中的，为本民族大多数成员认同和追求并体现到其行为和实践上的意识形态、思想观念、思维方式、价值体系、性格品质、审美情趣和精神风貌等的总称，是为人们所尊奉并指导其行为和实践的主导性思想原则，也是反映民族共同的世界观、

---

① 庞锦荣:《我国西南少数民族传统体育略论》,《体育文史》1989年第3期。
② 汤立许、蔡仲林:《文化变迁视域下我国民族传统体育发展流变》,《武汉体育学院学报》2011年第4期。

人生观和价值观的一种积极的精神特质。它是文化的核心、灵魂，是不同类型文化的标志，它居于文化结构的内层，是最稳定、最保守的层面。①民族传统体育精神层面的流变主要包括主体意识流变、价值观念流变、民族心理流变三个层面。

（一）主体意识流变

主体意识是民族传统体育的参与主体在面对项目活动时所表现出来的情感、态度与价值观。其流变的主要表现形式为从单一向多元的结构变化，特别是改革开放以来，社会经济获得了巨大的发展空间，人的价值取向与思维方式在社会变革的大环境下发生了明显的转变，这种主体基于自身价值观面对各种事物所产生的突变性的心理因素形成的立场与态度，②是具有显性的影响因素的。以单一向多元的流变形式能够充分反映出民族传统体育的真正价值。

1. 经济因素的抢位

新中国成立后，实现了民族独立，但建立社会主义制度、实现人民的共同富裕是这一时代最坚定的目标。特别是在改革开放后，中华民族传统体育活动受社会经济因素的影响日益加深，曾经的民族传统体育文化主体为了获得更多的经济价值而放弃原有的文化生活空间，或从商，或务工，或迁徙。在各种经济政策的刺激下，原本属于民族传统体育文化本土的草原、山林、湖泊、平原等地理空间被农田、房产、工业区所取代，民族传统体育的发展空间被挤压和侵占。

民族传统体育项目大多建立在农耕时代的传统生活方式上，其具有表现形式单一、内容简单等特点，由此这些建立在宗教信仰和图腾崇拜基础上的传统体育，只能以民族传统的节日庆祝、祭祀仪式为活动载体，随着时代的发展，现代化生活方式已经摒弃了农耕时代的陈旧模式，物质生活的憧憬高出了精神追求，导致大部分地区的民众通过外出打工、经商来摆脱陈旧的生活，然而脱离了原有的生活环境后，当地的传统文化又无法传递到异地，随着现代化、城镇化的加速，传统的、民族的因素正在被淡化，民族传统体育的传承受到巨大冲击，在农业化向工业化转型的历史特殊时期，民族传统体育发展迷失了方向。

2. 西方文化的侵占

电视、广播、网络成为西方体育文化在中国传播的主要媒介，新的运

---

① 王岗、王铁新：《民族传统体育发展的文化审视》，北京体育大学出版社2005年版，第78页。
② 张兴奇：《历史人类学视域下水族传统体育文化传承与发展的影响因素的深层思考》，《吉林体育学院学报》2010年第3期。

动形式与运动价值观冲击着民族传统体育的主体地位,越来越多的人民群众开始加入现代体育活动,成为印证时代发展的运动潮流。在外来文化的侵占过程中,各民族对本民族传统体育文化的关注与认同逐渐淡化,在发掘各民族传统体育的过程中发现许多民族传统体育项目面临灭绝与失传,并且情况愈演愈烈。在文化多元的区域环境中,文化之间必然存在着交流,这种交流是同质文化间的交流,其交融程度高,认同程度也高。交流和交融必然会产生在当时或当地的强势文化,这种强势文化成为这一地区多元文化的主旋律,深刻地影响着其他文化的发展。[1] 从目前少数民族传统体育文化的发展现状与趋势来看,西方外来体育文化正在以强势文化的身份对处于弱势地位的中华民族传统体育文化进行冲击。如何有效地保护和传承民族传统体育是社会发展过程中需要面对的严峻考验。

3. 意识观念的偏差

在网络时代以及现代生活方式的冲击下,民众的生活中充斥着各种碎片化的信息,其阅读方式以及生活方式发生了变化,很少接触民族传统体育,即使在网络上或电视上有观看表演的机会,也会忽略掉各民族具有代表性的民族传统体育项目具体包含了哪些内容、价值意义何在。另外,一些民众认为民族传统体育都是空有其表,只是靠舆论噱头,没有什么值得关注的。由此造成民众对民族传统体育不感兴趣,甚至有些人认为不值得保护。这些现象折射出当前民众对于民族传统体育的意识观念存在偏差,而产生这些偏差的原因在于:(1)民众对民族传统体育文化的不理解,没有正确认识民族传统体育的内涵、社会价值以及表现形式,从而出现思想上的误解;(2)社会氛围不浓厚,环境可以影响人的兴趣,民众对民族传统体育不感兴趣与氛围不浓厚有一定关系,现代人的生活都趋于现代性,对传统的、民族的事物都不认可,甚至还有人认为传统的、民族的就是落后的,由此造成对民族传统体育的嫌弃;(3)对体育非物质文化遗产传承人的忽视,相关部门没有正视文化传承人的重要性,忽略了对他们的保护和支持,导致大部分传统文化因找不到继承人而被迫灭绝。

(二)价值观念流变

中华民族传统体育文化在其形成与发展的过程中,长期处于"封闭"的自然环境与社会环境,缺乏与世界体育文化的交流与融合。改革开放后的社会主义现代化的转型使民族传统体育文化所处的环境发生了翻天覆地

---

[1] 陈青:《西北民族体育文化》,人民体育出版社2006年版,第92—96页。

的变化,各种文化体系开始相互影响、相互交融。新的文化形式不断丰富社会的构成体系,给作为民族传统体育文化主体的参与者带来了新的体验与感受,从而形成新的世界观、文化观、价值观。民族传统体育价值观的多元化使参与者容易迷茫于"传统"与"现代"的抉择中,这种新的矛盾冲突不是二选一的抉择,一方面使得民族传统体育的信仰价值被淡化,另一方面其在增强人民体质、增进身体健康、促进区域经济发展、丰富文化生活、实现民族团结等方面的价值则得到重视。

在现代价值观的影响下,传统体育文化的内涵和表现形式都发生了利益驱使的异化,为符合体育利益化的价值观,传统体育项目会被包装成具有民族标签的品牌,成为舞台文化表演、旅游消费的商品。民族传统体育文化因其内容、性质、价值和文化要素等方面的异化,已经不能真实反映人民的社会生活,而沦为浮于表面的加工产品。[①] 重庆市秀山县跳花灯非物质文化遗产传承人陈哲夫老先生介绍,1982年调研秀山地区跳花灯传统体育活动时只有70—80岁的老人才会传统跳花灯,现阶段流行的秀山花灯是在传统民间信仰的基础上经后人重新编排而成的。现代秀山花灯与30多年前的传统花灯无论是动作结构、表现形式,还是音乐节拍都有本质的区别。传统体育项目保存了最原始的民族特性,最接近于原生态的文化内涵,但是却面临着传承断代的危机,融入现代元素传统体育项目虽然具有较为广泛的群众基础,但是却会失去项目的原始特征,这种矛盾是影响传统体育文化传承与保护的重要因素。

(三)民族心理流变

民族传统体育在精神层面的主观表现是民族心理的认同与排斥,运动主体的文化意识、文化冲突与融合、生产方式、生活方式[②]等影响因子在社会变革中不同形式的转变,形成不同的民族心理结果。认同不是一味地传承与沿袭,而是在辩证主义思维的影响下正确看待民族传统体育的"精华"与"糟粕",会用是否符合社会发展需要、是否符合人民健康需要的标准取舍民族传统体育的衍生功能。排斥是一种慎重的辩驳,其意义与价值在于民族文化主体的地位与需求,同样适用于民族传统体育发展的需要,不利环节、元素、功能会在"是否有益于"的辩驳中被排斥在文化主体的选择范围之外。

---

① 袁校卫:《传统体育文化传承的现代风险与危机消解》,《武汉理工大学学报》(社会科学版)2011年第4期。

② 闫艺:《西北少数民族传统体育变迁与发展趋势研究》,厦门大学出版社2013年版,第225页。

中华民族传统体育文化具有本土性与原生性特点，是在各民族人民生产劳动、宗教仪式、生活娱乐等形式下传承下来的，具有丰富的历史沉淀。通过一代又一代人的传承与创造，各项目得到了民族的文化认同，同时还提醒子孙后代有保持和延续自己地方传统文化的责任和义务。[①] 但是民族传统体制下，封闭自守的观念和长期生活中形式的"定式"使得传统体育文化的传承与保护面临来自思维方面的困境。湘西土家族苗族自治州花垣县苗族武术传承人石兴文老师介绍，苗族传统武术传承在性别上还存在一定的区别，沿袭了"传男不传女"的封建价值观念。无论是习俗沿袭还是个人意愿，在传统观念中都已经形成了定式。

第五节 新中国70年民族传统体育开展形式的转变

一 民族传统体育与民俗节庆活动日益融合

民俗节庆活动是民族传统体育的载体，富含民族文化普遍性、广泛性、丰富性等要素，是民族文化生活、民族社会特征、民族思维方式、民族民间信仰等方面的具体表现。民族传统体育活动构成了民族传统节日的重要组成部分，多种多样的传统体育活动不仅丰富了人们的节日文化生活，而且能够促进民族特色体育活动成为区域性文化的景观形态，能够成为吸引关注者的原动力。民族传统体育是民俗节庆活动的产物，也是民俗节庆活动的重要组成元素，在新中国70年的历程中，民族传统体育与民俗节庆活动的关联日益紧密，其主要表现为民族传统体育在民俗节庆活动中由附庸到主体的地位转变，由单一到综合的形式转变，由局部到整体的范围转变。

（一）由附庸到主体的地位转变

任何文化都离不开传统文化的继承与创新[②]，只有赋予传统文化新的时代内涵，才能拥有持久的生命力。在保留传统体育文化原有属性的基础

[①] 李荣芝、唐守彦：《现代社会我国民族传统体育传承系统构建研究》，《西安体育学院学报》2011年第1期。
[②] 孙庆彬：《民族传统体育文化保护与传承的基本理论问题》，《西安体育学院学报》2012年第1期。

上，文化形式的再创造，也是适应社会发展、观念进步的基本需求。民族传统体育在继承原有的地域性、传承性、家族性特征而保持原来风格的基础上，融进了竞争性、开放性、娱乐性的现代体育元素。使原本依托于宗教仪式、节庆娱乐、农耕游戏、生产方式演变为具有娱乐性、趣味性、竞技性、观赏性的独立形态的民族传统体育项目，这是由附庸到主体的地位转变。如具有"活化石"之称的土家族毛古斯将传统的、原生态的表演形式搬上了舞台、走进了电视荧屏，带着泥土和原野的气息，包含丰富的自然元素和人文特征，其由传统信仰仪式活动转型为戏剧舞蹈。

（二）由单一到综合的形式转变

民族传统体育活动与本民族的传统节日有着十分密切的关系。各民族的传统节日为民族体育提供了文化场域，各民族的传统体育项目在节日活动过程中传承、交流与发展[①]，一次民族节庆活动并非单一的活动形式延续，而是民族传统体育的一次综合呈现。

在苗族传统节日"赶秋节"的节日文化活动中，当地群众停止一切生产活动，穿上盛装，结伴成群，在以"秋场"为中心的苗族节日文化圈中，进行祭祀、打秋千、吹笙、歌舞等节日文化活动。"赶秋"是承载民族传统体育活动，呈现民族体育文化景观的节日活动形式。首先，"赶秋"是一次庆典，喜庆丰收，载歌载舞。为了表达喜悦之情，苗族人民将优美的舞姿、动听的山歌在庆典活动中完全释放。鼓舞、绺巾舞、接龙舞、迁徙舞等集体舞蹈不仅是苗族节日盛典中欢庆的舞蹈，也是融入了苗族日常生活的舞蹈。其次，"赶秋"是一次祭祀，法师们组织祭祀先祖仪式，椎牛、吃猪、刀梯绝技是祭祀过程中必不可少的环节。同时也体现了苗族人民在生活中获得丰收，祭祀过程中将收获反馈给先祖。最后，"赶秋"是一次比拼，这不仅是苗族的盛典，方圆数十里苗寨都会参加这一次盛大的节日，各种竞技性的比拼也会在活动过程中开展。

（三）由局部到全部的范围转变

由于生活区域的局限性，民族传统体育活动的开展具有明显的区域特征与民族特征，部分民族传统体育项目在一定区域内流行或同一民族内流行。这种局势随着"开放"的社会局面而被打破，民俗节庆活动的开展为民族间的交流、区域间的交流提供了具有提升民族文化价值意义的综合平台。地区民俗节庆活动的开展构建了村与村、乡与乡、镇与镇的文化交流

---

① 杨林：《贵州省少数民族节日体育研究》，吉林大学出版社2013年版，第1页。

空间，大型传统节庆活动的开展汇聚成为全民族、全社会的文化综合体。

二 民族传统体育与民族运动会结合越来越紧密

民族传统体育运动会是民族传统体育传承发展的高效助力形式，是发扬中华民族传统体育文化、振兴民族体育事业的重要平台。中国及各省、市、区域的民族传统体育运动会与单项民族传统体育活动和竞赛已经形成了完善的竞赛管理制度。其最大的优势在于蕴含精彩刺激的竞技特征与丰富多彩的民族文化表演。在民族传统体育与民族运动会结合日益紧密的背景下，民族传统体育的广泛性、参与度、关注度都得到了有效的增强。

（一）民族传统体育项目的广泛性增强

从这几年全国民族传统体育运动会的项目设置分析，随着不断地发掘整理，无论是具有竞赛意义的竞技项目还是具有表演价值的民族传统表演项目都在不断增加。从1953年的5个竞赛项目和22个表演项目到1999年的13个竞赛项目和161个表演项目再到2015年的17个竞赛项目和140个表演项目。少数民族运动会参赛民族涵盖了中国的55个少数民族。

这一方面说明了少数民族传统体育运动会的举办，不仅使少数民族群众自觉、自发、主动开展本民族的传统特色项目，还跨越了民族界限。另一方面说明了民族传统体育项目依附于运动会的趋势越来越显著，运动会已经成为了少数民族传统体育发挥重要作用的舞台。[1]

（二）民族传统体育的参与度增高

民族传统体育运动会为各民族提供了一个文化展示的空间，从历届全国民族传统体育运动会的规模分析，文化场域中的民族元素、竞技元素、美学元素是吸引游离文化主体之外的核心亮点。在政治、经济、文化开放繁荣的时代背景下，其规模正以汇流于海的发展模式促进民族传统体育参与度的提升。在第一届民族传统体育运动会中来自全国各地的观众有12万人；第二届运动会有来自全国29个省、自治区、直辖市的56个民族的863名运动员和教练员参加；第三届运动会有全国（除台湾省外）29个省、自治区、直辖市的55个少数民族的运动员和各民族的教练员、工作人员共1097人参加了比赛和表演；第四届运动会有来自全国30个省、自治区、直辖市55个少数民族的运动员和各民族的教练员、工作人员、观摩人员、少数民族体育先进地区和单位的代表及中外记者，共3000多人

---

[1] 饶远、刘竹：《中国少数民族体育文化通论》，人民出版社2009年版，第246页。

参加。① 每届运动会不仅是一届体育盛会,也是一场文化盛宴。特别是全国的、地方的、民间的组织机构的成立,更加激发了民族传统体育的影响机能。

(三)民族传统体育的关注度增大

民族传统体育运动会在传播学视角是具有高效推广策略的文化综合体,整合各方传播资源进行文化传播。其级别越高,产生的效能就越大,在1990年第十一届亚运会中,武术第一次成为国际综合比赛的项目之一,来自中国、日本、越南、马来西亚、新加坡、菲律宾、尼泊尔、韩国、中国香港、中国澳门和中华台北的11支队伍参加。② 在亚运会的平台助力下,中国武术成为国际赛场中的中华民族文化标志,使武术项目在亚洲乃至全球得到了高效的推广,并产生了非常高的关注度。

三 民族传统体育与学校体育结合日趋密切

自1903年新式学校教育体制起,中国传统的体育活动就被这种"新"的观念摒弃,此后西方体育项目一直占有学校体育的正统地位,直至现在,现代体育教育观念仍然将田径、篮球等视为学校体育教学的正统内容。随着中国传统体育文化的不断发掘整理,民族传统体育项目也逐步走入课堂,在两种不同的体育文化背景的烘托下,传统体育的民族性、文化性、特色性等文化特征使民族传统体育在学校体育教学中形成了独特的校园文化景观。

(一)从民族学校走向普通学校

学校作为国家人才培养的主要基地,对于民族传统体育文化的保护具有非常关键的作用。在民族院校开展民族传统体育活动是非常常见的文化活动,但在普通院校中却缺位严重,现代体育课程成为学校体育的主导,民族传统体育文化的推广需要把民族传统体育文化纳入学校体育课程体系之中,尤其在各自所在地域自然环境和社会人文环境的基础上,开发出具有本区域特色的民族传统体育文化的校本资源课程。在教育体制改革的推动下,特色课程、民族文化课程逐渐被学校建设主管机构接纳,各综合性高校、基础教育学校开始出现民族传统体育课程。与此同时,民族传统体育师资队伍的建设在各教育层面开始推广,为民族传统体育教育在广大中

---

① 冯宏鹏:《全国少数民族传统体育运动会竞赛项目设制分析》,《北京体育大学学报》2010年第9期。

② 吴兆祥:《体育百科大全20》,安徽人民出版社1998年版,第45页。

小学中的开展提供人才输送，民族传统体育文化的理论研究也日渐兴起，此外，民族传统体育研究者充分利用高等院校的科研优势，指导其实践工作。

（二）从专业课堂走向公共课堂

民族传统体育具有民族性、大众性等基本特征，其活动的开展不需要过多的物质、技术层面的保障，开展简洁方便。在学校环境中，民族传统体育脱离了"专业性"的束缚，从专业课堂走向了公共课堂。湘西职业技术学院、苗族鼓舞非物质文化遗产传承人石慧云老师将苗族鼓舞带入了学校体育教育中，学生在学习过程中不仅学会了灵动的舞姿，更将民族传统体育文化融入了学校体育文化中，形成了学校一道独特的风景线。苗拳非物质文化遗产传承人石兴文老师也将苗拳这一珍贵的民族体育文化遗产融入了中小学大课间的体育活动中，通过大课间体育活动的展示，将苗族武术升华为学校体育活动的一个主体部分。贵州石阡县更是将民族体育活动普及到中小学中，79.6%的中学引进了民族传统体育项目。无论从学校体育中民族传统体育的普及性看还是从特色性分析，民族传统体育在学校体育教学中能够彰显民族区域特色，传承民族文化，这些功能不是现代体育项目教学能够替代的，其对于学校的符号作用能够通过特色的、直观的形式展现。

（三）从民族化走向大众化

中华民族传统体育作为集竞技、健身、娱乐于一体的优秀传统体育资源能够在社会群体中获得广泛的认可度。在900多项民族传统体育项目中，民族传统体育的项目多样性、民族多样性、形式多样性打破了现代体育课程中千篇一律的课程体系。接受的学生群体也是多样的，在中小学及高等院校都能够广泛开展，是实现体育学科课程改革的有效方式，如武术传统学校在各中小学推广，舞龙、打陀螺、踢毽子、荡秋千、踩高跷等进入了许多学校的校本课程，并在不同的省市、不同的地区、不同的学校形成不同重点和特色。

四 民族传统体育与非物质文化遗产的契合逐步增强

二战后日韩两国率先提出对本民族"非遗"项目实施活态保护，欧美各国随后出台了相关政策，UNESCO（联合国教育、科学及文化组织）于20世纪70年代、90年代完成"非遗"项目保护的起步与实践，并逐步世界化。而拥有5000多年文明史的中国，直至2005年12月22日，才由国务院发布了《关于加强文化遗产保护的通知》，并制定"国家+省+市+

县"共4级保护体系。现阶段，形成了由1个国家级非物质文化遗产名录、31个省级非物质文化遗产名录、334个市级非物质文化遗产名录、2853个县级非物质文化遗产名录所组成的庞大的非物质文化遗产保护体系。

（一）更多中华民族传统体育项目纳入"非遗"保护

2006年国务院下发了《关于公布第一批国家级非物质文化遗产名录的通知》这一重要文件，从政策上开始关注少数民族传统体育文化，名录中将多个少数民族传统体育项目列入了非物质文化遗产的保护行列中，贵州省人民政府分别将摔跤（侗族）和射弩（苗族）等项目正式确立为保护对象。据统计首次被列入名录中的少数民族传统体育项目多达上千种，自此一场民族传统体育文化的保护之战打响。

从名录中可以发现，体育非物质文化遗产的保护项目大多为少数民族传统体育项目，由此可见，少数民族传统体育项目是体育非物质文化遗产保护的重点。体育非物质文化遗产的保护带动了少数民族传统体育项目的保护和传承，一大批少数民族传统体育项目得到解救。少数民族传统体育项目的代代相传，通常是以特定的形式进行的，师徒传习是主要的传承形式，单一的传承模式导致了少数民族传统体育在传承中效率不高，丧失了一大群参与者。同时，受市场经济的冲击，少数民族传统体育文化过度商业化导致项目失去了本色，内部结构遭到破坏，造成项目失传。为了保护少数民族传统体育文化，必须从环境、形式上入手，避免过度商业化，保护少数民族传统体育文化必须坚守传统阵地，适当合理地进行改革。以整体性的发展目光，将少数民族传统体育文化看作一个有机整体，有效整合环境、经济、政治等多重因素，平衡发展各要素之间的关系，让少数民族传统体育继续发光。

（二）对"非遗"传承人的认定与保护措施的完善

身体演绎是民族传统体育文化传承的主要路径之一，可见，对于民族传统体育文化的保护不能局限于单纯的文字记载，而要还原其真实的情景，对民族传统体育文化进行保护。在这种背景下，最大限度对保存民族传统体育文化的原始印象可以以视听为主要材料，对民族传统体育文化的保护内容进行整理和宣传。与此同时，从国家到地方政府要重视对民族传统体育文化传承人的认定与培养机制的构建，2011年颁布的《中华人民共和国非物质文化遗产法》对民族传统体育文化传承人的保护进行了明确的说明。传承人在民族传统体育文化传播中的作用是显而易见的，只有建立了完善的传承人保护机制，才犹如火车有了车头，更能起到引领的作用。

(三) 民族传统体育"非遗"项目保护形式多样

非物质文化遗产的保护是民族传统体育传承发展的文化载体，在1219项国家级非物质文化遗产名录中，体育类非物质文化遗产就有70项，各省、市、县组成的庞大非物质文化体系为民族传统体育的保护提供了多样化的形式，在实践中，塑造民族文化名片，构建"生活化"的文化体系，建立传承基地能够更为有效地实现民族传统体育的传承与保护。

1. 塑造民族性文化名片

中国民族文化体系呈现出"一村（寨）一特色，一山一风俗"的特点。将民族传统体育作为地域文化名片塑造，不仅能够提高地方的文化形象，促进地方知名度提升，还能够促进地方经济的发展[①]，助力非物质文化遗产保护战略。

中华民族传统体育文化具有民族性，但并不是所有的民族传统体育项目都能够成为民族文化表征。人们在未深入接触民族文化事物时，往往通过其具有民族性的传统体育项目对各民族形成间接认知，在人的意识形态中可称之为"刻板印象"，通过自媒体与公众媒体的传播效应，民族传统体育文化获得了较高的知名度，从而成为具有较高文化品质的民族体育文化名片。如2000年重庆酉阳被命名为"中国土家摆手舞之乡"；2001年，时任全国人大常委会委员长李鹏视察酉阳时欣然挥笔写下"酉阳，土家摆手舞之乡"，并与酉阳人民在桃花源广场同跳土家摆手舞；2002年，酉阳被文化部命名为"中国摆手舞之乡"；2009年，酉阳土家摆手舞被列入中国非物质文化遗产名录；2010年，酉阳举办"中国土家摆手舞欢乐文化节"，10万人同跳摆手舞，并成功申报吉尼斯世界纪录；2011年，酉阳土家族摆手舞又入围重庆市非物质文化遗产第一批省级非物质文化遗产项目，并列入世界非物质文化遗产名录。这一系列活动与举措，不仅提升了摆手舞这一民族体育活动的知名度，成为土家族体育文化名片，而且使酉阳摆手舞更具有地域文化名片的性质。

2. 构建"生活化"文化自觉体系

生活化是民族传统体育文化转型发展的生命力，文化的市场化是经济社会可持续发展的内在要求，从人自身发展的角度看，文化的市场化又是经济发展到一定阶段，满足人们精神消费的客观需要。[②] 从整体经济水平

---

① 王川、王维子、彭梓齐：《土家特色村寨的宣传与地方文化名片的打造》，见中国武汉决策信息研究开发中心、决策与信息杂志社、北京大学经济管理学院《"决策论坛——企业党建与政工创新工作发展学术研讨会"论文集（下）》，2016年，第1页。

② 张谨：《论文化转型》，《学术论坛》2010年第6期。

来看，少数民族聚居区属于中国经济发展的偏远地区，但丰富的旅游资源和传统文化资源为民族传统体育文化的生存和发展带来了消费的空间。无论是营利性还是传承性的文化产业形式，最终的目的都是服务于人的生活，因此打造生活化的民族传统体育文化，才是各民族传统体育文化在任何时代保持旺盛生命力和长久不衰的法宝，即使是跳出现代化的视野展望更为长远的未来，这一结论也是不容置疑的。[1]

"文化自觉"是指生活在一定文化历史圈子内的人对其文化有自知之明，并对其发展历程和未来有充分的认识。换言之，是文化的自我觉醒、自我反省、自我创建。[2] 文化自觉是各民族传统体育文化实现生态保护的内在动力，表现为当地各少数民族的民族责任与文化自豪。作为民族传统体育文化主体的"人"，在文化传承发展过程中必须要有文化自觉意识，特别是继承希望的青少年，在地域、语言障碍淡化的现代社会，树立民族文化危机意识、增强民族责任感、发挥主观能动性是作为优秀文化传承人必备的思想品质和思想觉悟。民族传统体育领域的文化自觉，需要既定文化生活的民众对传统体育文化具有"自知之明"，对民族传统体育项目的源头、变迁过程以及未来发展都要有所思考。[3]

3. 建立体育文化传承基地

不少学者（饶远[4]、花家涛[5]、刘礼国[6]）认为，民族传统体育非物质文化遗产保护的模式可以以文化基地或文化村寨的建设为依托，利用民族村体育资源丰富，具有原始性、淳朴性等特点创建文化品牌。同时，在国家政策层面，提出了建设一批少数民族传统体育活动基地和少数民族传统体育村寨的指导意见。少数民族聚居区自然环境独特，民族文化深厚，在

---

[1] 尹继林、李乃琼：《我国民族传统体育文化现代化转型的困境与启示》，《西安体育学院学报》2016年第1期。
[2] 费孝通：《文化与文化自觉》，群言出版社2010年版，第207—208页。
[3] 汪全先、商汝松、李乃琼：《中华民族传统体育文化发展中存在的问题分析》，《体育学刊》2013年第3期。
[4] 饶远、赵敏敏、张玉文：《开发我国少数民族体育旅游资源深层思考》，《云南师范大学学报》（哲学社会科学版）2008年第5期。
[5] 花家涛：《民族民间体育的空间生产》，博士学位论文，上海体育学院，2014年，第140页。
[6] 刘礼国、徐烨：《黔东南苗族、侗族传统体育习惯法研究》，《中国体育科技》2011年第4期。（苗族、侗族传统体育活动场地是公共活动场所，归房族、宗族或村寨所有，是各房族、宗族或村寨的公共财产。在这些场地开展集会、节日娱乐活动，达到促进族群团结、男女联谊联姻等作用。）

2012年公布的第一批646个中国传统村落中[①]，具有特色民族传统体育项目的村落不胜枚举，为民族传统体育文化基地（村、峒、寨）的建设提供了坚实的基础保障。具体来说，民族传统体育文化基地（村、峒、寨）创建要素可概括为以下几个方面。

其一是在区域内构建一个具有整体性、统一性的组织机构，能够联动区域内的参与协调，在政策上和资金上为民族传统体育文化基地（村、峒、寨）的创建提供保障，突出体育文化生态保护的重点。其二是在科研领域能够将民族传统体育文化基地（村、峒、寨）和体育文化生态作为研究案例，深入发掘整理具有地域特色、民族特色的传统体育文化，结合"精准扶贫"、非物质文化遗产保护、生态旅游、民族文化传承等的热点申报省级、国家级课题，为其发展提供理论指导。其三是在制度和方针政策方面重视传统体育文化基地（村、峒、寨）传承人传承意识的培养，提升传承人的文化自信、信仰自信，通过内在动力激发对本民族传统体育的文化认同。

第六节　新中国70年民族传统体育的发展形式转变

一　从"单一化"向"多元化"的转变

中国优秀的民族传统体育文化从诞生到形成具有民族文化特色的传统体育活动，是文化主体通过丰富的实践与智慧创造而形成的。这不是单方面的文化创造，而是以文化主体为中心的积累与发酵，是综合多种文化元素的形式转变。特别是新中国70年的发展历程中，民族传统体育实现了从"单一化"向"多元化"转变。

（一）中华民族传统体育传承形式的多元化

中华民族传统体育的传承具有典型的封建保守的特点，长期以来都是以简单的道具，如祭祀法器等完成传承。这种形式单一、效果低下的传承模式在改革开放后进行了重大的调整与改革，在国家的全面号召下形成了形式多样、灵活多变的民族传统体育的"多元化"传承模式。如湖北土家

---

① 刘之杨、孙志国、钟儒刚：《武陵山片区中国传统村落保护与美丽乡村建设》，《浙江农业科学》2013年第11期。

族的"撒叶儿嗬",原本只在丧葬场合进行,后经覃发池等人改造为"巴山舞",借助国家体育总局和教育管理部门的组织优势,成为当前最受欢迎的全民健身项目。① 在社会传承模式下,充分利用市场作用和现代传媒传播途径,糅合现代时尚流行文化元素最大限度地传播体育"非遗",极大地"提高"了传播效率。比如《禅宗少林音乐大典》和《云南印象》,都以非常巧妙、震撼、吸引人的方式传承民族传统体育。

(二) 中华民族传统体育功能价值的多元化

中华民族传统体育在民族文化的意义表达中,不仅是一种具有形式主义的象征符号,也是具有功能主义的文化综合体。在其动态发展的过程中,随着文化主体的需求不断调整自身的文化核心内容,与政治、经济、文化的发展相互依存。在民族传统体育形成的初期,其目的比较单一,主要是满足人民生存和发展的需要,民族传统体育的功能比较单一。在生存条件得到满足时,民族传统体育的功能与价值开始转向"多元化",随着社会的转型与价值需求的转变,民族传统体育已经从满足生存的功能需求向多元需求方向发展,因锻炼身体的需求而具有健身功能,因节日表演活动而具有欣赏的功能,因满足业余文化生活而具有娱乐功能,因满足国家间的交往活动而具有政治功能。

二 从"自发性"向"自觉性"的转变

计划性与目的性是意义活动的基本要素,在活动的主体没有有意识地挖掘其功能价值时,民族传统体育还只是满足其他活动需要的附庸成分,如土家族摆手舞只是摆手堂中的仪式过程,打飞棒只是驱赶田野中动物的基本工具。随着社会文化元素的不断丰富,单一的文化形式不再能够满足人的发展需求,因此文化主体开始有目的、有计划地将民族传统体育的价值进行重构,形成"自觉性"的文化活动。新中国成立以后,"民族性"的文化元素在社会主义思想的影响下变成了一个辩证的议题。但改革开放后,市场经济体制带来了机遇与挑战,民族传统体育开始脱离"休闲"的价值体系,自觉地向有意义的生活方式发展,成为具有健身价值的文化主体。同时,民族传统体育的经济价值开始随着国民经济的发展而自觉接轨,旅游产业、文化产业中的主体也不断拓展民族传统体育与经济融合的新思路。

---

① 何新华:《科学发展兴长阳》,大众文艺出版社 2007 年版,第 113—116 页。

三 从"封闭化"向"开放化"的转变

在新中国成立后的十年"文化大革命"运动中，民族传统体育只能在偏远落后的村寨中生存发展，这种小众化的文化特性形成了"点"状式的分布特点，蕴含了不同的地域与文化要素。在封闭性的生存环境中，虽然有区域文化研究价值，但从传承发展视角来看，被封闭化的民族传统体育在大的文化体系中没有"包容性"，从而面临失传的困境。在改革开放前和改革开放初期，民族传统体育生存的空间一般在乡村或其他小众场所，因其所具备的发展条件有限，缺乏传播发展的空间，导致民族传统体育的发展受到了极大的限制。改革开放后，在国家竞赛、科研、教学等多种举措的并列推行下，民族传统体育发展迎来了广袤的发展空间。

四 从"仪式化"向"功能化"的转变

民族传统体育大多掺杂在一些祭祀、拜神、婚丧等仪式中，内容多以模仿为主，仪式化比较突出，土家族在"舍巴日"跳的摆手舞，就与祭祀祖先、祈求好运的仪式难以分开；原始社会的巫、舞、武更是三者合一。[1] 然而在国家的号召下，各种传习所、健身俱乐部纷纷开设，其中一大批体育专业人士加入到民族传统体育的传承发展中，为了满足市场要求，这些"专业人才"根据不同的民族项目和市场需求，将原来的民族传统体育仪式，用各种具体的动作表现出来，既保存了民族传统体育的原有内涵，同时也开发了可供展示动作，也就是将抽象的事物具体化，在追求休闲、娱乐、健身的同时又起到了传承民族文化的作用，如土家族的摆手舞被改编为广场健身舞后，已不全为原来的"同边手"，双手摆动"过肩"动作也常见等，民族传统体育的内容由仪式转换到具体动作，无疑大大提高了吸引力，为民族传统体育的发展提供了条件，实现了民族传统体育的功能化转变。

五 从"个体化"向"社会化"的转变

在新中国成立之前，甚至在新中国成立后的部分偏远地区，民族传统体育的传承以师徒传承为主，这种传承模式存在几个缺陷：首先是传承模式单一，师父到徒弟的单向传承导致传承模式单一化，纵观整个民族传统

---

[1] 谭广鑫、王小兵、王效中：《武术套路艺术表征源自原始巫术的影响》，《上海体育学院学报》2014年第5期。

体育的传承史，这种传承模式一直延续至今。其次是传承效率低，单个的传承模式在单位时间内传授的个体数量有限，无法实现大面积传承。在国家的号召下，传承主体由个人转变为群体，大大提高了传承效率。如在国家政策的指导下，民族传统体育协会与各种单项协会纷纷成立，开展了竞赛活动、文化传播活动。另外，电视节目的传播力，在特定时间段内将具有代表性的民族传统体育广泛传播到全国的各个角落，招揽了众多的民族传统体育爱好者。其中最有代表性的是《武林风》《武林大会》，两个节目将中国禁锢已久的武术通过表演、竞技的方式呈现在国人面前，掀起了全国的习武之风，为传统武术的传承打下了坚实的基础。国家号召、媒体介入将民族传统体育的发展由"个体化"转入"社会化"的模式，不仅扩展了民族传统体育的发展形式，同时也大大提高了推广的效率，提高了民族传统体育的曝光率，为民族传统体育的发展培养了一批文化的传承者和发扬者。

第七节 新中国 70 年民族传统体育的定位

一 自我定位——在西方竞技体育思潮不断渗透中始终坚守"我是谁"

中华民族在数千年的文化传承中，形成了具有地域主导价值的思想、文化体系，世界文化中心的思想观念主导了民族历史的理念传承，虽然在近代遭到了西方文化的强势侵占，但是民族历史记忆所引导的民族自信和文化自信是民族传统文化的自我定位。民族传统体育是中华民族传统文化的重要组成部分，在西方竞技体育思潮不断渗透中始终坚守"我是谁"的自我定位，特别是在"一带一路"的文化大国背景下，民族自信与文化自信更加彰显。

（一）民族自信

民族自信是中华民族传统的价值优势，是在 2000 多年的民族融合与发展中形成的基本价值信念。从"天朝上国"的优越地位到现阶段的"友好邻邦"的中枢纽带，体现了传统民族价值的传承。虽然经历了许多苦难与波折，但经过 70 年艰苦奋斗，强大的国防实力与经济实力给予了中国安全保障。民族传统体育具有典型的民族符号特征，是中华民族物质价值与精神价值的最佳表达形式，如传统武术所展示的"精""气""神"

"韵"等特征是追求"更高、更快、更强"的西方竞技体育所不能达到的"内外兼修"的价值理念。

（二）文化自信

新中国成立后，70年的创新奋进使中国综合国力迅速崛起，传统体育文化的复兴与繁荣获得了最佳的发展空间，这种难得的历史机遇是通过几代人的努力创造出来的。特别是改革开放后国家的安定繁荣、社会经济的快速发展为民族传统体育文化的发展奠定了坚实的物质基础，"文化自觉""文化传承"意识也正影响着民族传统体育文化发展的趋势。[①]

二 空间定位——在体育全球化潮流中找寻中华民族传统体育生存坐标

新中国成立70年来，中国社会发生了翻天覆地的变化，多元化社会环境在创造了许多机会的同时也带来了许多挑战。面对全球化的发展局势，中华民族传统体育的生存空间面临着巨大的挑战，不是所有的民族传统体育都能够适应社会的发展，有些项目被赋予"文化遗产"的内涵，有些项目被改造以适应发展的趋势。民族传统体育通过自身的适应性机制不断调整空间定位，在全球化潮流中寻找生存坐标。

（一）民族文化展示的窗口

中国是一个多民族的国家，56个民族蕴含绚丽多彩的文化特色，970多项民族传统体育项目是各民族的文化瑰宝。在中国大江南北，原生态的民族传统体育文化十分丰富，多样性特征十分突出，646个中国传统村落[②]为优秀的民族传统体育文化提供了传承发展的空间。中华民族传统体育文化丰富多彩，种类繁多，不仅蕴含丰富的民族特色，而且融入了不同的地域风格。没有任何一种文化能够像中华民族传统体育文化一样融合众多的文化元素。在每一届的全国少数民族体育运动会，各民族的文化特色能够在这个大舞台中得以彰显，各民族的体育健儿都能在民族的赛场上展现自己的高超技艺。在全球化的背景下，民族传统体育的各种元素如同一个民族文化的展示窗口，展演绚丽多彩的民族文化风光。

（二）旅游产业中的文化输出

在少数民族聚居区保存着丰富的具有民族特色的文化资源，发展民族

[①] 吴艳红、王广虎：《文化视域下的民族传统体育发展》，《成都体育学院学报》2019年第5期。

[②] 刘之杨、孙志国、钟儒刚：《武陵山片区中国传统村落保护与美丽乡村建设》，《浙江农业科学》2013年第11期。

文化旅游，实施特色民族村镇和古村镇保护与发展工程，形成一批文化内涵丰富的特色旅游村镇是民族区域发展的实践方略。文化旅游已经成为政策规划的操作模式。作为民族文化的表现形式，民族传统体育逐渐成为发展旅游产业实现区域经济增长的有效战略。以体育旅游承载民族地区的特色文化资源，对于推动民族文化经济发展具有直接的实效性，有利于民族文化的产业发展。2016年10月3日湖南新闻联播报道，国庆长假的第三天，湘西州花垣县十八洞村的日游客量突破了2000人，苗族鼓舞表演成为吸引游客体验苗寨传统文化的主要体育活动形式。在旅游发展模式的带动下，民族传统体育不仅是一种文化模式，在其表现意义上更是一种体育文化景观。如酉阳县10万人同跳摆手舞，德夯苗寨的"百狮会"、鼓文化艺术节，花垣县"赶秋节"等传统民俗活动，使体育旅游成为区域经济增长点，其民族性、竞技性、观赏性等因素更赋予了旅游产业以文化属性。

（三）全民健身的有力推手

源于生产劳动和宗教仪式的民族体育活动其本质特征具有健身的意义，是在各民族人民健身意识的积极影响下形成的产物。[①] 在各民族生活地区，民族文化意识浓厚，在田间地头、广场小巷中随处可见开展各种体育活动的民众。民族传统体育在人民生活中是健身元素的体现。如具有"摆手舞之乡"美誉的酉阳县，充分发挥各广场、主题公园场地、健身广场的作用，大力推广群众跳摆手舞活动。酉阳县大力开展跳摆手舞进学校、进单位、进社区、进村社、进家庭的"五进"活动，组织全县各个层次的摆手舞比赛。通过对酉阳实地考察发现，跳摆手舞不仅是当地群众健身的手段，更是具有民族特色的文化认同活动，当地人民为了参与活动可以放下一切全身心投入。2010年，酉阳举办"中国土家摆手舞欢乐文化节"，10万人同跳摆手舞，并成功申报吉尼斯世界纪录。酉阳摆手舞，已成为具有土家族体育文化特色的地域文化景观。

三 价值定位——中华民族传统体育传承的依据

传承中华优秀民族传统体育文化，传承和发扬是必须面对的现实情况，民族传统体育的价值定位是回答如何"传承"、如何"发扬"的首要条件。自党的十八大以来，习近平总书记就中国优秀传统文化的价值和意

[①] 王新武、张建军：《少数民族传统体育资源的社会价值及其发挥》，《体育文化导刊》2014年第12期。

义多次进行阐述并提出了多个重要论断。① 确立民族传统体育的价值定位，为民族传统体育的传承提供依据。

(一) 民族文化的代表

民族传统体育融会了各民族的心理表现、审美意识、价值观念、社会理念等具有民族文化表征的内在要素，在民族传统体育外放的动作表达中隐藏着最有文化价值的意义和特征。这种意义和特征构成了最具民族特色的传统体育文化，也是区别于其他民族传统体育文化和其他类型文化的重要特征，成为代表民族特色的象征符号。

民族传统体育文化的独特性包含外在表征与内在含义两个方面，一个体育文化的欣赏者、"品茗"者，可以通过观其形、闻其"香"来领略民族体育文化的独特味道，同时也是与其他民族区分的重要因素。在中国多民族共荣的文化背景下，在长期的文化交融过程中很多文化因素被同化，被同化后不能作为其民族特有的文化名片，否则就会有争议。因此民族体育文化的特殊性应从内外所反映的"人无我有"或总体相似但要素独特的体育项目或体育活动中体现，如苗族"赶秋"活动中的重要仪式"上刀梯"，从文化人类学的角度来看，这种惊险至极、令人心惊胆战的民族体育活动，其用意在于向世人强化这样一种观念，即巫师是一个不平凡的人，以此来表达自己的特殊性，对常人也是一种心灵威慑。同时，也预示着这一场祭祀活动不单是世间人的独角戏，还是人、巫、神共同进行的一个互相承诺的过程。② 因此，苗族"上刀梯"在其特殊性上具有其他体育活动不具备的文化因素，其内在的信仰因素能够为苗族人民所尊崇。在各种意义要素的共同组织下，民族传统体育成为了优秀民族传统文化的代表。

(二) 民族精神的象征

民族传统体育作为中华民族优秀传统文化的重要组成部分，与民族音乐、民族服饰、民族建筑等民族文化形式一样具有鲜明的民族性特征，并且能够体现一个民族所拥有的共同性格特征、心理特征、审美特征、价值特征，具有形成民族凝聚力、增强民族认同感的应用价值，是彰显民族精神的象征。众多的民族传统体育赛事和文化活动，传播的不仅仅是一个民族优秀的传统文化，而且是以民族传统体育这个"物"为媒介，将民族主体在各自历史进程中所创造的物质层面、制度层面、精神层面的民族本质

---

① 高长武：《习近平文化建设思想的核心要义》，《东岳论丛》2017年第4期。
② 李梦璋：《苗族"椎牛"祭的文化人类学阐释》，《民族论坛》2008年第9期。

特征进行文化输出。在需要以文化为底蕴的现代社会，特别是在改革开放后将重心转移到经济建设上，民族文化成为易被忽视的社会元素时，更加需要一个能够将本民族所有文化经典进行展示的文化代表，民族传统体育所具备的丰富文化元素必将使民族传统体育成为民族精神的象征。

（三）民族形象的标签

利用民族传统体育文化的普遍性塑造体育文化标签。民族传统体育文化只有在一定区域或同一民族群体中为大多数人所参与、传承和欣赏才能够代表所在的地域或民族群体。受自然环境和社会因素的影响，同一地域或民族会衍生不同的体育文化分支，如湖南省西部保靖、花垣等地区的"赶秋"活动中都会有舞龙、舞狮和鼓舞的苗族体育文化活动展示，但从群众的参与度分析，调研区域中所有的村寨都会有鼓舞活动，鼓舞不仅是节日文化活动中的体育文化景观，而且是苗族群众日常生活中的活动形式。因此，作为具有广泛参与度的民族体育活动形式，鼓舞更具有区域内民族体育文化代表性，更适合整个区域内的民族传统体育文化标签的形象定位。

四 目标定位——中华民族传统体育永葆活力之源

改革与创新的基本形式是为了更好地适应社会的发展。在民族传统体育的发展历史中，必须要明白其在社会体系中所能发挥的作用，因此实现民族传统体育的目标定位是中华民族传统体育永葆活力之源。

（一）实现民族传统体育的功能目标

民族传统体育作为文化系统的重要组成部分，实现其功能目标应从其主体性的视角来发掘其本质功能。

1. 发挥运动功能

民族传统体育是挖掘人体机能的基本手段，其最原始状态就是通过与自然、神灵的相互作用来开发自身的体力与智力，这是民族传统体育功能实现的基本过程，这一过程是自发的，是不需要其他附加因素的。

2. 发挥创造功能

中华民族传统体育在其形成过程中不是一成不变的，在不断吸收其他文化元素的过程中加以完善。在中华民族传统体育的竞赛体制建设方面，其创造能力能够突出自身优势，吸纳西方竞技体育的适用元素并加以创造，形成能够适应社会发展、顺应时代潮流的体育文化。

3. 发挥娱乐功能

从其起源的视角剖析，部分民族传统体育的起源因素具有娱神的基本功能,在宗教仪式的组成元素中,先民用能与天地神灵沟通的动作表达方式达到取悦神灵的目的。这种娱神的仪式活动在社会发展的过程中逐渐演变为娱人娱己的民族文化活动。在现代社会民族传统体育的"娱乐"功能越发凸显,不仅是传统节日文化活动的重要组成部分,也是丰富人民文化生活的重要形式。

(二) 实现民族传统体育的经济目标

在改革开放以前,民族传统体育的政治目标、文化目标是发展民族传统体育的基调。随着改革开放后社会重心的转移,民族传统体育逐步走向市场化,具有民族特色的传统体育活动、节日庆典、体育竞赛等不仅增加了民族文化色彩,宣传了文化特色,更加带动了区域经济的发展。特别是党的十八大以来提出"一带一路"发展战略,中国整体消费水平正不断增长,以民族传统体育为支点的旅游产业、文化产业、体育产业等正不断为国家经济增长提供新的力量,民族传统体育的经济能力在中国经济体制中的地位和作用越来越重要。

1. 扶持民族传统体育产业发展

民族传统体育文化的发展需要充分调动社会企业组织的积极性,仅仅靠政府部门的财政资助来发展民族传统体育文化无异于杯水车薪。首先,要根据各地区生态环境以及社会人文环境的特点,打造文化产业基地建设,通过对文化产业基地的统一规划和产业集群建设,形成规模化、规范化产业集群,提升区域文化产业整体规模效益;其次,对文化体育改革要进一步深化,尤其对政企分开的举措要进一步推进,逐步形成以公有制为主体和多种所有制共同经营的民族传统体育文化产业格局;最后,通过建立较为完善的保障机制扶持民族体育产业的发展,尤其在用地、财政以及税收方面,政府要给予民族传统体育文化产业诸多的优惠,提升民营企业投资民族传统体育文化的积极性。

2. 拓展民族传统体育的旅游方略

各民族聚居区的民族体育文化景观不仅成为了旅游景点的文化展示活动,而且能够以一种互动的模式成为特色文化展示活动。在湖南,围绕秀美张家界、神秘湘西、文化凤凰、胜利怀化、神奇崀山等特色旅游品牌进行了具有民族、地域特色的建设与规划,民族体育文化成为森林公园、自然保护区、特色民俗文化基地的潜力发展因素,构成了以文化传承、生态休闲为主题的生态旅游的新格局。笔者在调研中发现,作为苗族鼓文化的发祥地,德夯苗寨旅游文化区建立了以苗族鼓舞为特色的民族文化品牌,向游客展示了苗族"鼓王"所呈现的民族体育文化风采,德夯苗寨的

"鼓"文化景观既有生活化的民间展示又有艺术化的景观欣赏。武陵山片区的民族体育文化景观以体育资源和旅游资源为基础①，以"土家探源、神秘苗乡、古城商道、侗苗风情、生态丹霞、沅澧山水、湘军寻古、神韵梅山、世外桃源、峰林峡谷、武陵民俗、瑶家古风"② 12 条文化生态旅游精品线路为依托模式，形成了集体验与观光于一体的民族传统体育文化旅游品牌。

（三）实现民族传统体育的文化目标

民族传统体育文化象征着中国劳动人民的生活形态，展现的是华夏子孙的民族风采，在长期的发展与传承过程中表现出过人的活力。然而，在城镇化与现代化进程中，外来思想的侵入、社会环境的变化引起了民族传统体育文化的外界环境变化，民族传统思想与现代思想形成了剧烈的撞击，在这场角逐中，民族传统逐渐落入下风，生存空间受到挤压，甚至濒临灭亡，面对如此严峻的局面，民族传统体育文化必须进行遗产变革以抵制现代思想的入侵。因此，民族传统体育文化的定位势在必行，确立民族传统体育的文化目标是实现民族传统体育复兴和繁荣的内在需求。

1. 调整竞技体育发展战略并实施文化保护政策

首先，对于濒临消失的民族传统体育文化，政府部门要设立专项的资金，对民族传统体育文化给予保护，建立振兴传统体育文化的计划。同时，政府部门需调整体育发展战略计划，调整和平衡竞技体育与民族传统体育发展的天平，加大民族传统体育的扶持力度，推动民族传统体育全民健身。其次，政府部门根据国际上执行的《保护文化多样性国际公约》，对民族文化实施必要的文化管制与保护政策。如控制国外职业体育赛事转播时间，鼓励和支持转播民族传统体育文化赛事。最后，政府应进一步规范和完善民族传统体育运动项目申请国家非物质文化遗产的程序与标准，强化相关法律条文建设，进而使更多的民族传统体育文化得到保护。

2. 提升民族传统体育文化的适应力

社会是不断发展变化的，无论民族文化还是民族体育文化，都需要在时代更迭中进行创新与发展，故步自封的民族传统体育项目，在时间冲洗之中，会慢慢凋零，直到消亡。譬如，现在风靡中国的拉丁舞和体育舞蹈是在借鉴拉丁美洲的各种舞蹈以及非洲的迪斯科的基础上演变过来的。中华民族传统体育文化的发展可以借鉴这种演变的模式，在吸收—扬弃—再

---

① 柳伯力：《体育旅游概论》，人民体育出版社 2013 年版，第 128 页。
② 唐爱平：《建好精品线路　促进全面小康》，《湖南日报》2015 年 10 月 31 日第 2 版。

吸收—再扬弃循环过程中对民族传统体育文化进行创新。当然，这种创新要紧随时代精神发展步伐，要保持民族特色的民族传统体育文化新样态，要摆脱西方体育模式建构的思维，也要跳出对传统体育的原版复兴。只有这样，在日益激烈的文化博弈中，中华民族传统体育文化才能保持可持续发展，永葆其健康的文化适应力。

3. 借助社会力量发展民族传统体育文化

在改革开放的时代潮流下，随着中国市场经济的深入发展，中央政府致力于简政放权，即把在计划经济时代由政府承担的一些公共服务逐渐剥离出去。如此，一来激活了市场的发展活力，二来也导致了公共服务管理与供应的缺位。在民族传统体育文化管理方面也显得尤为明显。当前，经济发展和改善民生服务是政府的主要目标，在市场仍然无法有效地对民族传统体育文化进行传承与发展的背景下，要激发各种社会组织团体等非营利性机构进入保护民族传统体育文化的道路上来。在培育民族传统体育文化社会组织方面，政府要在人才输送、税收优惠、财政资助等方面给予资助和保障，以借助社会力量发展民族传统体育文化。

第四章　新中国70年民族传统体育文化资源

第一节　中华民族传统体育文化资源概述

一　中华民族传统体育文化的表现

（一）中华民族传统体育文化起源的理论基础

马克思在《德意志意识形态》中指出："思想、观念、意识的生产最初是直接与人们的物质活动，与人们的物质交往，与现实生活的语言交织在一起的。"[①] 并且在《共产党宣言》中进一步写道："精神生产随着物质生产的改造而改造。"[②] 马克思指出："在再生产的行为本身中，不但客观条件改变着……而且生产者也改变着，炼出新的品质，通过生产而发展和改造着自身，造成新的力量和新的观念，造成新的交往方式，新的需要和新的语言。"[③] 因此，历史唯物主义指导下的文化，逻辑起点是人对自然的改造，这也是中华民族传统体育文化缘起的哲学基础。

（二）中华民族传统体育文化的定义

当人类在满足了基本生存需要后，以更多地获取物质生活资料为目的的采集、渔猎等生产劳动中提炼出来的肢体活动及沿袭方式，逐渐脱离了改造自然的物质功利性，转向把身体运动作为一种不间断地提高身体技能与丰富精神生活的社会实践活动后，身体运动才具备了体育文化的意义。对于什么是体育文化，卢元镇教授有过如下定义：体育文化由心理、行

[①] 《马克思恩格斯选集》第1卷，人民出版社2012年版，第151页。
[②] 《马克思恩格斯选集》第1卷，人民出版社2012年版，第420页。
[③] 《马克思恩格斯全集》第46卷上册，人民出版社1979年版，第494页。

为、物质三个方面（三个不同层面）的要素构成，是人类体育运动的物质、制度、精神文化的总和。因为民族传统体育文化属于体育文化的下位概念，所以可将民族传统体育理解为是各民族在文化交融、兼容并蓄过程中所创造发展的全部体育文化。在历史长河中，民族传统体育文化是集技能、艺术、娱乐等于一体的综合运动形式，包含了"心身并育"的生命整体优化理论，把人与环境视为不断进行物质、能量和信息交流的统一体，并将身体技艺的强化与提升看作是一个精神同物质紧密联系的统一有机体活动。它既是自贯一身、稳定的精神物质文化，又在历史环境的变迁中不断改变其具体的结构式样，呈现出多姿多彩的差别。这种在相承相续中渐进发展的趋向，使得民族传统体育文化的形成在历史演进中百花齐放、硕果累累，突出地再现了民族特色、民族心理和民族意识。综上可以认为，中华民族传统体育文化就是中国人民在继承发扬各民族体育活动中所建立起来的一整套规范体系和价值体系，以及体育活动的方式和设施等。它不仅满足了人们对自然的本能活动的需要，还满足了人们的社会文化精神需要，是实现人的全面发展的文化类型。

（三）中华民族传统体育文化的层次

1. 物质文化层次

物质文化是民族传统体育文化的表面层次，是人类在适应和改造世界的不断劳动中形成的。马克思主义认为，劳动创造了人类，劳动创造了文化。文化最本源的意义就是劳动。劳动是人类生活生产方式的一种体现。因此，不同的文化产生于不同的生产生活过程中。人类在历史文明的演进过程中形成了不同的民族传统体育文化类别，不同的生产生活方式形成了具有不同民族特色的体育文化，因此从某种程度上也可以说民族传统体育文化在一定程度上体现着一个国家或民族的性格。如由于中国地域特征的不同，出现了北方的骑射文化、南方的龙舟文化等。这些都是当地劳动人民在长期的生产、生活、生存中所形成的一种固有的原生态的延续。

2. 制度文化层次

制度文化是民族传统体育文化的中间层次。它主要表现在人们在社会规范和人际交往中不断形成的民俗风情、民俗信仰、人生礼仪、宗教习俗、家族家谱、乡约乡规等方面。这些约定俗成的文化制度，在悠久的历史发展中，代代相传，越积累越厚重。在这积累和传承过程中，文化也依托各种载体，形成了丰富多彩的文化资源。风俗习惯最能反映一个地方区别于另一个地方的特征。所谓"十里不同风，百里不同俗"，说的就是这个道理。如西南地区少数民族传统体育文化自产生以来，始终与本民族的政治、经济、文化、习俗、信仰相联系，世代相传。众多传统体育项目在历史发展长河中，经过锤炼、升华、继承和发展，形成内容、形式、时间、地点相对稳定的传统体育项目。又如著名的"武术之乡"凯里，苗族同胞男女老幼，每逢农闲时聚集在一起，翻杆子、练石锁、使枪棍、舞刀剑。在春节前后，村寨之间相互比赛，以武会友，联络感情。

3. 精神文化层次

精神文化是民族传统体育文化的内核层次，也被称为观念形态文化，它主要表现在文学艺术、价值观念、审美情趣、思维方式等方面。精神层次是文化的最高境界，民族传统体育文化如果缺少这一层面，其生命力就不存在了。而这一层次之所以存在，是因为民族传统体育文化不仅可以融入自然界，而且其本身具有极强的创新能力。自然创造了民族传统体育文化，民族传统体育文化反过来又作用于人化的自然。中国各民族都有本民族自身的体育文化内容与方式，这些色彩斑斓、具有浓郁区域特色的民族体育文化活动，使民族体育文化有了生存的价值和意义。民族传统体育文化差异性的存在使民族体育文化具备了在民族间进行交流的可行性。藏族赛马、赛牦牛，侗族、苗族斗牛，就寄寓着一种顽强的生命意识和勇于进取的精神。

二 中华民族传统体育文化资源的阐释

（一）中华民族传统体育文化资源的概念解说

现有文献中关于民族传统体育文化资源的概念并未提及，因此可以通过解析上位概念的"文化资源"定义，对民族传统体育文化资源的概念进行理解与完善。

1. 生产利用说

王子平在其《资源论》一书中就指出，文化资源是一切可以用来开发生产，从而创造出财富的文化活动形式及成果。胡惠林、李康化著的《文化经济学》中则认为文化资源就像是人们从事文化生产、文化活动所需的可供利用的各种文化生产要素，包括物质文化资源、精神文化和文化人才资源三类。唐明月认为，从产业角度来看，文化资源是指那些具有文化内涵的资源，通过对其进行资本投资能够直接带来经济效益的生产性资本，要对文化资源进行开发，才能转化为文化资本、文化产品或服务行为。程恩富认为，文化资源是人们从事文化生产或文化活动所利用的各种资源的总和。文化资源的开发是指为发挥、提高和改善文化资源的利用率，并使文化生产顺利进行所采取的一系列技术经济措施与活动。花建认为，文化资源是人们从事文化产业活动所利用的各种资源。黄雪英认为，文化资源就是人们从事文化生产和文化活动所利用或可利用的各种资源。杜超和王松华认为，"文化资源"就是"文化产业资源"，换句话说，应从文化产业资源缩略语的意义上理解文化资源。文化资源是特定时代、地域的人群既有的文化资料和素材，既包括历史资源、民俗资源、知识资源、信息资源，也包括某些特殊的自然资源（如作为东北文化产业重要素材的冰雪资源）。文化资源蕴藏在历史文化传统之中，存在于社会文化和自然现实之中，弥漫在整个物质生产、精神生产过程中，它既以可感的物质化、符号化的形式存在，又以思想化、智能化的形式存在。前者所代表的通常是可度量的文化资源，可以建立相应的评价体系来具体估量其价值，如历史文物、工艺品、自然素材等；后者所代表的则是不可估量的智能型文化资源，如民俗、传说等。严荔认为，文化资源是指人们从事文化生产活动时所利用的、具有文化要素特征和内涵的各类资源。黄永林认为，文化资源指的是人类生存发展需要的、以一切文化产品和精神现象为指向的精神要素，泛指人们从事各种文化活动可以利用的各种资源的总和，是人类生存和发展的最宝贵的财富。简单地说，文化资源是人们从事文化生产或文化活动所利用或可供利用的各种资源。

2. 历史积淀说

周正刚认为，文化资源是各种文化客观现象的总和，能够形成文化实力，可供主体开发和利用，既包含历史所积累的文化遗产库，也包含现代社会所创造的文化信息和文化形式库，以及作为文化活动设施与手段的文化载体库等。王建民将历史唯物主义和辩证唯物主义的观点与现代科学文化发展观相结合，并参照对生物遗传资源的界定，认为文化资源是指由自然生态环境资源与人类脑力或体力劳动相结合所创造的，具有重大历史、艺术、科学和经济价值的，含有特殊文化信息、基因及其无形传媒或有形介质或载体，及文化资源学其特殊文化环境所组成的各类物质或非物质、无形或有形的文化素材。丹增认为，人类发展进程中所创造的一切含有文化意味的文明成果以及承载着一定文化意义的活动、物体、事件以及一些名人、名城等，都可以认为是某种形式的文化资源。姚伟钧认为要理解文化资源的内涵，需要从文化资源的文化属性和资源属性两个层面进行剖析，从文化资源的文化属性来看，文化资源首先表现为一种文化的形态，以一种文化形态作为表征的文化资源，是在人类社会漫长历史发展过程中所积淀凝聚而成的，它由文化的创造、积累和延续所构建，表现为一种能够满足人类精神文化需求的物质产品和精神产品。从文化资源的资源属性来看，以一种资源形态作为表征的文化资源，是资源的一种具体存在形态，是指为社会经济的发展提供对象、环境和条件的那些文化要素的组合。由于文化资源与以物质为基本形态的自然资源相对应，因此又是一种无形资源。总体来说，文化资源就是一种社会资源。在日本，也有文化资源一说，日本文化资源学会对其定义是"所谓文化资源是为了理解一定时代的社会和文化，成为其线索的珍贵的资料之总和，我们把它称为文化资料体。在文化资料体中包括了没有被博物馆以及资料库所收藏的建筑物以及都市景观，或者传统的艺能以及祭礼等有形无形的文化"。

3. 物质精神财富说

在1990年出版的《简明文化人类学词典》中，陈国强等就提到了文化资源，他们将文化资源定义为包括文化遗产在内的人类创造的各种物质文明和精神文明的总和。吴圣刚认为，文化资源是指满足人类生存发展需要的精神要素，以一切文化产品和精神现象为指向。和自然资源一样，文化资源也是人类生存发展需要的重要资源。何频认为，文化资源既包括历史上人类所积聚的文化财富，也包括现代的文化信息。文化资源是人类在改造世界的过程中所凝结的物质、精神的成果及活动介体，能满足人的需要，具有地域性、民族性和多样性等特征。张胜冰认为，文化资源是资源的一种形式，相对于其他资源来说，它是一种特殊的资源，它指的是具有文化属性的各种资料，包括物质资料和精神资料等。吕庆华指出，文化资源是人类劳动创造的物质成果及其转化。高宏存将文化资源的概念纳入产业发展理论的框架之中进行界定，他认为，文化资源是人类在社会活动中智力劳动的创造物，它以各种有形或者无形的内容表现出来，可以作为文化生产的原材料或文化生产所必需的条件，经过各种形式的生产或经营活动为人类带来物质财富和精神财富。在《艺术管理学概论》一书中，田川流认为："文化资源是指人类自身创造的、能为人类生存和发展服务的一切优秀的物质成果和精神成果的统称。文化资源是人类除自然资源外最重要的资源，它既存在于人类的物质领域，又存在于人类的精神领域，构成了人类赖以生存的基础，也是人类社会发展的重要推动力。"此外，陈炎认为，文化资源与文化是同义语，提出了"文化也是资源"的观点。

综上所述，文化资源是指凝结了人类无差别的劳动成果和丰富的思维活动的物质、精神的存在对象。那么民族传统体育文化资源也可以定义为在民族传统体育范围内凝结了人类无差别的劳动成果和丰富的思维活动的物质、精神的存在对象。这类存在对象具有一定的民族传统体育文化历史、审美、科学和经济价值，因而它在一定条件下可以进行开发，转换为民族传统体育文化资本，并给人类带来经济效益和社会效益。广义的民族传统体育文化资源是难以给出具体的界定的，只要是体现人类追求和满足人类精神需求的民族传统体育文化产品或活动，均可以划入民族传统体育文化资源的范畴。

(二) 中华民族传统体育文化资源的层次

中华民族传统体育文化资源具有社会属性，因此它是一种对现存的经济、政治、文化有一定影响的资源，是物质文化、制度文化和精神文化的综合，因此我们也可以根据文化的层次划分民族传统体育文化资源的层次。从文化资源的功能性上来说，民族传统体育文化资源意味着它是一种可支配的资源，影响着它的主体，并制约其活动表现形式及活动的内涵与外延。考虑到民族传统体育文化资源的内涵和功能，可以将民族传统体育文化资源分为三个层次。

1. 中华民族传统体育文化资源的意识形态层次

中华民族传统体育文化资源的意识形态层次是文化资源的高级层次，主要是指民族传统体育文化资源在精神方面的表现形态，即价值心理层次。它们是意识形态的主要表现方式，这个层次的文化资源比较抽象，如人们在长期的社会历史发展过程中形成的文化传统、社会风俗、思维方式等。它虽然是一种无形的精神存在对象但它的作用却是非常强大的。在计划经济时代，中国无论是政府层面还是普通民众，都认识到了民族传统体育文化资源的意识形态层次，但没有将其纳入经济领域中来，这也是中国的民族传统体育文化产业起步晚的一个重要原因。

2. 中华民族传统体育文化资源的生产生活层次

中华民族传统体育文化资源的生产生活层次主要体现在人类的各种文化艺术活动中。这一层次强调文化资源是人类劳动的结晶。从这个意义上来讲，民族传统体育文化资源是生产力的一部分，民族传统体育文化资源是在生产生活过程中慢慢积累形成的，是一种生产能量。在较长的一段时期内，文化艺术活动主要是集体创作、集体传承、集体享用的成果。随着社会的不断进步，文化艺术活动经过不断创新变异，形成了现在丰富多彩的表现形式，并发挥着经济、社会与文化功能。

3. 中华民族传统体育文化资源的产品服务层次

中华民族传统体育文化资源经过产业开发，最终形成不同的文化产品或服务。因此，我们可以认为，民族传统体育文化资源最广泛的存在形态就是产品服务。本书所指的民族传统体育文化产品服务层次主要是现代社会产生的，包括报纸、杂志、音像、书籍、广告演出、展会、体育、娱乐、旅游、网络信息资源以及与之相关的文化装备等内容。民族传统体育文化资源的产品和服务涵盖了文化产业的各个门类。从这个方面来看，民族传统体育文化产业开发的目的应该是民族传统体育文化资源的产品服务层次，通过研究其产业规律，从而促进民族传统体育产业的发展。

三　中华民族传统体育文化资源的特点

（一）自然性与文化性

中华民族传统体育文化资源的核心内涵是文化。而民族世代生存的自然环境也是这种文化形成的重要因素之一。从文化生态学的角度来讲，如濒危的非物质文化遗产资源这类特殊的文化资源，我们在对其进行保护的同时，应该意识到它们的自然规律，与生态绿色发展及民风民俗相融的适应性。民族传统体育文化资源如自然遗产资源，其表现就是以自然属性为载体，人们在此基础上进行开发利用，从而由一种自然资源"人化"为文化资源。因为有人类的痕迹，所以这种有着自然属性的资源最终表现的形态却是文化的形态。

当然，任何一种民族传统体育文化资源，无论它以哪种方式存在，其基本特性一定是具有文化特征，承载着一定的文化内涵，蕴藏着文化要素。文化性是民族传统体育文化资源的本质属性。任何一种文化资源都可以从不同的角度反映出其特有的文化特质。[①] 正是由于文化性的存在，民族传统体育文化资源才成为区别于其他资源的独特资源。中国现在加快发展体育产业，依托的正是体育文化资源的文化特征，民族传统体育文化资源更加需要挖掘提升自身的文化特征。从某种程度上来看，谁能有效地挖掘利用好文化资源的文化性，谁就能在文化市场抢占先机，独领风骚。

自然性和文化性相辅相成。在民族传统体育文化资源的开发中我们除了关注文化资源的文化性外，还要加大力度保护一些特殊资源的自然性，只有同时利用好这两种特性，民族传统体育文化资源的保护和开发才是科学有效的。

（二）地域性与民族性

文化首先是区域性的，即首先有各种地方文化，才最终构成一国的文化，有各国的文化，才最终构成人类的文化。[②] 同样，民族传统体育文化

[①]　严荔：《四川文化资源产业开发研究》，经济科学出版社2010年版，第16页。
[②]　潘殊闲：《地方文化研究辑刊》第1辑，天地出版社2008年版，第9页。

资源也会表现出明显的地域特征。由于地域特征的不同，民族传统体育文化资源的表现形式也不同。如中国的世界遗产资源，就出现了东多西少的空间特征。文化遗产类资源多出现在东部地区，自然遗产类资源多出现在中西部地区。

马克思主义认为，民族是"人们在历史上形成的一个有共同语言、共同地域、共同经济生活以及表现于共同文化上的共同心理素质的稳定的共同体"。民族是社会实践的主体和社会文化的载体，直到今天，现代的国家仍然是民族国家。任何一个民族的体育文化资源都是一种历史的积累，其中体现着民族的特性，而这种特性是通过长期的体育文化资源积累反映出来的。

民族性是民族传统体育文化的基本属性。任何民族传统体育文化必存在于特定的地域空间和具体的历史时间之中，蕴含这一文化的民族特性，也反映出这一文化发展的时代性质。各民族传统体育文化，因其民族性而呈现出有别于其他民族的体育文化特质，民族性体现了一个民族的文化自身发展的特殊性，代表一定的民族传统体育文化传承积淀与特定地域文明的特点，表现为该民族的民族精神和文化类型。中国现在拥有56个民族，这在世界上都是很少见的现象。因此，我们要充分利用好丰富的民族传统体育文化资源，开发文化资源要注意深入挖掘民族性，坚持民族性才能保证中国元素，才能让"中国风"成为一场"龙卷风"，席卷全世界。

（三）交流性与共享性

如果说民族传统体育文化资源的传承性体现的是民族传统体育文化在时间上的延伸，文化资源的交流与共享性则体现了民族传统体育文化在空间上的传播能力。不同个体、群体可能实现不同民族传统体育文化的交流。民族传统体育文化资源与自然资源类似，同样存在产权归属，却不一定具有独占性，民族传统体育文化资源的产权可以进行交流与共享。譬如，中国汉族的养生气功是祖辈流传下来的优秀传统文化，这一民族传统体育文化资源我们不会独享，而是交流传播到其他国家，让外国民族同样可以从中汲取精华，促进自身乃至其经济的发展。如太极拳在美国的流行、日本的少林气功协会等，这就是一种民族传统体育文化资源的共享性呈现出的文化交融与认同。

随着科学技术水平的进步与提高，民族传统体育文化资源的共享性更为明显。互联网的全球化使得民族传统体育文化资源也变得全球化。一部民族传统体育相关电影的诞生，一本民族传统体育书籍的发行，一场民族传统体育赛事的举办，都让民族传统体育文化资源最大化地实现交流与共享。此外，"全国文化信息资源共享工程"就是文化资源实现共享性的一个很好的例证，该工程针对当前中国文化事业的实际情况和科技发展的水平，整合包括图书馆、博物馆、艺术馆、艺术团、研究机构等现有的文化信息资源，形成互联网上中华文化信息资源的整体优势，借鉴网络媒体的优势，让中华民族的优秀文化资源可以跨地区实现共享，打破资源发展的地域障碍。中华民族传统体育文化资源既是中华民族的，也是全人类的资源宝库之一，谁也无法实现完全独占。特别是在互联网时代，传播渠道多元化、数字化，传播速度越来越快，这就使民族传统体育文化资源的交流共享水平进一步提高。

（四）传承性与转化性

民族传统体育文化资源的传承性是民族传统体育文化在时间上的表现形态。一个国家或民族通过文化资源的代代传承，实现自己民族文化的延续。民族传统体育文化资源之所以能够源源不竭，就是因为民族传统体育文化资源的不断传承和积累。民族传统体育文化资源的传承具有强大的动力和完善的机制，随着人们主动的传承一代又一代地流传至今。民族传统体育文化资源的传承为社会提供了丰富的信息，促进了社会的文明发展与和谐进步。民族传统体育文化资源的传承不是有意为之，而是通过人们的生产生活、民俗节日、衣食住行等行为方式自然传递。民族传统体育文化资源的传承性也不意味着对民族传统体育文化的全盘接收，时代在变，人们对美好生活的需要也变得更加多元化，因此对于民族传统体育文化资源的传承也应该辩证看待。有的民族传统体育文化资源在现代社会中已经失去了存在的土壤，就应该适时改变，推陈出新，融入一些新的元素或载体。

在相当长一段时期内，民族传统体育文化资源扮演着文化的娱乐健身功能角色，其价值也仅仅体现在意识形态领域。随着社会的发展和人们思想观念的转变，民族传统体育文化资源的经济功能表现得越来越突出。其中最重要的原因就是民族传统体育文化资源本身具有价值，而且这种价值在一定条件下会发生转化，创造出更高的价值。所谓价值转化，指的是将没有价值或价值很低或只具备某方面价值的东西，转变为有价值、价值高或具有另一方面价值甚至多方面价值的过程。资源不等于生产力，从具备民族传统体育文化资源到形成生产力，再到形成高附加值的文化生产力并彰显中华文化自信，我们还有很长的路要走。

第二节 新中国 70 年民族传统体育文化资源的开发

一 中华民族传统体育文化资源开发概述

(一) 中华民族传统体育文化资源开发概念的界定

马克思在《资本论》中解答了资本主义社会的核心运作规律。然而在 19 世纪的工业主义语境中，他却没有提出文化如何变成资本和商品。1990 年西方著名经济学家波特（M. Porter）在《国家竞争优势》中提出竞争优势发展四阶段论：一是要素驱动阶段，即经济发展的主要动力来自廉价的劳力、土地、矿产等资源；二是投资驱动阶段，即以大规模投资和大规模生产来驱动经济发展；三是创新驱动阶段，即以技术创新为经济发展的主要驱动力；四是财富驱动阶段，即对人的个性的全面发展的追求，即文学艺术、体育保健、休闲旅游等生活享受的追求，成为经济发展的新的驱动力。从目前世界经济发展的状况来看，人类已经进入了创新驱动和财富驱动阶段。此外，还有研究发现，在不消耗自然资源也不损坏生态的状态下，人类在这个地球上存活了 300 万年。工业革命以来，仅仅几百年，地球上的资源已经消耗了一半。[1] 因此，社会发展要求人类把生产目标从无限制自然资源的开发，转向对文化资源的开发，中华民族传统体育文化资源开发由此而来。

在讲民族传统体育文化资源的开发前，我们先来认识一下文化资源的"产业化"，产业化是文化资源开发的重要方面。学者严荔认为，产业化既是从资源到产业的动态化的形成"过程"，又是资源转化为产业运行的"结果"。文化资源的产业化，是指文化生产具有相当规模，文化产品真正遵循价值规律真正以市场为导向，才可以认为文化资源已经"产业化"了。[2]

因此，民族传统体育文化资源的开发是指在保护民族传统体育文化资源的前提下，为发挥、提高和改善民族传统体育文化资源的利用率，并使民族传统体育文化生产顺利进行所采取的一系列技术经济措施与活动。这其中就包括了民族传统体育产业化，这种开发的实质，是尽可能地发现和

---

[1] 叶舒宪：《人类学质疑"发展观"》，《广西民族学院学报》2004 年第 4 期。
[2] 严荔：《四川文化资源产业开发研究》，经济科学出版社 2010 年版，第 16 页。

利用各种民族传统体育文化资源，通过劳动加工，使其成为具有较高文化价值的产品或服务。民族传统体育文化资源的开发是民族传统体育文化由抽象到具体的过程，也是民族传统体育产业化的过程，对民族传统体育文化资源进行开发的过程就是对民族传统体育文化资源价值的再认识、再理解过程，从而使民族传统体育文化资源不断积累增值的过程。

（二）中华民族传统体育文化资源开发的理论依据

1. 文化生产理论

（1）文化具有生产力

人类生产是为了满足自身生存与发展需要而从事的实践活动。从满足人类需要的内容来分，人类生产包括：首先满足人们衣、食、住、行等需求的物质生产；其次满足人类自身世代延续的人自身的生产，即种的繁衍；最后满足人们文化生活需求的精神生产。马克思和恩格斯在《德意志意识形态》第1卷第1章中，将这三种生产分别称为"自己生命的生产""他人生命的生产""思想、观念、意识的生产"。从党的十五大以来，人们对文化的认识就发生了变化。文化从传统的政治功能转变为经济效益和社会效益，文化具有生产力。当今世界正经历新一轮大发展大变革大调整，习近平总书记在多次重要讲话中提到：世界处于百年未有之大变局。那么在这样的世界大势下，中国需要抓住新一轮科技革命和产业革命的历史机遇，不断提升在全球产业链中所处的位置，文化生产力是其中重要的一环。民族传统体育文化生产就是创造与生产民族传统体育文化产品的物质与精神形态。其中有形的物质的文化产品，如与民族传统体育相关的报刊书籍、电影作品、器材、服饰、工艺纪念品等；而无形的精神文化产品，例如对民族传统体育优秀文化创造性转化和创新性发展的数字阅读、网络视频、艺术表演等。

（2）文化资源具有双重属性

文化资源最基本也是最核心的是必须体现文化资源的社会效益和经济效益，必须兼具文化的意识形态属性和商品经济属性，这也是民族传统体育文化资源开发的基本出发点。从国内外文化传播的角度来看，正确把握两种属性之间的关系，一方面不能以追求其商品属性和经济功能为唯一目的，而忽视或否认其意识形态属性和精神价值；另一方面也不能以其意识形态属性而抹杀其商品属性。两者共同统一于民族传统体育文化产品中，因而，在这一过程中，很容易出现因混淆了在民族传统体育产业基本理论上"文化"和"经济"的关系，"物质"与"精神"的区别，模糊了"乐趣"和"审美"的差异而出现的泛产业化的倾向。

民族传统体育文化资源不仅具有商品经济的一般形态特征，还具有意识形态的特殊性。这是由民族传统体育文化资源包含的民族传统体育文化内容这一特殊性所决定的。这也包括两层含义：其一，民族传统体育文化资源具有意识形态属性；其二，民族传统体育文化资源的运行必须以社会效益为最高准则。社会效应是相对于经济效益而言的。民族传统体育文化资源的社会效应，是指民族传统体育文化资源在运行过程中所产生的政治效果、思想效果、道德效果、知识效果、审美效果、娱乐效果以及民族传统体育文化积累效果的总和，是民族传统体育文化资源的使用价值在实现过程中获取的总收益。民族传统体育文化资源的使用价值就是民族传统体育文化资源的精神价值。优秀的民族传统体育文化资源，能够增长人们的文化与健康知识，丰富人们的精神世界。任何时代、任何社会都重视精神文化的教化功能，社会主义文化生产的目的是满足人民群众的精神文化需要。

列宁说过："市场是商品经济的范畴。"[①] 和其他资源一样，民族传统体育文化资源具有商品经济的一般性，这是由民族传统体育文化资源的一般性决定的。这包括两层含义：其一，民族传统体育文化资源和其他商品一样具有价值、使用价值和交换价值，民族传统体育文化资源通过交换实现其经济价值，成为文化商品；其二，民族传统体育文化资源的运行必须符合市场经济规律，只有通过市场的优化配置，民族传统体育文化资源才能得到流通和消费，成为产业开发中的重要一环。作为文化载体，民族传统体育文化资源，在经济社会生活中扮演了越来越重要的角色，不仅潜移默化地渗透在人们生活的方方面面和角角落落，也成为中国经济能够在整个世界都弥漫于经济危机和金融危机的严峻形势下，逆势崛起的重要经济增长极，更是增强中华民族的凝聚力和向心力，提升中国文化软实力的重要方式，同时还是中华文化迈出国门增强中国国际竞争力和影响力的重要途径。民族传统体育文化资源的商品经济属性不容小觑，民族传统体育文化资源本身具有商品经济属性，才能生产出民族传统体育文化产品，通过交换变成民族传统体育文化商品，最终带来可观的经济利益。在商品经济时代，民族传统体育文化资源完全有资格成为经济链条上的重要一环。

2. 文化资本理论

资本是人类创造物质和精神财富的各种社会经济资源的总称。按照马克思主义政治经济学的观点，资本是一种可以带来剩余价值的价值，也是

[①] 《列宁选集》第1卷，人民出版社2012年版，第164页。

在物的外表掩盖下的一种人和人的特定生产关系。而在西方经济学中，资本的属性与马克思主义政治经济学不同，资本的本质是物，是一个特定的经济范畴。

20世纪80年代末西方社会学家解释了文化因素对经济发展所起的作用，认为文化因素能够有效地转化为物质资源。而后又被经济学家、政治学家以及法学家广泛采纳并用来解释和说明各自研究领域问题的综合性概念和研究方向。它最早由法国社会学家布迪厄提出来，布迪厄认为每个社会阶级的主要差异是占有的资本总量不同。他把人们实际可以使用的资源和权力分为四种：经济资本、文化资本、社会资本和符号资本。文化资本是指在某些条件下能转换成经济资本，它是以教育资格的形式被制度化的，比如文化资本可以转化为资格证书、教育文凭等形式。他认为文化资本有三种存在形态。第一种是身体化的形态，与人自身相联系。比如一个人受到的教育、具备的修养、习得的知识。这类文化资本的积累需要个人的投入，比如时间的投入、学习的勤勉等，"十年寒窗苦"就是文化资本积累的最好表述。第二种表现为文化物品或文化商品。如绘画、工具、机器等。它与经济资本有相通之处，可以传递、赠送给他人。第三种文化资本是制度化的形态。这种文化资本是体制、制度的安排，比如学校教育，对于教育、资格证书的认定程序等。

在理论实践中，文化资本并不是"文化"学术概念与西方经济学上"资本"含义的简单叠加，而是以文化为源头，不断衍生出的资本内容。文化资本是一种能带来价值增量效应的文化资源，或是以财富形式表现出来的文化价值的积累。文化资本既有经济学意义，又具文化学意义；既有经济属性，又具人文内涵，是具有战略指导意义的交叉学科概念。确立文化资本的概念，就是要使社会生产的经济活动中以文化来作为经济活动的内在支撑，使经济的发展不能脱离文化的指导，要将文化与经济之间的价值作出合理的联结与平衡，并使得生产经营活动具备长期的可持续性。文化资本是处于经济资本和社会资本之间的一种资本，它可以通过一定的方式转化为经济资本和社会资本，因此在科学技术水平高速发展的当代，文化资本对经济与社会的发展越来越体现出其重要性及方法论意义。

实际上，一切过去时代的文化资源，都有一个在今天文化语境中重新解释和创新开掘的契机。任何文化资源要想成为生动、活跃的"现在时"或"现在进行时"都必须与今天人民的精神生活需要相联系。所以，一切传统的文化资源要想在今天发挥作用，都要经历一个现代的转换，即进入市场转换为文化资本。文化资本的转化是一个动态过程，它不是对文化资源简单地模仿和粗陋地利用,而是一个带有主观创造性的活动,它能够把人的情感诉求、智慧魅力和精神需要表现出来。此外,文化资本的转换也不是一个停滞不前的活动,它的内容和形式可以随着时间的推移、经济的发展和社会的进步而变化。①

在民族传统体育文化资源的开发中,文化资本理论强调四个重要观点:首先,民族传统体育文化资源是民族传统体育文化资本的前提,民族传统体育文化资本是民族传统体育文化资源实现可持续开发的重要渠道。其次,民族传统体育文化资源具有市场属性,具备开发转化成资本的条件,那么就需要使民族传统体育文化资源与市场相联系,通过交换、流通、服务消费等市场经济运行与调节的民族传统体育文化资源才具有资本属性,成为民族传统体育文化商品,从而满足人们的各种需求。而那些陈列在当地民族传统文化博物馆、档案馆中的体育文化资源,由于没有经过市场的流通,不参与资源的配置,是民族传统体育文化资本的文化基础。再次,民族传统体育文化资本虽然是民族传统体育文化资源的资本化形式,但是民族传统体育文化资源要实现增值,还必须借助其他资源,如物质资源、人力资源等。最后,开发民族传统体育文化资源,使之资本化、产业化,是以经济、社会发展为目标,把社会中所拥有的各种可开发的民族传统体育文化资源转化为可以增值的民族传统体育文化资本,为公共文化发展及满足人民对美好生活的需要提供服务。

二 新中国70年民族传统体育文化资源开发状况

(一) 新中国70年民族传统体育文化资源开发的历程

1. 1949—1978年:重生与枯萎

新中国的成立无疑为全国上下带来了新的希望。鸦片战争爆发之后,中国沦为半殖民地半封建社会,国家政治、经济与文化受到了剧烈的冲击。中国传统民族文化逐渐走入低潮,此后又历经十余载抗战,中国走入了5000年来最低谷。而新中国的成立不仅从制度上为中国这个古老的国家带来了新的突破,而且从民族自信上也极大地激发了人们的爱国之情。百废待兴之下各项事业开始获得新生,民族传统体育作为中国文化的瑰宝,自然也不例外。民族传统体育在新中国成立初期,获得了蓬勃发展。比如在1954年前后,西藏、宁夏等少数民族聚集地开展了民族传统体育项目运动会。而与此同时,位于沿海的天津也连续开展数届民族传统体育

---

① 苏慧、周鸿:《中国文化资源转化为文化资本的机制探究》,《改革与战略》2013年第6期。

项目运动会。并且以武术为主题的交流会也逐渐火热起来。民族体育文化资源也随之被挖掘。这一系列的活动使得民族传统体育及其文化资源看起来将会朝着积极的方向不断前行。但是20世纪60年代，新中国面临一系列天灾，社会经济受到了极大的冲击，群众日常生活难以为继，何谈民族文化资源的开发。随着经济以及生活水平的不断下滑，民族传统体育文化及其资源开发前景不容乐观，之后由于政治建交以及国际大环境的改善，中国逐渐摆脱这场苦难带来的阴影，民族传统体育及其文化资源得以暂时保留。但是随着国家领导人对于国家形势的错误估计，整个国家政治生活陷入黑暗，少数民族文化被误认为封建余孽，相应地，民族传统体育资源也被打上了反动阶级的标签。民族传统体育文化资源开发停滞，甚至出现灭种的可能。新中国成立伊始直至"文化大革命"的结束，民族传统体育在每次看似获得新生之时，往往伴随更加剧烈的生存灾难。民族传统体育文化资源也深受其害，逐渐枯萎。

2. 1979—2000年：恢复与探索

"文化大革命"结束后，中国体育事业迅速拨乱反正，逐步将各种基本关系引入正轨，一些模糊观念得到澄清，明确了改革开放时代春风的民族传统体育发展目标、政策措施和战略思想。1979年，中国恢复了在国际奥委会的合法席位，改革开放的中国回归国际体育大家庭中，为新时期体育事业的发展铺平了道路。该时期，作为民族传统体育文化资源开发的民族传统体育赛事，开始得到恢复和正式推进，并带动了大众民族传统体育的快速发展。1981年9月，在召开全国少数民族传统体育工作座谈会后，国务院正式批准召开全国少数民族传统体育运动会，每四年举行一次。同时，国家体委、国家民委将此前的全国民族形式体育表演与竞赛大会追认为第一届全国少数民族传统体育运动会。从此，这项以少数民族传统体育为主的赛事就每四年一次地开展起来。1982年9月，国家体委、国家民委举办了第二届全国少数民族传统体育运动会。时任中共中央书记处书记、国务院副总理万里题词："开展民族体育活动，建设社会主义精神文明，开创民族体育的新局面。"运动会包括少数民族传统体育竞赛项目和表演项目两大类，表演项目共68个，极大地推动了少数民族传统体育的快速发展。1986年的第三届全国少数民族传统体育运动会首次启用了会徽、会旗和会标，这标志着民族运动会逐步走向正规化。该届运动会共设7个竞赛项目和115个表演项目。此后，还制定了较为科学、系统的总规程、竞赛项目规程和规则、表演项目评判方法，使民族运动会向着规范化的轨道迈进了一大步。同时，各地方的各类民族传统体育运动会亦得到了快速推进和发展。

3. 2001—2017 年：推进与创新

2001 年 7 月 1 日，江泽民在建党 80 周年重要讲话中首次提出"积极进行文化创新"的思想，标志着文化创新成为社会科学领域的指导方向。2002 年中共中央、国务院下发的《关于进一步加强和改进新时期体育工作的意见》对民族传统体育工作提出了指导性意见，国务院 2005 年通过的《国务院实施〈中华人民共和国民族区域自治法〉若干规定》，以及 2009 年 7 月国务院印发的《关于进一步繁荣发展少数民族文化事业的若干意见》，均进一步明确国家要定期举办少数民族传统体育运动会。该时期，全国各地的民族传统体育赛事、社区健身和民族传统体育进校园都得到了长足发展。2015 年第十届全国少数民族传统体育运动会共设 17 个竞赛项目和 140 个表演项目。全国少数民族运动会参赛民族涵盖了 55 个少数民族，不仅推进了中华民族传统体育文化的保护和繁荣发展，还极大地促进了中华民族传统体育文化的展示交流和民族团结进步。

4. 2017 年以后：新时代下的文化自信

2017 年 10 月 18 日，习近平总书记在党的十九大报告中指出，要坚定文化自信，推动社会主义文化繁荣兴盛，并指出："发展中国特色社会主义文化，就是以马克思主义为指导，坚守中华文化立场，立足当代中国现实，结合当今时代条件，发展面向现代化、面向世界、面向未来的，民族的科学的大众的社会主义文化，推动社会主义精神文明和物质文明协调发展。"在此之前的 2017 年 1 月，中共中央办公厅和国务院办公厅印发了《关于实施中华优秀传统文化传承发展工程的意见》，在国家层面对包括民族传统体育在内的优秀民族传统文化发展提出了要求和推进思路。该时期，民族传统体育文化保护和传承创新均出现了前所未有的繁荣局面。

（二）新中国 70 年民族传统体育文化资源开发的模式

民族传统体育文化资源的开发模式是指在一定的时期内民族传统体育文化资源发展的战略、方法、步骤等一系列要素的运行机制。民族传统体育文化资源的是一种动态的运行模式，需要根据对文化内涵的不断挖掘来进行由浅入深的多层次发展，并在此过程中不断进行改革和创新以促进其合理、稳步的推进，逐步形成健康、可持续的有机开发模式。民族传统体育文化资源开发模式受到多种因素的影响与制约，如国内的经济、政治、文化等基本国情以及国际形势等。在对民族传统体育文化资源不断探索下，现有如下几种基本开发模式。

1. 直接利用型

这是民族传统体育文化资源开发最初级的形式。即利用原生态的民族传统体育文化资源，除了增添必要的旅游设施、设备外，对原有的资源几乎不再进行加工改造，如民族文化村（寨）、民族传统节日等形式。这一模式的民族传统体育文化资源开发，最大的优点在于投资少、见效快，而且对于这一资源的体验者来说，还可感受到当地原汁原味的民族传统体育文化，因而吸引了众多民众前去"尝鲜"。但正由于这种直接利用的资源的"原始性"，产业附加值往往很低。加之多数保存民族传统体育文化的地区交通条件不尽如人意，要想形成较高的产业竞争力是具有挑战性的一项工作。因为即使解决了交通问题，也会由于民族传统体育文化内涵挖掘不够，使这种资源无形之中被商业化、庸俗化、功利化，更严重的是，它会直接导致民族传统体育文化资源的破坏，失去可持续发展的能力。

2. 整合提升利用型

这类开发模式是通过整理提炼民族传统体育文化中能够吸引群众参与、对于地域民族传统体育文化的优势因素、特色事项，对其进行加工浓缩并进行综合集中表现资源整合的利用方式。一部分类型借助民族传统节庆活动的平台，在其中展现出经过整理、加工、提升的民族歌舞表演、民间传统体育竞技与游戏，或在其中通过视频媒体手段，通过历史搜集、整理、总结、再现流传至今的民族传统体育文化。更多的类型是将民族传统体育文化凝结入民族传统体育比赛项目中，进行全面的整体展示。在全国或各地方民族传统体育运动会中，展现着民族文化特色、各族人民对美好生活的热爱以及对民族传统体育运动的激情。在组织参与民族传统体育运动会的过程中，提升和发展已有项目，通过挖掘整理和制定相关规则后，把新的运动比赛项目引入其中。并在这一过程中对民族服饰、民族传统体育文化活动、民族精神等集中提升、再现。这种类型的开发，把相关的民族传统体育文化资源加以整合提升，集中展现出来自生活又高于生活的竞技观赏性。将一批批民族传统体育活动列入民运会比赛项目，对于历史上的民族传统体育文化的恢复再现，特别是抢救和保护面临失传的民族传统体育文化具有重要意义。同时，对参与者来说，在民运会这一较短的时间内能领略到一个或多个民族传统体育文化的风采，既能增长见闻，又能体验文化差异，感受到中华民族的文化自信。

3. 深度挖掘发展型

民族传统体育中那些形形色色的身体活动所反映的，已不仅仅是人与自然的关系，而是日趋体现人与社会的关系，即人类命运共同体的色彩。

人们不再在自家村寨自娱自乐,而是与各地区,甚至在各国间相互交流,进行民族传统体育文化分享,不断发展与传播中华民族传统体育文化资源中的特色文化项目、改善民族传统体育运动设施条件等,同时不断提升人们的体育审美、思维方式、价值认知。极具特色的民族传统体育文化资源开发,需要更多维的、更具有深度的创新型方式。

在"互联网+"时代,以互联网为代表的数字技术和信息技术,不仅极大地拓展和丰富了民族传统体育文化产品的表现形式和生产方式,还使民族传统体育文化产业获得了前所未有的大规模复制和传播的能力。这种带有科技化烙印的深度挖掘发展型模式以创意为动力,将各种"民族传统体育文化资源"与互联网相结合,新兴业态层出不穷,形成了新的生产和消费方式,产生了新的产业群落,培育出新的消费人群。数字和信息技术推动着民族传统体育文化管理载体智能化进程,由于数字和信息技术的催化,网上图书、文献搜索、网络电影、网络视频应运而生,民族传统体育文化产业产生了新的管理形式。从这个意义上来讲,数字技术和信息技术不仅能促进民族传统体育产业的自我更新,还能不断构建和拓展产业新的发展空间,构建起新兴的文化产业链。如很多民族传统体育文化资源通过互联网的平台进行展示和传播,在数字化时代得以更好地传承和保存。同时各地开始兴建自己的数字博物馆,运用虚拟现实技术、三维图形图像技术、计算机网络技术、立体显示系统、互动娱乐技术、特种视效技术,将现实存在的实体博物馆以三维立体的方式完整呈现于网络上。与实体博物馆相比较,展现民族传统体育文化的数字博物馆具有信息实体虚拟化、信息展示多样化、信息资源数字化、信息传递网络化、信息共享智能化等特点,数字博物馆满足了不同的人群对民族传统体育文化的需求。

这些新的开发项目都是源于数字技术的创新,数字技术的应用和互联网的普及,将带来民族传统体育文化创新和传播领域的重大革命。这既为我们扩大民族传统体育文化阵地、加快民族传统体育文化发展提供了新手段,也为民族传统体育文化业态的变革创造了新机遇,抢占高新技术与民族传统体育产业深度融合这一战略制高点,对于加速民族传统体育产业发展具有决定性作用。

三 新中国70年民族传统体育文化资源开发存在的问题

中华民族传统体育文化资源在几千年历史的传统体育文化基础上,结合当代体育文化的精华,融合现代社会的科学性,经历了传承、创新的循环过程,[①] 逐步以全新的面貌不断发展,体现着新的经济增长点,并进一步展现出中华文化自信走向国际、融入世界。但是,不同地区的民族传统体育文化资源,往往是自发而形成的,其受到各自有限范围内的制约,从而在发展上存在问题及不足,影响着民族传统体育的开发及产业推进,进一步影响社会的进步。对此,我们需要研究中华民族传统体育文化资源开发存在的问题。就目前而言,中华民族传统体育文化资源开发存在以下问题。

(一) 认识不清,缺乏保护意识

民族传统体育文化资源是民族传统体育产业发展的基础。但国内很多开发者没有认真地深入挖掘民族传统体育文化资源的价值,没有根据当地当时的经济条件对民族传统体育文化资源进行开发。一提到开发就是无限度地索取资源,依赖资源,低质量开发、浅层次开发、破坏性开发,造成了资源的极大浪费。这其中最大的原因就是对民族传统体育文化资源的认识不足,不是所有的民族传统体育文化资源都可以进入市场得到开发,也不是所有的民族传统体育文化资源都可以转化成民族传统体育文化产品和服务。民族传统体育文化资源要形成产业资源,需要与之适应的相关因素和条件。

民族传统体育文化资源在过去相当长一段时期内之所以能世代流传并源源不竭,是由于它处在民族村寨等地域环境相对封闭的条件下。但在当今高速发展的信息时代,全球化进程逐步加快,要继续原封不动地保存这些民族传统体育文化资源,几乎是不可能的。在客观上,要能加速民族间传统体育文化的融合,那么在民族传统体育文化资源开发中,必须解决的核心问题就是如何保护并更好地传承民族传统体育文化。当前,中国作为经济全球化的重要引领力量,改革开放之后较长时期内重视经济发展,造成民族传统体育文化在发展中不断为经济发展"让位",这不可避免地对中华民族传统体育文化资源造成了一定的破坏,因此需要处理好当代民族传统体育文化资源的继承与转化问题。

(二) 后劲不足,缺乏合理布局

中华民族传统体育文化资源虽然丰富,但是由于中国幅员辽阔,民族众多,民族传统体育文化资源比较分散,不能形成统一的开发格局。民族传统体育文化资源并不是取之不尽、用之不竭的,如果开发者缺少

[①] 崔乐泉、林春:《基于"文化自信"论中华传统体育文化的传承与发展》,《北京体育大学学报》2018年第8期。

整体的规划布局,"各自为政",不能打破区域的限制,对文化资源进行有效整合,就会造成文化资源开发后劲不足,甚至导致文化资源的衰退、消亡。

民族传统体育文化大多起源于村寨,并在村寨得以不断传承发展,因此传统体育文化类型具有很强的地理区域性特点。相较于过去,这些地域的人口流动率低,交通工具及信息交流方式也并不发达,因此中国的一些民族传统体育文化的传播范围非常有限,仅仅能在附近几个村子进行小范围的传播发展。民族传统体育文化有着传播速度慢、传播范围小的特点,再加上很多民族传统体育文化由特定族群引领发展,因此具有一定的排他性与封闭性,民族传统体育文化常常面临着"无人可传"的濒危窘境。在这些因素的共同影响下,民族传统体育文化资源开发缓慢,甚至"后继无人"。为了进一步推进民族传统体育文化资源合理开发,就需要打破这种封闭状态,唤起当地政府和人民的传承保护意识,构建较为通畅的开发战略体系。

(三) 一味模仿,缺乏创新意识

民族传统体育文化资源的开发虽然有一定的开发模式和经验可以遵循,但如果开发者对民族传统体育文化资源停留在浅层次的认识,缺乏宏观的了解,一味地模仿固有的典型模式,最终开发出来的民族传统体育文化产品和服务也只能是一些低附加值的初级内容。

随着新一轮科技革命的到来,科技创新呈现多元深度融合趋势。人—机—物三元融合加快,物理世界、数字世界、生物世界的界限越发模糊。与此同时,各种传统的民族体育文化也受到了强烈的冲击,原来与地域相关性高的民族传统体育文化同当代文明的冲突也越来越激烈。不仅如此,高速发展的世界中快速传递的信息也在每分每秒改变着人们的思想与交流方式,原先通过山歌对唱进行嫁娶的信息交流方式,逐渐为数字化的方式所取代,而对于传统的像"抛绣球""抢花炮"等体育活动来说,正逐渐失去其本来存在的功能作用。历史上,世界经济中心几度转移,其中有一条清晰的脉络,就是科技创新一直是支撑经济中心地位的一个强大力量,领先的科技和尖端的人才流向哪里,发展的制高点和经济竞争力就转向哪里。创新是国家命运所系,创新是发展形势所迫,创新是世界大势所趋。以照搬旧的传统、闭关自守来保持其"原汁原味"的开发方式必然行不通。因此新时代对民族传统体育文化资源进行更科学有效的可持续开发,就必须要进行创新型转化,跟上时代发展的态势,不断利用数字化时代的各种优势,在表达形式、文化理念、传播渠道上不断进行创新,从而实现更好的传承与发展。

(四)开发失衡,缺乏整体发展

中国地大物博,留存下来的民族传统体育文化资源非常丰富。中国多地在开发民族传统体育文化资源时,都达成了一种共识,即民族传统体育产业发展的快慢与民族传统体育文化资源的优劣应当成正比。基于此,中华民族传统体育产业的发展出现了区域不平衡的现象,资源丰富地区过度依赖民族传统体育文化资源,资源匮乏地区忽视民族传统体育产业的发展,中华民族传统体育文化资源的开发出现东高西低的趋势。民族传统体育文化资源开发处于低水平重复开发状态,农村民族传统体育文化资源利用率低,农民不能享受到高质量的文化内容。长期以来,中国对民族传统体育文化资源的管理受文化体制和经济模式的制约,民族传统体育文化资源一直发挥着单一的意识形态作用,其经济和商业属性很难得到释放,这从我国现在对文化产业的主管政府部门机构设置就能看出来。我国对文化资源的管理主要是文化或者宣传部门,而不是经济管理部门。这样一来,开发出来的民族传统体育文化产品或服务与市场脱节,不能生产出真正满足市场需求的产品。

(五)政府缺位,缺乏政策支持

在"十五"规划里,中国就开始制定扶持文化产业的相关政策,对文化产业的扶持力度也在逐年加大。十多年过去了,民族传统体育文化产业的政策法规对民族传统体育文化资源开发的促进作用仍不明显,具有可操作性的阶段性政策法规仍然缺乏。民族传统体育文化资源的开发离不开文化政策的支持,文化政策的制定更需要从开发的实际情况出发。在中国,资金缺乏是制约民族传统体育产业发展的瓶颈,也是民族传统体育文化资源开发的薄弱环节。以文化事业单位为例,它们大多数属于非营利性单位,资金来源主要依靠政府扶持,但政府的资金投入有限,一旦将它们推入市场,就很难在市场中站稳脚跟。再加上中国对民族传统体育文化资源的投融资体系尚未健全,民族传统体育文化企业无法通过投融资快速地完成对文化资源的开发,很多企业由于在短时期内看不到民族传统体育文化资源开发带来的成效,就会立即撤资,从而造成民族传统体育文化资源开发的半途而废,浪费了大量人力、物力、财力,造成了不良的影响。从目前情况来看,民族传统体育文化企业很难通过国家拨款资助的方式获得支持。以基金形式资助民族传统体育的发展固然好,但获得基金的条件较高。

四　中华民族传统体育文化资源开发的具体途径

（一）拓展民族传统体育文化资源新形态

中国虽开发了一些民族传统体育文化资源项目，但大多数项目仍停留在观赏性或娱乐性上，并未发掘其产业链下的巨大经济价值。同时，只是以民族传统体育运动项目的新、奇、趣作为特色，进行着摸索式的开发，而并未向民族传统体育文化资源内在融入教育性、竞争性、健身性、观赏性等本质特征，对民族传统体育文化的内涵及引导意义未能充分体现。

民族传统体育文化展览会是一种保存及传播民族传统体育文化的方式，在展览中能呈现中华民族传统体育独特的历史文化价值，呈现出中华民族传统体育对于构建当代中华民族共有精神家园、实现中华民族伟大复兴的时代精神价值。人们可以在展览中漫步在深邃的体育历史文化长廊，徜徉在本真的体育文化乐土，走进中华各民族共建共享的精神乐园。在展览会上还可以对民族传统体育产品及服务进行展示交流，提升民族传统体育文化的产业价值。

从理论上来说，为提升民族传统体育文化的产业价值，必须树立正确的认识。比如，对民族传统体育文化资源的旅游性开发来说，传播民族传统体育文化内涵无疑是正确的，但在开发中却需要注意旅游者的目的更多的是追求对民族文化的轻松体验，喜欢参与的是娱乐性、游戏性较强的项目，而不是强调民族传统体育文化的历史性、反思性的旅游项目。因此，民族传统体育文化资源开发，虽然必须深入挖掘其内涵，但不一定全是原生态的，初期的可以利用民族传统体育文化中某些外在的、表层上的东西，将其变成轻松通俗、娱乐性、游戏性较强的可参与体验的内容。当然，这些资源开发项目真正的底蕴在于民族传统体育文化的深刻内涵，至于形式需要灵活及丰富多彩，要通过当今社会互联网发展、移动通信的优势来更好地表现其内涵。对于民族传统体育文化资源的开发必须是保护性的开发，除了采用民族传统体育文化博物馆的形式加以保存外，还需要遵循民族传统体育文化的发展规律，通过引导、教育使人们认识到民族传统体育文化的价值和展现的精神，从自身做起，自觉加以保护。

（二）培育中华民族传统体育文化市场

中华民族传统体育文化的市场具有十分巨大的开发潜能。民族传统体育文化市场是以民族传统体育文化产品或服务满足一定文化需要。民族传统体育文化可依托于当地的地理资源、文化资源、生态资源，融入秀美的人文自然景观、瑰丽的民俗风情,从多维度发掘产业化发展的潜力。在场所设施上,可建设民族传统体育活动中心,为广大群众、游客提供娱乐、健身场所,创办各种民族传统体育经济实体;在项目内容上,可组织民族传统体育比赛和表演,开发民族传统体育旅游资源,举办各种民族传统体育项目培训班(如民族武术、民族体育舞蹈等项目);在总体规划上,应重视民族传统体育文化市场对民族传统体育文化产业总量、构成、前景的影响,建立健全民族传统体育文化市场,促进民族传统体育文化产业的整体发展。

培育民族传统体育文化市场方面,投融资机制问题对民族传统体育文化业而言是牵一发而动全局的根本性问题。在投资方式上,要改变主要依靠财政性投入和民族传统体育文化企业自身积累扩大再生产的方式。运用投资控股、金融信贷、资本信贷等手段,形成综合性的投资融资格局。要建立多元的投融资机制用以吸收社会资本和外国资本,提高民族传统体育文化投资效益。鼓励和吸引国内各种非公有资本进入民族传统体育文化投资领域,以独资、合资、参股、联合、合作及特许经营等方式,积极参与民族传统体育文化基础设施建设、民族传统体育文化产业项目开发和民族传统体育文化产品的生产经营。积极利用资本市场,通过企业投资、私人投资、股票投资等多种形式,促进资本市场的强力投资和资本汇聚。积极鼓励金融资本主动介入,使民族传统体育文化企业顺利从金融市场融资解决资金短缺问题,要引导建立各种类型的基金会,通过基金投资方式鼓励社会资本投入。鼓励和支持组建各种类型的民族传统体育文化发展公司,以广泛吸引和利用更多的社会资本。积极实施"外源内用"方略,善于把握民族传统体育文化资源配置的国际化趋向,有效吸收和利用国际文化资源,特别是国际资本。

(三)强化民族传统体育的"体医结合"

在悠久的历史长河中,中华民族传统体育开创了强身健体、修身养性的各套功法动作并在一步步传承中进行了丰富和完善,到如今形成一部较为完整的理论体系和运动方法。比如中医就是以汉民族的医学实践为主体的传统医学,根据中医的整体观念、阴阳互根、五行相生等的关系,获得了健体之功效,能够协调阴阳,补其不足。东汉名医华佗在《庄子》的"熊经鸟伸"和《淮南子》"六禽戏"的基础上,通过模仿动物活动的姿态,采用医疗和体育相结合的健身方法,创编了民族传统体育运动"五禽戏",对预防疾病和战胜疾病具有很大的作用。另一种中国家喻户晓的太极拳在中国历代人民的长期实践中不断地演进和发展,使它无论是在技上还是在理论上都形成了完整而系统的内容，具有宝贵的医疗价值。太极拳对神经系统、心脏血管系统及呼吸系统、新陈代谢方面具有良好的疗效。目前，流传较广的健身气功有放松功、内养功、强壮功等，但是无论练习哪种气功，都要注意其在维持身体健康、预防疾病等方面的作用，要求集中于身体某一部位的条件下，注意掌握调身、调息、调心的要领，如姿势、呼吸形式、心无杂念等。[1] 另如秉持藏医理论的二十四节简易"藏医养生保健操"，它主要依据藏医理论典籍中的身、语、意（行动、言语和思想）三门行为之道，以防治疾病、健身健体为出发点和落脚点，不经医治、不花药费，通过揉、抖、搓、叉、捶、敲、打、压、拍等简便易行的动作，以及拍打主要穴位等方法，增强左、右、中脉的循环功能，通过十指的伸、屈、握、转、拧、舞等活动来增强隐匿于身体中的十三支迷走神经和十六种外连支脉的功能，不治已病治未病，健身健体，特别适合高原人群。在日常生活中还有很多民族地区自创自编的民族传统健身操，譬如蒙古族、傣族、彝族、傈僳族、纳西族、景颇族等民族健身操在乡镇范围内推广普及。通过民族传统体育和健身医疗相结合，不但能增强体质，预防、战胜疾病，促进人们的身心健康，还能造福人类，继承和发展中国传统文化。

（四）提升民族传统体育的文化创新能力

民族传统体育文化资源的创新，离不开创新思维的表达，民族传统体育文化资源的创新需要在民族传统体育文化资源的实际利用中实现。金元浦教授在《文化资源与文化竞争力》中指出：一切过去时代的文化资源，都有一个在今天文化语境中重新解释和创新发掘的问题，任何文化资源想要成为生动、活跃的"现在时"或"现在进行时"，都必须与今天人民的精神生活需要相联系。所以，民族传统体育文化资源要想在今天发挥作用，都要经历一个现代的转换。民族传统体育文化资源的开发水平，还与我们现实的文化创新能力成正比。

民族传统体育文化资源的开发必须融入文化元素，而且要深度挖掘文化元素，并将文化元素协调地运用到文化资源的开发中。独特、丰富的民族传统体育文化资源要打磨成一颗颗闪亮明珠，要雕琢成价值连城的璧玉，还需提供必要的外在条件，给予必要的保证。这就需要创新开发形式，通过高科技手段实现民族传统体育文化资源开发的创新。民族传统体

---

[1] 杨杰：《我国全民健身研究现状及趋势——第三届全民健身科学大会综述》，《中国体育科技》2015 年第 2 期。

育文化资源是一种特殊资源,对它的开发不能是简单的、粗糙的挖掘,而要把科技手段作为民族传统体育文化资源开发的强劲动力和支撑,提升民族传统体育文化资源的品质,高起点、高效率地开发民族传统体育文化资源。互联网作为新时代的产物,其时代特征不容小觑,它也应成为开发文化资源时有效利用的对象,先进的技术手段和表现技巧可以激活文化资源的释放力、创造力,增强文化产品和服务的表现力、吸引力,创造新的文化样式,催生新的文化业态使当代中华文化更加多姿多彩,突出地方性、保持民族性、体现时代性。[1] 在开发的时候要将现代科学技术融入民族传统体育文化开发之中,既要能充分体现民族传统体育文化的传统特色,又要能体现现代科技的无穷魅力,做到二者的有机和谐,协调发展。现在有的地方对民族文化资源开发一味强化科技手段,弱化了民族传统体育文化最本质的东西,顾此失彼,也是不可取的做法。

第三节　新中国70年民族传统体育文化资源的产业发展

在新时代,从马克思主义的观点来看人民美好生活的基本内涵,是一种动态的生活状态,这种状态就是所有社会成员个人的全面自由发展。在社会的高速发展下,全面自由发展既意味着人的潜能得到尽可能充分的开发和发挥,也意味着生存需要、发展需要、精神需要、道德需要、享受需要等各种需要得到尽可能好的满足。显然,人的全面自由发展状态就是人民的美好生活状态,是人民不断追求美好生活的状态。人们对文化、娱乐、健身等休闲活动也具有极大的参与积极性。此时,体育活动带给人们的身心愉悦日趋将成为日常生活中不可分割的部分,并越来越受到人们的重视和喜爱。使民族传统体育走入千家万户,更大程度上丰富人们的精神文化生活,就需要对民族传统体育进行全面深入的产业化发展。

一　中华民族传统体育产业概述

(一)中华民族传统体育产业概念的界定

民族传统体育产业指的是为了满足人们对美好生活的需要,尤其是日

---

[1] 王永章:《如何将文化资源转化为产业资源》,《人民论坛》2008年第9期。

益增长的体育消费的需要,将民族传统体育文化资源进行市场化运作、企业化经营,并产出民族传统体育文化体育产品及服务的过程。中国特色社会主义市场经济决定了民族传统体育文化资源开发的市场化、产业化的方向与范围。与此同时,产业化开发民族传统体育文化资源属于被划分为"第五产业"的文化产业。文化产业的兴起是产业下游化的产物。随着经济的不断发展,产业中心在逐渐由有形财物的生产转向无形服务的生产过程中,人类也在逐渐关注精神文化生产。时至今日,尽管没有统一的定义,但以信息技术为核心的第四产业已经得到普遍的承认,第五产业的发展也已初步形成规模。对民族传统体育文化资源进行整合利用,开发出具有价值的民族传统体育文化产品和服务是民族传统体育文化资源开发的必经之路。若想通过产业化开发民族传统体育文化资源,首先要对民族传统体育文化资源进行科学有效的评估及分类。其次,民族传统体育文化资源要转化为民族传统体育文化产业必须要在保护中实现可持续发展,要注重文化市场的宏观调控。在从民族传统体育文化资源到民族传统体育文化产品或服务的开发过程中,要积极建立起民族传统体育消费市场,这是民族传统体育产业发展的关键。民族传统体育产业就是将民族传统体育文化资源转化为生产力,形成高附加值的产业。

(二) 中华民族传统体育产业的分类

1. 主导产业

主导产业具有较强的创新能力,能够实现"产业突破",并具有以下特点:持续的部门增长率;很强的扩散效应,能广泛地采取多种手段带动或启动其他产业的增长;显著的产业规模和良好的发展潜力;在时间上具有阶段性,随着经济发展的不同阶段而不断转换。根据罗斯托的阐述,主导产业是能够依靠科技进步或创新获得新的生产函数,能够通过快于其他产品的"不合比例增长"的作用有效地带动其他相关产业快速发展的产业或产业群。依据产业的增长是否可以对其他产业产生广泛的直接或间接的影响,中华民族传统体育产业的主导产业可分为体育竞赛表演业和健身娱乐业。首先,民族传统体育竞赛表演业能够带动体育旅游业、体育用品业、建筑业、交通运输业等的发展,其经济收入主要包括门票、商业赞助、电视转播、交通运输、餐饮住宿、旅游等,社会效益主要包括促进城市基础设施的完善、提高城市的形象等。例如,每四年举办一次的全国少数民族运动会是规模最大的民族传统体育竞赛表演业,不仅为该地区带来了经济收入,还促进了各项基础设施的完善与发展。其次,全民健身将促进民族传统体育产业发展、拉动内需和形成新的经济增长点。随着经常参加体育锻炼的人数不断增加,体育消费总规模不断扩大,又会推动民族传统运动会赛事的发展,形成赛事与全民健身、产业发展的良性循环。因此,与民族传统体育相关的健身娱乐业也进入了发展的"快速道"。民族传统体育健身娱乐业通过向消费者提供民族传统体育健身服务的有形或无形产品,获得经济收入,并做出了丰富人民业余文化生活的社会贡献,包括促进人民身体健康,促进人身心放松,提升民族人力资本水平,例如各地区开设的民族健身操、民族特色广场舞、武术培训学校等。其中,山东省武术资源比较雄厚,共有 10 个县市先后被评为"全国武术之乡",其巨大的经济价值和品牌价值将会对山东省乃至全国民族传统体育健身娱乐业起到示范作用。[①] 由此可见,民族传统体育主导产业的发展能够带动和促进民族传统体育相关产业的发展。中华民族传统体育健身娱乐业受民族体育多样性的影响,其经营项目和内容丰富多彩。但是,目前中华民族传统体育健身市场仍旧处于以初级服务产品为主的阶段,服务水平与市场规模还有很大的提升空间。

2. 相关产业

民族传统体育相关产业是指与民族传统体育发展相关联的企业的集合,其主要包括民族传统体育用品业、民族传统体育旅游业、民族传统体育培训业、民族传统体育中介业等,[②] 这种相关性主要表现形式有技术相关性、原材料相关性、用途相关性等。[③] 例如,民族传统体育用品业是民族传统体育和制造业、销售业相结合的产物;民族传统体育旅游业是民族传统体育和旅游业相结合的产物。民族传统体育用品业的发展是民族传统体育技术水平提高的有益补充,影响着民族传统体育竞赛表演业的特色展示和精彩程度。民族传统体育旅游业的发展为民族传统体育创造了环境,同时也是民族传统体育传播的平台;民族传统体育培训业的发展为民族传统体育健身娱乐业和竞赛表演业提供技术支持。由此可见,民族传统体育相关产业的发展对民族传统体育主导产业的发展起到补充和完善作用。民族传统体育主导产业和民族传统体育相关产业相辅相成、互相促进,共同构成了民族传统体育产业。

---

① 刘凤虎、王美娟、张辉:《山东省民族传统体育文化产业竞争力评价与分析》,《山东体育学院学报》2015 年第 5 期。
② 张林、刘炜、林显鹏等:《中国体育及相关产业统计研究》,《体育科学》2008 年第 10 期。
③ 李樑:《论民族传统体育产业统计指标体系的构建》,《西南师范大学学报》(自然科学版) 2012 年第 6 期。

二 新中国 70 年民族传统体育文化资源的产业转化

(一) 新中国 70 年民族传统体育产业发展历程

1. 1949—1978 年：奠基

产业作为经济学名词之一，通常会被用来描述构成市场经济的部分要素。在新中国成立初期，中国由于物资匮乏以及产能低下，实行配给制度是当时的主流。计划经济是国家经济发展的模式。民族传统体育产业自然不在国家经济发展序列之后。此外，从新中国成立到"文化大革命"结束这一段时间内，民族传统体育发展并不顺利，实际上，它曾面临灭亡的危险，这种情况下，再谈产业更加不切合实际。因此，从制度上到实际发展程度上，新中国成立初期的民族体育产业发展极为微弱。

2. 1979—1996 年：起步与探索

1978 年，刚刚从"那个晦涩的时光"里走出来的中国，还处在计划经济年代，物资匮乏，商品稀缺，百业待兴。1978 年 12 月，党的十一届三中全会吹响了改革开放的号角，自此，中国经济进入了快速发展期，中国体育以及与之相关的一切开始回到正确的发展轨道。体育管理体制、群众体育体制、竞赛训练体制、体育科技体制等方面改革全面启动，体育事业和产业呈现出新的面貌。

1993 年全国体委主任会议制定了《关于培育体育市场，加快体育产业化进程的意见》，确立了体育要"面向市场，走向市场，以产业化为方向"的基本思路。1995 年国家体委还颁布了《体育产业发展纲要（1995—2010）》，指出中国体育产业的 3 个类别，即体育主体产业、体育相关产业和体办产业。

3. 1996—2012 年：明确方向与初见成效

1996 年第八届全国人大四次会议通过的《国民经济和社会发展"九五"计划和 2010 年远景目标纲要》，进一步明确要求"体育工作要形成国家和社会共同兴办体育事业的格局，走社会化、产业化道路"。[1] 在上述改革目标和基本思路的指导下，国家体委陆续推出了全国性单项协会实行实体化或项群管理、推进俱乐部的职业化、举办中国体育用品博览会，以及开放体育竞赛市场、发行体育彩票、成立体育基金会等具体措施，体育产业有了快速发展。

其中民族传统体育产业为中国体育产业发展做出了不可磨灭的贡献，

---

[1] 鲍明晓：《体育产业——新的经济增长点》，人民体育出版社 2000 年版，第 39 页。

比如1990年国际武术联合会在北京成立以来，其会员国从最初的38个国家及地区发展到145个国家和地区。1951年至今，武术已形成以全运会、锦标赛为龙头的竞赛体系；武术散打赛事不断探索市场，职业化散打初见端倪，并向奥运会的目标迈进；武术散打运动朝着规范化、系统化、科学化的方向发展。武术的市场化发展颇有成效。根据统计，常年坚持武术锻炼的人口超过6500万，中国的武术馆、校、社12000余家，产值达20亿元。在体育产业整体发展较为薄弱的当今，民族传统体育在其中起到了一定的代表作用和积极的意义。

在这一时期，从产业形态上来看，中华民族传统体育产业大多依附于旅游业，民族传统体育直接创造的收益还没有从旅游中完全剥离出来。从地域上来看，西南地区开发较好，其他大部分地区开发较差；从时间上来看，大多数仅在民运会和民族重大节日内进行，时间的延续性和热点的连续性不够；从投资结构上来看，主要由政府进行事业性投入，社会、集体、个人、外资进行商业经营性投入甚少，投资渠道单一，多元化的社会投资主体格局尚未形成。

4. 2012年至今：加快发展与协同联动

2012年党的十八大的召开，开创了中国经济和文化发展的新局面，也极大地推动了民族传统体育文化的繁荣和进一步创新发展。到目前为止，全国少数民族传统体育运动会已举办了10届，项目数量和影响力得到了极大提升：从1953年初创时的5个竞赛项目和22个表演项目，到1999年第8届全国少数民族传统体育运动会的13个竞赛项目和161个表演项目，再到2015年第10届全国少数民族传统体育运动会的17个竞赛项目和140个表演项目。全国少数民族运动会参赛民族涵盖了中国的55个少数民族，不仅推进了中华民族传统体育文化的保护和繁荣发展，还极大地促进了中华民族传统体育文化的展示交流和民族团结进步。国家进一步出台了支持民族传统体育文化发展的各类发展规划和政策法规体系，其中一个重要变化就是支持力度和领域都得到强化，不仅在各类发展规划中制定了明确的发展目标和措施，还再次提升和拓展了民族传统体育的地位和功能。例如：2016年中共中央和国务院印发的《"健康中国2030"规划纲要》中指出，"大力发展群众喜闻乐见的运动项目，鼓励开发适合不同人群、不同地域特点的特色运动项目，扶持推广太极拳、健身气功等民族民俗民间传统运动项目"；《国务院办公厅关于加快发展健身休闲产业的指导意见》中指出，"发展武术、龙舟、舞龙舞狮等民族民间健身休闲项目，传承推广民族传统体育项目，加强体育类非物质文化遗产的保护和发展"，并积极推进其产业化发展；2017年1月，中共中央办公厅和国务院办公厅印发了《关于实施中华优秀传统文化传承发展工程的意见》，在国家层面对包括民族传统体育在内的优秀民族传统文化发展提出了要求和推进思路。该时期，民族传统体育产业发展出现了前所未有的繁荣局面。

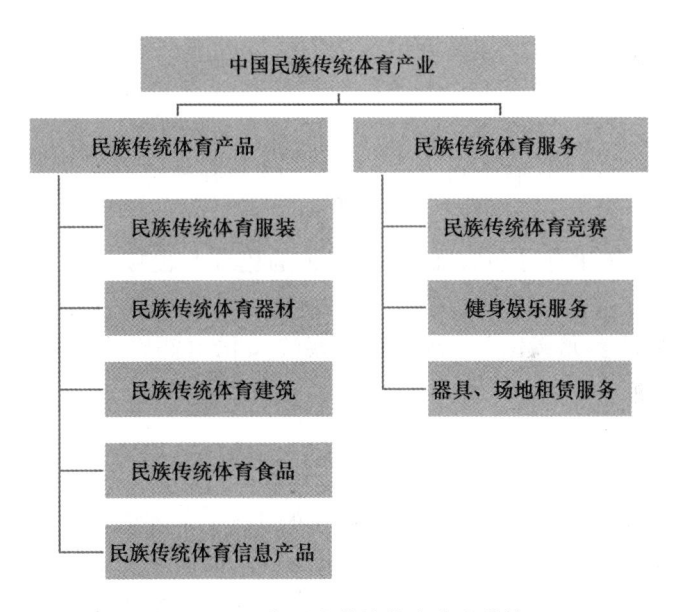

（二）新中国70年民族传统体育产业结构

民族传统体育产业是为了满足人们日益增长的民族传统体育服务进入生产、交换、消费和服务的产业门类。然而，完善中国民族传统体育产业的结构是当前的首要任务，中国的民族传统体育产业也应归属于体育产业范畴内。首先，我们来看一下本书中中国民族传统体育产业的结构（见图4.1）。

图4.1 现代民族传统体育产业结构

1. 民族传统体育产品

该产业结构分为民族传统体育食品、建筑、器材、服装。民族传统体育食品属于民族传统体育的相关产业，是产业链的一部分。比如糌粑是藏族牧民传统主食之一，它不仅便于食用，营养丰富、热量高，很适合充饥御寒，还便于携带和储藏。糌粑产业可以充分利用耕地平整和集中连片的土地资源优势，建设优质青稞种植基地，采取"工厂+基地+农户"的生产经营模式，与种植户签订收购合同，辐射带动农牧民群众增收。民族传统体育建筑也是产业结构重要的一部分，它在很大程度上体现着民族传统体育文化的积淀。比如贵州苗族民居传统特色建筑"吊脚楼"为木质结构，贵州苗族生活地区大多处于多山坡度较大的地方，冬季阴雨潮湿，为了适应这种特殊的地势与气候，智慧的苗族先民采用本地优质杉木为主要木材，因势利导、灵活布局，依山坡分层设计，逐层升高，用悬挑挑起吊脚的构造手法设计建造了舒适防潮"吊脚楼"居所，一直传承至今。苗族吊脚楼既具有实用价值，又具有重要的文化价值。民族传统体育器材与服装是民族传统体育产业的重要载体与表现形式。如今很多民族传统体育器材被加以时代化的创新，成为了地方特色文化（品牌文化），甚至代表民族或国家走上了各种舞台。以龙舟竞渡项目为例，龙舟的制作材料、工艺等，在现代造船业、材料业创新的基础上实现了突破创新。民族传统体育服装作为少数民族服装的一类，对各种体育项目的研发、完善和推广起到了文化陶冶、美德提炼与氛围创设的启发作用。各民族群众从他们的起源、迁徙、定居以及与周边其他民族的分分合合中，把自己本民族历史、民族服饰以"色彩、造型、图案纹样、工艺"等元素，在充满激情的民族传统体育运动中展现出来，既设计了代表自己民族的"精神内涵和文化符号的服饰语言"，也为民族与民族之间交往以及普通群众与群众之间的技艺或技能切磋，创造了民族传统体育与民族服饰之间的"交叉性多元文化"，彰显了民族的文化内涵、礼仪美德与"民族自尊和自豪"。

民族传统体育信息产品可以细分为民族传统体育广告、民族传统体育信息的传递。民族传统体育文化的产业化发展必须突出其在传播中的主体地位，注重其在文化市场的重要作用，不能为了单纯的经济利益，丢失少数民族体育文化的独特个性，不能照搬照抄其他民族和国家的文化传播模式，应结合自身体育文化特色，因地制宜，根据本地实际情况制定合理有效的体育文化传播机制，更好地促进少数民族传统体育文化的传承与保护。从现状出发，明确民间组织对传统体育文化传播产生的积极作用，大力鼓励支持民营文化企业、民营非企业体育类组织以及民间体育社团等社会力量开展传统体育项目与赛事，集结更多投资资源，不断发展民族传统体育文化。另外，还可以在民族传统体育项目审批、注册以及登记等方面给予政策优惠，为其提供土地资源、信贷补贴以及价格税收等方面的扶持。从不同方面着手，争取在最短时间内组织形成一套完整的本土民族体育文化自我保护、自我发展的机制，实现少数民族传统体育文化的可靠传播。

2. 民族传统体育服务

该产业结构分为民族传统体育竞赛，健身娱乐服务，器具、场地租赁。民族传统体育竞赛是展示各民族大团结、维护社会稳定的有力载体。少数民族传统体育运动会已成为少数民族群众展示体育文化、增进团结友谊的民族盛会。民族运动会沿着继承革新、继往开来的方向迈进，发掘了一大批新项目，并在探索普及与提高结合、群众性与专业化结合、传统体育与现代体育结合、民族性与世界性结合的道路上取得了可喜的进步，使少数民族传统体育走上了普及、提高、规范、科学的道路。民族传统体育的健身娱乐寄于游戏中，在快乐的游戏之中潜移默化地认同民族文化，传承和发扬优秀民族文化，振奋民族自信心和自豪感，增强民族和国家的凝聚力。民族传统体育器具、场地租赁也是产业链中不可缺少的一环，它的高效管理与运行，直接决定了民族传统体育组织效果与参与体验的质量。

三 新中国70年民族传统体育产业发展存在的问题

（一）文化资源开发不足是根本问题

目前，中华民族传统体育产业的发展大多还处于依赖竞赛表演业及健身娱乐业发展的现状。而且这种发展还是在2010年3月国务院办公厅发布的《关于加快发展体育产业的指导意见》的政策下一步步发展形成的。从产业化的角度来看，将一些带有鲜明的、特色的、受区域所限制的民族传统体育项目与区域文化产业综合在一起进行开发与利用，从而打造区域性的民族传统体育文化品牌是一个很好的发展方向。另外，民族传统体育产业还存在投入高、产出回报慢的情况。因此，民族传统体育产业创新性、转化性的发展仍然需要在文化资源的开发上投入更多，所以说中华民族传统体育产业仍处于初级阶段。

（二）内容与主体的单一是结构问题

民族传统体育产业项目发展过程中结构不合理的重要因素之一是内容与主体的单一，这也是目前民族传统体育产业发展滞后的瓶颈之一。从目前中国各区域民族传统体育产业发展的现状来看，中国的西南地区这些多民族聚集地的发展情况较好，如云南、广西、贵州、湖南、四川等，而其他民族特色活动开展较少的区域发展则较差。从民族传统体育产业的内容特点来看，民族传统体育主导产业竞赛表演业及健身娱乐业下游的产业结构细分亟待完善，产业结构太单一。从时间上来看，时间的连续性与热点的连续性不够，许多区域的民族传统体育活动只有在少数民族运动会上和各少数民族的大节日内进行。从投资结构的特点上来看，民族传统体育产业资源开发以国家民委、体育总局与地方政府为主，社会、组织及个人的商业性投资很少，投资渠道单一，当前社会化的多元化投资模式还未形成。

（三）产业实践缺乏指导是理论问题

目前中华民族传统体育产业还没有形成独立的理论体系，对其研究还缺乏系统性，也未能对其发展远景做出宏观的预测。现有的大部分民族传统体育产业仅处于"有待开发"阶段，缺乏统一规划和布局，这些与具有丰富的民族传统体育资源和独特多样的民族传统体育功能特点很不相称。因此需要从现实中对民族传统体育产业的调查研究入手，进行理论研究与推演，并在产业化进程中与企业、政府三方联动，不断完善理论体系的构建。需要从信息技术革命性进步为高质量发展准备的条件、中国的有利条件和要克服的问题、如何实现高质量发展建设体育强国三个方面来全方位探讨民族传统体育产业"高质量发展"的理论实践之路。在实践中推进理论创新，在理论创新中推进实践创新，是实践与认识的辩证关系在改革开放中的运用和体现。中国改革开放40多年的历史，就是坚持理论创新、不断推进理论创新、理论创新与实践创新协调发展的历程。

四 中华民族传统体育产业发展的途径

（一）建立强大的体育文化，满足大众对美好生活的需要

从当下民族传统体育文化发展现状来看，其发展形势不容乐观。事实上很多民族传统体育文化正逐渐走向消亡，民族传统体育文化正面临着前所未有的发展困境与危机。民族传统体育文化的传承与发展不应是功利性的，需要进一步深化传统体育文化传承发展的意义，既要确保其"血肉"在发展中得以保存，又要确保其"精神"得以顺利延续，这才是继承发展民族传统体育文化的根本意义。当然，继承与发展并不是全面的效仿，而是采取辩证的角度去看待民族传统体育文化的继承与发展，新时代赋予了民族传统体育文化新的内容，因此在继承与发展过程中要遵循"取其精华，去其糟粕"原则，从而确保中华民族传统体育文化的良性累积与传递，使得文化精髓得以保存与延续。

族群参与是民族传统体育文化发展与存在的基础，与此同时，民族传统体育文化也代表着特定族群的风俗习惯与思想观念。相关调查表明，长期在城市务工、读书的农村青年与留守在农村的村民在思想观念上存在很大的差异，他们对传统文化的发展继承不再"放在心上"。简单来说，祖辈流传下来的传统文化正逐渐为青少年一代所淡化，他们对传统文化本来

的发展意义不再重视,这导致了一些传统的节庆文化、民族传统在举办上越来越形式化、随意化。这固然不能让人满意,但中华民族传统体育文化发展最终目的不仅仅是确保民族体育精神得以延续保存,实际上我们也不可能再让当下的年轻人强行改变其现有的思想价值观念,让他们回到农耕自给自足的时代,严格遵循当时的生活方式去生活,因此在对民族传统体育文化的继承与发展中还要遵循族群的整体意愿,而不是强制对其进行干预或者遵循某个个人的意愿,毕竟族群是传统文化发展的根本,而族群则是由一个个组员组成的,需要尊重族群整体成员的文化选择权,在新的时代中赋予中华民族传统体育文化新的内涵,才能确保中华民族传统体育文化在新的时代之下得到更好的传承与发展。

(二)制订合理的产业计划,完善民族传统体育产业布局

因地制宜合理谋划民族传统体育特色产业。支持民族传统体育产业化政策,关键在于它的稳定性和平等性。专注于形成良好的、健康的市场运作机制。只有这样,才能鼓励社会投资形成一些强大的民族传统体育产业、小型企业的经济组织。政府应控制与掌握好市场发展的竞争性和动态性规律及运行情况,使政府职能从"办体育"向"育体育"转变。此外,民族传统体育产业光靠政府财政资金支持是远远不够的,还要通过搭建平台,优化运营环境吸引社会资金投入,才是盘活体育经济的方向。政府要大力支持搭建体育产业平台、创新体育产业模式。中央与各省市区在政府改革方面,必须同时考虑到未来产业发展的需要,根据社会与区域的特点进行全面整体的设计和安排。尽管民族传统体育产业在新时代提升中华民族文化自信过程中起着关键作用,但是我们在谈及体育产业时,需更加重视民族传统体育产业对中华民族文化的开发与传播。政府牵头主导能够更好地对民族传统体育文化进行保护和抢救,同时能够指导民族传统体育产业化的正确方向,使其平稳均衡发展。纵观国际上成功而长盛不衰的体育赛事和体育项目,都是走了产业化发展的道路才获得了更强大的生命力。比如太极拳已然形成具有很大规模化的文化产业链。从太极文化产业发展要素来看,产业定位、产业品牌、产业组织、产业政策、产业研究开发等是太极文化产业兴起和发展的重要组成因素,需要政府从宏观上统筹安排,大力推动发展。取得太极拳这样成果的案例都是中华民族体育产业多维发展需要思考和借鉴的,政府要在产业化过程中发挥更积极的作用。

(三)搭建多元的交流平台,促进体育产业的研究与反馈

在"互联网+"时代,人们的体育行为日趋多样化和智能化。为了满足市场需求,民族传统体育产业的运营者将移动网络终端技术与民族传统

体育产品和体育服务相结合，通过体育产业依托互联网平台的数据信息和技术优势，将网络终端与民族传统体育行业深度融合，为用户提供便捷化、智能化的民族传统体育服务。在此趋势下，诸多大型企业也纷纷进军民族传统体育产业，试图通过资本化和市场化的运作，利用互联网技术将体育产业推向一个全新的发展平台。但是，在民族传统体育产业借助互联网的东风蓬勃发展的时代背景下，民族传统体育产业与互联网技术融合的力度和创新度依然有所不足，民族传统体育社交、体育购买、体育数据追踪、体育参与等行业的发展状况并不尽如人意，其与互联网技术的结合仍然有很长的路要走。只有充分实现体育资源与互联网技术的融合，创新发展模式，推动产业转型升级，民族传统体育产业才能在激烈的市场竞争中跟上时代潮流。

要打造具有民族地方特色的民族传统体育产业需要传播与宣传，让更多的人了解和喜欢民族传统体育文化，民族传统体育产业与传媒产业相结合就是一个值得大力发展的方向，利用移动互联网的力量整合民族传统体育资源。民族传统体育产业在坚持"走出去"的同时，也应当重视"引进来"，即运用"民族传统体育+"的概念，进一步拓宽民族传统体育产业的宽度，加快全民健身与全民健康深度融合，将更多经济社会发展元素融入民族传统体育产业中，促进新旧动能转换，做好民族传统体育产业"深度"发展。为此需要做好"民族传统体育+"文章，把民族传统体育产业培育成经济增长的新动能和助推器。例如"民族传统体育+旅游"深入打造经典体育旅游线路；"民族传统体育+特色小镇"打造一批体育特色小镇建设；"民族传统体育+产业基地"建设一批国家、省级民族传统体育产业示范基地。重视民族传统体育产业的人文性与多元性，推动民族传统体育互动、共享、整体发展。

第五章 新中国70年民族传统体育发展SWOT分析

第一节 SWOT分析法的理论基础

一 SWOT分析法的内涵

SWOT分析法于20世纪最初由美国研究人员提出，由于能对多方面进行综合性的分析，该方法主要服务于企业的战略选择。随着经济社会的发展，SWOT分析法的应用也越来越广泛，其不仅仅局限于企业的发展，对政府规章制度、政策的制定以及宏观经济的调控，对个人职业生涯的指导以及对各种组织未来发展的战略及方向的选择均提供了重要的参考。

SWOT分析法，又称优势、劣势分析法，或态势分析法。是指基于内部或者外部客观竞争环境或条件下，将自身的优势、劣势、机遇和威胁通过调查列举出来，并按照矩阵形式排列，采用系统分析的方法结合各种影响因素进行综合分析，从而得到对当前研究对象的整体判断的分析方法。SWOT分析结论具有一定的决策性，能为研究对象未来的发展战略方向的选择提供依据。

SWOT分析主要内容包括优势、劣势、机会和威胁四个部分。其中优势和劣势是针对研究对象自身来说的，而机会与威胁则是指外部环境的有利和不利因素。将这四部分交叉组合起来的话就得到SO（优势、机会—快速发展）、ST（优势、挑战—扬长避短）、WO（劣势、机会—趋利避害）和WT（劣势、挑战—防守抵御）四种不同类型的战略。SWOT战略矩阵如图5.1所示。

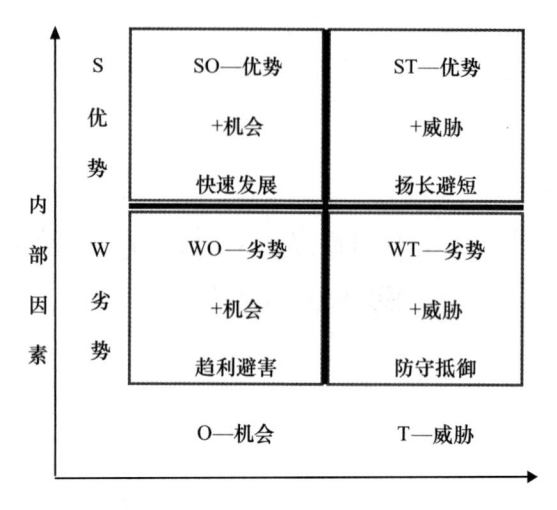

图 5.1 SWOT 战略矩阵

SO 战略：这是发展自身内部优势和利用外部机会的一种战略，是 SWOT 四种组合战略中最理想的一种。其战略方法是主动出击，充分挖掘内部优势并且准确把握外部机会，利用全方位的优势使自身得到快速发展。当自身条件和外部环境均处于优势状态时可选择此战略。

WO 战略：是利用机会弥补自身劣势的一种发展战略。当内部出现阻碍发展的因素时，应努力克服这些障碍因素，充分把握外部机会使自身得到发展，从而提升整体的竞争优势。

ST 战略：主要是利用内部优势来回避外部环境的不利影响。在发展过程中突出自身内部优势，最大限度地做到扬长避短，使在优势领域得到充分快速的发展，巩固和提高竞争力。

WT 战略：这是一种防御型的战略。与 SO 战略不同，这种战略是在内部和外部环境都处于不利的情况下采用的，不光要回避自身的劣势，还需应对时刻的外部威胁。因此，这种战略主张减少内部弱点，回避外部威胁，先从提升自我出发，巩固现有成果，等待时机再加力发展。

新中国成立 70 年以来，在国家着力提升文化软实力和大力推进体育产业发展的战略背景下，民族传统体育发展迎来巨大机遇，且取得了明显的进步。但我们需认识到民族传统体育的发展还有很长的路要走，在此展开 SWOT 分析，是对民族传统体育发展现状及其所处客观环境的一次准确、全面、综合的评判，对未来民族传统体育的发展战略选择具有重要意义。

二 SWOT分析法的理论依据

SWOT分析法就本质而言与企业竞争管理内部分析法有相似之处，都是依据企业所具备的条件进行分析，进而制定企业竞争发展战略。企业竞争战略管理分析企业自身、竞争对手以及顾客三者之间的关系，从企业自身与竞争对手具备的条件、顾客需求等宏观环境角度出发，对企业的市场定位给予清晰的认知，同时根据市场等宏观环境的变化，及时调整企业发展战略，为企业在激流的市场竞争中立于不败之地提供决策支持。

SWOT分析法以包括市场和产业结构分析为理论依据。企业战略管理理论的演变过程对企业运用SWOT分析提供一定的理论支撑。20世纪50年代管理学派学者在认知环境、过程管理可控的基础上，针对企业发展环境的不确定性和动态性提出了战略管理理论，对实现企业预期目标、及时调整发展方向具有深刻的意义。在初期的研究过程中偏重对企业战略的计划和规划的研究，注重对管理的过程变化。20世纪60年代，美国管理学家钱德勒《战略管理与结构》一书的出版标志着战略管理的研究方向开始关注企业发展环境，提出企业管理战略的制定应符合企业发展环境的需求，同时影响着组织结构的设置。与此观点较为相似的是设计学派，其代表人物安德鲁斯在吸收前人思想的基础上提出影响公司战略规划的理论方法，其核心思想在于通过对企业自身条件的优劣势以及把握发展机遇和应对处理威胁、危机能力的分析，形成独特的企业竞争力考察依据，对有利于企业发展的潜在因素进行挖掘，使其转化为企业发展的直接动力，同时将推动企业发展的积极因素和外部环境进行对比分析的意义在于将企业内部情况和外部环境进行匹配，做到趋利避害。据此，安德鲁斯构建SWOT框架，旨在为企业发展提供合理的战略制定框架，进而为战略实施提供前提条件。20世纪70年代伊始，企业发展受制于环境影响的概率越来越大，传统管理学派的战略规划理论的弊端日益明显。此时，奎因、明茨伯格等学者在基于传统战略规划理论的基础上对其不合理部分进行批判继承，并形成以环境为基本要素的环境适应派，认为企业发展与环境因素相辅相成，环境因素是企业制定发展战略中不可或缺的条件，由于企业发展环境的不确定性和动态性，企业无法实现对发展环境的完全可控，因此提出在既定战略实施的过程中，需根据宏观环境的变化对计划和规划适当进行协调和控制。20世纪80年代前期，产业竞争战略管理理论是管理学派的主流观点，其中美国竞争战略专家迈克尔·波特认为竞争战略理论是对企业的产业结构方面进行分析和讨论，认为企业应依据外部宏观环境和企业自身发展战略，尽最大可能着力调整产业结构，适应经济新常态时代对新型企业发展的要求。而能力学派的专家则对产业价值链进行说明，主要对企业所拥有的资源条件以及应对外部威胁和把握机会的能力进行剖析，试图从价值链层面对企业产品价值创造过程进行解构。20 世纪 80 年代中后期，以资源和能力为基础的竞争战略理论占据主导地位，提出企业发展要依靠自身特有资源的开发和形成多元化的核心竞争力，以此获得企业长期竞争优势。发展到 20 世纪 90 年代，生态竞争战略理论逐步登上历史舞台，其核心观点在于把企业发展环境看作一个生态系统，作为其中独立的个体存在，企业的良性发展需要与整个生态系统进行相互联系、交流。

SWOT 分析法在综合竞争战略理论和能力学派观点的基础上，又将 20 世纪 80 年代最为权威的资源学派所研究的公司内部分析与能力学派所关注研究的产业外部宏观环境分析相结合，最终形成具备企业特色的系统分析体系。相较于其他分析方法，SWOT 分析法注重从结构和系统两个层面对企业进行特征分析，从结构层面来说，SWOT 分析在表现形式上通过构造 SWOT 结构矩阵，通过矩阵示意图进行分块区域划分，并对不同区域赋予不同的战略意义。在内容表达上 SWOT 分析通过将外部环境中企业发展的机会、威胁以及企业内部资源所具备的优势和劣势与相应区域进行一一对应，采用系统的分析方法将企业内外部所有影响因素进行分析，从而形成企业完整而系统且具有企业特色又符合企业实际的结论，并依据此分析结论制定符合企业发展的战略。

民族传统体育是中华民族的智慧结晶，是中华优秀传统文化的集中体现，是中华民族精神的有力表达。大力弘扬及发展民族传统体育在对传统体育项目进行保护和继承的同时，能够有效发挥其作为新兴产业的经济价值，以及其特有文化价值，发挥其民族瑰宝作用。在经济发展新常态背景下，在大力发展以体育产业为代表的绿色经济的环境下，应运用企业战略管理的 SWOT 分析方法对新中国 70 年来民族传统体育的发展进行梳理，明确中华民族传统体育发展的优劣势以及提前预判未来发展的机遇和挑战，找准民族传统体育发展定位，制定符合未来发展趋势的民族传统体育发展战略，尽可能地趋利避害，进而将丰富的资源优势直接转化为经济和文化价值，实现资源的最优配置和效益最大化。

第二节 新中国 70 年民族传统体育发展的 SWOT 分析

一 优势（strengths）：中华民族传统体育发展的优势分析

（一）深厚文化根基：具有丰富的文化内涵

中华五千年的历史长河积累了璀璨的文明硕果，民族传统体育是中华文明历史积淀的外在表现，是中华文明历史再现的生动表达，是博大精深的中华文化的集中表达。从原始社会时期开始，民族传统体育的初步形态已开始孕育。原始人类的采集和狩猎等活动可以说是民族传统体育的发端，原始人类在日积月累的生存技能的打磨过程中逐步将其转变为与体育活动相关的内容，如原始人类通过日常的采集活动，锻炼了荡秋千、爬树等能力，通过狩猎和防卫等活动则锻炼了手搏、角抵的能力。到了奴隶社会时期，领土争夺导致战争频繁，基于战争的需要，多种武器和战斗技法的开发不可避免，因此，出现了射、御、举鼎、投石、超距、拳勇、角力等武术器械项目，这些武术器械项目经过长期发展逐渐演变为传统体育项目。封建社会时期是民族传统体育发展的鼎盛时期。秦朝时期的军事制度是在战国时期商鞅变法的基础上形成的，《秦律》中规定对发弩、射箭、驾车技术等要进行集中训练、考核，甚至对考核不合格的予以惩罚，以增强军事战斗力为目的的训练方式实际是传统体育项目的表现形式。秦朝时期开始的中央集权制在民间传统体育中也得到生动的体现，中央在加强军事项目集权的同时，明令禁止民间进行操戈习武等活动。这种举措下虽然在一定程度上限制了民间武艺的发展，但是却促进了角抵等徒手项目的发展，为民族传统体育项目增添了娱乐的色彩。我们现在所熟知的舞龙、舞狮和高跷等项目就源于这个时期。三国两晋南北朝和隋唐时期，军事斗争以及实行的府兵制、武举制等均对民族传统体育的发展起到了极大的促进作用。东汉时期华佗以虎、鹿、熊、猿、鸟为原型创作的"五禽戏"，是中国传统导引养生术的开端。在宋、元、明、清时期中国古代民族传统体育发展达到顶峰，人们对以往的传统体育项目进行改造和创新，形成了比较完备和系统的武术体系。

随着清朝的覆灭，中国逐渐沦为半殖民地半封建社会，人民生活处在水深火热之中。在这一阶段，中华民族传统体育的发展受到极大阻碍，处于停滞不前的状态。直到新中国成立以后,党和国家高度重视发展民族传统体育,将发展少数民族传统体育作为实现民族团结和繁荣的重要举措,民族传统体育发展重新步入快车道,1953—2017年先后举行了10届全国少数民族传统体育运动会,在各族人民间引起强烈反响,同时先后成立的各种海内外民族体育协会也致力于将民族传统体育部分项目向世界推广,得到海外的一致认可。[①] 此时,民族传统体育已不再是简单的体育项目的开展和展示,更是民族文化和民族精神的体现,海外侨胞通过观看或开展民族传统体育,表达对祖国的思念和深刻的爱国情怀。

(二)民族生活差异:孕育了特色鲜明的民族传统体育

民族传统体育是中华民族文化的有机组成部分,是民族精神的强力表达,是广大人民智慧的结晶,具有浓郁的地方民族特色和鲜明的地域特征。中国地域面积广阔且是具有56个民族的多民族国家,具备孕育多样化民族传统体育的先天条件。因地域分布的不同以及各地区资源禀赋性的差异,再加上各民族发展模式的千差万别,造就了独具特色的民族传统体育项目。除汉族聚居区外,其余各少数民族聚居区有不同风格的民族传统体育项目近千项,这些种类繁多的民族传统体育项目不仅体现了少数民族的独特风土人情,更突出了中华民族传统体育的内涵和精髓。[②]

中华民族传统体育项目具有鲜明的地域特征,例如一提到赛马和摔跤,大家首先想到的就是蒙古族,这已经成为蒙古族最具代表性的传统体育竞技活动。随着经济社会的不断发展,蒙古族人民逐渐将地方风俗融入这两项传统体育项目中,同时使得民族传统体育项目更加贴近生活,如在今天蒙古族青年男女的婚礼中,赛马是一项重要的内容。结婚当天,男方亲属骑马迎接,而女方亲属骑马相送,在途中嬉戏竞逐,夺帽为戏。藏族、蒙古族、维吾尔族、鄂伦春族、苗族、傣族、黎族、景颇族、拉祜族、独龙族、傈僳族、佤族等,都有射箭或射弩传统。而舞龙活动则以壮族、苗族、白族为代表,发展至今,也逐渐成为一项全国性的体育项目。每年全国各地都有舞龙比赛,每逢元宵节也都能在大街小巷看到舞龙者的身影。

以上只是众多民族特色体育活动中的一小部分,众多具有鲜明民

---

① 李龙飞、石爱桥、李春霞、何光明:《民族传统体育发展的新时代——基于SWOT分析》,《中国学校体育》(高等教育)2018年第8期。
② 李卫平、王智慧:《我国民族传统体育文化发展的SWOT分析》,《体育与科学》2011年第6期。

族特色的传统项目构成了整个民族传统体育体系。由于各民族生活习惯、风俗的差异，许多民族传统体育打上了鲜明的民族烙印，在丰富民族传统体育种类的基础上，使自身更具特色，为民族传统体育的发展助力。

(三) 体育资源丰富：民族传统体育种类繁多

中国是个多民族国家，决定了中华民族传统体育项目种类的多样性。新中国成立以来，在党和国家领导的重视和关怀下，组织民族传统体育相关专家整理出民族传统体育项目多达977种，以《中华民族传统体育志》为代表的有关民族传统体育的著作层出不穷（见附录一）。民族传统体育种类的多样化，对民族传统体育的发展具有重要意义。不同于种类单一的发展模式，丰富的类别可以使民族传统体育在未来的发展方向及道路上拥有更多的选择，同时，多样化的类别也有利于单个项目在整个民族传统体育项目中的竞争与发展，更易出现民族传统体育领域百花齐放、百家争鸣的局面，提升民族传统体育在整个体育市场中的竞争优势。

(四) 多元体育价值：具有集诸多价值于一身的优势

在当代，民族传统体育的价值不仅体现在体育领域，还包括一系列的附加价值。第一，体现在锻炼个人身心方面的价值。在古代，民族传统体育主要用来强身健体，以达到保家卫国的目的，注重军事方面的功能。而到了现代则大为不同，一般开展民族传统体育项目的都是以锻炼体魄、修身养性为主，也就是我们俗称的健身健体功能。因为民族传统体育注重形神兼顾，尤其注重形与精、气、神的结合，注重动静结合，这对强健身体和修炼个人身心都有很大的好处。第二，体现在教育方面的价值。教育表面上是在生产实践活动中进行简单的技能传授，而从实质上说，在民族传统体育项目的传承过程中，许多人都会以接受教育的方式来实现对其的继承，教育不仅是该项民族传统体育项目本身所开展的形式、规则，更重要的是其中所蕴含的对传统文化发展的意义和价值，从这个角度来看，无疑具有重要的文化价值。第三，体现在娱乐方面的价值。自古以来，民族传统体育就带有娱乐身心的功能，而在大多数人的观念中，开展民族传统体育项目的目的仍是以娱乐为主，这也造就了民族传统体育在一些特定的族群中不可或缺的地位。第四，体现在人际交往方面的价值。民族传统体育也是人与人之间交往的一种媒介，人们可以通过参与多种民族传统体育项目结交朋友，增进友谊。民族传统体育是一个多元化的产物，这决定了它的价值也是多元的。

二 弱势（weaknesses）：中华民族传统体育发展的弱势分析

（一）落后性：受原始宗教迷信影响依然明显

民族传统体育从中华传统文化大背景下发展而来，在传统文化环境特性的影响下，会不可避免地带有一些传统思想的印记。巫术和祭祀是民族传统体育在封建与迷信思想影响下形成的主要表现形式。巫术在远古时期非常盛行，且均以歌舞的形式体现，"潜功能"孕育在巫术之中，因此，巫舞成为原始体育最古老的形态之一。巫术在政治社会中逐渐消失，在民间遗留下来的非理性部分则发展成迷信。民族传统体育的产生和发展与巫术还有宗教迷信息息相关。古人在追求人与神灵的交流过程中开发出用以强身健体的养生术。在古代中国，民族传统体育伴随古人的祭祀活动发展起来，比如在祭祀屈原的活动中产生了赛龙舟、祭祖拜神产生了古代最早的射箭活动等。民族传统体育与巫术、鬼神联系上，成为了人们修炼传道的一种手段，再加上封建思想的耳濡目染、潜移默化，慢慢演变出多种不同的祭祀活动。传统儒家思想对于巫术虽并不完全支持，但是对其存在持不否定态度。受封建儒家思想的影响，这种带有浓厚宗教迷信色彩的活动在当今社会仍然存在。它们的存在也必定会阻碍民族传统体育的良好发展。

在一定程度上可以说，农村地区仍是民族传统体育传承的主体。但部分边远地区农村仍受落后残余思想的影响，因此农村地区对新思想和现代化的认同和接受是实现民族传统体育现代化转型的关键。中国农村地区受多重因素影响，总体来说发展情况较城市地区有较大的差距。从目前的状况来看，农村地区发展的主要困境在于落后性。经济的落后导致民族传统体育发展没有根基和条件，思想观念的落后则导致民族传统体育转型的不顺畅，农村地区自古以来受自给自足的小农经济影响，思想存在落后性和封闭固守性，对民族传统体育的继承和发扬具有不良影响，在相关因素的影响下，中华民族传统体育就被冠以落后的帽子，与现代化的发展格格不入。

（二）保守性：传播的地域较为狭窄

中国民族传统体育项目众多，仅汉族的民族传统体育项目就有301个，而少数民族传统体育项目更是多达676个。兼具民俗特色和健身、娱乐、休闲等功能的民族传统体育项目，只有结合本民族的特点、挖掘民族心理的文化内涵，即具有民族性，才具备生存的条件和发展的土壤。但过度局限于民族性或者狭隘地讲民族化，可能会导致民族传统体育存在狭小范围内的故步自封，为民族传统体育在更大范围内的推广带来了很大的困难，甚至会在其他民族体育文化的强烈攻势下被取代，丧失发展生机直至湮灭在人们的视线之中。因此，从这一角度来看，民族传统体育本身所具备的民族性导致其一定程度上的保守性，是其自身的弱势之处。中国体育传播产业主要集中在东部沿海经济发达省市，而大部分民族传统体育资源则主要分布在中西部少数民族比较集中的地区，资源与传播条件的不匹配，导致经济发展和民族体育传播发展的失衡，不利于民族传统体育的传播扩散。在少数民族地区出现的地域性较强的民族体育运动会（如内蒙古的那达慕大会等）、历届全运会、民运会和全国体育大会等虽然促进了民族传统体育在全国范围内的传播，但是这种交流仍然十分有限[1]，民族传统体育的传播地域仍然较为狭窄。此外，人们封闭性固守思维下，在不愿意主动去适应现代化的转型，从而产生一定的抵触心理。中华民族传统体育是在封闭的地理空间内、漫长的历史发展进程中创造和积淀的，虽然资源丰富，但却因封闭僵化而陷入了困境。在民族传统体育的传承中，主要依赖于家庭传承、师徒传承、宗教传承、民俗性传承，但在封闭性固守的思维下，他们仍不愿意去打破这样的传承方式，导致民族传统体育后继无人。在新时代发展背景下，现有民族传统体育的继承人对其弘扬民族精神、传承中华文化的时代内涵没有清楚的认知，对其发展有一定的保守性，不能为国家民族传统体育发展战略服务，更不能体现中国文化自信的发展道路，呈现出国家层面积极发掘并弘扬民族传统体育的开展，而社会大众对民族传统体育发展的意义却不甚了解，使得民族传统体育没有一个有效的发展空间，形成一种曲折不一致的发展轨迹。

（三）理论滞后：理论的发展明显滞后于项目的发展

没有理论指导的实践就是盲目的实践，难以取得成功。中华民族传统体育理论的研究工作开展滞后，这对中华民族传统体育的现代化发展造成了很大的阻碍。同时，中华民族传统体育学科体系发展不健全。[2] 20世纪90年代，国务院学位委员会和国家教委进行学科专业调整，将民族传统体育学列为教育学门类体育学二级学科，并于1998年增设民族传统体育专业，建立起民族传统体育学学科专业体系的雏形。在学科建立初期，研究人员对民族传统体育学的研究对象和研究范围并不是十分了解，也只能结

---

[1] 杨赳赳：《民族传统体育发展的SWOT分析》，《山西师范大学体育学院学报》2007年第1期。

[2] 杨赳赳：《民族传统体育发展的SWOT分析》，《山西师范大学体育学院学报》2007年第1期。

合民族学、文化学、考古学等相关理论知识和方法进行调研。所以，民族传统体育学在创办之初并没有一个体系，只能综合其他学科的经验进行研究，但民族传统体育学又作为体育学的二级学科，在研究的过程中会更多地以体育学思维进行研究，这势必会受到西方竞技体育文化的影响，使原本理论薄弱的民族传统体育雪上加霜。民族传统体育学到目前为止还只是初步确立了应有的门类和框架，缺乏系统、完善的概念、范畴、命题和研究方法。从民族传统体育学科主干建设来看，缺乏相应的深度和广度，不能按学科建设的严格标准进行具体规划和落实，在很大程度上落后于体育学下面的二级学科，开设该专业的高校更为稀少。受制于开设院校和相关学科科研人员数量以及相关科研从业者质量的参差不齐，民族传统体育学的科学研究一直处于相对弱势的状态，科研产出成果少，理论弱于其他学科的发展。开设体育学的高等院校在全国高等院校占比小等问题突出。反观民族传统体育项目的发展，却是另外一种景象。在国家大力倡导开展全民体育的口号下，以舞龙舞狮、划龙舟、拔河、打陀螺等为代表的许多民族传统体育项目走进寻常百姓的生活中，并且逐渐在大范围内流行开来，而不仅仅局限于某单一民族或某一个小地域。在不断地更新和发展过程中融入现代元素和特色，进而演变成人民群众喜闻乐见的民族传统体育形式而不断推广。但是需要注意的是，现阶段还鲜有全国性的、全国各族人民都普遍认同、接受、喜欢并乐于开展的民族传统体育项目。民族传统体育理论的滞后，在很大程度上制约了民族传统体育的发展。

民族传统体育作为体育学的二级学科，在体育领域寻找融合点是常用思路。然而民族传统体育不同于其他体育项目之处在于其生于乡土、长于乡土、传于乡土的民族特性，因此对民族传统体育的研究离不开民族学范畴。民族传统体育是在历史动态过程中不断统合而成的文化凝聚，与历史学紧密相关。所以，民族传统体育学是一个集民族学、社会学、文化学、历史学于一体的综合性学科，但中华民族传统体育的研究多以外在的表现形式为主要研究对象，对其文化内涵的研究缺乏多学科的思维，所以始终无法有较深入的研究。如果不能对其内涵进行深入分析，厘清民族传统体育的应然价值，就无法获得社会大众的认可。

（四）过度异化：对民族传统体育文化认同受阻

100多年前，西方对华发动侵略战争，西方的竞技体育在西方近代文明的裹挟下强势侵入中国。而随着一个多世纪的发展，中华民族传统体育逐渐与西方竞技体育处于共存的局面。在多元文化交融的今天，许多民族传统体育活动逐渐消失，民族传统体育文化也在人们的观念中逐渐淡化，而以篮球等西方体育运动为代表的西方体育文化正不断侵蚀着当代年轻人，现代思想潮流的变迁使得人们以西方体育运动项目为荣，在潜意识里将外来体育运动项目作为时尚的先锋，进而造成对民族传统体育文化的忽视。[1] 在中西方文化的鲜明对比下，中国传统文化在社会生活中的主导位置遗失，人们都受到了西方文化的渲染，盲目追求着西方的生活。封建时代的小农经济已经不能满足人民日益增长的物质文化需要，但落后的生产力同样跟不上人们学习西方生活的速度。所以，西方文化的入侵直接导致了中国传统文化失去主导位置，影响了中国传统文化下人民的生活方式，如中国传统文化下的民族传统体育就受到了严重的影响，很多项目已经无法在现代社会生活中开展，渐渐地退出了历史舞台或在西方体育文化的渗透下发生着异化，如少数民族传统体育运动会也以竞赛的方式开展着，部分民族传统体育项目在竞赛体制和程序化上以西方体育的程式进行创新，所谓的创新也只是效仿。[2] 因此，学者们认为我们的民族传统体育项目，在一代代以接受西方体育为主要内容的教育过程中，逐渐使当代社会的主流人群对自己民族传统体育的存在形式、内容及文化内涵产生了隔阂。[3]

从内部因素来看，民族传统体育文化的发展是以自身生存为基础，需要保持自身独立性，然而过度地强调自己的特色，加之一味地排外，忽略环境因素对其的影响，最终也只能随时间的流逝而逐渐消亡。在众多少数民族聚居的地区，对民族传统体育文化的认同与适应问题在民族成员或是弱势群体成员身上表现突出，尤其是在面临奥林匹克等主流体育文化的强大冲击时，在很大程度上动摇着我们对民族传统体育文化的认同。区别于奥林匹克等具有十分明确的主题与精神的西方体育竞技，中华民族传统体育文化过于分散，差异化十分明显，缺乏一个系统的阐释将其聚集起来。在许多人的脑海中民族传统体育文化代表何种价值与精神，大概有些模糊。物质生活的日渐丰富，使人们在精神上的追求更进一步，与中华传统文化息息相关的民族传统体育文化也自然成为了守旧的代表，越是年轻人，其记忆和生活中民族传统体育文化越是缺失和被替代，对民族传统体育文化的认同也在逐渐淡化。

---

[1] 朱杰、程晖、王振杰等：《全球化语境下少数民族传统体育文化传承的SWOT分析》，《南京体育学院报》2010年第2期。
[2] 王岗：《民族传统体育发展中的问题：文化模仿》，《体育科学》2006年第7期。
[3] 王岗：《民族传统体育发展的文化审视》，北京体育大学出版社2005年版，第215页。

三 机会（opportunities）：中华民族传统体育发展的机会分析

（一）最佳契机：由体育大国向体育强国迈进

新中国成立时，一切都处于百废待兴的局面，体育自然也不例外。从1979年恢复在国际奥委会的合法地位到在第23届洛杉矶奥运会实现金牌零的突破，再到2008年北京奥运会的成功举办，无不体现体育事业的腾飞，也逐渐为世界所认可，2022年北京—张家口冬季奥运会的成功举办更是将中国体育行业的发展推向顶峰。近年来，中国在许多国际赛事上所取得的成绩也象征着中国已经迈入了体育大国的行列，但我们要清醒地认识到，中国现阶段所取得的成就很大一部分是得益于人口红利，相比于西方的体育强国，中国的体育事业发展还有很长的路要走。在此背景下，党和国家从党的十九大开始，就明确要求体育界要"加快推进体育强国建设"。在具体操办的事情上，要"广泛开展全民健身活动"，合理设计体育强国战略，实现由体育大国向体育强国的转变。习近平总书记也在党的十九大报告中详细提出了体育强国战略统筹下体育发展战略，它们分别是：1）以家庭、学校、社区等群众性体育活动为代表的全民健身战略；2）以"奥运争光"战略为代表的竞技体育战略；3）以体育科技创新和体育人才培养为代表的体育科教战略；4）以发展体育产业为代表的体育产业战略；5）以体育精神、奥林匹克精神、中华体育精神为代表的体育文化战略。这些战略涵盖了中国体育发展的方方面面，形成中国体育强国的战略系统，在各个不同方向和位置发挥着各自的作用。党和国家的重视以及全民建设体育强国战略的实施，是中华民族传统体育发展的最佳契机。

（二）关键时期：《全民健身条例》推进与落实

新中国成立后，中国竞技体育逐渐得到重视，特别是在举国体制实行后，竞技体育的发展进入了空前繁荣时期，从第27届悉尼奥运会到第31届里约奥运会，中国夺取金牌数和奖牌总数一直居于前三位，在2008年北京奥运会上更是实现了金牌数第一的壮举。与竞技体育的快速发展相比，群众体育的发展则稍显不足，目前普遍存在对群众体育重视度不高、全民健身活动开展不顺畅等问题。关于全民运动的起源可以追溯到1995年国务院颁布的《全民健身计划纲要》，旨在全面提高国民体质和健康水平。2008年北京奥运会的成功举办使得中国竞技体育达到了巅峰，随着奥运热潮的退散，中国体育逐渐回归本位，迎来"后奥运时代"。在"后奥运时代"下大力发展群众体育是中国体育发展的方向。从2009年起，每年8月8日被作为"全民健身日"，全民健身活动迎来重大发展机遇期，伴随经济发展以及全民健身意识的贯彻，健身活动已成为生活中不可或缺的部分。而党的十九大报告则将全民健身活动作为今后中国体育发展的理念，将满足人们对追求美好健身生活的需求作为今后发展工作的重点，新时代，中国社会发展的主要矛盾已经转变为人民日益增长的美好生活需要和不平衡不充分发展之间的矛盾，人民从对物质的"硬性需求"向精神文化的"软性"需求转变，历史的经验已足以证明民族传统体育在丰富生活、维系社会稳定等方面的重大作用，在推进全民健身的过程中，民族传统体育项目也是众多建设项目中的备选。而从现实发展来看，健身已成为当今人们休闲娱乐活动的重要组成部分，以健身操、广场舞、打陀螺等为主的健身活动风靡全国，民族传统体育也在这股健身潮流中传播和壮大。因此，《全民健身条例》的推进与落实无疑为民族传统体育的发展提供了良好的机遇。

（三）"非遗"运动：为民族传统体育的发展注入了新活力

非物质文化遗产区别于一般的文化遗产，是中国保留和传承下来的传统文化的重要组成部分。它是以非物质形式存在的与群众生活密切相关、世代相传的文化表现形式，民族传统体育是非物质文化遗产保护的重要内容之一。体育非物质文化遗产是中国古老而鲜活的传统文化，是国家文化软实力的重要资源，是民族精神、民族情感、民族气质、民族凝聚力的有机组成部分和重要表征。2005年，国务院第一次提出要进行非物质文化遗产保护。在随后的十几年间，中国已建立起从县级、市级到省级，再到国家级的四级非物质文化遗产保护名录，现审批通过的国家级非物质文化遗产已经达到了1500余项。[①] 其中，中国已有39个项目跻身世界级非物质文化遗产保护名录，项目总数位居世界第一。随着国家对非物质文化遗产保护的重视程度越来越高，许多"非遗"运动也开展起来。在这个较为浮躁的网络时代，青少年往往都是沉迷于手机或电脑，许多人选择宅在家中，仅靠网络认识世界和与外界交流。此时开展"非遗"运动，让更多年轻人走出家门，了解中国的非物质文化遗产，了解中国的传统文化和民族传统体育，适当地在群众中普及民族传统体育的相关知识，使人们在身心上都能得到满足，能为民族传统体育文化的推广起到重要的作用。在非物质文化遗产运动盛行的背景下，民族传统体育获得了新的发展机遇。

---

① 刘坚：《云南省少数民族传统体育非物质文化遗产保护与传承研究》，博士学位论文，北京体育大学，2012年，第59页。

(四)休闲时代:为民族传统体育发展提供了更大平台

经济社会高速发展,随之而来的是人们对生活品质的高要求。随着消费观念的不断更新,人们越来越重视休闲的内容与方式。休闲作为一种积极参与生活的方式,是一种人生境界的追求,更是衡量一个国家生产力水平高低的标志。中国自1995年起,开始实行每周5天工作制,近些年来又增加了清明、端午、中秋、国庆、劳动节和春节等法定假日,人们正常的休息天数能达到全年总天数的三成左右(不包含日常生活中"8小时以外"的闲暇时间),学生和教师等特殊类人员的假期则更多,这为人们开展旅游和休闲体育活动提供了充足的时间基础,所以在工作之余许多人会为了增进健康去爬山、跑步、打球等。休闲性的体育项目正处在快速扩张时期,而民族传统体育项目可供人们休闲时选择,在这一阶段也得到快速发展。这是一个休闲的时代,民族传统体育借助休闲体育这个平台势必能得到较好的发展和推广。

四 挑战(threats):中华民族传统体育发展的威胁挑战分析

(一)主体断续:民族传统体育后备人才匮乏

从学校层面来看,目前,开设体育学专业的高校在整体高校中的占比非常小,只有专门的体育类高校(如北京体育大学、上海体育学院、武汉体育学院等)和一些综合类高校拥有较为完备的体育学科和体育人才培养体系。1997年经国务院学位委员会和原国家教委批准,民族传统体育学成为体育学下设学科之一;1998年,教育部对全国高等院校教学课程进行调整,体育学类中增设民族传统体育专业,而最初的民族传统体育专业大都由武术系转变而来。[①] 民族传统体育作为体育学下的一个分支,不管是在学科理论体系还是社会实践方面都要逊色于体育学及其他相关的学科。从当前体育教育方面来看,越来越多的家长更愿意让自己的孩子选择篮球、足球、羽毛球等与奥运有关的球类运动或其他比较常见的运动,以发掘自己孩子在体育方面的才能,进而为以后的职业生涯规划做准备。因此民族传统体育很难被选择,一方面是缘于家长和青少年自身对民族传统体育的认知不足,潜意识中认为民族传统体育是传统的、落后的,跟不上时代的潮流,这种意识极大地阻碍着他们去了解和认识民族传统体育,导致认知动力的缺失;另一方面是中国的体育教育和体育人才培养机构发展不完

---

① 徐伟军、李蕾、李英奎:《对高等体育院校民族传统体育专业培养目标和课程设置的思考》,《北京体育大学学报》2004年第3期。

善，在培养体育人才的数量上和质量上与发达国家还有较大的差距，同时民族传统体育的宣传力度不够，造成民族传统体育专业遇冷。民族传统体育专业人才的缺失是未来民族传统体育发展亟待解决的问题。

从民族传统体育传承来看，首先，传承方式单一，民族传统体育的传承往往在父子或师徒之间心口相传，这种传统的传承方式虽然能有效保证民族传统体育原汁原味地传承，满足其自给自足的目的，但却阻断了民族传统体育大范围传播的可能。其次，传承群体选择存在偏见，传承人大多选择有血缘关系的亲属为传承对象，且存在传男不传女的现象，进一步阻断了传承个体的扩大化。最后，民族体育项目传承人存在的文化素质偏低、年龄偏高等问题，则对民族传统体育的理论研究有较大的影响，传承人无法将实践转化为理论指导。

（二）文化挑战：文化全球化的同质化与异质化

经济全球化带来各国之间日渐频繁的文化交流，以奥林匹克为代表的西方竞技体育精神在全球范围内广泛传播，影响着世界各国人民，每四年举办一次的奥林匹克运动会也逐渐发展成为全球性的运动盛会。国外体育文化在文化交流碰撞过程中逐渐向中国渗透，导致中国体育文化的发展跟西方体育文化趋向于同质化。中国人对于国外体育文化的认同感越来越强烈，而对民族传统体育文化的认同感却越来越薄弱。面对国外体育文化的冲击，民族传统体育文化的发展空间不断受到挤压，形成了西方体育与中国传统体育相互交融、相互竞争的发展局面，并且这种局面可能会向以西方竞技体育为主导地位的方向发展。在文化同质化的背景下，民族传统体育的异质化显得尤为突兀。每个民族传统体育项目都带有强烈鲜明的民族个性，保持自身传承的纯粹性，这就与人民群众所普遍认可的竞技体育显得有些格格不入。诚然，盲目地抵制文化全球化和外来体育文化是不可行的，但民族传统体育想要在不断的交流过程中获得传承与更好的发展，还需迎接诸多挑战。

（三）经济失衡：区域经济发展不平衡制约民族传统体育的发展

正所谓"经济基础决定上层建筑"，文化体育事业能否蓬勃发展取决于一个地区的经济实力。中国经济发展不平衡的现实是制约民族传统体育发展的一大阻力。东部沿海地区经济实力雄厚，基础设施和公共服务设施较为完善，吸引许多体育文化产业投资发展，且对外来文化持开放包容的态度。因此，相关体育文化传播的内容基本以西方竞技体育精神为主。在少数民族聚居的内陆地区，大多处于经济欠发达的状态，但民族传统体育资源十分丰富，拥有大量的民族传统体育项目，但受到经济条件的制约，这些项目无法通过有效宣传传播出去，只能在当地流传，发展受到极大的阻碍。经济发达地区体育产业发展好，具有完善的传播体系，但可挖掘的民族传统体育资源相对匮乏。而欠发达地区具有十分丰富的民族传统体育资源，但是缺乏资金和传播手段，尽管这两者可以形成很好的互补关系，但经济发展差距和地域跨度的巨大始终是无法逾越的障碍，这对民族传统体育的传播与发展起到很大程度的抑制作用。

（四）举国体制：民族传统体育地位的失衡

"举国体制"一词最早源于20世纪80年代初国外报刊对中国体育体制的概括，后期逐渐形成特有概念。在1984年洛杉矶奥运会后，国家体委为快速发展竞技体育，着手制定了奥运战略，集中各界力量为夺取优异成绩而服务。一段时间内，中国体育发展受到西方国家的外来体育文化影响显著，在发展主流体育时逐渐向它们靠近，导致中国体育文化中也充斥着西方元素，逐步确立以奥林匹克精神为核心的竞技体育的主导地位，对于中国特色的民族传统体育的关注则稍显不足，国家体育行政管理机构和社会组织对民族传统体育不重视，民间体育组织严格受到地方体育行政机构的监督和制约，且体育人才培养体制较为单一，这些都成为民族传统体育发展道路上的巨大挑战。[①] 除此之外，中华民族传统体育项目种类丰富、形式各样且具有鲜明的民族性特征，甚至相同的传统体育项目在不同民族间的比赛方式、规则都大不相同，举国体制存在的过分指导以及短期行为严重等问题，不利于民族传统体育的可持续发展和个性化发展。人才的缺失、薄弱的经济支撑、有关部门的不重视等都是导致民族传统体育在社会中的地位日渐式微的重要原因。[②]

对于举国体制，我们要用辩证的眼光去看待，既要看到举国体制在当时的条件下是必然的选择，是推动中国竞技体育快速发展的正确选择，为提升中国国际形象和国际地位奠定坚实基础的一面，又要看到其在市场经济体制下的弊端，制约体育事业可持续发展的一面。在经济文化全球化的浪潮中，体育文化也必须与国际接轨，中国体育体制必须符合当代国情，符合体育发展规律，顺应社会经济发展潮流以及满足多元主体参与的需求，正确应对新时代改革、建设、发展的需要，走上国际化、社会化、市场化的发展道路，实现由体育大国向体育强国的转型。[③]

[①] 何祖新：《对中华民族传统体育产业定位的思考》，《体育科技文献通报》2015年第11期。

[②] 冯宏伟：《论体育产业化背景下的民族传统体育人才培养》，《经济研究导刊》2017年第15期。

[③] 杨文轩、陈琦：《体育概论》（第二版），高等教育出版社2013年版，第211页。

第三节 新中国 70 年民族传统体育的 SWOT 矩阵分析

一 矩阵整体构造

中华民族传统体育 SWOT 矩阵的整体构造如图 5.2 所示。横坐标是外部因素，包括外部机会与挑战两部分，纵坐标是内部因素，包括自身的优势和劣势。矩阵中则是自身优势、劣势和外部机会、挑战交叉组合所得到的四种战略，分别为 SO（优势—机遇）战略、WO（劣势—机遇）战略、ST（优势—挑战）战略、WT（劣势—挑战）战略，并定义为快速发展、趋利避害、扬长避短和防守抵御型战略。

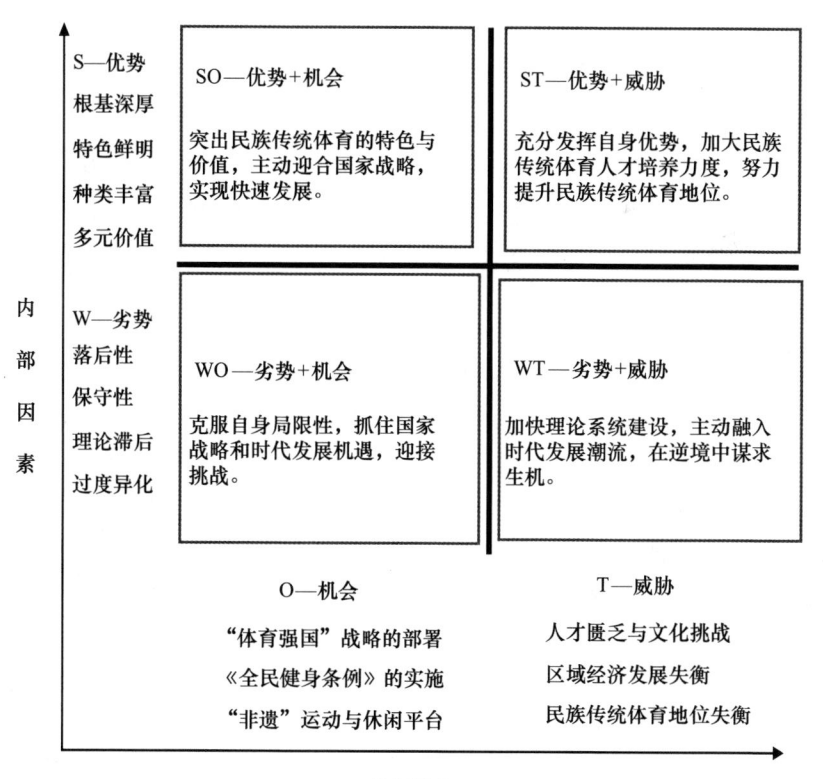

内部因素	O—机会	T—威胁
S—优势 根基深厚 特色鲜明 种类丰富 多元价值	SO—优势+机会 突出民族传统体育的特色与价值，主动迎合国家战略，实现快速发展。	ST—优势+威胁 充分发挥自身优势，加大民族传统体育人才培养力度，努力提升民族传统体育地位。
W—劣势 落后性 保守性 理论滞后 过度异化	WO—劣势+机会 克服自身局限性，抓住国家战略和时代发展机遇，迎接挑战。	WT—劣势+威胁 加快理论系统建设，主动融入时代发展潮流，在逆境中谋求生机。

O—机会
"体育强国"战略的部署
《全民健身条例》的实施
"非遗"运动与休闲平台

T—威胁
人才匮乏与文化挑战
区域经济发展失衡
民族传统体育地位失衡

外部因素

图 5.2 民族传统体育 SWOT 矩阵整体构造

民族传统体育具有深厚的文化底蕴,特色鲜明、种类繁多、价值多元,内部优势明显,但同时其自身具有一定的传统性、落后性和保守性,相关方面的研究理论严重滞后于实践项目的发展,过度异化导致对民族传统体育文化认同受阻。外部环境方面,"体育强国"战略的部署、《全民健身条例》的制定与推行、"非遗"运动的兴起以及休闲文化的传播都为民族传统体育的发展提供了诸多机遇,而面对相关领域专门人才的匮乏、外来文化的侵蚀、在国家体制中地位的下降、经济发展不均衡等现状,民族传统体育的未来充满着挑战。因此,通过对内部、外部因素的交叉分析,得到四种战略:1) SO 战略:突出民族传统体育的特色与价值,主动迎合国家战略,实现快速发展;2) WO 战略:克服自身的局限性,抓住国家战略和时代发展机遇,迎接挑战;3) ST 战略:充分发挥自身优势,加大民族传统体育人才培养力度,努力提升民族传统体育地位;4) WT 战略:加快理论系统建设,主动融入时代发展潮流,引进外来体育文化与传承民族传统体育相结合,在逆境中谋求生机。

二 发展战略选择

(一) SO(优势—机遇)战略:发挥优势,抓住机遇

结合民族传统体育自身优势和外部机遇得出 SO 战略。在内部和外部都具有优势的情况下,采取进击性的策略能让自身得到快速发展。中国上下五千年的文明是民族传统体育发展最好的积淀,需把握传统精髓,结合自身鲜明的特色,在传承和发展中不断革新,顺应体育发展潮流趋势,逐渐形成具有传统文化背景、自身特色鲜明、具有时代元素的民族传统体育文化。保持民族传统体育文化的多样性,大力开发新的民族传统体育实践项目,打造人民群众喜闻乐见的民族传统体育品牌,充分发挥民族传统体育的多元价值,突出对中华传统文化的传承功能,产生文化价值。另外,体现民族传统体育文化在教育中的重要意义,在进行民族传统体育项目过程中实现教育价值,并且使人的身心感到愉悦,身体强健,使民族传统体育文化在现代社会发展进程中的价值得以显化。而发挥自身优势之余,紧抓发展机遇才能助推自身的快速进步。任何事物的发展都离不开国家战略的支持,民族传统体育作为比较冷门的体育种类,在社会中的知名度远不如西方竞技体育,宣传力度和普及度较为弱势,必须搭上国家战略的快车才能使自身得到高速发展。因此,采用"体育强国"战略作为宣传背景,紧抓《全民健身条例》推广带来的机遇,将民族传统体育融入社区体育项目之中,以"休闲"功能为主体,逐渐赢得中青年人群的认可,为民族传

统体育的发展奠定广泛的群众基础。在"非遗"运动开展的过程中加入民族传统体育的元素，利用其传播推广和扩大自身的影响力，逐步提高民族传统体育的地位和人民群众对其的认可度。

（二）WO（劣势—机遇）战略：克服劣势，抓住机遇

这是一种进攻保守兼备的发展战略。在克服自身不足的前提下紧抓时代机遇，有攻有守，实现民族传统体育的协调发展。对于民族传统体育，需要加强宣传力度，普及民族传统体育文化领域的基本知识，打破人们对于民族传统体育文化就是落后文化的固有印象，提升群众对民族传统体育的认同感。首先，重点培育数项具有市场潜力的民族传统体育项目，并将其打造成为国内外民族传统体育的知名品牌，以此打开民族传统体育的市场，实现由多点突出带动整个面的发展；其次，向发达国家或者国内经济发达地区借鉴体育产业传播和发展的经验，拓宽宣传渠道，增加民族传统体育的有效宣传途径，[1]同时也要在发展模式上进行创新，以体育强国的体育发展模式为蓝本，开发出适合中国国情的民族传统体育发展模式；再次，在教育与理论发展方面，要提高重视民族传统体育文化的意识，加大对民族传统体育教育、传承和发展各环节的专门人才的培养，完善培养体系，将自我培养与引进外来师资相结合，强化对民族传统体育的理论研究，充分发挥理论对实践的指导作用，实现理论与实践同步发展，提高民族传统体育发展的可控性和前沿创新性；最后，以国家战略背景为支撑，切入时代潮流，以民族传统体育的休闲功能为主打宣传点，在契合当代人对休闲养生的追求的同时悄无声息地传播民族传统体育，达到互利共赢的目的。

（三）ST（优势—挑战）战略：发挥优势，积极应对挑战

优势—挑战组合战略是在逆境中发挥自身优势和积极应对挑战以谋求更大发展的一种战略模式。民族传统体育最大的优势就是具有深厚的文化底蕴，在中国几千年传统文化的传承与发展的熏陶下，形成了许多具有鲜明特色的民族传统体育项目。然而，近些年来在西方竞技体育精神文化的冲击下，人们对民族传统体育的认同感渐渐淡化，在优势与挑战并存的情况下，民族传统体育需加固自身的文化根基，突出自身特色，打造鲜明个性的体育品牌，充分发挥民族传统体育资源丰富的优势，将发达的体育产业发展经验与民族传统体育相结合，加大开发与推广力度，并辅以多元文

---

[1] 樊花梅：《民族传统体育产业化发展的必要性与可行性——以雷州半岛为例》，《体育科学研究》2014年第5期。

化价值宣传，将民族传统体育打造成一个涵盖教育培训、文化传播、健康休闲等多方面的产业集群，使民族传统体育在现代社会潮流中实现传承和可持续发展。在应对国外竞技体育对民族传统体育的挑战方面，要引导社会重视民族传统体育，提高民族传统体育的社会地位，大力发展体育文化产业尤其是民族传统体育产业，振兴体育经济，在强大的经济实力支持下建设和完善民族传统体育人才培养体系，扩大培养规模，为民族传统体育的传承发展提供质量可靠、数量足够的生力军。

(四) WT (劣势—挑战) 战略：克服劣势，积极应对挑战

面对自身的不足与外部环境的威胁，防守抵御是最佳的战略方法。在内外部都不利的环境下，需按兵不动，努力克服自身的劣势，提升自己和规避风险。民族传统体育在发展过程中还有许多问题和挑战，首先，要解决其落后和保守的问题，这是由民族传统体育产生和发展的时代背景造成的，因此要从人的认知入手，扩大宣传范围，增强宣传力度，同时还要借鉴先进的传播方式和途径突破地域的限制，使民族传统体育真正为民族所知，获得人们从心底对民族传统体育的认同，从而提高民族传统体育的地位，增强竞争力，并且在与西方竞技体育的竞争中相互借鉴、共同进步。其次，理论科学研究需要大量人才的支撑，民族传统体育传承和发展核心也是"人"，故还需加强对民族传统体育人才的培养；科学研究型人才开展民族传统体育理论前瞻性研究，用以指导相关实践；实践型人才则身体力行地开展民族传统体育项目的实践，在实践活动中实现民族传统体育的传承与创新发展。最后，经济是基础，要大力统筹协调发展地区经济，缩小地域差异，为民族传统体育文化的传播和发展提供充足的资金保障，减少民族传统体育传播的阻碍，使其在逆境中求得生存与发展。

小 结

新中国成立70年来，中国体育事业发展取得了举世瞩目的成就，民族传统体育也得到了快速发展，但从整体现状来看，民族传统体育在发展过程中还面临着不少的问题。SWOT分析能通过对内部资源、外部环境的综合性分析对研究对象所处的形势进行一个相对准确的评价和判断，并对未来的发展提出相应的战略建议。本章采用SWOT分析民族传统体育发展，发现其内部优势有：底蕴深厚、特色鲜明、资源丰富、价值多元等。但受原始宗教迷信影响较大，传播地域较为狭窄，人们对民族传统体育的

认同感较低，认为其落后、保守以及理论滞后等劣势较为突出。中华民族传统体育发展的机会包括："体育强国"战略和《全民健身条例》推进与实施、"非遗"运动的兴起以及休闲生活理念的广泛传播等，而面临的挑战是后备人才缺失、外来体育文化挑战、区域经济发展不平衡和民族传统体育地位的失衡等。通过分析，我们对民族传统体育的发展有了较为全面的了解。针对这些优势、劣势、机遇和挑战，通过分析组合得出了四个战略，但民族传统体育未来的传承与发展还需要综合考虑，将四种战略融合，实行有攻有守、有进有退的战略，将发挥自身优势与克服自身劣势相结合，将紧抓机遇、主动迎接挑战与规避风险相结合。

第六章　新中国70年中华民族传统体育积累的宝贵经验

第一节　战略领航：注重顶层设计

一　中华民族传统体育发展战略指导思想

（一）注重民族传统

新中国成立不久，当时的副主席朱德在全国体育会议中提出新中国体育事业："应是民族的、科学的、大众的。"为发展民族体育，中央和县以上政府建立领导体育运动的机构，配备专职干部调拨经费和运动器材，修建场地，通过体育学院和培训班，培养少数民族体育专业人才。1953年，国家召开了全国民族形式体育表演及竞赛大会，在此次大会推动下，各地的武术组织和活动迅速开展，并于1954年成立国家武术队。1957年到1960年，中国武协起草了《武术竞赛规则》并举办了一系列武术及射击比赛。之后，在1959年第一届全运会中将摔跤、赛马、马球等民族项目正式列入全运会比赛项目。自此以后到改革开放之前，中国整体处于百废待兴状态，中国的体育事业几乎处于停滞阶段。改革开放初期，民族传统体育的发展处于调整恢复阶段，中国各项体育活动的开展都较为萎靡，在"破旧"思想和各少数民族老式的固有观念的影响下，初期的改革发展受到一定限制，在"革新思想""发展思想"等一系列思想指导下，一系列限制开始被破除。1986年提出的《城市公共体育运动设施用地定额指标暂行规定》中虽没有针对性地对民族传统体育做出规定，但已经涉及中华传统体育的场地建设，自1995年的《全民健身纲要》《体育法》后，《体育改革与发展纲要》以及体育事业发展规划等一系列政策法规，涉及传统项目的开展、传统文化的发扬以及传承，特别是《非物质文化遗产法》的出台，一方面强调了传统体育活动保护对于中华民族的意义和价值，另一方面强调了优良民族传统体育文化的传统思想在全民健身中的价值与意义。经过对民族传统体育的挖掘整理与普及提高等一系列发展阶段，传统保护的思想日渐深入，另外，民族传统体育赛事恢复、活动延续、民间组织成立、学科发展与提升都充分印证了改革开放以来注重传统的思想，也印证了传统体育文化对于国家凝聚力、向心力的重要性。虽然改革开放初期至今日的各个阶段，中华民族传统体育的发展历程充满坎坷与荆棘，但在其发展战略思想中一直不断加强的是对于民族传统的保护，民族传统体育文化的发扬，一系列政策制度的不断出台，也验证了这一思想。

(二) 融入当下

新中国成立不久，在全国体育工作者会议中，朱德在新中国体育事业的发展方针中强调："要把体育事业和一般新民主主义建设结合起来，反对为体育而体育、脱离实际、脱离人民的思想和想法。"由此至"文化大革命"前的这一时期，政府结合当下实际号召在学校、工人、军队、农村等各阶层、各民族中展开体育活动、建立体育组织，这一时期大力推进了武术及其他民族体育项目的发展。改革开放以来，随着对经济、文化、社会等各方面的改革与发展，中国的经济水平大幅度提高，社会各方面处于迅速转型期，信息化、产业化特征明显。中国各方面发展日新月异，而基于此发展，党的十七大报告中指出："深化文化体制改革、发展文化产业、鼓励文化创新。"继而在《国务院关于进一步繁荣发展少数民族文化事业的若干意见》中鼓励民族文化产业多样化发展，并支持文化产业与体育、教育、旅游休闲等联动发展。另外，《文化产业振兴规划》中提出振兴文化产业、推动民族文化产业发展，这些国家政策的出台充分显示着对民族体育的发展是民族传统体育文化的发展与产业化发展融合的现代化发展思想，以及休闲旅游的现代化需求融合的现代化发展指导思想，民族传统体育的发展形式以及文化内涵也在随时代发展不断更新，并不断地满足现代化发展需求。《体育改革与发展纲要》以及其他改革文件中提到民族传统体育要与地方的经济、社会、文化相匹配。此外，在新时期工作中发布的《关于进一步加强少数民族传统体育工作的指导意见》强调了丰富少数民族传统体育活动，促进全民健身和全民健康深度融合，不断满足人民日益增长的对美好生活的需要。虽然中国关于民族传统体育的针对性文件在新时期才逐渐增多，但是在有关文化产业发展、教育发展政策文件中都有诸多涉及，民族传统体育学科研究的现代化发展内容也在不断进步。民族传统体育的更新与发展中融合着跟随时代进步、产业兴起、地方经济文化变化而不断发展的现代发展性指导思想。

(三) 提倡文化

在新中国成立之初，各方面处于变革中，毛泽东主席为中华全国体育总会题词："发展体育运动，增强人民体质。"之后在一系列的体育事业发展报告中强调重视民族传统体育项目与本地文化的发展，提倡全民族参与，直至"文化大革命"时期。受"文化大革命"的影响，中国的文化事业、体育事业都需要大幅度提升，随着改革开放的到来，与国外的发展对比使我们越来越意识到文化对于一个国家的重要性，文化软实力提升对于一个国家的重大意义。在党的十七大报告中强调，在当今时代，文化越来越成为民族凝聚力和创造力的源泉，同时强调要坚持社会主义先进文化方向，激发全民族文化创造力。改革开放以来，随着西方竞技体育以及奥运精神的传入，人民对民族传统体育有了新的认识，并认识到民族传统体育的特色性、民族性，开始重视本土体育文化的价值与功能。中国是一个多民族国家，民族凝聚力、向心力是民族发展的动力，民族传统体育文化作为国家全民健身意识提升与文化软实力提升的合一手段，必不可少地成为体育发展的一部分。在《中共中央关于深化文化体制改革，推动社会主义文化大发展大繁荣的若干重大问题的决定》中提出建设优秀传统文化传承体系，弘扬中华民族优秀传统文化，另外部署加强文化典籍资料，推动文化典籍资源数字化，还强调要挖掘文化内涵，开展文化教育等一系列措施。民族传统体育文化是民族传统体育的核心，改革开放以来，从文化发展到民族精神越来越受到重视与关注，国家大力提倡民族传统体育文化发展，并于新时期出台《关于进一步加强少数民族传统体育工作的指导意见》，将少数民族体育文化作为工作重心大力开展。提倡文化的思想随着改革开放的深入而逐渐加深，同时这也是提升文化自信、民族自信的重要方式。

(四) 珍视传承

新中国成立后，为改善青年学生体质，加强学校教育，毛主席做出"健康第一，学习第二"的指示，1951年中央政务院发出《改善各级学校学生健康状况的决定》，并于1956年以苏联十年制体育教学大纲为蓝本，制定适合新中国国情的第一套《小学体育教学大纲》草案和《中学体育教学大纲》等指导性文件，这一时期，学校体育中的秋千等项目逐渐得到发展。另外，在1959年中国共建成18所体育院校、6所体育专科学校、17个高师体育系科。20世纪50年代中期至"文化大革命"时期，学校中不断增加武术教学内容，培养武术人才，出版著作。除了学校体育，1956

年，原国家体委和共青团中央首次召开全国农村体育工作会议，根据会议要求迅速建立县一级运动委员会，配备专职干部领导，在此次会议精神倡导下，各地纷纷组织建立基层协会，并组织武术、摔跤、骑马、射箭等民间传统体育活动。改革开放后，中国的政治、经济、教育等都处于高速发展时期，各方面都在进行变革。在1978年改革开放初期，中国在学校体育工作中就颁布了中小学体育教学大纲，虽然依旧将武术作为基本内容，但其中也开始注意发展和挖掘其他的民族项目进课堂，如选取拔河、角力、毽子等列入教材，增加了民族传统体育地方课程比重。除了中小学教育外，大学教育中也增加了民族传统体育，如2011年教育部又进行了新一轮专业目录调整，结合当时的专业实际情况，考虑原有的民族传统体育专业难以涵盖和突出中国武术的地位和特色，将民族传统体育专业正式更名为"武术与民族传统体育"，且在教育部注册有武术与民族传统体育专业的高校已达到50余所，民族传统体育教育化发展呈上升趋势。从宏观来看，改革开放以来，中国对学校体育课程进行了一系列的改革，尤其第八次课程改革，在弘扬民族传统文化中，将各民族的优秀传统体育列入课堂，特别是在《完善中华优秀传统文化教育指导纲要》出台后，民族传统体育开始成为校园文化建设的一部分，也是民族传统体育传承发扬必不可少的途径，学校民族传统体育传承体系是中华民族传统体育传承的重要部分。除了重视学校体育的传承外，《体育法》《全民健身计划纲要》《关于加强少数民族体育工作意见》《健康中国2030》等一系列政策中也显示国家对民族传统体育在大众健身中的传承体系、休闲娱乐的传承体系的珍视。虽然在改革开放初期中国没有完备的民族体育发展传承机制，但是随着经济发展、社会转型、文化革新等变化，逐渐形成了以学校传承为主，同时具有全民健身传承、休闲娱乐传承等多种方式的综合传承体系。

二 中华民族传统体育发展的战略目标

（一）增强体质

新中国成立初期从毛泽东主席提出的"发展体育运动，增强人民体质"口号到1951年国务院《关于改善各级学校学生健康状况的决定》、1954年政务院《关于政府机关中开展工间操和其他体育运动的通知》，再到1955年第一届全国人民代表大会通过的《中华人民共和国发展经济的第一个五年计划》，都强调要在全国范围内广泛地开展体育运动，增强人民体质。在1953年召开全国民族形式体育表演与竞赛大会和在1959年国家支持召开的第一届全运会中将民族传统体育项目如摔跤、赛马、马球列为了正式比赛项目。在1965年第二届全运会中就有28个民族参与22个项目。改革开放后，中国越来越意识到国民健康的重要性并就此确立全民健身、健康中国等一系列的战略。2008年卫计委提出《健康中国2020战略》，到2016年中共中央、国务院印发《健康中国2030规划纲要》，使得健康不再停留于卫计委层面，而是上升到国家优先发展的战略，作为治国理念融入政策制定和实施的全过程[①]。按照世界卫生组织（WHO）健康标准，全方位的健康有生理健康、心理健康、社会适应能力等，因此健康中国包括卫生、医疗、社会环境等诸多方面健康改善。民族传统体育具有修身养性、促进身心健康发展的作用，而且有广泛的群众基础，开展项目也多样，是健康中国战略实施的重要组成部分。中国是一个多民族国家，各民族都创造了灿烂的民族文化，民族传统体育起源于民间活动，也在民间不断传承与发扬，这是民族传统体育发展的基础，同时也为全民健身提供良好的群众基础。另外，其种类繁多且健身、修身效果较好，是挖掘和发扬中国特色体育的重要方式，更是目前全民健康战略实施的重要组成部分。在全民健身战略的实施背景下，民族传统体育文化具有增强中华民族体育认同感、提升全民健身意识的重要作用。此外，中华民族传统体育有"天人合一""气一元论"等哲学基础，又有"自强不息""厚德载物"等优良思想，改革开放以来，中国实施全民健身战略，逐渐将民族传统体育项目与民族传统体育文化融入其中。在国家体质提升战略引导下，民族传统体育在新时代的发展中更具备其存在的价值意义。

（二）走向世界

新中国刚刚成立时，国家就将发展体育事业提上日程，从学校政策的实施到群众体育的开展再到竞技体育的不断提升，都致力于人民体质的增强、国家体育事业的强盛。在20世纪50年代国家组织的各项比赛中，民族传统体育的运动技术水平大幅提升并产生了一批优秀运动员，这期间有多项民族传统体育项目打破国家纪录，1957年武术还被列为国家体育竞赛项目。为发展体育事业，中国与东欧社会主义国家建立体育外交，在1963年的国际级赛事第一届新兴力量运动会中，打破射箭等世界纪录，为国际体育注入中国体育精神与风格。改革开放以来，在"举国体制"下，中国体育迎来大发展，越来越多的竞技健儿不断地为国家和民族争得荣誉，在国际赛事上取得了令世界瞩目的成绩，但是就此来说中国只是举国体制形

[①] 卢文云、陈佩杰：《全民健身与全民健康深度融合的内涵、路径与体制机制研究》，《体育科学》2018年第5期。

式发展下的体育大国。随着中国各方面的改革发展，立足社会主义初级阶段基本国情，总结中国体育发展实践，借鉴国外体育发展经验，适应新的时代要求，党中央、国务院提出体育强国战略，这也是与2020年全面建成小康社会和21世纪中叶实现中华民族伟大复兴的历史进程和奋斗目标相一致的中国体育发展战略。民族传统体育作为中国体育事业发展的重要组成部分，自然也是实现体育强国战略目标进程中的一分子，且是全民体质提升、中华民族体育精神发扬的重要手段。民族传统体育中蕴含着民族精神、民族体育意识、民族风格、民族特色等内容。近年来，中国在各大体育赛事中虽然取得傲人成绩，但要发展成为体育强国必须要有强大的民族体育品牌来支撑，必须在坚持"民族特色"的基础上，围绕学校体育、竞技体育、体育产业、媒体和民间体育等传承途径来实现。并且，民族传统体育在"文化强国战略"背景下，将被赋予更深刻的文化内涵。在文化强国建设过程中，民族传统体育作为一种中华优秀传统文化符号和民族身份象征，其发展目标必须致力于体育文化强国的建设，最终走向世界。新中国成立70年来，从体育事业的低迷到举国体制再到新时期的全民体质提升，经历着挫折与奋进的发展之路，但愿全民族都致力于体育强国这一目标的实现，并最终走向世界。

（三）立足全球

20世纪50年代为改变中国体育落后状况，建立新体育体制，中国以"走出去""请进来"的方式进行对外体育交往，学习各社会主义国家先进技术，了解先进理论和方法，逐渐形成正确技术战术指导思想。在1965年的全运会中，多人多次打破举重、射箭、射击等世界纪录，1963年的雅加达第一届新兴力量运动会中，中国运动员打破举重与射箭两项世界纪录，在世界上展示了中国体育精神和风格，之后还参与1966年第一届亚洲新兴力量运动会，向世界展示中国的力量与精神[1]。新中国成立初期从制度的学习、理论的升华到向世界展示中国体育精神与风格，逐渐形成中国体育文化体系雏形。改革开放以来，和平与发展成为时代主题，文化的发展已经越来越凸显其重要性，越来越多的国家认识到文化软实力的提升对于立足全球、提升国际竞争力的重要性。自20世纪90年代以来，国家从全实力的角度思考国家战略，文化软实力的提升也是综合国力提升的重要组成部分，党的十七大把文化软实力在国家发展战略中的地位进一步强化。党的十八大报告中，对文化强国战略作出全面部署，把建设和发展中

---

[1] 杨更生、方凤娣、姚忠等：《第一届东亚运动会专栏》，《体育科研》1993年第1期。

国特色社会主义文化提到又一个新的历史高度。中华民族传统体育文化是中华文化的重要组成部分，是发展中华文化的重要方式与传播途径，弘扬和传播中华民族传统体育文化可以有效增强国家的文化软实力。在民族传统体育发展的现实状况下，借鉴其他国家体育文化的发展途径与方式，通过加强保护力度、更新传承模式、开展多形式活动、扩展国际传播的途径，可以为弘扬民族传统体育文化、增强国家文化软实力做出贡献[①]。充分发挥民族传统体育文化的本土性、健身性、娱乐性等特点，推动其在社会主义文化快速发展中走向世界、立足全球，提升人们对优秀民族传统体育的认同感。

三　中华民族传统体育发展战略阶段与发展重点

（一）民族独立背景下民族传统体育发展萌芽期（1949—1965年）

1. 新中国成立初期民族传统体育发展的探索：社会政策与思想文化的催化，增强体质

新中国成立伊始，中国社会经历了战乱后重建、一系列民族统一政策与外交活动逐步趋于稳定。国家对少数民族地区进行解放，并制定《共同纲领》发展方针，实施体育政策与《中华人民共和国民族区域自治实施纲领》，使民族传统体育文化得到发展契机。"发展体育运动，增强人民体质""体育应当是民族的、科学的、大众的"等国家领导层面的体育事业发展口号对民众思想产生巨大的影响，使体育事业发展向上有了全民的朝气。由此，从社会稳定、政策制定到思想文化的繁荣发展催生出民族传统体育蓬勃生长的萌芽。

2. 全面建设社会主义民族体育发展的曲折：发展阻碍与回归正途的磨炼，激励自我

这一时期，全面建设社会主义开始，由于中国还处于社会主义建设的探索时期，在超额完成了第一个五年计划后，各方面的发展应对经验不足，"大跃进""人民公社化"使中国在经济发展上出现失误，加上国际发展形势的严峻，中国走向"左"倾的错误方向，民族传统文化的发展受到压制。在1958年国务院科学规划委员会中表示出对传统文化的否定，民族传统体育发展受阻，陷入停滞阶段。在与苏联产生分歧后，中国开始自我反思，重新思考文化政策价值，并对"左"倾方向进行方针调整，民

---

① 杜光友：《弘扬和传播民族传统体育文化，增强国家文化软实力》，《哈尔滨体育学院学报》2014年第1期。

族传统体育再次迎来发展契机，各类武术以及传统体育活动铺展开来。民族传统体育是国家的、民族的也是大众的，与国家发展、政策导向息息相关，其在发展中所受的阻碍以及对其发展的激励因素都是对其发展的一种磨炼，让其充分绽放民族之花。

（二）"文化大革命"背景下民族传统体育发展的中断期

1. 民族传统体育的沉睡："消失"的民族体育文化，沉淀自我

在"文化大革命"背景下，"左"的思想占据了政策主线，民族传统体育文化受到严重摧残，各民族的传统文化生活痛苦而黑暗，民族传统体育进入低谷，体育活动全面停止，受各方面打压，民族传统体育进入沉睡，以待后发。

2. 民族传统体育的挣扎："求生"的民族体育精神，夹缝生存

虽然该时期几乎没有民族传统体育的发展契机，但其他体育外交活动使民族传统体育寻找到苏醒的希望。中日民传太极拳的交流，彰显出民族传统体育文化地位，此次破冰使一些民族传统体育文化寻得挽救机会，民族地区文化政策得以松动，在全面打压时期，在夹缝中寻找到生存和发展的希望。

3. 民族传统体育的复苏："残存"的民族体育意念，涅槃重生

在民族文化政策稍有松动之时，民族传统体育抓住机会，举办多项民族传统体育活动，逐渐出现民族传统体育恢复局面，民族传统体育文化得以流传，其在民间的丰富性与广泛性使其获得涅槃重生的机会。

（三）改革开放背景下民族传统体育发展的繁荣期

1. 停滞与恢复阶段：从体育资源大国到体育人才大国的转变

改革开放初期，中华民族传统体育发展面临着巨大挑战。由于"文化大革命"中"左"倾思想影响，中华民族传统体育受到严重摧残，另外这种遗留的"破旧"思想与恶劣的行为严重地挫伤了民族自尊心，破坏了民族关系，隔断了优秀民族文化的自然演变体系，导致民族传统体育传承与发展的停滞。此外，由于民族传统体育是中华各民族智慧的结晶，却因少数民族群众长期以来生活在封闭的地理条件下，交通阻隔、信息闭塞、经济基础薄弱、轻商贱利、价值观念差等多因素作用，而形成一种自我满足、安于现状、封闭保守的思想观念。这种安于现状、因循守旧、故步自封的传统观念与戒备排斥心理导致极大一部分的民族传统体育很难向外传播，各民族体育文化之间也形成交流的壁垒，民族传统体育发展的多样性受到限制，普及性不高。面对以上境况，在改革开放初期的停滞与恢复阶段，中国进行了思想解放、改革创新、发展经济等一系列举措。在改革开

放的大背景下，中华民族传统体育呈现出三个方面的发展：其一，变革思想对"破旧"思想危害的进一步思考、对改革思想的进一步认识、对发展思想的进一步审视。其二，突破形式。民族传统体育赛事得以挖掘与重现、民族传统体育活动得以延续、民族传统体育组织出现与成立。其三，发展理论。在此阶段，民族传统体育形成包含民族传统体育竞赛规则、民族传统体育地方管理政策与条例在内的民族传统体育初始发展的基本政策理论。此外，学术界对民族传统体育研究也开始关注，各种民族传统体育资源得以挖掘，而民族传统体育研究也在不断地吸收文化学、人类学以及经济学中的知识与方法。在停滞与恢复阶段，中国的政治、经济、文化等各方面开始复苏，此时拥有丰富民族传统体育资源的体育文化呈现百花待放之势，国家政府对民族传统体育给予了相应的重视，此阶段，下发《关于发掘整理武术遗产的通知》后，各地体委和武协为抢救武术遗产召开武术挖掘整理汇报会。经过努力，许多濒临湮没、鲜为人知的拳种得以挽救和复苏，全国各省、市共编写出拳械录、录制录音带、征集文物资料482本，并搜集古兵器392件，有关珍贵实物29件，对武术遗产文化进行及时抢救。此阶段，中国一系列体育活动都得到了恢复与发展，少数民族竞赛大会与全国民族传统体育运动会拉开民族传统体育发展的帷幕。在这一时期，中国大力发展社会主义精神文明，开创民族传统体育发展新的局面，并使其逐渐走向正规化。这一阶段，中国在学校体育工作中颁布了中小学体育教学大纲，将武术作为基本内容，并开始将其他的民族传统体育作为选用教材，进行人才建设与培养。

2. 挖掘与整理阶段：从体育人才大国到体育人才强国的转变

改革开放以来，中国经过初始的发展在制度、形式及文化等方面又进行了进一步的挖掘整理。此阶段中华民族传统体育的有些项目在一定程度上取得了相应的发展，但还是存在以下问题：一方面部分民族传统体育项目资源缺乏，开展推广难度大；另一方面地方部门管理不当，在民族传统体育的发展规划和管理中有所欠缺且民族传统体育的保护与开发机制尚未健全，导致民族传统体育无制度保障，从而不能全面开展。但在此阶段，中华民族传统体育运动会逐渐完善，竞赛项目和表演项目在数量上远超前一阶段，并且系统的总规程、竞赛项目规程和规则、表演项目的评判方法等都往规范化、科学化发展，观摩观众涉及港澳台同胞。此外，民运会甚至开设分会场，各民族也开始举办地方民族体育运动会。在"走出去，请进来"的民族传统体育发展政策号召下，通过举办与参与国内外民族传统体育会议，中外民族传统体育文化交流迅速开展。在短短的十多年间，通过"走出去，请进来"，中国在武术、气功、导引术、围棋、龙舟、风筝、民族摔跤等项目上，与世界不同民族进行了卓有成效的交流。且中华民族传统体育在学科教育上取得了一定的进步，逐渐走入民族文化中，并逐步取得成效。在教育上，民族传统体育学被列入国务院学位委员会和原国家教委示下的一级学科体育学下设4个二级学科之中，紧接着教育部颁布新修订的高校本科专业目录中也包含民族传统体育。这标志着体育学科的研究进步，更标志着民族传统体育学科研究走上科学发展的轨道。此阶段，民族传统体育组织制度逐步得到完善。除了规章制度的修缮外，人民的参与意识得到提升，开始有组织、有规划地积极参与到民族传统体育的组织中来，形成了政府、协会、团体等共同主动参与到研究民族传统体育文化的大队伍中来的局势，其中民族传统体育组织的活动形式由民间自发向政府、协会、团体共同组织的方向转变。参与其中的国家组织包含国家民族事务委员会、中国少数民族体育协会以及教育部中国大学生体育协会民族传统体育分会，并设立大学生少数民族传统体育专业指导委员会等。这一时期民族传统体育逐渐步入全面改革与不断推进发展的阶段，中国出台《体育法》《民族区域自治若干规定》《关于进一步加强和改进新时期体育工作的意见》等诸多法律对民族传统体育做出指导，民族体育赛事与健身活动大批增加，并紧密与专业化的组织与人才发展联系。

3. 普及与提高阶段：从体育人才强国到健康中国的转变

此阶段是中国各方面快速发展并取得一定成就的阶段。休闲娱乐开始进入人们的生活之中，人民逐渐意识到体育与健身的重要性，中华民族传统体育逐渐彰显中华民族所具有的文化独特性以及健身益体的实践应用价值。此时民族传统体育发展偏向可持续地整体规划，不仅从民族文化的发展角度出发，而且从国家、世界的角度对民族传统体育这种特色文化进行研究，也对民族传统体育的政策制度保障展开了一系列的研究。从体育事业发展、民族区域发展、健康中国、休闲健身产业以及中华民族文化等各个角度出发对优秀民族传统文化的发展提出了新要求和推进新思路。这一阶段民族传统体育文化的政策指引与制度保障研究出现了前所未有的局面，民族传统体育的发展也出现了空前的繁荣局面。另外，在此阶段民族传统体育赛事的多元化呈现形式也促进了民族传统体育的发展，不仅在民运会中有所体现，而且将民族传统体育有意识地融入农运会、全运会、体育大会、大运会等大型的综合运动会中去，增加民族传统体育表演类项目的演出机会，在宣传推广民族传统体育文化的同时，增强了民族文化认同感、民族自豪感。这一阶段民族传统体育的发展，不仅仅限于制度与发展形式的完善与丰富，而且在人才专业发展上有巨大提升。中国在21世纪初开始将民族传统体育设立为体育课程标准中的必修课程，民族传统体育进校园已成为大多数地区体育课程改革的发展方向，也标志着中国体育教育的发展方向。2011年，教育部对专业目录进行了新一轮的调整，结合当时的专业实际情况，考虑到原有的民族传统体育专业难以涵盖和突出中国武术的地位和特色，将民族传统体育专业正式更名为"武术与民族传统体育"，并一直沿用至今。由此，从中小学教育到大学教育中民族传统体育进校园得以实施且得到了强化，目前在教育部注册有武术与民族传统体育专业的高校已达到50余所，民族传统体育教育化发展呈上升趋势。党的十八大召开以来，中国进入了全面深入发展的阶段，民族传统体育从赛事发展到传播形式以及传承形式都产生了巨大变化，也与全民健身、提升文化软实力等战略密不可分。在这一阶段，民族传统体育文化的发展战略为在保持中华民族特色中创新发展、适应社会、满足需求、走向世界，为建设中国特色体育、健康中国以及民族长久发展做贡献。

第二节　创新驱动：强化创新为核心元素

一　民族传统体育学科的基本理论和方法体系逐步建立

（一）民族传统体育学科基本理论逐步完善

1. 民族传统体育文化学科

从新中国成立至今，中华民族传统体育的文化发展虽随着中国的探索历经艰辛，却也逐渐建立了自己的学科。新中国成立初期，更多强调对体质以及竞技水平的提升，后又经历"文化大革命"，长期的停滞使得其学科理论的发展较为薄弱。改革开放后，中国随着改革的迅速发展，人们越来越意识到文化的重要性，民族传统体育学科的学者们开始结合文化学方面的理论，努力建构民族传统体育文化学理论，并结合民族传统体育实践发展，运用相关哲学、历史学、美学等学科知识探讨民族传统体育的概念、本质属性、结构功能与审美等方面的问题，并由此开展民族传统体育的运动价值研究规律、民族传统体育运动的审美内容与规律、民族传统体育的发展思想等研究议题，并将民族传统体育与现代体育科学进行对比研究，力图为民族传统体育现代化的发展做出贡献，同时为现代文化体系的构建提供资源。民族传统体育的人文素质在民族传统体育理论体系中极具重要性，即人在自身素质中应有的文化素质以及在实践活动中与社会先进文化现象融合在一起而形成和积累的修养。① 同时这也是民族传统体育理论体系中基本的理论体系内容。在民族传统体育社会文化的构建中，要从民族传统文化、体育史学、民俗学、宗教学等方面来反映中华民族传统体育中所涵盖的政治、经济、文化、历史、宗教、风俗、战事、道德等人文素质中所必备的文化内容，并勾勒出民族传统体育社会文化在其发展和演变过程中的历史轨迹。

2. 民族传统体育社会学科

改革开放前民族传统体育发展主要针对民族本土特色进行实践。随着改革开放，社会的进步，民族传统体育学科确立为传统体育的社会学科，通过运用社会学的基本理论与方法分析民族传统体育的社会学、管理学、法学问题，发现民族传统体育的社会变迁等发展规律，并结合现代社会理论和发展研究社会结构与社会传播等问题。民族传统体育呈现民族性、民俗性与时代性等特征，随着改革开放水平的提高，民族传统体育学科对其他社会现象与发展规律进行深入探讨，也开辟了民族传统体育的制度保障与资源开发保护等深度研究。

3. 民族传统体育教育学科

民族传统体育涉及的民族众多、项目多样，优秀的民族传统体育项目是中华民族体育发展的瑰宝。从新中国成立初期到"文化大革命"前，就从学校体育、群众体育、竞技体育以及军队体育中抽取涉及民族传统体育的武术、摔跤、骑马、举石锁、射箭等项目进行训练，且重视教学人员的培养。改革开放以来，民族传统体育的发展，更注重通过运用教育学的基本理论解决民族传统体育发展中的教学、训练、竞赛等基本问题，并为民族传统体育在学校体育、大众体育发展中遇到的实践问题提供指导。另外，依据民族传统体育学科特点运用教育学理论建设民族传统体育教育学科理论，分析民族传统体育的内容与教学方法、特点以及民族传统体育训练方法与开展形式，并将其推入学校教育对于民族传统体育发展的继承与现代化是重要的思想创新，同时对于中华民族精神与民族文化认同和自信力提升也是重要实践路径。

4. 民族传统体育生态学科

虽然新中国成立初期到改革开放时期没有对生态方面的内容给予关

---

① 梅汉超：《现代民族传统体育理论体系与实践内容的研究》，《武汉体育学院学报》2008年第7期。

注,但随着经济发展、社会进步,生态学研究领域越来越受到重视。改革开放以来,民族传统体育结合生态学的基本理论从文化整体观、文化生态学等角度出发研究民族传统体育起源的生态环境、民族传统体育发展的各部分相关文化生态因子,阐释文化生态环境在民族传统体育发展中的重要作用以及民族传统体育在文化生态中所呈现的形式、内容与功能。[①] 随着社会发展,生态环境步入人们的视野,民族传统体育学科发展结合本土性、民族性特征,产生民族传统体育的生态学理论,为民族传统体育学科的治理与现代化发展提供了指导思路。

5. 民族传统体育自然学科

改革开放前,中国对于自然学科的研究还不发达,研究条件也具有一定的局限性。随着改革开放带来思想的解放与科学的发展,中华民族传统体育以人为中心,通过与自然科学理论中的运动力学、运动生理学、运动心理学等结合,为科学健身提供了指导性意义,并为民族传统体育的实践性价值提供了科学的研究依据。另外,通过民族传统体育与自然科学理论的结合创建民族传统体育自然科学,为民族传统体育发展中人或民族活动心理规律探索、民族传统体育竞赛的科学训练、民族传统体育保健养生等方面的发展提供了科学材料,也为中国国民整体素质的提升提供了指导。

(二) 民族传统体育学的研究方法逐步丰富

1. 文献资料法

文献资料法是民族传统体育学研究的重要方法之一,指对有关书籍、报刊、资料、手稿以及其他记载等文献资料的查阅。在进行民族传统体育研究前,研究者需阅读大量相关文献,包括史学资料文献以及与研究主题相关的其他学科的文献,对文献资料中涉及的重点内容进行参详与探究。在对已有的研究文献资料进行全面深入了解的基础上,探究相关主题的民族传统体育发展规律,结合其他途径所获得的资料,撰写研究报告,形成初稿。这既是进行初步研究的结果又是进行进一步研究的基础,既是民族传统体育研究中进行实地考察前的准备,也是对民族传统体育田野调查深入了解的前提。56 个民族在几千年的文明发展中沉淀出诸多优秀的结晶,文献资料的留存是对结晶的保存与流传方法,也是继续研究民族传统体育与发展民族传统体育学必不可少的参考内容。

[①] 白晋湘、万义:《中国特色社会主义新时代民族传统体育学科的建设研究》,《体育科学》2018 年第 10 期。

2. 调查法

民族传统体育是各民族在不同的地区或民族的行为、活动方式中展现出的文化创造。[①] 单纯通过资料阅读无法完全了解，更无法研究出全面的民族传统体育文化，因此，进行实地调查或田野调查是民族传统体育学发展中最直接、最基础的研究方法。调查法通过进行实地考察、田野观察体验以及问卷等方法，深入各民族生活的地区，进行细致观察与调查，获得民族传统体育研究的真实而丰富的一手资料。早前，中国民族学和人类学家费孝通偕同夫人王同惠深入广西大瑶山进行考察，这期间其妻溺亡，却在实地考察中创作出《江村经济》这本巨作。1943年林耀华冒着被掠为"娃子"的危险，考察凉山彝族，创作出《凉山彝家》之作。《中华民族传统体育志》的编写也是由30多位组稿员、上百位采访者，历时四年，遍访全国村寨，深入采编才有的成果。实地考察或田野调查或实地问卷等调查方法虽然艰辛却凝聚了一代又一代进行民族传统体育研究的学者们的心血，更是保存中国文化结晶最真实有效的方法。

3. 比较研究法

民族传统体育在不同的国家、区域、民族以及发展时期都有着不同的项目与文化发展特征。每个区域特有的自然条件、地理环境、政治、经济、社会、文化等，使民族体育存在着较大的差异性。通过对不同的国家、民族、时代等不同的文明进行比较与研究，发现中国不同民族的传统体育在发展中与其他区域民族传统体育的不同，总结中华民族传统体育发展中的形成规律，并通过比较研究不同民族体育之间的相同点和不同点，发现相同民族发展中存在的特性，发现和了解制约民族传统体育发展的各种因素及其相互之间的关系。纵向地对同一民族的不同发展时期进行比较，能探索发展中的影响因素，总结经验。横向地对不同民族或区域进行比较，能发现民族传统体育发展中的制约因素或发展规律。不管是纵向的历史比较研究还是横向的民族项目的比较研究，均既可以对民族传统体育历史条件进行明确，又可以对民族传统体育未来发展方向进行把握。[②]

二 中华民族传统体育发展模式稳步成型

（一）一脉相承：家族模式

民族传统体育具有以家族为本位、以血缘关系为纽带的宗法观念。在

[①] 吕景章、刘少英、吴桂兰：《民族传统体育学的研究方法之探讨》，《首都体育学院学报》2006年第4期。

[②] 赵静冬：《中国少数民族传统体育研究》，云南民族出版社2001年版，第42—45页。

宗法的固守观念的制约下，前期民族传统体育的发展被烙上伦理道德和教化民心的印记，而这种伦理道德理论体系千百年来统治着封建社会，有着极高的地位，深深地影响着人们道德观念。在固有的伦理道德观念影响下，造成了传统体育发展非常稳定的家族模式，民族传统体育是从中华各个民族的传统文化生活中产生的，而民族传统体育的最重要的传承方式是家族模式，一样的血脉、一样的生活习俗，是民族传统体育发展保持原汁原味的本土特性的重要发展方式。各族群一代代繁衍生息、一代代传承与发展，成为一种传统习俗，这是每个民族体育最直接的传承发展模式，更是最有效的传承模式。随着社会改变，其传承的手段与方式或许有所改变，但其传承的精髓仍在延续。

（二）注重培养：学校教育模式

自新中国成立以来，民族体育的发展历经磨难，但其在学校中的发展一直在延续，从学校教学大纲将武术内容列入民族传统体育多个项目推进校园的发展，都体现国家对新一代培养的关注。推进民族传统体育进校园是中国体育教学发展的客观要求，也是新时代下受现代文化冲击的民族传统体育得以传承的重要路径。[1] 学校教育是人类有意识的文化与文明传递过程的最优化形式之一，[2] 在学校教育中开展民族传统体育有利于中国民族向心力与凝聚力的提升，同时民族传统体育文化也可得到继承与发展，学校教育模式是中华民族传统体育人才培养发展的重要手段。在民族传统体育的发展中，实施传统文化进校园策略，将民族传统体育一步步推进并深入校园之中，在民族学校、师范院校、综合院校等各个院校的课程建设中逐步发展并逐渐完善和丰富，从中小学到大学进行了不同程度的改革完善，民族传统体育文化的学校教育传承模式也呈现出良好效果。总之，学校体育是中华民族传统体育得以持续发展的主要方式之一。

（三）讲究技能：竞技健身模式

在民族传统体育发展的过程中，虽然受到现代化的影响与西方竞技的冲击，但是诸多竞技项目依然保持了其竞技性的传承模式，如摔跤、押加、板鞋竞速、高脚竞速等项目依然是要求高技巧的参与竞技赢得比赛，且这些项目呈现于民族传统体育运动会上，成为民族传统体育发展的特色。民族传统体育的竞技化模式的发展是与现代快速发展的一种连接，也

---

[1] 李毅、刘倩映：《民族传统体育进校园的意义与实践》，《智库时代》2018年第39期。
[2] 田祖国：《国家文化软实力与民族传统体育发展的制度保障研究》，民族出版社2016年版，第4页。

是对其他竞技项目中竞技规则、竞技战术、竞技手段以及竞赛实施的一些相关基本方法的借鉴，使民族传统体育在国际化、时代性的大背景下维持自我进行的改革与提升。目前，竞技活动促进着世界各国之间的交流，各种竞技赛事活跃发展，民族传统体育的发展置身于一个快速发展的时代背景中，需紧跟时代不断发展与进步。此外，中国举办的全国民运会以及各个省市及自治区开展的不同项目与形式的大小民族传统体育赛事，充分印证了民族传统体育发展中的竞技模式的活跃性。

（四）跟随需求：休闲娱乐健身模式

新中国成立以来，民族传统体育一直在融入体育对体质提升的大方向上发展，其趣味性也深受民众喜爱。经济的稳步提升使越来越多的人的生活水平得到改善，休闲和娱乐步入千家万户，特别是党的十九大报告中指出："我国的主要矛盾已经转化为人民日益增长的美好生活需要和不平衡不充分的发展之间的矛盾。"休闲与娱乐已经是时代的潮流，民族传统体育的发展也由民族体育发展及民族体质提升自己需求转向休闲娱乐健身需求。休闲娱乐类民族传统体育是人们在可以自由支配的时间里自愿参与、自主选择的多在各民族节日和余暇时间开展的各种休闲、娱乐性传统体育活动项目，以恢复体力和精力、缓解压力、娱悦身心、调节情绪、修身养性为主要目的，同时也是实现自我和完善自我而进行的一种社会活动。这类活动区别于技击壮力与养生类的活动。[①] 在时代需求中，民族传统体育的诸多项目具有娱乐休闲功能，如秋千、跳绳、拔河、秧歌及陀螺等走进大众视野，成为大众喜闻乐见的项目，并成为民族传统体育传承与发扬的重要方式。

（五）融进现代：商业化模式

商业化模式在新中国成立时期并不足够突出，改革开放以来，旅游步入大众生活，旅游产业也成为商业中的重要一部分。民族传统体育作为中国体育与文化发展的瑰宝，是中国独有的一种资源，其体育节庆活动与旅游产业融合发展对于推进民族传统体育节庆活动进行现代化转型是一个不错的发展路径，且有利于实现民族地区经济、文化和社会综合效益最大化，同时体现信仰、认同与话语在民族传统体育节庆中实践价值，对于推动文化、旅游、生态"三位一体"整合发展有着极大助益。改革开放至今，中华民族传统体育通过与旅游业、文化业以及养生健康业等结合产生

---

① 李茜：《休闲娱乐类民族传统体育的基本范畴及其特征》，《北京体育大学学报》2008年第4期。

传统体育旅游产业、传统体育文化产业以及体医融合模式等商业化的发展模式，这些发展方式，使民族传统体育可以更好地融入现代生活，也可以得到现代化的传承，使民族文化资源得以开发，同时促进中国国民经济增长。

（六）注重传统：文化遗产保护模式

民族传统体育的发扬是创造中华民族体育特色的重要方式，更是建立民族文化自信、民族体育认同感的重要路径。在新中国成立之初，中华民族传统体育注重的是民族性，更多的是对民族传统体育进行传承与发扬，但"大跃进""文化大革命"等社会动因，使诸多民族传统体育项目受到打击。改革开放之后，现代化的快速发展和西方体育文化的传入，使中华民族传统体育发展受到冲击与挑战。随着文化遗产保护战略的推进，中国开始建立挖掘与保护机制，且为了保持民族传统体育本真并融入现代发展，中国建立了一系列法规政策保障民族传统体育的发展，特别是针对各个民族地区实施指导方针，倡导建立起本地区的民族传统体育保护与资源挖掘和管理体系，开启文化遗产保护模式，注重民族传统体育的发扬，提升中华民族体育精神与道德规范，增强国家凝聚力、向心力。

三 中华民族传统体育文化传承走向规范

（一）建立护盾：文化保护机制

新中国成立初期，倡导民族体育的发展，且在民运会、国际第一届新兴力量运动会等赛事中呈现出中国的体育精神与风格，初步凸显出中国民族体育文化特色，但还未形成专门的文化保护机制，又经历"文化大革命"等文化发展艰难时期，使文化发展历经磨难，致使民族传统体育的一些项目与文化精髓在时间的打磨下有所消逝。改革开放以来，随着各方面的改革，国家从体育发展大局出发，颁布《体育法》《非物质文化遗产保护法》《关于进一步繁荣发展少数民族文化事业的若干意见》等指导性文件，逐渐建立较为完备的民族传统体育保护与发展的政策体系，并鼓励地方建立文化资源挖掘与保护机制，保持自我特色，发展民族传统体育文化。这一系列法律法规的实施规范了民族传统体育的发展与传承体系，同时拯救与保护了一些优良的民族传统体育项目，且在政府机构以及社会组织及个人的努力配合下，为中华民族传统体育发展建立起科学的保护机制。

（二）坚守自我：文化传承与生态发展原则

中华文化是中国社会主义发展的沃土，沉淀着中国智慧。虽然改革开放前，中国在发展中没有足够深刻认识到这一点，但改革开放以来，民族传统体育面对国内外的窘况与冲击，在发展形态上不断地迎合着社会现代化的发展需求，在发展模式上也逐渐与市场化相结合，不断地为走向世界做充足的准备，在维持其文化精髓的状态下坚持发展。另外，民族传统体育文化的产生与传承依托于生态环境的发展，在新时代发展进程中，其在对生态环境的可持续性保护中坚持生态原则稳步推进。虽然随着改革开放，社会改变了，民族传统体育文化形式也不断发生着改变，但其传承的本质文化精神与滋养环境本质未改变，坚守自我的防线不曾改变。

（三）规则发展：体育法制建设

一个完备的管理与发展体制是引导民族传统体育规则发展的重要保障，从《体育法》《中共中央关于深化文化体制改革推动社会主义文化大发展大繁荣若干重大问题的决定》以及《全民健身条例》等法规到专门针对性的法律文件《关于进一步加强少数民族传统体育工作的指导意见》，都注重在尊重与保护民族传统体育发展的方式下，规范民族传统体育紧紧与国家方针政策相随，使其为中华民族的繁荣发展做出应有的贡献，经过一系列体育法规的颁布，民族传统体育在国家大的指导方针引领下，充分发挥其丰富性以及社会价值，同时发展更为规范。

（四）紧随时代：现代创新发展

新中国成立时，首要大事是增强人民体质，从学校到社会群众再到军人干部都在以各种可以参与锻炼的形式，发展自我、提升身体素质，这一时期的民族传统体育的主要使命是以竞技性、健身性满足时代需求。随着改革开放的推进，社会的发展与进步，民族传统体育由较单一的发展模式扩展到大众健身模式、竞技模式、学校发展模式、传统体育产业等多种模式并存发展。另外，民族传统体育的业务也扩展到了旅游业、文化业并产生现代化的商业发展模式，以及紧跟网络化、信息化的传播方式。在时代步伐的引领下，民族传统体育从发展模式到传播方式都进行着现代化的创新发展。

第三节　统筹推进：坚持继承与发展并举

一　统筹中国不同区域民族传统体育的协调发展

（一）以"传承创新"为动力

创新是一个国家保持可持续发展的源泉，是一个民族进步的灵魂，也是一种文化保持生命力的不竭动力。① 可以说，文化创新与民族生存紧密相关。对于中华民族传统体育而言，亦是如此。当前对民族传统体育发展过程中暴露的问题不能视而不见，尤其对不同区域民族传统体育项目开展水平的差距以及民族传统体育文化出现的割裂等现象应该给予足够重视。在中国全面建成小康社会的决胜阶段，保护、传承、发展民族传统体育是我们的责任，而只有以"传承创新"为动力才是统筹中国不同区域民族传统体育协调发展的正途。对于有的地区接近消亡灭绝的民族传统体育项目，我们必须以传承创新为第一抓手，建立科学、有效的传承体系，方能保持中国不同区域民族传统体育发展的动力。那么，在操作层面上，我们如何以"传承创新"为动力来统筹中国不同区域民族传统体育的协调发展？具体来说，可以围绕以下三点来实行。

其一，国家要对不同地区民族传统体育开展的情况进行调查，尤其是濒临消亡或传承人断代的民族传统体育项目要在经济上给予投入，对民族传统体育开展环境进行原生态化的支持。

其二，对不同区域民族传统体育要进行整体规划，尤其是按照《非物质文化遗产保护法》的要求，充分利用不同区域自身的资源来推进民族传统体育的发展。对于部分具有较好社会基础的民族传统体育项目，我们可以参考日本和韩国对柔道和跆拳道的发展模式，把两个项目引入学校，柔道和跆拳道不仅是对传统体育项目进行推广和普及，更为重要的是，二者已经成为传承日本和韩国传统文化的重要载体。我们可以借鉴日本和韩国推广柔道和跆拳道项目的经验，把那些具有社会基础的民族传统体育项目引入学校，进而达到推广民族传统体育的目的，这对于协调中国不同地域民族传统体育发展也起到积极作用。

其三，对"创新"的再审视关乎中国不同区域民族传统体育的协调发展，"从历史走向现代""从现代走向未来"是中国不同区域民族传统体育协调发展的轨迹。可见，创新对中国不同区域民族传统体育的协调发展起到举足轻重的作用。在21世纪，创新已经成为一个社会"热词"，但我们对创新的认识还存在一定的局限性。在中华民族传统体育语境中，我们认为的创新是以变成"他者"而展开的。② 显然，这种所谓的创新是推翻旧的一切而重新开始，而真正的创新是侧重于文化按照自身的逻辑而进行

---

① 郭建宁：《中国文化强国战略》，高等教育出版社2012年版，第163页。
② 卢高峰、王岗：《民族传统体育的发展：现状 问题 机遇 对策》，《北京体育大学学报》2015年第4期。

的自我更新，即在原有的精神高度上的更高延伸。① 因此，以"传承创新"为动力来统筹中国不同区域民族传统体育的协调发展，需要践行"坚持文化性、保持民族性、走向现代化"民族传统体育创新总目标。

（二）以"存在空间"为己任

从20世纪初开始，科学技术革新的速度明显加快，生产力的提升加剧了社会变迁的速度，尤其是1949年至2019年，新中国已经走过了70年的发展历程，经历了由农业社会向工业社会、信息社会的变迁。显而易见，发轫于农耕文明的中华民族传统体育文化在信息社会中存在空间发生了革命性和根本性的改变。加之中国正深入推进城镇化建设，不同区域民族传统体育的生存空间进一步压缩。概言之，原先在农忙间隙、村落之间、节令之上进行的各种传统体育活动很难找到其开展的场域。"文化形态的变迁与消失受空间的变迁与消失的支配，它直接与人的生存有紧密联系。"② 因此，以"存在空间"为己任来统筹中国不同区域民族传统体育的协调发展，可以围绕以下三点来进行。

首先，以"物理空间"为己任来统筹中国不同区域民族传统体育的协调发展。民族传统体育是中国非物质文化遗产保护的重要内容，比如舞龙、舞狮、赛龙舟都是中国优秀的民族传统体育项目，也是中国非物质文化遗产的重要组成部分。中华民族传统体育大都在传统节日以及庆祝五谷丰登、六畜兴旺等民俗活动中进行，不仅参加的人数众多，而且从人力、物力等方面来看便于操作，不仅对民俗文化习俗进行了保护，也开拓了民族传统体育文化存在空间，有助于不同区域民族传统体育的保护和传承。

其次，以"传承空间"为己任来统筹中国不同区域民族传统体育的协调发展。相比于韩国的跆拳道、日本的柔道、印度的瑜伽等民族传统体育项目，当前中华民族传统体育的影响力明显不如前者。中国有着丰富多彩的民族传统体育项目，要提高中华民族传统体育的影响力，需要提升中华民族传统体育的"传承空间"。比如，对不同区域民族传统体育进行挖掘和整理，把优秀的民族传统体育项目引入学校，拓展中华民族传统体育覆盖面，同时对协调不同区域民族传统体育的发展也大有助益。

最后，以"娱乐空间"为己任来统筹中国不同区域民族传统体育的协调发展。中华民族传统体育与西方体育有着明显的差别。中华民族传统体

---

① 王岳川：《文化输出》，北京大学出版社2011年版，第55页。
② 车玉玲：《空间变迁的文化表达与生存焦虑》，《苏州大学学报》（哲学社会科学版）2013年第4期。

育诞生在农耕文化之中，而西方体育发源于海洋文化。中华民族传统体育讲究"身心合一""道法自然"，是一种哲学体育，注重人与自然的和谐相处，而不同于西方物理体育，注重人对自然的征服。在信息化时代，中华民族传统体育具备的"修身养性""自娱自乐"特点更有助于人的身心健康。因此，中国政府部门要充分利用媒体以及各种社会资源，注重对民族传统体育"娱乐空间"的开发，进而统筹中国不同区域民族传统体育的协调发展。

（三）以"系统联动"为手段

当前足球、篮球、网球作为世界三大体育运动席卷全球，从中可窥见西方体育运动主导全球体育发展的格局。相比于西方体育运动项目，中华民族传统体育发展规模及影响力相去甚远。更为严重的是，中国不同区域的民族传统体育发展水平参差不齐。追根溯源，这与中华民族传统体育发展环境变化以及外部干扰因素有一定的关系。比如民族传统体育传承的外部循环受到经济环境、社会环境以及自然生态环境的变化的影响，从而使得原有关联的要素进入不稳定状态。又如，西方竞技体育对中华民族传统体育的影响也尤为明显。以龙舟项目为例，龙舟作为中国具有悠久历史的民族传统体育运动，不仅具有很好的观赏性，也具有一定的竞技性，然而，从龙舟运动开展的情况来看，其主要集中在中国南方地区，反观，诞生于西方的皮划艇运动，不仅有一百多个国家或地区加入了国际皮划艇联合会，而且入选为夏季奥运会正式比赛项目。可见，中华民族传统体育一般开展区域较窄，影响力有限，因此，以"系统联动"为手段来统筹中国不同区域民族传统体育的协调发展，可以围绕以下两点来进行。

第一，只有深入领悟中国民族传统体育文化的核心层，才能对中国不同区域民族传统体育进行协调发展。根据文化结构理论，文化一般包括核心层、中间层、外显层三个层面，对于中华民族传统体育而言，同样如此。在过去较长一段时间内，中华民族传统体育陷入了"重外弃内"的发展局面。追其缘由，在于主管体育的相关部门在制定民族传统体育发展规划时，往往只关注民族传统体育的外显层文化，而对民族传统体育的中间层和核心层文化比较忽视，进而导致了中国不同区域民族传统体育发展出现文化割裂的模式。因此，以系统联动为手段统筹中国不同区域民族传统体育的协调发展，除了对民族传统体育有关身体活动的文化外显层增强关注之外，还必须往中华民族传统体育文化的中间层和核心层注入更多精力。只有抓住和深入领悟了中华民族传统体育文化的核心层的精髓，才能以"系统联动"为手段引领中国不同区域民族传统体育驶入可持续发展的正途。

第二,跳出"体育事业"的禁锢,方能推动中国不同区域民族传统体育的协调发展。从当前中国不同区域民族传统体育的开展情况来看,有部分民族传统体育存在"其形还在,其魂已失"的情况。出现此种现象主要原因之一在于,对于中华民族传统体育的保护只被视为体育部门的事,而缺乏在文化领域、教育场所、体育事业、艺术平台等层面形成"系统联动"来协调中国不同区域民族传统体育发展。具体而言,我们应该围绕文化、教育、体育、艺术四个层面以系统联动模式发展中国不同区域民族传统体育,除了对不同区域民族传统体育的艺术性、生命性、伦理性、娱乐性进行挖掘和保护之外,更要对不同区域民族传统体育的游戏性、竞技性、公平性等共性价值进行挖掘,进而促进中国不同区域民族传统体育的协调发展。

二 将民族传统体育纳入全民健身及"健康中国"战略

(一)尊道求道:把民族传统体育的本体精神融入全民健身和"健康中国"战略之中

新千年伊始,中国民族传统体育的发展注重对体育活动背后内涵的挖掘,突破名词概念的表象,将中华民族传统体育文化由技术文本向文化文本转变。从某种意义上说,"道"不仅是中华民族传统体育人文教育实施的至关重要点,而且是中华文化代表的根本之处。对"道"的追求内化为指引我们每个人行为的一个核心价值观。将民族传统体育这种尊道求道的本体精神融入当前中国全面健身和"健康中国"战略中会起到积极的影响。当前中国处在全面建成小康社会的决胜时期,国家对国民的健康问题也日益关注。全民健身运动是中国改革开放政策实施到第17年的时候提出来的,主要立足于中国全民身体素质的提升。在2016年颁布的《全民健身计划(2016—2020年)》提出,到2020年,群众体育健身意识普遍增强,参加体育锻炼的人数明显增加,每周参加1次及以上体育锻炼的人数达到7亿人,经常参加体育锻炼的人数达到4.35亿人,群众身体素质稳步增强。显然,中国不仅拥有丰富多彩的民族传统体育项目,而且民族传统体育项目具有趣味性、健身性、社交性等特点,特别是不同于现代西方竞技体育追求的"高""难"等人为设计。中华民族传统体育追求大道至简的人文精神,注重通过参加民族传统体育修炼一种平心静气的道德观念。

可见,中华民族传统体育在简单质朴的动作中彰显着中华文明与智慧。毫无疑问,中国民族传统体育是全面推进中国全民健身开展的重要载体。除了全民健身之外，中共中央、国务院于2016年颁布《"健康中国2030"规划纲要》，把国民健康问题提升到国家战略高度，"健康中国"战略的实施同样离不开民族传统体育。具体来说，"健康中国"战略实行需要借助中华民族传统体育的本体精神，一方面，民族传统体育以身体的肢体动作传承着人类文明的灵魂，也秉承着中国学统的"内明之智"；另一方面，中华民族传统体育传承体现尊道求道，尤其是对师者传道授业解惑的尊重。正因为这种尊道求道的传承精神，中华民族传统体育的传承注重对外在感情的抒发以及对内在神韵的领悟，在其发展方面也注重每一处细节对传统意义和社会价值的体现。因此，无论是全民健身活动的开展还是"健康中国"战略的实施，我们在尊道求道原则下把民族传统体育的本体精神融入其中，方能促进全民健身和"健康中国"战略的有序开展。

（二）内外兼修：把民族传统体育的本质素养融入全民健身和"健康中国"战略之中

民族传统体育是一种颇具传统色彩的文化形态，它是一种带有民族特点的文化形式的表现，是人类体育文化的一个重要组成部分，而沐浴中华5000年悠久文化洗礼的民族传统体育彰显内外兼修的特质。以中华民族传统体育的武术项目为例。中国武术源远流长，坚持武术"以武正身，以身育人"。武术精神的核心聚焦在武德武礼之上，而中国人文精神可以借助武术精神得到很好的诠释。对武德武礼的推崇不仅是传统文化在武术领域的核心内容，也是习武者对武术境界矢志不渝的追求。当前中国政府对全民健康日益重视，尤其是进入新时代中国特色社会主义建设新阶段以来，全民健身运动和"健康中国"战略的实施需要充分利用中国丰富的民族传统体育资源，如何把民族传统体育的本质素养融入全民健身和"健康中国"战略之中，是当前我们需要重点关注和思考的问题。大学强调"自天子以至于庶人，壹是皆以修身为本"。就如前文所提及的武术，我们不能将武术的拳法、腿法等技术的学习还停留在形而下层面，要把武术形而下的技术和器物等层面提升到形而上的人格塑造。可见，实现自我完善，需要对自己的价值认同和自觉行为进行内化，通过武德修养达到德才兼备的境界，践行习学成德的武学练习之路。

习近平同志在党的十九大报告中指出，中国进入了新时代特色社会主义建设新时期，社会的各个领域呈现出新的发展特点。对于全民健身和"健康中国"战略的实施，需要注重汲取中华民族传统体育的内外兼修的文化精髓，尤其民族传统体育注重对气韵和情感的抒发对"健康中国2030"战略规划的实施和全民健身运动的开展大有裨益。除了武术之外，太极拳也是优秀的民族传统体育项目之一。太极拳以神意为先带动肢体运动，太极拳肢体行为有极强的隐喻性和表意性，太极拳文化符号注重内外的联系，把自然现象、生活哲理灌注到拳势中去。① 所以对太极拳的学习不能仅仅停留在动作的简单模仿层面，要感受太极拳的意境，参悟太极拳与博大精深的中华文化之间的密切联系。另外，回归项目的本质不仅是中华民族传统体育保持可持续发展势头的重要准则，也关乎能否把民族传统体育的本质素养融入全民健身和"健康中国"战略之中去。2015 年伊始，中国把北狮竞赛纳入传统项目，为了继承身体活动的内在神意，在突出传统的基础上兼顾公平与规范，从竞技性过渡到艺术性，把民俗特色和传统故事编入北狮动作之中，使得北狮运动大众化、通俗化的同时，也凸显狮子的神韵形态，不再拘泥于形式，不再仅仅是刻意的竞技而是回归舞狮的本质内涵，这为当前中华民族传统体育更好地融入全民健身和"健康中国"战略实施中发挥了很好的示范作用。

（三）求真务实：把民族传统体育的民本价值融入全民健身和"健康中国"战略之中

人要生存，必定产生需要，生存与需要如影随形。马斯洛提出了著名的需要层次理论：第一层为生理方面的需要；第二层为安全方面的需要；第三层为在满足生理方面和安全方面的需要之后，对归属和爱的需要；第四层为对尊重的需要；第五层是需求层次理论最高层即对自我实现的需要。人对健身的需要属于马斯洛的需要层次理论第一层。从某种意义上来说，健身是人类第一追求，这也是体育最初本质核心所在，没有强健体魄和健全的心理就无法正常生产生活。然而，在西方竞技体育发展大背景下，体育成为了身体教化的手段，尤其在物欲横流的时代，竞技体育追逐功利目的愈演愈烈。最终，赛场的"金牌"取代了一项极具意义的人类身体教化活动，在奥运会、锦标赛等各大体育赛事中也出现一些不和谐，甚至违反伦理道德的现象。比如，为了利益在绿茵场上故意踢伤对手，更有甚者用脚踢中对手要害；有些运动员滥用违禁药物，驰骋在跑道上，却造成了大腿肌肉撕裂；有的运动员在体操比赛中不幸造成高位截瘫……当奖牌挂在脖子上（大部分运动员没有奖牌，冠军只有一位）时，试问我们在干什么，我们为何要不惜一切驰骋在赛场之上。②

---

① 张杰：《基于文化符号圈理论的太极拳文化符号结构研究》，《体育科学》2012 年第 12 期。
② 武冬：《民族传统体育独特价值及未来走向》，《中国学校体育》（高等教育）2014 年第 1 期。

反观，另一个场域出现了截然相反的情况，引发我们思考。无论是炎炎夏日，还是数九寒冬，在社区空地、在公园广场、在道路两边……总能见到众多的中老年人，悠然自得地习练武术和演练太极，鹤发童颜，愉悦的笑容、健硕的身体，好不自在，这正是中华民族传统体育所带来的。诞生于农耕文明的中华民族传统体育，其民本价值主要以个人修炼为主要形式，以延年益寿为主要目的，以协调阴阳为功效准则，以内外兼修为基本内容，以注重运动养生为理念，影射出民族传统体育的独特价值。当前是中国深入开展全民健身和部署"健康中国"战略实施的关键时期，全民健身和"健康中国"战略开展情况关乎全面建成小康社会能否实现。而中华民族传统体育是中国全民健身运动开展的重要内容，也是实施"健康中国"战略的重要路径。把民族传统体育讲究求真务实的民本价值融入全民健身和"健康中国"战略之中显得尤为重要。中国不仅有着多种多样的民族传统体育项目，而且不少民族传统体育项目呈现老少皆宜和雅俗共赏的特点，尤其是中华民族传统体育民本价值秉承的经世致用、情感和信仰的倾诉性，对于当前中国深入推动全民健身运动和"健康中国"战略的实施具有独一无二的价值。

一言以蔽之，民族传统体育这种功能多样、雅俗共赏以及自娱自乐的文化特质，对于提升民众对体育活动的参与度以及保持民众的精神愉悦来说效果显著。可见，我们需要在恪守求真务实的基础上把民族传统体育的民本价值融入全民健身运动和"健康中国"战略之中，方能进一步推动全民健身运动和"健康中国"战略的实施。

三 深挖中华民族传统体育资源，探索社会化与市场化的发展门径

（一）促进中华民族传统体育的可持续发展

不能否认，当前风靡全球的现代体育项目主要起源于西方发达国家，比如风靡全球的篮球运动就最先起源于美国，而作为世界第一运动项目的足球，就诞生于英国。又如，作为中国"国球"的乒乓球运动项目，最初也不是诞生在中国，而是英国。相比于风靡全球的众多的竞技体育项目，中国民族传统体育的发展及生存状况不容乐观，更谈不上在国际体育发展格局中拥有一定的话语权。对于当前中华民族传统体育面临的发展处境，我们应该用发展变化的眼光来分析所面临的局势。一来，民族传统体育与西方竞技体育诞生于两种不同的文明，诞生于农耕文明的中华民族传统体育可以视为一种哲学体育，注重通过肢体动作的舒展来感悟与大自然之间

的关系。反观西方竞技体育,可以被视为一种物理体育,主要彰显人对大自然的征服,现代奥林匹克运动提倡的"更快、更高、更强"就很好地诠释了西方的这种物理体育。二来,过去较长的一段历史时期,是西方资本主义国家的工业化发展时期,工业化发展时期突出社会生产力的发展,人类通过对大自然资源的疯狂开采来提升社会生产力发展水平。人类对大自然的征服除了使用科学技术手段之外,也需要人类具有强健的体魄、健硕的肌肉、发达的力量……而这些都需要借助西方的这种物理体育方能塑造而成。这也从更深一层道出了西方体育竞技风靡全球的原因。然而,当人类进入新千年,数字化和信息化日益普及,人们日常的劳动量急剧减少,而脑力劳动日益增加,这就造成了人们身体活动的骤减。从当前各种"文明病"(糖尿病、高血压、低血糖、颈椎病、腰椎病)的出现可以窥见一斑。西方竞技体育对于对抗人的身心异化所起的作用越来越有限,而诞生于农耕文明的民族传统体育对于抵抗人的异化所起的作用是西方竞技体育无法比拟的。一方面,中华民族传统体育可以视为一种有氧体育,不主张突破自我运动极限,主张一手一足之屈伸,并持之以恒,对身体的健康亦有益焉;另一方面,民族传统体育无论是场地、设施,还是技术动作的难易程度,都体现简单、易学的特点。随着体育休闲时代的来临,中华民族传统体育将迎来重大的发展机遇,因此,传承和发展中华民族传统体育是我们义不容辞的责任。在新时代中国特色社会主义建设的新阶段,要推动中华民族传统体育的可持续发展,我们要实践"传承"与"创新"并存的运行机制,创新是一个民族进步的灵魂,是一个国家兴旺发展的不竭动力,也是一种文化生生不息的源头活水。[①] 如何把中华民族传统体育与学校体育有机地结合起来,是关乎中华民族传统体育"传承"与"创新"并存的运行机制的关键所在,也是保障民族传统体育生命张力的正途所在。

(二)深挖中华民族传统体育资源

空间变迁是我们思考民族传统体育文化发展不能忽视的一个重要因素。民族传统体育从20世纪至今经历了前所未有的社会变迁,20世纪前半叶,西方列强的入侵,西方文化的渗透对中国传统文化产生重大影响,特别是20世纪70年代末开始实行改革开放政策至今,中国从工业时代步入信息时代。进入新千年之后,中国加快了城镇一体化建设步伐,中国社会变迁对民族传统体育的生存空间也产生了革命性和根本性的影响。原本存在于村落(寨)之中的民族传统体育文化,很难再找到其温馨的场域,

---

[①] 郭建宁:《中国文化强国战略》,高等教育出版社2012年版,第163页。

也就直接导致了民族传统体育文化的衰落，甚至是消亡。① 生活空间与文化传承是不可分割的，空间所承载的文化特性是不可逆的，空间的变迁与消失往往意味着文化形态的变迁与消失，它直接与人的生存关联。一旦生存空间消失，则意味着一种生存方式及其所承载文化传统的消失。②

正是基于这样的理论背景，注重中华民族传统体育发展的"生存空间"，是实现民族传统体育当代振兴的重要策略。具体来说，拓展空间深挖中华民族传统体育资源主要围绕五个方面来展开，即"物理空间""传承空间""娱乐空间""地理空间""文化空间"。首先，"物理空间"方面主要是对中华民族传统体育中民俗性遗产的保护；其次，"传承空间"主要是根据地方差异，把民族传统体育引入学校体育工作中，拓展中华民族传统体育的传承空间；再次，"娱乐空间"主要是指中华民族传统体育在发展过程中要充分发挥中国互联网的优势，把民族传统体育与媒介相结合，宣传中华民族传统体育具有雅俗共赏和寓教于乐的独特价值；最后，"地理空间"为了满足更多人对参与民族传统体育的需要，构建民族传统体育活动场所来拓展体验和实践民族传统体育，此外，"文化空间"主要指存在、文化和空间三者之间的一种共时性，文化空间逐渐取代纯粹的自然空间，为了深挖中华民族传统体育资源，我们应该更多地关注"文化空间"的变化规律，开发民族传统体育文化的"存在空间"，这是我们传承和发展中华民族传统体育的重要责任和义务。

（三）实现民族传统体育多元化价值的开发

回顾新中国 70 年历程，国家对竞技体育、学校体育和群众体育的开展日益重视，对于民族传统体育而言也是概莫能外。然而，国家对民族传统体育的关注往往最先聚焦于外显层，而对民族传统体育文化的中间层和核心层比较忽视。这就造成了中国相关的体育部门对民族传统体育的发展产生认识上的偏差，用所谓"西方现代体育"的标准来度量中华民族传统体育的发展，造成了"重外弃内"的"文化割裂式"的发展模式。其后果必然形成"其魂已失，其体还在"的虚无主义存在态势。

如果要保持民族传统体育实现"体魂同在"的可持续发展态势，除需要我们重视民族传统体育文化的外显层之外，还要对民族传统体育文化的中间层和核心层给予重视和关注。仅仅通过西方物理"体育"的标准来度

---

① 卢高峰、王岗:《民族传统体育的发展：现状 问题 机遇 对策》,《北京体育大学学报》2015 年第 4 期。
② 车玉玲:《空间变迁的文化表达与生存焦虑》,《苏州大学学报》（哲学社会科学版）2013年第 4 期。

量诞生农耕文明的民族传统体育的做法显然是不正确的。采用"系统联动"的策略来促进民族传统体育文化的多元价值开发和利用才是有效途径。此外，体育与艺术以及伦理之间有着千丝万缕的联系，因此，实现民族传统体育多元化价值的开发需要我们摒弃单向度思维，跳出体育的限制，对民族传统体育的认识要上升到艺术、生命、伦理的高度，即艺术性高于体育性，伦理性高于公平性，生命性高于游戏性，娱乐性高于竞技性。

总之，基于系统联动来实现民族传统体育多元化价值的开发不能只被视为政府部门或体育部门的事情。民族传统体育多元文化价值的开发要从所谓的"体育事业"的禁锢中释放出来，注重在教育领域对中华民族传统体育的传承和弘扬，并借助媒介、体育特色小镇、旅游节等平台展示和推介中华民族传统体育，最终实现在不同领域、系统联动作用下的民族传统体育文化的大发展、大繁荣，实现其文化价值的多元化开发和利用。

四 坚持走"有特色、高水平"运动会之路，完善全国少数民族传统体育运动会

（一）举办宗旨：提升民众体质健康，促进民族之间的团结

一件具体事情的实施或一项体育赛事的开展都有具体的目的或意图。全国少数民族传统体育运动会（以下简称民运会）是借助体育运动的形式，使各族人民欢聚一堂并以此来彰显团结与进步的盛会。民运会是在1953年举办的全国民族形式体育表演和竞赛大会的基础上发展而来的。民运会参考夏季奥林匹克运动会举办时间，每四年举办一次，特别是改革开放以来，民运会的影响力更加凸显，无论是比赛的项目还是参赛的人数都有显著增长。加上网络媒体等对赛事的转播和宣传，民运会的社会影响力得到一定的提升。尽管民运会举办了很多届，但是通过举办民运会增强民众的体质、促进民族团结、振奋民族精神面貌的主办宗旨一直没变。表6.1对中国历届民运会举办宗旨进行了汇总。除从第一届到第四届民运会没有提出具体明确的赛事宗旨之外，之后的民运会都围绕"团结""平等""繁荣"等方面提出了具体民运会举办的宗旨。尽管每届民运会因举办的地点、时间的不同，其比赛宗旨的侧重点在每个时间都有所不同，但实现"各民族团结奋斗、共同繁荣发展"作为中国举办民运会的宗旨始终未曾改变。

表 6.1　　　　　　　中国历届民运会的举办宗旨[1]

届数	民运会举办宗旨
第一届	—
第二届	—
第三届	—
第四届	平等、进步、团结、繁荣
第五届	加强民族团结，提升民众体质，发展民族体育，为社会主义物质和精神文明建设服务
第六届	发展民族体育，加强民族团结，振奋民族精神
第七届	弘扬民族传统体育文化，促进民族团结
第八届	团结、强健
第九届	奋进、团结、平等、进取
第十届	奋进、团结、平等、进取
第十一届	平等、团结、拼搏、奋进

(二) 项目设置：在融合民族共性的基础上凸显民族个性

新中国成立以来发生了翻天覆地的变化，这离不开当代国际环境"和平"与"发展"的时代重要主题，民族传统体育的发展也同样受到时代背景的影响。中国是多民族的国家，多民族的属性为民族团结奠定基础，为各民族的个性彰显奠定了基础，中国特定的生活环境、特定的地域造就了中国个性鲜明的民族传统体育活动，这些民族传统体育活动是中国古代休闲娱乐、养生保健、宗教仪式以及军事斗争等内容的集中体现，往往与各民族的生产劳动、游戏竞技、宗教祭祀等活动联系在一起。[2] 民运会的比赛项目大都是中华民族优秀传统体育的代表，很好地对"民族共性"与"民族个性"两个方面进行了兼顾，就如何进一步深入挖掘中华民族传统体育并着力保护这些民族传统体育等问题能够引发我们的沉思。

表 6.2 对十届民运会的项目设置情况进行分析，总的来说，以突出民族特色作为民运会项目设置的重要标准，特别是把各民族特色鲜明的民族传统体育类项目纳入了表演类项目之中。此外，高脚马、独竹漂等流行于土家族和黔北民间绝技等原生态项目被纳入民运会的竞技类比赛项目中。如此，当人们看到阿细跳月、"碧秀"、达瓦孜等项目的表演时，彝族、藏

---

[1] 彭国强、舒盛芳：《我国 10 届民运会演进的特征、经验及走向》，《武汉体育学院学报》2015 年第 12 期。

[2] 王虹、赵小玲：《全国少数民族传统体育运动会研究》，《体育文化导刊》2009 年第 11 期。

族、维吾尔族的形象便会在人们脑海中浮现。显而易见，民运会设置如此众多凸显民族特点的竞技类和表演类的民族传统体育项目，对于展现各民族传统体育文化，促进各民族之间的文化交流以及维护不同民族间的文化身份认同都起到一定的积极作用。

表6.2　　　　　　　　中国历届民运会项目设置情况①

届数	地点	项目设置 竞赛类	项目设置 表演类	项目项数 竞赛类	项目项数 表演类	项目增减情况
第一届	天津	拳击、布射、举重、摔跤、短兵	武术、舞狮、民间体育杂技等	5	414	——
第二届	呼和浩特	射箭、摔跤	斗牛、孔雀拳、轮子秋	2	68	
第三届	乌鲁木齐	赛马、摔跤、射箭、抢花炮等	跑竹竿、赛骆驼、马上拾银等	7	115	与上一届相比，比赛类和表演类分别增加5项和47项
第四届	南宁	赛龙舟、武术、木球、秋千、抢花炮等	马上角力、套马、叼羊等	9	120	射箭等5项被纳入竞技类；赛龙舟被纳入表演类
第五届	昆明	摔跤、赛马、木球、龙舟、打陀螺等	马上角力、达瓦孜等	11	129	打陀螺被纳入竞赛类；表演类增加
第六届	拉萨	打陀螺、马上项目、射弩等	巴山舞、踩竹马等	4	40	——
第七届	银川	赛马、高脚马、龙舟、武术等	叼羊、姑娘追等	14	126	高脚马被纳入竞技类；表演类减少31项
第八届	广州	马术、木球、秋千、高脚竞速、摔跤等	飞绣球、跳花盆等	15	140	增设了板鞋竞速；表演类增加22项
第九届	贵阳	马术、武术、秋千、板鞋竞速等	皮筏子、轮子秋等	16	188	竞技类增加了独行漂；表演类增加了12项
第十届	鄂尔多斯	珍珠球、龙舟、马术、武术、陀螺等	草球乐、竿球等	17	178	民族健身操纳入健身操；表演类划分为三大类
第十一届	郑州	花炮、珍珠球、木球、蹴球等	搭火把、舞狮等	17	194	表演类增加了16项

---

① 彭国强、舒盛芳:《我国10届民运会演进的特征、经验及走向》,《武汉体育学院学报》2015年第12期。

(三) 赛事亮点：在弘扬传统人文精神的基础上融入现代体育理念

全国少数民族传统体育运动会从1953年举办第一届比赛以来，已走过60多年的发展历程。民运会在秉承弘扬中华传统文化以及汲取中华民族传统体育精髓的基础上，也不断融入现代体育理念。总的来说，每一届民运会都呈现了不同的特点，有的民运会从项目形式上突出民族传统体育特色，有的民运会借助网络媒体对赛事进行全方位的宣传，甚至有些民运会经过精心创作的会歌被人们广为传唱。上述这些都是民运会在融合传统文化精神和现代体育理念下所形成的一种文化符号。从某种意义上说，在不同地点举办的民运会已经成为民众心中的一种集体记忆。

表6.3对中国历届民运会赛事亮点进行了汇总，1953年举办的第一届民运会具有划时代的意义。一方面，契合了新中国百废待兴建设的发展大趋势；另一方面，也把少数民族传统体育提高到一个比较高的发展地位，同时也改变大众对民族传统体育不正确的认知等负面影响起到了积极作用。第二届民运会的召开是响应党的十一届三中全会对中国体育事业提出发展战略的体育盛会，也是中国实行改革开放后的首届民运会。在此之前，受到十年"文化大革命"的影响，民运会一度中断。第二届民运会是在中国顺利召开十一届三中全会和实行改革开放的国策之下举行的，所以备受关注，吸引了80多万群众。从第三届民运会到第五届民运会开始制定会标、会旗、会徽、会歌以及允许解放军参赛，再到民运会在非少数民族聚集区举办、民运会与现代体育项目接轨、民运会改革奖励体系以及汉族运动员的参赛，这些举措的实施推动了民运会健康有序的发展，探索出了一条适合民运会发展的道路。①

表6.3　　　　　　　　中国历届民运会赛事亮点解析②

届数	赛事亮点
第一届	凸显民族平等团结的盛会
第二届	影响力明显提升，吸引了80万人次观看
第三届	开始制作特定的会标、会旗、会徽，向规范方向发展
第四届	开始首次采用会歌

① 彭国强、舒盛芳：《我国10届民运会演进的特征、经验及走向》，《武汉体育学院学报》2015年第12期。

② 彭国强、舒盛芳：《我国10届民运会演进的特征、经验及走向》，《武汉体育学院学报》2015年第12期。

续表

届数	赛事亮点
第一届	凸显民族平等团结的盛会
第五届	新疆生产建设兵团和中国人民解放军参加民运会
第六届	拉萨设立分会场
第七届	在项目设定上开始与现代体育接轨
第八届	在非少数民族聚集区举办
第九届	改革奖励体系，把金、银、铜牌改为一、二、三等奖
第十届	开始允许汉族运动员按一定比例参加竞赛类和表演类项目
第十一届	呼和浩特设立民族马术分赛场；主题：奋进新时代、中原更出彩；献礼新中国成立70周年

第四节 提质增效：突出中华民族传统体育内涵的发展

在不同的社会历史阶段和历史条件下，生存于不同时空的文化也将被赋予新的时代内涵。新中国的成立在一定程度上加速了中国社会主义现代化的步伐，民族传统体育文化的内涵也随之产生变化。以下将通过对新中国70年民族传统体育发展的分析，从物质方面、行为方面、精神方面进一步总结出民族传统体育发展的宝贵经验。

一 提升中华民族传统体育在物质方面的发展

（一）生态环境

中国地域辽阔，地理环境、自然气候差异大，主要分为依山、依水、依高原三种类型的民族传统体育，基于如此肥沃的生长环境，中华民族传统体育文化的内涵依赖自然生态环境变得丰富多彩。然而，随着中国现代化（主要有工业化、城镇化）进程的推进，各民族世代生存的生态环境产生了不同程度的变化，众多民族传统体育为适应时代发展对自身做出了调试，一部分保证了民族传统体育文化基因的延续，另一部分面临着一些严峻的场面，例如：广州端午赛龙舟项目，由于受到水质污染的严重影响，直接造成了该民族传统体育项目在当地难以开展。根据统计，截至2014年底，广州市有16条河流和2个水库的现状水质为劣V类，60条河流中有 2 条河水连续 8 个月存在黑臭现象，28 条河水出现发臭现象。① 又如由于草原生态环境的恶化、草原场地数量的日益减少，许多维吾尔族传统体育项目逐渐消失。② 生态环境的恶化造成民族传统体育在客观层面上难以继续维持，为中国保护生态环境、维系民族传统体育文化传承敲响了警钟。中国应继续加强人与自然和谐相处的绿色发展理念，避免对中国优秀传统文化资源进行二次伤害。

（二）传统器物

民族传统体育多处于封闭的环境之下，诸多传统器械具有普及范围小、危险性高、操作复杂等弊端，已经不再适宜当代发展的主题。因此，应当对民族传统体育器物进行改造，使其符合当代人进行体育锻炼的需求。以苗族"上刀山"民族传统体育项目为例："上刀山"的器材依然处在相对原始的水平，带有危险性质，表演时十分危险，让人心惊胆战，由此加强相关器材及其部件的创新就成了民族传统体育现代化的一个重要内容。以往学者总结民族传统体育器材现代化包括以下三点：（1）材料现代化。为了确保民族体育运动的舒适度、安全性与科学性，应当以现代化人工合成材料作为原材料，以此提升器材的便捷性和安全性，并作为器材批量生产的基本前提之一。针对一些比较容易腐烂、变质的材料，如木质、竹质、纸质等，用强度硬度高、重量轻的材料替代，主要途径有现代塑钢类材料、合金类材料。（2）工艺现代化。利用当下工厂集中机器生产模式，进行大批量的生产，并将其投放到群众中间。主要途径有生产线生产、艺人批量生产。（3）器材功能多元化。指使民族传统体育从一种休闲型的运动项目，转化为一种负荷强度可观测、可测量的新民族体育项目。主要途径有器物竞技功能开发、艺术表演功能开发。通过器材的现代化，能够极大地促进民族传统体育文化物质层面的发展，让一些优秀民族传统体育项目能够使用一些合时宜的创新器材，成为民族传统体育文化内涵"提质增效"的重要内容。

（三）人文环境

此处的人文环境是指，孕育民族传统体育的人文环境，包括传统建筑物、房屋、街道等人文景观。民族传统体育人文环境处于民族传统体育文化生态环境的中层位置，是联络民族传统体育文化的意识形态和民族传统

---

① 东方网：《龙舟赛事的尴尬给谁敲响警钟》，2015 年 6 月（http://pinglun.eastday.com/p/20150621/u1ai8763466.ht）。

② 闫艺、孙世明：《文化生态学视野下维吾尔族传统体育文化变迁研究》，《广州体育学院学报》2011 年第 4 期。

体育文化生态环境的桥梁。因此，应该着重对人文环境进行保护，进而促进民族传统体育物质文化层的修复。随着中国城镇化的大力发展，各民族世代生存的居住环境遭到了挑战，有的区域使传统建筑物彻底消失在人们的视野之中，有的区域则抓住历史机遇，对民族传统体育文化进行改造，使传统建筑能够立足于现代。以赣南地区为例，在城镇化进程中着力强调文化建设和居民精神文明建设，充分利用既有政策优势和独特的体育特色资源，加强体育特色小镇的规划建设和市场运作，以极具特色的体育小镇建设促进赣南地区城市化水平的提高，着力打造以赣南民俗文化节（如席狮、犁狮、竹篙火龙等）、赣南民俗旅游节等品牌文化活动，打造以舞龙、舞狮等民俗体育为主要内容的富有赣南特色的民俗体育小镇。[1] 赣南地区在适应现代化的前提下，力图打造以民族传统体育文化为核心的特色城镇，如此一来，营造了民族传统体育文化的氛围，扩大了影响范围，使更多的受众群体能够参与其中。

二 强化中华民族传统体育在行为方面的发展

（一）传承主体

近几十年来，由于生产力的发展，劳动力大量流动，大多数农村人口向城市转移，农村人口的流失造成了民族传统体育技能传承人年龄结构断层，基于此，国家和社会各层加强了对传承人认定机制的制定。以武术为例，传承人的认定包括四个步骤：（1）调查。为了进一步保障调查的专业性，保证传承人清楚传承谱系、所掌握和传承的内容或技艺以及对该项目的创新与发展。除文化和体育部门进行考核检查之外，应当进一步成立专家组，共同开展对传承人的调查工作。（2）确认。国家对传承人的认定包括以下条件：首先应当掌握某项国家级非物质文化遗产；其次应当在一定领域内具有公认影响力和代表性；最后应当积极地开展传统体育活动，并培养后继人才。传承人应当系统地掌握该项目的理论技术并且对传承事业具有高度责任感。（3）建档。项目传承人的身份得到确认后，通过地方各级文化管理部门建立的数字档案，收集传承人的基本信息以及该传承人的传承业绩和传承谱系、著作、影像资料等。（4）命名。经过以上三个环节之后，首先应当向所在地县级以上文化管理部门提供具备基本条件的武术传承人的基本材料、个人经验以及辅助证明材料。其次报送省级文化管

---

[1] 胡继光、姜封庆：《"绿色崛起"视角下赣南地区体育特色小镇建设研究》，《江西理工大学学报》2018 年第 2 期。

部门由专家进行审核评议,对符合条件者命名为该项目的传承人。① 对传承人的认定将确保传承主体对本民族传统体育文化的认同价值,直接推动民族传统体育的发展。

(二) 技能传承

中华民族传统体育项目类型多,举行时间多围绕具体的时间节点,技能难度参差不齐,这就限制了民族传统体育走向大众化的步伐。反之,民族传统体育生存于扎实的人民群众之中,这就需要我们从技能这一方面入手,将民族传统体育发展成群众更容易接受的大众体育形式。近年来,中国就技能传承方面进行了积极探索,以学校体育为例,学校教育拥有固定的受众群体,因此成为民族传统体育技能传承的重要途径。许多传统体育具有一定的时间节令限制,若想使传统体育与当代学校教育相适应必须寻找或者去创造契合点,依据学校课程开设的普遍性要求,对具有代表性的传统体育的技能重新进行整合,探索出适合当代青少年的技术动作,这也将是民族传统体育向现代化转换的重要途径之一。通过对以往经验的总结,具体采取措施如下:首先,技能表述语言的教学化。通过开发具有专业性的术语,能够使单项技能表述更加准确、动作可被量化,使学生对技能要领有一个清晰明确的认识,从而使学生在学习的过程中更加高效地理解教师想要传达和表示的意思,做出更加有效的沟通,使得科学性进一步提高。其次,技能传授的教学化。根据现代化教学方式,教师对技能的传授应当严格按照教学大纲的要求撰写教案(主要包括:教学目的、教学时间、教学方法、教学内容、教学重点和难点),在此基础上进行技能教学与教学效果评价。实施中的课堂组织形式、器材和场地选择都应当根据具体的民族传统体育项目进行选择,教师应当主动带领学生去营造轻松的、积极的课堂学习氛围,明确其真正的学习目的是给学生带来最自然的锻炼身体方式。② 最后,技能动作的教学化。对民族传统体育动作进行动作拆分,分解教学。根据不同的项目要求,教师应当适宜地进行正面、侧面、背面教学示范。使学生对民族传统体育项目的学习更加科学化和系统化。因而,应当营造民族传统体育新的生态环境。因此,创新民族传统体育技能传承的内容符合时代发展,将极大地丰富民族传统体育的文化内涵。

---

① 洪浩、胡继云:《文化安全:传统武术传承人保护的新视阈》,《武汉体育学院学报》2010年第6期。
② 庞博:《少数民族传统体育项目从节庆向常规发展路径研究》,《体育文化导刊》2017年第6期。

三 突出中华民族传统体育在精神方面的发展

(一) 认同价值

族群文化心理的改变形成了民族传统体育传承上的心理沟壑，但是随着现代化的推进，族群文化的心理机制受到了巨大的挑战。进入城镇化时代，少数民族地区大量青壮年涌入城市务工，老人和孩子滞留农村，而在逢年过节时，人们往往回到原住地。在这样的背景下，进入城镇务工的人们思想上受到不同信息的影响，民族传统文化传承受到冲击，进入城镇的人们在文化心理上不可避免地出现了"堕距"现象，对于祖辈相传的民族文化的认同感逐渐下降。同时婚丧嫁娶、生活方式的变迁也造成了血缘认同上的弱化，在自然崇拜、文化传承上人们的文化心理也发生了显著变化，基于传统村落的传统体育也逐渐不被人们认同。通过对前人的总结，要想对民族传统体育文化层进行修改，需要注意以下四方面内容：（1）宣传教育，弘扬传统文化，鼓励在当地学校体育以当地民族传统项目为依托开发校本课程，促进现代青少年对民族传统体育文化的认识，从而增强对传统文化的价值认同。（2）针对外出务工人员及留守人员的文化认识差异，充分利用人群聚集较多的时间段，如传统节日、年假等，有计划地组织民族传统体育比赛、举行传统仪式，促进族群认同，弥合不同年龄层的文化心理堕距。（3）吸引本民族之外的民众参与本民族的传统仪式以及民族传统体育活动，通过促进文化传播，增加受众从而达到增加民族自豪感的目的。（4）定期举行与宗教仪式相结合的民族传统体育活动，强化仪式过程，促进群体对民族文化的认同感。

(二) 文化自信

随着现代体育文化的普及，民族传统体育的文化生存空间受到严重挤压，失去文化载体的民族传统体育无法成为当地人获取文化自信的来源。以西藏地区为例，近年来现代体育通过媒体、学校教育及各类运动会的传播，在西藏地区被广泛接受，造成西藏民族传统体育逐渐被忽视。很多当地人对传统体育缺乏认识，甚至会认为民族传统体育是落后的、低俗的。此外，藏族群众对当地民族传统体育认知程度不高，参与度较低，因此导致西藏民族地区出现传统体育文化自信缺失，因而造成传承行为失范，大量西藏民族传统体育项目失传或者濒临失传。作为传承主体的传承人，多数年事已高，"人老技绝"的现象逐渐显现。通过总结新中国70年以来的经验认为，若想弘扬文化自信，首先要培养文化自觉，让人民群众能够积极践行民族传统体育。主要途径有：（1）扩大传播平台。以民族传统体育文化为基本内容，以互联网、信息与通信技术以及虚拟现实技术为支撑，民族传统体育的呈现提供新方式，促进文化自信。(2)扩大传播区域。突破地域的束缚、破解固有的发展模式，让当地人民群众感觉到本民族文化的影响力与价值，使其认识到民族的就是世界的，从而塑造当地人的文化自信。因此，重视民族传统体育的文化自信，将促进民族传统体育文化内涵的发展。

（三）以人为本

在中国现代化进程中，城镇化成为一个明显的发展趋势，越来越多的农村人口迁移到了城镇，社区逐渐增多。而民族传统体育社区化的行为则是基于这种原有价值信仰被打破，新的信仰还未形成，刚刚转化为社区人口的人还没找到支撑民族传统体育行为的信仰体系，因此参与社区民族传统体育往往是不自觉的。社区组织管理者为了消除这一现象以避免社会意识失衡，就必须采取效益优先原则在短时间内使社区人口有一定的精神寄托方式，"以人为本"便成为民族传统体育理性选择的基点。"以人为本"的发展主要在于人的满意度和归属感。中国地大物博，各地区之间发展不平衡，城镇化程度不一，不同人群的思维模式和行为方式存在着或多或少的差异，从而构成这种复杂的社会形态，因为中国城镇化的目标普遍参照同一经济发展标准，那么就需要有的放矢地对不同种类的民族传统体育进行资源利用和文化整合，避免将民族传统体育原封不动地保存，更加应当避免对民族传统体育进行面目全非的大改造，基于此，中国主流学者认为应该结合城镇化进程带来的种种变迁，以扬弃的态度构建民族传统体育发展的新模式，满足人民群众的需求，培养人们的爱国意识、增强民族认同感和归属感。因此，民族传统体育"以人为本"的理念将成为民族传统体育文化内涵与现代化共同发展的重要纽带。

第五节　面向世界：提高中华民族传统体育软实力

一　抓住"一带一路"倡议实施契机，加强同世界各国体育的交流

1948年拉斯韦尔提出了线性传播模型，即"5W"模式，形成了控制研究、内容分析、媒介研究、受众研究和效果研究五大基本领域，Who（谁）→Says What（说什么）→In Which Channel（通过什么渠道）→To

Whom（对谁）→With What Effects（取得什么效果）[①]。因此，基于"一带一路"倡议实施大背景下，并围绕拉斯韦尔提出的"5W"线性传播模型，围绕确立传播主体、构建传播内容、分析传播对象、选择传播渠道四个方面来加强同世界各国体育的交流。

（一）传播主体：彰显民族传统体育发展的多元化

根据拉斯韦尔提出的"5W"线性传播模型，首先需要确定 Who（谁），即在中国实行"一带一路"倡议部署中，中华民族传统体育与国际体育交流中要明确谁来传播。与此同时，在中国众多的民族传统体育项目中，要甄别和筛选出能代表中华民族传统体育精髓的相关主题作为彰显中华民族传统体育发展多元化的传播主要对象。从政府部门到社会团体等机构需要重视对这些中国优秀的民族传统体育资源进行收集、加工和传递。中国实行"一带一路"倡议促进了与中国沿线国家的共同繁荣与发展，也加强了同世界各国体育的交流，中华民族传统体育作为中华传统文化的重要组成部分，参与到国际体育交流之中是时代的必然，不仅是民俗民间生活的一种生存呼唤，也是国家和政府的一种政治自觉。在国际体育发展大格局中要想提升中华民族传统体育的话语权，就需要对中国众多民族传统体育资源进行整合，进而形成传播的社会合力，这都需要依托多元化传播主体的建立和实施。[②]

2013 年 9 月和 10 月习近平同志分别提出建设"新丝绸之路经济带"和"21 世纪海上丝绸之路"的合作倡议，这也标志着"一带一路"倡议正是从愿景开始着手实施。自从中国实施"一带一路"倡议以来，中华民族传统体育参与到国际传播中主要依托于政府的力量。这与中国过去较长历史时期以来受苏联计划经济发展模式的影响有一定的关系，比如中国的"举国体制"就是主要以计划的形式来举全国之力发展竞技运动。随着中国实行改革开放政策以后，特别是从 20 世纪 90 年代初期，邓小平同志对社会主义本质问题的深刻剖析，我们逐步认识到市场的重要性。中国有内涵丰富和形式多样的民族传统体育，仅仅依靠政府的力量来扶持民族传统体育在国际上的传播犹如杯水车薪，只有调动社会、市场、政府等多方参与主体的积极性，把多方社会主体的力量整合起来形成强大的传播合力，方能促进民族传统体育在国际传播中产生广泛的影响力。当前"一带一

---

① 郭庆光：《传播学教程》，中国人民大学出版社 2011 年版，第 50 页。
② 蔡莉：《全球化背景下民族传统体育的国际交流与传播》，《沈阳体育学院学报》2014 年第 3 期。

路"倡议正逐步推进,沿线国家和居民交往更密切,比如社会交流和商业往来等形式更是多样化。中华民族传统体育要在确立传播主体的基础上,彰显民族传统体育发展的多元化,把中华民族传统体育纳入国际体育发展之中,加强与世界体育的交流。

(二)传播内容:凸显民族传统体育发展的丰富化

文化自戕是缘于对自我文化的认知不足或误解,是文化学中对于文化自毁现象的一种界定,在面对外来文化侵蚀时所做出的一种文化"阉割",为了适应外来文化而主动舍弃自有文化,这种做法严重损害了文化的本原性和整体性。[1]

这种文化自戕现象在中华民族传统体育的传承与发展过程中也存在。举例来说,我们所提到的民族传统体育项目中,大多数人想到的是武术、舞龙、舞狮、太极拳以及健身气功等,这折射出中华民族传统体育传播的内容单一化。仅以民运会为例,少数民族传统体育项目就达180多个。显然,中国有内容丰富和项目繁多的民族传统体育项目,而人们熟知的中华民族传统体育屈指可数,可见,文化自戕的现象体现在民族传统体育传播项目选择上较为明显。与此同时,作为同一项目中的内容流失也较为严重。比如武术项目,武术作为中国民族传统体育项目的优秀代表,在苗族、土家族等不同民族中都广为流传。1982年由李连杰主演的《少林寺》风靡全国,在社会上掀起习武的热潮。武术项目也是中国实行改革开放之后极力宣传的民俗项目。在1983年至1986年的三年间,中国对武术项目进行挖掘和整理的工作,其中能自成一体、风格独特、拳理明晰的拳种有129种,然而在《中国武术百科全书》中列举的拳种只有87种。[2] 从中可以窥见作为中国优秀的民族传统体育,武术项目种类流失情况比较明显。因此,在中国实行"一带一路"倡议的背景下,提升中华民族传统体育文化在国际上的影响力就显得尤为重要。具体来说,可围绕传播内容层面深挖中华民族传统体育的资源。中华民族传统体育诞生于农耕文明,对中华民族传统体育的挖掘不能仅仅停留在肢体动作的模仿和记录上,而要上升到形而上层面对中华民族传统体育所彰显的理念和文化的领悟。尤其对中华民族传统体育诞生和发展过程中的神话故事和"中国故事"的整理和记录,只有对中华民族传统体育的底蕴进行深挖,才能保证中华民族传统体

---

[1] 薛文忠:《"一带一路"战略下我国民族传统体育的国际传播基本体系研究》,《南京体育学院学报》(社会科学版)2017年第2期。

[2] 《中国武术百科全书》,中国大百科全书出版社1998年版,第20页。

育在国际传播过程中凸显传播内容的丰富化,进而提升中华民族传统体育在国际社会上的辐射力和影响力。

(三)传播渠道:注重民族传统体育发展的现代化

传播渠道是信息传递所必须借助的物质载体。传播渠道影响到信息的传达以及为人所接受的程度,对于中华民族传统体育而言,亦复如此。在中国"一带一路"倡议实施的背景下,注重对中华民族传统体育现代化的传播需要有效依托良好的传播渠道。近些年,随着互联网技术的迅速提升,中国诞生了享誉世界的互联网科技巨头企业,如"阿里巴巴""腾讯""百度"等众多企业就是优秀的代表。中华民族传统体育的传播需要借助现代传播技术拓展传播渠道。因此,在当前中国实施"一带一路"倡议的背景下,中华民族传统体育向周边国家传播的过程中要借助中国互联网的优势,凸显传播渠道的形式交互化、符号数字化、方式多样化。总的来说,构建现代化的传播渠道体系是当前中华民族传统体育在传播和发展过程中的重要议题。过去依靠口口相传的方式来传播民族传统体育已经不符合互联网时代民族传统体育的传播需求,在信息化和数字化的互联网时代,人们接受新信息和新事物更多地表现出互动化、网络化和视觉化的特点。因此,如何利用数字化和互联网技术提高中华民族传统体育发展渠道就显得尤为重要。在中国近几年颁布的有关非物质文化遗产的《文化科技创新工程纲要》中就涉及数字化保护工程的有关事项,主要是采用数字化技术,尤其运用音频、视频和图片等手段对中国非物质文化遗产进行保护。显而易见,这对中华民族传统体育数字化传播渠道的构建以及为中华民族传统体育传播效率的提升打下了基础。

(四)传播对象:突出民族传统体育发展的广泛化

中国实施的"一带一路"倡议东南可至印度尼西亚,西北可达波罗的海的爱沙尼亚、拉脱维亚和立陶宛,西南延至也门和埃及,东北达到蒙古和俄罗斯。可以说,中国实施的"一带一路"倡议以中国为辐射中心,横贯印度洋、西太平洋和欧亚大陆。从2013年习近平同志正式提出"一带一路"倡议以来,"一带一路"已经走过五年多的发展历程,中国在"一带一路"建设各方面都取得了显著成效,有力地促进了中国经济社会发展和对外开放,增强了中国国际影响力和号召力。目前,中国已与100多个国家和国际组织签署了共建"一带一路"合作文件。共建"一带一路"倡议及其核心理念被纳入联合国、二十国集团、亚太经合组织、上合组织等重要国际机制成果文件。以2018年上半年为例,中国与沿线国家货物贸易进出口额达6050.2亿美元,增长18.8%;对沿线国家非金融类直接投资达74亿美元，增长12%。目前，中国与沿线国家已建设80多个境外经贸合作区，为当地创造了24.4万个就业岗位。"一带一路"倡议覆盖中国周边的64个国家，并与沿线的欧盟和海湾合作委员会、上海合作组织、欧亚经济联盟、南亚国家联盟、东南亚国家联盟等多个区域性经济组织展开合作。可见，当前中国实施"一带一路"倡议已形成一定的规模。对于中华民族传统体育发展而言，我们要抓住"一带一路"倡议实施的契机，突出民族传统体育传播对象的广泛化。

中华民族传统体育向国外传播的主要对象是海外华侨以及对中国文化感兴趣的外国友人。就国外人口的基数而言，中华民族传统体育向外传播的人群所占的比例非常小。值得注意的是，近些年《英雄》《卧虎藏龙》等国产影片在国外也很受欢迎，反映了中华民族传统体育及其所展示的文化能被其他国家民众广泛接受；另外，为了提升中华民族传统体育传播对象的广泛化，需要认真调研和分析"一带一路"倡议沿线各国的风土人情，尤其对不同国家的文化认知、公众心理以及对外来事物接受习惯等方面进行深入研究，方能借助"一带一路"倡议对中华民族传统体育向周边国家进行传播，进而减少文化传播中的"文化折扣"现象。

二 转变观念，重点培育民族传统体育世界品牌项目

（一）在维护国家利益的基础上打造民族传统体育之魂

新中国成立以来，全球化发展趋势日益明显，尤其以信息化和数字化为主要特征的互联网技术的迅速提升，加快了中国与其他国家之间的交往与联系。中国政府站在高屋建瓴的角度提出了"传承民族文化，弘扬民族精神"的民族国家建设发展理念，在凸显中国文化"和谐"理念的基础上，提出了"共建和谐世界"的愿景。[①] 而民族传统体育不仅是构成中华传统文化的重要组成部分，也是传承民族传统文化的重要载体，当前在以习近平同志为核心的党中央集体的领导下，中华儿女戮力同心加入到中华民族伟大复兴的征程之中。显而易见，无论是"传承民族文化，弘扬民族精神"，还是促进中华民族伟大复兴，都需要汲取中华民族传统体育之精华来打造民族传统体育之"魂魄"。具体来说，首先应该根据各地的实际情况，筛选出优良的民族传统体育项目进入学校，把中国优秀的民族传统体育项目引入学校，让更多的人群认识和熟知中华民族传统体育，使中华民族传统体育的推广覆盖更多的人群。更为重要的是，学生是未来国家建

---

① 杨建营、邱丕相：《"国家需要"对武术发展的驱动力探析》，《体育学刊》2010年第2期。

设的主力军,提高学生的文化修养,尤其让学生感受到中国博大精深的传统文化对于学生的成长大有裨益。譬如在中国众多民族传统体育中都突出"天人合一""厚德载物""有容乃大""大爱无疆""上善若水""自强不息""尚神贵韵"等思想,对于促进参与中华民族传统体育的人群的新时代中国社会主义核心价值观的形成起到积极的作用。中华民族传统体育这种独特的功能在民族国家建构的背景下愈发凸显,这也是新时代背景下中华民族传统体育赋予的时代使命。

我们应该认识到打造民族传统体育之魂需要对政治共同体、国家利益以及民族传统体育之间的关系有全面而深入的认识,只有在统一对政治共同体的认识和维护国家利益的基础上,才能打造民族传统体育之魂。纵观世界发展历程,造就世界文明的古希腊、古印度、古巴比伦,在滚滚向前的历史车轮中不是被中断就是自然消亡了,唯独拥有数千年悠久历史文化的中国依然屹立于世界之林。一方面,中国从古至今保持完整,没有被其他国家或地区的外部势力征服或同化,这与中国传统文化具有吸纳和同化异域文化的博大精深的文化底蕴有一定的关系;另一方面,也受到文化残存的负面影响。尽管新中国成立距今已经70年,但上个社会发展形态的封建残余落后的观念或思想仍会影响人们的生产和生活,如封建迷信、宗法制度以及宗教信仰等一同融入中华民族传统体育之中,如何去除糟粕、汲取精华,对于促进各民族对民族传统体育文化的认同以及民族传统体育的可持续发展产生重要影响。当然,国家利益的维护也关系到民族的生存与发展。在新时代中国特色社会主义的民族国家建设中,我们应该树立对国家的忠诚高于对宗教、家族、村落的忠诚,基于此,方能打造中华民族传统的体育之魂。

(二) 在塑造国家符号的基础上凸显民族传统体育之本

象征符号不论是对一个公司的品牌塑造,还是对一个国家的可持续发展都起到至关重要的作用。中国作为屹立于世界之林的东方大国,要摆脱近代一个多世纪落后发展的历史,利用改革开放这列"和谐号"走在国际全球化的发展的前端,就需要重视对国家象征符号的构建。构建国家象征符号已成为国家软实力的一种重要资源,因为国家象征为国家认同建构提供了最为有力的媒介,也为国家认同建构划定了边界,并提供了丰富的内容。[①] 构建国家象征符号首先离不开对民族符号的认同、筛选和强化。民

---

① 殷冬水:《国家认同建构的文化逻辑——基于国家象征视角的政治学分析》,《学习与探索》2016年第8期。

族符号涉及生活习俗、体育、艺术以及语言文学等方面,民族符号不是在短时间内形成的,而是在长时间的历史发展过程中经过不断的生存和淘汰,最终才传承下来的一种独特的文化活动。祁美琴在解析民族符号与国家象征两者之间关系时指出,培育和塑造民族符号是巩固国家象征的一个重要环节,尤其中国经历了近一个多世纪被国外列强欺凌的历史之后,在新中国成立伊始,重构民族历史和重建民族符号是新中国建设的重要历史任务,1978年中国实行改革开放之后,我们越来越认识到国家象征与民族符号两者的重要关系关乎中国特色社会主义建设整体发展水平[①]。

2017年中国顺利召开党的十九大,习近平同志在党的十九大报告中指出中国进入新时代中国特色社会主义发展新阶段,如何进一步认识和解读国家符号显得至关重要。中华民族传统体育作为构成和传递国家符号的重要载体,其中1953年在天津市举办的第一届民运会到2015年在鄂尔多斯举办的第十届民运会,中国民运会已成为塑造国家符号的一张亮丽的名片。在某种程度上,民运会也承担了促进国家繁荣发展的政治功能以及民族团结共荣的历史责任。更为重要的是,民运会的表演类和竞技类等项目已成为弘扬中国传统文化的"活化石"。可以说各民族的优秀传统体育项目作为一种"活的文明"彰显民族个性,通过各民族传统体育项目的交流能引起民族大家庭的共鸣,有助于民族之间的相互认同和团结。诚然,也有相关研究指出,民运会在举办过程中也暴露出一些问题,比如民运会的赛事有向"汇报式""竞技化"发展的倾向。民运会举办的历史相对比较短,存在的问题在发展中会得到解决。当务之急在于民运会的项目设置需要把握各民族传统体育的"共性"与"个性",才能凸显民运会的本色。

在当前信息化和数字化的全球化国际发展大潮流中,民族国家建设仍是国家繁荣与发展的重要保障,面对日益错综复杂的民族关系,维护社会发展和民族团结就显得尤为重要。中华民族传统体育作为传递国家符号的重要载体,首先要立足于中华文化的母体,以弘扬中华文化价值为己任,在维护国家和认同国家主权的前提下彰显民族文化魅力,表达民族文化情感以及张扬民族文化个性。总的来说,在塑造国家符号的基础上凸显民族传统体育之本,就是要尊重中国各民族的传统体育文化差异,在百花齐放的民族传统体育文化发展中促进民族团结,同时树立包容开放的理念来汲取外来优秀体育文化,促进中华民族传统体育文化与外来体育文化之间的交流,才能提升中华民族传统体育文化的辐射力和影响力。

---

① 祁美琴:《论民族符号与国家象征的关系》,《广西民族研究》2014年第5期。

（三）在注重国家治理能力建设基础上彰显民族传统体育的价值

推进国家的现代化治理能力早在党的十八届三中全会上就已经提出来了。民族传统体育作为中华民族传统文化的重要构成部分，关乎中国梦和国家形象的塑造，也涉及新时代背景下中国能否全面深化改革和完善中国特色社会主义制度。从现代国家治理能力层面而言，中华民族传统体育诞生于农耕生产及农忙间隙之间，中国各民族创造的丰富多彩的民族传统体育项目不仅起到强身健体的功效，而且民族传统体育包括的公平和公正等管理理念对塑造民族的行为规范和增进各民族的彼此认同与交往也效果显著。民族传统体育所彰显的规则意识和强身健体等方面的功效都是对国家治理能力现代化的重要支撑。毫无疑问，礼仪制度占据现代社会治理的重要组成部分，从升国旗、入党等各种仪式中可以得到印证。民族传统体育的诞生与祭祀仪式之间有着千丝万缕的联系，很多民族传统体育项目都是在重大节日里举行的，比如抢花炮是流行在侗族、壮族、仫佬族等少数民族中的一项具有浓郁民族特色的民间传统体育活动，是在农历三月二十三"妈祖"生日之际举行大型庙会祭祀活动时开展的。又如，赛龙舟是中国端午节的习俗之一，也是端午节最重要的节日民俗活动之一，在中国南方地区普遍存在。在北方靠近河湖的城市也有赛龙舟习俗，而大部分是以划旱龙舟、舞龙船的形式进行的。另外，舞龙舞狮表演和民运会等都有表演仪式。传承主流价值观和优秀民族文化都离不开礼仪制度，礼仪制度秉承无害和坚持合法性的原则。在现代社会治理的过程中仪式和公约是主要的手段之一。中华民族传统体育注重仪式感、身体的参与性、人与自然交互，因此，中华民族传统体育成为现代社会治理的典范，尤其对民众的礼仪和道德进行规范有明显的效果。[①]

除了对国家治理能力与民族传统体育两者之间的关系进行分析之外，如何把握中华民族传统体育的价值就需要弄清楚中华民族传统体育所覆盖的范围。中华民族传统体育不仅包括武术、民俗娱乐等在内的艺术表演形式、保健产业、旅游业，而且在经济、军事，甚至政治等领域也有涉及。因此，上述各个方面都是衡量中华民族传统体育发展价值的重要参照物。随着中国"十三五"对体育产业发展的规划，体育产业治理的地位日益提升，而中华民族传统体育也成为体育产业化发展的重要内容，武术作为中华民族传统体育的优秀代表，在近些年体育产业发展中取得了不错的成

---

① 王纯：《民族传统体育发展的问题、使命与取向——基于民族国家建设视角》，《上海体育学院学报》2017年第3期。

绩，为中国其他民族传统体育产业化发展积累了一些宝贵经验。当然，民族传统体育产业化发展实践亦告诉我们，在产业化发展过程中，应充分考虑政治、文化、地理等因素。① 在民族传统体育产业发展的道路上不可能一帆风顺，在发展曲折的道路上前进也是民族传统体育产业发展的重要组成部分。由此可见，注重国家治理能力建设是彰显民族传统体育的价值的重要发展路径之一。

（四）在弘扬爱国精神的基础上强化民族传统体育教育

教材是现代国家的公共教育体系中的重要媒介，具有意识形态属性的教材，在不同程度上反映了国家的意志，往往维护的是国家的利益，体现了国家权力规训社会和创造国家认同的能力。② 从中国民族体育学科的组成情况来看，民族传统体育的发展突出传承和重在教育。早在新中国成立初期，就把民族传统体育融入学校体育进行了有益的探索，比如1956年和1961年分别颁布了《中小学体育教学大纲》和《武术讲义》。1978年中国实行改革开放之后，民族传统体育的发展进入了一个快速发展时期，民族传统体育教育的功能日益凸显。中断十年的高考得以恢复。中国高校各体育院系开始招收本科生，之后恢复了武术方向的研究生的招生。随后到20世纪90年代中期，上海体育学院开始招收武术方向的博士研究生。1997年，体育学被纳入教育学之中并作为一级学科，而民族传统体育被列为体育学的二级学科，并设有学士、硕士和博士学位。由此看出，从1978年中国实行改革开放伊始到1997年民族传统体育被列为体育学的二级学科之一，仅仅用了21年的时间，民族传统体育（这里主要指武术项目）从具体的运动项目提升到体育学的分支学科，除了武术项目之外也进一步拓展了其研究的范围（少数民族体育、民族民间体育、传统体育养生），这也折射出国家对中华民族传统体育发展的重视，也凸显出中华民族传统体育教育所具有的价值。

根据时代发展的趋势以及过去的发展历史经验，重视爱国主义教育是学校教育发展所遵循的主线之一，也是关乎广大的在校学生成长和发展的重要学习内容。在民族传统体育教学中要始终贯彻爱国主义教育，当前中国以民族传统体育中的武术项目作为重要载体，在全国13个省进行武术进校园活动，旨在通过以武术为载体对在校生进行民族传统体育教育，为

---

① 温佐惠、王广虎、李万来等：《21世纪中华民族传统体育的发展方向》，《成都体育学院学报》2003年第4期。

② 殷冬水：《国家认同建构的文化逻辑——基于国家象征视角的政治学分析》，《学习与探索》2016年第8期。

中华民族伟大复兴注入发展动力。中国武术协会主席张秋平在2016年中国武术协会青少年与学校武术指导委员会会议上提出"士不可以不弘毅,任重而道远"。显而易见,武术进校园,有助于进一步推广民族传统体育项目,武术作为中华民族传统体育项目中的优秀代表,学习武术有助于弘扬中华民族精神和传承中华民族文化,习武注重身体的参与性,有助于练习者塑造强健体魄。同时,中华武术讲究"尚武崇德",有助于培养习武者以爱国主义为核心的武德情操。总之,在弘扬爱国精神的基础上强化民族传统体育教育,就是要确立爱国主义教育的育人观来塑造人的行为,为重点培育中华民族传统体育世界品牌贡献每个人的一份绵薄力量。

三 实施"走出去"国际化发展战略,彰显民族传统文化魅力

(一)民族基石:服务国家"一带一路"倡议

2013年中国提出的"一带一路"倡议是践行中国改革开放国策的新发展路径。诚然,中国提出的"一带一路"发展策略突出了区域发展战略理念,强调共享成果的共赢性发展模式。追求其"一带一路"倡议的根源体现在两个方面:一方面,世界经济复苏仍举步维艰,国际金融危机的影响仍在扩大;另一方面,在新时代背景下中国经济正处于供给侧改革的发展新阶段,把传承发展的粗放型经济发展模式向集约型经济发展模式转变,中国经济压力剧增,加上多边贸易规则和国际投资贸易格局正处在调整中,为了更进一步加快中国经济的发展与周边国家共同发展,"一带一路"倡议应运而生。"一带一路"以古代丝绸之路为参照体系,围绕政治、经济和文化打造责任共同体、命运共同体以及利益共同体。显然,"一带一路"倡议的有效实施需要有效利用文化共同体作为重要抓手。民族传统体育文化作为文化共同体的重要组成部分,必须契合"一带一路"发展的整体战略。民族传统体育能否走出国门,尤其是中华民族传统体育文化在国际传播上产生多大的张力和辐射力与"一带一路"倡议中的文化共同体构成的软实力基石有关。中华民族传统体育汲取中华传统文化的精华,并凸显"身体语言共通性"的特征,所以,在"一带一路"实施的过程中,中华民族传统体育责无旁贷地成为了国家民族文化传承的重要纽带。与此同时,中华民族传统体育也可以作为有效的载体促进与周边国家的政治互信和文化交流,消解"一带一路"建设推进过程中所存在的传播、语言、文化隔离等方面的障碍。

(二)文化根基:服务国家文化大发展大繁荣战略

从2011年中共中央十一届六中全会关于推动社会主义文化大发展大

繁荣中,强调了文化大发展对于全面建设中国特色社会主义的重要性,在2013年习近平同志提出文化兴盛是一个民族、一个国家强而有力的支持点,再到2017年党的十九大提出的"文化自信",从中可以看出中华文化的发展繁荣是中华民族伟大复兴的前提条件。文化包容的利益共同体是"一带一路"倡议自始至终所强调的,文化包容利益共同的建立需要依托自我文化繁荣的根基。中国传统文化源远流长,从古至今文化从未有过"断层"或消亡,中国传统文化是在长期历史发展中由中国处于不同历史发展时期的各族人民共同创造而成的。总的来说,中国传统文化深受儒家、道家以及法家等思想的影响,进而形成了"贵和尚中""家族伦理本位""天人合一"的文化特点,与西方文化提出的"理性精神"和"个人本位"有明显的不同。显而易见,中国传统文化与"一带一路"所提倡的共同发展与繁荣的区域共赢发展模式有着很高的吻合度。因此,中华民族传统体育文化再传播的过程中要抓住"一带一路"发展战略契机,把繁荣国家文化作为中华民族传统体育文化传播发展的主要目标,只有繁荣了中华民族本土文化才能为"一带一路"倡议注入强大的动力。[①] 从某种意义上说,服务国家文化大发展大繁荣战略是中华民族传统体育文化的根基所在,正如习近平同志所说文化振兴关乎中华民族的伟大复兴。因此,当务之急是我们要对中华民族传统体育的自身发展准确定位,进而提升中华民族传统体育文化发展的影响力,只有如此才能更好地服务于国家文化大发展、大繁荣的要求。

(三)民族自强:为中华民族伟大复兴之路添砖加瓦

在当前信息化时代,依靠传统的亲身接触的传播方式,不仅传播效率低,也难以适应社会发展需要。中华民族传统体育无论是服务于国家文化大发展大繁荣战略,还是服务于"一带一路"发展战略,都离不开对中华民族传统体育的传播。尤其是提升中华民族传统体育国际影响力,更离不开打造良好的传播平台。中国"一带一路"的实施,不仅为"一带一路"沿线国家搭建了交流的平台,促进了彼此经济、社会、文化等领域的发展,而且为中华民族传统体育文化的国际传播提供了千载难逢的机遇。特别是可以让"一带一路"沿线国家的民众认识到中国有着丰富的民族传统体育项目,感受到中华民族传统体育文化的厚重,以及中华民族传统体育文化中蕴含的民族自强精神。

[①] 薛文忠:《"一带一路"战略下我国民族传统体育的国际传播基本体系研究》,《南京体育学院学报》(社会科学版)2017年第2期。

进入新千年以来，中共领导人在不同场合经常提及实现中华民族的伟大复兴，在报刊等新闻媒介中也常见到相关报道，提倡我们为中华民族伟大复兴而奋斗。可见，中国在很长历史时期以来创造了灿烂的文化，为其他国家及地区的人们所折服。比如中国经历了"汉武盛世""开元盛世""康乾盛世"，其中日本作为当今发达的资本主义国家，与其自身的文化有一定关系。在唐朝"开元盛世"时，日本派出了不少使节到中国大唐学习，可以说日本文化深受中华传统文化的熏陶。根据马克思主义的发展变化观，事物是不断发展变化的。中华民族在长时间的历史发展中一直处于领先地位，从巅峰落到低谷符合自然发展变化规律。纵观世界历史，没有哪一个国家一直处于世界领先地位。从1840年的鸦片战争到1949年新中国成立，中国经历了100余年被列强欺凌的历史。中国近代史的落后不仅体现在科学技术以及思想观念等方面，还体现在中国人身体薄弱等方面。"偻深俯首，纤纤素手，登山则气迫，涉水则足痉"[1] 就是对当时国人身体孱弱的真实写照。2019年是新中国成立70周年，也是中国实行"一带一路"倡议的第六个年头，在"一带一路"这列"和谐号"列车的引领下，华夏儿女为中华民族伟大复兴奉献着自己的青春，而中华民族传统体育作为中华传统文化的重要组成部分，理应为中华民族伟大复兴之路增砖添瓦。总的来说，中华民族传统体育不仅有强身健体之效，而且在增强各民族的认同、提高各民族的凝聚力方面效果显著，同时，中华民族传统体育文化在消解"一带一路"建设过程中的贸易壁垒和文化隔阂等方面也起到一定的积极作用。

（四）道路自信：提升民族传统体育文化国际影响力

一个理性、自觉的民族都是高度重视自己的文化传统的民族。[2] 受闭关锁国等各方面因素的影响，中国近代史成为了被列强欺压的屈辱史，科学技术、社会生产以及文化政治等方面都远远落后于西方发达国家，尤其在文化方面形成了比较严重的自卑心理，进而出现了自我文化迷失的现象。由于长时间国家发展落后所累积的文化自卑心理，国人对西方文化开始大量学习和模仿，而对中华传统文化的学习缺乏文化自觉的意识。2019年是新中国成立70周年，相比于人类漫长的发展历程，70年非常短，然而，中国70年的建设之路所取得的成就足以让全世界惊叹，中国的经济、社会以及国际影响力在不断提升。以2018年经济发展为例，国家统计局

---

[1] 毛泽东：《体育之研究》，人民体育出版社1979年版，第4页。
[2] 郭建宁：《中国文化强国战略》，高等教育出版社2012年版，第61页。

局长宁吉喆在发布会上介绍，2018年国内生产总值达到900309亿元，比上年增长6.6%，其中第一产业、第二产业和第三产业增加值分别为64734亿元、366001亿元和469575亿元，分别比上年增长3.5%、5.8%、7.6%。2018年国内生产总值超过90万亿元，按平均汇率折算，经济总量达到13.6万亿美元，稳居世界第二位。①

中华民族的伟大复兴不仅需要经济的发展，也离不开中华文化的崛起，党的十九大提出的"道路自信"就与中华文化有着紧密联系，中华文化的崛起需要中华民族传统体育贡献自身的一份力量，尤其要提升民族传统体育文化国际影响力。尽管中国在实行40多年的改革开放政策之后，国力和国际地位都大幅度提高，中国竞技体育也取得了举世瞩目的成绩，然而，在体育文化领域仍以西方为主导，中华民族传统体育文化在国际体育发展格局中仍处于边缘地位，更谈不上有主导权和话语权。风靡全球的足球、篮球、网球等体育赛事都兴起于西方发达资本主义国家，而且四年一届的奥林匹克运动会大部分体育运动项目的规则制定都由西方国家主导。早在20世纪90年代初，就有部分体育人士为了中国武术能成为现代奥林匹克运动会正式比赛项目而不遗余力地奔走努力。然而，数十年过去了，韩国的跆拳道、日本的摔跤都已成功地成为奥林匹克运动会的项目，而中国武术仍被挡在奥林匹克比赛项目之外。我们暂且搁置中国武术进入现代奥林匹克运动会的利和弊与多和少的问题。至少从中国武术进入奥运会失败的事件中可以折射出中国传统体育文化在国际体育发展格局中所起到的作用极为有限，因此，当前在繁荣中华文化的基础上，提升中华民族传统体育文化的影响力和辐射力就显得非常重要。

四 建立中华民族传统体育资源数据库，开拓资源共享渠道

（一）借助互联网技术来构建数据库，汇总中华民族体育文化资源

随着互联网等信息技术的不断发展，我们对民族传统体育文化信息资源的整合不能停留在纸质等物质材料方面的系统整合上，而要借助当前先进的信息技术搭建数据库，把中国分散的民族传统体育文化信息资源进行整合，把中华民族传统体育文化信息资源汇入数据库之中以便国内外研究者进行查阅和交流。在中国"一带一路"建设发展中，为了促进与中国相邻的沿线国家的交流，我们应该采用多元化现代科技方法，对中华民族传

---

① 李忠峰：《我国GDP突破90万亿元》，《中国财经报》2019年1月22日第1版。

统体育文化进行保护和传承。[①]

近些年非物质文化遗产工作的大幅度推进，也从侧面促进了中华民族传统体育数据库的建立。民族传统体育数据库的建立不仅有助于从事体育研究工作者查询相关资料信息，也有助于不同地区的人们对各民族风格独特的民族传统体育进行深入的了解和认识，也为各民族在传统体育文化的互鉴交流提供了平台。数据库建立依托于虚拟技术、数字化技术和网络信息及计算机技术，通过计算机信息网络把存在于现实情景中的实体文化或者其他类型的信息资源进行数字化处理再展现在屏幕后面的读者面前。[②] 总的来说，通过利用互联网技术搭建中华民族传统体育数据库的优势有如下三点：其一，研究者可以根据自己研究的方向，利用数据库找寻相关研究资料，大大提升了研究的效率；其二，通过把中华民族传统体育的相关信息输入数据库中，对保护和传承中华民族传统体育起到了至关重要的作用，尤其对濒临损毁的民族体育文化遗产的保护意义更为重大；其三，随着数字化技术的不断提升，中华民族传统体育数据库的建设也不断完善，对更多分散的民族传统体育相关的图片、史料和实物进行数字化处理并输入数据库中，进一步凸显了数据库针对性和便捷性的特点。

（二）借助数据库资源来提升中华民族体育文化资源的收藏方式

当前与中国相邻的周边国家在"一带一路"倡议影响下，彼此间的经济文化联系更为频繁，各类创新也不断涌现，这为中国实现中华民族伟大复兴注入了强大动力。与此同时，"一带一路"的实施也为中华民族传统体育文化保护和传承带来了千载难逢的机会。因为中国有56个民族，各民族都在生产生活中创造了形式多样、内容丰富的民族传统体育文化，面对如此地域广阔和内容庞大的民族传统体育文化资源，传统的收集模式已不能适应中华民族传统体育的发展，这需要借助当前先进的数字化收藏技术。民族传统体育数字化收集技术是图书馆发挥文献档案收藏和使用功能的一种资源信息共享模式。[③]

当前中华民族传统体育文化资源收藏主要依托于中国各大高校图书馆，高校图书馆是保存民族传统体育文化资源的主要地方。在这一方面中

[①] 李新、张鑫：《"一带一路"视域下区域一体化发展探析》，《新疆师范大学学报》（哲学社会科学版）2016年第4期。

[②] 邓绍兴：《档案管理学》，首都师范大学出版社2011年版，第99—104页。

[③] 郭文丽、严潮斌、吴旭：《基于Android客户端的图书馆微服务研究与实践》，《图书情报工程》2013年第8期。

国各大高校图书馆有着得天独厚的优势。一般来说，高校图书馆将中华民族传统体育文化资源进行分类和编号陈列在图书馆中。从当前高校收藏的民族传统体育文化资源情况来看，不仅包括已被加工图片、音视频和文本的各民族传统体育文化遗产资料，而且通过专业化的分类、编码和存储，用户可以根据自己的需要随时进行检索和使用。然而，借助数据库资源来提升中华民族体育文化资源的收藏方式仍面临一些难题。以少数民族传统体育文化资源保护为例，从近五年体育学科主要课题来看，有14个主题都涉及少数民族传统体育文化传承与保护，在有关少数民族传统体育文化资源数据库建设的研究方面仍存在研究较浅的现象，主要体现在理论和技术层面上。具体而言，在宏观层面上，数据库保护模式的合理性以及数据库可持续发展策略问题有待全面认证；在微观层面上，核心数据的把握和处理不够准确、分类标准参差不齐。因此，提升中华民族体育文化资源的收藏方式，不仅要完善上述各个方面，而且要提升各类管理人员的管理理念。

（三）运用数字化技术提升民族体育文化资源加工效率与质量

中国作为多民族国家，各民族根据各自生活的地理环境和文化习俗创造了丰富多彩的民族传统体育项目，而且通过众多的民族传统体育项目也展示了不同民族传统体育项目彰显的民族传统体育文化。值得注意的是，有的民族传统文化包括丰富多彩的图案和图画等信息，这需要借助数字化技术，尤其是数字化图案处理技术来提高对中华民族传统体育资源的加工。

当前数字化图形处理技术已运用到一些少数民族传统文化遗产的保护研究之中，比如壮锦中的壮族节庆体育画面、云南省沧源县反映佤族先民狩猎以及云南博物馆收藏的图文并茂的布朗族家传武术拳谱等，从中可以看出：第一，数字化图形处理技术通过一般的训练可以为研究者所掌握，而不局限于计算机专业人员手中；第二，数字化图形技术可以使各民族分散的民族传统体育内容或相关事件得以整合，也有助于以图片和图案等方式对民族体育文化资源加工效率与质量的提升。另外，运用数字化图形处理技术有助于在民族体育学和体育人类学等学科之间找到新的研究切入点。以藏棋为例，藏棋流传至今已有上千年的历史，最早兴起于吐蕃时期，目前保持下来的棋谱图形就达近千张，种类达十余种。如果仅仅靠肉眼来单独识别和分析如此众多的棋谱，不仅效率低，也存在很大的误差。采用数字化图形处理技术就能克服上述难题，数字化图形处理技术通过设定不同的程序，不仅能对藏棋的图片特征建立信息资源库，而且能对不同规则和不同历史时期的藏棋进行分类管理，以便研究者进行查阅。除了单个项目之外，如果需要加工的少数民族体育项目图案文献较为单一，可以采取"同种同属归一"的办法，以便建立同样种属的图案文献档案。①

（四）运用数字化口述史技术完善民族传统体育文化资源的整理

口述史研究方法在人类学、民族学、历史学等研究中比较常见。近年来，随着数字化技术和互联网的普及，在对散存和濒危文化的整理和挖掘过程中数字化的口述史技术发挥了重要作用，运用此技术不仅可以找寻鲜为人知的学术研究素材，还可以完成对某种具体文化的溯源追踪。② 在中华民族传统体育文化研究中口述史方法运用比较普遍，很多民族传统体育项目的起源与发展大都借助口述史的方法对民族传统体育项目进行记载。口述史的素材不同于我们通常所见的图书出版物，关于中华民族传统体育的口述史的素材一般比较原始，在布局谋篇等方面也较为粗糙，一般仅作为民族传统体育具体项目的口述史素材内部材料，覆盖的人群范围也非常小。因此，如果从事中华民族传统体育相关方面的研究，要获取这一方面珍贵的口述史材料不是件容易的事情。很明显，这不利于中华民族传统体育文化资源的整理。

在此种背景下，数字化口述史的重要性日益凸显，数字化口述史方法不仅有利于提升各民族传统体育文化资源的可视化，让更多的人对中华民族传统体育的发展历史有进一步的了解，也有助于研究者获取相关材料来展开自身项目的研究。换言之，数字化口述史技术通过情景、配图、音效和讲述来构建一种虚拟环境，并通过人工智能的手段与方式多角度、多方位地把民族传统体育的动作技艺和场面气氛等展现在读者面前。从当前中国体育非物质文化遗产工作展开的情况来看，民族体育项目、少数民族传统体育等都开始运用数字化口述史方法。随着网络技术的发展，可以把适当的节奏音效、面部表情等借助计算机系统来虚构三维环境，让口述史数字化方法更完善和更形象地对中华民族传统体育文化资源进行收录，而且可以拓展项目的群众基础，进而更好地传承与发扬。③

---

① 饶远、刘竹：《中国少数民族体育文化通论》，人民出版社2009年版，第107—110页。
② 赵富学、程传银、高继科等：《"一带一路"背景下散存少数民族体育文化信息资源的数字化保护问题研究》，《武汉体育学院学报》2017年第1期。
③ 赵富学、程传银、高继科等：《"一带一路"背景下散存少数民族体育文化信息资源的数字化保护问题研究》，《武汉体育学院学报》2017年第1期。

第七章 新中国70年民族传统体育发展所面临的困境

第一节 民族传统体育转型困境

一 民族传统体育转型的迷茫与思考

(一) 对民族传统体育的整理与研究

新中国成立初期，民族传统体育虽没有受到重视，但民间真实存在的民族传统体育活动却对广大人民的生活有着促进作用。既是活态文化的传承，又是丰富民间活动的一种手段。民族传统体育从民间的自发活动逐渐过渡到有组织的表演性活动，并获得有关部门的认可，从而掀起了其发展的热潮。1954年，第一届全国少数民族传统体育运动会在天津举办，标志着民族传统体育重新获得认可，并在政府的积极帮助下得以传承。此时的民族传统体育项目主要以武术、摔跤、射箭等一些较为显著的项目广为流传，这对于庞大的民族传统体育项目而言只是微小的一部分。随着国家体育工作的有序展开，人们对体育也有了更为深入的认识，进而对民族传统体育有了新的发展之需。改革开放以来，民族传统体育的挖掘与整理工作被重新提到了重要位置，主要体现于1979年的《关于发掘整理武术遗产的通知》，揭开了中华民族传统体育的发掘与整理工作。在1984年6月的全国武术挖掘整理报告会上进行了成果展示，据统计，这次挖掘整理工作查明全国除台湾省外，源流有序、拳理明晰、风格独特的拳种达129个，并使许多鲜为人知的拳种得以抢救。[①] 通过这次报告会，学术界对中国的武术项目有了初步的了解，并为后续的挖掘整理工作奠定了基础。同时对于科研工作者来说，通过参与全国性的报告会，得以与全国各地的学者一同交流，拓宽自己的视野，以期在后续研究中有更大的收获。

20世纪90年代，中华民族传统体育挖掘与整理工作取得了一定的成效，项目也从单一的武术过渡到众多的民族传统体育项目，并走向全面挖掘与推进之路。《中华民族传统体育志》的出版，全面反映了包括汉族在内的中华各个民族传统体育，也是首次将民族传统体育项目进行了整理，成为了今后科研工作者、教育工作者及体育爱好者查阅民族传统体育的工具书。1995年国务院颁布的·《全面健身计划纲要》指出："促进全国民众的体育健身活动的开展，尤其是在少数民族地区，积极组织少数民族传统体育活动。"这标志着中华民族传统体育进入了一个全新的发展时期，由过去的民间自发组织的活动上升到政府参与并优化组织，给民族传统体育的发展带来了新动力。同时，民间积极开展少数民族传统体育的活动，对于科研工作者而言，也有了田野调查的机会，不再只是投身书海。随着科研工作者走进村落，近距离地接触民族传统体育活动，更多的民族传统体育得以公布于世。

进入21世纪，中华民族传统体育的挖掘整理工作进入了精细化阶段，逐步进入地区间的深入挖掘，在国家社科基金的资助下，很多地区的民族传统体育研究有了进一步的成果。如芦平生的"西北少数民族传统体育发展研究"、顾晓艳的"从水族传统体育的变迁看中国少数民族传统体育文化的传承"、丁晓辉的"藏民族传统体育文化的现代化价值与意义研究"、白晋湘的"我国少数民族传统体育项目的整理与编目研究"等，大多数学者都开始在自己熟悉的地域展开民族传统体育的研究，从而取得了丰硕的研究成果。

随着中国经济水平的不断提升，城镇化建设给民族传统体育的继承与发展带来了一定的冲击，外部环境的发展给民族传统体育活动的开展提供了很好的资源，但是却影响了内部的传承。到目前为止，全国少数民族传统体育运动会已举办了10届，项目数量和影响力得到了极大的提升：从1953年初创时的5个竞赛项目和22个表演项目，到1999年第八届全国少数民族传统体育运动会的13个竞赛项目和161个表演项目，再到2015年第十

[①] 倪依克：《论中华民族传统体育的发展》，博士学位论文，华南师范大学，2014年，第49页。

届全国少数民族传统体育运动会的17个竞赛项目和140个表演项目。① 在挖掘与整理工作的开展下，民族传统体育项目也有了很大的发展。但城镇化的发展同时给挖掘工作增添了难度，现代化生活改变了民族传统体育继承人的生活，使很多项目无法融入现代生活，渐渐地退出了时代的舞台。为此，民族传统体育项目的挖掘工作不仅不能停止，反而需要加大保护力度。

2013年，深圳大学承担的国家社科基金重大招标项目"中国体育非物质文化遗产资源数据库建设研究"，首次对中国的非物质文化遗产项目的数据库保护进行了研究，从而为其在信息化时代的保护提供了良好的素材。2014年国家社科基金一般项目"中华民族传统体育项目志（1990年至今）"对1990年以来中华民族传统体育项目进行了重新整理，无论是在数量上还是在质量上都是对《中华民族传统体育志》的补充与完善。2015年国家社科基金一般项目中谢智学的"甘青民俗民间体育文化发掘与整理研究"，继续着民族传统体育的发掘与整理工作，只是在形式上有所转变，更加贴近民族传统体育的生活性。将甘肃、青海地区的民间体育活动进行发掘，进一步研究起源于民间活动的民族传统体育。自新中国成立乃至改革开放以来，中华民族传统体育的挖掘与整理取得了丰硕的成果，但对数量庞大的民族传统体育项目而言，今后的发掘与整理工作尚未结束，需要更加贴近民族传统体育起源的生活，挖掘更多的中华民族传统体育项目。

（二）艰难抉择及其带来的问题

在现代化的生活中，人们生活内容、需求、生活方式的剧变，势必会影响民族传统体育的继承与发展。为此，民族传统体育走上了转型发展的道路，力图通过转型为民族传统体育提供一条符合现代化发展的道路。新中国成立以来，中国体育事业飞速发展，无论是大众体育、学校体育、竞技体育，还是民族传统体育，在发展过程中虽路途坎坷，但也出现了欣欣向荣的景象。但不可否认的是，由于受到了西方竞技体育的强烈影响，国体育事业的发展一定程度上借鉴了西方的优秀体育，这70年来中国的体育工作仍是以竞技体育为主，集全国之力站上最高领奖台的锦标主义，也对民族传统体育产生了重大影响。

这种影响尤其体现在改革开放后，中国的经济水平不断提升，生产

---

① 白晋湘：《我国民族传统体育改革发展40年回顾与展望》，《上海体育学院学报》2018年第5期。

力水平迅速提高，原生态的民族传统体育文化已经不适应社会的发展，落后的意识对社会存在产生了阻碍作用，突出的表现就是，根植于传统生产生活的民族传统体育文化内容、形式和方式与人们迅速转变的现实需求形成了错位，民族传统体育文化价值观在生产生活中的规范作用"迷失"。① 为了更好地促进民族传统体育的发展，部分学者提出将民族传统体育进行现代化的转型。如举办民族传统体育运动会，为各族民众提供一个交流的平台，从而不断延续民族传统体育的开展。但民族传统体育运动会并未按照最初的路线发展，而是出现了诸多问题，如项目的失真、利益的驱动、文化的冲突等，使民族传统体育并没有很好地传承与发展。另外，生态旅游的建设中融入民族传统体育，也是将民族传统体育与现代民众的生活所需相结合，在人们游览祖国的奇山秀水的同时，欣赏当地的民族传统体育项目的表演。这样也只能是给游客带来一定的视觉冲击，并不能使民族传统体育文化得到真正的弘扬，而且这样的旅游模式必须得有一个独特的自然风光，否则不会产生核心竞争力。

二 民族传统体育的"科学化"取向

（一）西方科学的传入及其影响

古老的中国既有养尊处优的"中央王国"的沉重包袱，又有沿着自己传统进化的惯性。当西方科学传入时便触犯了它的尊严，使其不能继续沿着固有的轨迹滑行，逼迫它融入世界科学的大潮流中去。② 面对西方科学的强力输出，在政治上的不平等使我们没有话语权，纵然是心有不甘，但最终还是抵挡不住西方科学的传入。

近代西方科学的传入对中国社会具有一定的影响，中国民众对于西方科学的态度也是五味杂陈。③ 岳世川认为西方科学传入中国可分为两个重要的时期，第一时期为1582—1775年，第二时期为1807—1928年。在第一时期内，西方科学的传入是一种被动的模式，在清政府闭关锁国的背景下，西方国家只能被动地输入西方科学，让中国人对西方科学有一定的认知。

在1807—1928年这段时间内，西方国家的科学技术是资本主义制度

---

① 尹继林、李乃琼：《我国民族传统体育文化现代化转型的困境与启示》，《西安体育学院学报》2016年第1期。
② 郭永芳：《近代中国对西方科学传入后的反响》，《科学、技术与辩证法》1987年第3期。
③ 岳世川：《关于近代西方科学输入中国的两个时期分期问题的讨论》，《贵州社会科学》2010年第1期。

的产物，资本会不断促进技术的革新，从而获得更大的收益。反观中国的国情，单从生产力方面是无法改变国内的实际状态的，国内的经济实力是无法满足技术不断升级的需求的，这已然与国内的真实情况不符。这就表明西方科学传入中国的初期仅停留于技术层面，先进的科学技术轻易获得了中国人民的认可，并积极地效仿。

西方科学对于中国而言始终是外来文化，事实证明中国对于西方科学的学习仅停留于技术层面，始终未将西方文化作为学习的要点。换言之，当时我们所追求的只是先进生产力能够带来的丰厚的回报，仅仅是产生了资本主义思想的萌芽，但始终未触及资本主义的实质。西方资本主义的思想与中国传统文化具有一定的冲突，此刻的中国虽然在竭尽全力效仿西方国家的发展模式，但西方的资本主义思想很难融入彼时的中国社会，更无法使中国加入资本主义的发展行列。但是从另一层面思考，西方科学的传入对于封建的观念还是有一定的积极影响的，即激发了人们敢于向未知领域探索的求知欲，在后续的发展中还提供了很大的理论参考。如西方体育的竞技化发展对中华民族传统体育的发展有一定的积极影响，促使民族传统体育以全新的形式出现在中华民众的眼中，进而推动了中华民族传统体育的发展。

（二）民族传统体育科学化的提出

西方文化的冲击体现了传播过程，促进了其横向发展，其结果通常有三种：取代、融合和消化。[①] 回顾新中国成立70年民族传统体育的发展过程，同样是经历了取代、融合、消化三个传播过程，并在东西方文化的交融下最终形成了具有中国文化根基的现代体育。民族传统体育文化在历史的发展过程中丰富着中国人民的日常生活，并对人民的生活有着积极的影响。即使是在西方现代体育如日中天的局面下，民族传统体育文化依旧以内在的体育文化内涵影响着中国人民的参与。换言之，在中国的群众体育发展过程中，中国人民对于西方现代体育的认知多以外在形式为主，很难上升至西方体育文化。他们参与体育的动机还是以中国的哲学体育思维为主，旨在调养生息、促进健康。这就表明了中国的体育发展还处于东西方体育文化的融合阶段，外在形式与内在思想的融合，不断促进着中国体育事业的发展，同时也为民族传统体育的科学化发展提供有利依据。

现如今，体育活动已经成为人们生活中的一部分，学界在前期对民族

[①] 钱娅艳、张君、徐念峰：《近10年少数民族传统体育文化研究回顾》，《首都体育学院学报》2010年第2期。

传统体育项目的挖掘与整理的基础上，对不同民族的传统体育项目进行了多层次的划分，并对其规则进行了规范化，为民族传统体育科学化发展提供了初步的发展方向。其一，重视民族传统体育文化的保护和发展体系。在挖掘和整理的工作中，发现众多民族传统体育项目渐渐地被淡化了，亟须建立民族传统体育文化的保护与发展体系来维持它的应然状态。如制度法规的完善、传承人的保护、生态旅游的建设等，为民族传统体育活动提供了政策支持及活动场所。其二，打造民族传统体育优质赛事。如各省区市的民族传统体育运动会以及全国性的民族传统体育运动会，将依附于古代生活的民族传统体育真正意义上的竞技化，效仿了西方体育比赛模式，使中国的民族传统体育更加符合现代社会发展需要。其三，民族传统体育进校园取得一定的成效。民族传统体育作为中华文明的象征，本应成为中国学校体育中的重点，但因西方体育传入中国后并没有对现代体育进行清楚的认识，以至于一度认为西方体育才是真正意义上的现代体育，使中华民族传统体育被边缘化。在中国的学校体育中，由于民族传统体育在场地器材方面要求不高，为学校体育工作的开展提供了发展新路径。同时，民族传统体育在健身方面对学生的健康有很大的积极作用，如太极拳、五禽戏、八段锦等。其四，民族传统体育科研成果转化。在中华民族传统体育研究者的共同努力下，对于民族传统体育的起源、发展历程、表现形式、分类、传承与保护等有了一定的研究成果，这些科研成果得以及时转化，推动了民族传统体育的发展。

（三）科学化阻碍了民族传统体育的可持续发展

随着文化全球化时代的到来，西方现代体育文化也在不断影响中华民族传统体育。受到西方体育文化的影响，目前少数民族传统体育开发工作者偏向以西方体育的形式以及评估原则为标准，在开发中盲目套用西方体育模式与评价标准，这导致少数民族传统体育开发显得杂乱无章，也让民族传统体育独有的民族特色被削弱，在开发过程中成为另一个西方体育项目。[1] 中华民族传统体育的科学化即以西方体育的模式对民族传统体育进行项目开发、组织、管理，过度的科学化使民族传统体育失去了本性，从而影响到其正常发展。如民族传统体育进校园，很多学校都有太极拳、五禽戏、八段锦等传统项目的课程，学生也按照教师所授进行了模仿，也能按照要求完成考核任务。但是这样仅仅注重形式的传承并无文化内涵的传

---

[1] 莫概能：《全球化浪潮下民族传统体育的可持续发展研究》，《贵州民族研究》2017年第3期。

授,使学生仅仅通过身体练习无法体会到这些项目的功效,这些项目并没有得到真正意义上的传承。

另外,民族传统体育在中国的发展过程中长期处于一种自发进行的状态,与人们的生活紧密地联系在一起,可以算是人们生产生活中的必需品。但随着社会性质的转变,人们的生活观念也发展了改变,很多民族传统体育项目渐渐地失去了原有的功效,从而为人们所遗忘。民族传统体育的科学化,不该是生硬地套用西方体育的发展模式,而是将民族传统体育真正地融入人们的生活。如西方现代体育是资本主义社会的产物,其现代化转型与人们的生活紧密地联系在一起。

三 民族传统体育的竞技化剥离了民族传统体育的精髓

中华民族传统体育的发展过程主要是为人们的生活增添娱乐,自古都是人们在劳动之余或闲暇时用来打发时间的活动,在活动中很少会出现较强的竞争性。在众多的民族传统体育项目中,游牧民族的有些项目具有一定的竞争性,但不等同于西方体育那种"非输即赢"的不妥协精神。所以,民族传统体育的竞技化剥离了民族传统体育的精髓。

根据人类学观点,每种文化都有独一无二的价值,人类在不同时期也有不同的文化需求。虽然多元文化趋势已初露端倪,但可以肯定的是西方体育在国际上仍处于强势主导地位,并将继续保持这种位置,因此在这样的背景下发展中国的民族传统体育项目,必须要结合实际情况和现代化的文化精髓,以满足中国民众的实际需求为出发点,对自身进行合理的定位与选择。[①] 所以对于中国民众来说,民族传统体育可以成为他们工作之余的休闲活动,成为缓解他们身心疲惫的一种途径。科技时代给人们带来工作效率的提升,但同时也给人们带来了颈椎、腰椎的病态,无法保障人们的生活质量。随着民族传统体育项目的不断发掘,越来越多的项目可以为新时期的人民带来身体上的放松,并能缓解久坐引起的身体不适。如办公室八段锦,既是民族传统体育文化内涵的体现,真正地与广大人民的实际运动需求相联系,又能以锻炼的方式帮助人民缓解因长期久坐带来的病症。办公室八段锦开始流行,并成为了中国人民日常工作中的放松性活动,与历史中人民工作之余的休闲放松高度相关,更体现出民族传统体育

---

① 杨柳洁:《少数民族体育现代化的内涵、方向与思路——基于文化人类学视角》,《贵州民族研究》2016年第6期。

文化内涵之深厚。总之，民族传统体育的竞技化发展不能获得更多的受众，反而影响了人们对于民族传统体育的认识，从而忽略了其真正的精髓。

第二节 民族传统体育文化困境

一 民族传统体育文化认同困境

(一) 中国传统文化在社会生活中主导地位的遗失

中国的传统文化重视人与自然、人与人之间的和谐统一，侧重于内心修为、自然、安逸等。[①] 在中国 2000 多年的封建统治中，小农经济满足了人们的衣食住行，并为人们提供了休闲娱乐的时间，从而为民族传统体育的发展提供了空间。生活在封建社会的民众，依靠着土地维持着他们的生活，日子虽谈不上富裕，但自给自足的农耕生活确实可以给人们的生活带来满足感。1840 年，中国的社会性质发生了转变，中国传统文化的地位受到了威胁，从而揭开了中国社会转型的道路。

自中国近代以来及至改革开放以降，外来文化持续对中国传统文化进行强有力的冲击，由此形成了鲜明的中西文化的对比，让中国民众不得不对中国的传统文化产生质疑。西方国家的入侵，给中国民众带来了西方的生活方式、生活用品、服饰等西方文化的产物，很多人开始接受了西方文化，如很多人开始穿西服，认为西服是一种代表着时尚的服饰，并在国内掀起了一场热浪。

在人们不断受到西方文化渲染，盲目追求着西方生活的同时，也严重地动摇了中国传统文化在社会生活中的主导地位。因此，从某种程度上来讲，西方文化的入侵是直接导致中国传统文化主导位置遗失和影响民众传统的生活方式的重要因素。同时也波及在中国传统文化中衍生出来的民族传统体育，使这种具有民族性、传统性的体育项目无法适应现代社会生活而停止开展，渐渐退出历史舞台。

(二) 社会变革使民族传统体育失去了主要存在基础

社会的变革给民族传统体育带来了危机，民族传统体育的生存和发展

---

① 田祖国、钟海平、白晋湘：《论西方文化对我国民族传统体育文化的冲击》，《体育文化导刊》2002 年第 3 期。

可谓是步履维艰，这一问题如不能得到行之有效的改观，它将逐渐走向衰微，甚至消亡。①民族传统体育的开展依托于其他的生活方式，它根植于人们的生活方式，如田间劳作的传统体育活动、节日庆典的传统体育活动、宗教仪式的传统体育活动，这些项目都与传统时代的生活紧密相连。随着中国社会性质的转变，人们的生活方式也发生着改变，民族传统体育活动失去了开展空间。

处于现代文化变迁之中的民族传统体育文化也不可否认地产生着文化内部变革，现在展现在我们眼前的只是变迁后非传统民族传统体育文化。②回顾新中国 70 年中国社会的发展，中国经历了天翻地覆的变化，民族传统体育也由"民间自发型"向"国家参与型"发展，国家的介入无疑对民族传统体育的保护与发展起到一定积极影响。尤其是 20 世纪 80 年代，中国已经认识到继承中国传统文化的重要性，也在对民族传统体育领域进行积极挖掘，力求留存于民间的传统体育项目出现在人们视野中。与之相对的是民间实然的发展状况，经济的飞速发展，城镇化的快速建设，使原本民族传统体育的生存空间不断遭受着现代文明的冲击，逐渐地为现代活动所取代。现存具有一定代表性的民族传统活动，都是在村落内具有一定影响力的老者的统领下举办的，其传承面临着一定的考验。

牧民善骑，狩猎民族善弓弩，北方喜溜冰滑雪，南方爱嬉水划舟，这些都是在长期的共同劳动中形成的丰富多彩的传统项目。③然而，随着社会的发展，时代的变迁，这些在劳动中形成的传统项目已经消失了，并在新的生活中创造出新的体验活动。面对新的生活环境，民族传统体育项目失去了其原有的生存空间。

（三）西方体育文化对中华民族传统体育文化的冲击

西方体育是西方文化的产物，在资本主义的影响下发展成为现代意义上的体育，除了具有传统西方文化的崇尚自由、追求更好的竞技状态外，更重要的是它紧紧地与社会发展相结合，成为资本主义社会发展的重要组成部分。在资本主义的影响下，西方体育的规则、组织、管理经过了修正，与社会现代化发展紧密联系。西方体育文化的侵入，是将已经成型的

---

① 田祖国：《民族传统体育理论研究的历史反思与体系重构》，《当代教育论坛（综合研究）》2010 年第 10 期。
② 段爱明、白晋湘、田祖国：《民族传统体育文化的变迁、传承与发展》，《体育学刊》2005 年第 2 期。
③ 倪依克：《论中华民族传统体育的发展》，博士学位论文，华南师范大学，2004 年，第 38 页。

现代体育带入中国，顿时激起了中国民众参与的热情。

中华民族传统体育文化发展至今遭到西方体育的冲击，其文化本体已发生了巨大变革，从侧重于强身健体、武力保家、原始祈福、娱性怡情的作用转变为侧重"自娱"与"娱人"的作用。所以，当我们满心欢喜地参与西方体育运动时，就已经接受并认可了西方体育文化。新中国成立以来，中国体育事业的发展完全是在西方体育模式下进行的，也取得了一定的成就。随着中国的研究者对于体育认知水平的不断提高，渐渐地认识到中华民族传统体育与西方体育具有很多的相反之处，使中华民族传统体育在西方体育文化下很难开展。

在西方体育文化的冲击下，现代化的西方体育更加适合中国大众体育生活，从而为民族传统体育的传承增添了难度。西方体育文化在中国社会变革的时期走进了大众生活，此时的民族传统体育仍是封建时期的体育活动，在社会发生转型时并没有进行现代化发展，以至于后期我们重视民族传统体育的时候，民族传统体育的场地器械、组织形式、参与人群等均无法适应现代化的社会。在现代化场景下，民族传统体育需要自身重新定位，才能使民族传统体育在现代化语境下形成合理的发展方向。[1]

（四）民族传统体育形式和内容的自身萎缩

1. 民间体育活动的边缘化

民间体育活动的起源是建立在中国哲学与传统中医学基础上的中华民族传统体育，也是人们在劳作之余进行娱乐的活动，并对人们的身体健康有一定的促进作用，深受不同年龄段人们的喜爱。民间体育活动内容丰富，项目繁多，健身效果显著，具有广泛的群众基础和广阔的发展空间，不受性别、气候、时间、年龄、场地的限制，简便易行，经济实惠。[2] 在历史的舞台上，这些民间体育活动丰富了中国民众的文化生活。如广西苗族中流行的"打泥腿"就来自田地。人们在劳作之余为了放松，用黄泥团打对方腿脚并设法躲避对方抛来的泥团。这样的民间体育活动与当时人们的生活紧紧地联系在一起。在古代，人们长期生活在自己的聚集地，很少与外界进行交流，仅有生产劳作的生活显得枯燥单调，这为民间体育活动的发展提供了心理需求和社会环境。如壮族的打扁担，侗族的踩石轮、骑木马，瑶族的催工舞等，都与生产劳作有直接的关系。

---

[1] 赵进：《对民族传统体育"现代化"争议的思考》，《体育科学研究》2011年第3期。
[2] 田祖国：《国家文化软实力与民族传统体育发展的制度保障研究》，民族出版社2016年版，第84页。

随着社会的发展,传统的劳作方式日渐退出了人们的视野,那么在传统劳作方式下产生的民间体育活动自然也消失在田野之中。社会的发展为劳作于田间的人们提供了新的休闲娱乐方式,传统的体育活动不再具有单一性,故逐渐滑至边缘状态。民间体育活动的诞生就是一种具有很强依附性的活动,并且在封建时期并没有随着社会发展而进行项目更新,从而与人们的生活不能紧密地联系在一起,人们也会选择更加符合自己生活方式的休闲活动。

2. 部落军事训练项目的消亡

射箭、赛马、射弩、角力等具有军事功能的少数民族传统体育的发展离不开战斗,同时也产生了有效的、有趣的训练方式。如板鞋竞速,在壮族传统体育活动中妙趣横生。[①] 部落军事训练的需要是为了保障部落的安全,为了生存他们必须进行一定的军事训练。在军事情景下,具有军事色彩的传统体育项目迎来了很好的发展契机,尤其是在西北的游牧民族,更是在得天独厚的自然环境下进行着传统体育活动。人们不会过多地思考这些项目的作用,而是将这些活动作为自己保卫疆土的途径,所以在整个部落中会有一个良好的氛围。

随着军事水平的不断提高,军事训练也趋向于更专业的方向发展,原来的赛马、射箭、射弩、角力等项目已经为现代化军事所替代,这些项目的用途从最初军事训练过渡到具有特殊功能的民族传统体育项目,也是具有很浓的军事色彩的。这些在部落军事训练中的传统体育活动,虽然在一定时间内可成为军事训练的一种手段,士兵也可以通过这样的方式收获体育活动带来的喜悦感,为这些项目的发展起到助力作用。但随着军事水平的不断提升,这样的民族传统体育项目渐渐地退出军事舞台,在传统军事的变革下渐渐消亡。

3. 民族传统体育淡出学校教育

从中华民族传统体育的起源到发展,在一定的模式下进行传承,并在一定时期内有很好的发展。在古代社会中,在本民族内、同地区内、师徒之间等形式下有序地进行传承,虽不见有类似于今天的学校教育,但民族传统体育却有很好的发展。这说明了民族传统体育在古代就已呈现出我们现代所期盼的群众体育氛围,主动参与并钻研其中的态度。随着西方文化的传入,中国也效仿西方进行了体育课程的设置,最初以西方体育为主要

[①] 田祖国:《国家文化软实力与民族传统体育发展的制度保障研究》,民族出版社2016年版,第78页。

课程。在这样的模式下进行了学校体育教育的初探,这完全是西方文化强势入侵后被动进行的改革,希望通过体育锻炼来塑造学生的强壮体格,为祖国建设现代化强国奉献一份力量。

但对于我们中华民族而言,中华民族传统体育与西方竞技体育相比具有较大的优越性,不仅追求人体技能的提高,而且力求在心理上得到愉快的体验,使人在获得中更加自由,心情更加舒畅。在中国5000多年的历史发展进程中,工作即生活,生活中融入了许多本土化体育活动,形成了一种稳定的生活方式。这些民族传统体育活动在某种程度上也塑造了中华民族的身体机能,我们所具有的灵敏性、协调性项目在国际赛事中的优势不单单是高强度竞技体育训练所获得的成效,同时还具有一定的隐性因素,简言之,中国人在历时数千年的文化发展历程中已经具备了某方面的运动能力。放眼望去,现代体育教学中早已淡化了民族传统体育的教学,主要是因为近代西方体育的传入,使中国人对学校体育教学产生了一定的误解。但随着中国在体育研究领域的发展,更应该在学校体育中增添民族传统体育项目的教学。即使在众多民族传统体育领域专家的呼吁下,也仅有武术在学校体育中得以稳定存在,其他的项目似乎始终无法走入学校。

二 民族传统体育文化传播困境

(一) 传播主体定位存在偏差

当前,中华民族传统体育文化的传播存在不同程度的定位偏差,主要体现在:其一,政府在民族传统体育文化传播过程中存在缺位、错位、越位等现象。[1] 如地方性民族传统体育的特色发展战略中存在多部门共同参与的情况,难以协调多部门的集体参与并执行切实有效的发展措施。其二,民族传统体育的文化空间日渐逼仄。城镇化建设过程中,体育设施的建立都是以西方现代体育的设施标准为主,不断挤压民族传统体育的文化空间。民族传统体育的现代化发展需要更多的投入,虽不需要过多的场地器械,但也需要为民族传统体育活动开展提供舒适的环境,以此来吸引更多的人参与。其三,民族传统体育的实然状态被异化。随着体育旅游的发展,很多商人看重民族传统体育的商业价值,希望能以全新的模式吸引更多的游客,并对民族传统体育项目进行了升级,对民族传统体育的保护与发展带来了一定的负面影响。其四,学校体育没有为民族传统体育提供文

---

[1] 王静、郝建峰:《传播学视域下民族传统体育文化传承发展的困境与疏解》,《广州体育学院学报》2018年第6期。

化传播平台，虽然涉及了武术等常见项目，但相比于庞大的民族传统体育体系而言，相去甚远。

（二）传播媒介过于依靠政府

传播媒介，也可称为传播渠道、信道、传播工具等，是传播内容的载体。传播媒介有两层含义：一是指传递信息的手段，如电话、计算机及网络、报纸、广播、电视等与传播技术有关的媒体；二是指从事信息的采集、选择、加工、制作和传输的组织或机构，如报社、电台和电视台等。一方面，作为技术手段的传播媒介的发达程度决定着社会传播的速度、范围和效率；另一方面，作为组织机构的传播媒介的制度、所有制关系、意识形态和文化背景，决定着社会传播的内容和倾向性。目前民族传统体育的传播媒介主要依托于政府而并未构建企业、政府、社会组织等多元主体协同传播体系，未能形成传播合力。

（三）传播方式单一，缺乏创新

时代变了，酒香也怕巷子深，如何通过新的传播手段来宣传提升自己的品牌形象，就是需要首先解决的问题。随着时代的进步，人们接受信息的方式也发生着转变，从报纸到电视新闻，信息技术的发展改变着人们接纳新鲜事物的方式。足不出户就可以知天下事，这是新时代的信息传播必须经历的变革。对于民族传统体育的传播，不能仅仅依托于传统的方式，而是要在民间活态文化的传承基础上，综合应用信息化平台，希冀突破单一传承方式。自古以来中国的民族传统体育大多以"师徒制"的传承方式进行，这样一来师父可以对该项目进行系统的传授，以至于徒弟可以学到整个项目的技术动作，并能在今后的生活中展示，以此达到传播的效应。但是在新媒体时代，传统的传播形式已经无法受到社会大众的认可，以至于很多人对于民族传统体育文化不能有一个准确的解读。

三　民族传统体育文化传承与发展困境

（一）方向性偏差

长期以来，对于中华民族传统体育文化的传承与发展一直是国家发展过程中的重要工作，尤其是党的十八大以来，更加注重对传统文化的传承。但是，纵观中华民族传统体育的发展历程，中华民族传统体育传承工作重心长期放在对传统体育项目的挖掘与整理上，对民族传统体育文化的传承与发展存在方向上的偏差。其一，在我们的田野调查过程中，虽然在民族传统体育项目的数量上有了质的飞跃，但在传承与发展上并没有进行实际性的工作。更像是我们在一边进行民族传统体育项目的发掘，民族传统体育在另一边正悄悄地消亡，但实际上消亡的速度远远大于我们发掘的速度。其二，在现代化转型中，民族传统体育继承者对于传统体育文化的集体无意识，他们更多地关注着如何在社会发展中获得更好的物质生活，所以很多村落中的年轻人都被迫走出乡村，开始了进城务工的生活。这样一来，对民族传统体育的开展就造成了很大的困难，所以说中华民族传统体育文化的传承与保护在方向上存在一定的偏差。

（二）主体性缺失

民族传统体育的主体性是指人们在参与民族传统体育过程中所表现出来的能力、作用、地位，即人在参与民族传统体育过程中所体现出的自主、主动、能动、自由、有目的地活动的地位和特征。在中国群众体育的发展过程中，西方现代体育为越来越多的人所接受，反观我们国家的民族传统体育项目却越来越少，仅仅剩下太极拳、五禽戏、八段锦这些项目为人们所接纳。这说明了在群众体育的发展中，民族传统体育文化的主体性缺失，使得民族传统体育内在的文化生命力逐渐枯竭，不能使参与者受到优秀文化引领的作用，反而对民族传统体育文化越来越陌生。主体性的缺失直接影响着人们对其的参与热情，在传播过程中人们感受不到文化内涵，外在的形式又无法吸引人们的眼球，这使得民族传统体育文化的传播受到了限制。

（三）封闭性固守

从某种程度上讲，农村是民族传统体育承载的主体，对现代化的高度认同是民族传统体育实现现代化转型的关键所在。从当前的农村发展情况来看，中国农村现代化发展最大的问题在于农民的封闭性固守，他们已经适应了传统的农村生活，不愿意进行过大的转变。在民族传统体育文化的传承上同样也是这样的封闭性固守思维，不愿意主动去适应现代化的转型，从而产生一定的抵触心理。中华民族传统体育是在封闭的地理空间内、漫长的历史发展进程中创造和积淀的，虽然资源丰富，但却因封闭僵化而陷入了困境。[①] 民族传统体育的传承，主要依赖家庭传承、师徒传承、宗教传承、民俗性传承，但对于这种封闭性思维的束缚，他们仍不愿意去打破这样的传承方式，导致民族传统体育后继无人。

（四）偏执性推崇

随着世界政治经济文化"一体化"进程的加快，中国加入世界贸易组织以来，现今中华民族传统体育文化的传承、发展不可否认地受到了西方

---

① 戚虎:《"富足矛盾"视角下我国少数民族传统体育发展的困境与破解》，《广州体育学院学报》2018 年第 4 期。

文化的影响。① 在中国的体育事业中，竞技体育、群众体育、学校体育都以西方体育为主体，西方体育作为一种文化已经融入了我们的生活，使我们主动地去参与西方体育活动。对西方体育的推崇，主要体现在对竞技体育主导下的西方体育发展模式的效仿，我们在此前的学习过程中潜移默化地认同了西方体育文化，以至于在学校体育与社会体育中过多地推崇了西方体育，严重挤压了中华民族传统体育的空间，使民族传统体育每况愈下。在现代化的发展中，体育要与社会的现代化发展紧密联系，场地、器械、规则都应以符合现代化人们的需要进行革新，使更多的人愿意参与其中。在这样的背景下，整个社会的环境都呈现出一副推崇西方体育的态势，尤其是学校校园开展的和体育课堂上传授的多是西方竞技体育项目。学生推崇西方体育的竞争价值，当他们沉浸在西方体育带来的乐趣时，肯定想不到中国的民族传统体育，所以不禁发出感叹，中华民族传统体育究竟路在何方？

第三节　民族传统体育理论困境

民族传统体育学科知识体系的充实和完善，离不开基础理论研究和应用理论研究两大板块，其中的基础理论主要以研究民族传统体育的概念体系、特征、文化价值以及它与民族文化、民俗、宗教、政治和经济的关系，还有民族传统体育的形成和发展的规律，即以它的流行、传播、变异和继承的理论为主；应用理论主要研究如何处理好民族传统体育与经济活动的关系，如何使民族民间传统体育进入全民健身机制，如何使民族传统体育在学校中开展得更合理，民族传统体育项目的整体发展规划、如何促进民族传统体育的社会化和产业化等，这些都是与应用理论研究的发展休戚相关、不可或缺的知识体系。

中华民族传统体育的发展在历经挖掘与整理、停滞与恢复之后，采取了更强的针对性与组织性的拯救与发展工作，如设立全国性的少数民族运动会，并将部分民族传统体育项目列为全国民运会项目等，一系列举措极大地促进了民族传统体育的继承和发展。自 20 世纪 80 年代后期起，民族传统体育的发展进入了普及与提高阶段。其中，最为显著性的标志则是在

---

① 田祖国、钟海平、白晋湘：《论西方文化对我国民族传统体育文化的冲击》，《体育文化导刊》2002 年第 3 期。

1981年9月召开的全国少数民族传统体育工作座谈会。会后国务院便批准全国少数民族传统体育运动会由国家民族事业委员会和原国家体育运动委员会主办，由地方承办，每四年举行一次。同时又把1953年在天津举行的全国民族体育表演及竞赛大会追定为第一届全国少数民族传统体育运动会，少数民族传统体育运动会正是在1953年举办的全国民族形式体育表演和竞赛大会的基础上发展而来的。

由于国家的支持和各省区的共同努力，该项赛事以其民族性、广泛性和业余性的特色，成为全国较有影响力的大型综合性体育运动会之一，这为挖掘整理各民族传统体育，健全民族传统体育理论体系、弘扬民族体育文化，发展民族体育事业和全民健身运动打下了坚实的基础。

但长期以来，中华民族传统体育领域理论研究忽冷忽热，易受国内外政治和国家体育工作重点调整与转移的影响。虽然民族传统体育在改革开放与现代化推进下赢得了更大的发展空间，但关于其理论方面仍旧缺乏系统科学的研究，而且研究领域失衡，导致理论体系滞后于实践活动的开展，使民族传统体育整体发展水平很受影响。冷静、客观地分析和总结新中国成立70年来民族传统体育研究的发展困境，将有利于中华民族传统体育理论的科学发展，构建出更为合理完善的民族传统体育学科体系，为民族传统体育日后的发展提供坚实的理论基础。

一　民族传统体育基础理论薄弱

中国的体育理论在近代从西方传入，多年来西方理论指导着中国学校体育、竞技体育和群众体育的发展，并逐渐形成了自己的理论体系。民族传统体育的某些项目虽然早已进入学校体育、群众体育之中，但其始终没有形成系统的理论体系。任何学科领域的发展其根本都离不开基础理论的研究与进展，民族传统体育亦是如此。目前中国对民族传统体育的理论研究主要集中在项目规则、技术战术、竞赛规则等方面，对民族传统体育文化底蕴内涵缺乏理论层面的深入研究，导致缺乏理论基础积累和深层次创新，民族传统体育研究方法的创新也较为欠缺。更需要学者引起注意的是，新中国的成立对于在洋务运动中为培养军事人才而仿照外国同类学校的课程设置突破甚微，在体育格局上"西主中从"的局面并没有得到根本性改变。随着改革开放的政策引导，民族传统体育在不断发展与推进中对其自身的忽冷忽热效应选定了辩证看待的理性视角：一味地肯定与全盘否定都不能达到看遍全局的整体效果，也正因此前所忽略的此类研究视角问题，导致了中华民族传统体育研究存在研究内容叠化、研究对象差异化、研究范围差异化、研究问题的偏差化等问题，而这一系列存有的潜伏性问题又伴随着百花齐放的文化推进隐匿在民族传统体育的研究之中，经过长时间的积累导致民族传统体育文化异化问题的出现。

（一）概念的清晰性与规则的标准度较弱

概念体系是理论体系中的基础，概念不清，建立在此基础上的理论也会出现不同层次的争议，伴随着这类争议而发展下去的相关理论体系更多呈现一种四分五裂的格局。

关于民族传统体育的概念体系，至今仍旧处于混用的阶段。"体育"这一术语并非中国本有产物，它是从国外传来的。在此之前，我们使用的是"体操"一词。直至20世纪初叶，"西洋体育"被基督教徒带入中国本土，"体育"一词才逐步被广泛使用。但在中国古代未出现一个可以概括所有体育活动的概念或术语，也就是说，还没有一个与今天的"体育"完全相当的概念作为总称，因此在关于"养生""导引""尚武""习武"等的代表身体性活动的词汇的研究中作为代表"各抒己见"，无形之中更加大了民族传统体育概念界定的难度系数。

民族传统体育理论性研究逐步丢失了自身的个性与特点。抛开民族性和传统性这些现代体育中所不具备的特征，其他的特征基本上与现代体育如出一辙。毋庸置疑，民族传统体育唯有保持与彰显其自身的民族性和传统性方能被称为"民族传统体育"。但就目前研究程度与研究现状来看，多数特征完全是民族传统体育的外在特征，而非本质的特征。这种没有彰显"民族个性"的理论虽不能称为肤浅，至少对于民族传统体育自身而言，深度远远不够。例如，对于"竞技性"这一特征的探讨，如果忽视传统文化的因素，站在现代经济体育的立场上也许成立，但在受制于礼文化和注重内外兼修的传统文化影响下的中华民族传统体育的重心更偏重在修身养性、怡情铸志上，而不同于西方体育追求人体美，追求力量、速度等定时定量的运动规程和规范化的运动模式。真正借鉴吸收的是一种理念与方法，而非内容，我们往往习惯性地将鲜见于他人的东西转嫁到自己身上，再借用外来的研究手段进行分析，最终基于自己一个可作自圆其说的解释，然则一切都是发生在自我文化上层的"皮肤文化"，关于我们自身的特性与问题并未有很大的开发与利用，这是对于民族传统体育理论存在的关键性问题。

另外，由于中国是一个历史悠久且民族众多的国家，汉民族又是在不断融合其他民族的基础上发展起来的，单个民族自身的生活方式与习惯对于民族传统体育项目的器材标准、项目规则的制定存在适用问题，因而民族传统体育中关于项目规则与标准的统一性标定问题仍是一个棘手问题，类似的问题同样存在于太极拳的多流派性发展等问题，倘若此类问题不尽早处理，对于实现民族体育运动进入世界舞台而言实为艰难之举。

（二）"一头独大"的失衡现象

新中国成立初期，正处于中国社会主义初级阶段的建设时期，国家以大力发展经济为主，加之后面所遭受的一系列批判与打压，自身元气大伤，文化的自主发展受经济发展的影响仍旧处于弱势，短时间内难以形成核心的发展力量。但自1979年国家体委发布《关于挖掘整理武术遗产通知》以来，国家体委派出了武术调查小组，分赴山西、陕西、四川地区开展考察，对中国的武术遗产进行了初步的摸底。到1983年全国武术挖掘整理工作整理出了"源流有序、拳理明晰、风格独特、自成体系"的129个拳种，后来又增加了木兰拳与少北拳，共计131个[①]。与理论同时间发展的，还有一系列伴随改革开放而掀起的练武的热潮。各种各样的武术表演、武术协会组织和民办武术学校因武术作为中国最具特色的民族传统体育项目所具有的传统文化内涵和广大的群众基础，首先得到了政府的关注和群众的支持；在1990年的北京亚运会上，武术套路被列为亚运会正式比赛项目，并成为亚运会的常设项目，这是武术进入体坛高层次竞赛新的里程碑，由此，在全国范围内迅速刮起了一股"唯武独大"的武术风。

另外，于1978年体育院校刚恢复招收武术本科生、研究生，武术领域内的研究者多为武术家和武术传人，研究的内容大多集中在武术的问题上。武术在国家积极引导与政策扶持的助力之下发展迅速，相关体育文化得以被充分地挖掘与保护，武术史学、武术哲理、武术技击、武术礼仪与武德、武术教学与训练、武术竞赛、武术管理等方面内容在第一时间得以整理。但辩证地看，武术领域被充分研究的同时民族传统体育的其他相关领域并未得到足够重视，武术专业发展速度明显领先于民族传统体育学科的发展，由此则容易导致与其他民族传统体育项目不同步研究而对民族传统体育学科建设的全面性问题。

（三）中华民族传统体育学科建树意识尚差

在民族传统体育学科体系和发展模式尚未形成的缓步状态中，人们的研究会带有部分盲目的、浮躁的、急功近利色彩的心态，难以长时间保持一种稳扎稳打的研究状态以致忽视民族传统体育基础理论和相关学科的深

---

① 刘文武：《武术基本理论问题反思》，《体育科学》2015年第3期。

入研究,出现一些"单一性"的学科研究成果。[①] 多数已出版与发表的许多关于民族传统体育的论著与文章,只是处于表象的研究,缺乏一定的深度与广度,而且许多理论过于空洞,同时民族传统体育理论研究中缺乏现代科学元素,这就使得民族传统体育的理论缺乏强有力的辩证支撑而略显稚嫩与肤浅。[②]

对民族传统体育特征的研究,多是为了挖掘民族传统体育在各自区域内的优势,仅单纯从体育视角或兼顾其民族性,缺少文化学上的观点论证;对传统体育项目的研究,多是以进军奥运会、亚运会、民运会或其他形式的比赛为重点,着重开发它的竞技性,而忽视了民族传统体育中娱乐和表演的成分,与民族传统体育的本质相脱离;对民族传统体育实用价值的开发研究,出现了急功近利的现象等,不一而足。殊不知,在片面强调"更高、更快、更强"之类的前现代体育意识与人类生存伦理发生冲突的后现代,中华民族传统体育文化及其观念的崛起,将引领世界潮流而成为世人关注的焦点。

在目前民族传统体育学科体系的建设和发展模式尚未形成的严峻形势面前,我们必须认识到学科建设对学科发展的重要性,要把学科建设问题作为一项重要课题来研究,以解决由于理论的贫困给实际工作带来的问题。如目前由于民族传统体育理论还存在功能、原理、方法论等方面的局限性,民族传统体育活动也在余暇生活中出现萎缩等问题。当然,在研究中华民族传统体育发展战略的时候,还必须考虑求新心态的负面影响。中国文化史上的基本趋向是追求一律。当新事物出现的时候,大家都追求时尚,使旧有的东西很难有生存的空间。笔者认为,真正实现与时俱进的发展必定是以一种保守中的自我超越的良性循环所展开的,文化发展战略应鼓励多元并存、新旧并行,在百花齐放的竞相发展中更为明确地认识到自身的优势与不足,而非毫不保留地接纳外来事物而忘掉自身文化。

因此,对于上述关于民族传统体育理论成果相对不足,理论积淀薄弱,实践力度较差,只限定在基础的、单一的科目,深层次交叉性、跨学科性、系统性研究匮乏等存在的诸多不足问题应着力对民族传统体育理论研究体系进行重新思考和设计,为民族传统体育理论的完善提供有力的理

---

① 倪依克:《论中华民族传统体育的发展》,博士学位论文,华南师范大学,2004 年,第 60 页。
② 田祖国:《民族传统体育理论研究的历史反思与体系重构》,《当代教育论坛(综合研究)》2010 年第 10 期。

论支撑。①

二 民族传统体育理论创新不足

中华民族传统体育理论发展至今日仍处于建构阶段。一方面由于理论基础的薄弱，概念等学术基础问题对理论的发展产生极大的阻滞作用；另一方面，一些民族传统体育研究者缺乏田野调查的意识和专业训练，因而无法从实践出发，从经验材料中进行理论的提炼、对话及创新。民族传统体育研究要在传统创新论基础上，以学术自觉和文化自觉意识，加强学科间的交叉与融合，以促进理论创新发展。

（一）传统创新论和文化自觉论的局限

1. 传统创新论

体育健身需求不断多元化，单一的体育项目已经不能满足其需求，多元需求下催生了民族传统体育和现代竞技体育的共存格局。② 2009 年 7 月国务院印发的《关于进一步繁荣发展少数民族文化事业的若干意见》中指出要在政府部门的积极引导下鼓励少数民族进行传统文化活动的举办。但在人们生活观念的转变下，传统的民族文化已不再受到更多人的关注，甚至为继承人所遗弃。传统创新论就是在保证传统文化不变的前提下，对传统项目的外在表现形式进行创新，使它们更加符合现代人的需求。如苗族传统体育项目中的拉鼓、打手毽、走竹竿、爬坡等，都是在农业生产之余进行的，与现代体育的舒适的运动环境形成了鲜明对比，以至于传统项目的参与人数越来越少。所以，对中华民族传统体育的场地、器材进行现代化升级以符合现代人的运动需求，可以更好地满足人们参与体育活动的欲望，又能使民族传统体育获得很好的发展。

随着中国对民族传统体育文化的重视，传承与创新成为了学术界争议最多的议题。一部分学者认为，既然是对民族传统体育文化的传承，就必须要保证其传统性，更要对其历史性的特点进行充分的保留，并将其完整地传承下来，而另一部分学者则表示应该对民族传统体育项目进行一定的创新，以便其更好地融入现代化生活。毕竟传统社会中的体育活动，在场地、器械及组织形式上均达不到现代人们对于体育活动的需求，一味地保留传统只会使民族传统体育更加被边缘化，无法融入现代生活的发展中。

---

① 田祖国：《民族传统体育理论研究的历史反思与体系重构》，《当代教育论坛（综合研究）》2010 年第 10 期。

② 张怀成：《民族传统体育文化现代创新传承思考》，《贵州民族研究》2018 年第 2 期。

而笔者认为在人类社会文化的发展过程中,文化始终在社会发展之中,任何形式的活动都具有一定的文化属性,是以活动的形式来反映其内在的文化。所以我们在进行传统创新的时候应注重对内在文化的传承,对外在的形式进行现代化创新,让它们更好地融入社会生活中。

2. 文化自觉论

费孝通先生较早提出"文化自觉"概念,并在不同场合进行了阐释,即生活在既定文化中的人对其文化有自知之明,明白它的来历、形成的过程、所具有的特色和它发展的趋势。自知之明是为了加强对文化转型的自主能力,取得决定适应新环境、新时代文化选择的主体地位。[①] 民族传统体育文化相对于西方体育文化长期处于弱势地位,在推广过程中并没有厘清民族传统体育的文化内涵,使社会大众不能对民族传统体育有一个清晰的认识。面对如此庞大的民族传统体育,深受西方体育文化影响的中国人民,很难再以现代体育思维去研究民族传统体育。因此,若仅仅是像考古研究一样进行挖掘,民族传统体育在文化转型中依然无法适应新环境、新时代的文化选择。

民族传统体育的文化自觉论,存在一定的信息不对称,所以很难达到预期的效果。中华民族传统体育是不同民族由于地理环境、生活习俗、产生背景和发展背景等方面差异,形成的内容丰富、形式多样、特色鲜明并带有强烈民族传统色彩的各类体育项目,代代相传,逐渐流传和发展至今。受到地域环境、民族风俗、生活习惯的影响,不同地域的人们对于外界的民族传统体育了解甚少,因此,很难实现真正意义上的文化自觉。

(二) 学科间交叉不足

20 世纪 90 年代,国务院学位委员会和国家教委进行学科专业调整,将民族传统体育学列为教育学门类体育学二级学科,并于 1998 年增设民族传统体育专业,初步建立起民族传统体育学学科专业体系的雏形。[②] 在学科建立初期,研究人员对民族传统体育学的研究对象和研究范围并不是十分了解,也只能结合民族学、文化学、考古学等相关理论知识和方法进行调研。[③] 所以,民族传统体育学在创办之初并没有一个体系,只能综合其他学科的经验进行研究,但民族传统体育学又作为体育学的二级学科,在研究的过程中会更多地以体育学思维进行研究,这势必会受到西方竞技

[①] 费孝通:《文化与文化自觉》,群言出版社 2010 年版,第 184 页。
[②] 杨桦:《关于加强体育学学科建设的思考》,《成都体育学院学报》2011 年第 1 期。
[③] 白晋湘、万义:《中国特色社会主义新时代民族传统体育学科的建设研究》,《体育科学》2018 年第 10 期。

体育文化的影响，使原本理论薄弱的民族传统体育发展更加受限。

民族传统体育作为体育学的二级学科，在体育领域寻找融合点是常用思路。民族传统体育不同于其他体育项目的原因在于生于乡土、长于乡土、传于乡土的民族特性，因此，对民族传统体育的研究离不开民族学范畴。民族传统体育是在历史动态过程中不断统合而成的文化凝聚，与历史学紧密相关。[1] 所以，民族传统体育学是一个集民族学、社会学、文化学、历史学的综合性学科，但中华民族传统体育的研究多以外在的表现形式为主要研究对象，对其文化内涵的研究缺乏多学科的思维，所以始终无法有较深入的研究。如果不能对其内涵进行深入分析，厘清民族传统体育的应然价值，就无法获得社会大众的认可。

（三）思维方式滞后

中国进入经济转轨和社会转轨的双向变革时代后，社会领域的多样化发展日益显著，传统的社会观念和价值取向开始淡化，新的价值观念逐渐增强。[2] 中国人民在城镇化建设中纷纷享受着现代社会带来的物质、精神享受，渐渐地离开了传统的活动。现在要想通过田野调查的形式研究民族传统体育的开展，就只能去相对落后的村落进行调研，在经济落后的环境下，他们的生活并没有完全脱离传统的生活方式，可以从他们的生活中了解到民族传统体育。这样就反映出了一个问题，越是贫困的地域，其传统文化保留得越好，民族传统体育便有一个良好的发展空间。随着政府的介入、扶贫工作的展开使得原有的活态文化陷入新的困境。人们致力于脱贫致富，对于传统文化的保护则不够重视。

有关民族传统体育的研究，更多的是对于民族传统体育的挖掘、保护、传承等，这使得民族传统体育作为一种传统社会的产物，似乎在现代社会中只能作为历史去体现它们的存在价值。就在这样的表象下，中华民族传统体育被扣上了一顶落后的帽子，与经济飞速发展的今天显得格格不入。所以，民族传统体育的继承人对其内涵没有充分的认识，思维方式已明显滞后，不足以为国家民族传统体育发展的战略服务，呈现出国家层面积极发掘并进行民族传统体育的开展，而在底层却始终找不到民族传统体育的存在意义，使民族传统体育没有一个有效的发展空间。

---

[1] 纪宇、霍红：《民族传统体育"合纵连横"多学科深度融合研究探索》，《体育文化导刊》2018年第9期。

[2] 田祖国：《国家文化软实力与民族传统体育发展的制度保障研究》，民族出版社2016年版，第103页。

三 民族传统体育价值认同研究缺失

认同是信息化时代的核心问题，接受一种文化或拒绝一种文化，都与是否认同其价值有内在联系。如果不解决认同的问题，文化之路就不可能走得太远。当然，对象不同，认同的形式也不一样。认同不仅包括村属、家庭、地域、族群的认同，还包括民族、公民以及国家和文化等群体认同意识。对民族传统体育文化进行创新、改造，是民族传统体育发展的内在要求，是项目发展的必然选择。实践也证明，在一些少数民族地区，经过改进和创新后的民族传统体育文化确实办出了特色，吸引了大量旅游观光人群，产生了一定的经济效益和社会效益。但同时也发现，随着社会与时代的发展，人们价值观念的功利化色彩越发浓厚，在众多的选择面前，人们对那些能给自己带来实际益处的文化趋之若鹜，而民族传统文化被视为"过时的"或"无用的"，受到冷落甚至被忽略，导致许多民族传统体育项目的开发未能辩证地思考其自身的审美需求，使得民族传统体育节日活动的意义发生了改变，失去了古朴、原始、自然的味道，失去了其原有的意义和价值，最终让最具民族特色与地域风格的民族传统体育失去了其独有的精神内涵。

伴随而来的就是民族传统体育的过度异化。这种现象在民族传统体育活动商业化进程中逐步蔓延，并有恶化的趋势，这无疑阻碍了民族传统体育的发展和自身认同。许多民族语言的衰微乃至消失就是一个明显的例证。当我们对一种文化以市场情境中的效用作为衡量其"有用"或"无用"的标准时，我们其实是忽略了每一种文化的独特价值，忽略了其经济价值之表象背后的深刻含义。很多时候，民族的或者传统的文化被当作边缘文化、当作主流文化的点缀。

时代更迭变幻，全球化进程日益加快，在很多人心目中，一个国家的主流文化逊色于外国文化，从而导致对外来文化盲目甚至是狂热地追捧。受西方现代体育思想的制约，许多研究注意力集中在对现代奥林匹克项目与传统体育项目在规则、竞赛等技术方面的比较，忽视了对传统体育项目内在价值的研究，忽视对民族传统体育文化底蕴的拓展性开发，缺乏对民族传统体育深层次的理论研究，导致缺乏理论积累基础上的深层次创新。近年来，随着体育社会科学研究的发展、民族文化交流的加深，一些观念虽有所转变，但其影响仍然存在。[1]

---

[1] 倪依克：《论中华民族传统体育的发展》，博士学位论文，华南师范大学，2004年，第57页。

西方奥林匹克体育文化始终向着竞技性、惊险性、公开性、健美性、趣味性方向发展,并使体育形成体系。但它在发展过程中也产生了过度商业化、踢假球和服用兴奋剂等问题,并容易产生暴力行为。一方面,奥林匹克全球化强势的背后使其他民族传统体育的生存空间被压缩。另一方面,世界各国的民族意识及对自己传统文化的认同感也得到强化。抵制单一的文化扩张,加强各民族间的文化沟通,构建一个多元一体的世界体育文化新体系,是大多数国家利益之所在,也是人类体育文化长远发展的重要基础。由此,中华民族传统体育的真正内涵也开始被思考,世界体育文化所呈现的现代化、国际化、多样化趋势为民族传统体育研究提供了方向性指引,使得中华民族传统体育的发展翻开了新的篇章,朝着学科的全面发展迈进。[1]

综上所述,民族传统体育理论研究存在不足和缺陷,有进一步研究的必要性,且在对相关问题进行研究与解析的同时,需要我们站在一个宏观且客观的文化视角中继续探索民族传统体育的历史渊源、民族文化背景和实践操作理论体系等问题,深入探寻民族传统体育与人、社会、民族文化、自然环境之间错综复杂的联系,以获得对民族传统体育的本质特征、文化内涵、哲学理念、价值功能及其发展规律较准确、客观的认识和理解。[2]

笔者认为一切研究均需要带着问题去思考问题、分析问题、解决问题,最终回答问题,也唯有如此,残存于民族传统体育的内涵与自身特点才能真正被挖掘与发现,其自身一系列理论困境才能被真正解决。

第四节 民族传统体育实践困境

一 武术现代化改革步履维艰

武术是中华民族的文化瑰宝之一,即使在作为体育比赛正式项目的今天,它的文化含量也远远高于竞技成分。众多武术高手的故事如霍元甲大战日本浪人、李小龙连胜欧美,在很大程度上存在着传奇的成分。中国武术在当今体育比赛中的技击性、实用性不如日本空手道、韩国跆拳道等搏

---

[1] 罗慧、白真:《改革开放以来我国民族传统体育研究的热点转换与成因》,《浙江体育科学》2018年第2期。
[2] 田祖国:《民族传统体育理论研究的历史反思与体系重构》,《当代教育论坛(综合研究)》2010年第10期。

击项目,很多情况下被称为"舞术"。在这样的情况下,中国进行了关于武术的一次次改革,其目的就是让它避免"花拳绣腿"的表演,而是一个可以很明晰地分出高下的比赛项目。

(一)武术"入奥"的回顾与反思

1. 武术"入奥"的回顾

武术作为中华民族传统体育中最具代表性的项目,长期以来受到了国内外众多人士的热爱与追捧,但是在"入奥"的问题上却始终没能如愿。早在20世纪30年代,中国就利用在德国参加奥运会的机会,在德国的众多城市进行了中华武术的表演,受到了当地人的强烈追捧。中华武术的表演在国际上掀起了武术热潮,同时也为国内的武术发展提供了很好的氛围。改革开放后,中国的竞技体育在国际上又获得了一定的成绩,如在1984年的洛杉矶奥运会上实现了奥运金牌零的突破,中国对于体育事业的发展尤为重视,并希望武术可以成为奥运会项目。

20世纪90年代,在武术"入奥"目标指引下,中国分别在1994年、1996年和2000年对《武术套路竞赛规则》进行修改,[①] 并在对武术套路竞赛规则进行补充完善的同时,不断地将中国武术推出国门。如1990年,国际武术联合会正式成立,标志着中国武术在世界舞台上拥有展示的机会,以举办国际性的武术比赛来扩大中国武术的影响力,从而为后续"入奥"打下基础;1998年,国际武联向国际奥委会递交武术"入奥"申请后,奥运战略成为武术发展战略的一个重要组成部分。[②]

2001年7月13日,国际奥委会前主席萨马兰奇先生在莫斯科宣布:北京成为2008年奥运会主办城市。在举国欢庆的同时,中国人民更希望在北京奥运会上能看到武术项目,国际武术联合会于2001年12月28日正式向奥委会提出将武术项目列为奥林匹克运动会比赛项目。各方积极努力,在与国际奥委会沟通中也始终表达着我们的真实诉求,此时的武术"入奥",已不单单是一件体育事件,更是中国在世界舞台上的政治需求。

2005年,国际奥委会在新加坡全会上宣告武术不被列为奥运会正式比赛项目,武术的发展战略问题再次引起了热议。最终,武术项目被列为北京奥运会的特设项目,共有10枚金牌,但其奖牌不计入奥运会金牌

[①] 王攀、王岗:《中国武术"入奥"失败的理性反思》,《上海体育学院学报》2014年第2期。
[②] 张继生、张萍、何兵雄:《单相思下的失望与希望:武术"入奥"的历史回顾和策略思考》,《武汉体育学院学报》2013年第2期。

总数。① 尽管我们在武术"入奥"的事件上做出了很大的努力，但最终的结果却无情地摧毁了国人的梦想，给中华儿女留下了巨大的遗憾。

2012年7月，国际奥委会将武术、运动攀登、棒球、壁球、垒球、轮滑、花式滑冰、空手道8个项目作为2020年奥运会的备选项目。武术和空手道作为中日两国的传统项目，更像是中日两国在传统项目的较量，日本作为2020年奥运会的举办国，显然占据了天时、地利、人和的优势。2015年9月武术再度落选，空手道如期进入了东京奥运会项目。在中日两国的传统项目"入奥"的鲜明对比下，中国的武术项目又一次与奥运会失之交臂，多年的努力付诸东流。

2. 武术"入奥"的反思

20世纪80年代以来，武术的发展紧紧围绕"武术世界化"进行推广，也取得了一定的成效。在"入奥"的大战略下，中国武术过度追求竞技武术的发展，首先，将武术分为了"传统武术"和"竞技武术"，其中竞技武术完全走上了西方体育的竞技化路线。由于当时中国对于体育的认识不足，传统体育在西方体育面前长期处于弱势地位，以至于在发展竞技武术的过程中完全忽略了传统文化，而是一味地向西方体育靠拢。在"入奥"的选择上，也是在吸取体操、艺术体操、跳水、花样游泳等现代竞技体育项目评分方法的基础上，增加量化指标，提高区分度和准确性，使武术项目继续向"高、难、美、新"的方向发展。② 陈宏在《武术申奥屡战屡败，这次倒在半决赛》一文中指出：在武术自身的标准上，尚缺乏足够的国际吸引力。武术"入奥"只是其中的套路项目，众所周知，套路以表演和展示为主，又是一个打分项目，给人感觉和体操相似，即使在国内，它也让人感觉矛盾。③ 所以，从所做的"入奥"努力来看，我们似乎选择了最不可能的"入奥"方式。在众多的武术项目中，有时甚至连我们的专家都看不懂竞技武术，这说明了我们在盲目"入奥"的过程中忽视了武术的精髓。

奥林匹克运动是西方文化下的产物，其文化核心是西方人（尤其是法国人）的价值观体现。而中国的武术运动是东方文化体系中的产物，所以在武术文化传播的过程中与西方文化有很大的冲突。新中国成立以来，随

---

① 张继生、张萍、何兵雄：《单相思下的失望与希望：武术"入奥"的历史回顾和策略思考》，《武汉体育学院学报》2013年第2期。
② 王岗、张大志：《从体育走向文化：中国武术发展的必然选择》，《成都体育学院学报》2013年第6期。
③ 陈宏：《武术申奥屡战屡败，这次倒在半决赛》，《青年报》2013年6月3日第2版。

着中国在竞技体育赛场上的日益月滋,面对国际赛场上的西方竞技体育,我们当然希望也能在奥运会舞台上看到中国传统体育项目,武术项目作为最具代表性的传统项目,被人们寄予了沉甸甸的希望。

在国际大文化背景下,实现武术文化向世界传播,就必然要经过武术文化的翻译才能对世界文化产生一定的影响,建立对中华文化的认同。[①] 在武术项目挖掘与整理工作中,学界发现中华武术是一个具有中华文明属性的复合体,就拳种而言,就有惊人的数量,很难以量化的指标进行归类,还不算其他的刀、枪、剑、棍,在如此庞大的体系下,如何能让外国人理解武术的内在文化呢?经过了这么多年的努力,严格来说仅有太极拳传播得比较好,在国内外都形成了良好的态势。但这对于中国庞大的武术体系而言,还是微乎其微。这与中国的传播方式有关,将具有东方文化的武术传入西方国家本身就具有一定的难度,因此,更要注重投其所好。西方人在接受新鲜事物的同时,更注重它能给自身带来什么收益,也就是我们常说的无利不起早,所以现阶段武术传播的最大的问题在于,武术人认为武术运动很好,我愿意将它传授给你们,你们也应该觉得它好,从而进行学习。这个逻辑符合中国人的思维方式,但恰恰与西方人的思维方式相反,所以造成了传播过程中的价值冲突。

武术的历史传承,深受宗法思想和宗法制度的影响,由于当时武术处于封建社会的大环境中,其宗法思想体现了一些旧社会的封建内容,如"师徒如父子""教会徒弟饿死师父"等,还有一些"传内不传外,传子不传女"的"家拳"的出现都是这种封建宗法思想的体现。[②] 这说明了中国武术始终处于一种圈内传播的状态,作为在封建社会生存的一门技能,必须得遵守武术的宗法传承。由于古代社会门派林立,各大门派都想在武林占据一席之地,苦心钻研武学,以期通过自家绝学傲视群雄。在这样的背景下,自然形成了具有封建色彩的传播方式,虽能在封建社会上得以传承,但是随着社会的变革势必会带来传承受阻的情况。随着中国社会性质的改变,封建社会下的传承形式早已过时,中国的武术也出现了很多失传的现象。

西方的搏击术带有浓厚的宗教色彩,崇拜至高无上的神,崇尚个人奋斗,崇尚个人英雄主义,倡导个人自由、个人竞争,鼓励个人充分发挥自

---

① 李凤芝、朱云、刘玉等:《对我国武术文化国际传播中归化与异化问题的研究》,《武汉体育学院学报》2015 年第 10 期。

② 辛治国:《武术门派宗法思想与武术的发展》,《体育成人教育学刊》2017 年第 1 期。

己的智慧和潜能。① 西方的搏击术追求的是"更快、更高、更强",注重个人意志品质的培养,以通过高强度的训练达到身体上的突破。西方搏击术实际上就是西方体育的一种表现形式,同样是以物理体育的形式进行训练和提高,与中国的传统体育存在很大的差异。所以西方的搏击术在传播过程中很符合西方人的需要,他们具有良好的传播途径,只要是对搏击术感兴趣的人都可以参与其中,进而扩大搏击术的受众,使搏击术获得了很好的传播。

(二) 武术改革的原因

中国的武术与西方的搏击术在传播过程中存在很大的差异,根本原因还是文化上的差异,使中国的武术和西方的搏击术呈现出不同的状态。在传播过程中,随着西方体育在世界上占据了主导位置,为西方的搏击术传播提供了发展平台。另外,在西方体育文化的影响下,人们普遍愿意接受西方文化下的体育活动。而中国的武术在国内的传播中出现了传承受阻,加之中国武术文化内涵本身在竞技体育中受到排斥,因此,始终在竞技体育的舞台上无法占据一席之地。随着社会的不断发展,民众观念的不断进步,对于宗法思想下的武术传播需要有一个更清晰的认识,以便更好地让中华武术走向世界。

1. 根本原因

根据马克思主义基本原理中生产力与生产关系理论,改革的根本原因是旧的生产关系阻碍生产力发展。因此,中国武术改革的原因即是武术发展过程中形成的社会关系已经不适应武术创造新财富的能力。从武术发展演进的历史来看,中华武术的搏击功能由改造自然、适应生存转变为人与人之间的社会关系,武术技击露出了适应时代要求的真实面目,逐渐从生存需要、战争需要转化为文化需要。武术改革的实质就是调整与武术相关的生产关系。

韩国的跆拳道在 2000 年的悉尼奥运会上成为正式比赛项目,而在 2020 年东京奥运会空手道已作为正式比赛项目。中国武术申请加入奥运会正式项目的比赛,是全国长期努力的一个重要内容,更是中国几代人的梦想。将博大精深的中华武术宣传与推广,对于中华文化的全球化传播与展现具有深远的战略意义。太极拳一直被认为是最有可能进奥运会的项目,在全球有众多太极拳培训机构,所以一直是改革的急先锋,而且这样的改

---

① 刘忠伟:《论中华武术与西方搏击的文化差异及其近代三次融合》,《南京体育学院学报》(社会科学版) 2013 年第 1 期。

革在中国武术界早已达成共识并且从未止步。从设定比赛的规定动作到散打逐渐放开最初的诸多限制，目的只有一个：力争让套路比赛像跳水、体操等同样是靠裁判决定胜负的项目一样有规范的评判标准，减少甚至杜绝暗箱操作；而散打比赛则要向更激烈、更刺激的方向发展。经过多年努力，这两方面都收到了不错的效果，参加国际武术比赛的国家越来越多，武术影响力越来越广。

2. 武术比赛项目自身的局限性

根据《国际奥林匹克宪章》规定，一项运动想要成为夏季奥运会项目，最基本的前提是至少在全世界四大洲75个国家和地区的男性以及三大洲40个国家和地区的女性中广泛开展，运动小项也起码要举办过两次以上的洲际锦标赛。当然，这些都是最基本条件，武术在这一层面早已满足条件。真正难以实现的是那句模糊含混的条件："必须在参加人数上和地域范围上具有公认的国际地位。"简而言之，由于欧美在国际奥委会占据绝对话语权，所以"公认的国际地位"其实就是一项运动在欧美地区是否获得认可。从某种意义上说，这也是武术不如空手道的地方，再加以深究，则是武术在自身奥运化规则的修改以及推广模式方面仍有不足。空手道目前在全世界拥有186个协会会员，并且是亚运会、泛美运动会、欧运会、非运会的比赛项目。此外，空手道利用民间力量在全世界建立俱乐部，并运用成熟的商业模式进行推广运营，取得了体育和商业的双赢。并且空手道技击属性极强，讲究"一击致命"，所以20世纪五六十年代驻日美军也广泛修习此道，此后，空手道成为美国特种兵必修课之一。

中国在国家层面很重视武术推广，虽借助国家意志在全世界组建"孔子学院"的同时输出武术运动，但因为商业化程度不高，在各国落地时效果不佳。空手道、跆拳道等运动在全世界都有民营俱乐部的一个很重要原因，就是这些俱乐部有明晰的商业化模式，因为从一开始，就是日本政府在背后默默扶持商业机构进行的推广，而中国武术则缺乏产业化运作。与此同时，武术的技击属性正在日趋弱化。虽然武术源远流长，各种派系如云，但整体来看，根据技击划分，无外乎套路和散打两大方面，套路更多偏向于表演演绎，而散打固然技击属性明显，但放到搏击赛事中却不够实用。简而言之，武术的技击属性在国际舞台上并不占据优势。而过去20多年，武术为了"入奥"而不断修改比赛规则堪比削足适履，武术功法等理念日益丧失，反而丢弃了传统文化特色。

(三) 武术改革之不足

1. 武术精神传播的不足

马克思的全面发展学说一直是中国教育所推崇的，在新时代，要想实现中华民族的伟大复兴，光有知识没有强健的体魄是不行的，身体与精神的完美结合才是对人全面发展最好的注解，而如今中国武术发展中"武德"的价值和作用并没有得到很好的宣扬，武术传统文化中"重德""重礼"的意识理念淡薄也是导致中国的素质教育后劲不足、实践创新能力落后于其他发达国家的原因之一。从空手道的发展来看，空手道对礼仪教育和具体礼节规定很是重视，所以练习空手道的人不仅需要学习空手道技术，还需学习礼仪教育，这对培养空手道学习者高尚的人格魅力很有帮助，同时也能让他们形成正确的人生观和生活态度。这种"尚礼"情怀的教育对于当代人的全面发展而言，则显得更有吸引力，通过保持谦虚的态度，不断汲取他人的长处以保持自己的竞争优势。所以，中国武术的当代发展应加强"武德"的教育，从最基本的"武德"学习入手，真正做到"未曾习武先学礼""学拳宜以德为先"。

2. 武术的比赛项目缺乏统一有效的规划

中国武术源远流长，百家争鸣，有着众多的种类和技术体系，这种丰富多元的技术体系对中国武术的当代传播与发展而言，则显得过于庞杂。因此，我们需要选择普及程度高、易于推广的武术种类进行发展。而从源流上来说，从中国传入日本并经过不断发展的空手道，其本身的技击属性强，加之为了迎合欧美练习者和奥运标准，对相关规则进行了大规模调整，如今的规则比起传统空手道更简单易懂。所以，经过多年推广，诸如UFC（终极格斗冠军赛）等世界顶级格斗赛事的不少巨星都是空手道选手出身。因此，在武术的发展过程中，要在兼顾传统武术文化内涵与竞技武术格斗技艺上大胆改革和创新，吸收奥运会搏击项目的发展经验，简化和统一武术基础性技术内容和训练体系，巧妙地将套路和散打相互结合，从而形成一套注重"打练结合"的技术体系。同时，我们还应制定出一套相对简便、适应时代的竞赛体系，为武术发展提供新的动力。

3. 缺乏激发练武者兴趣的制度

空手道运动的一个特点就是腰带颜色和晋级制度的设置。在空手道运动的等级划分中，按照练习者的水平、年龄、层次将参与者分为级、段。从初级的白带开始到高级的黑带，都有着不同的等级且对应着不同的腰带颜色，人们能够根据腰带颜色来清晰地辨别自己和对手的位置和水平。在武术的发展过程中，我们要充分借助武术段位制的发展，确保中国武术的全民化开展。在武术段位制的推广过程中,我们可通过段位制考核内容中的段级标准来规范各级各地的武术教学内容,利用武术段位制的晋级制度来激发和引导青少年群体,使其逐步进入中国武术的锻炼行列,以此来提高广大国人对中国武术的认知和参与程度。同时,我们还应进一步改革和完善现有的段位考核制度,充分地把套路与实战有机地结合起来。

4. 学校武术教育的缺失

人才的培养主要是在学校中进行的,而在武术学习中第一个内容不是踢腿打拳,而是言行举止。这是因为一个人练习武术的行为规范体现在方方面面,武术更是青少年儿童的一种修行,培养孩子吃苦耐劳的精神,培养孩子坚持不懈的品质,培养孩子百折不屈的性格,这些都是决定孩子未来人生成就的内容。对中国武术来说,一定要抓住学校教育这个平台,积极开展学校武术,提高青少年对中国武术的认知和认同。在武术的未来发展过程中一定要健全学校武术教育体系和相关监督体制,形成良好的学校武术发展体系。确保从小学至大学都有明确的教学流程、教学内容和教学目标,切实贯彻好学校武术的发展。同时,还应结合专业体育院校的武术人才培养,来促进武术教育的发展,保障武术人才的培养和输送,为武术发展提供坚实的师资力量。

在新时代前进的道路上,武术发展仍然面临许多挑战,只有紧紧把握时代的本质,彰显中华民族精神的活力,让新的民族精神在新时代的大潮中传播、渗透到每一个人,在民族精神的托举下,才能成就伟大复兴的梦想。

二 百废待兴

"健身气功"在气功领域是一个专有名词,特指由国家体育总局组织审核、编创的健身气功功法。健身气功概念的形成以及功法的创立与推广对气功运动的发展有着重要影响。健身气功是以自身形体活动、呼吸吐纳、心理调节相结合为主要运动形式的民族传统体育项目,是中华悠久文化的重要组成部分。健身气功动静结合,身心兼修,不受时间和场地的限制。其运动量适中,因此适宜在老、中、青等各类人群中展开,是缓解身心疲劳、预防慢性病的有效的锻炼方法之一,是以安康养生为目的的保健身心的传统体育运动之一。

(一)健身气功的内容发掘不够

健身气功的练习不仅能强身健体,还能在习练中重新找回身心的和谐,感受到与自我的契合,并在此过程中向自己传递一种能量,一种更加放松、更加愉悦的能量。这种积极的正能量能感染到家庭成员和工作场合的每一个人，所有人都会被这种平和的能量触动。人们所说的"气感""磁场"等无法科学量化解释的现象，也确实能在练习过程中感受到。在练习方面，我们都知道健身气功具有绝佳的养生功用，但是相关研究表明，虽然健身气功对人体免疫有着不可忽视的积极影响，但它也有其自身的适用条件。健身气功对人体的免疫作用主要适用于健康人群，对感冒等人群不仅没有促进作用，反而会引起其他病原体的诱变，对人体产生一定的不良影响。[①] 因此，中国健身气功协会等职能部门应花大力气把练习健身气功的相关注意事项细致化，训练时的身体状态要求、动作的角度与呼吸、不同身体条件的人群的练习时间以及练习时的方位朝向等关乎健身气功项目练习的方方面面，都需要进一步细致化、科学化、规范化。只有这样，才能使人们更好地接受这一优秀的传统文化，特别是在健身气功项目国际化的传播方面更需要对自身的传播内容进行优化，才能避免出现与武术对外传播时面临的相同的尴尬境遇。

（二）健身气功人才梯队建设不足

从中国古老的中医角度而言，健身气功能够调理人的身体，具有锻炼气息和心肺的功能，是一种修养身心的绝佳技能。然而在现实生活中尽管人们渴求健身气功带来的锻炼方式，自行练习却常常不得核心要领。这是由于健身气功的流传中对形、意的体会需要师父手把手"传帮带"，因此代代相传的人才建设就对健身气功的推广及价值提升具有关键性的作用。现代医学研究表明，通过练习健身气功能够促进人们保持积极的心理状态，增强人体的脏腑功能以及辅助治疗一些慢性疾病。由此可知健身气功是一项老少皆宜的体育运动项目。但目前群众普遍认为健身气功项目是属于老年人的运动项目，很少有青少年通过健身气功项目来进行体育锻炼。健身气功习练者的人口结构问题也值得引起我们的关注，崔永胜、杨慧馨在《健身气功习练人群特征调查分析》中研究认为，健身气功习练人群中女性占73.0%，男性占27.0%，女性是男性的2.7倍，表明男女性别结构存在严重失衡现象。[②] 虽然近几年健身气功在高校的开展已取得了一定的进展，但健身气功项目人才梯队的建设问题还需进一步完善。全民健身中健身气功的习练是非常重要的方面，与"体育强国"的建设紧密相关。要紧抓时代机遇，重视对青少年认识及习练健身气功项目的培养，同时科学

---

① 李通：《健身气功对人身心健康的影响研究》，《武术研究》2018年第1期。
② 崔永胜、杨慧馨：《健身气功习练人群特征调查分析》，《体育文化导刊》2017年第6期。

地统筹各年龄阶段的习练群体，合理培育优秀的健身气功项目的人才梯队。

（三）健身气功的国内外传播不够

据不完全统计，目前中国已有约300万人练习健身气功，但年龄结构以中老年人为主，缺少青少年群体的广泛参与。练习人群结构不平衡现象，是社会大众对于健身气功认知不够引起的。为了让更多年轻人参与，中国官方此前制定的《健身气功发展规划（2013—2018年）》提出将健身气功纳入社区体育、农村体育、职工体育和学校体育活动内容中，并通过网站、手机、博客、微博等新兴媒体进行传播。任何一个项目的蓬勃发展都离不开广泛的群众基础，健身气功的习练人群虽然在不断地增加，但在世界范围内与太极拳、瑜伽、普拉提等养生体育项目的影响力相比还有一定的差距。具体而言，健身气功在国内的传播方面应善于"借力发展"，灵活运用传统体育项目"领头羊"——武术的发展路径。借力发展不是生搬硬套，而是要有继承有创新，健身气功的推广应在汲取武术传播优势的基础上，根据不同国家的文化、经济、政治等因素适时"变身"，以"本土化"的理念融入被推广国家的健身观念和生活中去，在此基础上摸索出最适合健身气功这一项目的传播发展路径。健身气功的发展还应该牢牢扣紧时代的命题，从中国的大政方针政策中展望健身气功未来的发展方向。如搭乘"一带一路"的快车把健身气功项目传播到世界各地、发挥健身气功项目在中国由体育大国向体育强国转变时期的积极作用、宣扬健身气功项目在构建人类命运共同体的传统文化理念价值等。总之，健身气功项目在世界范围内的传播发展是一项艰巨的任务，我们应大力推动健身气功等优秀的传统体育项目在国内外的传播，从而为造福全球人类的健康生活贡献中国传统文化的智慧与力量。

（四）健身气功产业化乏力

虽然健身气功受众人数庞大，但愿意为此付费的人数以及付费的金额额度并不理想。或许很多人都会不假思索就为瑜伽课程掏出几千元的学费，但却不愿意支付几百元的健身气功学费，这也是健身气功无法实现职业化、产业化的一大现实难题。针对目前健身气功只能当作兴趣爱好而无法成为职业的问题，有观点认为这主要是因为健身气功长期以来都被当作中国传统文化的一部分来传承，大多数中国人都或多或少接触过气功，但大多数人并不真的懂气功。而且，健身气功在传播时主要强调其公益性，相对而言也忽略了参与人群的职业化规划以及健身气功产业化布局。所以，要想推动健身气功的产业化，就必须加强顶层规划，真正使健身气功形成完整的产业链。由于健身气功的公益性突出,所以需要各省市将健身气功纳入本级体育事业经费预算和体彩公益金支持范畴。但在做好公益服务的前提下,应积极探索市场化发展的路子,必须采用更符合当代生活规律的推广模式,让企业成为健身气功职业化、产业化的主要参与力量。

三 民族传统体育学校教育有所欠缺

随着社会和经济的飞速发展,我们的生产方式和生活方式发生了巨大改变,一些传统习俗也在不断改变,一些民族传统体育的习俗正在逐步消失,我们必须要找到民族传统体育传承的一个渠道,否则继承就会出现断层。[1]"教育受文化的影响至深至久,而文化的传播和继承也要依靠教育来完成。"[2] 保护民族传统体育文化需要借助一定的文化力,这种文化力作用主要是借助学校的教育来实现。[3] 学校教育能够促进民族体育文化的传承,教育能够促进民族传统体育文化的保存和积淀。

现在许多外来文化对民族文化造成了很大冲击,而我们文化传播与继承的重要领地——学校,则没有肩负起它该有的责任、发挥它的全部力量。纵观全国,除了一些体育院校和少数民族集聚的地区,因为专业的需要和地区的特殊性,开展了一些民族传统体育的教育,在学校教育中几乎没有涉及民族传统体育的教育。由于学校教育在民族传统体育文化传承上的缺失,关于对待民族传统体育文化的正确价值观念实际上就难以在人们的头脑中确立,从而就难以指导人们对待民族传统体育文化的实际行动。[4] 主要存在的问题如下。

(一)民族传统体育在学校教育中缺乏相应的制度保障

尽管大多数人都承认民族传统体育项目在学校教育中的重要性,并且有的学校也确实开展了一些民族传统体育项目,但效果都不太理想。虽然现在有一些关于少数民族自治地区办学自主权利的规定,但由于考试制度中还没有相应的规定,要把民族传统体育纳入正规的学校教育体系中还很难。国家把主要的精力都放在学校开展的常规项目:篮球、排球、足球、羽毛球、网球、乒乓球、瑜伽、健美操、体育舞蹈等。国家财政也投入大

---

[1] 孙永梅、王全军:《民族传统体育融入学校教育的必要性与可行性》,《体育学刊》2012年第1期。
[2] 顾明远:《中国教育的文化基础》,山西教育出版社2004年版,第35页。
[3] 杨敏、沈卫珍:《少数民族传统体育文化保护的问题与对策》,《贵州民族研究》2014年第8期。
[4] 王军、董艳:《民族文化传承与教育》,中央民族大学出版社2007年版,第112页。

量的资金来扶持,围绕这些项目建设大量的基础设施,教育部也牵头组织多项相关方面的赛事。但是,民族传统体育项目获得的扶持和投入远不如现代体育。根据中国新课标的要求,在学校体育的教育中,要适当地增添一些民族传统体育的项目,但事实上许多学校都没有很好地去执行,国家也没有很好地去落实,这就导致了学校体育出现了"一边倒"的情况。此外,很多学校在民族传统体育的传承教育方面并没有设立专门的机构和人员来负责,处于可有可无的状态。

(二)民族传统体育教育的观念相对落后

中华民族传统体育历史悠久,既是优秀民族传统文化的重要内容之一,又深受古代民众的喜爱。民族传统体育是在中国特有的历史传统和文化背景下产生的,是一种文化现象,也是一种体育活动,只有在深刻的文化内涵中才能体会到民族传统体育的精髓。但实践中大多数民族传统体育工作者,并没有很好地抓住这一点,不能把民族传统体育文化内涵中全面、深刻地分析与理解民族传统体育的本质特征传授给学生,仅简单将其作为体育项目开展。筛选、改造、整合与提炼民族传统体育项目,就能使一些具有较高教育、健身、娱乐价值的民族传统体育项目进入学校的体育课堂。[①]但是,中国当前还没有真正地重视这一事物,民族传统体育教育的观念相对落后,没有将民族传统体育与时代发展进行融合,教育观念多数是保守地以继承为主,而忽略了最重要的在继承的基础上进行创新。我们的许多民族传统体育项目是在特殊的民族背景、地理环境、生活需要的情况下发明的,具有很强的特殊性。如果不去加以创新而生搬硬套地来进行授课,反而会失去项目本身的意义和造成学生对民族传统体育本身的误解。整体观之,中国开展民族传统体育教育的观念相对落后,必须从教学目标、教学内容、教学方法、培养兴趣、养成习惯等方面进行改进,要在全国范围内形成民族传统体育蓬勃发展的局面,还有很长的一段路要走。

(三)对学校民族传统体育师资培养和课程设置不够重视

学校是体育活动的"摇篮",也是中华民族传统体育运动走向现代化、科学化、规范化以及全面普及的必经之路。民族传统体育是学校体育的重要组成部分,也是体育运动的重要内容。但由于急功近利思想的影响,各地学校在现代体育运动的开展中忽视了传统体育的开展和教师的培训。中国现有的体育师资培养出现了入职教师培训形式化、培训内容不科学、继续教育制度不健全,以及教师培养偏离实际等问题。最为明显的是,民族

---

① 何建东:《构建民族传统体育专业课程与教学新体系》,《教育探索》2009年第2期。

传统体育师资的相关培养内容较为匮乏，有关民族传统体育教学的培训十分罕见。各地区很少针对本地实际，有计划地对体育老师进行系统的培训。① 此外，一般培训的教师仅仅是掌握了项目的基本操作规则，但是没有进行深入性的研究，尤其是了解其背后的历史背景、风俗习惯、地理特征、民族特点等文化背景和保养、健身的科学理论知识，即使是在许多高校也缺乏这样在民族传统体育理论方面较为专业、系统的教师。

另外，学校的民族传统体育方面缺少对应与匹配的内容，只要求学生能够进行简单的技能、体能测试和评价体质健康状况，而对于怎样从传承和发展民族传统体育的角度来拓展学生的知识面等关键内容提及较少。现有的教材内容、教学效果、教学方法、师生关系等在某种程度上对学生的兴趣、需要以及价值判断有着消极作用。主要体现在以下方面：对民族传统体育课程体系的认识不够，没有与时俱进，理论水平仍停留在原有的基础上，还未建立一种全新的思维理念；缺乏相关的内容，课程教材建设远远落后于学校体育的发展；现有的课程目标与时代要求有一定的差距，存在片面性、局限性，影响课程内容的发展方向；实施体育课程改革的组织措施不力，改革方法与手段落后，缺乏科学的教学评价和对学生能力的培养等。② 另外，学界目前对如何进一步强化学校民族传统体育课程改革的中心工作，尤其是在"健康中国"指导思想和"阳光体育运动"背景下如何构建学校民族传统体育课程体系还缺少有价值的研究。

四　民族传统体育本体价值遭遇功利主义扭曲

少数民族传统体育运动会所展现的少数民族新奇的比赛项目，如板鞋竞速、毽球、蹴球、民族式摔跤等吸人眼球、趣味十足，同时也让民族传统体育项目比赛精彩纷呈，然而民运会也存在诸多不容忽视的问题，尤其是功利性的渗入，不得不提高警惕。

（一）民运会项目异化

民运会沿用奥运会、亚运会、全运会的竞技运动会的模式，使一些延续至今的少数民族传统体育项目被以"不规范"的名义排除在民运会比赛项目之外；一些项目为适应民运会，不惜修改比赛规则"削足适履"，使得项目的观赏性及民族特色在比赛中消失，最终导致项目的异化。从各地方省市民运会发展现状来看，其在与全国民运会接轨的同时，一味地强调

---

① 臧卫国：《学校传统民族体育师资培养的现状与思考》，《教学与管理》2016年第5期。
② 李正贤：《普通高校体育课程体系研究》，《体育文化导刊》2010年第7期。

与全国民运会在竞赛项目设置上同步，缺乏本地区各民族传承的特色性民族传统体育项目。

以甘肃省民运会为例，甘肃省是一个多民族省份，全省现有54个少数民族，官方数据显示，少数民族传统体育项目达66项，但在2018年7月18日举行的第九届省民运会的竞赛项目设置中只有9项。且在项目增加方面，随着全国民运会的项目设置增加而增加，这样不利于甘肃省少数民族传统体育的可持续发展。就拿"抢花炮"这一趣味性很强的民运会项目来说，为了适应民运会赛场要求，国家有关部门修改了抢花炮项目的规则，加大花炮的尺寸，改用了电子发炮机。这些改造，虽然出于某种看似合理的目的，但对抢花炮这项运动的危害却是致命的。① 这种为了适应规则而进行的改造，使得部分民族传统项目失真，且未能有效促进这些民间传统项目的可持续发展。

（二）锦标主义滋生

民族传统体育人才培养的经费主要是依靠国家和地方政府的支持，经费的捉襟见肘就会使民族传统体育人才培养无法高效迅速地发展，也使民族传统体育人才培养从根源上缺乏专业性和系统性。因此，有过民族传统体育系统训练的参赛队员数量较少，各省市自治区为了争夺民运会金牌，将专业队挑选来的选手训练一段时间，组建一支针对夺取金牌而成立的"速成"参赛队，这种做法使民族传统体育失去了文化内涵，民族传统体育竞技的乐趣与真实被削弱。如第八届民运会抢花炮赛场就由于这一激励的"荣誉争夺"，发生了严重殴打裁判事件。参与目的的功利性导致民运会社会功能的异化，对利益的全力追逐必然减弱了民族传统体育的娱乐、健身、文化等功能。

在民运会的运动员资格条件中，很多民运会比赛项目对运动员的民族进行了比例要求，如民族健身操的参赛运动员中要保证2/3为少数民族运动员、蹴球要求有少数民族运动员方可参赛。通过民运会的相关数据可以发现，由于少数民族传统体育项目的普及与推广缺乏力度，人们对少数民族传统体育项目的认知不够深入，有时很难保证有足够数量的运动员来参加比赛，更别说拿到奖牌。因此，比赛单位出于政绩的原因，加上在金牌至上的原则及奖牌和奖金等奖励机制的诱惑下，某些比赛单位会雇用非单位内部运动员参加比赛、邀请外援冒名顶替等。这在一定程度上使民运会流于形式，违背了举办全国及地方民运会的初衷，对于民族传统体育的发

---

① 杜炳辉：《论中华民族传统体育运动会的制度困境》，《体育学刊》2010年第9期。

(三) 体育元素缺失

在民运会明显区分竞赛与表演项目之后，表演项目陷入了体育元素缺失的误区。表演项目因其评判标准有待完善，艺术成分较浓的项目常常受到评委和观众的青睐。在利益驱动下，各参赛队为了力争上游夺得名次，往往只注重形式上的吸引眼球，在表演项目的编排和创作中展示过多艺术性元素，抛弃体育元素。这些项目中体现的民族传统体育只有体育的名义，而无体育的内容。少数民族传统体育本是展现人的力量、协调、速度、耐力、灵敏等身体素质，追求对生命活力的崇敬和颂扬，追求和表现人熟练而高超的运动技术和技能，追求和表现人的机智、顽强、勇于拼搏、团结协作的精神等。[①] 而现有民运会表演项目的编排，对于体育的力量与精神的展现已被削弱，反而片面追求视觉效果，将少数民族传统体育风貌加以艺术夸张，虽在民运会表演项目上带给人极大的观赏性，却因此失去了民间体育精神的质朴与真实，也失去了少数民族传统体育作为民族文化传承载体的作用和意义。

对艺术化倾向的鼓励，是民运会表演项目评判标准的现状，这就使得各参赛队过于追求观赏性这一趋利目的，其展示出的表演项目也变得更具有舞蹈特征。而表演项目本该体现出民族传统体育的文化形式与内涵，却混同为民族传统舞蹈的形式，失去了体育所特有的价值特色。艺术化倾向导致的体育元素缺失，不仅隐匿了表演性少数民族传统体育的自有形式，而且在日益削减着表演性少数民族传统体育的体育内涵，以至于舍本逐末地悄然弱化了这种民族文化的本质特征。

[①] 冯胜刚：《关于表演评判与表演性少数民族传统体育发展的研究》，《贵州民族研究》2003年第4期。

第八章 新时代中华民族传统体育的发展展望

第一节 新时代中华民族传统体育的价值显现

一 紧贴中国实际，重视对中华民族传统体育的可持续发展

（一）理论基础：从文本描述走向理论解释

文化研究如同事物发展必须经过诞生、发展和形成等环节一样，也有着自身的发展步骤。经验总结是文化研究的起始阶段，通过经验总结之后，文化研究进入科学实证研究阶段。文化研究只有经过经验总结和科学实证研究之后才进入理论多元化的发展阶段。在文化研究发展过程中感性描述是文化研究的初级阶段，文化研究到达理论解释高度需要超越描述层面。值得注意的是，无论是对经验总结还是对科学实证，以及理论解释，文化研究的每个阶段都没有明显的分界线，也不是瞬间切换完成的，需要不断实践和探索才能逐步实现。相比于文学、史学等方面的研究，中国体育学研究起步非常晚，直到中国1978年实行改革开放政策之后，才真正拉开了体育学研究的序幕，民族传统体育作为体育学的一个分支学科，开始时间要更靠后。2019年是新中国成立70周年，当前中华民族传统体育的研究以表象描述为主，对民族传统体育文化进行深度研究的成果比较少，只有极少部分武术文化研究具有一定的深度。诚然，描述性研究是进入深度研究需要经历的必要环节，当这种描述性研究累积到一定程度后，就会经历从量到质的转变，进而引发民族传统体育相关研究者的学术自觉。有部分研究者基于人类学视角寻求民族传统体育文化的解释。比如华南师范大学体育科学学院的教授胡小明先生，在2010年至2013年仍带病组织学术团队深入黔东南地区进行田野调查，重点对东巴跳与文字的形成

之间的关系进行分析。又如,吉首大学的白晋湘教授,组织吉首大学研究团队,通过田野调查对湘西民族传统体育进行调研,从人类学、民族学的视角探索民族传统体育文化的真谛。上述研究者是对民族传统体育进行研究的优秀代表,不仅拓宽了民族传统体育的研究空间,也把民族传统体育文化研究引向纵深方向发展。可以说,从文本描述走向理论解释是促进中华民族传统体育可持续发展的理论基础。

(二) 学科构建:从学科闭守走向对话交流

随着中国政府对体育学科的日益重视以及体育非物质文化遗产工作的展开,民族传统体育文化研究在近些年取得了明显的进步,从近些年有关民族传统体育的国家社科基金立项课题以及在 CSSCI 来源发表的相关民族传统体育方向的研究成果的数量上可以窥见一二。随着民族传统体育相关研究成果数量和质量的提升,在从事民族传统体育相关研究的过程中形成了比较稳定的学术共同体。这些学术共同体围绕研究价值取向、理论视角以及学术旨趣等方面形成了独具特色的学科边界,在遵循民族传统体育研究范式的基础上,活跃在民族传统体育学研究前沿。一方面,民族传统体育所形成的学术共同体和学科边界对于促进民族传统体育的理论研究起到积极作用;另一方面,民族传统体育学术共同体和学科边界的形成,无形中也会形成内部保护和自我封闭的壁垒,对民族传统体育的研究起到阻碍作用。[①] 显而易见,如果固守学科边界,就如同削足适履,成为民族传统体育研究的桎梏,不利于对民族传统体育展开深入研究,最终将民族传统体育研究引入墨守成规的泥潭。当前跨文化研究已经成为人文社会研究中的一种主要研究方法,突破民族传统体育的自身研究场域,与不同场域进行横向和纵向交叉已成为民族传统体育研究的一种重要研究趋势。这就要求我们在对民族传统体育进行研究的时候要树立跨学科意识,以学科封闭式向开放式方向转变。

(三) 研究视角:从体系建构走向问题研究

中华民族传统体育研究起步较晚,在民族传统体育理论的研究方面借鉴了欧美等国家人类学以及民俗学等学科的研究范式,注重对民族传统体育的体系建构。中华民族传统体育的体系呈现包容性和严谨性的特点,在研究思路上注重范畴考量。中华民族传统体育理论研究遵循的体系构建有利也有弊,一方面,中华民族传统体育这种体系构建具有一定的局限性,

---

① 张建华、常毅臣、芦平生:《中华民族传统体育文化研究:价值、进展与走向》,《中国体育科技》2013 年第 3 期。

忽视了学科体系与外界的联系，偏重于中华民族传统体育的体系内部之间的研究；另一方面，中华民族传统体育的这种体系构建会在短时间内比较快地促进民族传统体育学科的发展。但随着体育学的发展，体育学与社会学、人类学、传播学、美学等学科之间的联系越来越密切，体育学与其他学科之间的交叉情况日益明显。因此，为了促进中华民族传统体育的可持续发展需要对研究范式进行转换。

中华民族传统体育理论研究涉及方方面面，在单个学科范围内很难找到一个标准方案或答案来解决遇到的问题。问题意识是学术研究的核心主题。纵观不同历史时期的伟大理论家都折射出一个共性——将一个问题作为自己毕生努力去钻研的方向。换言之，研究者怀揣着问题意识，倾其一生去找寻问题的答案或解决问题的方法。譬如，对马克思来说问题是资本主义，对涂尔干来说是失范，对韦伯来说是理性化，对齐美尔来说是文化悲剧，对托克维尔来说是中央集权。可以说，时代的呼声聚集于问题上，这也是每个时期研究者所义不容辞的社会担当。在当前新时代中国特色社会主义建设的背景下民族传统体育理论研究何去何从，急需广大体育研究者在各自研究中给予理性的回答。总的来说，中华民族传统体育理论研究必然从学科体系的构建走向问题综合研究，这是民族传统体育研究发展的大势所趋。追根究底，树立社会担当意识是对中华民族传统体育进行研究的重要主线，而不能仅仅停留在学科完善层面。总之，问题意识在民族传统体育研究中占有如此重要的地位，是因为问题意识与时代发展紧密相连，以实践为中心的问题研究必定促进中华民族传统体育研究走向学理发展之路。

（四）研究方法：从方法单一走向多元综合

方法是人们认识事物的一把"钥匙"，对于民族传统体育研究而言同样如此。掌握研究方法，无法对民族传统体育展开研究。特别是中华民族传统体育经过数千年中华传统文化的洗礼，汲取了民族精神的精髓，对人们的生活方式产生了重要影响，且其涉及人类学、社会学、民族学以及传播学等领域。因此，面对错综复杂的民族传统体育采取哪些方法是关乎研究质量的重要前提条件。具体来说，其一，民族传统体育横跨多个领域，因此首先要树立跨学科的交叉研究意识；其二，在方法论上注重把宏观与微观相结合、静态与动态相结合、人文主义和实证主义相结合；其三，田野调查法、文献法以及民族志的撰写等研究方法的运用比较常见。总的来说，当前民族传统体育研究方法尽管呈现多样化的特点，但是可以把民族传统体育的不同研究方法概括为科学性方法和人文性方法两大类。顾名思义，人文方法和科学方法分别运用在对民族传统体育进行文化的解释和寻求能够证实解释的依据。随着中国对外开放政策的不断深入和"一带一路"倡议的实施，中华民族传统体育也迎来了历史性的发展机遇。民族传统体育与不同地区民族的交流更为频繁，民族传统体育在发展形式、呈现内容以及暴露的问题等方面呈现阶段性的特点。若要进一步剖析民族传统体育发展过程中错综复杂的局面，仅仅靠单一的方法远远不够，未来在重视对中华民族传统体育理论建构的基础上，综合运用跨学科的交叉研究以及采用田野调查等多种研究方法将成为研究中华民族传统体育的主要研究范式。

二 遵循客观规律，探究中华民族传统体育发展规律

（一）继承发展：主体地位的均衡

两个事物能否达到共生状态取决于主体力量，可见社会共生关系的首要条件在主体要素。自从西方现代体育不断涌入国内，中华民族传统体育与西方现代体育两主体之间的力量产生了明显的变化。西方现代体育凸显竞争性、科学性、规范性，不仅吻合了生产力发展水平，也契合了人们对体育的需求，这也是西方现代体育在短时间内风靡全国的原因所在，各不同年龄层次的人们喜闻乐见和乐此不疲地参与篮球、足球、羽毛球等项目就是现实的力证。反观，中华民族传统体育的发展逐步边缘化。具体来说，中华民族传统体育与西方现代体育之间主体地位的差别可以通过办赛数量和办赛规模等方面进行比较。以2016年为例，国家体育总局统计了当年的体育竞赛情况，2016年全国共举办1092项比赛，而其中民族传统体育比赛显得微不足道，只涉及50项，其主要项目集中在武术、拔河、风筝、龙舟、毽球以及舞龙舞狮等方面。显然，在西方现代体育发展格局的背景下，中华民族传统体育的主体力量显得尤为薄弱，不仅很难获得体育发展的话语权，也影响了中华民族传统文化根基，制约了中华民族传统体育的发展。英国历史学家汤因比认为，接受"挑战—应战"模式是任何文化都需要面对的，任何一种文化都要经受时代的挑战，面对这种挑战，若无力应战，则必被淘汰。[①] 在强大的西方体育文化渗透背景下，中华民族传统体育不仅要坚守自身优秀文化基因，而且要在社会发展变化的过程中不断突破自身局限性，并将西方体育优秀的文化养分纳入中华民族传统体育文化建设中来，进而推动中华民族传统体育文化转化为人类共享资

---

① 〔英〕汤因比:《历史研究》，曹未风译，上海人民出版社1986年版，第79页。

源，提升中华民族传统体育的主体地位，实现中华民族传统体育与西方现代体育之间的共生共融发展格局。

（二）自力更生：尊重文化传统与项目改良创新

新中国成立之初，举国上下百废待兴，后又经过十年"文化大革命"的浩劫，亟须在国际社会上树立新中国的新形象。因此，体育被赋予了政治功能，成为展示新中国形象和力量的一扇"窗口"。中国以苏联体育发展模式为模板，进而形成了具有中国特色的"举国体制"竞技体育发展模式。正是由于"举国体制"的实行，西方现代体育源源不断地涌入国内，成为中国体育发展的主流项目。反观中华民族传统体育在西方现代体育项目面前显得势单力薄。纵观全球发展格局，全球化的浪潮愈演愈烈，也促进了体育全球化的发展，中华民族传统体育与西方现代体育之间的交流也更加频繁。任何有生命的文化都不是故步自封的，而是呈现开放包容的姿态，因此，东西体育文化的渗透借鉴和交汇融合是发展的必然趋势。中华民族传统体育如何做到自力更生呢？主要围绕尊重文化传统与项目改良创新两个方面展开。在尊重文化传统方面，我们首先要对本民族传统文化价值进行充分肯定。中华文化源远流长与其稳定的深层结构有一定的关系，即我们所说的文化内核。中华文化绵绵流传和屹立于世界之林就很大程度归功于文化内核，内修外炼的"身心一统"、和谐与共的"天人合一"是中华民族传统体育文化内核之所在，可以说，中华民族传统体育丰富的文化内涵和纷繁复杂的项目设置与其自身的文化内核脱不了干系。正是中华民族传统体育具有"天人合一"和"身心一统"的文化内核，才彰显了中华民族传统体育文化的自信，这不仅表现在对自身文化体系和价值的肯定与坚持，还表现在对西方现代体育文化的吸纳包容与交互促进。[1] 在项目改良方面，中华民族传统体育要持包容开放的姿态来审视西方现代体育，尤其要汲取西方现代体育中的优良成分。热衷于"规则制度"和"征服自然"是西方现代体育的文化内核所在，在西方现代项目设置上注重人的主体精神的展现以及规则制度的量化，尤其注重公平、公正的比赛环境的净化。因此，民族传统体育文化保持自力更生就需要尊重文化传统与项目改良创新，尤其是在保持自身文化内核稳定的基础上，加强与西方现代体育之间的交流，进而达到一种共生状态。

---

[1] 单凤霞、郭修金：《民族传统体育与西方现代体育的共生发展》，《南京体育学院学报》（社会科学版）2017年第3期。

(三) 资源共享：互需资源的整合

除了主体地位、尊重文化传统与项目改良创新之外，资源要素是建立中华民族传统体育与西方现代体育之间共生关系的一个重要方面。对资源的开发和交换等都是社会共生关系的主要议题，社会共生关系得以有序形成需要以资源要素为依托。对于中华民族传统体育与西方现代体育之间的共生关系的维持也是如此，两者之间互需的资源可以分为两大类：第一大类包括项目特征、内涵文化和精神价值等方面的内在资源；第二大类是政策支持、物力和财力资源等方面的外在资源。首先，从外在资源需求上来看，中华民族传统体育与西方现代体育的区别主要表现在对公共社会资源的竞争与使用方面，比如国家政策和资金方面的扶持力度、人才投入以及培养等方面；其次，在内在资源共享方面，主要体现在中华民族传统体育与西方现代体育在项目特征、规则精神和内涵文化等方面的汲取与融合。比如2004年开始在河南卫视推出的武术搏击类节目《武林风》就对西方现代体育赛事元素进行吸纳，从多角度和全方位对中华武学的博大精深进行展现。在现代传媒的传播下，《武林风》受到众多武术爱好者的热捧，也捧红了武僧一龙等一大批搏击明星。由此可见，在文化内涵方面中华民族传统体育与西方现代体育可以相互借鉴，而且两者在资源上的共享对于促进中华民族传统体育与西方现代体育和谐共生关系的建立与维持也大有助益。

(四) 和谐共生：生存载体的依附

从诞生的背景、开展的内容以及项目所呈现的特点等方面来看，西方现代体育与中华民族传统体育之间有着明显的区别。显而易见，西方现代体育与中华民族传统体育各自所存在发生的载体也有所区别。促进中华民族传统体育与西方现代体育两者之间的和谐共生，就需要在中华民族传统体育与西方现代体育之间找到促进两者共生的载体，进而协调两者的彼此依附和协调发展。首先，促进中华民族传统体育与西方现代体育之间的依附与协调，需要把更多的关注度聚焦在两者的文化载体上。可以说，东西方文化的差异是造成中华民族传统体育与西方现代体育风格迥异的主要原因之一。中国自古以来就是农耕文明的国家，农耕文化塑造了中华民族传统体育注重"天人合一""身心并重""内外兼修"的特点。反观，西方文明起源于海洋文化，而西方现代体育诞生在资本主义扩展时期，所以，西方现代体育的特点集中在"彰显力量""征服自然""凸显人的主体精神"等方面。简言之，"综合"和"分析"分别提炼出东西方思维方式和文化的精髓所在，用哲学家的语言说即是西方是一分为二，东方是合二为一。① 汉唐盛世之所以立于世界之林，除了中华传统优秀的文化基因之外，也得益于同其他文化的交流，可以说文化的灿烂始于开放的胸怀。

其次，促进中华民族传统体育与西方现代体育之间的依附与协调，需要把更多的关注度聚焦在两者的赛事载体上。通过赛事载体的差异可以清楚地看出，中华民族传统体育与西方现代体育之间的差别。西方现代体育赛事风靡全球，从 NBA 到网球四大公开赛（澳大利亚网球公开赛、温布尔登网球公开赛、法国网球公开赛、美国网球公开赛）再到足球五大联赛（英超、意甲、德甲、西甲、法甲），甚至现代奥林匹克运动会，都是西方现代体育占据主导权，可以说现代赛事是西方现代体育全球化的催化剂。中国民族传统体育盛会一般在中国农历节日举行，主要用于庆祝五谷丰登、祭祀神灵庇佑等宗教信仰，比如那达慕大会蒙古族的射箭、摔跤、骑马等比赛，三月三侗族的抢花炮比赛。我们的民族传统体育赛事也越来越参考现代奥林匹克赛事，比如 1953 年开始举办的四年一届的民运会，在赛事举办仪式以及规则的制定方面参考了现代奥林匹克运动会。从脚斗士比赛、龙舟赛、武术比赛等运动项目可以看出，无论是全国民运会还是各单项赛事，借助赛事载体会使得中华民族传统体育与西方现代体育之间的依附与协调的关系更为紧密。

三 注重顶层设计，从战略与制度高度注重对中华民族传统体育发展战略布局

从 1949 年至 2019 年，中国在经济、文化、科技、军事等各领域都取得了举世瞩目的成就。在体育方面也取得了很大成绩，中国竞技体育成绩在近几届奥运会比赛中占据奖牌榜第一集团位置。然而，中国群众体育以及民族传统体育的开展明显落后于竞技体育开展，特别是在中华民族传统体育发展方面缺乏共识，难以有效整合各民族传统体育资源形成合力，加上中华民族传统体育发展目标分散，导致中华民族传统体育整体发展呈现碎片化状态。因此，着眼于中华民族传统体育发展的内部逻辑，突破过去分而治之和条块分割发展策略弊端，需要我们对中华民族传统体育发展整体情况进行全面掌握，对中华民族传统体育进行顶层设计，对中华民族传统体育发展实行战略布局。

---

① 季羡林：《三十年河东 三十年河西》，当代中国出版社 2006 年版，第 11 页。

（一）凸显"竞赛—竞艺"元素

竞技性和身体动作参与性是构成体育的核心要素之一，身体内在的本能性攻击通过体育而被合法化。反观，中华民族传统体育更注重竞艺，具体来说，从礼仪、服饰、器械以及体育形态等方面来看，中华民族传统体育更多地展现文化、体育艺术和美学等方面的元素。中华民族传统体育经过美学和艺术等洗礼之后，形成了独具特色的技术体系。民族传统体育竞艺从艺术和美学的视角对其发展的内容和形式要契合社会的发展。从本质上来说，中华民族传统体育文化应向文明行为规范的方向延伸。

随着互联网技术的发展，新型网络媒体加大了对体育项目及赛事的宣传和转播，在对中华民族传统体育顶层制度的设计上不断凸显民族传统体育"竞赛—竞艺"的元素。近十多年以来，中国有部分体育界人士为把武术项目列入现代夏季奥林匹克运动会的正式比赛项目而不断疲劳奔波。我们之所以热衷于把武术项目纳入奥运会比赛，主要是想通过奥运会的影响力来展现中国民族传统体育精神。在过去较长一段时间内，我们没有如此意识来推广中华民族传统体育进入国际体育发展格局中，究其原因，中华民族传统体育形态多表现为游戏，而现代体育属性的因子偏少。反观，风靡全球的西方现代竞技体育以突破人类运动极限作为其发展主线，可以说，西方现代体育更偏重于体育功利性，而中华民族传统体育虽说体育功利与非功利性兼而有之，但更偏向于非功利性。所谓现代体育非功利性是建立在优越的物质基础上的体育科学、现代技术和体育竞技能力的综合竞争。体育功利性重视体育竞技的参与性和运动技术的竞赛，彰显的是不同国度、不同民族间的国家认同和民族精神。[①]因此，在中国定期举办的民运会上，无论是竞技类项目还是表演类项目，弘扬中华民族传统优秀文化、注重民族之间的认同和团结显得非常重要。正如马克思主义者和新马克思主义者认为特定体育项目所传递的价值观念是思想意识的产物，而不是实证分析的结果一样，[②]对中华民族传统体育进行顶层设计要注意融入"竞赛—竞艺"的元素。

（二）兼顾"学校体育—互联网"元素

学生是国家未来建设的主力军，而学校作为学生学习和成长的主要场所，在校学生不仅学习文化知识，还能通过学校教育来塑造学生行为习惯

[①] 常毅臣、陈青、张建华、王增喜：《民族传统体育文化延伸的价值取向与路径选择》，《武汉体育学院学报》2017年第1期。

[②] 〔美〕阿伦·古特曼：《从仪式到纪录：现代体育的本质》，花勇民、钟小鑫、蔡芳乐译，北京体育大学出版社2012年版，第79页。

和提升文化素养。此外，学校还被公认为网络技术群体的聚集之地。鉴于此，在对中华民族传统体育进行顶层设计时需要把"学校体育"和"互联网"元素考虑进来，因为学校体育和互联网对中华民族传统体育传承和发展均有无可替代的作用。虽然中国在十多年前就开始提出把民族传统体育项目引入学校体育发展中，但目前把民族传统体育纳入学校体育中仍任重而道远。纵观国内各类学校体育课程设置情况，发现只有少数民族传统体育项目在学校体育开展比较好，比如武术项目，不仅在广大中小学引进了武术项目，而且中国高校还设立了"武术与民族传统体育"本科专业和研究生招生方向，但相对于种类庞杂的民族传统体育而言，民族传统体育在学校的开展还只是凤毛麟角。

之所以提出要在中华民族传统体育的顶层设计上考量"学校元素"，主要是因为学校是让在校学生接触民族传统体育的最近场域，学校可以通过开展课外体育活动以及校本课程等形式来推广民族传统体育。依托于学校对民族传统体育的开展，不仅能够激发学生参加民族传统体育的兴趣，而且也有助于学生对民族传统体育的认知、习练简单套路，甚至参与相关民族传统体育竞赛。因此，在中华民族传统体育顶层设计上，要兼顾"学校体育"元素就是要将民族传统体育文化系统化、大范围地传播，让广大学生感受到中华传统文化的魅力。此外，在中华民族传统体育的顶层设计上还要考量"互联网元素"，原因在于互联网已成为当今人们生活中必不可少的一部分，它已经影响到人们生活的方方面面，从吃、穿、住、行等方面都可以通过手机移动来支付的现象中就足以说明。反观，当前中华民族传统体育开展过程中存在资源分散、传播方式单一等方面的问题，可以借助互联网的优势对中华民族传统体育资源加以整合。因此，在中华民族传统体育顶层设计上，兼顾"互联网"元素就是要提升中华民族传统体育资源的整合力、创造力和服务力。

（三）融入"休闲化—生活化"元素

相关研究结果显示，当前中国居民的工作时间、学习时间和闲暇时间所占的比例分别为10%、7%、30%，一年的法定休闲日在114天及以上。① 国外有关人类学家对中国民众的休闲时间和生产时间之间的关系进行了研究，根据杰弗瑞·戈比教授的研究成果，新中国成立后，尤其是实行改革开放政策以来，中国社会生产力保持稳定增长，随着生产力的提

---

① 常毅臣、陈青、张建华等：《民族传统体育文化延伸的价值取向与路径选择》，《武汉体育学院学报》2017年第1期。

高,人们的休闲时间也相应增加。从西方发达资本主义国家的发展情况来看,休闲对人们的身心健康和生产效率提升产生积极影响……不同文化都不断地对休闲进行构建或重构,中国也正在对休闲进行重构。① 换句话说,生活愉快和身心健康是现代人们生活的心理期望,而实现上述两点需要人们具有一定的经济基础和闲暇时间。因此,对民族传统体育进行顶层设计时,需要融入"休闲化—生活化"元素。当前中国进入体育休闲化时代,体育已经成为人们日常生活的一部分,对民族传统体育进行顶层设计就是要完善民族传统体育的形式和构架,提升民族传统体育生活化的内涵,巩固民族传统体育的养生修为文化,进而提升民族传统体育理论研究。另外,把"休闲化—生活化"元素融入民族传统体育的顶层设计之中,还有如下两点原因:一方面,受东方文明一般逻辑思维的影响,我们对民族传统体育的传承多倾向于其文化内涵的传承,体现对民族传统文化的诉求;另一方面,民族传统体育兼顾了技击与仪式,鲜明地体现了民族传统体育的符号性特征,所以,中华民族传统体育在"物欲横飞""精神危机"的时代,对于增进民众精神文化需求起到积极作用。同时,中华民族传统体育不仅形式多样、内容丰富,而且文化的地域性、民俗性和竞技非专业化的特征明显,对丰富人们休闲生活的需求起到积极推动作用。

(四)融入"文化多元化"元素

民族传统体育的发展不能局限于具体民族传统体育项目方面,民族传统体育产业、民俗节庆节日、民族传统体育旅游等都是民族传统体育的重要组成部分。把"文化多元化"要素融入中华民族传统体育的顶层设计之中,以节日节庆体育形式为例,在人类学和民族学的研究中,节日节庆体育主要从民俗文化学和社会学视角对民俗民间节日节庆体育活动进行界定。当前节日节庆体育是传承民俗风尚和促进文化交流的主要载体,尤其是民族传统体育文化特色的节庆体育活动对吸引民众、营造氛围、切磋体育技艺具有积极的效果。中国幅员辽阔,不少地区都以农村为主,而中国又是多民族的国家,少数民族在各自的生产生活中创造了丰富多彩的少数民族传统体育项目。从某种意义上说,节日节庆是广大少数民族聚集地增强文化自觉的重要路径。

费孝通先生早在20世纪90年代就提出"文化自觉"的概念,费孝通先生指出,"21世纪是全球化进程进一步加快的世纪,地区和国家之间的交流越来越频繁,21世纪不会是一个平静的世纪,在交往的过程中矛盾和

---

① 胡小明、虞重干:《体育休闲娱乐理论与实践》,高等教育出版社2004年版,第6—7页。

冲突不可避免。为了保持世界在一个可控和有序的发展格局中，我们需要了解其他社会的制度、文化、价值观念、行为规则，也需要认识我们中华文化的发展历史和精髓，逐步在比较研究中更深刻认识自己与他人，真正做到中国人的文化自觉"[①]。"文化自觉"要求我们身处的21世纪要对全球文化发展格局有全面认识，进而在世界文化格局中对中华文化的地位"有自知之明"。费孝通提出的"文化自觉"对民族传统体育顶层设计有一定启示。以节日民族体育活动来说，当前开展节日民族体育活动存在一些问题，比如缺乏满足社会发展需求长效机制，以及提升民族传统体育文化影响力的策略较少，等等。若要优化民族传统体育顶层设计，提升民族传统体育为更多民众服务的能力，就要把"文化多元化"元素融入民族传统体育顶层设计之中。具体来说，在宏观层面上要建立长效机制，完善民族传统体育文化传承机制，为民族传统体育的可持续发展注入动力；从微观层面而言，除了经费投入和政策的扶持之外，要组建运行机构，建立健全民族传统体育发展的保障体系，并争取教育和体育等部门以及相关协会的加入，为民族传统体育的有序发展保驾护航。

四 强调协调协作，凸显中华民族传统体育发展的整体价值理念

（一）协调发展：提升中华民族传统体育发展的主体地位

相比于中华民族传统体育发展的历史，西方现代体育项目作为舶来品被引入国内的时间非常短，然而作为舶来品的西方现代体育项目已经风靡全国并对中华民族传统体育的发展产生了很大的影响。中华民族传统体育与西方现代体育之间能否互利共生，取决于两者之间的力量对比关系能否协调统一。在中国"举国体制"的引领下，国家体育总局对"奥运争光计划"倾注了大量的精力、物力和人力，而民族传统体育的发展则处于次要地位，从全民健身体育锻炼项目开展到学校体育课程设置，从"举国体制"到"奥运争光计划"的实施，可以看到，民族传统体育的发展受到的关注及扶持力度比较有限。根据2014年调查的全民健身活动状况研究报告，民众参加的球类项目主要是篮球、足球、羽毛球、乒乓球等项目，与此同时，跑步和健身走以及广场舞也是民众喜欢参加的健身项目。民众参加的民族传统体育比较少，只有少部分老年人群体参加武术和太极拳等民

[①] 费孝通：《费孝通全集·第十六卷（1997—1999）》，内蒙古人民出版社2009年版，第295—296页。

族传统体育项目。由此可见，资源分配的不平衡以及主体地位的不平等，造成中华民族传统体育与西方现代体育之间形成的偏利共生关系。如何实现中华民族传统体育发展主体的平衡，促进中华民族传统体育与西方现代体育之间形成共生状态呢？

一来，从国家顶层设计层面对中华民族传统体育的发展进行扶持。中国实行改革开放政策之后，对民族传统体育发展有所提及的政策文件可以追溯到1995年颁布的《全民健身计划纲要》和《体育法》。进入新千年以后，国家注重对非物质文化保护工作的开展，于2005年颁布《关于加强我国非物质文化遗产保护工作的意见》，标志着中国非物质文化遗产保护工作全面启动。中国很多民族传统体育项目被列入非物质文化遗产保护工作中来。随后，2006年针对如何进一步挖掘和推广中华民族传统体育工作颁布了《关于加强少数民族传统体育工作的意见》，对中华民族传统体育的开展注入了强大的动力。二来，面对来势汹汹的西方现代体育文化，我们要树立民族体育文化自信的发展之路，坚定不移地弘扬我们的民族传统体育文化。2014年国务院分别把全民健身上升到国家战略高度，并于2016年提出了"健康中国"发展战略。这为中华民族传统体育的复兴和繁荣提供了历史机遇。诚然，我们也认识到在长期"西进东渐"的文化背景下，民族传统体育经历了从最初的自傲、互尊到后来的自卑、文化模仿和盲目崇拜的心态历程，今日的民族传统体育的确走进了个性近乎丧失的语境中。[1] 因此，为了提升中华民族传统体育发展的主体地位，走符合中华民族特色的创新之路，我们必须树立文化自信，改变当前中华民族传统体育与西方现代体育两者主体之间发展不平衡的情况。

（二）共享发展：凸显中华民族传统体育发展资源的共享性

资源是构建中华民族传统体育与西方现代体育之间交流的纽带。资源共享是促进中华民族传统体育与西方现代体育之间形成共生发展格局的关键。我们欣喜地看到，在《体育发展"十三五"规划》中，国家对包括武术和太极在内的众多民族传统体育发展项目进行扶持和推广，并根据各地实际情况发展和完善适合不同人群、不同地域特点的民族传统体育项目。[2] 随着"唯金牌论"所暴露的弊端越来越明显，中国对民族传统体育扶持力度在逐步加大，尤其在"健康中国"和全民健身运动的开展下，国家从

---

[1] 王岗：《民族传统体育与文化自尊》，北京体育大学出版社2007年版，第32—38页。
[2] 崔怀猛：《试析跆拳道成功进入奥运会对武术发展的启示》，《南京体育学院学报》（社会科学版）2015年第4期。

人、财、物等资源方面加大了对中华民族传统体育的推广，民族传统体育也成为全民健身运动和"健康中国"战略的重要实施路径。除了上述凸显中华民族传统体育发展外在资源的共享特点之外，还可以从内在资源角度来剖析中华民族传统体育的共享发展。西方现代体育之所以能够风靡全球，其中必有可取因素值得我们借鉴，比如体育精神价值、项目规则制度等。当然随着竞技体育所造成的"身体异化"等弊端的出现，西方现代体育可以汲取中华民族传统体育优秀的养分，通过中西体育文化的互补来促进西方现代体育的可持续发展。以中华民族传统体育中的脚斗士为例，通过内外资源的整合促进了脚斗士项目可持续发展。作为中国一项历史悠久的民族传统体育项目，脚斗士利用现代传媒和赛事对脚斗士进行宣传和推广。更为重要的是，通过借鉴西方现代体育竞赛规则等方面对脚斗士项目进行改良，进而促进脚斗士项目为其他地区和国家的民众所了解。诚然，我们也应该认识到在商业化介入下，为了取得更好的成绩，运动员通过大负荷运动量，有的甚至使用服用兴奋剂等违规手段来提高运动成绩，这对运动员的身心健康产生了极大的负面影响。同时，弄虚作假、赌球等"毒瘤"也正侵蚀着西方现代体育。反观，中华民族传统体育所追求的"天人合一""身心完备""内外兼修"等文化内涵对西方体育所暴露的问题能起到很好的缓解作用。因此，凸显中华民族传统体育发展资源的共享性，能够对中华民族传统体育与西方现代体育的共享发展起到积极促进作用。

（三）和谐发展：加强中华民族传统体育规范的发展

约束条件是保持一种社会共生关系的必要条件，如果约束条件被破坏或者荡然无存，那么共生关系就会被破坏或者被瓦解。对于中华民族传统体育和西方现代体育之间的关系而言，更是如此。两者需要遵守相应的共生规范才能维持彼此间的共生关系。总的来说，中华民族传统体育与西方现代体育的共生规范包括软约束、硬约束两种：在硬约束方面主要涉及法律、条例、规划以及政策等。1995年颁布的《全民健身计划纲要》《体育法》，以及后来在不同发展时期颁布的《体育发展规划》对风靡全球的众多西方现代体育项目进行推广，如篮球、网球、足球、排球、羽毛球、乒乓球等，与此同时，对武术、跳绳、太极拳等民族传统体育活动的开展也做了相应的规划。除了硬约束之外，就是包括文化、风俗和道德在内的软约束。中华民族传统体育在与西方现代体育交流和互动的过程中要保持其自身的"文化内核"以及坚守"民族性特质"，只有在保持自身民族特色本质的基础上，才能实现与西方现代体育之间的"和而不同"的共生规范。① 可见，保持原创文化精髓是促进中华民族传统体育与西方现代体育文化融合进程中的主动力。以赛龙舟为例，为了纪念中国伟大的爱国诗人屈原而进行的赛龙舟有着悠久的历史，赛龙舟也成为在端午节举行的重要民俗活动。随着中国政府对民族传统体育扶持力度的加大，加上现代新闻媒介对赛龙舟赛事的宣传和推广，赛龙舟已经走出国门，受到越来越多的人喜爱。湖南省举办了第十一届国际龙舟节，吸引了国内外许多人的关注和参与，在赛龙舟前还举行了"龙头祭"传统仪式，使赛龙舟中的"民族性特质"得以保留和传承。此外，加强中华民族传统体育规范的发展还体现在民运会的举办上，1953年中国举办了第一届民运会，随着民运会的发展进而逐步形成了竞技类和表演类两大项目，其中竞技类有17项，包括射弩、花炮、秋千、木球、毽球、龙舟等，表演类有140项左右。民运会在参考西方现代体育规则制度的基础上不断完善，同时以"弘扬少数民族文化和促进民族团结"作为赛事发展核心理念，并保持其业余性、民族性、广泛性等特点。保持"民族性特质"与"文化内核"是中华民族传统体育和谐发展的重要基石，而共生规范的遵循是维系民族传统体育和西方现代体育和谐共生关系的重要关键点。

（四）创新发展：重视对中华民族传统体育的革新与改良

无论西方现代体育还是中华民族传统体育，尽管两者诞生在不同文化背景之下，彼此间在项目形式和项目特点等方面也有很大不同，但是两者都是社会发展进程中的产物。中华民族传统体育与西方现代体育之间能否存在于一个良好的共生关系之中，对中国体育事业的发展产生重要影响。回顾新中国成立70年的发展历程，西方现代体育项目被源源不断地引入国内，尤其在中国提出对外开放政策后，中华民族传统体育与西方现代体育呈现出了明显的"互斥—互补""斗争—妥协"的博弈过程。为此，使中华民族传统体育与西方现代体育处在一个和谐共生关系之中，就要对"尺有所短，寸有所长"的道理有个深刻的领悟，这要求我们对中华民族传统体育与西方现代体育各自的利与弊有个全面的认识，使两种形式优势互补，进而逐渐形成和谐的共生关系。比如，西方现代体育中的科学性、规范性以及竞争性等内在特点是中华民族传统体育可以学习和借鉴的地方。以韩国跆拳道为例，从最初作为韩国民间的一项技击术到2000年正式成为奥运会的比赛项目，韩国跆拳道之所以能够成功实现国际化目标，

---

① 单凤霞、郭修金：《民族传统体育与西方现代体育的共生发展》，《南京体育学院学报》（社会科学版）2017年第3期。

一方面，是由于把手搏和跆跟等传统武技融入跆拳道之中，并围绕量化性、科学性、准确性和完备性等方面对跆拳道规则进行完善；另一方面，在于其强化跆拳道传统礼仪教育，传承韩国民族精神，并把跆拳道项目融入道馆与学校之中。韩国跆拳道成功进入夏季奥林匹克运动会正式比赛项目，对于中华民族传统体育武术项目的发展具有重要的参考意义。

西方现代体育注重对"结果"的追求。具体来说，过度强调人的主体精神，超越极限，不断追求更高、更快、更远的成绩，导致体育出现异化现象也就是可以预见的事情。特别是21世纪进入体育休闲时代以来，西方现代体育，尤其是风靡全球的各项西方竞技体育离普通民众越来越远，竞技体育陷入"只可远观，而不可亵玩焉"的窘境。反观，中华民族传统体育"身心一统""天人合一""强身健体"等哲学理念，契合了当下民众对体育健身的需求，当前中国正全面推进全民健身和"健康中国"战略，随着"一带一路"带来国际交流的逐步深入，中华民族传统体育迎来了绝佳的发展机会。重视对中华民族传统体育革新与改良是创新发展中华民族传统体育的重要路径之一。譬如，我们可以参考韩国跆拳道运动改良道路，在注重武德和弘扬中华传统文化的基础上，加入新的武术技击动作，并围绕科学化和可量化等方面来完善武术规则，这对武术发展无疑会起到积极作用。当然武术的可持续发展也离不开对武术项目的推广，把武术项目引入学校体育工作中就显得尤为重要，不仅对武术项目起到了很好的推广作用，也扩大了参与武术的人数。又如，当前中国流行的跑步以及马拉松比赛也是中西融合创新发展的一个例子。国人热衷于参加马拉松比赛与其说是有利于强身健体，不如说是可以弘扬"重在参与""以和为贵"的民族传统体育的精神。可见，重视对中华民族传统体育革新与改良也需要参考西方现代体育的优秀成分，通过充分挖掘与利用中西体育之间的互补效应来实现中华民族传统体育的创新发展。

第二节　新时代中华民族传统体育文化批判与创新性发展

一　"西化论"和"国粹论"思潮与民族文化认同

（一）中西方体育文化的新较量

随着中国生产力的不断发展，人们的生活出现了翻天覆地的变化。中国在竞技体育的赛场上也取得了显著的成效,正在向体育强国迈进。在这个时期,中西方体育文化出现了新的较量,直接关系到中国体育事业能否迈入体育强国。在这个全球化的时代,西方体育更像是以文化的形式存在于全球,他们将本国的体育竞技通过媒体转播到世界各地,让全世界的民众都在为他们的竞技比赛买单。如美国的 NBA 文化,在现代文明竞争中做到了极致,引领着世界篮球的发展,已经成为具有符号价值的文化软实力,在全世界范围内形成了很强的影响力,从而带动着美国社会的发展。在西方人的观念中,他们将这种源于古希腊的体育文化传承至今,他们希望追求身体上的"更快、更高、更强",并能在激烈的竞争中脱颖而出。西方体育文化更加精准,他们参与体育比赛就是为了在竞争中获得胜利,不论是什么级别的比赛,他们很注重竞争的过程。反观中国的体育文化,自西方体育传入至今,中国的体育文化还处于不断完善的阶段。自古以来中国的体育文化是内外兼修、天人合一的哲学思维,但随着西方竞技体育发展如日中天,中国不得不进行观念上的转换,从而使得中国的体育文化出现了东西方交织状态。在中国体育强国的发展中,竞技体育已取得丰硕的成果,群众体育的发展更加关乎着体育强国的建设。在长期重视竞技体育的背景下,中国人民对于体育的认知也不断发生着改变,渐渐地形成了以竞技为主的观念,忽略了中国传统的养生观念,因此在体育强国建设中很难做到统一调控。眼下中国体育强国发展的文化建设,就面临着究竟是继续以竞技体育的文化内涵作为发展动力,还是以传统文化中的养身哲学为广大体育参与者提供更加舒适的健身环境这一关键问题,这成为中国现阶段体育强国建设道路上中西方体育文化的博弈。

(二)中西方体育文化的融合

中西方体育虽有明显的不同,但并未形成对立之势,只是在参与运动时所表现的不同而已。中国的传统文化以儒家文化为主,在历史的发展过程中形成具有地域性特点的民间体育活动,并能与西方现代体育呈现出一片融合景象。现如今中国的竞技体育的发展还是依托于中华民族博大的文化,以强有力的文化内涵推动着西方现代体育的发展。中国历史上的传统体育,虽无体育之名,但却有体育之实,所以在融入西方现代体育的过程中显示出内在的优越性,尤其是技巧类项目更为突出。在中国文化从古至今的发展过程中,就曾数次与其他文化相冲突,最后走向了融合,形成了更加适应地区发展的新文化。如中国的敦煌地区受到了古希腊文化、古罗马文化、古印度文化、波斯文化和阿拉伯文化的影响,在多元文化的汇聚和演变中,形成了具有地域性特色的文化。这就表明了中国自古对于文化有着很强的包容性，善于从外来文化中汲取精华，并不断吸收、完善自己的文化。体育文化的融合也是一个漫长的过程，它需要打破众人的元认知，不断提供新的方式使他们参与其中，进而从中体验到乐趣。现如今中西方体育文化的冲突，更像是孕育着更加符合人性发展所需的新思想，既能为西方竞技体育的发展提供更加完美的通道，同时也能为中华民族传统体育提供新平台。

二 中华民族传统体育的传承机制

（一）尊重文化传承与项目改良创新

各民族群众的生活和实践是一切精神财富形成和发展的源泉，传统体育文化是各个历史时期民族群众继承与创新的结晶。在今天的继承与发展、普及与推广的工作中，要依靠民族群众，只有符合民族群众的体育生活和实践需要的体育才能获得民族群众的青睐，才能在民族群众的体育生活和实践中生根发芽。[①] 所以在新时期的文化传承工作中更应该注重其文化性，并且要保证优秀的传统文化符合现代民众的生活需要，成为中国民众生活中的文化软实力，形成中国或地区文化的影响力、凝聚力和感召力。这就要求我们在挖掘整理民族传统体育项目时更加注重其内在的文化价值，着重厘清这些民族传统体育所要表达的文化内涵，尊重文化传承。在调查的过程中我们发现很多项目已经无法在现代文明生活中展开，落后的组织形式、过时的道具器材、违背科学的健身理念已经无法继续发展，这就需要对这些项目有充分的了解基础，并结合现代社会的需要对项目进行改良创新。对于民族仪式下的传统体育活动，在保证尊重少数民族的基础上，对于民族传统体育项目进行改良创新，将民族传统体育更好地与他们的日常生活相联系，成为他们生活中的健身活动。

（二）建立体育数字化、信息化的传承体系

要开发和保护散存少数民族体育文化信息资源，关键点不仅在于对其进行系统化的整合，而且要借助数字化的平台，展示整合后的成果，以便在国内和国际上进行交流。[②] 这样的传承体系符合现代人所接受信息的途径，以新的方式对民族传统体育文化进行传承，通过数字化、信息化的平台让更多人愿意了解民族传统体育文化。这样的大型数字化、信息化的平

---

① 田祖国：《国家文化软实力与民族传统体育发展的制度保障研究》，民族出版社2016年版，第126页。
② 赵富学、程传银、高继科等：《"一带一路"背景下散存少数民族体育文化信息资源的数字化保护问题研究》，《武汉体育学院学报》2017年第1期。

台，需要对民族传统体育项目进行充分掌握，在传承人的配合下结合信息技术进行体系构建，进而以这样的方式吸引更多的人来了解民族传统体育文化。移动端 APP 软件迅速发展，增加了微时代的微功能，就像微信、微博、微电影等微产品深受人们的喜爱，人们也逐渐习惯了这种简短但非常丰富的信息传播。[①] 如微信朋友圈的互动也可以成为很好的民族传统体育文化的传播形式，民族地区的学生在回到家乡后将参与的民族传统体育活动发布在朋友圈，其他朋友在刷朋友圈的时候看到了与自己平时所见不同的体育活动，激起了他们对这些项目的好奇，这就是很好的传播。所以在数字化、信息化的传承体系构建中，既要建立其地域文化特色的大型数字化展示平台，同时也要注重微观的传播，这样才能形成一个良好的体系。

（三）顺应民族传统体育文化认同趋势

当今全球化与民族化互动日益凸显，加强中华民族传统体育的文化认同，提升中华民族文化认同感和自豪感，凝聚中华民族共同体，提升中华文化软实力，是我们每一位中华儿女的责任。[②] 党的十八大以来，习近平总书记多次提及文化自信，其中也包括对中华传统文化的认同。在这种趋势下，我们更应该对民族传统体育文化进行深入研究，将其内涵通过外在形式表现出来，吸引更多的人参与其中。积极推进民族传统体育文化"走出去"，推进与世界其他国家民间体育文化的交流，打造一批体育人文交流活动，推进和周边国家的以邻为伴，民心相通。民族传统体育发展还要注重对中国传统文化的传承，要借助民族传统体育宣传中国传统文化，将民族传统体育带入国际的舞台，让中国各民族智慧的结晶能够惠及全球。

（四）自主把握民族传统体育发展规律的培育

全国和各省（区）市的民运会为少数民族传统体育提供了一个宽广的发展平台，应充分利用这一平台，积极开展民族传统体育活动的竞技化改造，加速传统体育从民族文化综合体中的剥离，保护、发展现存已独立的少数民族体育项目，挖掘、整理可独立或未完全成型的项目。对那些体育特点不甚鲜明或不太适应民族体育活动发展的原有项目，在保持其鲜明民族特色的基础上进行改革创新，增强其健身性、娱乐性、竞技性和易行性，并努力推广民运会竞赛项目。[③] 每年8月13日至17日举行的玛曲

[①] 杨小燕等：《基于微课的翻转课堂在高校体育教学中实施可行性分析》，《南京体育学院学报》（自然科学版）2016年第4期。

[②] 孙晨星、邓星华、宋宗佩：《全球化与民族化：中国民族传统体育的文化认同》，《体育学刊》2018年第5期。

[③] 肖进勇：《四川省少数民族传统体育现状研究》，《成都体育学院学报》2003年第6期。

"格萨尔"赛马大会规模宏大、盛况空前,有草原上的"奥运会"之称。除以上大型民族体育赛事之外,还有诸多小规模的民间体育赛事,如东乡族的"拔棍"、保安族的"夺腰刀"、藏族的"押加"、锅庄舞比赛等。借助精彩纷呈的民族民间体育赛事,在维系民族特质的基础上不断对一些竞技项目加以改造,让广大群众不仅欣赏比赛,也能亲身体验。如赛马不仅要突出"赛",更要突出"骑",让更多的观众和游客都参与其中,拓展赛会内容,逐步实现其大众化。

三　中华民族传统体育的振兴与革新

(一)实践探索与付诸行动相结合

由于消费者对于民族传统体育的认知水平不高,所以用常规的表演或教学很难吸引消费者,这就需要通过文化的载体让消费者感受到民族传统体育的魅力所在,进一步激发消费者对民族传统体育项目的兴趣。每个民族都有自己的传统体育项目,需要对这些民族的传统体育项目进行归纳与整理,这也是在改革开放后中国学者对于民族传统体育研究的工作重心,现已经有众多成果。在"文化自信"的背景下,我们更应注重对传统文化的保护,通过实践探索与付诸行动相结合的方式促进传统文化现代化发展。在民族传统体育的保护中应当教育先行。现阶段中国的学校体育大多以西方体育为主,学生从小到大接触的最多的也是西方体育,在他们的意识中已经没有民族传统体育的概念了。我们不能将"文化自信"停留在口号上,而是应该真正付诸行动,就像现在作为新时代的学生都明白要有"文化自信"的意识,但却不知道应该怎么做。所以,学校体育应在学校体育项目中加入民族传统体育项目,根据不同的类别,由浅入深地调动学生的主观能动性,帮助其从被动了解到主动探索,让每一位学生真正体验到民族传统体育的内涵,积极参与民族体育活动,增强其参与感、获得感和幸福感。

(二)民族传统体育与大众健身相融合

《全民健身计划(2016—2020年)》明确指出,"积极开展民族传统体育活动,做好民族、民间传统体育和中华传统养生健身项目的挖掘、整理和推陈出新工作"。这说明了政策上对于民族传统体育在大众体育中开展的支持力度很大,对民族传统体育与大众健身融合发展寄予厚望。随着中国民众生活水平的提高、健康意识的不断提升,越来越多的人选择参与体育锻炼来增强体质,使中国大众健身有了更好的发展时期。然而,在群众参与体育项目中我们可以看出,人们对于民族传统体育项目的选择较少,主要是以太极拳、剑术、健身气功为主,这些项目的受众也是年龄偏大的人群,中青年有人参与。民族传统体育作为一种文化载体,随着社会的发展和进步,其中某些过时的文化色彩将被抛弃,吸收一些新元素来丰富自己的文化内涵为其进一步融合大众健身奠基。① 在大众健身方面,民族传统体育具有一定的先天优势,中华民族传统体育项目起源于民间,自古就是生产工作之余用来消遣的活动。虽然社会已经发展转型,但人们对于工作之余的健身活动是有很大需求的,民族传统体育不受场地器材的限制,甚至在办公室就能进行,还有益于职员的身心健康。我们应使民族传统体育与大众健身相融合,将民族传统体育项目在尊重传承人的基础上进行现代化的升级,使它们更加适应现代人生活中的需求,又能缓解人们的工作压力。随着全民参与体育的热潮不断高涨,民族传统体育在政策推动下也将更好地融入现代人的生活,其未来的发展空间也会越来越大。

(三) 学校体育引入民族传统体育项目

民族传统体育在学校的引入,首先,将校园内相对具有大众健身意义的民族传统体育项目进行深入研究与开发,梳理其历史发展脉络,将该项目的发展起源、历史地位、娱乐健身价值等方面充分利用新媒体技术进行传播,例如在校园微信公众号、学校官网、校园资讯APP、学校官方微博等新媒体平台发布相关资讯。其次,选取部分学生兴趣度较高、参与范围较广泛的体育项目,组织对应专项教师进行专业授课、教学,可开展实践课程,亦可举办以理论知识为重点的学术沙龙进行讨论。最后,可在校园内举办民族传统体育项目比赛及表演,将开展较好的项目与个别鲜为人知的项目进行组合搭配,在学生观赏参与的同时进行"隐性"传承。在具体开展相关理论知识课程时应注重从单一教学型向综合应用型转变,提高学生参与热情、增强活动趣味性,满足学生不同方面的需求。在组织学生实践过程中,在强调动作的规范和准确的基础之上,更应为学生创造真正享受体育运动的空间。

(四) 培养民传演练群体现代意识的逐步养成

在经济发展的浪潮下,民族传统体育日益成为推动商业化发展的一种工具,其文化功能发生了质的改变,失去了文化自身所应该具备的民族性,本有的文化吸引力被极大地削弱,看似保护发展民族民间体育文化的

---

① 易建取、刘英梅、李秋利:《论民族传统体育与全民健身活动的融合及发展契机》,《广州体育学院学报》2007年第2期。

商业活动,适得其反地阻碍了真正意义上的民族传统体育文化的发展。①在经济效益刺激下,更应该注重对民族传统体育演练群体现代意识的养成,要保证在商业化的形式下保留民族传统体育的内涵。在商业化开发的过程中,应注重将民族传统体育项目融入现代生活,在保障其内涵不变的基础上对外在的表现形式进行革新,吸引更多的人参与其中。这对于民族传统体育的传承人具有更高的要求,他们在观念上必须得与时俱进,明白现代人生活中的实际需求,结合民族传统体育的项目特点进行因势利导。

四 中华民族传统体育产业发展图景

(一) 民族传统体育的市场化发展思维

体育作为一种文化产业,不仅能带来丰厚的经济利益,还承载着一定的文化理念和价值观。蕴含着深厚中华文化内涵的民族传统体育,在经济飞速发展的今天,无论是在内容和形式上还是在满足新的社会需求上都体现出独特的价值,并以养生、健身娱乐、休闲旅行等形式向市场化方向发展。② 中华民族传统体育很多项目类似于西方的户外运动,都是以回归大自然的方式进行的原始运动,徒步运动在中国已经有很多的参与者。所以,中华民族传统体育发展需要进行市场化的转型,当前中华民族传统体育项目尚未打破为游客提供表演的模式,忽略了民族传统体育的优势在于参与者的体验。如开发具有民族传统体育特色的生态体验馆,为游客提供具有娱乐性的民族传统体育项目。生活在城市的人们,生活压力大,需要有一个可以释放压力的地方,民族传统体验特色的生态体验馆可以满足这些人群的需要,同时也能为民族传统体育的继承者提供很好的就业机会,找到民族传统体育的当代价值。

(二) 民族传统体育市场化宏观布局

民族传统体育可以在拥有自然文化景观与人文景观的地域进行产业布局,打造出一条精品民族传统体育产业链,对周边资源进行整合,为消费者提供优质的体验式服务。随着现代人对旅游需求的提高,传统的自然景观和人文景观已经满足不了消费者的需求,市场上的"体育+旅游"也仅仅是在旅游中增加了简单的体育元素,但是并没有在这一过程中体现出体育的内涵。所以在打造经典 IP 的过程中,要以消费者的视角来思考,考虑

---

① 谢智学:《当代裕固族传统民间体育文化的传承裂痕与消弭措施》,《武汉体育学院学报》2014 年第 8 期。
② 邬凤:《从市场化运作的角度谈民族传统体育的转型发展》,《体育与科学》2011 年第 4 期。

到消费者的真实需求。利用民族传统体育项目具有很强观赏性和参与性的特性及优势,为消费者提供一系列的体验式服务,使其在民族文化的熏陶下,身临其境地感受民族传统体育的历史,从中获得参与的喜悦,并在今后的生活中进行民族传统体育活动。

(三) 民族传统体育产业运营的策略

在民族传统体育产业运营中,产品以民族传统体育为主要元素,而民族传统体育产业的运营就是围绕着如何更好地将民族传统体育产业推向消费者。[1] 民族传统体育产业运营策略与体育旅游的策略相似,主要体现在无差异目标市场策略、差异性目标市场策略、市场营销组合策略和市场细分策略,唯一的不同是民族传统体育产业为消费者提供的服务更加多元化,将具有地域特色、民族特色、娱乐特色的传统体育项目进行升级,更加符合现代人的体育锻炼需求。同时,作为对中华传统文化的传承,可对各个项目的文化内涵进行信息化传播,如建立数字展示平台,给游客制造出身临其境的感觉,使其更加愿意去参与民族传统体育的活动。

第三节 新时代传播好中华民族传统体育的"中国声音"

一 新时代民族传统体育的自我审视与发展

在党的十九大报告中郑重地提出了"新时代"这一概念,它标志着中国的发展有了新的历史方位,即中国特色社会主义进入了新时代。这是个承前启后、继往开来的新时代,所以在对待新时期中国发展问题上,要求我们不仅展望未来,也要整理过去、重建历史;既要统一思想,又要解放和发展思想;既要批判与超越西方,还要继续学习西方。同理,在新时代的背景下,也应该从不断自我审视与发展的思路出发,提出中华民族传统体育的未来发展展望。

在新的历史条件下,要传播好中华民族传统体育的"中国声音",就要不断深化民族团结进步的教育工作,加强民族自我意识,需要通过找准与社会心理的契合点、找准与民族情感的共鸣点、找准与群众利益的结合

---

[1] 陈岩:《我国体育产业结构优化及其市场化运营研究》,中国水利水电出版社2017年版,第196页。

点等有效路径，并充分发挥好"五个认同"的精神引领作用，以此来达到全面提升民族传统体育发展的新境界。鉴于此，我们可运用由美国学者查尔斯·霍顿·库利在其所著的《人类本性与社会秩序》一书中所提出的"镜中我"理论作为引导。他认为人的行为在很大程度上取决于对自我的认识，而这种认识主要是通过与他人的社会互动形成的，他人对自己的评价、态度等，是反映自我的一面"镜子"，个人通过这面"镜子"认识和把握自己，并指明"镜中我"只有通过传播、互动、社会交往三方面才能形成。而该理论最初作为传播学的基础理论，随着时代的发展，也被运用于其他学科。基于当今世界全球化的背景，我们应致力于讲好中国故事，传播好中国声音，阐发中国精神，展现中国风貌，让外国民众通过欣赏中国作家艺术家的作品来深化对中国的认识、增进对中国的了解，以及向世界宣传并推广优秀文化艺术，让国外民众在审美过程中感受魅力，加深对中华文化的认识和理解。因此要从该理论中所提到的社会传播（包括自我传播与人际传播）和社会互动、交流等方面入手，通过这种"镜中我"的反射，来指引中华民族传统体育在今后的自身发展，回答如何做好传承中华文化、弘扬民族精神思想等方面的问题。

（一）"镜中我"理论视域下民族传统体育的社会传播

传播就是让人们知道"我是什么"，可以说社会传播是人与人社会关系、社会交往、社会互动的直接体现。它分为人内传播（个体内部传播）和人际传播（两主体间传播）。就当下民族传统体育的发展现状而言，民族传统体育并不被大众广泛了解，特别是"90后""00后"的大部分青少年，在他们的脑海里压根就没有"民族传统体育"这个概念，更不用说接触过民族传统体育。虽然中国拥有丰富多样的传统体育，却都因为没有得到弘扬与传播而被湮没于历史长河中，甚至一些优秀的项目也只能流动于小范围内，止步于国内。因此，要使中华民族传统体育广为人知，走出国门，走向世界，就要加强和改进对外宣传工作，增进国际社会对各民族传统体育相关知识的了解，努力营造良好的国际舆论环境。为此，社会传播则需要做到以下三点：一是要有正确的认识，讲好中国故事，引导人们更加全面客观地认识传统体育"是什么"，只有深入研究和了解自己是什么、有什么特别之处，才会吸引别人的眼光。二是对外宣传要努力加强国家传播能力。如今的社会是一个由网络通信统领的天下，新媒体具有的互动性强、开放性广、信息共享快的特点，打破了传统媒体的时空界限，它的出现与普及无疑是在壮大对外宣传力量，这将有助于联结中外、沟通世界。然而，目前中国在国际传播能力建设方面还略有欠缺，尤其对外宣传媒体的实力与国家地位不相符合的状况亟待改变,"西强中弱"的现象仍然存在。三是对外宣传时要努力增强国际话语权,加强对外传播话语权体系建设。就如同要介绍自己得先有开口说话的权力一样,新中国成立以前,中国一直处于被欺压的状态,近代西方体育的传入使民族传统体育不断被边缘化。直至新中国成立并到改革开放后,民族传统体育才得以云开见日,逐渐发展起来。特别是 2008 年北京奥运会的举办,使中国国粹——武术得以在全世界民众面前大放光彩,向世界展示了中华文化的博大精深,同时也在增加中国在国际上的话语权。如今,在文化多元化与全球化的时代背景下,国际话语权对中华传统体育文化的弘扬与发展就显得更加重要了。

(二)新时代民族传统体育本土化与全球化的社会互动

如今我们生活在一个经济全球化、文化多元竞争的开放年代。无论哪个民族、何种文化,在世界文化广泛交流和融合的时代,都为强大的多元文化旋涡所吸引,彼此之间产生激烈碰撞与高度融合。[1] 就世界各国的民族传统体育文化而言,无论是本土文化与世界文化,还是传统文化与现代文化,都具有自身十足的民族文化特性,同时又蕴含着多种民族体育相近、相同的共性特征。因此,民族传统体育文化的传承,应该走个性发展与共性普及、民族认同与国际效应、本土化操作与全球化思想相互结合、相互促进的发展思路。鉴于此,在"镜中我"视域下,民族传统体育发展则要通过与"自我认同"理论互动、与"文化符号互动理论"互动两种社会互动,来加强中华民族传统体育的社会影响力。

关于"自我认同"的互动,是根据自身的经历来反思性地理解自我,应用在自我传播上,强调的是一种"反思"。[2] 就中华民族传统体育自身而言,它是植根于中华文化沃土,积淀着中华民族最深沉的精神追求,有着深厚历史渊源和广泛现实基础的中国本土文化,是中华民族生生不息、发展壮大的丰厚滋养和最深厚的文化资源。但因缺乏与"自我认同"的互动而导致该文化本土化的缺失,已经成为民族传统体育当代发展的阻力。就拿中国武术来说,为博得奥运会的青睐,极力与西方竞技体育靠近,导致中国武术本土化严重缺失,进而制约其发展。因此,在其传承与发展过程中,应当是在深厚、健全的民族情感的基础上作出理性的反思和把握,促使中国武术向本土化理性回归,这才是民族文化自省的使然、民族文化传

---

[1] 陈青:《民族体育跨文化融合》,民族出版社 2010 年版,第 445—447 页。
[2] 徐莉程:《从被遗忘权现象重新思考"镜中我"理论》,《新闻传播》2017 年第 18 期。

承的呼唤和武术国际化进程的前提。也只有在中国武术"本土化"的基础上，武术国粹才能发扬光大、惠及后人，文化瑰宝才能绽放出永远璀璨的光芒。[①]

"文化符号互动"理论是对"镜中我"进行再解读。即通过他人的认识和评价形成对自我的认识，以及与他人的不断交往从而更新对自己的认识，进而发现"自我"在与社会、他人互动中形成的意义。当今世界，随着世界多极化和经济全球化的深入发展，各民族传统体育文化区域的资源可以为全人类所共享、共有。世界舞台上各种文明争奇斗艳，相互激荡，这为我们学习借鉴世界其他国家和地区文化中的有益成分提供了机遇。但从整个世界思想文化格局来看，中华传统体育文化发展仍处于弱势地位，在国际上的吸引力、感召力和影响力仍有所欠缺。因此，努力提高中国文化软实力和做好对外宣传，同时通过互联互通、互学互鉴，才能使中华民族传统体育文化有持续发展进步的趋势，也才有利于中国民众在与世界各国民众的交流交往中，为世界大家庭增添更多的中国元素。

二 新时代中华民族传统体育文化的"中国符号"

现代竞技体育项目的快速发展主要是以西方国家的竞技体育为主，目前达到了一种全球化、多元化的趋势，基于中国深厚历史底蕴而孕育出的民族传统体育在西方的竞技体育思潮中将何去何从？中国的人文地理环境和政治经济的发展轨迹与其他西方国家大相径庭，中华民族传统体育的文化价值应当发挥出中国特色，走出一条属于自己的路，应该面对国内的实际情况理论结合实践，在新时代发挥民族传统体育文化的独特魅力，在西方竞技体育思潮中构建出属于中华民族传统体育文化的当代"中国符号"。

（一）民族传统体育的文化推广

"民族传统体育"作为"中国文化"的支流，伴随着中国文化饱经风霜，经历世代传承，至今已经渐成体系。中华民族传统体育文化经历数千年的发展，历史悠久、内容丰富、方式多样、开展广泛、延绵不断，拥有民族独有的宝贵资源和丰富的民族文化遗产，即使在现代体育盛行、体育手段多元的今日，依然有它旺盛的生命力。民族传统体育文化体现了休闲

[①] 明磊、石爱桥：《对中国武术当代发展的"本土化"问题思考》，《沈阳体育学院学报》2017年第4期。

娱乐、强身健体、促进民族团结、带动经济增长、传承中华文化的作用。党的十九大报告指出，"文化是一个国家、一个民族的灵魂。文化兴国运兴，文化强民族强"，中华民族传统体育文化是中国传统文化的重要组成部分，是民族复兴的重要动力。传承、发展、传播民族体育文化不仅是现阶段建设"健康中国"和体育强国的内在要求，同时也是提升中国文化软实力、实现中国梦的现实需要。① 通过交流与推广才能丰富中华民族传统体育文化，扩大自身的影响力。民族传统体育的文化推广可以通过以下路径进行。

1. 对民族传统体育进行科学定位与创造性转化

针对民族传统体育文化进行筛选，各传播主体均应针对传播对象，科学定位传播方向，着力推动民族传统体育文化传承发展。分析国外民族体育文化的成功发展经验，不难发现，推动传统体育项目的快速和深度传播，行之有效的办法就是政策干预及商业运营，同时学校等事业单位也要大力普及和推广。② 比如日本的空手道、柔道，韩国的跆拳道等项目被纳入了中小学的课程体系中，让本民族的传统项目得以传承和发扬。中国的民族传统体育文化也可借鉴日韩做法，使简单易学的项目进入中小学，这对民族传统体育文化的发展有较大益处。

2. 民族体育文化进社区

中华民族传统的体育项目与文化，成长于农耕文明时期的乡村社会。如今随着社会生产力的发展，中国的市民群体不断壮大，社区依然是构成当代社会的基层单位。所以，在推广民族体育文化的过程中，应当以城市社区作为基层推广单位，以提升民族体育的生存空间。例如，在推广抖空竹、放风筝等体育运动的过程中，社区管理者可利用当地的公园、绿地举行民间比赛。通过这样的方式，在社区居民中或将掀起一股练习热潮，并且社区管理者可邀请专业人士对当地居民进行指导，从而使其技术水平得到提升。经过一段时间的积累，该社区将形成对应项目的爱好者组织，通过此类组织，该项目将在中国民间获得更好的发展。再有就是对民族体育文化中所体现出来的哲学思想进行总结，将该文化运用在社区内。并将这部分文化与当代社会的问题和居民的实际生活相连接。由此，传统体育项目的文化价值将得到推广，练习者也将对传统体育项目的文化内涵进

---

① 刘次琴、陆宇榕：《文化自信主题下民族传统体育文化传承发展研究》，《广州体育学院学报》2018年第1期。
② 王静、郝建峰：《传播学视域下民族传统体育文化传承发展的困境与疏解》，《广州体育学院学报》2018年第6期。

行更为深入的理解。

3. 民族传统体育文化进校园

大学生群体将成为中国社会的中坚力量，因此在高校中推广民族体育文化具有重要的意义。高校可通过这一契机，邀请学生成立民族传统体育社团，同时提供社团训练场地器材、给予相应指导以及赛事组织等环节。通过这样的方式，民族体育文化能够在校园内得到更广泛的传播。在具体的实践过程中，教育部门可以制定教学比赛的考核标准，并为学生提供对应的教学指导。如此，民族体育将在中国校园内得到更高的关注。

4. 打造合理的传统体育文化中心

部分传统体育项目的文化内涵已经失传，并且部分体育项目的文化价值并不适合在当代社会传播，因此在推广民族体育文化的过程中，应当设置专业的部门以提炼该项目所蕴藏的文化。在具体的实践中，可建立起一个民族体育文化推广中心。在该中心内，各项目的专家应当对各项体育运动的文化内涵进行提炼，并总结出其中的应用价值。例如，在中国健身气功运动发展过程中，将"气"的概念进行提炼，由原来的表象向着深层意义去探究，并将其与中国中医的相关理论相结合。通过这样的设计，武术运动的文化内涵将与中国民间的养生传统相结合，其文化认同度也将得到提升。

（二）民族传统体育的媒体融合

中国的民族传统体育产生于特定的历史时期，对弘扬民族文化、传承民族精神有着重要的现实意义。随着时代的变化，民族传统体育的发展不断面临着新的挑战，在外来体育文化（如跆拳道、柔道、街舞、篮球等）对中国传统文化造成严重冲击的今天，社会接受度不高、项目本身缺乏吸引力、各项目之间交流不够等问题成为制约其发展的主因，而弘扬民族传统体育项目，能够唤起更多民众对中国传统文化的情怀，发扬传统文化是我们每个中华儿女的责任，时代也赋予了民族传统体育前所未有的机遇，国家出台一系列政策的积极扶持以及现代旅游业和新媒体的发展都给民族传统体育注入了新的活力。

中国的少数民族传统体育项目由于受地域等因素的影响，使得传播范围受限，只集中在小部分区域内流传，与外界大众的距离较远，民族传统体育的传播还面临严峻的传播问题，大众对于民族体育文化缺乏足够的认知和理解。在现如今科技飞速发展的时代，网络、电视等新媒体层出不穷，已成为我们不可或缺的沟通工具，足不出户便知天下事。以大众传媒为载体，把民族传统体育作为传播中心内容，这也是拓宽民族传统体育的发展路径。首先，要加大媒体对中华民族传统体育的宣传力度，在社会上形成一定知名度，再渗入人们的日常生活扩大自身的影响力。例如通过制作一期民族传统体育的综艺性的纪录节目，搭建相关民族传统体育项目展示，突出各地方的特色，将中华民族传统体育文化更好地展现出来，同时利用明星效应吸引人们参与到各类民族传统体育项目中，让大众更好地领悟到民族传统体育展现出来的文化内涵。加大对地方民族传统体育赛事的直播转播，真实地将现场呈献给观众，吸引更多人关注。其次，把民族传统体育中的健身思想与现代人们提倡的健身性相融合，通过搭建微信公众平台，推广相关知识普及理论与文化价值，让普通大众更多地了解民族传统体育项目。

（三）民族传统体育的公益带动

国家"十三五"规划中提出：加快推进运动项目文化建设，启动体育文化精品建设工程。充分挖掘体育的多元价值，精心培育体育公益、慈善和志愿文化。落实《中共中央关于繁荣发展社会主义文艺的意见》，扶持和引导体育文艺创作。结合如今国家的文化发展战略，弘扬中华民族传统体育优秀项目，保护和开发体育非物质文化遗产，以体育为载体阐释中国梦，推动中华体育文化走向世界。民族传统体育不是而且不应成为针对地方和组织的商业性服务，它具有强烈的公益性色彩。中华民族传统体育公共服务体系是在当前或未来的社会主义市场经济条件下，建立在现有全民健身体系和国家公共服务体系基本框架基础之上，为社会各个层次的所有从事民族传统体育工作或运动健身者提供民族传统体育健身环境和条件，满足人们的各种民族传统体育需求，提高人们的生活质量，从而促进中国国民体质与健康水平使其得到普遍提高并进而弘扬民族传统文化的亲民、便民、利民的公益性社会服务系统。① 由此可见，民族传统体育对于当前的社会化服务具有很大的带动作用。

开展民族传统体育赛事及表演除了所带来的商业性利润之外，还有诸多"附加值"。比如，当一个地区开展民运会或其他大型的民族类的项目比赛时，整个地区的经济、交通、城市建设等会得到改善，人们的健身锻炼意识也会通过赛事的举办得到潜移默化的改变。在城市的草地、公园广场等公共空间内，可以充分利用其进行民族传统体育活动的开展，体现了公共性和公益性的特点。譬如太极拳、健身气功等项目，既合理利用了空

---

① 武迪、田松：《论民族传统体育公共服务体系的建构》，《中华武术（研究）》2014年第6期。

间、使得人们的身体得到锻炼，又增强了全民健身的氛围。此外，一场比赛肯定需要专业的服装、设备与器材生产以及销售企业来提供帮助，通过民族体育竞技比赛与表演活动，都将为地方的旅游业、制造业等带来新的利润增长点。随着中华民族传统体育的不断发展，赛事和各类活动的举办，对许多行业都会产生一定的经济效应，同时也符合国家全民健身战略、促进体育产业消费政策的需求。

（四）民族传统体育的对外辐射

当今的世界是多元化的格局，经济全球化带动了各个国家的发展，使得世界逐渐融为一个整体，然而每个国家、每个民族都有自己独特的文化，在世界共同体的潮流中，各类文化相互交织、相互影响。中华民族传统体育文化正在世界文化潮流中散发独特魅力。

1. 繁荣世界体育文化，克服养生难题

在全民健身、健康中国的时代背景下，对中国56个民族中的传统体育项目进行推广并使其进入世界体育格局中，在一定程度上可以丰富世界体育活动的研究，增添体育活动的类型，有利于世界体育的繁荣发展。因此应在不同文化间的冲突与碰撞中，寻找民族传统体育活动的共性，从而开展"生成性"的对话基础，建立由多元文化凝结而成的具有"共同发展"共识的文化"命运共同体"。在现如今全球追求健康养生的潮流下，太极拳、八段锦等健身气功在世界上受众较多，中华民族传统体育中蕴含的朴素的道家"天人合一"养生思想等可促进世界民众的健康、促进全民健身活动的开展，提高民众的身体素质，从而改善世界大部分人面临的身体亚健康状态。

2. 营造和谐的政治生态圈

在全球化的背景下，大型体育赛事中均包含着政治因素，为国而赛、为国而比等现象比比皆是，最为典型的便是"乒乓外交"。民族传统体育的对外传播，一方面可以向国际推广新类型的体育活动，促进新型体育政治联结的形成；另一方面通过对中国传统民族体育文化中寓意的"健身娱乐""以和为贵"等思想的传播，能够大力发展体育外交，促进新的体育政治关系的形成，营造和谐共存的政治生态圈，响应中国平等互惠的外交政策。

3. 带动世界经济增长

中华民族传统体育借助国际传播的影响力，提升中国各民族的知名度，有利于提高对传统体育项目的认同感，从而带动民族传统体育产业的发展；对内，一定程度上能促进中华民族传统体育出口贸易的发展，带动民族经济的发展，尤其是少数民族经济的发展；对外，可构成增加全球经济贸易结构的组成部分,从而增强经济结构的稳定性和多样性。

三 新时代民族传统体育的"中国故事"

习近平总书记在全国宣传思想工作会议上发表讲话时,一如既往地重视中华优秀传统文化的发展和传播,讲话中提到"中华优秀传统文化是中华民族的文化根脉,其蕴含的思想观念、人文精神、道德规范,不仅是我们中国人思想和精神的内核,对解决人类问题也有重要价值"。他提出,要把优秀传统文化的精神标识提炼出来、展示出来,把优秀传统文化中具有当代价值、世界意义的文化精髓提炼出来、展示出来。这既是长期和艰巨的任务,也是光荣的和历史性的使命。新时代,我们讲好"中国故事"是要更深层次地深挖中华优秀传统文化,民族传统体育则是中华传统文化的一个载体,将民族传统体育发扬光大才是一种对历史和民族负责的态度。

(一)民族传统体育中的节庆缘起

中华民族节庆活动资源丰富,据官方统计,每年中国传统的民族节日和现代节日庆典活动总数已超过5000个,中国已成为世界上举办节庆活动的大国。节庆是"节日庆典"的简称,其形式包括各种传统节日及在新时期创新的各种节日。[1] 少数民族传统体育带有浓郁的民族特色,是本民族社会活动与自然环境和谐共处状态下所形成的,是重要的历史文化形态。从体育的最原始动机来看,其源于生理和社会需求,其表现形式主要体现在种族繁衍、宗教信仰、军事活动以及生活方式等诸多方面。[2] 可见,中国丰富的节庆活动中的民族传统体育也是受到以上许多因素影响而形成的。对于少数民族的人群来说,由心中的宗教信仰而进行的仪式,开展的体育活动是现代民族传统体育节庆的一个主要影响因素。随着社会安定,经济逐步发展,节庆活动又被赋予了新的内涵,其中原有的一些封建迷信元素被剔除,逐渐融入了娱乐性、健身性等适用于现代社会的价值观。在一些少数民族共有节日中人们通过民族传统体育活动等形式进行庆祝,这是一个民族在长期发展过程中形成的具有稳定性的民族体育文化表现形式。[3] 例如,彝族的火把节,通过一系列多彩的活动将祭祀仪式和娱乐活

---

[1] 董欣:《冰雪节庆体育活动研究》,《体育文化导刊》2010年第1期。
[2] 许莉、韦经富、安彦伟:《少数民族传统体育的历史缘起与价值功能的时代演进》,《体育文化导刊》2017年第10期。
[3] 郭凤兰、闫晓、庞辉等:《民族传统节庆体育与现代节庆体育的关联性研究:以新疆自治区为例》,《首都体育学院学报》2015年第5期。

动结合在一起突出节日的欢乐；蒙古族的那达慕大会中有摔跤、赛马、射箭等传统体育活动；湘西苗族的"百狮会"通过传统的舞狮来欢快地迎接新年；还有其他民族的"古尔邦节""西迁节"和"龙舟文化节"等。这些民族节日都源于本土，时至今日，继续在创新中发展，焕发生机与活力，在新时代下不断地推动民族传统体育的发展，为中国社会发展起到稳定团结的作用。

（二）民族传统体育中的经典流传

1. 阴阳和合　行云流水——太极拳

太极拳作为中国传统文化的重要载体，积淀了厚重的中国传统文化思想，体现着中国人的生活方式、思维方式和处事原则，是一种和谐文化的典范。[①] 太极拳中的"天人合一""以和为贵"的思想也符合中国的合作共赢、共同发展的和谐发展战略。蕴含独特身体文化的太极拳已经在全球150多个国家得到广泛传播，受到大多数人的喜爱。太极拳的推广即是中国优秀传统文化的推广，太极拳是实施文化强国、文化"走出去"战略中的重要载体。王宗岳在《太极拳谱》中开篇讲道："太极者，无极而生，动静之机，阴阳之母也。动之则分，静之则合。"[②] 其中所蕴含的阴阳调剂、动静结合、虚实相映是太极拳拳理的重要内容。经过几千年的传承与发展，太极拳成为中国武术中的典型代表，受众多，受益广，在构筑人们健康体系方面具有重大作用。太极拳因其缓慢绵柔的运动方式，具有适合各年龄段群体习练的特点。长期习练太极拳，对人体的呼吸系统、消化系统、神经系统、心血管系统都有益处。太极拳不但可以强身健体，而且可以预防骨质疏松，延缓衰老。在国内外的广场、草地等处可以经常看到许多人身着宽松练功服或后背太极剑进行着太极项目的练习。太极拳所代表的健身理念，以及所体现的人与自然、人与人和谐相处的宇宙观、世界观，是对西方国家、西方文化追求极限的体育观的有益补充，其博大精深的理论和技术体系，充分显示了中华民族在体育文化领域中独特的创造力和卓越的成就，以至于在国外的众多场合中，"武术""太极"已成为中国形象的代名词。太极拳在全世界的迅速传播，是一个值得注意的文化现象。太极拳在世界范围内的成功推广是中华民族的骄傲，更是中国体育人文精神的展现，今后太极拳在世界范围内还会有更大的发展空间，将东方文化传播于世界每个角落，赢得世界的认同。

[①] 王柏利：《太极拳：一种标识性文化符号》，《西安体育学院学报》2014年第1期。
[②] 王宗岳：《太极拳谱》，人民体育出版社2006年版，第24—25页。

2. 四海龙腾　百舸竞渡——赛龙舟

赛龙舟是一项民族体育活动，早在春秋战国时期的吴越地区就已开展，作为中华龙文化的表现形式存在，同时结合了图腾崇拜、神话传说形成了独特的龙舟文化。龙舟经过2000多年的发展流变，而后随着人口的流动传播到了世界各地，现在赛龙舟活动在世界范围内开展火热。据世界龙舟联合会相关数据统计，设有官方龙舟组织的国家和地区有64个，还有18个国家正准备筹建龙舟官方组织，全球有超过85个国家开展龙舟赛事，这些国家主要集中于亚洲地区和欧美地区。设有官方组织的国家也有定期举行的赛龙舟活动，他们的参赛人员除了参加正式的龙舟活动之外，还参加民间非官方组织的活动。龙舟运动历经多次改善现已朝着制度化和规范化的方向发展，在技术、服务、产业等方面不断完善。中华国际龙舟联合会世界杯迄今为止已经举办了三届，广州国际龙舟邀请赛举办了23届，国内的中华龙舟大赛和中国龙舟公开赛已是影响力最大的赛事，除此之外，各地的龙舟赛事也在蓬勃开展，影响力逐渐攀升，每次赛事都会吸引数万名的观众观看，这些赛事的开展都极大地促进了中华龙舟运动的发展。对未来的龙舟运动进行展望，人们更希望看到的是中国历史文化与现代体育精神的深度结合，剥离其中任何一项将会被世界洪流覆盖，成为一项没有精神内涵的运动。只有民俗自身的渊源不被抽离到为民俗所发生的行为之外，只有使民俗传统文化的功能同现代社会的功能要求结合起来，才能使传统民俗在现代生活世界中找到立命之本。[①] 因此应继续立足于中国的优秀历史文化才能与现代所需的文化功能相结合，找到自身的突出特点，推进龙舟运动的改革，促进龙舟运动的健康发展。

3. 知行合一　身心兼修——健身气功

健身气功同样作为中华民族传统体育的一类，自身的健康性、文化性、易于参与等特点受到人们的喜爱，在世界范围内的影响力也是与日俱增。健身气功内容丰富多样，主要是由中国古代导引术，结合中国古典哲学思想、中医经络学说等形成。目前推广的健身气功由五禽戏、易筋经、八段锦、十二段锦、六字诀、导引十二法、马王堆导引术和太极养生等套功法组成，健身气功在全世界掀起了一股"气功热"，并成立了国际健身气功联合会，便于向世界进行健身气功的推广与管理。自国际气功联合会成立以来，健身气功在世界各地得到了有效传播，目前国际气联拥有43个国家和地区的87个会员单位，全球习练者达到650多万人。随着练习

---

① 王凯珍、胡娟、杨风华：《我国龙舟竞渡发展研究》，《体育文化导刊》2010年第3期。

健身气功人群的发展壮大，经 2016 年国际健身气功联合会会员代表大会决定，选取每年 8 月第二周的周日为"世界健身气功日"。2017 年 8 月 13 日举办了首个世界健身气功活动，在世界多个国家和地区开展，直接参与人数达 1 万人。人们参与健身气功的集体练习中既锻炼了身体，又收获了友谊和幸福。现在健身气功的发展逐渐成体系，尤其是对于师资的培训正朝着专业化、规范化的方向前行，各国人才梯队逐渐形成，能够让世界各国喜爱健身气功的人们受到较高水准的教师指导，经过坚持练习后发挥出健身功法原有的功效。在今后的发展中，健身气功更应发挥其专业性与文化性，搭乘"一带一路"倡议的快车助力自身发展，结合境外实际情况进行跨界融合，根据当地文化开展健身气功论坛将技术性与文化性结合起来，促进社会效益与经济效益的共同发展。健身气功在世界范围内的火热程度还会持续上升，不断发挥其健身养生、延年益寿的作用，为人类健康注入更多的中国传统元素。

四　新时代大国体育的"民族话语"

建构文化话语权需要以文化自信为内在动力。基于中国社会发展现状以及对新时代大国体育发展的热忱，文化自信的塑造有助于人们形成健康的意识形态和正确的行为操守，并在具体实践中规范、促进人们的行动。树立文化自信的前提是形成文化自觉，首先要让群众明白当地的民族传统体育是什么；其次要让受众群体参与到民族传统体育当中去，由被动的参与形式到主动性的无意识参与；最后通过当地受众的带动使更多的人了解到具有特色的民族传统体育，并逐渐地形成不自觉的参与，只有本民族人民群众对本民族传统体育认可了，才能进一步构建民族话语。那么，具体而言，我们应该如何从培养文化自觉到树立文化自信呢？

（一）增强"自我造血"能力

民族传统体育生态环境的快速更迭，冲击了民族传统体育的创生机制，而部分民族社会文化系统难以及时进行适应性调整，造成民族传统体育文化更多地依靠外部条件的支持来进行自我保护与发展，这将严重影响到其生命力和自身的发展动力。我们应通过政府引导、社会力量帮扶等形式培育传统体育文化内生机制，激发民族传统体育传承者的主体意识，从而实现民族传统体育文化"自我造血"的目的。民族传统体育的文化价值固然与商业价值同样重要，但是通过民族传统体育与产业相结合，能够增强中华民族传统体育文化的社会效应和社会影响力，给人们带来切身的利益，增强人们对民族传统体育文化的兴趣，刺激传承者发展民族传统体育的发展动机，使受众乐于践行当地的民族传统体育，由此增强本民族的文化自信。

（二）构建历史图谱体系

中华民族传统体育项目种类繁多，造成中国众多民族传统体育不为公众所知，由此丧失文化自觉的先决条件。基于此，迫切需要建立一种渠道能够让更多的人了解到更加全面、更加详细的不一样的民族传统体育。构建历史图谱体系实为重要，历史图谱体系是指深入挖掘并整理出各民族传统体育文化的历史，研究其历史渊源与传承脉络，编写系统化的历史档案。构建历史图谱体系可将中华传统体育文化推广到世界各地，为受众提供系统化认知和理解传统体育文化的渠道和方式，由此将使受众逐步增加、国际影响力逐渐扩大，从而增强海外传播能力与国际文化话语权争夺能力。

（三）加强理论研究

中华民族传统体育文化之所以在掌握话语权方面较西方处于劣势，丧失话语权的一个重要原因是中华民族传统体育文化理论研究滞后，以至于在西方现代体育文化面前未能成体系地表达其主要内容以及发展的科学依据。这是因为中华民族传统体育文化自身有身心并重、内外兼修以及注重伦理道德的特征，这是中华民族传统体育文化的生命力所在，也是文化自信的依据所在。然而也正是因为中华民族传统体育话语体系过于抽象，实证研究的成分较少，感觉和经验的成分较多，表达的明确性、精确性不够，造成其很难立足于世界。这就需要中国学者加强其理论层面的梳理，构成较为完备的理论体系，知其所以然，在与时俱进的同时不毁坏其内在精神，这样中华民族传统体育文化才能树立文化自信，树立新时代大国体育的"民族话语"。

第四节 中华民族传统体育文化再生产

一 中华民族传统体育文化传承者的培养

（一）学教相承：学与教相互结合

学与教相互结合理解为民族传统体育的学习者也是民族传统体育的传播者。可以以综合高校体育学院中体育教育专业为突破口，学校聘请来自全国各地的传承人，对体育教育专业的学生进行理论与实践两方面的培训。首先，理论方面请传承人详细讲述该民族传统体育的历史来源，并具体分析所教授民族传统体育的特征特点、操作技巧以及价值意义。其次，实践方面运用现代教学方法。例如：根据学生个人兴趣、个人理解能力进行分组教学；通过体育竞赛以赛代练激发学生的学习兴趣；等等。在传承人系统地对体育教育专业的学生进行培训式教学之后，将这些学生作为民族传统体育文化的传播者，以老师的身份深入各个院系、各级单元对教师、学生进行培训，使更多的群体接触到民族传统体育，扩大受众。

（二）产教一体：产业与教育相互促进

产业与教育相结合是指，学校对民族传统体育弘扬者培养的时候，应当与体育产业需要相接轨。针对社会上不同年龄阶段的生理、心理特点学习相关传统体育，比如：如果服务对象是儿童，就需要学习一些规则比较简单或者是简化规则且运动量比较大的运动项目；如果服务对象是青少年，就需要学习一些竞争性比较强且运动强度也比较大的项目；如果服务对象是老年人，就需要学习一些运动量比较小且运动强度也比较小的项目。以上是对年龄群的划分，为了为社会提供精细化体育人才，需要增加划分类别，比如服务对象是患"颈椎病"的人群可以学习"太极拳"。

（三）联点培养：国家、社会、学校联合

对于民族传统体育传承者的培养，最理想的状态就是将其当作一种生活方式，这种生活方式不仅存在于生活的某一个环节，还贯穿于国家、社会、学校三个层面，让群众真正地将其当作一种生活方式。首先，国家层面应当通过各级行政单位，多渠道大力提倡学习民族传统体育，使中国人民产生文化认同，进一步了解已经消失的或者即将消失的优秀传统体育文化。其次，社会层面应当以社会为载体，为社区提供民族传统体育社团，形成一个良好的文化氛围。最后，在高校开展民族传统体育课，让学生接触到民族传统体育。国家、社会、学校所形成的三点培养网状面使得民族传统体育学习连接紧密，进而形成一种积极的文化氛围。

二 中华民族传统体育精神文化的传承与发展

（一）民间信仰的传承

在现代社会中，民间信仰传统的宗教功能仍然存在，民间信仰的各种现代功能也需要不断地被挖掘。首先，鼓励民间信仰人士参与社会公共事务，民间信仰教团组织处理公共事务，民间信仰教义、仪式被政府征用运用到乡村治理中，有助于抵御邪教和境外反动势力渗透。民间信仰对自然神、图腾的崇拜，使许多民间禁忌和民间规约间接起到保护农村生态环境的作用。其次,将民间信仰嵌入当地旅游业之中,吸纳游客前来观光的同时,为当地民间信仰所濡染,当其离开时已经携带了本地民间信仰的文化特质。民间信仰所信奉的人生观、价值观、信仰伦理中所包含的优秀成分能打造社会和谐的底基,实现个体心理与精神的和谐。

(二)价值认同的培育

民族传统体育不仅以其深厚的文化底蕴为人们所喜爱,它的伦理道德教育功能更有其突出的社会价值。对富有优秀品质的民族传统体育进行重点培养,定期举行传统体育文化节、传统体育竞赛等把每一民族的传统文化价值观念通过人们的道德行为方式表现出来,成为人们共同遵守的准则,长期以来在民族发展过程中起着教化与熏陶作用。以赛龙舟为例,赛龙舟通过人们的团结一致,集体朝向一个目标努力,增强体育活动参与者的民族意识和爱国主义责任感,激发了体育爱好者的民族自豪感,表现为体育参与者把国家民族的利益放在第一位,在赛场上顽强拼搏,自强不息,为祖国和民族争光,为民族振兴和国家伟大事业的繁荣发展做出自己的贡献。

三 中华民族传统体育制度文化的与时俱进

(一)传统体育规则的与时俱进

中华民族传统体育规则的与时俱进,意味着传统的规则需要符合当下人的需求。首先规则应当简易化,在当今社会,体育本身就起到调节人的精神压力的作用,如果民族传统体育规则过于复杂,将导致文化受众产生抗拒感,从而非常不利于民族传统体育文化的传播。基于此,简化规则便成为一条重要的途径,除此之外,也可以基于相同的传统体育项目创造出新的竞赛规则,满足现代追逐荣誉感的心理需求。以高脚马为例,它在以前不存在规则,只是一种娱乐方式,在如今高校教学当中为了激起学生的兴趣,创编了诸多规则,如30米、50米高脚马跑等。

(二)礼仪俗规的现代化发展

随着生产力的发展和人们社会交往范围的扩大,人际关系表现得更为复杂。大力提倡用现代礼仪规范来协调人际关系,倡导交际的文明,是社会发展的必然。有些传统的礼仪俗规具有明显的时代局限性,这就需要从社会各个层面做出正确的引导。由于人的价值观多形成于青少年,这个阶段的人正处于中小学阶段,这就需要学校重视对优秀礼仪俗规的教育,可每周开设一到两次礼仪俗规理论实践课。为实现此目标,首先,应当以高校为教育平台为社会培养礼仪俗规人才,毕业之后的学生可以分流于各地中小学之中承担起传统礼仪俗规的教育责任。其次，在社会就业层面增设对传统优秀礼仪俗规的考核。通过带有强制性的方式逐渐唤起社会大众对传统优秀礼仪俗规的意识，久而久之，便会形成一种"文化热"。

（三）人才培养选拔制度的完善

国家各级部门应当对民族传统体育人才培养选拔制度进行完善，使其符合时代特征。首先，应当规范传承人申报的道德机制，避免恶性竞争，规定道德素质败坏的人不具有申报资格（道德素质鉴定应由当地基层政府部门提供，并由国家下派调查员深入群众便装复查），对于存在恶性竞争的人给出警告、罚款等不同程度的惩罚。其次，为对传承人进行认定的地方机构提供专业人士以及系统化与专业化的认定标准，随后采取同行评议的手段，确保选出的都是富有责任感且传统体育技术精湛的传承人。最后，国家相关机构应当对传承人的传承活动进行经济上的适当保障，进行合理的弹性控制经费，避免腐败现象的出现以及资金匮乏现象的产生。

四 中华民族传统体育物质文化的现代化

（一）居住环境的现代化

居住环境的现代化意味着居住环境一方面要保留传统建筑的特色，现在中国正处于城镇化进程之中，房产开发商对社区的建设设计风格多模仿西方建筑风格，这就割断了民族传统体育的生活氛围。基于此，国家在进行社区重建的过程中应当因地制宜，统一规划，建设出具有民族传统特色的房屋，或者重新开设一条传统文化商业街，将当地的经济发展与文化发展利益相结合。另一方面应当对居住环境进行改造，使居住者享受更为舒适的生活环境。提供便利的公共设施以及锻炼设施，让社区成员能够找到更加丰富的锻炼方式，满足不同人的心理需求。强调绿色环保，给社区成员营造一个想要享受民族传统文化的氛围。

（二）场地、器械的现代化

场地器材的现代化是指根据现代社会人们的需求，对民族传统体育的场地面积、场地环境背景、器材的材质、器材的外形进行改造。首先，对场地进行多资源开发利用，将原始民族传统体育的场地进行类比迁移，或者根据情况模拟开发相同的场地设施。其次，对传统的器材进行改造，使更多的受众能够参与其中，比如针对一些容易被腐蚀的、危险的、有毒的、脆弱的器材进行改造，使其能够被不同年龄阶段的人接受。以高脚马为例，有相关人士通过用簧片解决马杆由凿眼造成的易断问题和材质要求是杉树圆木的问题。用钢质簧片夹代替坚实的木马镫，解决马镫易折断、松动、脱落的问题。用刀鞘式塑胶马镫，使马镫舒适美观。最终解决高脚马规模化、标准化生产的问题。

（三）语言的现代化

语言的现代化是指，将民族传统体育当中的地方语言逐渐增添普通话版本，这样在拓展受众者的过程中语言可以起到媒介的作用。首先，在教学过程中，传承人或者教授者需要具备一定的普通话水平，这样可以促进民俗体育活动学习者对民族传统文化的理解，为学生学好技术奠定基础。其次，在保留民族传统体育资料时需要用汉语、英语备份，如此一来，在弘扬民族传统体育文化的时候、在旅客进行参观当地博物馆的时候使其能够全面地了解本地域民族传统体育的发展，以上措施对传统文化的传播大有助益。

五　中华民族传统体育文化传承途径的现代化

（一）传播途径虚拟化

民族传统体育文化传承途径虚拟化是指，通过科技手段由线下体验民族传统体育拓展到线上虚拟化体验。针对不同群体，满足其心理需求。首先，针对中国青少年群体采取的措施。当下中国诸多青少年受网络化影响沉迷于网络游戏，那么中国游戏开发者可以设计出趣味性强且具有民族传统体育特色的游戏，迎合青少年的口味，同时取代现在市场上存在的网络游戏。其次，针对中国中年群体采取的措施。当今中国乡村逐渐城镇化，成年人的职业也日趋固定化，同时由于中年人处于"上有老，下有小"的年龄阶段，因而生活压力大、休闲时间少，针对这一情况，就需要制定出时间短且具有较强娱乐性质的传播方式，如利用当下最火的手机 APP 软件（如抖音），向其主要消费者（成年人）推送民族传统体育文化，如此一来可以将民族传统体育推向中年人。最后，针对中国老年群体采取的措施。老年人较青少年以及中年人体质差，因而锻炼场所应当更加便捷，锻炼强度应该适当减弱。利用高科技手段为其佩戴 VR 眼镜，从传统的口头描述和静态的图片介绍转变为视觉上的自体验。能够从语言描述和图片模式的想象变为视觉的直观动态的真切体验，加强了老年人的体验感与兴趣，同时克服了场地不便的问题。

（二）传播途径市场化

传播途径市场化是指将民族传统体育转化为文化生产力，使民族传统体育文化成为一种无形的商品在社会销售。首先，需要整合民族传统体育资源。中华民族传统体育项目种类繁多，企业可围绕"突出资源优势"的经营思路深挖区域民族传统体育优势资源，进行专业化经营。其次，为消费者提供全方位的专业服务。吸纳民族传统体育专业人才，坚持"以市场为主导，以消费者为中心"的经营理念，从咨询顾问、项目设计、活动营销、旅游线路、广告传播、数据支持等方面满足消费者的需求，提供全方位的专业服务和支持，提升消费者满意度，以消费者群体增长和品牌增值实现公司的专业化市场运营。最后，立足品牌化经营。在民族传统体育开发过程中，公司应以"专业化、品牌化、国际化"为经营方向，坚持"以人为本"的发展理念，全面打造品牌工程，树立品牌形象，提高公司知名度，扩大品牌影响力，促进中华民族传统体育的民族化、国际化、市场化战略发展。

（三）传播途径大众化

传播途径大众化主要是指传播受众进一步扩大，由之前一定区域的人扩展到更大的社会空间。首先，利用大众媒介进行传播。如在微博、微信、QQ等社交平台，通过公众号推送，对民族传统体育进行曝光，使更多的人了解民族传统体育，产生文化自觉，从而提升各区域优秀民族传统体育文化的曝光率以及知名度。其次，创办群聊，由专业人士且热爱传统体育的人担任群主，主要为社会各界人士提供技术指导和经验分享。最后，植入式营销。微博、微信、QQ等社交平台已经成为当今人们生活中不可或缺的手机终端平台，因此，对其进行植入式广告将会成为传播民族传统体育文化最快捷、最高效的载体形式。总体而言，应当采取最接近群众的方式传播民族传统体育，这样才能达到事半功倍的效果。

（四）传播途径国际化

传播途径国际化是指将中华民族传统体育向全世界推广。一方面，应当以学校为培养点，将技术过硬的人才作为民族传统体育文化传播的使者，积极地向国外输送此类人才，使其成为中国优秀文化的传播者。社会层面，可以创建以康复训练为目的的气功养生馆，发挥中国优秀传统文化的实用价值。另一方面，应当深化影视作品的国际合拍模式，通过娱乐方式使中国优秀民族传统体育逐渐得到国际社会的认可，其优势不仅在于对不同国家合拍方的资金、创作资源和市场等的共享，更深层次的优势在于它可以利用合拍各方不同的文化价值观及其立场碰撞磨合出一个全新的"共同视角"。

第五节 中华民族传统体育产业供给侧结构性改革

一 民族传统体育产业供给侧结构性改革的理论基础

2015年，为解决经济新常态下经济发展的矛盾，应对经济下行压力，中国提出"供给侧结构性改革"（以下简称供给侧改革）。供给侧改革能促进经济发展的理论依据是什么？供给侧改革是转变经济发展方式，变需求侧拉动为供给侧发展，通过要素配置优化，促进经济结构调整，实现产业的转型升级。

（一）马克思主义政治经济学理论

供给侧改革是关于生产要素结构优化的改革，是对劳动者素质（人力资本）、科技创新水平社会分工、生产资料的规模经济以及自然条件等要素方面的改革，从而提高供给生产能力。[1] 马克思与恩格斯首次用辩证唯物主义和历史唯物主义的观点研究政治经济学，使政治经济学发生根本性变革。在考察社会资本生产后把社会经济抽象地概括为生产资料和消费资料，通过分析社会商品总和各组成部分如何通过两大部类内部及两大部类之间的交换，揭示了市场经济条件下宏观经济总量均衡、结构均衡的内在机理。[2] 除此之外，首次从社会关系中划分出生产关系，并指出其为最根本、最本质的社会关系，认为生产力和生产关系密切相关，把生产关系归结于生产力的高度，人们根据生产力的变化调整生产方式，生产关系也随之变化，进而改变自己的社会关系。若从生产力各组成要素的角度考虑，供给侧改革首先是以马克思主义政治经济学理论为基础，并根据中国经济发展新常态的情形而进行的理论发展和创新，是马克思主义政治经济学与中国经济社会具体实践相结合的产物。坚持以马克思主义政治经济学为指导，就是坚持用马克思主义的唯物史观和辩证发展的方法论来思考和研究当前中国的经济现实，正确认识产能过剩、结构失衡等问题背后的深层原因；就是坚持生产力与生产关系的相互作用原理，认识到生产力发展不协

---

[1] 徐淑云：《生产要素与供给侧结构性改革》，《复旦学报》（社会科学版）2017年第2期。
[2] 谢地：《马克思语境下的市场经济与市场经济的中国特色》，《马克思主义研究》2013年第12期。

调、不合理反映的是生产关系与生产力的不适应关系。因此,对于中国的供给侧改革不能只停留在生产层面,还要注重对阻碍生产力发展的生产关系的调整。

供给侧改革除与劳动力等要素息息相关外,资本、创新要素也是不可忽视的内容。因此,与其相对应的资本创新理论也是供给侧改革的重要理论基础,形成资本创新必须具备激励资本所有者资本投入的利益机制和刺激员工创新的激励机制,若投资者不能从投资中获取相应的资本回报,对资本投资的热情也相应降低。除此之外,资本投资形式的收益也是影响资本所有者进行投资的重要因素。若虚拟资本的投资收益高于实物资本的收益,投资者相应地把更多资本投入虚拟经济行业而不是实物经济进行物质生产。目前,中国经济发展中虚拟经济部分因投资收益高、利益增长幅度大,投资于虚拟经济的资本远远超过投资实体经济的资本,在一定程度上导致中国实体经济发展缓慢。因此,资本创新理论是供给侧改革中不可缺少的理论基础。① 哈佛大学的波特教授提出的钻石理论与中国供给侧改革在一定程度上有异曲同工之妙,钻石理论的出发点是提高经济效率,这与中国供给侧改革提高全要素生产效率的改革目标不谋而合。钻石理论中对政府和市场关系的问题讨论在供给侧改革中也不例外,钻石理论中对政府与市场的关系讨论,有利于科学定位供给侧改革中政府与市场的角色,钻石理论的政府角色论对此有重要的指导价值。②

(二) 马克思主义矛盾论的中国化

马克思主义矛盾论将社会的矛盾归结为生产力与生产关系、经济基础与上层建筑两大基本矛盾,但根据人类社会发展历史以及马克思主义理论与中国实际相结合的情况,需求与社会生产的矛盾是中国乃至世界人类社会发展阶段都不可忽视的内容。依据人类社会发展的普遍规律处理中国社会主义初级阶段不同时期需求与生产矛盾的不同表现形式,对认识现阶段社会主要矛盾变化具有重要指导意义。

新中国成立至土地改革完成前,社会的主要矛盾为人民大众和帝国主义、封建主义和国民党残余势力之间的矛盾,此阶段的主要任务是巩固革命胜利成果和维护新生政权。因此,此阶段的社会矛盾是在马克思主义矛盾论基础上针对中国特殊的国情制定的;土地改革完成到社会主义改造基

---

① 李松龄:《供给侧改革的价值论依据与制度保障》,《山东社会科学》2018 年第 1 期。
② 徐礼伯、钞小静、苏德金:《新常态下的供给侧改革与中国产业结构升级——基于钻石理论的视角》,《江海学刊》2016 年第 4 期。

本完成前，由于国内外政治局势稳定，适应社会主义改造的需要，无产阶级同资产阶级的矛盾成为中国社会的主要矛盾；随着三大改造的完成，1956年党的八大确立了社会主义基本制度，无产阶级与资产阶级的矛盾基本解决，提出中国国内的主要矛盾，已经是人民对于建立先进的工业国的要求同落后的农业国的现实之间的矛盾，人民对于经济文化迅速发展的需要同当前经济文化不能满足人民需要的状况之间的矛盾。[1] 1978年，党的十一届三中全会将中国社会的主要矛盾确定为"人民日益增长的物质文化需求与落后的社会生产之间的矛盾"，将解放和发展生产力作为解决主要矛盾的根本途径。2017年，习近平总书记在党的十九大报告中指出新时代中国的社会主要矛盾已经转化为人民日益增长的美好生活需要和不平衡不充分的发展之间的矛盾。[2]

在一段时间内，由于对人类社会发展规律认识不足，我们把社会的矛盾只归结为生产力与生产关系的矛盾、经济基础与上层建筑的矛盾，没有充分认识到人类需要与社会生产之间的一般矛盾及其在中国社会的特殊表现。[3] 针对中国的社会矛盾，也从解决生产力与生产关系、经济基础和上层建筑的角度出发。实际上，当中国社会主义基本制度建立后，生产关系本质上适应生产力发展要求，上层建筑本质上适应经济基础发展要求，发展到现阶段中国社会生产供给已总体上满足了人民的物质文化需要，但却无法充分满足人民群众提高和扩展了的有效需求，因而在旧的供给与需求矛盾基本解决基础上出现了新的供给与需求失衡的矛盾，使社会主要矛盾发生转化。[4]

（三）供给经济学理论

若从西方供求渊源的角度出发，"萨伊定律""供给学派"等则被视为构成其论证的主要依据。在对西方经济学、传统供给学派以及凯恩斯与非凯恩斯主义的理论研究基础上，在对中国改革开放的经济实践研究中，20世纪80年代以后，中国部分学者针对中国的国情与实践，在扩展的意义上讨论"供给侧"管理，强调供给角度的结构优化、增加有效供给的宏观

---

[1] 蒋海燕：《如何认识我国社会主要矛盾的变化》，《中学政治教学参考》2019年第8期。
[2] 习近平：《决胜全面建成小康社会 夺取新时代中国特色社会主义伟大胜利——在中国共产党第十九次全国代表大会上的报告》，《党建》2017年第11期。
[3] 郑志国、危旭芳：《我国社会主要矛盾变化的政治经济学分析——兼论人类需要与社会生产互动规律》，《江汉论坛》2019年第2期。
[4] 杨愉、刘友女、王钊：《供需视域下社会主要矛盾转化的丰富内涵》，《宁波大学学报》（人文科学版）2019年第1期。

调控创新。① 中国的供给侧改革是针对经济发展的困境提出的适应中国国情的经济发展策略，是未来长期一段时间内坚持的经济发展主旋律，与传统的供给学派有本质区别，中国供给侧改革解决的是产能过剩和有效供给不足的问题。2013年，以贾康等为首的中国新供给经济学50人论坛的成立，标志着中国新供给经济学派已经形成。新供给经济学派基于中国经济社会发展的现实问题，理性借鉴和汲取国外包括供给学派在内的各个流派的理论成果及各个学派政策主张的实践经验，并紧密结合中国现实国情、发展阶段和转轨特点②，主张以改革统领全局，以"双创、双化、双减、双扩、双转、双进、双到位、双配套"引领中国经济可持续健康发展，强调以推动机制创新为切入点，以结构优化为侧重点，着力从供给端入手推动中国新一轮改革，促进新一轮经济可持续健康发展与质量提升。

"新供给经济学"对中华民族传统体育产业的发展有重要的指导作用。民族传统体育产业作为现代服务业的重要组成部分，是中国的朝阳产业、绿色产业，是中国新的经济增长点和推动经济转型升级的重要推动力。大力发展民族传统体育产业，扩大体育需求、促进体育消费，提供多元化的体育服务和产品，在优化产业结构的同时，又为经济转型升级提供动力。中国供给侧改革对于体育产业的发展起到重要的指引作用，未来中国体育产业的提升空间巨大，体育市场发展前景广阔。民族传统体育产业兼具文化产业和体育产业的双重特性，中华民族传统体育文化资源丰富，充分开发利用和挖掘其文化经济价值，能扩大民族文化影响力，彰显民族文化的软实力。目前，中华民族体育产业在发展过程中存在着空间布局不合理、产业结构失衡、供需不匹配、产业融合度不高以及有效供给不足等问题，说明在民族传统体育产业方面生产关系已不适应生产力发展的需求，体育产业的供需不平衡，是中华民族体育产业供给侧改革的逻辑起点。

（四）习近平新时代关于政府与市场关系的思想

与西方自由主义注重个体自由发展、相信市场的纠错机制不同的是，中国更加强调宏观调控与市场相结合的发展模式，实现"看得见的手"与"看不见的手"协同发力，充分发挥社会主义市场经济体制的特色和优势，发挥市场在资源配置中决定性作用的同时又充分体现政府的宏观调控作用，激发政府和市场双重活力。习近平新时代关于政府与市场关系的思

---

① 贾康：《中国需要以改革为核心的新供给经济学》，《地方财政研究》2013年第2期。
② 本刊编辑部：《新供给经济学派关于中国经济发展和深化改革的研究与探索》，《经济研究参考》2014年第1期。

想,是以习近平同志为核心的党中央在总结改革开放以来中国经济社会发展实践和社会主义市场经济体制改革历史经验的重大理论创新。经济发展进入新常态以来,中国相继在重点领域开展一系列深化改革措施,其中供给侧结构性改革最引人注目。现阶段以及未来的一段时间内,中国经济发展供给和需求两侧都面临一定的挑战,但矛盾的主要方面在供给侧、供给结构与需求结构的不匹配,有效不足严重制约中国经济发展。供给与需求是市场经济的内在联系的两个方面,而供给侧和需求侧则是管理和调控宏观经济的两个基本手段,因此,解决中国结构性问题,必须推进供给侧改革。[①] 推进供给侧改革,既要充分发挥市场在完善市场竞争体制、优化要素配置、激发创造活力方面的决定性作用,又要发挥政府在减少无效供给、扩大有效供给、提高全要素生产率方面的宏观调控作用。习近平新时代关于政府与市场关系的思想不仅是推动经济体制改革,全面落实供给侧改革的重要行动指南,也是为世界各国处理政府与市场关系提供了中国方案。

二 中华民族传统体育产业供给侧结构性改革实践逻辑

(一) 发展民族传统体育产业的宏观经济背景

新中国成立 70 年以来,中国经济发生了翻天覆地的变化,尤其是改革开放后,经济发展速度堪称奇迹。虽然近年来全球经济复苏疲软,中国也处于"三期叠加"和"四降一升"的影响之下,中国经济发展面临下行压力。然而体育产业却表现出与众不同的发展趋势,作为新兴行业,近年来体育消费市场呈现井喷式增长,占国内经济的比例也在逐步提高,特别是自 2014 年国务院颁布《国务院关于加快发展体育产业促进体育消费的若干意见》(以下简称《意见》)后,更是迎来了发展的黄金时期。近期国家统计局发表数据显示,2017 年全国体育产业总规模(总产出)为 2.2 万亿元,增加值为 7811 亿元。从体育产业内部结构看,体育用品及相关产品制造的总产出和增加值最大,分别为 13509.2 亿元和 3264.6 亿元,增长速度分别为 12.9% 和 14.0%。体育服务业(除体育用品及相关产品制造、体育场地设施建设外的九大类)继续保持快速发展势头,增加值在体育产业中所占比重继续上升,从 2016 年的 55% 上升到 2017 年的 57%,其中直接与公众体育消费相关的体育竞赛表演活动、体育健身休闲活动增

[①] 洪银兴、刘伟、高培勇等:《"习近平新时代中国特色社会主义经济思想"笔谈》,《中国社会科学》2018 年第 9 期。

长突出，增长速度分别达到39.2%和47.5%。此外，中国体育场馆、健身步道、体育公园等全民健身设施建设力度不断加大，增长速度达94.7%，反映出中国体育场地设施建设蓬勃发展的势头。[①] 以上数据从侧面说明，中国体育产业在体育服务业等方面仍有较大的提升空间，体育产业与其他产业的融合发展是中国体育产业做大做强的必要手段，体育与传统文化的融合将是一大亮点，也会在未来发展中占据重要地位。因此，需要积极开拓民族传统体育产业这一片空间。

（二）民族传统体育产业进行结构性改革的现实诉求

新中国成立70年，体育巨变，体育种类、形式丰富多彩，体育的价值和功能更加多元，中国也逐渐迈入体育大国、体育强国的行列。现阶段，居民生活水平提升、闲暇时间增多、健康意识增强对民众以多种形式开展的体育活动有一定的促进作用，体育除作为娱乐休闲的重要方式外，其本质功能仍是锻炼身体、增强体质。物质生活水平的提高以及生活习惯的改变使得高血压、肥胖症、糖尿病等慢性疾病频发，国民体质下降，影响全面建成小康社会以及中国梦的实现。全民健身和"健康中国2030"战略提出后，国民对于健身和健康的追求达到新的高度，通过体育锻炼达到增强体质、预防疾病的热情持续高涨，使得体育健身休闲成为越来越多人的选择，而民族民间体育则是大众喜闻乐见的体育健身休闲活动。如果说民族民间体育是我们想要增进健康的生活方式，那么民族传统体育产业则是运营和构建健康生活方式的生产经营活动。

针对过去中华民族传统体育发展模式的弊端，必须结合中国国情，走产业化发展道路，实现更大的市场价值。目前，民族传统体育产业在武术、舞狮等方面也做了积极的尝试，民族传统体育产业作为体育产业中的重要分支，也必将为国民经济的增长作出突出贡献。[②] 当前，体育产业存在有效供给不足、无效供给过度等导致的社会日益升级的体育消费需求无法有效满足的"供需错位"问题，加快体育产业发展结构优化、产业升级、质量提升等供给侧方面改革迫在眉睫，这是中华民族传统体育产业发展的弊端。虽然中国体育产业在国家政府的大力扶持下发展速度惊人，产业结构不断优化，但民族传统体育产业发展起步晚、产业链不完整、产业融合度低、地区发展不均衡、融资渠道单一等造成民族传统体育产业发

---

① 国家统计局：《2017年全国体育产业总规模与增加值数据公告》（http://www.stats.gov.cn/tjsj/zxfb/201901/t20190108_1643790.html, 2019-05-01）。
② 陈光：《当前民族传统体育产业发展的可行性研究》，《中华武术（研究）》2015年第11期。

体系不完善,从总供给上来看,体育产业的总体规模仍然很小,有效供给不足,体育产业发展的有效供给不足与无效供给问题,迫使体育产业在供给侧方面进行结构性改革。在经济新常态背景下,体育产业领域进行供给侧改革是经济社会发展的大势所趋,也是解决体育产业总体规模较小和结构不完善的内在要求,是保障体育产业健康与持续发展的客观需要,还是让社会公众共享体育改革与发展所带来的成果、满足广大人民群众的多元化体育需求的必然选择。

(三)民族传统体育产业供给侧改革有利于推进产业结构转型升级

随着国家对传统文化重视程度的加深,越来越多的民族传统文化被挖掘和传播,一些民族传统体育项目也逐渐走进人们的视野。将民族传统体育项目由"门可罗雀"转向"门庭若市"的局面,走产业化的发展道路是不可或缺的途径,民族传统体育走产业化道路是对中国体育产业的丰富和完善,体育产业作为第三产业的重要组成部分,是推动第三产业发展的重要力量,也是中国经济发展新的增长点,促进体育产业发展,在适度扩大体育需求和增加体育消费的同时,加强体育产业供给侧改革,提供丰富多彩的服务和产品,满足多样的体育消费需求,扩大体育消费市场,为经济转型与升级提供动力。

中华民族传统体育产业发展空间巨大,发展前景广阔,《武林大会》《武林风》等武术散打类电视节目一经推出,就迅速风靡大江南北。从此,民族传统体育项目与其他产业的跨界融合成为新的发展形式,民族传统体育产业发展进入一个新的发展阶段。外部资本不断进入体育产业领域,持续不断加大投资力度,实行体育产业的跨界融合,成为推动民族传统体育产业供给侧改革的重要力量。投资、出口、消费过去拉动经济发展的"三驾马车"在经济新常态的背景下对经济的推动已逐步削弱,从供给端出发的供给侧改革已成为中国未来一段时间内长期坚持的发展策略。过去对产品和服务供给端的忽视以及过度从需求侧出发寻找刺激经济发展的方法导致目前产品和服务量不足、质不高的局面。在发挥需求侧作用的同时,了解民族传统体育的供需特点,注重供给侧改革,对民族传统体育产业的发展弊端进行梳理,以便更好地化解民族传统体育产业的产业结构问题。

作为新兴产业,民族传统体育产业处于发展的萌芽阶段,为了使其健康稳定发展,供给侧改革在培育体育消费市场和多元供给主体、实施创新驱动战略增强创新能力,提高民族传统体育产业生产效率等方面发挥着不可磨灭的作用,促进体育产业发展模式更新,提高资源配置效率,优化产业结构。体育产业的结构调整和转型升级依赖供给侧改革的有效实施,供给侧改革则实现体育产业的供需平衡,促进体育产业的结构调整,加快体育产业结构转型升级,提升中国体育产业的竞争力和可持续发展力。

三 中华民族传统体育产业供给侧改革的推进思路

(一)坚持"创新"发展,增强民族传统体育产业发展原动力

习近平总书记指出,"适应和引领经济发展新常态,推进供给侧结构性改革,根本要靠创新"。李克强总理认为,"保持经济中高速增长,必须以推进供给侧结构性改革为主线,加快新旧动能接续转换,强化创新引领,促进产业转型和经济升级"[1]。民族传统体育产业进行供给侧改革,必须坚持创新发展战略,以创新推动民族传统体育产业的创造力和发展活力,引领民族传统体育发展。坚持创新发展战略,首先要全面培养创新意识,增强核心竞争力。思想是行动的指导,行动是思想的具体落实,加大创新意识的培养力度,引领创新行为,为民族传统体育产业供给侧改革增添原动力,改变目前"双创"意识缺乏的局面。其次要营造良好的创新创业环境,发挥政府在宏观调控和市场在资源配置中的决定作用,通过实施以结构性减税为重点的税费改革和减少行政审批的流程,降低市场准入限制,优化体育企业发展环境,政府制定创新创业政策,对创业、创新型企业给予政策优惠的同时通过创业指导、扶持、服务、构建创业平台等措施,为创新、创业型企业的发展营造良好的社会氛围。再次要以技术创新为突破点,实现产业发展的形式创新。互联网时代,科技创造无限可能,"互联网+体育"成为体育产业新的发展业态,在新的产业发展形势下,中华民族传统体育产业可以以互联网为平台,整合各类民族传统体育项目资源,提升民族传统体育项目价值链,进而推动体育产业的转型升级。除此之外,VR技术的应用也为民族传统体育产业发展提供了一条全新的道路,VR技术在体育产业的应用前景越发广阔,目前VR技术在民族传统体育产业可以应用于赛事直播、模拟培训、体育游戏等方面,"VR+体育"或将成为"互联网+体育"后体育产业发展的新模式。最后要加强体育产业人才培养创新,充分挖掘体育产业人才红利,保障体育产业人才的有效供给,弥补体育产业发展人才短缺的短板,鼓励、吸引更多专业人才入驻体育产业领域,形成"大众创业、万众创业"的民族传统体育产业发展新局面。

---

[1] 陈昊:《两会上那些难忘的发改声音》,《中国经济导报》2017年3月17日第2期。

(二) 坚持"协调"发展，进行民族传统体育产业的布局规划

五大发展理念中，协调发展处于重要位置，全面建成小康社会以及实现中华民族伟大复兴中国梦都离不开协调发展。协调发展强调增强补短意识，提高发展均衡性，[①] 这与供给侧改革中补短板的任务有相似之处。民族传统体育产业的协调发展就是要求区域协调发展、空间以及结构布局协调等。由于中华民族传统体育项目主要集中在经济发展较为落后的地区，造成中华民族传统体育发展的不均衡性，这与发展民族传统体育产业需要坚实的经济基础相矛盾。为改变民族传统体育产业发展环境，首先，坚持在国家战略的引领下，着重推进国家重点区域体育产业发展，发挥带头示范作用，打造体育产业增长极。针对中华民族传统体育的总体分布特点，首先要以地区资源禀赋为依据，充分发挥区位优势，优化区域民族传统体育项目发展，围绕区域特点和不同区域的资源优势，因地制宜发展不同民族传统体育产业，例如西北地区以发展射箭、骑马为重点的民族传统体育产业，通过吸引国内外资本入驻、加强人才引进等措施弥补民族传统体育产业发展短板。其次，实行区域协调联动发展机制，整合优势资源，促使区域内产业要素合理交流，形成区域民族传统体育产业发展圈，以区域民族传统体育产业发展圈辐射周边区域，带动民族传统体育及其他体育产业的发展，打造现代化民族传统体育产业发展体系。最后，不断完善民族传统体育产业的内容，延长产业链，增加产品附加值，提升产品价值链。目前，民族传统体育产业存在竞赛表演等本体产业所占比例较低、内容过于单一、产业结构不均衡等弊端。今后，民族传统体育产业紧抓健身休闲、竞赛表演、体育培训等产业发展方向，坚持以市场需求为导向，加强上、中、下游产业链的协调，实现民族传统体育产业的空间联动，加快健康、文化、教育等多产业融合，培育民族传统体育产业新业态。

(三) 坚持"绿色"发展，促进民族传统体育产业的健康发展

绿色发展理念是马克思主义生态理论与当今时代发展特征相结合的符合中国特色的发展理念。[②] 体育产业作为朝阳产业、绿色产业，发展潜力巨大，是中国未来经济的重要增长点，坚持绿色发展，是当代产业变革的方向，是实现绿色富国的必经之路。

坚持民族传统体育产业绿色发展，推进产业结构转型升级。一是坚持

[①] 陈金龙:《五大发展理念的多维审视》,《思想理论教育》2016 年第 1 期。
[②] 庄友刚:《准确把握绿色发展理念的科学规定性》,《中国特色社会主义研究》2016 年第 1 期。

绿色生产，企业转变低成本、低收益、高污染的发展模式，走创新、创业发展之路，形成高技术、高收益、低污染的绿色发展模式，提高资源利用效率，推动循环经济的发展，形成产业集群的绿色升级，加快高新技术研发步伐以及推广应用。如民族传统体育竞赛表演业中所需的器材在制造过程中，尽量减少污染大、不可分解的原材料的使用，减轻资源浪费现象，加强对废弃物的处理，实现产品生产流程的绿色化。二是坚持绿色健康的体育生活方式，体育的强身健体作用一直是发展体育活动过程中不可忽视的，当"全民健身"和"健康中国"等上升为国家战略后，体育项目对促进形成积极健康的生活方式的作用愈加明显。从民族传统体育产业的角度来看，民族传统体育作为大众喜闻乐见的体育锻炼方式，其产业化发展大有可为，在发展过程中加强与健康养老、医疗保健等跨界融合，促进全民健身与健康产业的融合发展，引领全民参与，宣传体育促健康的理念，倡导积极健康的生活方式，养成体育锻炼的生活习惯，在身体力行中坚持民族传统体育产业绿色发展。

（四）坚持"开放"发展，加快民族传统体育产业国际化水平

习近平总书记指出开放发展理念是推动创新、改革以及发展的重要思路，是其他发展理念的支撑。推动民族体育产业供给侧改革，坚持开放发展是必经之路。民族传统体育产业开放发展，要以双向开放为着重点，坚持"引进来"与"走出去"并重策略。

坚持"引进来"战略，在全球化进程中，加强与国际交流合作，拓宽和搭建优秀体育文化的引进渠道和平台，秉承"取其精华，去其糟粕"的吸收原则，对中华民族传统体育产业的发展提供启示，吸收国外发展体育产业的先进理念和模式，与国际知名体育企业加强交流与合作，探索建立国际化的民族传统体育智库，提升中华民族传统体育的影响力和话语权。

实施"走出去"战略，以"一带一路"倡议为行动指导，以"引进来"和"走出去"并重为行动主线，以开拓民族传统体育产业开放空间和民族文化国际传播渠道为行动目的。具有代表性的民族传统体育项目如武术、太极拳、舞龙、舞狮等加强品牌塑造，打造特色品牌，对其他类的民族传统体育项目则通过加强引导，提高其公众认知度，以此拓宽中华民族传统体育项目的内容传播，或借鉴"金砖国家"运动会成功举办的经验，加强"一带一路"沿线国家民族体育赛事的举办，形成"一带一路"沿线特色体育赛事体系，以赛事举办推动民族文化的交流，进而提升中华民族传统体育产业国际化水平。

(五)坚持"共享"发展,优化民族传统体育产业的发展环境

共享是发展的出发点和落脚点,共享发展的内涵包括全民、全面、共建、渐进共享四个方面,其发展内涵既是民族传统体育产业的指导,又是行动的具体落实。实现民族传统体育的共享发展需要加强供给侧改革,把民族传统体育产业这块蛋糕做大做好才能实现全民、全面共享。

民族传统体育产业供给侧改革是实现共享发展的具体措施,民族传统体育产业的供给侧改革在适度扩大消费市场的基础上,以五大发展理念为行动指导,从生产端和供给端入手,提高全要素生产效率,提供有效供给,有效解决满足人民日益增长的对美好体育生活的需要和中国体育产业发展不平衡不充分之间的矛盾。民族传统体育产业成果实现全民共享,一是需要坚持以人为本的发展理念,以为人民服务为宗旨,以增进人民福祉为目的,不断提供更多质好价优的体育产品和服务,适应井喷式的体育消费市场增长的需求,在满足人民群众对美好生活的追求中促进民族体育产业的发展。二是要完善民族传统体育产业的产品供给体系,不断推出面向不同人群的产品和服务,实现产品和服务的全覆盖,保障广大群众基本的体育精神文化需求,真正实现发展成果全民共享、全面共享。三是需要营造共建共享的社会环境,社会环境影响共建共享的建设成果,发挥政府宏观调控和市场在资源配置中决定地位的双重作用,通过双主体的互动和互补,形成推动共享发展的合作力,不断提升共建共享水平,为营造共建共享发展环境打下坚实基础。

附录一 新中国 70 年文献研究情况

出版/发表时间	作者	书名/文献名称	主要研究内容	参考文献格式
1984.06	中央民族学院体育教研室编	《中国少数民族传统体育》	介绍 46 个民族中 110 多个传统体育项目，主要方便教学与科研的需要。	中央民族学院体育教研室编：《中国少数民族传统体育》，中央民族学院科研处 1984 年版。
1990	杨清源，徐鸿昶	《塞北民族传统体育荟集》	《塞北民族传统体育荟集》集北方各少数民族传统体育的精华，对满族、蒙古族、回族的重点传统体育项目做准确的语言传述和图文表达，以将技术和知识寓于高尚情趣之中。	杨清源、徐鸿昶编著：《塞北民族传统体育荟集》，河北教育出版社 1990 年版。
1990.07	罗廷华主编；贵州省民委文教处，贵州省体委群体处编	《论民族传统体育》	—	罗廷华主编，贵州省民委文教处、贵州省体委群体处编：《论民族传统体育》，贵州民族出版社 1990 年版。
1990.08	中国体育博物馆，国家体委文史工作委员会编	《中华民族传统体育志》	对中国 56 个民族的民族传统体育项目进行覆盖式大普查，对各个民族的传统体育项目进行介绍，统计中华民族传统体育项目为 997 项，对中华民族传统体育研究工作具有里程碑价值。	中国体育博物馆、国家体委文史工作委员会编：《中华民族传统体育志》，广西民族出版社 1990 年版。
1991	张声震	《广西少数民族传统体育》	—	张声震主编：《广西少数民族传统体育》，广西民族出版社 1991 年版。
1991	第四届全国少数民族传统体育运动会组委会宣传部	《民族体育之光 第四届全国少数民族传统体育运动会图册》	—	第四届全国少数民族传统体育运动会组委会宣传部编：《民族体育之光 第四届全国少数民族传统体育运动会图册》，1991 年。

续表

出版/发表时间	作者	书名/文献名称	主要研究内容	参考文献格式
1991.05	河北省民族事务委员会，河北省体育运动委员会	《河北省第三届少数民族传统体育运动会会刊》	该刊主要对河北省第三届少数民族传统体育运动会进行详细介绍，包含赛程、开幕式、闭幕式等。	河北省民族事务委员会、河北省体育运动委员会编：《河北省第三届少数民族传统体育运动会会刊》，1991年。
1991.01	王正芳，云南省民族事务委员会，云南省体育运动委员会	《云南少数民族传统体育文集》	该书对云南省25个少数民族传统体育文化进行重视、挖掘、整理、创新，从不同的文化视角对云南省的民族传统文化加以阐释和外证。	王正芳主编，云南省民族事务委员会、云南省体育运动委员会选编：《云南少数民族传统体育文集》，云南民族出版社1991年版。
1992.11	覃卓凡	《第四届全国少数民族传统体育运动会文件汇编》	摘录第四届全国少数民族传统体育运动会的简介、组织机构、规程办法、讲话稿、竞赛成绩、表演成绩、分赛场情况、解说词、评论等。	覃卓凡主编，第四届全国少数民族传统体育运动会组委会办公室编：《第四届全国少数民族传统体育运动会文件汇编》，广西民族出版社1992年版。
1992.12	张斌	《民族之光 第四届全国少数民族传统体育运动会新闻大奖赛获奖新闻作品选编》	该书收入第四届全国少数民族传统体育运动会获奖新闻作品80余篇，忠实记录了民运会的火红场面。	张斌主编：《民族之光 第四届全国少数民族传统体育运动会新闻大奖赛获奖新闻作品选编》，广西民族出版社1992年版。
1993.07	总政治部群众工作部	《中国民族知识举要》	总政治部群众工作部出版的《中国民族知识举要》详细解释了"八人秋"的传说。	总政治部群众工作部编：《中国民族知识举要》，海洋出版社1993年版。
1995.01	赵书	《京华民族传统体育项目50例》	选择北京市民族传统体育协会在北京地区挖掘的民族传统体育项目50项，作为工作的检阅，同时也是对这50项民族传统体育项目的介绍及相关情况的具体阐释。	赵书主编，北京市民族传统体育协会编：《京华民族传统体育项目50例》，北京燕山出版社1995年版。
1996	第五届全国民运会组委会大型活动部	《中国56个民族传统体育摄影作品集》	该书收录了全国56个民族的典型性民族传统体育活动摄影，是对中华民族传统体育项目风采展示的合集，并对民族传统体育项目做中英双重语言阐释，对传承和发展中华民族传统体育文化有着重要意义。	第五届全国民运会组委会大型活动部编辑：《中国56个民族传统体育摄影作品集》，云南民族出版社1996年版。

续表

出版/发表时间	作者	书名/文献名称	主要研究内容	参考文献格式
1996	高发元	《盛世盛会 中华人民共和国第五届少数民族传统体育运动会 图集》	收录第五届全国少数民族传统体育运动会竞赛和表演摄影照片，记录民族传统体育竞赛表演的精彩瞬间。	高发元主编，第五届全国民运会组委会宣传部编辑：《盛世盛会 中华人民共和国第五届少数民族传统体育运动会 图集》，云南民族出版社1996年版。
1996	第五届民运会新闻中心	《中华人民共和国第五届少数民族传统体育运动会获奖新闻作品集》	收录编辑第五届全国少数民族传统体育运动会相关新闻资讯。	第五届民运会新闻中心编：《中华人民共和国第五届少数民族传统体育运动会获奖新闻作品集》，云南教育出版社1996年版。
1996.01	湘西土家族苗族自治州文化局，湘西土家族苗族自治州文联，湘西土家族苗族自治州新华书店	《湘西土家族苗族自治州志丛书文化志》	湘西土家族苗族自治州文化局，湘西土家族苗族自治州文联，湘西土家族苗族自治州新华书店编辑出版的《湘西土家族苗族自治州志丛书 文化志》。1982年，州内有吴廷洪、徐洪军、唐克立的五幅摄影作品（《喜玩八人秋》《绣花》《画家自叙》《在民族商店里》《土家背笼之乡》）入选在香港举办的中国旅游展览。	湘西土家族苗族自治州文化局、湘西土家族苗族自治州文联、湘西土家族苗族自治州新华书店编：《湘西土家族苗族自治州志丛书 文化志》，湖南出版社1996年版。
1996.04	王金保，彭士媛	《民族传统体育及健身方法》	民族传统体育源于生活，因地制宜，简便易行，富有趣味，在田间、场院劳动之余均可从事锻炼。它对于提高人体的基本活动能力和发展力量、耐力、灵敏度、协调性等身体素质，掌握劳动实际技能均可产生良好影响。该书选取了22项民族传统体育健身活动为代表，详细阐释各项民族传统体育项目的健身方法及健身功效。	王金保、彭士媛编著：《民族传统体育及健身方法》，华夏出版社1996年版。
1997	第五届全国民运组委会	《中华人民共和国第五届少数民族传统体育运动会文集》	—	第五届全国民运组委会编：《中华人民共和国第五届少数民族传统体育运动会文集》，云南民族出版社1997年版。
1999	赵静冬	《少数民族传统体育运动教学与训练》	该书详细介绍抢花炮、秋千、木球、陀螺、武术、毽球、押加和射弩等运动的教学方法和训练方法。	赵静冬主编：《少数民族传统体育运动教学与训练》，云南民族出版社1999年版。

续表

出版/发表时间	作者	书名/文献名称	主要研究内容	参考文献格式
1999.01	李晋有	《民族知识千题》	《民族知识千题》：什么叫八人秋？	李晋有主编：《民族知识千题》，中央民族大学出版社1999年版。
1999.11	高谊	《中国民族传统体育研究》	该书反映了中华民族传统体育在高校中开展、改革与发展的基本状况，汇集了民族传统体育理论方面的研究成果、民族传统体育教学方面的经验总结、民族传统体育教学改革的探索成果以及训练工作的科研成果等。	高谊主编：《中国民族传统体育研究》，北京体育大学出版社1999年版。
2000	高广，蒋绍敏	《云南少数民族传统体育发展前瞻》	该书论述云南少数民族传统体育产生发展的历程。分别从民族体育的发展战略、竞技与表演的理论体系、产业化、教学与训练方法以及全民健身的关系五个方面做了探讨。	高广、蒋绍敏主编，云南省民族事务委员会、云南省体育局编：《云南少数民族传统体育发展前瞻》，云南民族出版社2000年版。
2000	徐金尧	《民族传统体育学》	该书介绍了民族传统体育的起源和特点，民族传统体育与学校体育教学，学校开展民族传统体育教学应做的工作，毽球、高跷、操杠、操石磉、稳凳、抢花炮等民族、民间体育的教学方法。	徐金尧主编：《民族传统体育学》，人民体育出版社2000年版。
2000.03	白晋湘	《民族传统体育教程》	该书主要介绍了龙舟、蹴球、陀螺、抢花炮、射弩、高脚马、秋千等众多的民族传统体育项目的运动技术、竞赛规则、技战法及训练方法、安全保护、损伤救护等。	白晋湘等编著：《民族传统体育教程》，中南工业大学出版社2000年版。
2000.03	刘德琼等	《少数民族传统体育》	该书从教学、科研、训练、实践等方面对各项运动的起源、发展及其社会价值做了阐述，并对各运动项目的基本技术与基本战术进行了分析，着重对项目的方法、步骤、练习方法、训练手段及易犯错误与纠正方法进行了分析和介绍。	刘德琼等主编：《少数民族传统体育》，广西师范大学出版社2000年版。
2000.06	曾于久，刘星亮	《民族传统体育概论》	该书涵盖了中华民族传统体育的起源，古代民族传统体育的产生与发展，近代民族传统体育的继承与发展，现代民族传统体育的内容、特征及发展，民族传统体育的功能等内容。	曾于久、刘星亮：《民族传统体育概论》，人民体育出版社2000年版。

续表

出版/发表时间	作者	书名/文献名称	主要研究内容	参考文献格式
2001.01	彭立群	《新疆游牧民族传统体育文化概论》	该书对新疆游牧民族传统体育文化的起源、构成、特征、价值、分类等方面进行概述,并对哈萨克族、蒙古族、柯尔克孜族、塔吉克族的民族文化和民族传统体育文化做详细阐释,并针对游牧民族传统体育文化的传承和保护提出了具体措施。	彭立群:《新疆游牧民族传统体育文化概论》,北京体育大学出版社2001年版。
2001.08	赵静冬等	《中国少数民族传统体育研究》	该书从中国少数民族传统体育文化的源流、功能、定位、发展,到55个兄弟民族传统体育文化的各自特征,以及少数民族传统体育文化发展过程中的诸关系,等等,都从不同角度和层面进行了全面系统的探索。	赵静冬等:《中国少数民族传统体育研究》,云南民族出版社2001年版。
2002	宋加华等	《民族传统体育保健学》	该书用科学原理对民族传统体育健身价值进行了整理归类,以运动医学基本理论为基础,以民族传统竞技体育为核心,阐述了与民族传统体育教学和训练比赛相关的一些保健问题。	宋加华等编著:《民族传统体育保健学》,民族出版社2002年版。
2002	赵昌毅等	《民族传统体育教学与训练》	既强调民族性、传统性,又反映地域性、时代性,分别从民族传统体育项目的基本技术、战术、教学、训练方法等方面做了介绍。	赵昌毅等编著:《民族传统体育教学与训练》,华文出版社2002年版。
2002	韦晓康,方征	《民族传统体育教材》	该书详细介绍了抢花炮、蹴球、武术、射弩、木球五部分教学内容。	韦晓康、方征主编:《民族传统体育教材》,民族出版社2002年版。
2002.07	谢坚等	《民族传统体育教程 长拳 剑 太极拳 散手 防身术》	该书介绍了武术基础理论与知识、武术基本功与基本动作、武术套路及散手运动与练习等内容。	谢坚等主编:《民族传统体育教程 长拳 剑 太极拳 散手 防身术》,南京大学出版社2002年版。
2002.01	江旅冰,申培新	《中国民族传统体育的地域特征》	—	江旅冰、申培新:《中国民族传统体育的地域特征》,中州古籍出版社2002年版。
2002.12	芦平生,杨兰生	《民族传统体育研究》	该书分为两大部分。第一部分论述了中华民族传统体育的基础理论;第二部分对西北少数民族传统体育的发展进行了研究。	芦平生、杨兰生编著:《民族传统体育研究》,甘肃教育出版社2002年版。

续表

出版/发表时间	作者	书名/文献名称	主要研究内容	参考文献格式
2002.12	曲宗湖	《学校民族传统体育》	该书共分12章，主要包括：民族传统体育文化特性、学校民族传统体育概述、学校民族传统体育教育特征、学校民族传统体育教学原则、各类民族传统体育介绍等。	曲宗湖主编：《学校民族传统体育》，人民体育出版社2002年版。
2003	刘星亮	《民族传统体育概论》	—	刘星亮主编：《民族传统体育概论》，湖北科学技术出版社2003年版。
2003	韦军湘	《民族体育传统保健增补教材》	—	韦军湘主编：《民族体育传统保健增补教材》，广西师范大学出版社2003年版。
2003.01	周伟良	《研究生教学用书 中华民族传统体育概论高级教程》	—	周伟良：《研究生教学用书 中华民族传统体育概论高级教程》，高等教育出版社2003年版。
2003.04	钟亚军	《吉祥的圣火中国少数民族传统体育》	该书对中国少数民族传统体育进行了全方位、多角度的研究，介绍了民族传统体育项目，并对其起源、发展以及文化内涵进行了深入探讨与介绍。	钟亚军：《吉祥的圣火中国少数民族传统体育》，宁夏人民出版社2003年版。
2003.04	刘德琼等	《少数民族传统体育》	—	刘德琼等：《少数民族传统体育》，广西师范大学出版社2003年版。
2003.07	赵忠伟	《东北地区少数民族传统体育文化》	该书对东北地区的传统体育文化及该地区的满族、蒙古族、朝鲜族、回族、鄂伦春族、鄂温克族、达斡尔族、赫哲族等民族传统体育和民族传统体育文化进行研究介绍。	赵忠伟主编：《东北地区少数民族传统体育文化》，中国科学文化出版社2003年版。
2003.07	赵静冬	《云南省特有民族传统体育文化》	该书从云南省15个特有民族的传统体育、地域环境、生产生活、节日习俗、宗教信仰、婚俗丧葬等诸多方面，论述少数民族传统体育项目的起源、形成、发展及未来的趋势。	赵静冬编著：《云南省特有民族传统体育文化》，云南民族出版社2003年版。

续表

出版/发表时间	作者	书名/文献名称	主要研究内容	参考文献格式
2003.08	国家民委文化宣传司，国家体育总局群众体育司	《民族体育论集 第七届全国少数民族传统体育运动会科学论文报告会获奖论文集》	该书作者有回、苗、壮、满、侗、土家、白、汉等民族，有体育工作者、民族工作者，中、高等院校教师和学生及体育爱好者等。他们分别在不同的地区，对民族体育进行了比较扎实的研究和探索，较为科学地总结了民族传统体育在教学、训练工作中的规律和经验，比较深入地探索了在社会主义市场经济条件下，如何发挥民族体育在经济建设中的作用等问题，集中汇集了民族体育理论的研究成果。	国家民委文化宣传司、国家体育总局群众体育司选编：《民族体育论集 第七届全国少数民族传统体育运动会科学论文报告会获奖论文集》，民族出版社2003年版。
2003.08	宋志英，杨清源，宋广民	《北方民族传统体育集锦》	为适应民族传统体育的教学、实验、推广工作，对北方流传较广的北方民族传统体育项目经过精心整理，精选71个项目编集成书，对其历史渊源、典故传说进行了鉴定和论证。对其活动方法、竞赛规则进行了改革，增强了这些项目的文化内涵和使用价值。使其具有可读性和趣味性，有些项目可供体育教学参考和在社会中推广。	宋志英、杨清源、宋广民编著：《北方民族传统体育集锦》，中国戏剧出版社2003年版。
2003.08	徐玉良等	《民族体育传统保健》	该书上篇主要介绍了民族体育的历程、发展及四种健身表演项目和九种竞技比赛项目的基本技术、练习方法等内容。下篇介绍了传统保健体育的概念、内容及发展历程，并介绍了长拳、太极拳、太极剑的基本功动作练习。	徐玉良等主编：《民族体育 传统保健》，广西师范大学出版社2003年版。
2003.09	孟昭琴	《民族传统体育专业课程教学大纲汇编》	该书涵盖民族传统体育专业介绍、教学计划、民族传统体育各课程教学大纲等内容。	孟昭琴主编：《民族传统体育专业课程教学大纲汇编》，徐州师范大学教务处，2003年。
2003.11	周伟良	《中华民族传统体育概论高级教程》	"民族传统体育概论"是中华民族传统体育专业的一门专业理论课。自该专业设置至今，已有数本民族传统体育概论方面的著作发行问世，为他人研究提供了一个理论起点，但总体上看，有关民族传统体育的概念、体系结构及诸多方面的理论阐述尚有待进一步的完善和提高。	周伟良：《中华民族传统体育概论高级教程》，高等教育出版社2003年版。

续表

出版/发表时间	作者	书名/文献名称	主要研究内容	参考文献格式
2004.03	姚重军	《少数民族传统体育文化研究》	对少数民族传统体育文化中的风俗习惯、地理环境以及少数民族传统体育产业化发展等诸多方面进行了阐述。	姚重军编著：《少数民族传统体育文化研究》，民族出版社2004年版。
2004.04	李济	《少数民族传统体育》	该书介绍了中国大多数少数民族的生活文化背景、五大民族自治区的发展状况、传统体育活动项目、传统运动会开展的情况。	李济主编：《少数民族传统体育》，山西科学技术出版社2004年版。
2004.06	韦晓康	《壮民族传统体育文化研究》	该书从文化学的角度，探讨壮族各种传统体育基础上的渊源，揭示其体育活动的产生与民族生活环境、生产方式、民族习俗等的关系。	韦晓康：《壮民族传统体育文化研究》，中央民族大学出版社2004年版。
2004.07	刘德琼	《中国民族传统体育发展研究》	该书研究了中华民族传统体育改革与发展的概况，着重探讨了民族传统体育在教学、科研、训练竞赛、全民健身以及旅游产业化等方面的发展态势。	刘德琼主编：《中国民族传统体育发展研究》，广西师范大学出版社2004年版。
2004.09	白晋湘	《民族传统体育文化学》	该书从文化学入手，提出民族传统体育文化学概念，并就其价值、本质内涵、民族传统体育文化的现代变迁与重构、民族传统体育文化本体、民族传统体育文化与其他文化以及民族传统体育文化未来发展等多方面进行详细阐释。	白晋湘：《民族传统体育文化学》，民族出版社2004年版。
2004.12	文精	《蒙古族大辞典》	蒙古族传统体育经过长期发展，内容丰富，形式多样，包括蒙古族赛马、博克、赛骆驼、马术、马球、套马、射箭、蒙古象棋、布鲁、鹿棋、击"古尔"、海朱亥、玩"沙哈"、吉日格、踢"青头"牌戏、蒙古石棋。	文精：《蒙古族大辞典》，内蒙古人民出版社2004年版。
2005.01	王岗，王铁新	《民族传统体育发展的文化审视》	该书作者站在学者的立场和文化的视角，探究了民族传统体育产生的文化成因，对全球化背景下的民族传统发展中的问题进行了客观的分析和判断，同时提出了民族传统体育未来发展的走向问题。	王岗、王铁新：《民族传统体育发展的文化审视》，北京体育大学出版社2005年版。

续表

出版/发表时间	作者	书名/文献名称	主要研究内容	参考文献格式
2005.06	肖红征	《中华民族传统体育理论与方法》	该书以中华民族传统体育在各个历史时期的生发、演变、继承和发展为主线，在对其理论和方法进行全面考究的过程中，揭示了民族传统体育的历史渊源、思想基础、理论体系和实践方法。	肖红征编著：《中华民族传统体育理论与方法》，华中师范大学出版社2005年版。
2005.08	倪依克	《论中华民族传统体育》	该书在详细论述了中华民族传统体育的概念及其本质后，把民族传统体育作为一种文化形态来研究，挖掘出其中蕴含的中国文化各个领域的精髓，展示了其十分广阔与深邃的外延与内涵。	倪依克：《论中华民族传统体育》，北京体育大学出版社2005年版。
2005.08	卢兵	《中华民族传统体育文化导论》	对"中华民族传统体育文化"语句字符串的分解注释、中华民族传统体育文化源本略考、从中国少数民族多层次的社会形态看中国少数民族传统体育文化的发展、中国传统文化的基本精神及其对传统体育文化的影响等。	卢兵：《中华民族传统体育文化导论》，民族出版社2005年版。
2005.08	首都体育学院教务处	《民族传统体育专业课程教学大纲》	该书为首都体育学院针对民族传统体育专业编写的课程教学大纲，涵盖了教学计划、培养方案及课程教学大纲。	首都体育学院教务处编制：《民族传统体育专业课程教学大纲》，2005年。
2005.08	白晋湘等	《民族传统体育教程》	—	白晋湘等：《民族传统体育教程》，中南大学出版社2005年版。
2005.09	丁苏东	《民族传统体育教程》	该书包括武术运动、医疗保健育、跳绳运动、东北大秧歌，分别介绍了这些运动的产生发展、常用动作方法、练习方法、比赛形式等。	丁苏东主编：《民族传统体育教程》，南京师范大学出版社2005年版。
2005.01	徐玉良	《中国少数民族传统体育史》	该书对中国少数民族的传统体育的由来、发展进行了研究。	徐玉良编著：《中国少数民族传统体育史》，民族出版社2005年版。
2005.01	韦晓康	《中国少数民族传统体育文化研究》	该书是多所高校对民族传统体育文化研究的汇编，集中在少数民族传统体育文化的研究、部分民族传统体育项目的研究。	韦晓康主编：《中国少数民族传统体育文化研究》，民族出版社2005年版。

续表

出版/发表时间	作者	书名/文献名称	主要研究内容	参考文献格式
2005.12	陈华	《传统体育与人类的适应性 因纽特等民族的体育人类学研究》	该书运用文献资料、参与观察和数理统计等方法，以北极因纽特人为主要研究对象，对他们的生存环境和传统体育进行了全面的研究。	陈华：《传统体育与人类的适应性 因纽特等民族的体育人类学研究》，华龄出版社2005年版。
2006	新疆维吾尔自治区民族事务委员会	《新疆少数民族传统体育运动项目汇编》	该书收入体育项目280项，介绍了竞赛项目、表演项目、民间传统体育项目、民间游戏项目、濒临失传项目、失传项目等内容。	新疆维吾尔自治区民族事务委员会编：《新疆少数民族传统体育运动项目汇编》，新疆人民出版社2006年版。
2006.05	张选惠	《民族传统体育概论》	分别从民族学、文化学、民俗学等多个视角，阐述民族传统体育的概念、特点等。	张选惠主编：《民族传统体育概论》，人民体育出版社2006年版。
2006.06	丁玲辉	《西藏的民族传统体育》	该书对西藏民族体育的起源与发展，藏族、门巴族、珞巴族的传统体育项目，寺院体育活动，以及民俗体育与传统体育的关系等做了介绍和研究，全方位地介绍了西藏民族体育所囊括的广阔领域和不同层面。	丁玲辉编著：《西藏的民族传统体育》，西藏人民出版社2006年版。
2006.07	《民族传统体育100例》编委会	《民族传统体育100例》	少数民族的传统体育具有鲜明的民族特色和广泛的群众基础，对加强各民族人民之间的相互了解、振奋民族精神有积极的作用和意义。	《民族传统体育100例》编委会编：《民族传统体育100例》，北京体育大学出版社2006年版。
2006.08	王光	《民族传统体育养生》	该书将古老的传统养生思想和健身方法同现代科学理论相结合，介绍民族传统体育养生的理论，日常生活、自然环境、社会环境与养生，身体的局部调养，静态养生，运动处方与饮食调养等。	王光主编：《民族传统体育养生》，上海大学出版社2006年版。
2006.08	自治区民委	《新疆少数民族传统体育项目汇编》	该书较全面地介绍了新疆各少数民族传统体育项目的内容、形式以及演变情况等。	自治区民委编：《新疆少数民族传统体育项目汇编》，新疆人民出版社2006年版。
2006.09	关槐秀	《民族传统体育游戏》	该书选编了有关走、跑、跳、投、球、冰雪、对抗、民间流传的游戏，使儿童在快乐的游戏之中潜移默化地认同民族文化，传承和发扬优秀民族文化。	关槐秀主编：《民族传统体育游戏》，北京体育大学出版社2006年版。

续表

出版/发表时间	作者	书名/文献名称	主要研究内容	参考文献格式
2006.12	张继生	《中国民族传统体育》	该书为民族传统体育教学理论性很强的专业教材。共7章，对中国传统体育的历史、分类、特点与功能进行了全面系统的阐述。既诠释了中华民族传统体育的思想基础，又介绍了主要的竞赛项目，对竞赛的组织与裁判、教学与训练方法进行了详尽描述。	张继生主编：《中国民族传统体育》，湖南教育出版社2006年版。
2006.12	韦晓康等	《少数民族传统体育可持续发展研究》	该书从民族文化生态建设与民族体育文化研究之间的关系入手，阐述了民族文化生态建设的内涵、现状以及少数民族传统体育文化在生态资源中具有的巨大魅力，并提出了少数民族传统体育文化研究对此应该起到积极的促进作用。	韦晓康等：《少数民族传统体育可持续发展研究》，中央民族大学出版社2006年版。
2007.01	王岗	《民族传统体育与文化自尊》	该书作者跳出西方文化的思维方式和实践范式，重新回归到中华民族深厚的文化精神底蕴当中，站在文化的高度审视民族传统体育的当代发展，认识文化自尊的重要。	王岗：《民族传统体育与文化自尊》，北京体育大学出版社2007年版。
2007.01	杨丰陌	《辽宁省第六届少数民族传统体育运动会》	该书为辽宁省第六届少数民族传统体育运动会画册。收录内容为开幕式、大型文体表演、各代表团训练参赛情况、赛场风云、组织工作、闭幕式及演出。	杨丰陌主编：《辽宁省第六届少数民族传统体育运动会》，辽宁民族出版社2007年版。
2007.02	宋广民	《少数民族传统体育教程》	满足体育院校民族体育专业教师及民族传统体育研究工作者教学与研究的需要，同时也为省民运会和全国民运会尽微薄之力，总结陀螺、蹴球、木球、珍珠球、毽球、押加、高脚竞速等运动教学、训练实践。	宋广民主编：《少数民族传统体育教程》，辽宁民族出版社2007年版。
2007.03	国家体育总局	《少数民族传统体育项目竞赛规则及裁判法》	该书为配合第八届全国少数民族运动会而编写，收录了少数民族传统体育项目竞赛规则及裁判法。	国家体育总局编：《少数民族传统体育项目竞赛规则及裁判法》，广东人民出版社2007年版。

续表

出版/发表时间	作者	书名/文献名称	主要研究内容	参考文献格式
2007.04	郑旭旭	《民族传统体育发展论集二十一世纪民族传统体育发展国际学术研讨会论文集》	该论文集辑录了中国、日本、奥地利、加拿大以及中国台湾地区学者的相关研究论文28篇，内容涉及国际及中华民族传统体育发展的理论探讨，中国射学、武术的专题研究，台湾地区传统体育及其发展的论述。	郑旭旭主编：《民族传统体育发展论集 二十一世纪民族传统体育发展国际学术研讨会论文集》，上海古籍出版社2007年版。
2007.04	陈宇红，马昆	《云南省少数民族传统体育养生保健研究》	该书对云南省少数民族传统体育养生保健的概念、特点、价值、作用和发展历史做了一定的论述；对少数民族传统体育运动中常见的运动性疾病、运动损伤及保健常识进行了较全面、系统的分析和研究。	陈宇红、马昆：《云南省少数民族传统体育养生保健研究》，四川大学出版社2007年版。
2007.05	黄银华，卢兵	《民族传统体育文化研究》	该书汇集中南民族大学体育教学部在传统体育理论研究、少数民族体育文化发掘整理、民族传统体育教学改革与训练实践等方面的成果。	黄银华、卢兵主编：《民族传统体育文化研究》，武汉出版社2007年版。
2007.05	陈汉华	《中国民族传统体育博览》	该书共分为四个部分。第一部分，对中国的民族传统体育的基本状况在收集、整理和尽可能充实的基础上，进行了比较详细的论述。第二部分，为了丰富广大人民群众的文化知识和文化生活，更好地普及和开展民族传统体育项目，把中国56个民族的传统体育项目进行了比较详尽的介绍。第三部分，收集和整理千百年来流传至今的内容丰富、花样繁多智力性强的中国棋类项目，并详细介绍。第四部分，介绍了中华民族体育的开展情况及目前比较重要的保留项目。	陈汉华：《中国民族传统体育博览》，人民体育出版社2007年版。
2007.06	周晓艾	《云南少数民族传统节日与民族体育》	该书以民族传统节日文化载体为切入点，探讨云南传统体育的渊源、发展及特点、作用。	周晓艾编著：《云南少数民族传统节日与民族体育》，云南科学技术出版社2007年版。

续表

出版/发表时间	作者	书名/文献名称	主要研究内容	参考文献格式
2007.06	范纯，伍广津，刘靖南	《民族传统体育学》	该书为广西民族大学体育学院的国家级科研项目的成果，该书共分为4篇26章，4篇为理论篇、竞技篇、表演篇和保健篇，内容涵盖了民族体育发展史、民族体育项目、民族传统保健运动和方法等。	范纯、伍广津、刘靖南主编：《民族传统体育学》，广西师范大学出版社2007年版。
2007.06	关槐秀	《民族传统体育教程》	—	关槐秀：《民族传统体育教程》，北京体育大学音像电子出版社2007年版。
2007.07	柳晓阳，郭良奎，张辉	《中华民族传统体育》	该书汇集了中国古今民间体育活动之精粹，记述了这些活动的渊源、发展、演变、开展情况及对人们在生活中的影响。	柳晓阳、郭良奎、张辉编著：《中华民族传统体育》，哈尔滨地图出版社2007年版。
2007.09	黄银华，卢兵	《中国少数民族传统体育文化研究》	该书汇集了中南民族大学体育教学部近年来在民族传统体育理论研究、少数民族体育文化的发掘整理、民族传统体育教学改革与训练工作总结等方面的成果，共分为三卷。第一卷：少数民族传统体育文化。第二卷：少数民族传统体育运动。第三卷：少数民族传统体育教育及其他。	黄银华、卢兵主编：《中国少数民族传统体育文化研究》，武汉出版社2007年版。
2007.01	赵伟，李跃生	《民族传统体育运动》	随着社会和民族体育的发展，编者通过对第六届、第七届全国少数民族传统体育运动会实践的总结，以《少数民族传统体育项目》为蓝本，挑选出在全国开展较普及的毽球、珍珠球、木球、高脚竞速、蹴球、陀螺、板鞋竞速、押加八个项目，对各项目起源与发展、特点、技战术、教学与训练、比赛规则等方面进行了系统的阐述，编成本书。	赵伟、李跃生：《民族传统体育运动》，学苑出版社2007年版。

续表

出版/发表时间	作者	书名/文献名称	主要研究内容	参考文献格式
2007.01	国家民委文化宣传司，国家体育总局群众体育司	《民族体育论集 第八届全国少数民族传统体育运动会民族体育科学论文报告会获奖论文集》	该次论文征集活动，旨在展示中国少数民族体育科研成果，进一步推动民族传统体育的科学化、规范化进程。在高举中国特色社会主义伟大旗帜，以邓小平理论和"三个代表"重要思想为指导，深入贯彻落实科学发展观，为夺取全面建设小康社会新胜利而努力奋斗的大好形势下，进一步继承和发展民族民间传统体育，研究和探索民族传统体育与新时期改革发展相互适应的基本思路和途径，为改革开放和社会主义现代化建设服务。	国家民委文化宣传司、国家体育总局群众体育司选编：《民族体育论集 第八届全国少数民族传统体育运动会民族体育科学论文报告会获奖论文集》，民族出版社2007年版。
2007.12	霍红	《西部少数民族传统体育的现状与走向》	该书以西部少数民族传统体育的区域性特点为研究主线，以传统体育活动为研究中心，从社会学、文化学、体育学等方面展开价值讨论。	霍红：《西部少数民族传统体育的现状与走向》，四川大学出版社2007年版。
2007.12	曲小锋，罗平，白永恒	《民族传统体育研究》	从民族学、文化学、民俗学等多个视角，在对中华民族传统体育进行客观的、较全面的、系统的分析研究的基础上，阐述了民族传统体育的概念、特点、内容与分类，以及民族传统体育的历史渊源，力求揭示民族传统体育的文化内涵，探讨了中华民族多元生态文化圈、经济文化类型、宗教、民俗等对民族传统体育文化的影响。将少数民族传统体育知识列入该教材，介绍了少数民族传统体育的概念、特点、锻炼价值及锻炼方法，弘扬了中国的民族传统体育文化，体现了时代性、民族性和中国特色。	曲小锋、罗平、白永恒主编：《民族传统体育研究》，中国商务出版社2007年版。
2007.12	王建华，陈雁飞	《民族传统体育》	该书介绍中华民族传统体育的基本知识、武术基本功和基本动作及其教学方法、拳术套路的特点及动作方法等。	王建华、陈雁飞主编：《民族传统体育》，人民教育出版社2007年版。
2008	李圣	《民族传统体育概论教程》	该书阐明民族体育的发展简史、民族传统体育的文化属性，阐述与其他文化现象的关系，解读丰富多彩的民族传统体育项目，探索民族传统体育的发展规律。	李圣：《民族传统体育概论教程》，云南科学技术出版社2008年版。

续表

出版/发表时间	作者	书名/文献名称	主要研究内容	参考文献格式
2008.02	曹苏	《为奥运剪彩 瑞昌剪纸艺术展现的中华民族传统体育风貌》	该书通过中国剪纸之乡——江西瑞昌民间剪纸艺术家的一组剪纸作品，再现了中国56个民族民间的体育竞技、游戏情景。从而体现人文奥运的中国奥运精神的文化特色。	曹苏编：《为奥运剪彩 瑞昌剪纸艺术展现的中华民族传统体育风貌》，北京出版社2008年版。
2008.05	张涛	《中国少数民族传统体育概览》	突破以往以体育专项技战术为主的教材模式，以介绍中国各少数民族传统体育项目为主要内容，并以民族学、文化人类学等学科理论为方法论，多维介绍少数民族传统体育的产生、流变、播化和运作。另外，还从少数民族传统体育在宗教活动中无意识的体育行为、少数民族传统体育与民族歌舞、少数民族传统体育与生态的关系等角度介绍了少数民族传统体育文化知识，努力提高教材的通识功能。	张涛主编：《中国少数民族传统体育概览》，中央民族大学出版社2008年版。
2008.05	罗京军	《永恒的和谐 中华人民共和国第八届少数民族传统体育运动会录》	该彩色图册展示了2007年在广州市举行的全国第八届少数民族运动会盛况，介绍了各代表团、赛事、组织工作，以及开幕与闭幕式等。	罗京军主编：《永恒的和谐 中华人民共和国第八届少数民族传统体育运动会录》，广东人民出版社2008年版。
2008.06	李英，杨爱华	《三峡库区民族传统体育研究》	收集整理三峡库区具有代表性的少数民族传统体育项目如天地球、芦笙舞、脚马球、摆手舞、竹铃球、铜铃舞等。	李英、杨爱华：《三峡库区民族传统体育研究》，四川大学出版社2008年版。
2008.06	张选惠	《体育院校通用教材 民族传统体育概论》	—	张选惠：《体育院校通用教材 民族传统体育概论》，人民体育出版社2008年版。
2008.06	邱丕相	《民族传统体育概论》	全书共分七部分，主要介绍了民族传统体育的基本概念、必要性、起源、发展、内容、分类、特点、价值和功能，民族传统体育与中国传统文化，民族传统体育的传承与保护，民族传统体育的主要项目等内容。	邱丕相主编：《民族传统体育概论》，高等教育出版社2008年版。

附录一　新中国70年文献研究情况　337

续表

出版/发表时间	作者	书名/文献名称	主要研究内容	参考文献格式
2008.07	北京市民委，民族画报社	《携手奥运 北京的民族传统体育》	摘录北京地区民族传统体育活动的相关摄影作品。	北京市民委、民族画报社编著：《携手奥运 北京的民族传统体育》，中国民族摄影艺术出版社2008年版。
2008.08	张涛	《中国少数民族传统体育文化生态学研究》	少数民族体育不仅是中华民族文化多样性的组成部分，而且是世界文化宝库中的珍贵非物质文化遗产。它既是生产和生活技能的操演，又是人与生态自然环境、与社区共同体、与神明和祖先互惠交往的体现。它寓有"心身并育性命双修"的传统人文理想，同时又兼顾了社会政治、经济、文化等制约条件。它镶嵌在社会文化脉络之中，又为个人提供了展现技能和价值的场景和观众。	张涛：《中国少数民族传统体育文化生态学研究》，中央民族大学出版社2008年版。
2008.01	姚重军，薛锋	《民族传统体育文化概论》	进一步挖掘和整理中华民族体育文化，丰富其内容体系。对民族传统体育进行了相关理论的概述，同时做了民族传统体育与宗教、民俗、古代壁画、诗史等方面的阐述。	姚重军、薛锋编著：《民族传统体育文化概论》，甘肃民族出版社2008年版。
2008.12	北京市民族传统体育协会	《京华民族传统体育项目50例》	—	北京市民族传统体育协会：《京华民族传统体育项目50例》，北京燕山出版社2008年版。
2009	程斌	《云南民族传统体育理论与教学》	该书全面系统地介绍了云南各少数民族传统体育文化的产生、发展历程，以及主要民族传统体育运动技术与教学。	程斌主编：《云南民族传统体育理论与教学》，人民体育出版社2009年版。
2009	马岳强，敬继红，柏曙邹	《民族传统体育理论与实践》	该书主要介绍中华民族传统体育的历史进程、文化内涵以及养生保健方面的知识，并探讨中华民族传统体育发展的基本原则、规律，并提出相应的策略。	马岳强、敬继红、柏曙邹主编：《民族传统体育理论与实践》，哈尔滨地图出版社2009年版。
2009.01	秦可国，李小平	《湘西民族传统体育》	该书介绍了作为湘西土家族苗族自治州丰富多彩、富有民族特色和山地、水乡特点的传统民族体育文化项目。	秦可国、李小平编著：《湘西民族传统体育》，中央民族大学出版社2009年版。

续表

出版/发表时间	作者	书名/文献名称	主要研究内容	参考文献格式
2009.01	黄平波	《黔东南民族民间传统体育教程》	该书旨在对黔东南民族民间传统体育项目进行搜集、整理，探讨黔东南民族民间传统体育的起源、内涵、特点、功能，揭示其与学校体育、全民健身、现代体育的关系。便于广大体育师生和读者系统掌握这些体育项目或运用于体育生活，编者对其进行分类，并把具体项目清晰地呈现出来。	黄平波主编：《黔东南民族民间传统体育教程》，电子科技大学出版社2009年版。
2009.03	李刚，柴春胜，冯锦华	《解读民族传统体育文化》	该书阐述了民族传统体育的文化底蕴，剖析了中华民族传统体育所承载的深厚的文化底蕴，梳理了中华民族传统体育文化的历史脉络，介绍了中国少数民族传统体育和女子传统体育的情况。	李刚、柴春胜、冯锦华主编：《解读民族传统体育文化》，中国商务出版社2009年版。
2009.06	李全德，赵福祥	《云南少数民族传统体育旅游资源研究》	少数民族传统体育旅游资源是体育旅游资源的重要组成部分之一。云南是中国少数民族最多的省份，在全国的55个少数民族中，云南就有51个，其中有15个民族是云南特有的少数民族。不同的民族都有各自悠久的历史，他们在这块美丽、富饶、神奇的红土地上劳动、生息和繁衍。在曲折漫长的发展岁月中，各民族不仅创造了自身灿烂的文化，还在生活和生产实践中创造了多姿多彩、富有浓郁民族风格和地方特色的民间体育活动。仅以不同名目的体育活动项目统计，云南民间少数民族传统体育项目有300多项，居全国之首，堪称"民族体育王国"。	李全德、赵福祥：《云南少数民族传统体育旅游资源研究》，云南大学出版社2009年版。

续表

出版/发表时间	作者	书名/文献名称	主要研究内容	参考文献格式
2009.07	郭颂等	《少数民族传统体育》	该教材针对少数民族传统体育教学的特殊性和西南地区的实际情况，对民族传统体育课程项目进行了再认识，在选择教材内容方面吸收了国内同类教材的优点和新成果，借鉴了国内体育教学的先进经验。该教材整体框架由理论层面到操作层面，认真贯彻了学以致用的原则，竞技项目内容选择方面主要选择了在西南地区易于开展的项目，如民族式摔跤、毽球、抢花炮、珍珠球、蹴球、押加、板鞋竞速、陀螺、射弩、高脚竞速、木球等；表演项目主要选择在西南地区具有代表性的部分项目，如舞龙、打手毽、打飞棒、跳竹竿等。在技能培养方面着重阐述了少数民族传统体育教学方面的基本知识、基本技能和技术；注重基础理论和实践能力的培养。	郭颂等主编：《少数民族传统体育》，北京师范大学出版社2009年版。
2009.08	王蕾，赵丽娜	《民族传统体育集锦》	该书本着民族性、竞赛性、科学性、观赏性的精神编写而成。目的是提高人们认同民族文化，传承和发扬优秀民族文化，在参与活动中振奋民族自信心和自豪感，增强民族和国家的凝聚力。民族传统体育的形成与发展过程是各民族社会生活的综合反映，具有鲜明的民族特性，带有娱乐和游戏特性，能使人们在参与活动中达到强身健体、娱悦自我、增进交流、接受传统文化熏陶的目的。	王蕾、赵丽娜主编：《民族传统体育集锦》，北京体育大学出版社2009年版。
2009.08	方征	《少数民族传统体育学概论》	该书内容包括：少数民族传统教育学概述、少数民族传统体育学的研究方法、少数民族传统体育学与相关学科等。	方征：《少数民族传统体育学概论》，中央民族大学出版社2009年版。
2009.01	韦晓康，张延庆	《少数民族传统体育与文化传承 少数民族传统体育教育发展、创新与人才培养探索》	该书内容包括：少数民族传统体育教育发展战略研究、专业建设与人才培养模式改革研究、少数民族传统体育教学创新研究等。	韦晓康、张延庆主编：《少数民族传统体育与文化传承 少数民族传统体育教育发展、创新与人才培养探索》，中央民族大学出版社2009年版。

续表

出版/发表时间	作者	书名/文献名称	主要研究内容	参考文献格式
2009.12	芦平生，熊振强	《西北少数民族传统体育研究》	该书共分为十一章，主要内容包括：西北少数民族传统体育研究的视角、社会基础、项目与分类、理性化的自然选择与定位、内涵及特征、社会价值、西北少数民族传统体育项目。	芦平生、熊振强：《西北少数民族传统体育研究》，兰州大学出版社2009年版。
2009.12	丁玲辉	《西藏的民族传统体育》	—	丁玲辉：《西藏的民族传统体育》，西藏人民出版社2009年版。
2010	彭立群	《新疆游牧民族传统体育文化概论》	该书重点探讨了新疆游牧民族传统体育文化概述；民族节日、礼仪与体育文化；战争与体育文化；文学与体育文化；民间音乐、舞蹈与体育文化等，对新疆游牧民族传统体育文化进行了阐述。	彭立群：《新疆游牧民族传统体育文化概论》，北京体育大学出版社2010年版。
2010.01	方哲红	《民族传统体育教学与训练》	该书分为民族传统体育理论、全国少数民族传统体育运动会竞赛项目及区域畲族传统体育三篇，主要阐述了民族传统体育概述、民族传统体育的发展、射弩等内容。	方哲红主编：《民族传统体育教学与训练》，北京体育大学出版社2010年版。
2010.06	田恒桥，胡庆华，纪本平	《我国西南地区民族传统体育文化研究》	以西南地区少数民族为主要视角，从多角度、全方位的传统体育文化着眼，对西南地区传统体育进行研究。书中简要地论述了民族传统体育的文化内涵，揭示了影响西南地区少数民族传统体育发展的因素，探讨了宗教、民俗等对民族传统体育文化的影响。同时，还阐述了西南地区传统体育的发展状况、存在问题及发展策略。该书以西南地区少数民族传统体育为主要视角，对西南地区少数民族传统体育做了重要详细的介绍，弘扬了中国西南地区的民族传统体育文化。突出民族特色鲜明的特点是其他研究西南地区体育文化书刊所不具备的。	田恒桥、胡庆华、纪本平主编：《我国西南地区民族传统体育文化研究》，哈尔滨地图出版社2010年版。
2010.06	陈宇红	《云南省少数民族传统体育养生保健研究》	—	陈宇红：《云南省少数民族传统体育养生保健研究》，四川大学出版社2010年版。

续表

出版/发表时间	作者	书名/文献名称	主要研究内容	参考文献格式
2010.06	霍红	《西部少数民族传统体育的现状与走向》	西部少数民族传统体育的现状与走向。	霍红：《西部少数民族传统体育的现状与走向》，四川大学出版社2010年版。
2010.08	郭云聪	《云南少数民族传统体育》	云南地理环境复杂，域内地势、地貌、气候、资源等因素差异性较大，生存在这些地区的人类为适应环境，在身体形态上产生了一些差异，这些差异往往成为人们运动能力上差别的主要原因，同时也构成了人们身体活动的方式的差别。云南各地人群的生产方式因地理环境的条件也有着较大的不同。人类为适应环境、获取生活资料所必须进行的生产劳动也带有强烈的地域特征，这种特征也影响着云南各地人群的身体活动特点，是人们身体活动与练习的重要构成内容。长期以来，云南各地人群在相互交流与活动中，在文化上互相产生的影响，既有吸收，也有输出，使得各具特点的云南民族传统体育具有更加丰富的内涵。以云南25个少数民族为研究对象，从其生活的自然环境、生产方式及与其他民族间的交流与影响等因素来整理各民族的传统体育项目，既能使人们对云南民族传统体育有一个系统的把握与了解，也能使丰富多彩的民族民间体育得以表现出其本源性的特征来。	郭云聪：《云南少数民族传统体育》，人民出版社2010年版。
2010.09	刘伟，文烨，陈兴亮	《少数民族传统体育教程》	该书分为三篇：上篇介绍了中国少数民族传统体育的概况；中篇重点介绍少数民族传统体育竞赛表演项目；下篇介绍区域藏、羌民族传统体育。	刘伟、文烨、陈兴亮主编：《少数民族传统体育教程》，西南交通大学出版社2010年版。
2010.09	钟海平	《发展与困惑西部文明进程中的民族传统体育产业研究》	该书立足于国家西部大开发及全面建设小康社会的时代特点，紧紧围绕如何使广大西部民族地区丰富的民族传统体育文化资源，如何依托这些资源发展民族传统体育产业，如何在发展民族传统体育产业的过程中有效地推动西部民族地区的文明进程的重点、难点问题集中进行研究。	钟海平：《发展与困惑西部文明进程中的民族传统体育产业研究》，民族出版社2010年版。

续表

出版/发表时间	作者	书名/文献名称	主要研究内容	参考文献格式
2010.09	王岗	《民族传统体育与文化自尊》	—	王岗：《民族传统体育与文化自尊》，北京体育大学出版社2010年版。
2010.09	张涛	《中国少数民族传统体育文化生态学研究》	中国少数民族传统体育的文化生态学研究起因，主要有四点。（一）体育作为文化的子系统，在文化中的地位不断攀升，并随着社会的发展，在人们生活结构中占据越来越大的比重，关系到人们生活质量的改善与提高。体育的文化生态学研究自然成为大家关注的对象。（二）在中国体育文化研究中，对少数民族传统体育文化生态学的研究，是一个新颖且有意义的研究课题。少数民族传统体育的发展正处在转折时期，既面临机遇也受到挑战。少数民族传统体育文化是中国体育文化中不可或缺的组成部分，有丰富、独特的文化价值，促使笔者不得不注意它在体育文化中的重要地位。（三）近年来，许多研究者吸收人类学、民族学、民俗学、生态学等学科的理论和方法研究体育文化，成果丰硕。笔者所在的中央民族大学是人类学、民族学研究的一处沃土，有很多著名且经验丰富的专家。在与他们的交流中，笔者发现借鉴人类学、民族学的理论与方法，对少数民族传统体育进行文化生态学研究，将会对体育文化研究大有裨益。（四）利用人类学、民族学的理论方法研究中国少数民族传统体育，能与当前体育文化研究形成一定的系统，有利于体育文化的研究体系更趋完善。	张涛：《中国少数民族传统体育文化生态学研究》，中央民族大学出版社2010年版。
2010.12	谢智学	《甘肃少数民族传统体育概要》	该书包括：第一章少数民族传统体育概述；第二章藏族传统体育等内容。	谢智学编著：《甘肃少数民族传统体育概要》，甘肃人民出版社2010年版。

续表

出版/发表时间	作者	书名/文献名称	主要研究内容	参考文献格式
2010.12	张有平	《民族传统体育项目学练技巧研究》	该书共分为六章，内容包括民族传统体育概述、民族传统体育的发展情况、东北和内蒙古地区少数民族传统体育学练技巧等。	张有平编著：《民族传统体育项目学练技巧研究》，中国商务出版社2010年版。
2010.12	赵静冬	《少数民族传统体育学科体系建设研究》	该书着重从建立少数民族传统体育学科体系的基本结构等方面，提出建设具有中国特色的少数民族传统体育学科体系的设计方案，并特别提出了少数民族传统体育专业、课程体系的构成思路等，该书不仅对推动边疆民族地区学校教育、全民健身计划的顺利实施有实践意义，同时对于构建有中国特色的学校体育教育也有理论导向作用，可以为各级政府在制定有关政策和决策时服务。	赵静冬：《少数民族传统体育学科体系建设研究》，云南人民出版社2010年版。
2010.12	张有平	《论民族传统体育文化的发展》	该书详细阐述了"民族""民族体育""传统""传统体育""民族传统体育""民族传统体育文化"等有关概念，全面地介绍了民族传统体育项目的内容、特点与价值，系统地阐述了民族传统体育文化的研究内容、意义与原则。针对民族传统体育文化的发展，该书进行了多角度、立体化的研究。	张有平编著：《论民族传统体育文化的发展》，中国商务出版社2010年版。
2010.12	姜震松，郭建富	《全国普通高等学校运动训练、民族传统体育专业单独统一招生考试辅导教程数学》	该书分四部分，分别为高中数学的基础知识讲解、互动练习答案、历届体育单招真题、历届体育单招真题参考答案。	姜震松、郭建富主编：《全国普通高等学校运动训练、民族传统体育专业单独统一招生考试辅导教程 数学》，北京体育大学出版社2010年版。
2011	黎升灵	《贵州旅游时尚 中华人民共和国第九届少数民族传统体育运动会 民运会特刊》	—	黎升灵主编：《贵州旅游时尚 中华人民共和国第九届少数民族传统体育运动会 民运会特刊》，贵州省旅游局，2011年。

续表

出版/发表时间	作者	书名/文献名称	主要研究内容	参考文献格式
2011.01	刘少英	《民族传统体育学》	该书全面论述了民族传统体育学的学科特点及其研究方法，民族传统体育学的基本概念、学科理论体系、与其他学科的联系和区别等基本理论问题。追溯了民族传统体育的历史渊源，介绍了民族传统体育运动项目、传承发展及其影响、价值等。既有民族传统体育竞赛、表演项目的训练方法和竞赛规则，又有民族传统体育项目在全民健身中的具体做法，参考性和可操作性强。对于各级各部门组织开展民族传统体育活动，具有实际应用价值。	刘少英：《民族传统体育学》，民族出版社2011年版。
2011.01	陈玉凤	《中医学与民族传统体育养生》	该书共分为十章，包括绪论、阴阳五行学说、脏象、精气血津液、经络、腧穴、病因与预防、中医养生、民族传统体育养生、中医理论与民族传统体育养生等。该书精心编排书本的内容，将博大精深的中医学的基本知识、基本理论、基本技能加以精选、提炼浓缩，用通俗易懂的语言进行描述。在讲述中医理论的同时结合民族传统体育项目运动实践，让爱好体育的体育院校师生在学习体育专业知识的同时，了解祖国医学与民族体育的文化渊源，更进一步理解民族传统体育的理论精髓，提高自身的文化素质和知识结构。	陈玉凤主编：《中医学与民族传统体育养生》，人民军医出版社2011年版。
2011.04	赵佐贤	《辽宁少数民族传统体育》	该书系统介绍和展示了辽宁省少数民族传统体育项目和优秀成果，以弘扬少数民族体育文化，促进全民健身活动深入开展，提高少数民族群众健康水平，加强各民族的大团结。	赵佐贤主编：《辽宁少数民族传统体育》，辽宁民族出版社2011年版。

续表

出版/发表时间	作者	书名/文献名称	主要研究内容	参考文献格式
2011.04	贵州省民族事务委员会	《贵州少数民族传统体育理论与方法》	该书通过对贵州少数民族传统体育进行深入研究，初步构建起贵州少数民族传统体育文化的理论与方法体系。内容包括贵州少数民族传统体育的产生、界定、项目、传承、价值、文化学分析、继承与发展、挖掘整理与重新编排、研究的方法等。识别、保护、继承贵州少数民族传统体育，对今天的社会发展和我们的生活依然是不可或缺的宝贵的传统遗产。	贵州省民族事务委员会编：《贵州少数民族传统体育理论与方法》，贵州民族出版社2011年版。
2011.05	崔乐泉	《中国少数民族传统体育》	作为一种民族文化形态，少数民族传统体育的张力已经远远超出其最初的祭神娱鬼、强身健体、娱人身心的范畴。其传统内涵的演化，标志着日益发展的社会已经赋予它展现民族精神、弘扬传统文化、倡导新的道德观念、推动民族地区物质文明建设和精神文明建设等崭新的社会职责。因此，我们应该承认中国少数民族传统体育这一经久不衰、生命力极其旺盛的文化存在，充分说明它具有鲜明的当代价值，拥有适宜的生存环境，具有文化继承的广泛受众土壤，显现出我们民族传统体育自身的民族文化价值。	崔乐泉：《中国少数民族传统体育》，贵州民族出版社2011年版。
2011.08	第九届全国少数民族传统体育运动会组委会新闻宣传部	《中国少数民族传统体育荟萃》	该书分和谐中华·民族体育之树繁茂、多彩贵州·传统项目之花亮丽两章，主要内容包括：蒙古族、回族、藏族、维吾尔族、苗族等。	第九届全国少数民族传统体育运动会组委会新闻宣传部编：《中国少数民族传统体育荟萃》，贵州人民出版社2011年版。
2011.08	张延庆	《少数民族传统体育理论与实践》	该书是一部介绍少数民族传统体育理论与实践的书籍，内容包括：少数民族传统体育研究倾向的探讨、借鉴交叉学科经验和理论研究的注意事项、学科立场的归属、研究范式的选择、研究方法的确立等。	张延庆：《少数民族传统体育理论与实践》，中央民族大学出版社2011年版。

续表

出版/发表时间	作者	书名/文献名称	主要研究内容	参考文献格式
2011.08	夏思永等	《民族传统体育文化传承与民族和谐社会建设关系研究》	该书对民族传统体育的传承与和谐社会建设关系进行了研究，具体阐述了民族传统体育的发展概况，民族传统体育文化的特性，民族传统体育文化的传承与演进，民族传统体育文化的社会价值，民族聚居地区民族传统体育文化发展现状与发展建设的对策及其与和谐社会建设的作用和意义。	夏思永等：《民族传统体育文化传承与民族和谐社会建设关系研究》，西南师范大学出版社2011年版。
2011.08	民族出版社	《民族体育论文集 第九届全国少数民族传统体育运动会民族体育科学论文评选获奖论文集》	该书为国家民委文化宣传司、国家体育总局群众体育司选编的《第九届全国少数民族传统体育运动会民族体育科学论文评选论文集》，共选论文43篇。	民族出版社编：《民族体育论文集 第九届全国少数民族传统体育运动会民族体育科学论文评选获奖论文集》，民族出版社2011年版。
2011.08	赵奋军，徐芝芳，曾锡银	《全国少数民族传统体育运动会竞赛项目教学训练丛书花炮·押加·秋千》	该书分别对中国少数民族传统体育运动中花炮、押加和秋千3个项目进行了叙述。该书对花炮、押加、秋千3项运动的发展进行了概述，对其基本技术、战术及其技战术教学与训练，运动员的体能训练，运动竞赛的组织与编排等进行了介绍。	赵奋军、徐芝芳、曾锡银编著：《全国少数民族传统体育运动会竞赛项目教学训练丛书 花炮·押加·秋千》，宁夏人民出版社2011年版。
2011.08	曾锡银，高涛	《全国少数民族传统体育运动会竞赛项目教学训练丛书 武术·射弩》	该书分别对中国少数民族传统体育运动中的武术和射弩两个项目进行了叙述。该书对两项运动的发展进行了概述，对其基本技术、战术及其技战术教学与训练，运动员的体能训练，运动竞赛的组织与编排等进行了介绍。	曾锡银、高涛编著：《全国少数民族传统体育运动会竞赛项目教学训练丛书 武术·射弩》，宁夏人民出版社2011年版。
2011.08	吕红芳，古雅辉	《全国少数民族传统体育运动会竞赛项目教学训练丛书 摔跤·陀螺》	该书分别对中国少数民族传统体育运动中的摔跤和陀螺两个项目进行了叙述。该书对两项运动的发展进行了概述，对其基本技术、战术及其技战术教学与训练，运动员的体能训练，运动竞赛的组织与编排等进行了介绍。	吕红芳、古雅辉编著：《全国少数民族传统体育运动会竞赛项目教学训练丛书 摔跤·陀螺》，宁夏人民出版社2011年版。

续表

出版/发表时间	作者	书名/文献名称	主要研究内容	参考文献格式
2011.08	吴军，谢琴	《全国少数民族传统体育运动会竞赛项目教学训练丛书 木球·板鞋竞速》	该书分别对中国少数民族传统体育运动中的木球和板鞋两个项目进行了叙述。木球运动经历了萌芽阶段、雏形阶段以及挖掘整理阶段的发展历程。该书对木球的发展进行了概述，对其基本技术、战术及其技战术教学与训练，木球运动员的体能训练，木球运动竞赛的组织与编排等进行了介绍。对板鞋运动的概况、基本技术、板鞋竞速教学与训练、运动员的保健，以及板鞋竞速的竞赛规则、裁判法等做了介绍。	吴军、谢琴编著：《全国少数民族传统体育运动会竞赛项目教学训练丛书 木球·板鞋竞速》，宁夏人民出版社2011年版。
2011.08	马亦兵，万益民，陈立勇	《全国少数民族传统体育运动会竞赛项目教学训练丛书 蹴球·龙舟·独竹漂》	该书分别对中国少数民族传统体育运动中的蹴球、龙舟和独竹漂3个项目进行了叙述。该书对蹴球、龙舟、独竹漂3项运动的发展进行了概述，对其基本技术、战术及其技战术教学与训练，运动员的体能训练，运动竞赛的组织与编排等进行了介绍。	马亦兵、万益民、陈立勇编著：《全国少数民族传统体育运动会竞赛项目教学训练丛书 蹴球·龙舟·独竹漂》，宁夏人民出版社2011年版。
2011.08	张炜，李晓玲	《全国少数民族传统体育运动会竞赛项目教学训练丛书 毽球·马术》	该书分别对中国少数民族传统体育运动中的毽球和马术两个项目进行了阐述。毽球部分介绍了毽球运动发展的概况、毽球运动的技术、网毽运动技术、花毽运动技术、毽球战术等相关内容。马术部分介绍了马术运动概况、民族体育运动会中的马术运动、马术运动的技术与战术、马术运动的教学与训练等相关内容。	张炜、李晓玲编著：《全国少数民族传统体育运动会竞赛项目教学训练丛书 毽球·马术》，宁夏人民出版社2011年版。
2011.08	靳苗，咸云龙，张宁	《全国少数民族传统体育运动会竞赛项目教学训练丛书 珍珠球·高脚竞速》	该书分别对中国少数民族传统体育运动中珍珠球和高脚竞速项目进行了叙述。珍珠球部分结合运动实践，从介绍其历史渊源、特点价值等内容出发，对珍珠球运动的技术与战术、教学与训练、竞赛组织与裁判法等主题的基本概念和理论进行了阐述。高脚竞速部分，介绍了高脚竞速运动的发展概况、技术原理、基本教学法、基本训练法、训练工作准备等相关内容。	靳苗、咸云龙、张宁编著：《全国少数民族传统体育运动会竞赛项目教学训练丛书 珍珠球·高脚竞速》，宁夏人民出版社2011年版。

续表

出版/发表时间	作者	书名/文献名称	主要研究内容	参考文献格式
2011.01	辛双双等	《四川省少数民族传统体育产业化与发展的研究》	该书以四川省少数民族传统体育资源为载体，通过实证研究，深层次地剖析了四川省传统体育产业化发展存在的问题、遇到的瓶颈，为挖掘四川地区传统体育资源的潜力，为四川新的经济增长点的培养提出建议和对策。	辛双双等：《四川省少数民族传统体育产业化与发展的研究》，人民体育出版社2011年版。
2011.11	陈振勇	《四川少数民族传统体育资源开发与现代化发展研究》	该书对凉山彝族自治州、阿坝藏族自治州、甘孜藏族自治州的传统体育资源从旅游资源开发、校本教材建设、社区建设、非物质文化遗产4个方面，为四川少数民族传统体育资源的开发与发展提供理论支持和对策建议。	陈振勇等：《四川少数民族传统体育资源开发与现代化发展研究》，人民体育出版社2011年版。
2011.12	张选惠	《民族传统体育概论》	—	张选惠：《民族传统体育概论》，人民体育出版社2011年版。
2011.12	郭颂	《少数民族传统体育》	—	郭颂：《少数民族传统体育》，北京师范大学出版社2011年版。
2011.12	刘坚，刘宗立	《民族传统体育文化新论》	该书具体内容包括民族传统体育文化的内涵、民族传统体育文化的特征与形成的因素、民族传统体育文化的流变和变迁等。	刘坚、刘宗立主编：《民族传统体育文化新论》，云南大学出版社2011年版。
2012	黄新峰	《江苏省民族传统体育发展研究》	—	黄新峰：《江苏省民族传统体育发展研究》，中国矿业大学出版社2012年版。
2012.01	丘毅	《民族传统体育资源开发与利用研究》	该书主要从民族传统体育资源概述、民族传统体育资源开发的环境分析、民族传统体育资源开发的现状及存在的问题、民族传统体育资源开发与利用分析等方面论述中华民族传统体育资源的发展。	丘毅：《民族传统体育资源开发与利用研究》，中国时代经济出版社2012年版。
2012.01	陈英军	《民族传统体育与健身》	该书分为理论篇和实践篇两部分，介绍了民族传统体育概述、民族传统体育的健身机理和原则、常见的运动创伤和预防、武术类项目、养生保健类项目等内容。	陈英军主编：《民族传统体育与健身》，浙江大学出版社2012年版。

续表

出版/发表时间	作者	书名/文献名称	主要研究内容	参考文献格式
2012.03	张纳新	《民族传统体育文化传播模式的研究》	该书共分为6章，主要对民族传统体育文化传播模式的要素以及全球化背景下民族传统体育文化传播进行了研究。从社会视角、文化的角度、事物本身的角度等对民族传统体育文化传播模式进行研究，向人们展示了中华民族传统体育文化传播模式的发展现状及其传播历史，探究了民族传统体育文化传播模式在全球化背景下的传承和发展对策，提出了构建民族传统体育文化传播模式的建议。	张纳新：《民族传统体育文化传播模式的研究》，中国商务出版社2012年版。
2012.05	杨林，杨焦，崔景辉	《高校民族传统体育课程教学与实践研究》	该书对中国高校民族传统体育课程的设计论证、教学内容、教学方法、教学效果等进行综合分析与评价，对高校民族传统体育的价值和作用进行了分析和探讨，对普通高校如何有效地开发、利用民族传统体育项目资源，丰富高校体育课程教学内容的途径与方法进行了初步的探索。	杨林、杨焦、崔景辉主编：《高校民族传统体育课程教学与实践研究》，吉林大学出版社2012年版。
2012.06	文烨	《新时期民族传统体育的传承与发展》	该书以武术的发展现状与走向为引，根据传统武术的传承价值与发展历程的特点，阐述时下盛行的健身气功与健身技能的现状和走向。	文烨：《新时期民族传统体育的传承与发展》，东北师范大学出版社2012年版。
2012.07	张选惠等	《论妇女与我国民族传统体育》	该书立足于中国的历史文化背景，从女性的视角探寻妇女传统体育的历史现实，并相应提出了存在的问题与对策建议。	张选惠等：《论妇女与我国民族传统体育》，人民体育出版社2012年版。
2012.07	温搏	《民族传统体育训练与竞赛教程》	该书重点选取中华民族传统体育中具有代表意义的，以及有利于推广普及的项目，对其训练体系以及竞赛的组织与裁判进行较为系统的论述。全书共分为7章，分别是中华民族传统体育概述、武术、舞狮、舞龙、中国式摔跤和少数民族传统体育等。	温搏主编：《民族传统体育训练与竞赛教程》，北京师范大学出版社2012年版。

续表

出版/发表时间	作者	书名/文献名称	主要研究内容	参考文献格式
2012.08	贵阳市协办第九届少数民族传统体育运动会工作指挥部,贵阳市地方志编纂委员会办公室	《贵阳市协办中华人民共和国第九届少数民族传统体育运动会工作志》	该书分为"组织机构""开幕式""闭幕式""民族大联欢""交通运力保障""安全保卫""场馆建设及运营""社会工作""备战参赛""市容环境""接待服务""宣传"12个部分,全面地介绍了贵阳市委、市政府为成功协办全国第九届少数民族传统体育运动会所进行的各种筹备工作。	贵阳市协办第九届少数民族传统体育运动会工作指挥部、贵阳市地方志编纂委员会办公室编:《贵阳市协办中华人民共和国第九届少数民族传统体育运动会工作志》,贵州人民出版社2012年版。
2012.09	尹海立,刘晓黎,车艳丽	《民族传统体育的困境与出路》	该书共9章,结合了中华民族传统体育发展的历史生成和文化语境,对当代中华民族传统体育深陷困境的原因进行了纵深剖析,发掘其形成的外在肌理和内在逻辑,进而发掘中华民族传统体育的现代价值及其发展取向,探寻中华民族传统体育的振兴策略。	尹海立、刘晓黎、车艳丽:《民族传统体育的困境与出路》,人民体育出版社2012年版。
2012.11	肖勤,王军,张妮	《高校民族传统体育运动教学与实践》	该书的理论性与实践性都非常强。书中全面介绍了民族传统体育的概念、内容、分类、起源与发展、特点与功能、地域分布与特征,系统地阐述了中国高校民族传统体育开展的意义、现状、途径,以及发展思路与对策。重点分析了中国高校民族传统体育教学体系与现状、教学方法和原则。	肖勤、王军、张妮主编:《高校民族传统体育运动教学与实践》,中国原子能出版社2012年版。
2012.11	刘云	《德宏世居少数民族传统体育概览》	该书针对世居少数民族传统体育项目的现状,将德宏世居少数民族传统体育项目的长期发展与文化传承结合在一起;强调和充分发挥德宏世居少数民族传统体育具有的优势和特点,积极推动边疆民族地区传统体育活动的发展;为德宏少数民族传统体育的功能开发、基础研究、完善少数民族传统体育文化的体系奠定一定的理论基础。	刘云主编:《德宏世居少数民族传统体育概览》,云南大学出版社2012年版。
2013.01	赵昌毅	《少数民族传统体育艺术变迁研究西南少数民族传统体育艺术变迁实证调查》	该书主要内容是运用人类学田野调查、文献资料法、比较研究、逻辑分析等研究方法,深入民族地区进行实地调查,了解当前民族地区民族传统体育工作中国家有关民族政策的落实现状。	赵昌毅编:《少数民族传统体育艺术变迁研究西南少数民族传统体育艺术变迁实证调查》,中央民族大学出版社2013年版。

续表

出版/发表时间	作者	书名/文献名称	主要研究内容	参考文献格式
2013.01	王亚琼，杨庆辞，罗曦娟	《民族传统体育学》	该书共分为8章，主要内容包括：民族传统体育文化概述、民族传统体育运动项目内容、中华武术发展简史及其体育文化特点、中华养生功法——导引术等。	王亚琼、杨庆辞、罗曦娟主编：《民族传统体育学》，北京师范大学出版社2013年版。
2013.03	张延庆	《少数民族传统体育健身系列项目创新与实践》	该书的主体内容主要是与高校少数民族艺术教学创新研究相关联，所选择的内容和项目是在民族地区开展得较为普及，或世代相传的原生态歌舞，以及各种展演形式的少数民族传统体育为基础素材，将这些表现形式与民族体育紧密结合，并引入体育教学活动中来。	张延庆：《少数民族传统体育健身系列项目创新与实践》，中央民族大学出版社2013年版。
2013.05	郭小晶，张俊霞，张冰	《高校民族传统体育课程教学与实践研究》	该书从理论和实践两个部分对中华民族传统体育在高校的教学情况进行深入细致的研究。理论部分主要以民族传统体育基本知识及其高校中的发展与教学等内容；实践部分选取太极拳、五禽戏、高脚竞速等多项走跑跳类的基本技能。	郭小晶、张俊霞、张冰主编，黑新宾、王永志、冀鹏副主编：《高校民族传统体育课程教学与实践研究》，中国时代经济出版社2013年版。
2013.07	王攀，曾伟，陈天洪	《高校民族传统体育课程教学与实践研究》	该书在简要介绍民族传统体育起源、发展及其在中国高校中的开展情况的基础上，重点分析了中国高校民族传统体育课程教学的基本理论、文化教学、养生教学、保健教学等。此外，还对藏民族传统体育文化及其传统体育项目等进行了研究。	王攀、曾伟、陈天洪编：《高校民族传统体育课程教学与实践研究》，中国原子能出版社2013年版。
2013.08	李晴云，冯大志	《少数民族传统体育》	该书积极挖掘、整理、提炼少数民族传统体育项目中具有代表性的民族体育项目，介绍了少数民族传统体育的起源与发展、健身价值以及少数民族传统体育项目技、战术，裁判规则等知识。同时，该书积极借鉴和吸收了反映民族传统体育课程的最新研究成果，使教学内容更能体现新时期社会发展对人才培养提出的要求。	李晴云、冯大志主编：《少数民族传统体育》，北京体育大学出版社2013年版。

续表

出版/发表时间	作者	书名/文献名称	主要研究内容	参考文献格式
2013.08	吕峰，武吉文	《高校民族传统体育运动教学与实践》	该书内容涵盖了高校民族传统体育的理论与实践两个方面的知识。前半部分主要内容为民族传统体育概述、高校民族传统体育的发展情况、高校民族传统体育的教学基本理论，并重点对民族传统体育及其在高校中的教学与发展情况进行了介绍和研究。后半部分详细介绍了高校民族传统体育的项目练习，包括武术套路、养生功法、搏击运动，以及中国西南地区、中东南地区、西北地区的有关练习实践。	吕峰、武吉文主编：《高校民族传统体育运动教学与实践》，中国书籍出版社2013年版。
2013.08	李正恩，韦燊，马平军	《高校民族传统体育教学理论与实践》	该书从理论和实践两个方面对高校民族传统体育进行了详细的介绍。理论部分包括：民族传统体育概论、高校民族传统体育的发展、高校民族传统体育教学的基础理论、高校民族传统体育课程教学改革发展等。实践部分，包括高校民族传统体育中养生项目、武术运动和搏击运动的教学实践内容。最后介绍了各地域的民族传统体育教学项目的实践方法以及高校民族传统体育游戏活动的教学实践等内容。	李正恩、韦燊、马平军主编：《高校民族传统体育教学理论与实践》，中国时代经济出版社2013年版。
2013.09	韦丽春，郎耀秀，凌光明	《桂西北少数民族传统体育史》	该书为首部系统记述桂西北少数民族传统体育史的著作。内容包括桂西北少数民族传统体育概况，桂西北的壮族、瑶族、苗族、仫佬族、毛南族、侗族、水族7个世居少数民族的传统体育历史，并从民族概况、传统体育的形成与演变、传统体育的传承与发展、传统体育项目及分类4个方面进行编写。内容翔实，资料来源可靠，具有较高的资料与学术价值。	韦丽春、郎耀秀、凌光明：《桂西北少数民族传统体育史》，广西民族出版社2013年版。

续表

出版/发表时间	作者	书名/文献名称	主要研究内容	参考文献格式
2013.09	袁新国，樊新，张冬梅	《高校民族传统体育的文化发展与实践研究》	该书结合高校体育教学实际和需要，从民族传统体育文化的一般知识着手，逐渐深入地分析、阐述、介绍了高校民族传统体育文化理论知识与运动实践技能。理论部分，具体论述了民族传统体育文化基础知识、渊源、内涵，高校民族传统体育文化开展的意义、开展现状、发展途径、发展思路与对策，高校民族传统体育教学与改革相关问题的研究，以及高校民族传统体育实践营养与医务知识等。实践部分，主要介绍了民族传统体育养生项目技术技能，民族传统体育球类项目技术技能，高校常设民族传统体育项目技术技能，以及东北及内蒙古地区、西北地区、西南地区、中东南地区等民俗项目实践。	袁新国、樊新、张冬梅主编：《高校民族传统体育的文化发展与实践研究》，中国时代经济出版社2013年版。
2013.01	张选惠，李传国，文善恬	《民族传统体育概论》	该书内容包括：民族传统体育的特点、分类与价值；民族传统体育的历史渊源；民族文化与民族传统体育；区域少数民族传统体育等。	张选惠、李传国、文善恬主编：《民族传统体育概论》，电子科技大学出版社2013年版。
2013.01	庄长宽，闫严，路峰	《民族传统体育课程教学与健身研究》	该书分为理论与实践两部分，主要内容包括：民族传统体育的基础理论；民族传统体育课程教学的相关理论、教学发展；民族传统体育课程教学与健身的科学指导、医务指导；民族传统体育武术、养生和球类课程教学与健身；民族传统体育的常见项目和其他项目的课程教学与健身；民族传统体育课程游戏教学与健身等。	庄长宽、闫严、路峰主编：《民族传统体育课程教学与健身研究》，中国时代经济出版社2013年版。
2013.01	韦丽春	《红水河流域少数民族传统体育文化研究》	该书分区域性民族传统体育发展研究、民族传统体育课程资源开发与教学实践研究、民族传统体育舞蹈研究、民族传统体育旅游资源开发研究4个部分，分别从区域性发展、课程教学实践、体育舞蹈特点及开发、旅游资源开发等民族传统体育文化内容方面进行了较全面的探讨与研究，思考红水河流域民族传统体育的保护、传承和开发。	韦丽春：《红水河流域少数民族传统体育文化研究》，广西民族出版社2013年版。

续表

出版/发表时间	作者	书名/文献名称	主要研究内容	参考文献格式
2013.11	王攀	《民族传统体育文化发展与健身研究》	该书围绕着民族传统体育文化的发展与健身两个方面，重点分析了中华民族传统体育文化发展的历史、现状、未来走向、传承与保护，以及民族传统体育健身的理论、武术与其他民族传统体育项目的健身实践等内容。此外，还简要介绍了民族传统体育的基本常识及其相关研究理论。	王攀：《民族传统体育文化发展与健身研究》，吉林大学出版社2013年版。
2013.11	钱春波，王岩芳，邱斌	《我国民族传统体育健身理论与实践研究》	该书以中华民族传统体育为研究对象，对中华民族传统体育健身的相关理论与实践进行了详细的分析和阐述。全书可分为理论与实践两大部分。理论部分，对中华民族传统体育及其健身的相关理论进行了论述。包括：中华民族传统体育的基本知识；中华民族传统体育健身的生理学、心理学和运动学理论分析；中华民族传统体育养生与健身的关系；中华民族传统体育健身的科学指导研究。实践部分，分别对传统武术、养生气功、传统球类及一些常见项目和其他项目的健身实践进行了分析。	钱春波、王岩芳、邱斌编著：《我国民族传统体育健身理论与实践研究》，中国时代经济出版社2013年版。
2013.11	吴红梅	《少数民族传统体育文化》	该书是一部研究少数民族体育的理论专著。全书内容包括绪论、少数民族传统体育文化、少数民族传统体育教育、第九届全国少数民族传统体育运动会项目、各少数民族传统体育等内容。	吴红梅编：《少数民族传统体育文化》，中国戏剧出版社2013年版。
2013.12	薛锋，谢智学，姚重军	《民族传统体育概论》	该书分为上、中、下三编，其中上编为基础理论篇，中编为文化篇，下编为项目篇。以甘肃境内少数民族为着力点，在素材的选择上力求反映中华民族传统体育古朴的民族特征和其健身价值，不但是一种民族传统体育理论的综合，也可作为民族传统体育硕士研究生理论教学专业理论教材和民族传统体育本科教育的教学参考书。	薛锋、谢智学、姚重军主编：《民族传统体育概论》，民族出版社2013年版。

续表

出版/发表时间	作者	书名/文献名称	主要研究内容	参考文献格式
2013.12	闫艺	《西北少数民族传统体育变迁与发展趋势研究》	该书共分为5章，主要内容包括：西北地区少数民族传统体育的发展历程与演变、西北地区少数民族传统体育的形成机制和特征等。	闫艺：《西北少数民族传统体育变迁与发展趋势研究》，厦门大学出版社2013年版。
2013.12	武汉体育学院教务处	《武汉体育学院 武术与民族传统体育专业本科教学大纲》	该书为武汉体育学院"武术与民族传统体育"专业的教学大纲，涵盖基本课程及教学内容。	武汉体育学院教务处编：《武汉体育学院 武术与民族传统体育专业本科教学大纲》，武汉体育学院教务处2013年版。
2013.12	韦晓康，靳海涛，马强	《中国少数民族传统体育民间文学探析》	该书对西南、西北、华中、华北、华南、华东、东北等地区少数民族传统体育民间文学进行研究。认为民间传说与表述对少数民族传统体育的形成过程有重要影响；理论假设印证："口头传说和表述"与少数民族传统体育民间文学有关，明确了部分传统体育活动在非物质文化遗产目录里的归属问题。通过研究民间传说与表述对少数民族传统体育的形成具有重要影响，印证少数民族传统体育在人类早期民间文化建构中曾起到至关重要的作用。通过研究推动文学学科发展，促进文学、民族学、体育学等相关学科交叉融合，完善少数民族体育文化体系，为少数民族传统体育文化研究提供参考。	韦晓康、靳海涛、马强：《中国少数民族传统体育民间文学探析》，中央民族大学出版社2013年版。
2013.12	库热西·依布拉音	《新疆少数民族传统体育》	该书介绍了新疆维吾尔、哈萨克、蒙古、柯尔克孜、乌孜别克、塔塔尔等民族的且里西、叼羊、赛马、赛骆驼、麦西来甫、达瓦孜等120多项民族传统体育项目的产生和发展及比赛规则等内容。既是一本面向广大体育工作者、教师、教练员、体育爱好者的通俗读物，也是一本可供体育史研究人员参考的具有史料价值的书籍。	库热西·依布拉音编：《新疆少数民族传统体育》，新疆科学技术出版社2013年版。

续表

出版/发表时间	作者	书名/文献名称	主要研究内容	参考文献格式
2013.12	赵亮	《以武术为视野的高校民族传统体育教育可持续发展研究》	该书共分为7章。通过对武术运动的重要性和现状的探索，揭示武术运动在整个民族传统体育中所处的重要地位，以及武术不同于其他传统体育项目的特性，对高校武术教育总的发展现状和重要性进行分析，探讨了武术在学校教学的发展理论。结合湖北省的时间例证教育现状的问题，分析探究了湖北省武术课程的建设、学科面临问题与发展以及武术人才的培养，为武术教育现状和问题提供了实践依据。最后从学科建设、教师、教学等方面分别论述了高校武术教育的可持续发展对策。	赵亮：《以武术为视野的高校民族传统体育教育可持续发展研究》，吉林大学出版社2013年版。
2013.12	刘轶	《我国学校民族传统体育发展路径研究 以文化软实力为视角》	该书主要内容包括：学校民族传统体育文化审视；文化软实力与学校民族传统体育研究；学校民族传统体育的探索之路；学校民族传统体育的现实之路；文化软实力背景下学校民族传统体育的发展之路等。	刘轶：《我国学校民族传统体育发展路径研究 以文化软实力为视角》，湖北人民出版社2013年版。
2014	陈伟,颜绍泸	《民族传统体育教程》	该教材有所选择地介绍了民族传统体育项目的历史沿革、性质特点、发展现状、赛事开展情况等方面内容，并坚持"立足学校"的原则，在书中介绍了一些娱乐性强、锻炼价值高、师生喜闻乐见、容易在学校开展的民族传统体育项目。	陈伟、颜绍泸主编：《民族传统体育教程》，人民体育出版社2014年版。
2014.02	张选惠	《民族传统体育概论》	—	张选惠：《民族传统体育概论》，人民体育出版社2014年版。
2014.02	刘坚	《少数民族传统体育理论与实践》	该书分为理论篇与实践篇，共29章，重点介绍少数民族传统体育的发展、现状及展望，详细介绍民族式摔跤、独竹漂、吹枪、射弩、抢花炮、珍珠球、陀螺、高脚竞速、板鞋、毽球、舞龙、舞狮、押加等流传较广的少数民族传统体育的基础知识、基本技术、教学与训练等，该书从理论层面到操作层面，从整体介绍到竞技表演再到区域特色，既突出专业性，也兼具通识性。	刘坚主编：《少数民族传统体育理论与实践》，北京体育大学出版社2014年版。

续表

出版/发表时间	作者	书名/文献名称	主要研究内容	参考文献格式
2014.03	韦丽春	《少数民族传统体育教学研究》	该书共7章，内容包括：少数民族传统体育概述；少数民族传统体育教学的发展概况；少数民族传统体育教学的基本理论研究；少数民族传统体育教学中的功能研究等。	韦丽春：《少数民族传统体育教学研究》，中国书籍出版社2014年版。
2014.03	邓以华，姚仲凯，赵辉	《民族传统体育与项目教学研究》	该书是一部民族传统体育概述类书稿，共分为8章，主要阐述了民族传统体育的起源与发展、内容与分类、特点及价值等内容。介绍了武术、传统体育游戏、少数民族地区的传统体育项目教学的基本内容，能为人们从事民族传统体育健身或研究提供一定的帮助。致力于教学内容和教学方法的改革，努力建立以育人为宗旨，以增强体育意识、提高体育运动能力、培养运动习惯为主线的教材体系。	邓以华、姚仲凯、赵辉：《民族传统体育与项目教学研究》，新华出版社2014年版。
2014.03	廖永祥，孟亚彪，贺春亮	《我国民族传统体育理论与实践》	该书内容分为两大部分。第一部分为理论部分，介绍了中华民族传统体育的概念、性质、价值的原理。第二部分为实践部分，介绍了中华民族传统体育各种项目的发展与技术训练，目的是为广大读者提供更为全面的、科学的、实用的理论参考。	廖永祥、孟亚彪、贺春亮主编：《我国民族传统体育理论与实践》，中国时代经济出版社2014年版。
2014.03	李云清	《大理白族民族传统体育文化研究》	—	李云清：《大理白族民族传统体育文化研究》，吉林大学出版社2014年版。
2014.04	于振海，阎彬	《民族传统体育教程》	该书共分为12章，涵盖了对民族传统体育的概述以及当前体育院系开展较多的几个民族传统体育项目的技术、方法、教学以及竞赛裁判法等内容。	于振海、阎彬主编：《民族传统体育教程》，西安交通大学出版社2014年版。

续表

出版/发表时间	作者	书名/文献名称	主要研究内容	参考文献格式
2014.04	孙亚敏，黎桂华，崔熙	《高校民族传统体育课程设置与教学研究》	该书从理论与实践两个方面对高校民族传统体育课程设置与教学进行了全面、深入的分析，主要内容包括：民族传统体育概述、高校民族传统体育教学的基本理论、高校民族传统体育课程设置的基本理论、高校民族传统体育课程设置的现状及发展，高校民族传统体育武术课程、养生课程、搏击运动以及体育游戏的教学研究，各民族地区高校民族传统体育项目教学研究。	孙亚敏、黎桂华、崔熙：《高校民族传统体育课程设置与教学研究》，中国时代经济出版社2014年版。
2014.04	孙吉旺	《民族传统体育健身研究与教学指导》	该书从理论和实践两个方面对中华民族传统体育健身进行了分析和研究。理论部分在详细阐述民族传统体育基本知识的基础上，以现代健身、养生保健、运动医学、体育教学为切入点，对中华民族传统体育健身进行了科学、系统的研究；实践部分重点对中华民族传统体育常见项目的健身进行了教学实践指导，使整本书突出了科学性和实效性。	孙吉旺：《民族传统体育健身研究与教学指导》，中国时代经济出版社2014年版。
2014.05	陈玉凤	《武陵山区民族传统体育与流动儿童体质健康研究》	对武陵山区学龄流动儿童体质与健康进行系统全面的考察研究，掌握该地区学龄流动儿童的体质状况、存在的问题和体质变化的规律及发展趋势，并探讨该群体中民族传统体育开展的项目、运作方式、存在价值以及与流动儿童体质健康的内在联系与规律。	陈玉凤：《武陵山区民族传统体育与流动儿童体质健康研究》，民族出版社2014年版。
2014.05	邱毅	《民族传统体育养生功法习练研究》	该书对民族传统体育养生功法习练的理论研究深刻而细致，对民族传统体育养生功法习练的方法做了全面而独到的分析和阐述，为广大民族传统体育养生爱好者提供了借鉴和指导。全书主要内容包括：民族传统体育养生功法习练的理论基础、基本原理，民族传统体育养生之太极拳习练研究、静态与动态养生习练研究、功法习练研究、按摩保健功法习练研究，适应环境与群体的民族传统体育养生功法习练研究等。	邱毅：《民族传统体育养生功法习练研究》，吉林大学出版社2014年版。

续表

出版/发表时间	作者	书名/文献名称	主要研究内容	参考文献格式
2014.05	魏孟田，薛英俊，王怡	《民族传统体育文化构建与课程建设研究》	该书通过清晰系统的结构、简洁凝练的语言以及丰富全面的知识点，对民族传统体育的文化构建与课程建设进行了全面、深入的剖析和研究，主要内容包括：民族传统体育概述，民族传统体育文化学科的理论研究，民族传统体育基本理论体系构建、文化未来发展的体系构建、教学训练理论体系构建，民族传统体育课程建设的理论与发展研究以及武术课程、养生课程、搏击运动课程、各民族地区的课程教学与建设研究等。	魏孟田、薛英俊、王怡编：《民族传统体育文化构建与课程建设研究》，中国时代经济出版社2014年版。
2014.05	韩斌，高文洁，詹全友	《中国共产党少数民族传统体育文化保护和利用研究》	该书分为4部分：一是对中国共产党保护和利用少数民族传统体育文化的政策、法规进行系统梳理。二是系统研究保护和利用少数民族传统体育文化的成绩。三是系统研究保护和利用少数民族传统体育文化中存在的问题。四是系统研究保护和利用少数民族传统体育文化的对策。	韩斌、高文洁、詹全友：《中国共产党少数民族传统体育文化保护和利用研究》，湖北人民出版社2014年版。
2014.05	黄义军	《民族传统体育理论与创新》	该书从各个角度全面地介绍了民族传统体育的内容、特点与价值，系统地阐述了民族传统体育文化的研究内容、意义与原则。	黄义军：《民族传统体育理论与创新》，吉林人民出版社2014年版。
2014.05	房敏志	《民族传统体育与文化创新》	民族传统体育与文化创新是一个文化融合与体育健康不断创新和交流的过程，传统的体育文化交融需要不断适应社会变革，因此民族传统体育与文化创新需要照顾到社会需求与健康文化进程。	房敏志：《民族传统体育与文化创新》，现代出版社2014年版。
2014.06	刘景裕，罗婉红，王现强	《高校民族传统体育文化教学理论与实践创新探索》	该书对高校民族传统体育教育教学进行重新审视和定位，分别从教学指导思想、教学内容、教学方法和教学评价等方面进行阐述，以期构建出具有新要求的高校传统体育教学面貌。	刘景裕、罗婉红、王现强主编：《高校民族传统体育文化教学理论与实践创新探索》，吉林大学出版社2014年版。

续表

出版/发表时间	作者	书名/文献名称	主要研究内容	参考文献格式
2014.07	那春艳	《乌江流域少数民族传统体育研究》	该书针对乌江流域少数民族特殊的历史背景、人口分布、地理环境和文化差异的实际情况，采用多民族、跨省市、全流域的研究方法和多维视角，结合乌江流域少数民族生活习俗的特殊性及民族体育发展的现实境遇，对民族文化与民族精神、民族文化与民族传统体育、民族传统体育的特征进行了论述。乌江流域少数民族体育传统体育作为中华民族传统体育宝库中珍贵的历史文化资源，具有鲜明的民族性、地域性、娱乐性和民俗性。通过研究，旨在为少数民族传统体育"全球化"背景下的发展提供可操作性成果，并在中国特色全民健身体系以及和谐社会的构建中发挥更为积极重要的作用。	那春艳编著：《乌江流域少数民族传统体育研究》，电子科技大学出版社2014年版。
2014.07	彭立群	《新疆少数民族传统体育文化的发展及体系构建的研究》	该书讲述了新疆有54个少数民族，诞生了丰富多彩的民族传统体育项目。作者从社会学、民族学、文化学、传播学、体育学的视角对新疆少数民族传统体育文化的发展及体系构建问题进行了阐述。	彭立群：《新疆少数民族传统体育文化的发展及体系构建的研究》，北京体育大学出版社2014年版。
2014.07	张勇	《民族传统体育之武术探究》	该书共分为10章。第一章介绍了武术的概念、价值、特点、武术流派和武术的现状和发展；第二章主要阐述了武术的文化进程，包括武术的文化进程、武术与中国传统哲学和东方美学的联系以及武术的文化教育功能；第三章是传统武术基本功和基本动作，第四章至第九章分别介绍了少林拳、太极拳、武当拳、刀术、剑术等；第十章介绍了武术套路竞赛的赏析。	张勇主编：《民族传统体育之武术探究》，中国原子能出版社2014年版。

续表

出版/发表时间	作者	书名/文献名称	主要研究内容	参考文献格式
2014.07	宫祥辉，孙明和	《民族传统体育文化研究》	研究民族传统体育这种社会现象发生、发展的历史过程及其发展规律，是民族传统体育专业的课程。对民族传统体育理论与实践的学习和研究，将使我们在认识和探索传统体育的本质特征和历史演变的规律中，受到辩证唯物主义和历史唯物主义的教育，从而树立科学的传统体育文化观，并能够有效地提高我们的历史和文化修养，增强民族自豪感，使我们认识历史，把握现实，开创未来，更好地发展。	宫祥辉、孙明和：《民族传统体育文化研究》，新华出版社2014年版。
2014.08	王启明	《海南少数民族传统体育》	该书分为上、下两编：上编主要是理论部分。较详尽地阐述了海南少数民族传统体育的起源与发展、民族传统体育的性质特征、民族传统体育形成的文化基础、民族传统体育的功能与作用、民族传统体育活动在海南的分布情况以及发展状况与面临的主要问题等。下编主要是实践部分。为了适应学校民族体育的开发和突出地方特色，主要选取一些较为普及的、易推广开展的部分项目写入书中。	王启明主编：《海南少数民族传统体育》，华东师范大学出版社2014年版。
2014.08	代凌江，姜凤云，李微	《民族传统体育理论与健身实践研究》	该书的编写旨在认真贯彻执行《全民健身计划纲要》，全面介绍了民族传统体育的基本概念、内容、分类，起源与发展，性质与功能，地域分布与特征，系统地阐述了中国高校民族传统体育与全面健身的关系以及发展思路和对策，并分别介绍了武术、毽球、五禽戏、蹴球、珍珠球、木球、舞龙、舞狮、龙舟、秧歌等各种具有民族特色的传统体育项目。	代凌江、姜凤云、李微主编：《民族传统体育理论与健身实践研究》，九州出版社2014年版。
2014.08	范大明，刘尚礼，陈云鹏	《文化视野下的民族传统体育与养生》	—	范大明、刘尚礼、陈云鹏编著：《文化视野下的民族传统体育与养生》，吉林大学出版社2014年版。

续表

出版/发表时间	作者	书名/文献名称	主要研究内容	参考文献格式
2014.09	李繁荣	《民族传统体育文化及其传承研究》	该书对民族传统体育文化的概念做了界定，对其学科构建做了说明，概述了民族传统体育文化的内涵与特征、价值、历史变迁，介绍了民族传统体育项目的形成及分布、分类，研究了民族传统体育文化传承及其方式和途径，对新形势下民族传统体育文化传承与非物质文化遗产的保护和发展进行了论述和反思。	李繁荣：《民族传统体育文化及其传承研究》，山东大学出版社2014年版。
2014.09	刘万武	《民族传统体育理论与项目教学研究》	该书重点对民族传统体育的理论展开一定的研究和探讨，主要包括：民族传统体育概述；民族传统体育的发展研究；民族传统体育教学理论研究；民族传统体育教学中营养与保健研究；民族传统体育的武术项目教学；民族传统体育的搏击项目教学等内容。	刘万武：《民族传统体育理论与项目教学研究》，中国水利水电出版社2014年版。
2014.09	国家民族事务委员会文化宣传司，国家体育总局群众体育司	《少数民族传统体育项目竞赛和表演规则及裁判法》	该书主要内容包括：抢花炮竞赛规则，抢花炮竞赛裁判法；珍珠球竞赛规则，珍珠球竞赛裁判法；木球竞赛规则，木球竞赛裁判法；独竹漂竞赛规则，独竹漂竞赛裁判法；秋千竞赛规则，秋千竞赛裁判法；等等。	国家民族事务委员会文化宣传司、国家体育总局群众体育司编：《少数民族传统体育项目竞赛和表演规则及裁判法》，辽宁民族出版社2014年版。
2014.09	龚忠勇	《贵州少数民族传统体育文化遗产的保护和开发》	该书通过走访和实地调查，尽量挖掘和整理对贵州少数民族传统体育有利的项目，再到活动形式的扶持振兴与开发利用。只有保护好了该区域民族传统体育文化遗产，才有可能更好地加以开发。为了促进该地区的文化发展，应该走与旅游产业相结合、与现实生活相结合、与体育比赛相结合和加大向学校推进力度的道路。以西部大开发为契机，以"多彩贵州"为载体，实现贵州省少数民族传统体育经济化、竞技化、娱乐化、旅游化。	龚忠勇：《贵州少数民族传统体育文化遗产的保护和开发》，吉林大学出版社2014年版。

续表

出版/发表时间	作者	书名/文献名称	主要研究内容	参考文献格式
2014.09	臧留鸿	《新疆少数民族传统体育项目开发与推进新农村体育文化建设研究》	该书通过分析研究新疆维吾尔、哈萨克、蒙古等7个民族体育项目开发与推进新农村体育文化建设的互动机制，以及发展新疆少数民族传统体育的必要性与重要性，为农民群众参加体育锻炼提供了科学依据。	臧留鸿：《新疆少数民族传统体育项目开发与推进新农村体育文化建设研究》，新疆人民出版社2014年版。
2014.01	石爱桥	《民族传统体育概论》	该书主要通过绪论和对民族传统体育产生与嬗变、社会基础、特点作用与分类、地域分布、传承、国际交流、30个项目简介、组织与管理的介绍，使学生全面了解民族传统体育。	石爱桥主编：《民族传统体育概论》，人民体育出版社2014年版。
2014.01	张纲	《多维视野下少数民族传统体育价值分析》	该书从多维分析的视角出发，详细阐述了中国少数民族传统体育价值的选择、分析及重构问题，具体内容包括以下几方面：（1）少数民族传统体育的价值概论；（2）少数民族传统体育的价值取向；（3）少数民族传统体育的社会价值、文化价值、经济价值、教育价值；（4）少数民族传统体育的民俗价值；（5）少数民族传统体育运动会的文化遗产价值；（6）少数民族传统体育价值的重构与思考。	张纲：《多维视野下少数民族传统体育价值分析》，中国商务出版社2014年版。
2014.11	彭立群	《少数民族传统体育健身研究》	该书首先对少数民族传统体育理论基础、少数民族传统体育与全民健身计划纲要的实施进行阐述，然后分别研究和分析了东北、中东南、西北、西南地区的少数民族传统体育健身的现状、现有的健身项目以及未来的发展。最后，在结合对少数民族传统体育健身发展现状研究的基础上，预测了少数民族传统体育健身发展的趋势，并提出了其未来发展的相关建议及对策。总体来看，该书内容丰富、结构清晰、知识全面，集时代性、科学性、可行性于一体，不仅能极大地提高人们对少数民族传统体育的认识，同时对人们研究少数民族传统体育具有一定的参考价值。	彭立群：《少数民族传统体育健身研究》，中国商务出版社2014年版。

续表

出版/发表时间	作者	书名/文献名称	主要研究内容	参考文献格式
2014.11	董必凯	《民族传统体育文化新探与实践应用》	民族传统体育是中华民族传统文化的凝结点,也是重要的体现形式,民族传统体育文化是其中非常重要的一项研究内容。对民族传统体育文化进行解析,能够促进民族传统体育的发展,增强其文化积淀。该书从当前的时代背景出发来研究民族传统体育,对民族传统体育文化进行最新的探索,在广度和深度上都有一定的突破,并对其实践应用进行分析,充分体现了时代性的特点。	董必凯:《民族传统体育文化新探与实践应用》,吉林人民出版社2014年版。
2014.12	庞辉	《传统与现代之间全球化视域下的新疆少数民族传统体育》	该书分为历史演变篇、多元文化篇、宗教并存篇、民族发展篇、现实应用篇5部分。主要包括:新疆古代少数民族传统体育的波折发展、新疆近代少数民族传统体育的艰难发展道路、新中国成立后新疆少数民族传统体育的发展等。	庞辉:《传统与现代之间 全球化视域下的新疆少数民族传统体育》,北京体育大学出版社2014年版。
2014.12	胡南	《白城地区少数民族传统体育文化研究》	该书较详细地介绍了少数民族传统体育的概念、起源、特征、功能、价值、特性等;对少数民族传统体育项目逐一进行了介绍;为了使少数民族传统体育文化得到传承,专门介绍了各传统体育项目的教学和竞赛方法。	胡南:《白城地区少数民族传统体育文化研究》,吉林文史出版社2014年版。
2014.12	张辉	《民族传统体育健身研究与教学指导》	该书在系统、全面介绍民族传统体育基本知识和学科基础知识的基础上,对民族传统体育的文化价值及健身理论进行了研究,同时重点分析了民族传统体育的健身保健内容,并结合当前高校民族传统体育的教学现状,深入分析了高校民族传统体育所面临的问题以及未来的发展方向,提出了相关建议和对策。此外,该书还对学校民族传统体育项目的教学实践进行了详细的指导,对民族传统体育健身爱好者及教学工作者开展健身和教学活动具有较好的指导作用。	张辉:《民族传统体育健身研究与教学指导》,吉林大学出版社2014年版。

续表

出版/发表时间	作者	书名/文献名称	主要研究内容	参考文献格式
2014.12	胡斌，熊亚兵，杜文	《民族传统体育文化生态学与项目实践》	该书从社会学的视角，分析当前中华民族传统体育文化传承中存在的问题及其原因，探寻民族传统文化传承的一般规律，就民族传统体育文化传承与和谐社会建设的关系进行理论探索和实证研究。具体包括民族传统体育文化的理论渊源、相关概念、学科体系构建等多方面内容。	胡斌、熊亚兵、杜文编：《民族传统体育文化生态学与项目实践》，吉林大学出版社2014年版。
2015	石生泰，王扎西	《中华民族传统体育大观》	该书收集、整理了中国56个民族创造的具有浓郁民族特色的传统体育项目。这些民族传统体育运动来源于生活，具有鲜明的民族特色和广泛的群众基础，内容丰富、形式多样、风格古朴，可谓是中华民族文化宝库中的瑰宝。	石生泰、王扎西主编：《中华民族传统体育大观》，人民体育出版社2015年版。
2015.02	李遥远	《贵州省民族传统体育旅游产业研究》	对体育旅游产业的产生与发展及相关的理论知识进行介绍，并对贵州省民族传统旅游资源的开发现状、分布特征等进行阐述，提出了贵州省民族地区产业化的发展路径，以及相关的政策建议。	李遥远：《贵州省民族传统体育旅游产业研究》，东北师范大学出版社2015年版。
2015.03	李武绪	《民族传统体育文化创新研究》	该书在介绍民族传统体育文化的相关概念、民族传统体育文化的起源与发展的基础上，阐述了民族传统体育文化的内涵、特征及价值、学科构建，并对中国传统文化与民族传统体育的关系进行了分析，列举了一些典型的民族传统体育运动项目，探讨了民族传统体育文化的传承创新、民族传统体育文化与和谐社会构建的内在关系。	李武绪：《民族传统体育文化创新研究》，光明日报出版社2015年版。
2015.04	佟贵锋，杨树叶	《民族传统体育与文化》	该书对项目起源、发展、特点、技战术、比赛规则等方面进行了阐述。主要内容包括：总论、民族传统体育的起源与发展，民族传统体育的分类、特点、功能与价值，民族传统体育文化等。	佟贵锋、杨树叶主编：《民族传统体育与文化》，大连理工大学出版社2015年版。

续表

出版/发表时间	作者	书名/文献名称	主要研究内容	参考文献格式
2015.06	汤立许	《民族传统体育项目教材化与评价体系研究》	该书主要内容包括：绪论，教材化的几个基本概念，中华民族传统体育素材的分析，民族传统体育项目教材化的理论基础，课程价值取向对学校民族传统体育影响，民族传统体育项目教材化的指导思想、原则与步骤。	汤立许：《民族传统体育项目教材化与评价体系研究》，湖北人民出版社2015年版。
2015.06	戴国斌	《普通高等学校民族传统体育专业主干课教材 民族传统体育概论 第2版》	该书是在教育部普通高校体育教学指导委员会的指导下，依据民族传统体育专业本科课程方案，汇集全国高等院校民族传统体育专业的教授专家合力编写的。全书共分7部分，主要介绍了民族传统体育的基本概念，研究民族传统体育的必要性，民族传统体育的起源、发展、内容、分类、特点、价值和功能，民族传统体育与中国传统文化，民族传统体育的传承与保护，民族传统体育的主要项目等内容。	戴国斌：《普通高等学校民族传统体育专业主干课教材 民族传统体育概论 第2版》，高等教育出版社2015年版。
2015.06	戴国斌	《民族传统体育概论 第2版》	主要内容包括：绪论，民族传统体育的起源和发展历程，民族传统体育的特征、价值和功能，民族传统体育的内容与分布，民族传统体育与传统文化，民族传统体育的保护与传承，民族传统体育的产业化发展，民族传统体育的主要项目介绍等。	戴国斌主编：《民族传统体育概论 第2版》，高等教育出版社2015年版。
2015.06	汤立许	《我国民族传统体育发展战略研究》	中华民族传统体育项目的分布概况；中华民族传统体育发展的演进；中华民族传统体育发展的战略环境；构建新时期民族传统体育的发展战略；等等。	汤立许：《我国民族传统体育发展战略研究》，人民体育出版社2015年版。
2015.08	芦金峰	《甲骨文与民族传统体育因素研究》	以出土的殷墟甲骨卜辞文字材料为核心，以先秦史料中《周礼》《左传》《论语》《尔雅》等历史文献为参考，紧密联系西周、春秋时期的社会生活制度，金文资料和商代考古成果，采取历史典籍与出土材料相互印证、相互补充的"二重证据法"。通过对相关甲骨文字的考释与辨析，对卜辞材料系统地进行分析归纳，努力探索殷商时期的民族传统体育的具体内涵、性质、特点以及作用，初步建立起从甲骨卜辞来构建殷商体育史的架构。	芦金峰：《甲骨文与民族传统体育因素研究》，中国社会科学出版社2015年版。

续表

出版/发表时间	作者	书名/文献名称	主要研究内容	参考文献格式
2015.08	周洪生，周健川	《最受欢迎的全民健身项目指导用书 民族传统体育 彩图版》	主要内容包括：什么是民族传统体育、民族传统体育的起源与发展、中国传统文化与民族传统体育、竞技表演性民族传统体育和健身娱乐性民族传统体育。	周洪生、周健川编著：《最受欢迎的全民健身项目指导用书 民族传统体育 彩图版》，吉林文史出版社2015年版。
2015.09	杨建成	《民族传统体育发展研究》	该书在厘清民族传统体育发展历史轨迹的基础上，对民族传统体育的概念、作用、功能等方面进行梳理，考察了民族传统体育发展的哲学渊源，对民族传统体育现状进行研究，考察了民族传统体育的一些主要领域的现实情况，并提出了发展民族传统体育的一些建议。	杨建成：《民族传统体育发展研究》，河海大学出版社2015年版。
2015.01	冯强	《云南少数民族传统体育的系统性研究》	该书主要从云南少数民族传统体育的缘起及基本特质、云南少数民族传统体育的功能及表现形式、云南少数民族传统体育项目及分类、运动竞技类少数民族传统体育研究、运动娱乐类少数民族传统体育研究、云南宗教（节庆）类少数民族传统体育研究、运动休闲旅游类少数民族传统体育研究、云南少数民族传统体育文化内涵与现代适应几个方面进行了系统性研究。	冯强：《云南少数民族传统体育的系统性研究》，光明日报出版社2015年版。
2015.11	周之华	《中华民族传统体育文化概论》	中华民族传统体育的起源和发展、中华民族传统体育的文化品质、中华民族传统体育文化功能、中华民族传统体育文化的区域分布等。	周之华主编：《中华民族传统体育文化概论》，北京体育大学出版社2015年版。
2015.11	高文峰，刘克全	《中国民族传统体育游戏》	民族传统体育游戏是民族文化的重要组成部分。它根植于民族生产方式、生活方式、风俗习惯和民族意识。民族传统体育游戏包含3层意思：一是体育的，二是民族的，三是传统的。	高文峰、刘克全编著：《中国民族传统体育游戏》，兰州大学出版社2015年版。
2015.12	刘启坤	《少数民族传统体育理论与技能》	该书从中国少数民族传统体育文化的源流、功能、定位、发展，到各竞赛项目的教学难易点、选材、训练方法、竞赛规则等。	刘启坤编著：《少数民族传统体育理论与技能》，云南大学出版社2015年版。

续表

出版/发表时间	作者	书名/文献名称	主要研究内容	参考文献格式
2015.12	刘世海	《民族传统体育教学与推广研究》	主要涵盖民族传统体育的理论知识、民族传统体育教学、民族传统体育国内国际推广三大板块。其中，理论知识板块主要有民族传统体育的起源、发展、内容、性质、功能构成；民族传统体育教学板块主要由技击壮力类民族传统体育运动教学、休闲娱乐类民族传统体育运动教学、养生健身类民族传统体育运动教学；民族传统体育推广板块主要由民族传统体育的国内推广、民族传统体育的国际推广构成。	刘世海：《民族传统体育教学与推广研究》，光明日报出版社2015年版。
2015.12	薛欣	《我国高等民族传统体育教育发展研究》	该书主要内容包括：导论、中华民族传统体育专业教育发展理论、中华民族传统体育专业教育发展现状、民族传统体育专业教育发展影响因素、民族传统体育专业教育发展思路与措施，等等。	薛欣：《我国高等民族传统体育教育发展研究》，北京体育大学出版社2015年版。
2015.12	刘启坤	《云南省普通高等学校"十二五"规划教材 少数民族传统体育理论与技能》	全书从中国少数民族传统体育文化的源流、功能、定位、发展，到各竞赛项目的教学难易点、选材、训练方法、竞赛规则等。	刘启坤：《云南省普通高等学校"十二五"规划教材 少数民族传统体育理论与技能》，云南大学出版社2015年版。
2016.04	刘金生	《湖北省少数民族民间民俗传统体育项目课程资源的开发与利用研究》	主要内容包括：民间民俗传统体育运动的理论研究，运动项目的体育形态，运动项目课程资源开发，湖北省部分民间、民俗传统体育项目集萃。	刘金生：《湖北省少数民族民间民俗传统体育项目课程资源的开发与利用研究》，北京体育大学出版社2016年版。
2016.06	陈晓梅	《民族传统体育文化的弘扬与典型项目教学指导》	该书重点研究民族传统体育文化的弘扬与典型项目教学指导，在民族传统体育文化的弘扬这一理论部分，主要研究内容有民族传统体育的基本知识、发展历程与现状、内涵解析等；在典型项目教学指导这一实践部分，重点涉及的项目有武术、养生气功、民间民俗体育等。	陈晓梅：《民族传统体育文化的弘扬与典型项目教学指导》，中国水利水电出版社2016年版。

续表

出版/发表时间	作者	书名/文献名称	主要研究内容	参考文献格式
2016.06	刘小学	《中国民族传统体育在北欧的传播模式的研究》	该书分为绪言，文献综述，研究对象、方法与技术路线，研究结果与讨论，研究结论与建议6章，主要包括：研究意义与研究依据、中华民族传统体育文化相关研究综述、中华民族传统体育文化海外传播的研究综述等。	刘小学：《中国民族传统体育在北欧的传播模式的研究》，北京体育大学出版社2016年版。
2016.07	刘坚	《云南省少数民族传统体育非物质文化遗产保护与传承研究》	该书分为前言、研究综述、研究对象与研究方法、分析与讨论、结论与建议5部分，主要内容包括：研究问题的缘起、研究意义、理论基础、核心概念的解读、少数民族传统体育文化传承的社会学分析等。	刘坚：《云南省少数民族传统体育非物质文化遗产保护与传承研究》，北京体育大学出版社2016年版。
2016.08	夏思永	《少数民族传统体育实现教育功能途径的研究》	该书主要研究：少数民族传统体育的缘起，少数民族传统体育的分类，少数民族传统体育的文化内涵、特征，少数民族传统体育的教育功能，少数民族传统体育的教育价值，少数民族传统体育与教育活动的关系等内容。	夏思永：《少数民族传统体育实现教育功能途径的研究》，西南师范大学出版社2016年版。
2016.08	田祖国	《国家文化软实力与民族传统体育发展的制度保障研究》	立足于提升国家文化软实力，建构民族传统体育发展的长效保障机制，完善民族传统体育制度保障体系，促进民族传统体育的发展与传承，保护文化多样性，保障体育事业与社会经济的和谐发展，在体育领域探索提升国家文化软实力的新途径。	田祖国：《国家文化软实力与民族传统体育发展的制度保障研究》，民族出版社2016年版。
2016.09	舒云久	《大学体育民族传统体育类》	该书以民族传统体育运动起源与发展、特点与分类、基本技术、动作套路为主线，从高校民族传统体育现实需求出发，结合民族传统体育项目的理论与实践，对教材进行了较为系统、全面的梳理。	舒云久：《大学体育民族传统体育类》，高等教育出版社2016年版。

续表

出版/发表时间	作者	书名/文献名称	主要研究内容	参考文献格式
2016.01	徐泽	《民族传统体育发展与实践研究》	该书主要内容包括：民族传统体育概述、民族传统体育的科学化发展研究、民族传统体育之武术实践、民族传统体育之球类项目实践、民族传统体育之其他项目实践、民族传统体育项目的运动保健等。	徐泽：《民族传统体育发展与实践研究》，人民日报出版社2016年版。
2016.11	王锴，马宏俊	《民族传统体育理论创新与教学实践》	该书对民族传统体育的理论与教学进行了研究，主要包括民族传统体育基本知识与发展概况、民族传统体育养生理论及创新、民族传统体育产业化发展理论及创新、民族传统体育科学化发展理论及创新、民族传统体育教学训练理论及创新、民族传统体育之武术项目教学实践、民族传统体育之搏击项目教学实践以及富于区域色彩的少数民族传统体育教学实践。	王锴、马宏俊：《民族传统体育理论创新与教学实践》，中国书籍出版社2016年版。
2016.12	施兰平	《浙江省世居少数民族传统体育口述史研究》	运用口述史的研究方法研究了浙江省嘉兴市回族和畲族的民族传统体育项目。	施兰平：《浙江省世居少数民族传统体育口述史研究》，浙江工商大学出版社2016年版。
2016.12	徐彬，李兵	《民族传统体育项目运动员体能评价及训练理论体系研究》	该书主要以民族传统体育项目运动员的体能训练为基础，从身体形态、身体素质、身体机能3个方面进行了详细的阐述，提出了民族传统体育项目运动员体能训练及评价模型等。	徐彬、李兵：《民族传统体育项目运动员体能评价及训练理论体系研究》，人民出版社2016年版。
2017.02	胡永红	《韶关市少数民族传统体育文化通览及其可持续发展研究》	该书从分析韶关市民族概况入手，以对"三民体育"（民族体育、民俗体育、民间体育）的概念辨析为逻辑起点，分别对其起源、历史流变和发展概况加以介绍，分析了"三民体育"的价值和功能，剖析了面临的挑战和困境，提出了发展韶关市"三民体育"的策略。	胡永红：《韶关市少数民族传统体育文化通览及其可持续发展研究》，北京体育大学出版社2017年版。

续表

出版/发表时间	作者	书名/文献名称	主要研究内容	参考文献格式
2017.04	陶坤	《武陵山区民族民俗传统体育教程》	教材内容分理论和实践两大部分。理论部分主要包括：武陵山区民族民俗传统体育的内容和分类、武陵山区民族民俗传统体育的功能和价值、武陵山区民族民俗传统体育的起源、武陵山区民族民俗传统体育的发展现状和趋势、武陵山区民族民俗传统体育的保护和传承等。实践部分主要介绍适合于体育教学、具有代表性的民族民俗传统体育项目，如侗族的抢花炮、苗族的高脚马、壮族的板鞋、土家族的摆手舞以及在各民族群众中流传很广的滚铁环和形式多样的传统舞龙等。	陶坤：《武陵山区民族民俗传统体育教程》，湖南人民出版社2017年版。
2017.05	薛凌	《高校民族传统体育理论、发展与技能研究》	主要内容包括：民族传统体育理论概述；学校教育与民族传统体育教育学研究；高校民族传统体育教学理论与方法指导研究；基于文化软实力视角下的高校民族传统体育发展研究等。	薛凌：《高校民族传统体育理论、发展与技能研究》，中国水利水电出版社2017年版。
2017.05	《中国少数民族传统体育大全》编委会	《中国少数民族传统体育大全》	通过挖掘、整理，集民族性、竞技性、观赏性于一体的许多少数民族传统体育项目在全国少数民族传统体育运动会上进行展示，其中一些更为完善和成熟的项目被列入全国民族运动会的竞赛项目。为使少数民族传统体育项目更好地传承与发展，让更多的人认识和了解民族体育，也对当代中国少数民族传统体育60年的工作进行阶段性总结。该书将收录党和国家领导人对民族体育事业的关怀、55个少数民族介绍、少数民族传统体育项目介绍、全国少数民族运动会竞赛项目介绍、全国和地方少数民族传统体育运动会情况介绍以及地方民族体育发展状况等内容。	《中国少数民族传统体育大全》编委会编著：《中国少数民族传统体育大全》，辽宁民族出版社2017年版。

续表

出版/发表时间	作者	书名/文献名称	主要研究内容	参考文献格式
2017.06	陈炜，朱岚涛，文冬妮	《桂滇黔少数民族传统体育文化资源调查与开发利用研究》	该书对桂滇黔少数民族传统体育文化资源的数量与规模、类型与分布、起源与特征、功能与价值、生存现状与发展趋势等进行了全面系统的调查分析，从社会、经济、文化3个层面阐述了桂滇黔少数民族传统体育文化资源开发利用的重要性和意义，然后在对其开发利用的现实成就、存在问题和开发影响因素、开发前景等问题进行深入剖析的基础上，充分吸收国内外有关传统体育文化开发利用的成功经验，因地制宜地构建开发利用的具体模式，并在实证研究的基础上提出促进开发利用的对策建议。	陈炜、朱岚涛、文冬妮：《桂滇黔少数民族传统体育文化资源调查与开发利用研究》，科学出版社2017年版。
2017.01	薛文忠	《当代武术与民族传统体育专业人才培养模式》	该书共分为8章。第一章对民族传统体育和武术从总体上进行了概述，内容涵盖民族传统体育和武术的定义、特征、起源、发展、分类以及价值和文化作用等。第二章从民族传统体育武术的科学化发展及民族精神、东西方文化交流等方面对武术进行了发展趋势研究。第三章主要针对武术教育的价值进行了分析。第四章重点分析了武术在高校的发展概况，结合武术在高校中面临的种种实际问题和制约因素，提出了相应的对策。第五章从4个方面对武术体育人才培养典型模式进行了研究。第六章论述了武术体育人才的激励机制。第七章构建了武术体育人才培养新模式。第八章对学校武术教育课程改革进行了介绍。	薛文忠：《当代武术与民族传统体育专业人才培养模式》，东北师范大学出版社2017年版。

附录一　新中国70年文献研究情况

续表

出版/发表时间	作者	书名/文献名称	主要研究内容	参考文献格式
2017.01	王海军	《民族传统体育文化的传承发展与保护研究》	该书主要以民族传统体育文化的传承发展与保护为研究对象，以人类学、民俗学、社会学和体育学为基础，借鉴和整理国内外学者的研究成果，运用文献资料法、访谈法、田野调查法、数理统计法等。通过对民族传统体育文化概述、各地区民族传统体育的分布情况、中国古代民族传统体育文化、中国近代民族传统体育文化、民族传统体育文化融合与研究进展等进行研究，同时以河北省民族传统体育文化的整体为案例，以邢台梅花拳为例子进行了深入研究。	王海军：《民族传统体育文化的传承发展与保护研究》，东北师范大学出版社2017年版。
2018.04	彭立群	《民族传统体育与学校体育相结合研究》	该书共分为6章，其主要内容包括：学校民族传统体育的发展情况研究、民族传统体育与学校体育结合的合理性研究、学校民族传统体育教学研究、学校课余民族传统体育训练研究、学校课余民族传统体育活动研究等。	彭立群：《民族传统体育与学校体育相结合研究》，中国商务出版社2018年版。
2018.06	王智慧	《尚武精神的消逝社会变迁下的民族传统体育文化记忆与传承》	为进一步揭示中华民族传统体育文化的本源与传承方式，该书运用文献资料研究与文本分析等方法对中华民族传统体育的本源、表征与传承方式进行分析。主要观点：中华民族传统体育文化的原点是建立在农业文明基础上的文化体系，其传承机制严格恪守宗法制度；以图腾、宗教等精神信仰构成了中华民族传统体育文化传承的精神力量，"一体多元"是中华民族传统体育文化的整体特征和文化规训方式，社会变迁促使民族传统体育文化发生变革；地域性、民族性、民俗性，苦行主义，重表演、重过程、轻竞技的思维是中华民族传统体育文化的基本表征；传统的传承机制是构建在血缘和模拟血缘关系基础上的，而现代社会的传承主要是建立在契约关系上，中华民族传统体育文化的传播范围主要呈现本土化传播和跨区域传播两种态势。	王智慧：《尚武精神的消逝社会变迁下的民族传统体育文化记忆与传承》，北京体育大学出版社2018年版。

续表

出版/发表时间	作者	书名/文献名称	主要研究内容	参考文献格式
2018.09	田玲玲，王清	《我国民族传统体育文化的传承与发展研究》	该书是在对民族传统体育进行长期研究、搜集大量相关资料的基础上撰写的，重点对民族传统体育文化的基本知识及研究、内涵与价值、追根溯源及交流与融合、现代传承与发展、区域传播与发展、在学校的传承与发展、产业化发展等内容进行了详尽的分析。	田玲玲、王清：《我国民族传统体育文化的传承与发展研究》，中国水利水电出版社2018年版。
2018.11	张世威	《乌江流域民族传统体育文化通融性考论》	该书着重以乌江流域少数民族传统体育文化为研究个案，在对乌江流域少数民族传统体育文化及区域文化进行相关梳理及定义的基础上，着重揭示和阐释了少数民族传统体育文化与区域文化通融性发展的逻辑关系与表象，探索和厘析了少数民族传统体育文化与区域文化通融性发展的价值诉求和现实镜像，并尝试着构建出少数民族传统体育与区域文化通融性发展的"文化空间体"模型及机制对策，其宗旨是为少数民族传统体育文化的保护提供帮助。	张世威：《乌江流域民族传统体育文化通融性考论》，中国社会科学出版社2018年版。

附录二 全国各省市区民族运动会开展情况

省份	时间	届数	举办地点	参与民族、运动员	主要项目
安徽省	1998.10	第三届	合肥市	有回族、满族、畲族、壮族、藏族、土家族等10个少数民族。	比赛项目是武术、摔跤、毽球、蹴球4个大项17小项。
安徽省	2002.11	第四届	黄山市	全省有16个市组成代表团参加大会，共有回、满、畲等12个少数民族486名运动员。	武术、民族式摔跤、毽球、墩球、押加5个项目的比赛。
安徽省	2006.11	第五届	淮北市	全省17个地市的12个少数民族的636名少数民族运动员参加。	本次比赛共设立武术、押加、高脚竞速、民族式摔跤、蹴球、毽球、民族健身操表演赛等富有民族特色的竞赛项目。
安徽省	2010.11	第六届	蚌埠市五河县	来自全省17个市13个少数民族的372名运动员参加了比赛。	本届运动会共设武术、民族式摔跤、毽球、毗球、押加、高脚竞速6个大项50个小项及表演项目。
安徽省	2014.11	第七届	安庆市	全省16个市全部组团参加，共约1200人。	运动会设武术、民族式摔跤、毽球、蹴球、押加、高脚竞速、陀螺7个大项。
安徽省	2018.11	第八届	蚌埠市	全省16个地市均派出代表团参加本届民族运动会，参赛运动员、教练员、裁判员近1300人。参加本届民族运动会的643名运动员分别来自回族、满族、蒙古族、壮族、土家族、布依族、黎族、彝族、朝鲜族、瑶族、苗族、白族、维吾尔族、傣族、哈萨克族、藏族、畲族、侗族等20个民族。	参加本届民族运动会的643名运动员分别来回族、满族、蒙古族、壮族、土家族、布依族、黎族、彝族、朝鲜族、瑶族、苗族、白族、维吾尔族、傣族、哈萨克族、藏族、畲族、侗族等20个民族。运动会共设武术、民族式摔跤、毽球、蹴球、押加、高脚竞速、陀螺和板鞋竞速8个大项59个小项，比赛全部在蚌埠体育中心举行。本届省少数民族运动会的规模、设项、人数均超过了历届。

续表

省份	时间	届数	举办地点	参与民族、运动员	主要项目
北京市	1985	第一届	北京	18个区县，中央民族学院、北京体育大学3000名运动员参加。	摔跤、踢毽、木球、采珍珠、狩猎、赛威呼、双飞舞7个竞赛项目；中幡、跳骆驼、跳板、格吞、秋千、景颇刀术等表现项目。
北京市	1987	第二届	北京	17个区县，1000名运动员参加。	采珍珠、木球、铜锣3项，表演有摔跤、竿球、格吞、踩条4项。
北京市	1991	第三届	北京	13个区县，36个民族参加。	踢毽、木球、采珍珠、狩猎、赛威呼、双飞舞等竞赛项目；摔跤、武术等表演项目。
北京市	1995	第四届	北京	18个区县，1251名运动员。	采珍珠、武术、摔跤、棋类、拽包、夹包、赶羊跑、推铁环、踢石球等比赛项目。
北京市	1998	第五届	北京	18个区县，1326名运动员。	珍珠球、蹴球、推铁环、夹包、押加、摔跤、武术、毽球、花毽、棋类。
北京市	2002	第六届	北京	22个民族，3000名运动员。	珍珠球、蹴球、摔跤等。
北京市	2006	第七届	北京	18个区县，3851名运动员。	集体太极拳、健身秧歌等。
北京市	2010	第八届	北京	18个区县，5000多名运动员。	集体太极拳、健身秧歌等。
北京市	2014	第九届	北京	全市16个区县均组团参赛，参赛人数达6000余人，涵盖23个少数民族。	18个民族传统体育竞赛、表演项目。
北京市	2018.8	第十届	北京	本届运动会16个区全部组团参加，共有来自22个不同民族的运动员参赛，参会人数6000多人。	运动会共设珍珠球、冰蹴球、民族健身操、柔力球等12个竞赛项目，太极拳、健身秧歌等6个表演项目。
福建省	1986	第一届	宁德市	—	—
福建省	1990	第二届	福安市	—	—
福建省	1999.5	第四届	上杭市	来自全省9个地市的畲、回、高山、满、蒙古、藏、汉等族的运动员、教练员共560多人参加了本届民运会，3个竞赛项目共决出金牌14枚，有60多名运动员获得了竞赛项目的多个奖项。	本届民运会设射弩、毽球、武术3个竞赛项目，共有22个表演项目。

续表

省份	时间	届数	举办地点	参与民族、运动员	主要项目
福建省	2003.12	第五届	漳州市	全省9个设区市代表团600多名畲族、高山族、回族、满族、蒙古族等少数民族运动员参赛。	本届民族运动会规模大、项目多，设蹴球、毽球、射弩、武术、高脚竞速、木球6个竞赛项目（后木球因无对手改为表演项目）和14个表演项目。
福建省	2006.12	第六届	泉州市	福建省民宗厅、体育局主办，泉州市人民政府承办。全省9个市区组团参赛。	运动会设有武术、毽球、蹴球、高脚竞速、板鞋竞速、射弩6个大项72个小项的竞赛项目和竞技、技巧、健身操、综合4类表演项目。
福建省	2011.5	第七届	莆田市	全省9个地市代表团的近千名选手展开角逐。	运动会以"民族盛会，和谐海西"为主题，共设置竞赛和表演项目两大类，竞赛项目有蹴球、毽球、射弩、武术、陀螺、高脚竞速、板鞋竞速7项，金牌总数为36枚。
福建省	2014.11	第八届	厦门市	来自全省9个设区市共计1300多人参加。	共设6个大项36个小项竞赛项目和3大类15个表演项目。
福建省	2018.11	第九届	三明市	全省9个设区市及平潭综合实验区共10个代表团780人参加。	运动会设置蹴球、射弩、陀螺、民族武术、高脚竞速、板鞋竞速6个竞赛项目以及综合类、竞技类和技巧类等16个表演项目。
福建省	—	第三届	连江县	—	—
甘肃省	1985.7	第一届	甘南藏族自治州州府合作镇（现在的合作市）	甘南、临夏自治州及酒泉地区的肃北、阿克塞，张掖地区的肃南，天水地区的张家川自治县等13个地区的代表团参加比赛，运动员有藏、蒙古、回、满、土、裕固、哈萨克等7个民族的339人。	赛马、赛牦牛、摔跤、大象拔河，表演项目：乘马接力、卡车交、驮垛、举皮胎、藏族下方、秋千、打梭、赶猪、藏毛旦旦、射箭、骑马捡哈达、马上舞红旗、马上射击等20项。
甘肃省	1989.9	第二届	临夏回族自治州州府临夏市	参加单位有兰州、天水、金昌、嘉峪关市，平凉、酒泉、张掖、陇南、武威、定西地区，甘南、临夏自治州和各大专科院校等13个代表团，各民族代表共532人。	赛马、摔跤、大象拔河，表演项目：打梭、驮垛、抢花炮等11项。

续表

省份	时间	届数	举办地点	参与民族、运动员	主要项目
甘肃省	1994.9	第三届	张掖市肃南裕固族自治县	全省14个地州市及西北民族学院、西北少数民族师资培训中心和合作师专共16支代表队的500人参加了比赛。	赛马、民族式摔跤、大象拔河、武术，表演项目：打枕杨、夺腰刀、叼羊、姑娘追、马术5项。
甘肃省	1998.9	第四届	武威市	全省17个代表团的汉、藏、回、东乡、保安、裕固、满、蒙古等10个民族的509人（运动员217人）参加了比赛。	民族式摔跤、马上项目、大象拔河、武术，表演项目：姑娘追、叼羊、顶杆子、赛尕尕、射弩5项。
甘肃省	2002.8	第五届	兰州	17个代表团的运动员及裁判员、工作人员等700人参加了这届民运会。	民族式摔跤、武术、押架、马上项目，表演项目：姑娘追、叼羊、马上拔红旗、集体走马、拔棍、夺腰刀、顶杠子、八极拳8项。
甘肃省	2005.8	第六届	嘉峪关市	1246人参加了此次大会，较上届增加了450多人。	押加、射弩、珍珠球、武术、摔跤、马术，表演项目：姑娘追、羊走马、拔棍、夺腰刀、顶杠子、太极柔力球、花棍秧歌7项。
甘肃省	2010.7	第七届	酒泉市	参赛人员达1300人，运动员包括汉族、回族、藏族、满族、土族、蒙古族、裕固族、东乡族、哈萨克族、维吾尔族等民族，是历届民运会中项目最多、规模最大、参赛人数最多的一次大会。	民族式摔跤、武术、押加、马上项目、陀螺、板鞋竞速、高脚竞速，表演项目：姑娘追、叼羊、马上斩劈、拔棍、夺腰刀、健身锅庄、白马魂、吉祥祁连、健美操、太极拳10项。
甘肃省	2014.8	第八届	庆阳市	来自各市州、院校的17支代表队的848名参加竞赛项目、105名参加表演项目的少数民族体育健儿，将分别在庆阳体育馆、庆阳体场场、庆阳六中体育场、和谐广场4个场馆（地）进行激烈角逐和演出。	设置竞赛项目和表演项目两大类，竞赛项目有民族式摔跤、武术、押加、高脚竞速、板鞋竞速、陀螺、射弩、民族健美8个大项74个小项，表演项目有锅庄舞、东乡族拔棍、保安族夺腰刀、维吾尔族踢踏舞、顶杠子5个大项6个小项。
甘肃省	2018.7	第九届	白银市	14个市州和西北民族大学、西北师范大学、甘肃民族师范学院3所院校，共17个代表团组团参加。	竞赛项目设民族式摔跤（搏克、且里西、格、北嘎、绊跤、希日木）、武术、押加、射弩、陀螺、高脚竞速、板鞋竞速、蹴球、民族健身操9个项目。表演项目设竞技类、技巧类、综合类三大类项目。

续表

省份	时间	届数	举办地点	参与民族、运动员	主要项目
广东省	1995.7	第一届	广州市	来自全省有关市以及广东民族学院的13个代表团，24个民族、676名运动员、教练员参加。	毽球、射弩、打陀螺、武术、抢花炮5个竞赛项目和草席舞等9个表演项目。
广东省	2002.10	第二届	清远市	广州、深圳、中山、肇庆、惠州、韶关、清远、河源、湛江以及广东省技术师范学院共10个代表团参加，共有瑶、壮、回、满、畲、维吾尔、哈萨克、塔吉克、柯尔克孜、蒙古、藏、土家、苗、布依、仫佬、傈僳、彝、白、侗、朝鲜、纳西、傣、哈尼、汉族24个民族1000名运动员、教练员、裁判工作人员参加大会，其中运动员800多名。	抢花炮、珍珠球、毽球、射弩、打陀螺、蹴球、押加、武术、高脚竞速9个项目，还设有表演项目。
广东省	2006.12	第三届	清远市	来自全省17个地级市和广东技术师范学院的18支代表团的运动员们身着富有各自民族特色的服饰入场，29款不同的民族盛装、29个少数民族会聚一堂。	抢花炮、射弩、珍珠球、武术、毽球、蹴球、打陀螺、高脚竞速、板鞋竞速、秋千、龙舟、押加及1个表演项目在内的13个项目的比赛。
广东省	2010.9	第四届	韶关市	本届省民族运动会有来自全省21个地级以上市、广东技术师范学院的22个代表团参加，36个民族、2000多名健儿参加比赛，角逐12个竞赛项目255枚奖牌和18个表演项目的金、银、铜奖。	竞赛项目12项，即抢花炮、珍珠球、蹴球、毽球、龙舟、秋千、射弩、打陀螺、押加、高脚竞速、板鞋竞速、武术。表演项目若干个，分竞技类、技巧类、综合类。
广东省	2014.9	第五届	惠州市	本届运动会有41个民族共2768名参赛运动员。	抢花炮、珍珠球、蹴球、射弩、打陀螺、押加、高脚竞速、板鞋竞速、民族式摔跤、草席舞等竞赛和表演项目。
广东省	2018.9	第六届	清远市	全省各地级以上市和广东技术师范学院组成的22个代表团、38个民族、2291名运动员参加比赛。	本届民族运动会比赛日期为9月14日至19日，共6天，设抢花炮、珍珠球、蹴球、毽球、龙舟、打陀螺、押加、高脚竞速、板鞋竞速、武术、民族式摔跤、民族健身操12个竞赛项目和25个表演项目。

续表

省份	时间	届数	举办地点	参与民族、运动员	主要项目
广西	1982.4	第一届	南宁市	参加运动会的有南宁、柳州、桂林3市和南宁、柳州、桂林、百色、河池、钦州6地区共10个少数民族的运动员204人（男137人，女67人），其中壮族89人、瑶族25人、苗族22人、侗族29人、彝族6人、亿佬族1人、京族15人、仫佬族4人、朝鲜族1人、回族12人。	运动会表演项目39个：打扁担（分南宁市、南宁地区、河池地区）、打磨秋、打铜鼓、跳芦笙、芦笙舞、芦笙踩堂、跳台、跳卡洛、跳斑鸠、跳竹杠、推竹杠、打鸡毛球、高空舞狮、踩高跷赛跑、踩高跷负重跑、爬坡竿、单人绣球、投绣球（分百色地区、南宁市）、打陀螺（分钦州地区、河池地区）、打手毽（分桂林地区、南宁市）、顶坛、顶棍、推杠、斗牛、抢花炮、促鸭、拉鼓、猴鼓、凤凰护蛋、饱劲龙、牙力表演、力抱重缸、骑马术、射弩、摔跤（分柳州市、桂林市）、苗棍、三叉、响叉和武术（包括象步虎拳、拳术、双剑、双刀、刀术、对打、三节棍）。
广西	1983.1	第二届	百色市	南宁、桂林、柳州3市和南宁、桂林、柳州、梧州、玉林、钦州、河池、百色8地区共11个民族的运动员和教练员296人（男186人，女110人），其中壮族129人、瑶族60人、苗族40人、侗族15人、毛南族2人、仫佬族2人、亿佬族1人、彝族6人、京族17人、回族6人、汉族18人。	南宁地区的壮族打扁担，百色地区的壮族投绣球、壮族打砻、壮族女狮、壮族高空舞狮、瑶族打铜鼓、彝族打磨秋，钦州地区的京族跳竹杠，河池地区的壮族板凳龙，桂林地区的瑶族推竹杠，柳州地区的苗族拉鼓、侗族抢花炮共12个项目获一等奖，52人获个人一等奖。
广西	1984.12	第三届	河池市	南宁、柳州、桂林、梧州4市和南宁、柳州、桂林、梧州、河池、百色、钦州7地区共11个民族的运动员和教练员365人（男260人，女105人），其中壮族190人、瑶族73人、苗族23人、侗族24人、毛南族4人、仫佬族11人、水族3人、彝族5人、京族3人、回族1人、汉族19人（注：桂林市有9人未报民族成分）。	运动会设竞赛项目4个，表演项目33个。竞赛项目是抢花炮、投绣球、顶竹杠和大象拔河。表演项目有单狮、女狮、高空舞狮、跳芦笙、芦笙踩堂、芦笙长鼓舞、羊角舞、跳八仙（片断）、蜂鼓、黄泥鼓、打扁担、打磨秋、打铜鼓、打手毽、毽球、同顶、混合同顶、饱劲龙、木头狮、关刀舞、剑皇舞、芭芒燕、桌术、射弩、打棍、白手双刀棍、板凳龙、打旗功、打椰、斗牛、拉鼓、同填和武术（包括猴拳、拳术、拳术连环反挂、单人棍、双人棍、双刀、双刀对打、单剑）等。

续表

省份	时间	届数	举办地点	参与民族、运动员	主要项目
广西	1985.10	第四届	柳州地区融水苗族自治县	南宁、柳州、桂林、梧州4市和南宁、柳州、桂林、梧州、玉林、河池、百色、钦州8地区共11个民族的运动员和教练员341人（男257人，女84人），其中壮族176人、瑶族58人、苗族17人、侗族23人、毛南族4人、仫佬族4人、水族1人、彝族10人、京族9人、土家族1人、汉族38人。	运动会设竞赛项目和表演项目。竞赛项目是抢花炮、投绣球、顶竹杠和大象拔河4项。表演项目有16项：男子高空舞狮、男子童狮上金山、男子童狮、女子舞狮、女子芦笙踩堂、男女磨子达、打磨秋、打扁担（分河池地区、南宁地区）、打铜鼓、射弩、跳高台、板凳龙、同顶、同填、赛角格和武术（包括拳术、拳棍、象步虎掌）等。
广西	1987.10	第五届	崇左县	参加这届运动会的运动员共358人（其中男244人，女114人）。运动员中有壮族247人、瑶族52人、苗族7人、侗族3人、仫佬族13人、毛南族6人、回族12人、京族28人、彝族4人、土家族1人、满族4人。	运动会进行了抢花炮、射弩、投绣球、顶竹杠、大象拔河共5个项目的比赛，运动会还进行了具有悠久历史，富于民族性、地方性、群众性的高台梅花桩、舞狮、狮子过天桥、狮子上金山、花山壮拳、三人穿板鞋、蚂蚱舞、跳竹杠、爬坡杆、武术等16个项目的表演。与此同时，还举行了9省、自治区抢花炮邀请赛，云南、河南、湖南、四川、贵州、广东等省应邀派队参赛。
广西	1988.10	第六届	钦州地区防城各族自治县	参加这届运动会的共有489人（运动员404人），其中男357人，女132人，包括壮族301人、苗族36人、仫佬族1人、侗族3人、毛南族2人、京族5人、彝族2人、瑶族76人、蒙古族1人、回族12人、满族3人、汉族46人。	运动员进行了抢花炮、射弩、投绣球、顶竹杠、大象拔河共5个项目的比赛，还有富有民族特色的女子单狮上金山、花山荫单棍、跳岭头、舞翡翠鸟、盘王王旗兵、狮子过天桥、三人穿板鞋、打铜钱、花山壮家伏虎掌、芦笙踩堂、双狮上金山、打泥脚、打狗、花山八挂榔棍对练、舞麒麟、爬坡杆、王八护蛋、狮子长鼓舞、童狮、高脚球、舞狮等21个优秀项目的表演。

续表

省份	时间	届数	举办地点	参与民族、运动员	主要项目
广西	1989.10	第七届	恭城县	南宁、柳州、桂林、梧州4市，南宁、柳州、桂林、梧州、玉林、钦州、百色、河池8地区代表团共470人（运动员390人）参加了这届运动会。其中壮族289人、瑶族97人、苗族30人、仫佬族2人、毛南族1人、京族2人、彝族2人、回族9人、满族3人、布依族2人、汉族33人。	运动会进行了抢花炮、射弩、顶竹杠、大象拔河、投绣球、民族武术6个项目的比赛。表演项目有富有民族特色的背篓球、踢沙球、打后红棍、绞钓、飞爪球、打耙耙、打弹弓、蛙跳等新项目和狮子过天桥、打扁担、高脚球、三人穿板鞋、芦笙踩堂拉鼓、舞狮、瑶族长鼓舞、彝族打磨秋、童狮、女子单狮上金山、女子单双狮上金山19项。
广西	1993.10	第八届	富川瑶族自治县	来自全区12个地市的体育代表团共374名各族运动员参加了竞赛和表演。	本届运动会设竞赛项目和表演项目两大类。竞赛项目有抢花炮、射弩、投绣球、顶竹杠、三人穿板鞋竞速、珍珠球、爬坡杆7项。表演项目有童狮踩桩、女子南拳、夫妻春碓、羊角舞等18项。
广西	1998.10	第九届	贵港市	全区14个地市（桂林地市合并派出一团、二团）和广西民族学院共派出了16个体育代表团。还有一些地、市、县组织了观摩团，云南省、贵州省有关部门领导和第六届全国少数民族传统体育运动会北京市筹备工作委员会办公室有关人员也前来观摩本届民运会。本届民运会共接待四方宾客共1000多人。	8个竞赛项目，19个表演项目。
广西	2002.10	第十届	桂林市	来自全区15个地、市（含广西民族学院）的体育代表团共3000多名各族运动员、教练员和裁判员参加了竞赛和表演。	本届运动会设竞赛项目和表演项目两大类。竞赛项目有花炮、珍珠球、射弩、陀螺、投绣球、毽球、龙舟、高脚马、武术、三人板鞋10项。表演项目分综合、竞技、技巧3个大类共27项。
广西	2006.11	第十一届	河池市	来自全区14个市、广西民族大学的15个代表团的各族运动员共1400多人参加。	抢花炮、珍珠球、射弩、打陀螺、投绣球、毽球、高脚竞速、板鞋竞速、划龙舟、武术10个比赛项目和8个表演项目的比赛，除龙舟赛场设在宜州市外，其余项目全部在河池市进行。

续表

省份	时间	届数	举办地点	参与民族、运动员	主要项目
广西	2010.11	第十二届	玉林市	来自全区14个地市和广西民族大学组成的15个少数民族体育代表队近千名运动员会聚玉林展开较量，展示少数民族传统体育项目的魅力。	本届运动会设竞赛项目和表演项目两大类。竞赛项目有抢花炮、珍珠球、毽球、龙舟、射弩、打陀螺、高脚马、武术、抛绣球、板鞋竞速10项，极具民族传统体育特色。
广西	2014.10	第十三届	钦州市	本届少数民族民族传统体育运动会共有16个代表团1543名运动员会聚钦州同台竞技，为广西参加在2015年举行的第十届全国少数民族传统体育运动会做好人才选拔和练兵工作。	本届民族体育运动会共设珍珠球、抢花炮、毽球、健身操、抛绣球、武术、射弩、高脚、板鞋、龙舟、陀螺、独竹漂共12个竞技项目和竞技、技巧、综合共3类表演项目，全部出自广西各少数民族的民间传统活动。
广西	2018.10	第十四届	崇左市	全区14个设区市及5所高校组成的19个代表团参加比赛，参赛运动员2036人。	运动会设有竞赛项目和表演项目，竞赛项目包括花炮、珍珠球、少数民族武术等15个大项93个小项，表演项目有竞技类、技巧类、综合类3类表演项目。
贵州	1982.5	第一届	贵阳、清镇	来自全省9个地、州、市的苗、布依、侗、彝、水、回、仫佬、壮、瑶9个民族的776名男女运动员（其中苗族494名、布依族165名、侗族24名、彝族27名、水族14名、回族18名、仫佬族39名、壮族3名、瑶族10名、未定民族（蔡）1名）。	这届运动会共举行了赛龙舟、赛马、射弩、摔跤、抢花炮5个项目的比赛和舞狮子、耍龙灯、爬花杆、车秋、丢花包、射背牌、放响簧、打猎舞、芦笙、武术等50多个项目，110多个节目的表演。
贵州省	1986.12	第二届	贵阳	近1300名苗、布依、侗、彝、水、回、仫佬、壮、瑶、满、白、土家等各族运动员。	赛马、赛龙舟、抢花炮、摔跤、射弩5个比赛项目和50多个表演项目。
贵州省	1998.8	第四届	—		
贵州省	2002.10	第五届	贵阳市	来自全省9个地、州、市和贵州民族学院共10个代表团的体育健儿，代表全省1300多万少数民族同胞聚集林城贵阳。	花炮、蹴球、射箭、陀螺、押加、高脚竞速6个项目的比赛（龙舟赛先期于2002年8月8日至9日在黔东南州镇远县举行）和24个项目的民族传统体育表演。

续表

省份	时间	届数	举办地点	参与民族、运动员	主要项目
贵州省	2004.11	第六届	贵阳市	贵州全省的11个代表团，1200余名各族运动员。	本届民运会新增一项民族传统体育项目，共进行了龙舟、珍珠球、陀螺、射弩、押加、高脚竞速、蹴球7个大项竞赛项目和25个表演项目。
贵州省	2010.9	第七届	贵阳市	本届民族运动会共有3000多名运动员、教练员参加，不论项目设置还是参赛人数，均为我省历届民族运动会之最。	龙舟、射弩、蹴球、陀螺、押加、高脚竞速、珍珠球等15个竞赛项目和34个表演项目上展开激烈角逐。
贵州省	2014.10	第八届	贵阳市	9个市州和贵州大学、贵州民族大学等18个代表团，2000多名各族运动员参赛，贵安新区派员观摩。	龙舟、射弩、蹴球、陀螺、押加、高脚竞速、珍珠球、健身操等11个竞赛项目和25个表演项目，考虑到季节因素，水上项目龙舟、独竹漂、蹴球、射弩、押加已于9月下旬先期举行。
贵州省	2018.11	第九届	贵阳市	8个代表团的约2000名运动员。	竞赛设龙舟、独竹漂、射弩、陀螺、押加、蹴球、高脚竞速、板鞋竞速、秋千、民族健身操共10个项目；表演项目分为竞技、技巧、综合3类，共有22个表演项目参加角逐。
河北省	1982.5	第一届	沧州市	全省10个地区和2个省辖市均组团参加，共计252人。其中包括回、满、蒙古、朝鲜等少数民族运动员173人。	运动会竞赛项目有武术和中国式摔跤，表演项目为荡秋千、跳板、踢毽、耍砘子、舞花棍、放风筝、蒙古式摔跤、转悠悠8个。
河北省	1986	第二届	—	—	—
河北省	1991.5	第三届	隆化县	参加本届运动会的有来自全省18个地市满、回、蒙、朝、壮、维吾尔6个民族的运动员以及包括汉族在内的教练员、裁判员、工作人员、观摩人员、新闻记者共1000余人。	竞赛项目有富于民族特色的竞争性很强的秋千、珍球球、木球、绊跤、武术5项；表演项目有反映各民族历史、文化和生产生活的群众所喜闻乐见又有一定强身价值的二贵摔跤、耍砘子、舞花棍、铁球、蒙古式摔跤、花毽、石球、蝴蝶舞、跳绳、舞蹈、风筝11项。

续表

省份	时间	届数	举办地点	参与民族、运动员	主要项目
河北省	1995.5	第四届	涿州市、保定市	回族、满族、藏族、蒙古族、傣族、土家族、壮族7个少数民族的300多名运动员进行了激烈的角逐和精彩的表演。	本届运动会设珍珠球、毽球、陀螺、蹴球、武术、摔跤共6个竞赛项目和花毽、太平萨满等9个表演项目。
河北省	1998.10	第五届	秦皇岛	—	—
河北省	2010.9	第八届	承德市	—	本届民族运动会设珍珠球、木球、蹴球、毽球、秋千、射弩、陀螺、押加、高脚竞速、板鞋竞速、武术、民族式摔跤共12个大项，与上届相比，增加了木球、秋千、板鞋竞速3个大项和15个小项的比赛，增加金牌14枚。
河北省	2014.9	第九届	石家庄	来自全省11个设区市、定州市和河北省体育学院13个代表团，10多个民族1500多名运动员、教练员、裁判员及工作人员参加了赛事。	本届民族运动会共设珍珠球、木球、蹴球、毽球、秋千、射弩、陀螺、押加、高脚竞速、板鞋竞速、武术、民族式摔跤12大项，94个小项。
河北省	2018.8	第十届	沧州市	全省11个设区市以及定州市、辛集市和河北体育学院14个代表团，1800多名运动员、教练员、裁判员、工作人员参加。	共设珍珠球、蹴球、毽球、秋千、陀螺、押加、高脚竞速、板鞋竞速、武术、民族式摔跤、民族健身操11个比赛项目89个小项。
河南省	1982.5	第一届	南阳市、郑州市	共有男运动员75名，女运动员13名，共计88名运动员参赛，这其中包括回族运动员75名、蒙古族运动员11名、满族运动员1名、朝鲜族运动员1名。	中国式摔跤（个人赛），表演项目：武术（拳术、刀术、剑术、枪术、棍术、器械、对练自选）。
河南省	1984.9	第二届	郑州市	—	竞技项目为中国式摔跤、武术，包括剑术、拳术、枪术、大刀、棍术、双器械等项目被列为表演项目，此外，秋千、跳板、风筝、石锁、弹弓、踢毽等富有特色的项目也被纳入本届运动会。
河南省	1987.10	第三届	平顶山市	来自郑州、开封、洛阳、周口、南阳、许昌、焦作、信阳驻马店、商丘、濮阳、漯河、新乡、平顶山的234名回、满、壮等少数民族运动员参加运动会。	—

续表

省份	时间	届数	举办地点	参与民族、运动员	主要项目
河南省	2006.10	第五届	漯河市	全省19个代表团，8个民族的700多名运动员、裁判员等参赛。	运动会设有木球、珍珠球、毽球、毗球、武术、摔跤6个大项28个小项的竞赛项目和抖空竹、石锁、陀螺、太极拳、健身秧歌、韵律操、串铃操、独轮车等19个表演项目。
河南省	2010.9	第六届	济源市	来自全省18个省辖市和部分高等院校组成的23个代表团参加了竞赛和表演两大类比赛，共产生金牌29枚。	本届运动会项目设置分为竞赛项目和表演项目两大类，竞赛项目分别是珍珠球、毽球、木球、蹴球、陀螺、板鞋竞速、武术和摔跤，共8个大项28个小项；表演项目分28项。运动会设金牌29枚，奖牌总数87枚。
河南省	2014.5	第七届	南阳市	—	本届运动会仍设有竞赛和表演两大项。其中竞赛项目包括珍珠球、木球、蹴球、毽球、陀螺、板鞋竞速、武术、摔跤、押加、高脚竞速10个大项54个小项，其中押加、高脚竞速两个项目，首次成为省民族运动会的竞赛项目；表演项目分为综合类、技巧类两大类共29个小项。
河南省	2018.9	第八届	郑州市	全省18个省辖市、10个省直管县（市）、6所高等院校组成的34个代表团的来自21个民族的运动员。	珍珠球、毽球、木球、蹴球、陀螺、板鞋竞速等17个竞赛项目和38个表演项目的比赛。
黑龙江省	1982.8	第一届	牡丹江市	来自全省320人参与。	中国式摔跤、搏克、射击、朝鲜族式摔跤、秋千、跳板。
黑龙江省	1986.5	第二届	佳木斯市	市（地）14个代表团共410人。	中国式摔跤、自由式摔跤、秋千3大项11小项竞赛项目；搏克、朝鲜族式摔跤、象棋、射击、布鲁、三少塔拉、回族武术、珍珠球、射箭、武术等表演项目。

续表

省份	时间	届数	举办地点	参与民族、运动员	主要项目
黑龙江省	1990.7	第三届	大庆市	市（地）、行业16个代表团共480人。	设有秋千、跳板、搏克、珍珠球、贝阔、颈力、射箭、狩猎棒、绊跤9大项竞赛；设有武术、乌兰花、叉草球、单腿蹦、赛马娶亲、斗骆驼、牛毛天球、赛威虎、花样跳板等表演项目。
黑龙江省	1994.7	第四届	齐齐哈尔市	市（地）、行业14个代表团共370人。	秋千、跳板、搏克、珍珠球、贝阔、颈力、射箭、毽球、武术、朝鲜族式摔跤、自由式摔跤、象棋等15项竞赛；叉鱼赛、满族式狩猎球、达斡尔族式摔跤、回族式背沙袋、满族式狩猎跑等表演项目。
黑龙江省	1998.6	第五届	牡丹江市	本届民运会共有13个地市、哈铁、省农垦总局的15个代表团400名民族运动员、教练员参加比赛。	本届运动会设有秋千、跳板、颈力、民族式摔跤、武术、贝阔、珍珠球7大项24小项的比赛项目，还有反映赫哲族、鄂温克族、满族传统体育活动的表演项目。
黑龙江省	2002.9	第六届	哈尔滨市	市（地）13个代表团共400人。	秋千、跳板、珍珠球、民族式摔跤、武术、贝阔等7大项24小项竞赛；叉草球、摔跤表演项目。
黑龙江省	2006.7	第七届	齐齐哈尔市	市（地）13个代表团共500人。	秋千、跳板、朝鲜族式摔跤、绊跤、珍珠球、贝阔、打布鲁、搏克、达斡尔族摔跤、武术等项目比赛，以及鹿毛球、蹴球、奴根任、叉草球、火球、杜烈球、赛威呼等表演项目。
黑龙江省	2010.7	第八届	佳木斯市	共15个代表团的750人参加。	贝阔（曲棍球）、秋千、跳板、珍珠球、摔跤、武术、打布鲁（投掷）、押加（藏式拔河）、颈力（类似拔河）9个大项33个小项。
黑龙江省	2018.7	第九届	大庆市杜尔伯特蒙古族自治县	来自全省13个市（地）代表团、杜尔伯特蒙古族自治县9个代表队的950名各民族运动员、教练员。	设有民族式摔跤、珍珠球、射箭、板鞋竞速、颈力、打布鲁等13个竞赛项目。

续表

省份	时间	届数	举办地点	参与民族、运动员	主要项目
湖北省	1986	第一届	恩施土家族苗族自治州恩施市	—	—
湖北省	1989.4	第二届	宜昌市五峰土家族自治县	参加运动会的16支代表队近300名运动员中，有土家、苗、侗、回、藏、畲、满、汉8个民族。	比赛共设民族射弩、抢花炮（男子）、拔腰带（男子）、跷旱船、高脚马5个项目，38个表演项目。来自42个少数民族的300多名运动员参加了比赛和表演。
湖北省	1994.4	第三届	恩施土家族苗族自治州咸丰县	—	除了保留上届7个项目（秋千、抢花炮、射弩、武术、跷旱船、高脚马、拔腰带）外，还增设了毽球、打陀螺2个项目和若干表演项目。
湖北省	1998.9	第四届	恩施土家族苗族自治州利川市	来自武汉、孝感、黄石、咸宁、荆门、襄樊、黄冈、荆州、仙桃、十堰、长阳、五峰、中南民院、湖北民院、恩施8县市共22个代表队的运动员、教练员、裁判员共586人。	10个比赛项目（抢花炮、踩竹马、拔腰带、射弩、毽球、武术、秋千、跷旱船、打陀螺、蹴球）、3个表演项目（苗鼓、肉连响、木兰双扇）。
湖北省	2002.9	第五届	恩施土家族苗族自治州恩施市	来自全省有关市、州、县共25个代表团900余名运动员、教练员及裁判员代表全省54个民族、260余万少数民族同胞参赛。	共设立了陀螺、拔腰带、踩竹马等11个竞赛项目和2个表演项目。
湖北省	2006.10	第六届	恩施土家族苗族自治州恩施市	—	本届民运会设立了毽球、陀螺、高脚竞速、毽球、押加、武术、拔腰带、跷旱船、板鞋竞速9个大项53个小项，金牌总数53块。
湖北省	2010.10	第七届	宜昌市长阳土家族自治县	参加本届少数民族运动会的28个代表团，分别来自省内的各地市（州）、民族院校和民族自治县，参赛人数达1800余人。	本届少数民族运动会共设毽球、蹴球、陀螺、押加、高脚竞速、跷旱船、武术、巴山舞、民族式摔跤、板鞋竞速10个竞赛大项64个小项，合计64块金牌。另有各民族地区的摆手舞、撒叶儿嗬等13个表演项目。

续表

省份	时间	届数	举办地点	参与民族、运动员	主要项目
湖北省	2014.10	第八届	恩施土家族苗族自治州来凤县	共有29个代表队的近2000名运动员、裁判员和教练员参加。	本届运动会设竞赛项目和表演项目两类，竞赛项目设毽球、民族式摔跤、押加、高脚竞速、陀螺、蹴球、武术、跷旱船、板鞋竞赛、摆手舞共10个大项；表演项目设综合类、竞技类、技巧类3类。
湖北省	2018.9	第九届	恩施土家族苗族自治州利川市	本届运动会共有29个代表团报名参赛，参加的运动员、教练员、裁判员近2500人，成为历届湖北省少数民族运动会中组团参赛人数最多的一次。	本届少数民族传统体育运动会共有高脚竞速、板鞋竞速、蹴球、陀螺、押加、跷旱船、民族式摔跤、武术、毽球、民族健身操、肉莲响舞（操）11个竞赛项目和1个表演项目。
湖南省	1986.5	第一届	吉首市	参加这次运动会的有湘西自治州所属的10个县（市）和江华、通道、城步、新晃四个自治县的14个代表团，有土家、苗、侗、瑶、白、回、维吾尔、蒙古8个少数民族的运动员370余人。教练员、裁判员、工作人员、观摩人员及少数民族体育先进单位的代表共700余人。	运动会共设抢花炮、射弩、跳鼓、高脚马、秋千、打飞棒6个比赛项目和打禾鸡、哆毽、木头球、仗鼓、上刀梯5个表演项目。
湖南省	1991.6	第二届	长沙市	湘西州、怀化、永州、邵阳、张家界等地、市所辖17个县（市、区）体育代表团近500名运动员参加比赛。	本届运动会设抢花炮、高脚马、跳鼓、射弩、秋千、木球、武术7个竞赛项目和14个表演项目。
湖南省	1994.10	第三届	怀化市	全省9个地州市和17个民族自治县26个代表团的土家、苗、侗、瑶、白、回、满、仫佬、维吾尔9个少数民族的运动员近600人参加了比赛。	本届运动会设抢花炮、木球、射弩、秋千、武术、高脚马、打陀螺、跳鼓8个竞赛项目和14个表演项目。
湖南省	1998.11	第四届	永州市	全省13个地州市和17个民族县的30个代表团共1200余名运动员、教练员和其他有关人员参加盛会。	—

续表

省份	时间	届数	举办地点	参与民族、运动员	主要项目
湖南省	2003.10	第五届	邵阳市	参加本届民族运动会的运动员771人，教练员248人，代表团工作人员212人，裁判员167人，加上为运动会服务的其他人员，总规模在2000人以上。参赛运动员中有土家、苗、瑶、回、侗、畲、壮、白、维吾尔、满、彝、藏、哈尼和朝鲜共14个少数民族。	高脚马、射弩、秋千、武术、陀螺、押加、蹴球、花炮等比赛。
湖南省	2006.10	第六届	张家界市	全省14个市、州和17个民族自治县分别组团参赛。共有运动员、教练员及裁判员1000多名。本届民运会本着"平等、团结、和谐、拼搏、奋进"的宗旨，大会倡导大力弘扬民族传统文化，以增进各民族的团结和友谊。	本届湖南省民运会的比赛设竞赛项目高脚马、射弩、秋千、陀螺、蹴球、押加、板鞋竞速和表演项目竞技类、技巧类、健身操类和综合类。这些项目中既有湖南省各少数民族的传统体育项目，又添加了一些新的项目。
湖南省	2010.11	第七届	郴州市	参赛办法与往届一样，竞赛、表演比赛分甲乙两组进行，甲组由湘西自治州所辖8个县市和7个民族自治县、桑植县、永定区等17个民族县代表团组成，乙组由14个市州代表团组成。参赛运动员均为湖南省少数民族人员。届时全省将有31个代表团、237名裁判员、1416名运动员参加比赛，使得本届民运会成为湖南省参赛人数最多、比赛项目最全、规模最大的一次全省少数民族传统体育运动会。	本届民族运动会设高脚竞速（对抗）、板鞋竞速、押加、蹴球、陀螺、秋千、毽球、射弩8个竞赛项目和竞技类、技巧类、综合类和健身操类4个表演项目。
湖南省	2014.10	第八届	岳阳市	全省14个市州和17个民族县市区的31个代表团、3000多名运动员、教练员、裁判员和工作人员参加这次体育盛会。	本届民族体育运动会设有高脚、射弩、秋千、陀螺、蹴球、押加、板鞋、毽球8个竞赛项目和竞技、技巧、综合三大类表演项目，共58个小项。

续表

省份	时间	届数	举办地点	参与民族、运动员	主要项目
湖南省	2018.10	第九届	龙山县	全省14个地市州、湘西州所辖县（市）、各自治县、张家界市永定区和桑植县等31支队伍组团参加，以湘西土家族苗族自治州所辖县（市）、各自治县、永定区、桑植县分别组成的代表团为甲组，参加甲组的比赛；以市、州为单位组成的代表团为乙组，参加乙组的比赛。邀请嘉宾、运动员、教练员、裁判员、新闻记者等共3000人左右。	本届运动会共设押加、射弩、秋千、陀螺、蹴球、高脚、板鞋竞速、毽球、民族健身操9个竞赛项目和竞技类、技巧类、综合类3类表演项目。
吉林省	1993.8	第一届	龙井市	来自辽源、四平、松原、白城、长春、浑江、通化、吉林及延边9个地区的近300名运动员、裁判员参加了这次盛会。	秋千、跳板、摔跤、射箭、珍珠球5个项目。
吉林省	1997.8	第二届	郭尔罗斯蒙古族自治县	来自全省9个市州的朝鲜族、满族、蒙古族、回族和锡伯族的334名运动员、教练员参加了本届民运会。	本届民运会共设秋千、跳板、珍珠球、摔跤、武术、赛马6个项目。
吉林省	2001.8	第三届	吉林市	来自长春、四平、通化、辽源、白山、白城、松原、延边及吉林市9个地区近500名运动员、教练员、裁判员参加了这次盛会。	本届民运会共设秋千、跳板、珍珠球、摔跤、武术、赛马、毽球7个项目。
吉林省	2005.8	第四届	长春市	来自吉林、四平、辽源、松原、白城、通化、白山、吉林及长春9个地区的近1000名运动员、裁判员参加了这次盛会。	秋千、跳板、摔跤、射箭、珍珠球、毽球、武术、赛马8个项目。
吉林省	2009.8	第五届	四平市	9个市州代表团。	本届民运会共设10个竞赛项目，即秋千、跳板、珍珠球、毽球、武术、射弩、押加、民族式摔跤、武术散打和赛马。

续表

省份	时间	届数	举办地点	参与民族、运动员	主要项目
吉林省	2013.8	第六届	延边州	全省9个市（州）、长白山管委会共10个代表团和省内各新闻单位记者共1200余人参加了本届少数民族运动会。	运动会共进行了秋千、跳板、珍珠球、毽球、射弩、押加、跆拳道、民族式摔跤（绊跤、希日木、搏克）、武术、赛马10个竞赛项目的比赛，并安排"掷柶戏"作为表演项目。
吉林省	2017.8	第七届	松原市	全省9个市（州）、长白山管委会，扩权强县试点市公主岭市、梅河口市共12个代表团参加本届少数民族传统体育运动会。	本届省民运会共设秋千、跳板、珍珠球、毽球、射弩、押加、民族健身操、民族式摔跤（朝鲜族式摔跤、蒙古族式摔跤、回族式摔跤）、武术、赛马、掷柶、哈日靶12个竞赛项目，龙舟1个表演项目。
江苏省	2017.10	—	南京市	来自全省各地近50个运动队，共有教练员、运动员435名参加。	珍珠球、民族健身操、毽球、蹴球、高脚竞速、板鞋竞速、射弩、陀螺、押加9个大项的竞赛。
江西省	1998.11	选拔赛	丰城市	11个地市200多名运动员。	蹴球、毽球、射弩、武术4个项目。
江西省	2014.12	—	南昌市	—	—
江西省	2018.11	第二届	南昌市	全省各市的11支代表队共500多位运动员参赛。	本届运动会设有蹴球、射弩、板鞋竞速、高脚竞速、民族健身操5个竞赛项目和3个表演项目。
辽宁省	1985.10	第一届	阜新市	沈阳、大连、鞍山、抚顺、丹东、本溪、锦州、营口、铁岭、辽阳、朝阳、阜新12个市的12个代表团，代表满、朝鲜、蒙古、锡伯、回、彝6个少数民族的近400名运动员参加比赛。	中国式摔跤、毽球、朝鲜族秋千、跳板；表演项目有蒙古族式摔跤、朝鲜族式摔跤、武术、射箭、采珍珠等。
辽宁省	1989.10	第二届	丹东市	39个少数民族的13个市体育代表团480多名运动员和50多名裁判员参加本次赛会。	这届赛会共设4个比赛项目：珍珠球、秋千、搏克（蒙古族式摔跤）、朝鲜族式摔跤；大会还进行了武术、狩猎、跳板、射箭4个表演项目。
辽宁省	1994.9	第三届	朝阳市	—	珍珠球、秋千、武术、射弩、毽球、绊跤，表演项目搏克、跳板。

续表

省份	时间	届数	举办地点	参与民族、运动员	主要项目
辽宁省	1998.9	第四届	鞍山市	本届民运会运动员、教练员、裁判员、新闻记者和大会工作人员达到 150 人。参加人员有满、蒙古、回、朝鲜、锡伯、藏、壮、俄罗斯、布依、苗 10 个少数民族。	珍珠球、毽球、秋千、武术、射弩、射箭、民族式摔跤（绊跤、搏克、朝鲜族式摔跤）、跳板、赛威呼、雪地走、狩猎、蹴球。
辽宁省	2002.9	第五届	沈阳市	参加本届民运会的运动员、教练员、裁判员、工作人员和新闻记者达到 1560 人。	本届民运会设立 14 个竞赛项目，除上届民运会已有的珍珠球、毽球、蹴球、射弩、射箭、狩猎、民族式摔跤、武术、秋千、跳板、赛威呼、雪地走外，新增设木球和押加 2 个项目，共计 78 个小项。
辽宁省	2006.8	第六届	抚顺市	全省 14 个市分别组团参赛，报名参赛的少数民族运动员 811 人、教练员 160 人、裁判员 201 人、大会工作人员 160 人、赛会规模 1700 余人，规模超过以往历届。	本届民运会共设置珍珠球、毽球、木球、蹴球、射弩、射箭、武术、狩猎、摔跤、秋千、跳板、赛威呼、雪地走、押加 14 个少数民族传统体育项目。
辽宁省	2010.8	第七届	锦州市	全省 14 个市的 887 名各族运动员参加了珍珠球、秋千、毽球等 14 个竞赛项目和 3 类表演项目的角逐。	本届省民族运动会共设珍珠球、毽球、板鞋竞速、蹴球、狩猎等 14 个项目和表演项目的比赛。
辽宁省	2014.5	第八届	盘锦市	本届少数民族运动会以各市为单位组成代表团参赛。截至目前，辽宁省各市共 14 个代表团报名参赛，预计参赛总人数达 2000 余人，参赛的少数民族有满族、蒙古族、回族、朝鲜族、锡伯族等 23 个，其中运动员 982 人，领队教练 174 人，裁判员 250 人，工作人员、记者、志愿者以及各类服务人员预计 500 余人。	本届运动会共设 13 个竞赛项目、3 类表演项目。13 个竞赛项目分别为珍珠球、蹴球、毽球、秋千、押加、板鞋竞速、民族健身操、民族武术、民族式摔跤（搏克、绊跤、希日木）、狩猎、跳板、雪地走、赛威呼。表演项目分别为竞技类、技巧类、综合类。
辽宁省	2014.8	第八届	盘锦市	满、蒙古、回、朝鲜、锡伯等 19 个民族的运动员在 5 天的时间里，参与 13 个竞赛项目和 3 个表演项目的精彩角逐。	本届运动会设置了具有鲜明民族特色和广泛群众基础的少数民族传统体育项目。13 个竞赛项目包括珍珠球、蹴球、毽球、秋千、押加、板鞋竞速、民族健身操、民族武术、民族式摔跤等。

续表

省份	时间	届数	举办地点	参与民族、运动员	主要项目
辽宁省	2018.8	第九届	葫芦岛市	全省各市共14个代表团报名参赛，有满族、蒙古族、回族、朝鲜族、锡伯族等23个民族，总规模达2000余人。	比赛项目共设置珍珠球、蹴球、毽球、秋千、押加、板鞋竞速、民族健身操、民族武术、民族式摔跤（搏克、绊跤、希日木）、狩猎、跳板、雪地走、赛威呼13个竞赛项目和竞技类、技巧类、综合类3类表演项目。
宁夏	1953.7	第二届（人民体育暨民族形式运动大会）	—	本届运动大会共有15个代表队，500多名汉族、回族、蒙古族男女运动员参加比赛。	设有田径、自行车和民族形式体育项目武术、蒙古族式摔跤、赛马等36个单项比赛项目。
宁夏	1986.5	第一届	吴忠市	有6个代表团400余名回族、满族、蒙古族、土家族、东乡族等10个民族的运动员、教练员、技术官员参加了本届比赛，少数民族地区体育先进单位的代表观摩和学习比赛。	比赛项目共有木球、毽球、摔跤、方棋比赛和武术表演5个项目。
宁夏	1991.6	第二届	银川市	有银川市、石嘴山市、银南地区、固原地区4个代表队和泾源县的运动员。	木球、摔跤、方棋比赛和武术（传统套路）4个竞赛项目和踏脚项目表演。
宁夏	1994.9	第三届	银川市	5个代表团，共计131人。	木球、回族绊脚、方棋比赛和武术（传统套路）4个竞赛项目和六盘鞭杆、羊响板、踏脚3个表演项目。
宁夏	2002.7	第五届	石嘴山市	共有6支代表队参加了13个竞赛项目，共有1038名运动员、教练员和技术官员等参加。	木球、武术、民族式摔跤、押加4个为自治区民运会传统项目，其余均是为2003年全国第七届民运会做准备而新增设的比赛项目。
宁夏	2006.6	第六届	银川市	8个代表团，744名运动员、教练员和技术官员等参加。	共设7个竞赛项目和14个表演项目。

续表

省份	时间	届数	举办地点	参与民族、运动员	主要项目
宁夏	2010.5	第七届	银川市	银川、石嘴山、吴忠、固原、中卫、区直机关、自治区总工会、宁夏大学、北方民族大学9支代表队共派出运动员、教练员、领队972人参赛，其中运动员532人、裁判员190人。比赛共设置11个竞赛项目和12个表演项目。	宁夏第七届少数民族传统体育运动会所设置的11个竞赛项目分别是木球、蹴球、毽球、珍珠球、射弩、方棋、花炮、押加、陀螺、武术和民族式摔跤，设37个小项，共设111个奖牌；12个表演项目分别是踏脚、掌心月、牧童鞭、打木尖、鱼尾剑、赶牛、打瓦、彩镯掌、回族花儿艳、回族杨氏拳、响板舞动花儿红、橡笔颂古兰。
宁夏	2015.6	第八届	银川市	9个代表团1200名各族人民。	设竞赛项目和表演项目两大类，其中竞赛项目有14个、表演项目20个。
天津市	2002.9	第四届	天津市	—	设竞赛和表演两大项，其中竞赛项目9项，有蹴球、射弩、打陀螺、毽球、绊跤、武术、顶罐、花毽和民族团结接力。
天津市	2006	第五届	天津市	来自全市各区、县及部分高等院校、企业集团的25个代表团的1500多名运动员。	本届运动会设有珍珠球、毽球、蹴球、花毽、射弩、武术等12个富有民族特色的传统体育比赛和表演项目。
天津市	2010.6	第六届	天津市	参赛运动员达1579人，其中少数民族比例为47%，包括15个少数民族。	本届运动会共设蹴球、毽球、珍珠球、陀螺、射弩、武术、绊跤、板鞋竞速、押加、顶罐、花毽、团结接力12个竞赛项目，同时设竞技类、技巧类、综合类表演比赛项目。
天津市	2014.9	第七届	天津市	少数民族运动员达到666人，包括回族、满族、朝鲜族、维吾尔族、藏族、蒙古族、锡伯族和汉族等23个民族。	蹴球、毽球、珍珠球、陀螺、射弩、武术、民族式摔跤、板鞋竞速、押加、民族健身操和天津创编的传统项目顶罐、花毽、团结接力。同时比赛还设有竞技类、技巧类、综合类等表演项目比赛。
天津市	2018.9	第八届	天津市	来自全市各区和高等院校的21支代表队、1456名运动员参赛。	设置了珍珠球、蹴球、毽球、射弩、陀螺、押加、武术、民族式摔跤、民族健身操、花毽、顶罐等13个富有民族特色的传统体育竞赛项目。

续表

省份	时间	届数	举办地点	参与民族、运动员	主要项目
西藏	1952.10	第一届	拉萨市	18个代表队。	除进行传统项目比赛外，还有部分军事项目。
新疆	1985.9	第一届	乌鲁木齐市	14个地州市的少数民族体育代表队共553人参加。	民族式摔跤、叼羊、赛马、赛走马、赛骆驼5个比赛项目；还有击木、射箭、武术、姑娘追以及马术等10个表演项目。
新疆	1989.9	第二届	阿图什市	全新疆各地、州、市及新疆生产建设兵团组成15个代表团。有少数民族运动员284人，裁判员81人，特邀人员40余人，总人数达700多人。	叼羊、赛马、射箭、摔跤、武术、秋千等项目的比赛；还有达瓦孜、斗羊、马上拾银、空中转轮、民族摔跤、赛骆驼等表演项目。
新疆	1994.9	第三届	哈密市	全新疆各地、州、市及新疆生产建设兵团组成17个代表团，有近13个民族的运动员参与。	赛马、叼羊、赛骆驼、秋千、武术国际象棋、民族式摔跤等比赛项目；马上角力、射弩、斗羊、斗鸡、斗狗、背式拔河等表演项目。
新疆	1998.9	第四届	巴音郭楞蒙古自治州库尔勒市	全新疆各地、州、市及新疆生产建设兵团组成17个代表团，有近20个民族的运动员、教练员、裁判员等约550余人参加了这次少数民族传统体育盛会。	本届运动会设6个比赛项目即速度赛马、赛走马、赛骆驼、叼羊、秋千、武术，3个表演项目即达瓦孜、斗羊、背式拔河。
新疆	2002.9	第五届	伊犁哈萨克自治州伊宁市	全新疆14个地、州、市和新疆生产建设兵团四师的15个代表团以及各地来宾共2534人参加大会。	设有速度赛马、赛走马、跑马拾哈达、民族式摔跤、秋千、武术、押加、叼羊、赛骆驼、射箭10项竞赛项目；达瓦孜、姑娘追、马上角力、斗鸡、斗羊、跑马射箭、比腕力7项表演项目。
新疆	2006.9	第六届	博尔塔拉蒙古自治州博乐市	本届运动会有16个代表团共802人参加。	本届运动会设有速度赛马、跑马拾哈达、跑马射箭、走马、民族式摔跤（搏克、女子搏克、且里西、北嘎、格、绊跤）、秋千、武术、押加、叼羊、赛骆驼、射箭等竞赛项目；设有达瓦孜、姑娘追、马上角力、斗鸡、斗羊、沙哈尔地、民族健身操7项表演项目。

续表

省份	时间	届数	举办地点	参与民族、运动员	主要项目
新疆	2010.9	第七届	哈密市	来自全疆各地的800余名运动员。	本届设有秋千、押加、武术、马术、射弩等12个比赛项目，以及达瓦孜、姑娘追、民族健身操等8个表演项目。与上届相比，竞赛项目增设了射弩、高脚竞速、毽球和国际象棋4个大项，以及朝鲜族式摔跤、库热斯等25个小项，表演项目增加了斗鸡、斗羊、斗狗等项目。
新疆	2014.9	第八届	昌吉市	来自新疆15个地州市和兵团的849名运动员参赛。	本届运动会共设竞赛项目14个大项、120个小项和8个表演项目，是历届赛事中项目设置最多的一次；据介绍，新疆已经发掘整理出的少数民族传统体育项目共有136个，其中速度赛马、赛走马、民族式摔跤、射箭、秋千等项目已成为全国民族运动会的正式比赛项目，达瓦孜、沙哈尔地、马上角力、民族健身操等项目多次参加全国少数民族运动会的表演。
新疆	2018.9	第九届	伊宁市	来自各地州市和新疆生产建设兵团共16个体育代表团，共有2023名运动员、教练员、裁判员参加比赛。	本届运动会设置了马术、射箭等16个大项、130个小项和麦热球、达瓦孜等8个表演项目；开幕式上还穿插展示了秋千、叼羊、姑娘追、马上射箭、摔跤等深受全疆各民族群众喜爱并广泛参与的体育项目。
云南省	1955.5	第一届	大理州	来自滇西各地州的运动员以及省体训班学员、省文工团、杂技团演员前往大理表演。这是新中国成立后，该省举办的首届少数民族传统体育运动会，对于体现民族平等，加强民族团结，振奋民族精神，推动民族地区群众性体育活动的开展，起了积极作用。	大会进行了赛马、马术及民族传统体育项目的表演。
云南省	1982.4	第二届	大理州	来自云南各地州市的22个民族的300余名运动员参加了运动会。	大会设摔跤、射弩、民族武术、赛马、马术、陀螺等竞赛项目。

续表

省份	时间	届数	举办地点	参与民族、运动员	主要项目
云南省	1985.5	第三届	大理州	来自省内各地州市的16个民族的573名运动员、教练员、裁判员和工作人员参加了大会。	本次民运会设竞赛项目赛马、赛龙舟、摔跤、射弩、射箭、中长跑6个项目，秋千、民族武术、阿细跳月、跳热巴舞、打歌等143个表演项目。
云南省	1989.9	第四届	昆明市	来自全省17个地州市和云南民族学院的25个民族的3100多名运动员、教练员、裁判员、工作人员参加了各项比赛。	本届民运会设竞赛项目射弩、陀螺、秋千、赛马、摔跤、抢花炮、龙舟、弹弓、斗牛、斗羊10项。有爬刀竿、倒爬竿、磨秋、堆沙、木鼓、溜绳等具有民族特色的表演项目。
云南省	1994.11	第五届	昆明市	来自全省17个地州市和云南民族学院（现为云南民族大学）的运动员、教练员、裁判员、工作人员和观摩人员以及特邀代表共2315人参加了运动会。	大会设抢花炮、秋千、射弩、民族式摔跤、赛马、龙舟、陀螺、武术8个竞赛项目；表演项目共35项。
云南省	1998.5	第六届	迪庆藏族自治州中甸县（现香格里拉县）和文山壮族苗族自治州文山县	来自全省17个地州市和云南民族学院（现为云南民族大学）的27个民族近3500名运动员、教练员、工作人员参加了大会。	本届民族运动会竞赛项目设赛马、摔跤、龙舟、抢花炮、吹枪、秋千、射弩、武术、陀螺共9项，表演项目38项。
云南省	2002.4	第七届	大理市（分赛场）和蒙自县（主赛场）	来自全省16个地州市及云南民族学院（现为云南民族大学）共17个代表团的1900多名少数民族运动员参加比赛，5000人以上的25个少数民族都有运动员参加。	共设有抢花炮、武术、摔跤、射弩、秋千、陀螺、吹枪、高脚竞速（双拐）、龙舟、赛马10个竞赛项目和59个表演项目。
云南省	2006.9	第八届	昭通市昭阳区	来自全省各地州市及云南民族大学共17个代表团的2360多名少数民族运动员，以及包括汉族在内的32个民族的教练员、裁判员、民族体育工作先进代表、观摩人员、新闻工作者和工作人员共4300多人参加了赛会。	共设有秋千、射弩、武术、摔跤、陀螺、龙舟、抢花炮、吹枪、高脚竞速、赛马和蹴球11个竞赛项目和67个表演项目。

续表

省份	时间	届数	举办地点	参与民族、运动员	主要项目
云南省	2010.11	第九届	普洱市思茅区	来自全省16个州市和云南民族大学、云南师范大学共18个代表团，包括汉族在内的28个民族的教练员、裁判员、民族体育先进代表、观摩人员、新闻记者、工作人员、志愿者共7500人参加了本届民族运动会的各项活动，加上参加开、闭幕式和民族大联欢演出的5000多名演职人员，赛会总规模超过12000人，全省5000人以上的25个少数民族都有代表参加。	竞赛项目设秋千、射弩、武术、摔跤、陀螺、龙舟、抢花炮、吹枪、高脚竞速、板鞋竞速、赛马、蹴球12个大项121个小项。
云南省	2014.9	第十届	迪庆藏族自治州	全省16个州市和云南民族大学、云南师范大学共18个代表团参赛，来自全省25个少数民族的1792名运动员、教练员，以及408名裁判员，各州市代表团成员、受表彰人员和特邀人员，组委会办事机构工作人员、开幕式演员、安保人员、志愿者、下届接旗、观摩人员等8091人参加本次运动会。	本届运动会设竞赛和表演两大类项目。其中：竞赛项目设吹枪、蹴球、高脚竞速、板鞋竞速、抢花炮、秋千、射弩、摔跤、陀螺、武术、马术11个项目，114个小项。表演项目设竞技、技巧、综合、民族健身操4类，共22个小项。
云南省	2018.12	第十一届	临沧市	全省16个州市和云南民族大学、云南师范大学共18个代表团参会，人员规模约为9970人。	本届少数民族传统体育运动会设置竞赛和表演两大项目。竞赛项目共设抢花炮、武术、龙舟、马术、陀螺、吹枪、射弩、高脚竞速、摔跤、秋千、蹴球、板鞋竞速、舞龙、民族健身操14个竞赛大项，135个小项，比之前确定的13个竞赛项目、131个小项增加民族健身操1个竞赛大项4个小项；表演项目共设竞技类、技巧类、综合类、入场式表演四大类，原表演项目民族健身操换成入场式表演。
浙江省	2006.11	第三届	杭州市	来自全省11个地市和景宁畲族自治县的12支代表队，畲族、回族、满族、土家族、蒙古族、苗族、维吾尔族、瑶族、壮族、朝鲜族、彝族、侗族、白族、仡佬族和藏族15个少数民族的400多名运动员参加各个项目的角逐。	珍珠球、蹴球、射弩、陀螺、押加、武术、高脚竞速、板鞋竞速和表演项目等少数民族传统体育项目9个大项53个小项。

续表

省份	时间	届数	举办地点	参与民族、运动员	主要项目
浙江省	2010.11	第四届	丽水市	包括11个市级代表团以及景宁畲族自治县代表团，参会的运动员、教练员、裁判员、志愿者等达900余人。	蹴球、陀螺、射弩、高脚竞速、板鞋竞速、押加、武术、珍珠球8个竞赛项目比赛和3类表演项目比赛。
浙江省	2014.11	第五届	温州市	本届运动会共有12个代表团、665名运动员参赛，全省11个地市和1个畲族自治县均组团参加，参赛人员涉及24个民族。	竞赛项目10个，分别为蹴球、陀螺、射弩、高脚竞速、板鞋竞速、押加、武术、珍珠球、秋千、民族健身操等；表演项目有竞技类、技巧类两种。
浙江省	2018.10	第六届	丽水市	本届运动会共有12个代表团参赛，其中包括全省11个地级市代表团和景宁畲族自治县代表团。参加本届运动会全省运动员、教练员、团部人员、工作人员共793人，裁判员110人，丽水代表团运动员、教练员、团部人员、工作人员180人，民族运动员525名，占运动员总数的88%，有汉族、畲族、土家族、苗族、回族、壮族、彝族、布依族、蒙古族等28个民族。	竞赛项目有10项，分别为珍珠球、蹴球、秋千、射弩、陀螺、押加、高脚竞速、板鞋竞速、少数民族武术、民族健身操等。竞技类、技巧类、综合类3类表演项目，参加的表演项目中，蹴石磙、稳凳、抄杠等极具趣味性、观赏性。
全国	1953.11	第一届	天津市	参加民族形式体育表演及竞赛大会的有满族、蒙古族、回族、藏族、苗族、朝鲜族、纳西族、汉族等13个民族的395名运动员。他们分别来自华北区、东北区、西北区、中南区、西南区（包括西藏和内蒙古自治区）、解放军及铁路系统等9个单位。	体育项目分竞赛、表演和特邀表演3部分。竞赛项目有：举重、拳击、摔跤、短兵和步射；表演项目有：武术（分石担、石锁、弓箭术、弹丸、爬杆、跳板、木杠、皮条、沙袋、地围、跳桌、筋斗、叠罗汉、大武术、五虎棍、打术、跳术、跳绳、飞叉、中幡等22项）、骑术（各种马上技巧表演9项）两大类；特邀表演有：马球、蒙古族式摔跤、狮舞、杂技等。

续表

省份	时间	届数	举办地点	参与民族、运动员	主要项目
全国	1982.9	第二届	内蒙古自治区呼和浩特市	来自全国29个省、自治区、直辖市的56个民族的863名运动员和教练员参加，其中少数民族运动员593人。	竞赛项目有：射箭邀请赛和中国式摔跤。表演项目：傣族的孔雀拳、白族的霸王鞭、纳西族的东巴跳、彝族的阿细跳月、高山族的背篓球、回族的斗牛、藏族的"碧秀"、土族的轮子秋、朝鲜族的秋千、黎族的跳竹竿、壮族的高空舞狮、维吾尔族的"达瓦孜"、哈萨克族的马上拾银、塔吉克族的叼羊、蒙古族的赛骆驼和赛马、达斡尔族的"波依阔"等。
全国	1986.8	第三届	新疆维吾尔自治区乌鲁木齐市	全国（除台湾省外）29个省、自治区、直辖市的55个少数民族的运动员和各民族的教练员、工作人员共1097人参加了比赛和表演。	竞赛项目除保留上届摔跤、射箭外，增设了赛马、叼羊、射弩、抢花炮、秋千5个项目。表演项目比上届增加了47项。
全国	1991.11	第四届	广西壮族自治区南宁市	运动会历时8天，有来自全国30个省、自治区、直辖市的55个少数民族共3000多人参加。	竞赛项目共9项：龙舟、抢花炮、秋千、射弩、珍珠球、木球、摔跤、赛马和武术，设金牌34枚；表演项目120项，设奖114个。
全国	1995.11	第五届	云南省昆明市	来自全国各省、自治区、直辖市的55个少数民族的运动员和各民族的教练员、裁判员、工作人员、观摩人员、少数民族体育先进代表及新闻记者共9000人参加。中国人民解放军、新疆生产建设兵团首次组团参赛。台湾省少灵敏民族组团参加了龙舟竞赛。大会还邀请了部分港、澳、台同胞前来观摩。	本届运动会设竞赛项目和表演项目两大类。竞赛项目有：抢花炮、珍珠球、木球、毽球、摔跤、秋千、武术、射弩、龙舟、赛马、打陀螺11项，设金牌65枚；表演项目有129项，设一、二、三等奖。
全国	1999.9	第六届	北京市、拉萨市（分会场）	届时56个民族会聚一堂，向国内外展示中国各族人民团结奋进的精神风貌，展示民族政策和改革开放给民族地区带来的巨大变化，将在国内外产生重大影响。	运动会设竞赛项目和表演项目两大类。竞赛项目有：抢花炮、珍珠球、木球、毽球、蹴球、秋千、武术、射弩、龙舟、打陀螺、押加、民族式摔跤、马上项目共13项，其中射弩、打陀螺、押加、部分马上项目和部分表演项目在拉萨分赛场进行。

续表

省份	时间	届数	举办地点	参与民族、运动员	主要项目
全国	2003.9	第七届	宁夏回族自治区银川市	在为期8天的本届运动会期间，3799名运动员参加比赛。	抢花炮、珍珠球、木球、蹴球、民族式摔跤、秋千、毽球、武术、押加、龙舟、射弩、陀螺、高脚竞速、马术等14项竞赛及124项表演。
全国	2007.11	第八届	广东省广州市	参加本届赛事的运动员和相关工作人员达到7972人，大大超过上届规模。	跳板、掼牛、叼羊、飞绣球、赛骆驼、赛爬犁、姑娘追、达瓦孜、赛跳跑、跳花盆、顶瓮竞走、挥杆套马、马上摔跤、颈力比赛、抵肩比赛、蒙古族赛马、皮划子渡黄河。
全国	2011.9	第九届	贵州省贵阳市	来自各省、自治区、直辖市，中国人民解放军，新疆生产建设兵团的人员。	竞赛项目：抢花炮、珍珠球、木球、蹴球、毽球、龙舟、独竹漂、秋千、射弩、陀螺、押加、高脚竞速、板鞋竞速、武术、民族式摔跤（搏克、且里西、格、北嘎、绊跤、希日木）、马术（速度赛马、走马、跑马射击、跑马射箭、跑马拾哈达）。表演项目：竞技类、技巧类和综合类。
全国	2015.8	第十届	内蒙古自治区鄂尔多斯市	来自各省、自治区、直辖市，中国人民解放军，新疆生产建设兵团的人员。	竞赛项目有抢花炮、珍珠球、木球、蹴球、毽球、龙舟、独竹漂、秋千、射弩、陀螺、押加、高脚竞速、板鞋竞速、少数民族武术、民族式摔跤（搏克、且里西、格、北嘎、绊跤、希日木）、马术（民族赛马、走马、跑马射击、跑马射箭、跑马拾哈达）、民族健身操等17项。表演项目140项左右。
全国	2019.9	第十一届	河南郑州市	—	—

附录三 新中国70年民族传统体育相关事件统计

年	月	主办/主编	地点	主题	内容
1949	—	—	北京	北京市第一届人民体育大会	武术成为表演项目之一。
1949	—	内蒙古自治区体委	内蒙古	促进自治区民族传统体育健康发展	举办18次"民族体育短期培训班"组织体育专家、民族体育学者和盟市体育骨干研究改进赛马、摔跤、射箭等民族传统体育项目的服饰、器材，修订比赛规则；传授现代体育运动技术，革除民族体育运动中历史遗留下的糟粕。
1950	—	中华全国体育总会	—	武术座谈会	为提高各派武师的政治思想水平、交流武技。
1950	5	全省各地市和部队的1300名运动员	太原	—	山西省首届人民体育运动大会，设置摔跤、武术、拔河、射箭、棋类等民族传统体育项目。
1950	—	—	天津	—	"天津武术运动委员会"成立；组织"武术界学习会"；有计划进行武术表演，定期举行武术座谈交流。
1950	—	—	—	—	全区举办规模较大的民族传统体育大会16次，有54000多名各族群众参加了摔跤、赛马、射箭及球类比赛，观众人数达20多万人。
1952	—	—	—	—	河北省第一届运动会，武术被列为表演或比赛项目。
1952	—	—	—	—	河北省建立县体育协会，全省134县中以群众的习惯形式组织开展武术、打拳、摔跤等为主的体育活动。武术被正式列为全省推广项目。
1952	—	—	天津	—	天津连续举行了两届民族形式体育表演大会，设有110多个比赛和表演项目。

续表

年	月	主办/主编	地点	主题	内容
1953	10	—	西安	西北区民族形式运动会	西北区民族形式运动项目。
1953	11	—	天津	全国民族形式体育表演及竞赛大会	武术、骑术、摔跤、射箭及民间体育。
1953	11	—	天津	—	全国民族形式体育表演及竞赛大会。
1953	8	内蒙古代表团100人	天津	—	参加在天津举行的"全国民族形式体育表演暨竞赛大会"中的搏克、马术、布鲁、马球、障碍马术、乘马斩劈6项表演和摔跤、射箭2项比赛。
1954	—	—	湘阴县（今属汨罗县）	龙舟竞渡	龙舟竞渡。
1954	—	—	天津	—	全国少数民族传统体育运动会。
1956	—	—	福建	福建省举行农村体育工作会议	要求对少数民族体育加强指导，对其特有的运动形式，应帮助发展。会后，舞龙、舞狮、武术、打猎、棋类等活动日益扩大，荡秋千等项目也有所发展。漳平县各族聚居的村庄都搭架荡秋千，节日还进行射猎、登山等比赛。
1956	8	—	贵阳	贵州省摔跤比赛	摔跤比赛。
1956	9	—	北京	全国摔跤比赛	摔跤（中国式摔跤）比赛。
1956	11	—	北京	十二单位武术表演大会	武术表演。
1956	11	—	杭州	全国划船表演赛	划船表演。
1956	12	—	北京	全国象棋大赛	象棋。
1957	—	—	北京	全国武术观摩评奖大会	拳术、器械。
1957	6	福建省体育运动委员会	福州	福建省首届武术观摩大会	福建省首届武术观摩大会。
1957	—	—	北京	倡导群众武术	把武术列为国家体育竞赛项目。
1957	6	—	贵阳	贵州省首次武术表演运动会	武术表演。
1958	—	—	北京	全国武术运动会	拳术、器械。

续表

年	月	主办/主编	地点	主题	内容
1959	4	—	郑州、洛阳、开封和新乡	首届省运动会	武术、中国式摔跤等。
1959	3	—	北京	全国青少年武术运动会	武术表演。
1959	4	—	上海	全国自由式、古典式摔跤锦标赛	摔跤比赛。
1959	9	—	—	首届全国运动会各项比赛及表演赛	武术、中国式摔跤。
1960	4	—	太原	全国摔跤锦标赛	摔跤。
1960	9	—	郑州	全国武术运动会	武术竞赛。
1962	11	—	合肥	中华人民共和国围棋协会和象棋协会成立大会	推选协会主席。
1963	4	—	—	—	七单位射箭通讯比赛在上海、山东、福建、青海、内蒙古、四川、广州等地举行。有2人22次打破17项射箭全国纪录（女9项，男8项）；2人7次打破6项射箭世界纪录（女5项，男1项）。徐开才于4月9日、11日以585环的成绩打破了男子双轮70米的射箭世界纪录；李淑兰于4月9日至12日以2269环的成绩，打破了女子双轮全能的射箭世界纪录。
1963	9/10	—	—	—	苏联国际象棋代表队，由领队符·札戈罗夫斯基象棋大师率领，访问了中国。周恩来总理接见了代表队全体人员，并于10月4日，陈毅副总理出席了欢迎苏联国际象棋手的宴会。
1963	9/10	—	北京	—	由团长、九段棋手杉内雅男率领日本围棋代表团7人访问了中国。9月27日国务院副总理陈毅，在北京接受了日本围棋代表团团长杉内雅男、团员宫本直毅，代表日本围棋院和日本关西围棋院赠送的名誉七段段位的称号。10月3日，周恩来总理出席了陈毅副总理在北京为欢迎代表团全体人员举行的宴会，宴会后，陈毅副总理同日本围棋代表团团长杉内雅男进行了围棋友谊对弈。

续表

年	月	主办/主编	地点	主题	内容
1963	10/11	—	—	—	朝鲜民主主义人民共和国平壤市男女射箭队,由朝鲜民族形式体育协会主席罗允出率领,访问了北京、南京、上海等地。
1964	11	—	郑州	第二届省运动会	武术、中国式摔跤等。
1964	5	国家体委政策研究室编	广州	6单位射箭对抗赛在广州举行	6单位射箭对抗赛在广州举行。
1964	9	国家体委政策研究室编	济南	19单位武术暨射箭锦标赛	参加比赛的有北京、上海、广东、福建、安徽、广西、四川、江苏、宁夏、山西、陕西、山东、黑龙江、吉林、辽宁、河北、新疆、浙江、北京体院共19个单位,135名运动员(其中甲组男49人,女25人;乙组男9人,女12人,参加测验的男25人,女15人)。
1965	11	—	银川	全国象棋锦标赛	象棋。
1965	4	李淑兰、王荣娟、王锡华	广州	—	中国射箭运动员李淑兰、王荣娟、王锡华,在广州以3271环的成绩,打破了女子单轮团体的射箭世界纪录;李淑兰以555环的成绩打破女子双轮50米射箭的世界纪录。
1974	9	—	郑州	第三届省运动会	武术、中国式摔跤等。
1974	—	中国体育年鉴编辑委员会编	广州	8单位射箭友谊赛	上海运动员王文娟在广州举行的1974年8单位射箭友谊赛中,以342环的成绩,打破了波兰选手克劳佐茨创造的341环的女子30秒单轮射箭世界纪录。
1974	—	中国体育年鉴编辑委员会编	济南	3单位射箭友谊赛	北京体育学院黄淑艳在济南举行的3单位射箭友谊赛中,以1237环的成绩打破了苏联选手加普琴科保持的1236环的单轮全能世界纪录。
1974	—	中国体育年鉴编辑委员会编	西宁	全国射箭比赛	山东运动员姜胜玲在西宁举行的全国射箭比赛中以308环的成绩打破了由苏联选手克捷万创造的307环的女子70米单轮射箭世界纪录。
1974	—	中国体育年鉴编辑委员会编	西宁	全国射箭比赛	北京体育学院宋淑贤在西宁举行的全国射箭比赛中,以585环的成绩打破了女子70米双轮射箭世界纪录。

续表

年	月	主办/主编	地点	主题	内容
1974	6	中国体育年鉴编辑委员会编	中国	日本太极拳友好访华	日本太极拳友好访华团，由团长后藤隆之助、秘书长三浦英夫率领，访问中国。
1974	8	中国体育年鉴编辑委员会编	西安	全国武术比赛	全国武术比赛举行，参加比赛的单位有北京、上海、天津、湖南、陕西、山东、浙江、吉林、广东、江苏、四川、广西、甘肃、青海、黑龙江、安徽、河北、湖北、宁夏、新疆、辽宁、云南24个单位，283名运动员（男153人，女130人）。
1975	9	—	北京	中国式摔跤	参加比赛的有北京、河北、山西、内蒙古、吉林、黑龙江、青海、宁夏、新疆、浙江、安徽、河南12个单位，95名运动员。
1975	9	—	北京	武术	武术。
1975	9	—	北京	中国式摔跤比赛	中国式摔跤。
1976	8	—	哈尔滨	全国武术汇报表演大会	参加表演的有北京、上海、河北、山西、内蒙古、辽宁、吉林、陕西、青海、宁夏、山东、江苏、安徽、江西、福建、湖北、湖南、广东、广西、四川、贵州、云南、北京体院共25个单位，163名运动员（男15名，女148名）。
1976	4	—	保定	中国式摔跤比赛	中国式摔跤。
1976	8	—	哈尔滨	全国武术汇报表演大会	武术表演。
1976	6	—	兰州、合肥	全国棋类大赛	围棋和中国象棋。
1977	2	—	固原	业余武术训练班	业余武术训练。
1977	6	—	思南县（贵州省）	全省武术比赛	武术比赛。
1977	2	中国体育年鉴编辑委员会编	泰国	中国武术、技巧团由团长魏明率领访问泰国	中国武术、技巧团由团长魏明率领访问泰国。
1977	4	中国体育年鉴编辑委员会编	中国	日本围棋代表团团长乔本宇太郎率领访问中国	日本围棋代表团由团长乔本宇太郎率领访问中国。

续表

年	月	主办/主编	地点	主题	内容
1977	5	中国体育年鉴编辑委员会编	丹麦	中国武术代表团由团长周正率领访问丹麦	中国武术代表团由团长周正率领访问丹麦。
1977	5	中国体育年鉴编辑委员会编	杭州	全国划船比赛在杭州举行	全国划船比赛在杭州举行。
1977	8	中国体育年鉴编辑委员会编	荷兰	中国赛艇队由领队王贵率领，参加在荷兰举行的世界赛艇锦标赛	中国赛艇队由领队王贵率领，参加在荷兰举行的世界赛艇锦标赛。
1977	8	中国体育年鉴编辑委员会编	哈尔滨	全国棋类比赛围棋赛在哈尔滨举行，中国象棋和国际象棋在太原举行	全国棋类比赛围棋赛在哈尔滨举行，中国象棋和国际象棋在太原举行。
1977	9	中国体育年鉴编辑委员会编	中国	菲律宾中国象棋队由领队陈锦成率领，访问中国	菲律宾中国象棋队由领队陈锦成率领访问中国。
1977	10	中国体育年鉴编辑委员会编	朝鲜	中国射箭队由领队梅振耀率领，访问了朝鲜民主主义人民共和国	中国射箭队由领队梅振耀率领，访问了朝鲜民主主义人民共和国。
1977	11	中国体育年鉴编辑委员会编	摩纳哥	中国赛艇协会代表张清等访问了摩纳哥	中国赛艇协会代表张清等访问了摩纳哥。
1977	11	中国体育年鉴编辑委员会编	几内亚	中国武术、技巧团由团长刘静、副团长刘庆奇率领访问了几内亚	中国武术、技巧团由团长刘静、副团长刘庆奇率领访问了几内亚。
1977	11	中国体育年鉴编辑委员会编	新西兰	中国国际象棋队由领队王亦洲率领，参加了在新西兰举行的亚洲国际象棋团体锦标赛	中国国际象棋队由领队王亦洲率领，参加了在新西兰举行的亚洲国际象棋团体锦标赛。
1977	3	中国体育年鉴编辑委员会编	内蒙古	全国武术比赛	全国武术比赛举行，参加比赛的有北京、上海、天津、山东、青海、云南、广东、江苏、湖南、黑龙江、浙江、河北、辽宁、陕西、四川、安徽、贵州、山西、福建、吉林、江苏、湖北、甘肃、宁夏、广西、内蒙古27个单位，438名运动员（男219人，女219人），特邀代表23人。
1978	10	—	郑州	第四届省运动会	武术、中国式摔跤等。

续表

年	月	主办/主编	地点	主题	内容
1978	4	—	—	—	卢旺达总统哈比亚利马纳·朱韦纳尔和夫人,观看前往访问的中国武术团的表演。
1978	9	—	圣地亚哥	—	智利共和国总统奥克斯托·皮诺切特,在圣地亚哥观看前往访问的中国武术团的表演。
1979	—	—	吴兴县太湖乡	举鼎、举大刀	吴兴县太湖乡农民裴文明在浙江省武术观摩交流会上做了表演,获得一等奖。举鼎、举大刀是庙会活动的一种,早年流行于民间,新中国成立后随着庙会活动的停止,这项活动至今已不多见。
1979	—	甘肃体委	甘肃	发掘、整理武术遗产	发掘整理《武术名人集》《甘肃武术史》。
1981	1	国家民委、国家体委委托体育报社、新体育杂志社和人民体育出版社	北京	联合举办"少数民族传统体育摄影及其历史考证作品评选"活动,评选委员会成立	会议规定稿件寄北京体育报社,1981年10月31日截稿。
1981	9	国家体委、民委	北京	全国少数民族体育工作座谈会	积极倡导,加强领导,改革提高,稳步前进。
1981	—	—	—	打禾鸡	城步县体委对打禾鸡这项活动进行整理,拟定了竞赛规则。器材不变,场地是15米见方,比赛分个人赛和团体赛两种。个人赛每局抛5—10个禾鸡;团体赛每队3人同时上场,每局抛10—30个禾鸡;两种比赛都以3局定胜负。抛禾鸡的苗族姑娘既是裁判员又是颁奖者。
1981	12	福建省体育运动委员会	宁德县（福建）	福建省少数民族体育传统体育工作座谈会	学习全国少数民族体育座谈会文件,研究贯彻措施。福鼎,宁德民族文化站和福安民族中学介绍各自开展民族体育的概况,大会还专门表演了畲族的武术。
1981	6	福建省体委、省民政厅和宁德地区民政、民委。民族中学干部、教师19人	宁德县（福建）	宁德地区少数民族传统体育汇报会	会议探索了民族传统体育流传闽东的项目、名称、活动方式、历史沿革和现实意义,搜集到20多种畲族传统的体育项目及有关材料。

续表

年	月	主办/主编	地点	主题	内容
1982	9	国家体委、中央民委	呼和浩特	全国第二届少数民族体育运动会	29个省市代表团参加，55个民族代表参加。
1982	1	贵州省体委、民委	贵阳	全省少数民族体育工作座谈会	—
1982	5	云南	云南大理	三月街	恢复了中断20年的白族和藏族赛马。
1982	—	25个省市	—	区域内少数民族运动会	
1982	—	内蒙古人民出版社	—	《内蒙古民族体育》	—
1982	4	—	—	爬坡杆	广西将爬坡杆列为广西第一届少数民族传统体育运动会表演项目。
1983	6	《体育词典》编委会	—	《体育词典》	"民间体育"一栏中的174项民间体育，纯属少数民族传统体育项目就占了绝大部分。
1983	9	贵州省体委、省教育厅	—	贵州省体育传统项目学校先进集体和先进个人	评比体育传统项目学校先进集体和先进个人。
1983	—	甘肃体委	甘肃	民族体育挖掘整理	成立民族体育挖掘整理委员会。
1983	11	国家体委政策研究室编	—	国家体委、教育部颁发体育传统项目学校试行办法	国家体委、教育部颁发体育传统项目学校试行办法。
1983	8	国家体委政策研究室编	—	国家体委关于下发《关于对群众自办武术馆和私人教拳加强管理的意见》的通知	国家体委关于下发《关于对群众自办武术馆和私人教拳加强管理的意见》的通知。
1984	10	北京市民族事务委员会、北京市体育局	北京	北京市民族传统体育协会	全国第一个民族传统体育协会，中国第一个成立的省、市（直辖市）、自治区级民族传统体育协会。协会由各民族、体育工作部门的领导、专家及民族体育爱好者组成，下设办公室、竞训部、活动部、项目委员会。
1984	—	中央民族学院	—	《中国少数民族体育》	收集了46个少数民族的110多个传统体育项目。
1984	5	国家体委	—	《龙舟竞赛规则（试行草案）》	龙舟列为正式比赛的决定，认为开展龙舟活动可以增强人民体魄，培养勇敢顽强的精神。

续表

年	月	主办/主编	地点	主题	内容
1984	—	—	—	全国武术比赛	中国武术协会邀请了法国、联邦德国、菲律宾、新加坡、泰国、中国香港和中国澳门等国家和地区武术组织的负责人到武汉参观了比赛，并就武术在世界范围内进一步发展等问题进行了讨论。
1984	3	国家体委政策研究室编		国家体委关于把毽球列为正式比赛项目的决定	国家体委关于把毽球列为正式比赛项目的决定。
1984	5	国家体委政策研究室编		国家体委关于把龙舟列为正式比赛项目的决定	国家体委关于把龙舟列为正式比赛项目的决定。
1985	—	—	湖北宜昌	龙舟协会成立	宗旨是以历史唯物主义和辩证唯物主义的观点整理研究龙舟竞渡发展的历史特点。
1985	—	—	内蒙古	布鲁	经自治区体委批准，布鲁已经成为内蒙古那达慕民运会正式比赛器材以及全国表演器材。在满都拉老人的不懈努力下，由他研发改进的投远、投准两款标准、规范化的新型现代布鲁获得了外观设计专利，并注册了"飞马""玛拉沁"等布鲁商标。
1985	—	国家体委、国家民委	广西、云南、吉林、新疆	竞赛规则编写	为了迎接第三届全国少数民族传统体育运动会，国家体委、国家民委先后在广西、云南、吉林、新疆组织专家学者对抢花炮、射弩、秋千、叼羊4项竞赛项目的规则编写进行了学术讨论。
1985	10	—	—	首届全国青少年运动会	自由式摔跤。
1986	9	国家体委、国家民委	新疆	首届少数民族传统体育学术研究会	"少数民族传统体育"的定义提出了四种观点：一是少数民族传统体育是各少数民族世代相传、具有民族特色的各种体育活动的总称；二是少数民族传统体育是在古代体育的基础上延续下来的，因此是指近代体育传入以前中国各民族就已有的体育活动；三是目前凡是仍在一些民族地区流传的具有民族特色的体育活动（包括自娱活动）都属于民族传统体育范畴；四是少数民族传统体育是具有民族性、传统性、体育性的活动项目。

续表

年	月	主办/主编	地点	主题	内容
1986	8	国务院、国家体委、民委	新疆乌鲁木齐	全国第三届少数民族体育运动会	本届运动会首次启用了会徽、会旗、会标,制定了较为科学的比赛规则,标志着少数民族传统体育运动会逐步走向正规化。
1986	8	国家体委	新疆乌鲁木齐	民族传统体育学术研讨会	第一次全国性的民族传统体育学术会议,出席研讨会的有省、区、市体委、民委有关同志和中青年理论工作者共59人,其中少数民族13人。
1986	2	—	—	《秋千竞赛规则》	国家体委制定了《秋千竞赛规则(草案)》,同年,秋千被列为全国少数民族体育运动会正式比赛项目。
1986	2	国家体委	—	《秋千、抢花炮、射弩、叼羊竞赛规则试行草案》	制定了《秋千、抢花炮、射弩、叼羊竞赛规则试行草案》。
1987	—	国家体委、民委	—	调查发掘民族传统体育工作	数以千计的体育文化工作者,从浩如烟海的古籍、史记、县志以及深山村寨中寻访,历时4年,搜集到150多万字的资料。这些资料记载了中华民族体育史上不曾有过的数字:少数民族传统体育676条,汉民族体育301条,共计977条。
1987	—	—	—	蒙古象棋协会	青海省格尔木市成立了蒙古象棋协会。
1987	11	—	广西融水苗族自治县	斗马节	融水苗族自治县举办第一届斗马节。
1988	—	亚洲奥林匹克理事会	—	武术列为第十一届亚运会正式比赛项目	武术被列为第十一届亚运会正式比赛项目。
1988	春节	—	湖州市练市乡	石担舞	湖州市练市乡施家浜46岁农民王子芳把一副97斤的石担舞得出神入化,令观众赞叹不已。舞石锁是从早期的军事、文化、舞蹈艺术中演变而来的,流行于太湖沿岸,群众用于锻炼臂、腰和腿的力量。石锁重量因人而异,每年清明期间举行比赛。
1988	—	—	—	搏克	经内蒙古体委审定,自治区人大常委会通过,蒙古摔跤改译为"搏克"。

续表

年	月	主办/主编	地点	主题	内容
1988	8	—	—	《龙舟竞赛规则1998 龙舟竞赛裁判法1988》	由中国龙舟协会规则器材裁判委员会编著的《龙舟竞赛规则1998 龙舟竞赛裁判法1988》，人民体育出版社。
1989	10	—	辽宁丹东	辽宁省第二届少数民族传统体育运动会	39个少数民族的13个市体育代表团480多名运动员和50多名裁判员参加本次赛会。这届赛会共设4个比赛项目：珍珠球、秋千、搏克（蒙古族摔跤）、朝鲜族式摔跤；大会还进行了武术、狩猎、跳板、射箭4个表演项目。
1989	—	—	—	蒙古象棋协会	内蒙古第二届少数民族传统体育运动会首次把蒙古象棋列入大会正式比赛项目。
1990	—	上海体育学院	上海	体育人类学	日本体育人类学研究会秘书长寒川恒夫、涉谷道夫、獭户口照夫3位教授前往上海体育学院讲学，正式将体育人类学引入中国体育理论界。
1990	5	国家体委、国家民委	河北承德	河北承德举行了9项竞赛规则的编写审订会议	在河北承德举行了9项竞赛规则的编写审订会议。参加这次会议的有北京、河北、辽宁、吉林、新疆、四川、云南、湖南、内蒙古、宁夏、河南、广西等地的专家和学者。
1990	12	国家体委、国家民委	—	《秋千、抢花炮、射弩、木球、珍珠球、搏克、且里西、北嘎、格竞赛规则试行草案》	制定了《秋千、抢花炮、射弩、木球、珍珠球、搏克、且里西、北嘎、格竞赛规则试行草案》。竞赛规则中，对场地器材、比赛方法、违反规则与叛罚、名次排定等都做了详细规定，比以前更加规范化、科学化。
1991	11	—	广西南宁	第四届全国少数民族传统体育运动会	55个少数民族都参加体育运动会，竞赛项目有9项，表演项目有120余项。
1991	—	—	—	荡秋千	全国少数民族体育运动会将荡秋千列为表演项目，后来吊秋又被列为比赛项目。
1991	11	国家民委、国家体育总局	广西南宁	第四届全国少数民族传统体育运动会	台湾少数民族龙舟队和少数民族传统歌舞艺术团，第一次参加了全国民族运动会的比赛和表演。制定了较为科学、系统的总规程、竞赛项目规程和规则、表演项目评判办法，使本届运动会向着规范化的轨道迈进了一大步。

续表

年	月	主办/主编	地点	主题	内容
1993	—	—	—	蒙古象棋为国家运动并被写入体育手册	前国家体委承认蒙古象棋为国家运动并将其写入体育手册。
1993	7	—	—	八人秋	总政治部群众工作部出版的《中国民族知识举要》详细解释八人秋的传说。
1995	—	—	—	毽球第一次被列为正式比赛项目	第五届全国少数民族传统体育运动会上，毽球第一次被列为正式比赛项目。
1996	—	—	—	内蒙古棋类	内蒙古棋类协会正式增设蒙古象棋协会，把原来一年一度的3项棋类比赛改为包括蒙古象棋在内的4项棋类比赛。
1996	—	—	—	湘西土家族苗族	湘西土家族苗族自治州文化局、湘西土家族苗族自治州文联、湘西土家族苗族自治州新华书店编辑出版的《湘西土家族苗族自治州志丛书文化志》，1982年，州内有吴廷洪、徐洪军、唐克立的5幅摄影作品（《喜玩八人秋》《绣花》《画家自叹》《在民族商店里》《土家背笼之乡》）入选在香港举办的中国旅游展览。
1997	—	国务院学位委员会和国家教委	—	设立了民族传统体育学这一门学科	1997年，国务院学位委员会和原国家教委在体育一级学科下设立4个二级学科，民族传统体育位列其中。
1997	10	—	贵州省黔东南苗族侗族自治州凯里市	斗牛协会成立	贵州省黔东南苗族侗族自治州凯里市斗牛协会成立，地址贵州省黔东南苗族侗族自治州凯里市州体育馆。
1997	8	国家体委、国家民委	拉萨	第六届全国少数民族运动会第一次筹备会	来自全国各省、自治区、直辖市、新疆生产建设兵团民委、体委和解放军总政治部文化部的代表共125人参加了会议。
1998	—	国家教育部	—	武术专业拓宽为民族传统体育专业	国家教育部颁布新修订的高校本科专业目录，又将武术专业拓宽为民族传统体育专业，成为新设本科专业之一。

附录三　新中国70年民族传统体育相关事件统计　415

续表

年	月	主办/主编	地点	主题	内容
1998	11	云南省第六届少数民族传统体育运动会	云南	吹枪运动被正式列为比赛项目	吹枪运动被正式列为云南省第六届少数民族传统体育运动会的比赛项目，比赛分立姿和跪姿两种形式，射程为男子15米，女子10米，每人每种姿势射击20弹，按两轮中该项成绩总和计算名次。
1998	7	山东省	青岛	青岛举办了全省少数民族传统体育项目培训班	青岛举办了全省少数民族传统体育项目培训班，引进了蹴球、打陀螺、押加、射弩4个少数民族传统体育项目，培养教练员、裁判员40多人。
1998	10	河南省民委、省体委主办，洛阳市民委、洛阳市体委承办	洛阳	河南省少数民族传统体育单项选拔赛	为了迎接1999年全国第六届少数民族传统体育运动会的召开，进一步推动河南省少数民族体育事业的发展、增强民族团结、振奋民族精神，经省政府批准，河南省少数民族传统体育单项选拔赛于1998年10月20日至23日在洛阳市举办。这次选拔赛由省民委、省体委主办，洛阳市民委、洛阳市体委承办。全省有17个地市9个民族的近500名运动员参加了武术、摔跤、毽球3个竞赛项目和14个具有民族性、体育性、观赏性的表演项目的比赛，展示了河南省少数民族的精神风貌，同时为参加第六届全国少数民族传统体育运动会做了准备。
1999	—	国家民委和国家体育总局	—	少数民族传统体育基地	为传承发展少数民族传统体育特色项目并做好全国少数民族传统体育运动会的参赛工作，一些省、自治区开始在各级学校建立相对固定的少数民族传统体育项目培训点，或称少数民族传统体育基地。基地集运动员选拔、训练和储备于一体，一方面宣传、推广和普及了少数民族传统体育文化，另一方面为参加各级少数民族传统体育竞赛活动打下了坚实的基础。
1999	6	—	哲里木盟甘旗卡镇	全区少数民族传统体育运动会	搏克、赛马、射箭、喜塔尔、武术、秋千、射弩等。

续表

年	月	主办/主编	地点	主题	内容
2001	—	国家民委、国家体育总局	—	高脚马	在宁夏召开的第七届全国少数民族传统体育运动会第一次筹备会上宣布：湖南省高脚马项目已被正式列为第七届全国少数民族传统体育运动会（2003年在宁夏银川举行）比赛项目。
2004	—	—	—	足球的起源	国际足联确认：中国古代的蹴鞠就是足球的起源。
2004	8	—	—	《湘西土家族苗族自治州民族民间文化保护条例》	土家族毛古斯、摆手舞、梯玛跳神、铜铃舞、苗族椎牛、椎猪、接龙舞、鼓舞等民族民间文化遗产。
2005	4	—	—	山东省临淄蹴鞠队在国内最高足球赛事	山东省临淄蹴鞠队在国内最高足球赛事——中国足球超级联赛开幕式上进行了仿古蹴鞠表演，展现了蹴鞠文化的魅力，彰显了中国足球起源地的风采，赢得了现场4万球迷和场外亿万观众的一致好评，国内众多新闻媒体的关注和报道，近150多个国家和地区转播了这一盛况。
2006	5	—	—	蹴鞠被列入首批国家非物质文化遗产名录	蹴鞠被列入首批国家非物质文化遗产名录。
2006	—	—	—	蒙古族传统角弓制作技艺	内蒙古师范大学申报的"蒙古族传统角弓制作技艺"项目被列入国家级非物质文化遗产名录。
2006	6	—	—	达瓦孜	达瓦孜被国务院列入第一批国家级非物质文化遗产名录。
2006	4	—	—	省级非物质文化遗产代表作名录项目	湘西自治州向湖南省文化厅申报了28个首批省级非物质文化遗产代表作名录项目。这28个项目包括土家族舍巴日、苗族椎牛、苗族接龙舞、赤膊溜、苗族赶秋等传统体育活动。
2006	—	—	广西融水苗族自治县	斗马节	融水苗族系列坡会群因风情独特、内涵丰富被国务院列入中国第一批非物质文化遗产保护名录，而"芦笙斗马"正式列其中。
2006	—	国家民委、国家体育总局	—	《关于加强少数民族传统体育工作的意见》	2006年，国家民委、国家体育总局制定出台了《关于加强少数民族传统体育工作的意见》。

续表

年	月	主办/主编	地点	主题	内容
2007	5	贵州省政府	贵州	《卡堡花棍舞》	贵州省政府公布贵州省第二批省级非物质文化遗产代表作名录，《民间舞蹈》系列22个，收录了乌当区的《卡堡花棍舞》。
2008	3	—	—	爬刀梯	湛江市麻章区太平镇麒麟村"爬刀梯"被广东省政府列入第二批省级非物质文化遗产名录。
2009	—	国务院	—	《关于进一步繁荣发展少数民族文化事业的若干意见》	国务院颁布了《关于进一步繁荣发展少数民族文化事业的若干意见》，提出"鼓励举办具有民族特色的文化展演和体育活动"。
2010	—	—	—	吹枪	吹枪于2010年被列为云南省体育的非物质文化遗产保护名录。
2010	—	国家民委和国家体育总局	—	《全国少数民族传统体育示范基地命名办法（暂行）》	国家民委和国家体育总局制定了《全国少数民族传统体育示范基地命名办法（暂行）》。
2011	—	—	百色	《百色市少数民族传统体育保护规划（2011—2015）》	促进了少数民族传统体育保护工作的科学化、规范化和法制化；在百色学院成立百色市少数民族传统体育传承与保护基地；2012年投入3.3万元建立了市县两级民族传统体育项目训练基地，组建民族体育运动队开展训练和推广工作。
2011	4	—	云南大理	三月街	在云南大理举行的大理三月街民族节赛马大会开赛。
2012	10	关岭自治县民族中学	—	关岭自治县民族中学开设民族传统体育项目训练班	关岭自治县民族中学开设民族传统体育项目训练班，学生正在进行打花棍、丢花包、高脚竞速、押加等民族传统体育项目训练。
2012	10	凯里市斗牛协会	凯里	凯里市第五届斗牛协会代表大会	凯里市第五届斗牛协会代表大会在市行政中心召开，会议选举了新一届理事会，选举产生了新一届协会常务理事会，杨林学当选新一届会长，杨胜先、文胜达当选副会长，潘永瑞当选秘书长。
2013	6	中国体育博物馆临淄分馆、临淄足球博物馆、临淄蹴鞠文化俱乐部	山东临淄	"蹴鞠文化"网络征文活动	征文主题："传承蹴鞠文化，弘扬体育精神"。

续表

年	月	主办/主编	地点	主题	内容
2013	12	内蒙古	陈巴尔虎旗金帐汗部落	内蒙古第十四届冰雪那达慕暨巴尔虎草原祭火文化节	内蒙古第十四届冰雪那达慕暨巴尔虎草原祭火文化节于12月23日在陈巴尔虎旗金帐汗部落开幕,活动设赛马、摔跤、射箭、赛骆驼、骆驼爬犁、赛马爬犁等具有浓郁特色的民族传统体育项目比赛。
2013	3	—	—	中国体育文化博览会	2013年中国体育文化博览会——中国体育非物质文化遗产项目目录收录苗族上刀梯、赛马、苗族麻古(手毽)、掷鸡毛(掷鸡毛球)、织麻赛跑、穿花衣(裙)赛跑、踢枕头、苗族武术芦笙刀、苗族搓麻线项目。
2013	6	—	—	川南苗族手毽	宜宾市公示第四批非物质文化遗产名录推荐名单,其中川南苗族手毽在列。
2013	—	国家民委和国家体育总局	—	首批全国少数民族传统体育示范基地	国家民委和国家体育总局联合命名了首批12个全国少数民族传统体育示范基地。
2015	9	—	广西三江侗族自治县	斗马节	广西三江侗族自治县举办首届斗马节。斗马节是当地苗族独特传统文化。
2016	4	北京市民族传统体育协会	延庆区康庄镇大营村满族风情园	北京市民族传统体育协会骑射分会成立	骑射分会以满族的渔猎文化为建设主题。总占地640亩,主要分为:垂钓区240亩、马术区300亩、步射餐饮住宿区100亩。是当地村民健身锻炼的主要场所。
2017	9	—	—	中国体育博物馆联盟成立大会	中国体育博物馆联盟成立大会在2017中国体育文化博览会、中国体育旅游博览会现场隆重举行。

参考文献

国内学者著作

白晋湘：《民族传统体育文化学》，民族出版社2004年版。

白晋湘编著：《民族传统体育教程》，中南工业大学出版社2000年版。

鲍明晓：《体育产业——新的经济增长点》，人民体育出版社2000年版。

北京市民委、民族画报社编著：《携手奥运 北京的民族传统体育》，中国民族摄影艺术出版社2008年版。

北京市民族传统体育协会：《京华民族传统体育项目50例》，北京燕山出版社2008年版。

本社编：《民族体育论文集 第九届全国少数民族传统体育运动会民族体育科学论文评选获奖论文集》，民族出版社2011年版。

曹苏编：《为奥运剪彩 瑞昌剪纸艺术展现的中华民族传统体育风貌》，北京出版社2008年版。

陈汉华：《中国民族传统体育博览》，人民体育出版社2007年版。

陈华：《传统体育与人类的适应性 因纽特等民族的体育人类学研究》，华龄出版社2005年版。

陈青：《民族体育跨文化融合》，民族出版社2010年版。

陈青：《西北民族体育文化》，人民体育出版社2006年版。

陈伟、颜绍泸主编：《民族传统体育教程》，人民体育出版社2014年版。

陈炜、朱岚涛、文冬妮：《桂滇黔少数民族传统体育文化资源调查与开发利用研究》，科学出版社2017年版。

陈晓梅：《民族传统体育文化的弘扬与典型项目教学指导》，中国水利水电出版社2016年版。

陈岩：《我国体育产业结构优化及其市场化运营研究》，中国水利水电出版社2017年版。

陈英军主编：《民族传统体育与健身》，浙江大学出版社2012年版。

陈宇红：《云南省少数民族传统体育养生保健研究》，四川大学出版社2010年版。
陈宇红、马昆：《云南省少数民族传统体育养生保健研究》，四川大学出版社2007年版。
陈玉凤：《武陵山区民族传统体育与流动儿童体质健康研究》，民族出版社2014年版。
陈玉凤主编：《中医学与民族传统体育养生》，人民军医出版社2011年版。
陈振勇：《四川少数民族传统体育资源开发与现代化发展研究》，人民体育出版社2011年版。
成都体育学院体育史所：《中国近代体育史资料》，四川教育出版社1988年版。
程斌主编：《云南民族传统体育理论与教学》，人民体育出版社2009年版。
崔乐泉：《中国近代体育史话》，中华书局1998年版。
崔乐泉：《中国少数民族传统体育》，贵州民族出版社2011年版。
代凌江、姜凤云、李微主编：《民族传统体育理论与健身实践研究》，九州出版社2014年版。
戴国斌：《普通高等学校民族传统体育专业主干课教材 民族传统体育概论 第2版》，高等教育出版社2015年版。
戴国斌主编：《民族传统体育概论 第2版》，高等教育出版社2015年版。
邓绍兴：《档案管理学》，首都师范大学出版社2000年版。
邓以华、姚仲凯、赵辉：《民族传统体育与项目教学研究》，新华出版社2014年版。
第九届全国少数民族传统体育运动会组委会新闻宣传部编：《中国少数民族传统体育荟萃》，贵州人民出版社2011年版。
第五届民运会新闻中心编：《中华人民共和国第五届少数民族传统体育运动会获奖新闻作品集》，云南教育出版社1996年版。
第五届全国民运会组委会大型活动部编辑：《中国56个民族传统体育摄影作品集》，云南民族出版社1996年版。
第五届全国民运组委会编：《中华人民共和国第五届少数民族传统体育运动会文集》，云南民族出版社1997年版。
丁玲辉编著：《西藏的民族传统体育》，西藏人民出版社2006年版。
丁苏东主编：《民族传统体育教程》，南京师范大学出版社2005年版。
董必凯：《民族传统体育文化新探与实践应用》，吉林人民出版社2014年版。

段尔煜主编：《中国西部民族文化通志政治卷》，云南人民出版社 2017 年版。

范纯、伍广津、刘靖南主编：《民族传统体育学》，广西师范大学出版社 2007 年版。

范大明、刘尚礼、陈云鹏编著：《文化视野下的民族传统体育与养生》，吉林大学出版社 2014 年版。

方哲红主编：《民族传统体育教堂与训练》，北京体育大学出版社 2010 年版。

方征：《少数民族传统体育学概论》，中央民族大学出版社 2009 年版。

房敏志：《民族传统体育与文化创新》，现代出版社 2014 年版。

费孝通：《费孝通全集·第十六卷（1997—1999）》，内蒙古人民出版社 2009 年版。

费孝通：《文化与文化自觉》，群言出版社 2010 年版。

冯强：《云南少数民族传统体育的系统性研究》，光明日报出版社 2015 年版。

高翠：《从"东亚病夫"到体育强国》，四川人民出版社 2003 年版。

高发元主编、第五届全国民运会组委会宣传部编辑：《盛世盛会 中华人民共和国第五届少数民族传统体育运动会图集》，云南民族出版社 1996 年版。

高广、蒋绍敏主编，云南省民族事务委员会、云南省体育局编：《云南少数民族传统体育发展前瞻》，云南民族出版社 2000 年版。

高文峰、刘克全编著：《中国民族传统体育游戏》，兰州大学出版社 2015 年版。

高谊主编：《中国民族传统体育研究》，北京体育大学出版社 1999 年版。

宫祥辉、孙明和：《民族传统体育文化研究》，新华出版社 2014 年版。

龚忠勇：《贵州少数民族传统体育文化遗产的保护和开发》，吉林大学出版社 2014 年版。

顾明远：《中国教育的文化基础》，山西教育出版社 2004 年版。

关槐秀：《民族传统体育教程》，北京体育大学音像电子出版社 2007 年版。

关槐秀主编：《民族传统体育游戏》，北京体育大学出版社 2006 年版。

贵阳市协办第九届少数民族传统体育运动会工作指挥部、贵阳市地方志编纂委员会办公室编：《贵阳市协办中华人民共和国第九届少数民族传统体育运动会工作志》，贵州人民出版社 2012 年版。

贵州省民族事务委员会编：《贵州少数民族传统体育理论与方法》，贵州民族出版社 2011 年版。

郭建宁：《中国文化强国战略》，高等教育出版社2012年版。
郭庆光：《传播学教程》，中国人民大学出版社2001年版。
郭颂主编：《少数民族传统体育》，北京师范大学出版社2009年版。
郭小晶、张俊霞、张冰主编，黑新宾、王永志、冀鹏副主编：《高校民族传统体育课程教学与实践研究》，中国时代经济出版社2013年版。
郭云聪：《云南少数民族传统体育》，人民出版社2010年版。
国家民委民族问题研究中心：《中国民族自治地方发展评估报告》，民族出版社2006年版。
国家民委文化宣传司、国家体育总局群众体育司选编：《民族体育论集 第八届全国少数民族传统体育运动会民族体育科学论文报告会获奖论文集》，民族出版社2007年版。
国家民委文化宣传司、国家体育总局群众体育司选编：《民族体育论集 第七届全国少数民族传统体育运动会科学论文报告会获奖论文集》，民族出版社2003年版。
国家民族事务委员会文化宣传司、国家体育总局群众体育司编：《少数民族传统体育项目竞赛和表演规则及裁判法》，辽宁民族出版社2014年版。
国家体育总局编：《少数民族传统体育项目竞赛规则及裁判法》，广东人民出版社2007年版。
韩斌、高文洁、詹全友：《中国共产党少数民族传统体育文化保护和利用研究》，湖北人民出版社2014年版。
何新华：《科学发展兴长阳》，大众文艺出版社2007年版。
何亚平：《现代科学技术革命与邓小平理论》，浙江人民出版社1998年版。
胡斌、熊亚兵、杜文编：《民族传统体育文化生态学与项目实践》，吉林大学出版社2014年版。
胡南：《白城地区少数民族传统体育文化研究》，吉林文史出版社2014年版。
胡小明：《民族体育》，广西师范大学出版社2000年版。
胡小明：《体育人类学》，广东人民出版社1999年版。
胡小明、虞重干：《体育休闲娱乐理论与实践》，高等教育出版社2004年版。
胡永红：《韶关市少数民族传统体育文化 通览及其可持续发展研究》，北京体育大学出版社2017年版。
黄斌、黄瑞：《走进东北古国》远方出版社2006年版。

黄平波主编：《黔东南民族民间传统体育教程》，电子科技大学出版社2009年版。

黄新峰：《江苏省民族传统体育发展研究》，中国矿业大学出版社2012年版。

黄义军：《民族传统体育理论与创新》，吉林人民出版社2014年版。

黄银华、卢兵主编：《民族传统体育文化研究》，武汉出版社2007年版。

黄银华、卢兵主编：《中国少数民族传统体育文化研究》，武汉出版社2007年版。

霍红：《西部少数民族传统体育的现状与走向》，四川大学出版社2007年版。

季羡林：《三十年河东 三十年河西》，当代中国出版社2006年版。

江旅冰、申培新：《中国民族传统体育的地域特征》，中州古籍出版社2002年版。

姜震松、郭建富主编：《全国普通高等学校运动训练、民族传统体育专业单独统一招生考试辅导教程 数学》，北京体育大学出版社2010年版。

靳茁、咸云龙、张宁编著：《全国少数民族传统体育运动会竞赛项目教学训练丛书 珍珠球·高脚竞速》，宁夏人民出版社2011年版。

库热西·依布拉音编：《新疆少数民族传统体育》，新疆科学技术出版社2013年版。

黎升灵主编：《贵州旅游时尚 中华人民共和国第九届少数民族传统体育运动会 民运会特刊》，贵州省旅游局2011年版。

李繁荣：《民族传统体育文化及其传承研究》，山东大学出版社2014年版。

李刚、柴春胜、冯锦华主编：《解读民族传统体育文化》，中国商务出版社2009年版。

李济主编：《少数民族传统体育》，山西科学技术出版社2004年版。

李晋有主编：《民族知识千题》，中央民族大学出版社1999年版。

李力研：《野蛮的文明：体育的哲学宣言》，中国社会出版社1998年版。

李晴云、冯大志主编：《少数民族传统体育》，北京体育大学出版社2013年版。

李全德、赵福祥：《云南少数民族传统体育旅游资源研究》，云南大学出版社2009年版。

李圣：《民族传统体育概论教程》，云南科学技术出版社2008年版。

李武绪：《民族传统体育文化创新研究》，光明日报出版社2015年版。

李遥远：《贵州省民族传统体育旅游产业研究》，东北师范大学出版社

2015年版。

李英、杨爱华：《三峡库区民族传统体育研究》，四川大学出版社2008年版。

李云清：《大理白族民族传统体育文化研究》，吉林大学出版社2014年版。

李正恩、韦燊、马平军主编：《高校民族传统体育教学理论与实践》，中国时代经济出版社2013年版。

廖永祥、孟亚彪、贺春亮主编：《我国民族传统体育理论与实践》，中国时代经济出版社2014年版。

林耀华：《金翼》，生活·读书·新知三联书店2000年版。

林耀华：《民族学通论》，中央民族学院出版社1997年版。

刘德琼主编：《少数民族传统体育》，广西师范大学出版社2000年版。

刘德琼主编：《中国民族传统体育发展研究》，广西师范大学出版社2004年版。

刘坚：《云南省少数民族传统体育非物质文化遗产保护与传承研究》，北京体育大学出版社2016年版。

刘坚、刘宗立主编：《民族传统体育文化新论》，云南大学出版社2011年版。

刘坚主编：《少数民族传统体育理论与实践》，北京体育大学出版社2014年版。

刘金生：《湖北省少数民族民间民俗传统体育项目课程资源的开发与利用研究》，北京体育大学出版社2016年版。

刘景裕、罗婉红、王现强主编：《高校民族传统体育文化教学理论与实践创新探索》，吉林大学出版社2014年版。

刘启坤编著：《少数民族传统体育理论与技能》，云南大学出版社2015年版。

刘少英：《民族传统体育学》，民族出版社2011年版。

刘世海：《民族传统体育教学与推广研究》，光明日报出版社2015年版。

刘万武：《民族传统体育理论与项目教学研究》，中国水利水电出版社2014年版。

刘伟、文烨、陈兴亮主编：《少数民族传统体育教程》，西南交通大学出版社2010年版。

刘小学：《中国民族传统体育在北欧的传播模式的研究》，北京体育大学出版社2016年版。

刘星亮主编：《民族传统体育概论》，湖北科学技术出版社2003年版。

刘轶：《我国学校民族传统体育发展路径研究——以文化软实力为视角》，

湖北人民出版社2013年版。

刘云德：《文化论纲—一个社会学的视野》，中国展望出版社1988年版。

刘云主编：《德宏世居少数民族传统体育概览》，云南大学出版社2012年版。

柳伯力：《体育旅游概论》，人民体育出版社2013年版。

柳晓阳、郭良奎、张辉编著：《中华民族传统体育》，哈尔滨地图出版社2007年版。

卢兵：《中华民族传统体育文化导论》，民族出版社2005年版。

芦金峰：《甲骨文与民族传统体育因素研究》，中国社会科学出版社2015年版。

芦平生、熊振强：《西北少数民族传统体育研究》，兰州大学出版社2009年版。

芦平生、杨兰生编著：《民族传统体育研究》，甘肃教育出版社2002年版。

吕峰、武吉文主编：《高校民族传统体育运动教学与实践》，中国书籍出版社2013年版。

吕红芳、古雅辉编著：《全国少数民族传统体育运动会竞赛项目教学训练丛书 摔跤·陀螺》，宁夏人民出版社2011年版。

罗京军主编：《永恒的和谐 中华人民共和国第八届少数民族传统体育运动会录》，广东人民出版社2008年版。

罗廷华主编，贵州省民委文教处、贵州省体委群体处编：《论民族传统体育》，贵州民族出版社1990年版。

马戎：《民族社会学——社会学的族群关系研究》，北京大学出版社2004年版。

马亦兵、万益民、陈立勇编著：《全国少数民族传统体育运动会竞赛项目教学训练丛书 蹴球·龙舟·独竹漂》，宁夏人民出版社2011年版。

马岳强、敬继红、柏曙邹主编：《民族传统体育理论与实践》，哈尔滨地图出版社2009年版。

毛泽东：《体育之研究》，人民体育出版社1958年版。

孟昭琴主编：《民族传统体育专业课程教学大纲汇编》，徐州师范大学教务处2003年版。

《民族传统体育100例》编委会编：《民族传统体育100例》，北京体育大学出版社2006年版。

那春艳编著：《乌江流域少数民族传统体育研究》，电子科技大学出版社2014年版。

纳日碧力戈：《现代背景下的族群建构》，云南教育出版社2000年版。
倪依克：《论中华民族传统体育》，北京体育大学出版社2005年版。
潘殊闲：《地方文化研究辑刊》第1辑，天地出版社2008年版。
庞辉：《传统与现代之间　全球化视域下的新疆少数民族传统体育》，北京体育大学出版社2014年版。
彭立群：《民族传统体育与学校体育相结合研究》，中国商务出版社2018年版。
彭立群：《少数民族传统体育健身研究》，中国商务出版社2014年版。
彭立群：《新疆少数民族传统体育文化的发展及体系构建的研究》，北京体育大学出版社2014年版。
彭立群：《新疆游牧民族传统体育文化概论》，北京体育大学出版社2001年版。
钱春波、王岩芳、邱斌编著：《我国民族传统体育健身理论与实践研究》，中国时代经济出版社2013年版。
秦可国、李小平编著：《湘西民族传统体育》，中央民族大学出版社2009年版。
丘毅：《民族传统体育资源开发与利用研究》，中国时代经济出版社2012年版。
邱丕相主编：《民族传统体育概论》，高等教育出版社2008年版。
邱毅：《民族传统体育养生功法习练研究》，吉林大学出版社2014年版。
曲小锋、罗平、白永恒主编：《民族传统体育研究》，中国商务出版社2007年版。
曲宗湖主编：《学校民族传统体育》，人民体育出版社2002年版。
饶远、刘竹：《中国少数民族体育文化通论》，人民出版社2009年版。
申维辰：《评价文化——文化资源评估与文化产业评价》，山西教育出版社2004年版。
施兰平：《浙江省世居少数民族传统体育口述史研究》，浙江工商大学出版社2016年版。
石爱桥主编：《民族传统体育概论》，人民体育出版社2014年版。
石生泰、王扎西主编：《中华民族传统体育大观》，人民体育出版社2015年版。
舒云久：《大学体育民族传统体育类》，高等教育出版社2016年版。
宋广民主编：《少数民族传统体育教程》，辽宁民族出版社2007年版。
宋加华等编著：《民族传统体育保健学》，民族出版社2002年版。

宋志英、杨清源、宋广民编著：《北方民族传统体育集锦》，中国戏剧出版社 2003 年版。

孙吉旺：《民族传统体育健身研究与教学指导》，中国时代经济出版社 2014 年版。

孙亚敏、黎桂华、崔熙：《高校民族传统体育课程设置与教学研究》，中国时代经济出版社 2014 年版。

覃卓凡主编、第四届全国少数民族传统体育运动会组委会办公室编：《第四届全国少数民族传统体育运动会文件汇编》，广西民族出版社 1992 年版。

汤立许：《民族传统体育项目教材化与评价体系研究》，湖北人民出版社 2015 年版。

汤立许：《我国民族传统体育发展战略研究》，人民体育出版社 2015 年版。

陶坤：《武陵山区民族民俗传统体育教程》，湖南人民出版社 2017 年版。

田恒桥、胡庆华、纪本平主编：《我国西南地区民族传统体育文化研究》，哈尔滨地图出版社 2010 年版。

田玲玲、王清：《我国民族传统体育文化的传承与发展研究》，中国水利水电出版社 2018 年版。

田祖国：《国家文化软实力与民族传统体育发展的制度保障研究》，民族出版社 2016 年版。

佟贵锋、杨树叶主编：《民族传统体育与文化》，大连理工大学出版社 2015 年版。

王岗：《民族传统体育与文化自尊》，北京体育大学出版社 2007 年版。

王岗、王铁新：《民族传统体育发展的文化审视》，北京体育大学出版社 2005 年版。

王光主编：《民族传统体育养生》，上海大学出版社 2006 年版。

王海军：《民族传统体育文化的传承发展与保护研究》，东北师范大学出版社 2017 年版。

王会昌：《中国文化地理》，华中师范大学出版社 1992 年版。

王建华、陈雁飞主编：《民族传统体育》，人民教育出版社 2007 年版。

王金保、彭士媛编著：《民族传统体育及健身方法》，华夏出版社 1996 年版。

王军、董艳：《民族文化传承与教育》，中央民族大学出版社 2007 年版。

王锴、马宏俊：《民族传统体育理论创新与教学实践》，中国书籍出版社 2016 年版。

王蕾、赵丽娜主编：《民族传统体育集锦》，北京体育大学出版社 2009 年版。

王攀：《民族传统体育文化发展与健身研究》，吉林大学出版社2013年版。
王攀、曾伟、陈天洪编：《高校民族传统体育课程教学与实践研究》，中国原子能出版社2013年版。
王启明主编：《海南少数民族传统体育》，华东师范大学出版社2014年版。
王亚琼、杨庆辞、罗曦娟主编：《民族传统体育学》，北京师范大学出版社2013年版。
王岳川：《文化输出》，北京大学出版社2011年版。
王正芳主编，云南省民族事务委员会、云南省体育运动委员会选编：《云南少数民族传统体育文集》，云南民族出版社1991年版。
王智慧：《尚武精神的消逝　社会变迁下的民族传统体育文化记忆与传承》，北京体育大学出版社2018年版。
王宗岳：《太极拳谱》，人民体育出版社2006年版。韦军湘主编：《民族体育传统保健增补教材》，广西师范大学出版社2003年版。
韦丽春：《红水河流域少数民族传统体育文化研究》，广西民族出版社2013年版。
韦丽春：《少数民族传统体育教学研究》，中国书籍出版社2014年版。
韦丽春、郎耀秀、凌光明：《桂西北少数民族传统体育史》，广西民族出版社2013年版。
韦晓康：《壮民族传统体育文化研究》，中央民族大学出版社2004年版。
韦晓康、方征主编：《民族传统体育教材》，民族出版社2002年版。
韦晓康、靳海涛、马强：《中国少数民族传统体育民间文学探析》，中央民族大学出版社2013年版。
韦晓康、张延庆主编：《少数民族传统体育与文化传承　少数民族传统体育教育发展、创新与人才培养探索》，中央民族大学出版社2009年版。
韦晓康等：《少数民族传统体育可持续发展研究》，中央民族大学出版社2006年版。
韦晓康主编：《中国少数民族传统体育文化研究》，民族出版社2005年版。
魏孟田、薛英俊、王怡编：《民族传统体育文化构建与课程建设研究》，中国时代经济出版社2014年版。
温搏主编：《民族传统体育训练与竞赛教程》，北京师范大学出版社2012年版。
文精：《蒙古族大辞典》，内蒙古人民出版社2004年版。
文烨：《新时期民族传统体育的传承与发展》，东北师范大学出版社2012年版。
吴大华主编：《民族法学讲座》民族出版社1997年版。吴红梅编：《少数民族传统体育文化》，中国戏剧出版社 2013 年版。
吴军、谢琴编著：《全国少数民族传统体育运动会竞赛项目教学训练丛书 木球·板鞋竞速》，宁夏人民出版社 2011 年版。
吴兆祥：《体育百科大全 20》，安徽人民出版社 1998 年版。
武汉体育学院教务处编：《武汉体育学院 武术与民族传统体育专业本科教学大纲 2013 年版》，武汉体育学院教务处 2013 年版。
习近平：《决胜全面建成小康社会，夺取新时代中国特色社会主义伟大胜利——在中国共产党第十九次全国代表大会上的报告》，人民出版社 2017 年版。
夏思永：《民族传统体育文化传承与民族和谐社会建设关系研究》，西南师范大学出版社 2011 年版。
夏思永：《少数民族传统体育实现教育功能途径的研究》，西南师范大学出版社 2016 年版。
湘西土家族苗族自治州文化局、湘西土家族苗族自治州文联、湘西土家族苗族自治州新华书店编：《湘西土家族苗族自治州志丛书 文化志》，湖南出版社 1996 年版。
向任华编：《词语数字解析》，知识产权出版社 2016 年版。
肖红征编著：《中华民族传统体育理论与方法》，华中师范大学出版社 2005 年版。
肖勤、王军、张妮主编：《高校民族传统体育运动教学与实践》，中国原子能出版社 2012 年版。
谢坚主编：《民族传统体育教程 长拳 剑 太极拳 散手 防身术》，南京大学出版社 2002 年版。
谢智学编著：《甘肃少数民族传统体育概要》，甘肃人民出版社 2010 年版。
辛双双：《四川省少数民族传统体育产业化与发展的研究》，人民体育出版社 2011 年版。
新疆维吾尔自治区民族事务委员会编：《新疆少数民族传统体育运动项目汇编》，新疆人民出版社 2006 年版。
熊茂湘：《体育环境导论》，北京体育大学出版社 2003 年版。
熊培云：《一个村庄里的中国》，新星出版社 2011 年版。
徐彬、李兵：《民族传统体育项目运动员体能评价及训练理论体系研究》，人民出版社 2016 年版。
徐金尧主编：《民族传统体育学》，人民体育出版社 2000 年版。
徐玉良编著：《中国少数民族传统体育史》，民族出版社 2005 年版。

徐玉良主编：《民族体育 传统保健》，广西师范大学出版社2003年版。
徐泽：《民族传统体育发展与实践研究》，人民日报出版社2016年版。
许明、花建：《文化发展论》，北京大学出版社2005年版。
薛锋、谢智学、姚重军主编：《民族传统体育概论》，民族出版社2013年版。
薛凌：《高校民族传统体育理论、发展与技能研究》，中国水利水电出版社2017年版。
薛文忠：《当代武术与民族传统体育专业人才培养模式》，东北师范大学出版社2017年版。
薛欣：《我国高等民族传统体育教育发展研究》，北京体育大学出版社2015年版。
旬阳县地方志编纂委员会编：《旬阳县志》，中国和平出版社1996年版。
闫艺：《西北少数民族传统体育变迁与发展趋势研究》，厦门大学出版社2013年版。
严荔：《四川文化资源产业开发研究》，经济科学出版社2010年版。
杨丰陌主编：《辽宁省第六届少数民族传统体育运动会》，辽宁民族出版社2007年版。
杨建成：《民族传统体育发展研究》，河海大学出版社2015年版。
杨林：《贵州省少数民族节日体育研究》，吉林大学出版社2013年版。
杨林、杨焦、崔景辉主编：《高校民族传统体育课程教学与实践研究》，吉林大学出版社2012年版。
杨清源、徐鸿昶编著：《塞北民族传统体育荟集》，河北教育出版社1990年版。
杨文轩、陈琦：《体育概论》（第二版），高等教育出版社2013年版。
姚重军、薛锋编著：《民族传统体育文化概论》，甘肃民族出版社2008年版。
姚重军编著：《少数民族传统体育文化研究》，民族出版社2004年版。
尹海立、刘晓黎、车艳丽：《民族传统体育的困境与出路》，人民体育出版社2012年版。
于振海、阎彬主编：《民族传统体育教程》，西安交通大学出版社2014年版。
袁伟民、李志坚：《中华人民共和国体育史（地方卷）（1949—1999）》，中国书籍出版社2002年版。
袁新国、樊新、张冬梅主编：《高校民族传统体育的文化发展与实践研究》，中国时代经济出版社2013年版。
云南省普通高等学校"十二五"规划教材：《少数民族传统体育理论与技能》，云南大学出版社2015年版。

臧留鸿：《新疆少数民族传统体育项目开发与推进新农村体育文化建设研究》，新疆人民出版社2014年版。

曾锡银、高涛编著：《全国少数民族传统体育运动会竞赛项目教学训练丛书　武术·射弩》，宁夏人民出版社2011年版。

曾于久、刘星亮：《民族传统体育概论》，北京民众出版社2000年版。

张斌主编：《民族之光　第四届全国少数民族传统体育运动会新闻大奖赛获奖新闻作品选编》，广西民族出版社1992年版。

张纲：《多维视野下少数民族传统体育价值分析》，中国商务出版社2014年版。

张辉：《民族传统体育健身研究与教学指导》，吉林大学出版社2014年版。

张继生主编：《中国民族传统体育》，湖南教育出版社2006年版。

张纳新：《民族传统体育文化传播模式的研究》，中国商务出版社2012年版。

张声震主编：《广西少数民族传统体育》，广西民族出版社1991年版。

张世威：《乌江流域民族传统体育文化通融性考论》，中国社会科学出版社2018年版。

张涛：《中国少数民族传统体育文化生态学研究》，中央民族大学出版社2008年版。

张涛主编：《中国少数民族传统体育概览》，中央民族大学出版社2008年版。

张炜、李晓玲编著：《全国少数民族传统体育运动会竞赛项目教学训练丛书　毽球·马术》，宁夏人民出版社2011年版。

张选惠：《论妇女与我国民族传统体育》，人民体育出版社2012年版。

张选惠、李传国、文善恬主编：《民族传统体育概论》，电子科技大学出版社2013年版。

张选惠主编：《民族传统体育概论》，人民体育出版社2006年版。

张延庆：《少数民族传统体育健身系列项目创新与实践》，中央民族大学出版社2013年版。

张延庆：《少数民族传统体育理论与实践》，中央民族大学出版社2011年版。

张勇主编：《民族传统体育之武术探究》，中国原子能出版社2014年版。

张有平编著：《论民族传统体育文化的发展》，中国商务出版社2010年版。

张有平编著：《民族传统体育项目学练技巧研究》，中国商务出版社2010年版。

赵昌毅编：《少数民族传统体育艺术变迁研究　西南少数民族传统体育艺术变迁实证调查》，中央民族大学出版社2013年版。

赵昌毅等编著：《民族传统体育教学与训练》，华文出版社2002年版。

赵奋军、徐芝芳、曾锡银编著：《全国少数民族传统体育运动会竞赛项目教学训练丛书　花炮·押加·秋千》，宁夏人民出版社2011年版。

赵静冬：《少数民族传统体育学科体系建设研究》，云南人民出版社2010年版。

赵静冬：《中国少数民族传统体育研究》，云南民族出版社2001年版。

赵静冬编著：《云南省特有民族传统体育文化》，云南民族出版社2003年版。

赵静冬主编：《少数民族传统体育运动教学与训练》，云南民族出版社1999年版。

赵亮：《以武术为视野的高校民族传统体育教育可持续发展研究》，吉林大学出版社2013年版。

赵书主编、北京市民族传统体育协会编：《京华民族传统体育项目50例》，北京燕山出版社1995年版。

赵伟、李跃生：《民族传统体育运动》，学苑出版社2007年版。

赵忠伟主编：《东北地区少数民族传统体育文化》，中国科学文化出版社2003年版。

赵佐贤主编：《辽宁少数民族传统体育》，辽宁民族出版社2011年版。

郑旭旭主编：《民族传统体育发展论集　二十一世纪民族传统体育发展国际学术研讨会论文集》，上海古籍出版社2007年版。

《中国民族工作年鉴》编辑委员会：《中国民族工作年鉴》，《中国民族工作年鉴》编辑委员会2001年版。

《中国少数民族传统体育大全》编委会编著：《中国少数民族传统体育大全》，辽宁民族出版社2017年版。

中共贵州省委、省政府：《关于进一步加强新形势下民族工作的意见》2000年5月8日。

中共中央马克思恩格斯列宁斯大林著作编译局：《列宁选集》第1卷，人民出版社2012年版。

中共中央文献研究室：《十八大以来重要文献选编》（中），中央文献出版社2016年版。

中共中央文献研究室、中共西藏自治区委员会编：《西藏工作文献选编》，中央文献出版社2005年版。

中国大百科全书总编辑委员会编：《中国大百科全书 地理学、人文地理学》，中国大百科全书出版社1984年版。

中国体育博物馆：《中华民族传统体育志》，广西民族出版社1990年版。

中国体育博物馆、国家体委文史工作委员会编：《中华民族传统体育志》，广西民族出版社1990年版。

中华人民共和国文化部办公厅编：《文化工作文件资料汇编》（一），1982年。

中央民族学院体育教研室编：《中国少数民族传统体育》，中央民族学院科研处1984年版。

钟海平：《发展与困惑 西部文明进程中的民族传统体育产业研究》，民族出版社2010年版。

钟亚军：《吉祥的圣火 中国少数民族传统体育》，宁夏人民出版社2003年版。

周洪生、周健川编著：《最受欢迎的全民健身项目指导用书 民族传统体育 彩图版》，吉林文史出版社2015年版。

周伟良：《研究生教学用书 中华民族传统体育概论高级教程》，高等教育出版社2003年版。

周伟良：《中华民族传统体育概论高级教程》，高等教育出版社2003年版。

周晓艾编著：《云南少数民族传统节日与民族体育》，云南科学技术出版社2007年版。

周之华主编：《中华民族传统体育文化概论》，北京体育大学出版社2015年版。

庄长宽、闫严、路峰主编：《民族传统体育课程教学与健身研究》，中国时代经济出版社2013年版。

总政治部群众工作部编：《中国民族知识举要》，海洋出版社1993年版。

国外学者著作

《马克思恩格斯全集》第46卷上册，人民出版社1979年版。

《马克思恩格斯选集》第1卷，人民出版社1995年版。

《马克思恩格斯选集》第3卷，人民出版社1995年版。

中共中央马克思恩格斯列宁斯大林著作编译局：《资本论》（第一卷），人民出版社2004年版。

〔美〕阿伦·古特曼：《从仪式到纪录：现代体育的本质》，花勇民、钟小鑫、蔡芳乐译，北京体育大学出版社2012年版。

〔美〕彼得·贝格尔：《神圣的帷幕——宗教社会学理论之要素》，高师宁译，上海人民出版社1991年版。

〔英〕马凌诺斯基：《文化论》，弗孝通译，中国民间文艺出版社1987年版。

〔英〕汤因比：《历史研究》，曹未风译，上海人民出版社1986年版。

〔英〕特纳著：《象征之林恩登布人仪式散论》，赵玉燕，欧阳敏，徐洪峰译，商务印书馆2006年版。

〔英〕托尼·柯林斯：《体育简史》，王雪莉译，清华大学出版社2017年版。

国内学者论文

白晋湘：《我国民族传统体育改革发展40年回顾与展望》，《上海体育学院学报》2018年第5期。

白晋湘、万义：《中国特色社会主义新时代民族传统体育学科的建设研究》，《体育科学》2018年第10期。

白景坤：《建国以来中华民族凝聚力分析》，《广州师院学报》（社会科学版）2000年第9期。

包金花：《民族文化繁荣发展 群众文化活动日益活跃》，《内蒙古统计》2015年第5期。

本刊编辑部：《新供给经济学派关于中国经济发展和深化改革的研究与探索》，《经济研究参考》2014年第1期。

本刊记者：《全国少数民族传统体育运动会开幕之前》，《民族团结》1982年第8期。

蔡莉：《全球化背景下民族传统体育的国际交流与传播》，《沈阳体育学院学报》2014年第3期。

常毅臣、陈青、张建华等：《民族传统体育文化延伸的价值取向与路径选择》，《武汉体育学院学报》2017年第1期。

车玉玲：《空间变迁的文化表达与生存焦虑》，《苏州大学学报》（哲学社会科学版）2013年第4期。

陈光：《当前民族传统体育产业发展的可行性研究》，《中华武术（研究）》2015年第11期。

陈宏：《武术申奥屡战屡败，这次倒在半决赛》，《青年报》2013年6月3日第2版。

陈金龙：《五大发展理念的多维审视》，《思想理论教育》2016年第1期。

陈敏、徐晓琴：《体育教学中社会互动的价值与策略——基于"镜中我"理论下的探析》《北京体育大学学报》2018年第8期。

陈煦、郭虹：《次生模式：边缘—中心文化互动的理论研究》，《中共四川省委党校学报》2005年第1期。

崔怀猛：《试析跆拳道成功进入奥运会对武术发展的启示》，《南京体育学院学报》（社会科学版）2015年第4期。

崔乐泉：《社会思潮影响下国人近代体育观变迁研究》，《体育学研究》2018年第1期。

崔乐泉、林春：《基于"文化自信"论中华传统体育文化的传承与发展》，《北京体育大学学报》2018年第8期。

崔永胜、杨慧馨：《健身气功习练人群特征调查分析》，《体育文化导刊》2017年第6期。

单凤霞、郭修金：《民族传统体育与西方现代体育的共生发展》，《南京体育学院学报》（社会科学版）2017年第3期。

董欣：《冰雪节庆体育活动研究》，《体育文化导刊》2010年第1期。

杜炳辉：《论中华民族传统体育运动会的制度困境》，《体育学刊》2010年第9期。

杜光友：《弘扬和传播民族传统体育文化，增强国家文化软实力》，《哈尔滨体育学院学报》2014年第1期。

段爱明、白晋湘、田祖国：《民族传统体育文化的变迁、传承与发展》，《体育学刊》2005年第2期。

樊花梅：《民族传统体育产业化发展的必要性与可行性——以雷州半岛为例》，《体育科学研究》2014年第5期。

方桢、黄光伟：《云南少数民族传统体育的地域文化特征》，《体育文化导刊》2006年第5期。

冯宝忠：《中国迈向体育强国途径的研究》，博士学位论文，苏州大学，2012年。

冯宏鹏：《全国少数民族传统体育运动会竞赛项目设制分析》，《北京体育大学学报》2010年第9期。

冯宏伟：《论体育产业化背景下的民族传统体育人才培养》，《经济研究导刊》2017年第15期。

冯胜刚：《关于表演评判与表演性少数民族传统体育发展的研究》，《贵州民族研究》2003年第4期。

傅砚农：《"文革"中城市职工体育一度复苏兴盛的历史原因》，《体育文史》1999 年第 6 期。

高长武：《习近平文化建设思想的核心要义》，《东岳论丛》2017 年第 4 期。

高强：《西方体育起源之争与身体维度解析》，《体育学刊》2010 年第 12 期。

顾乃忠：《文化流动的规律性》，《江苏社会科学》2003 年第 5 期。

管学庭：《论广西少数民族传统体育》，《广西师范大学学报》（哲学社会科学版）1986 年第 3 期。

郭风兰、闫晓、庞辉等：《民族传统节庆体育与现代节庆体育的关联性研究：以新疆自治区为例》，《首都体育学院学报》2015 年第 5 期。

郭文丽、严潮斌、吴旭：《基于 Android 客户端的图书馆微服务研究与实践》，《图书情报工程》2013 年第 8 期。

郭永芳：《近代中国对西方科学传入后的反响》，《科学、技术与辩证法》1987 年第 3 期。

郭玉成、范铜钢：《国家形象构建视域下的武术文化传播策略》，《上海体育学院学报》2013 年第 4 期。

郝震、任晓萍：《民族传统体育器材的现代化路径探析》，《体育科技文献通报》2018 年第 6 期。

何建东：《构建民族传统体育专业课程与教学新体系》，《教育探索》2009 年第 2 期。

何祖新：《对中华民族传统体育产业定位的思考》，《体育科技文献通报》2015 年第 11 期。

洪浩、胡继云：《文化安全：传统武术传承人保护的新视阈》，《武汉体育学院学报》2010 年第 6 期。

洪银兴、刘伟、高培勇等：《"习近平新时代中国特色社会主义经济思想"笔谈》，《中国社会科学》2018 年第 9 期。

胡鸿保、王建民：《近年来社会文化人类学若干热点透视》，《民族研究》2001 年第 1 期。

胡继光、姜封庆：《"绿色崛起"视角下赣南地区体育特色小镇建设研究》，《江西理工大学学报》2018 年第 2 期。

胡小明：《民族体育与传统文化》，《体育与科学》1987 年第 1 期。

花家涛：《民族民间体育的空间生产》，博士学位论文，上海体育学院，2014 年。

纪宇、霍红：《民族传统体育"合纵连横"多学科深度融合研究探索》，

《体育文化导刊》2018年第9期。

贾康：《中国需要以改革为核心的新供给经济学》，《地方财政研究》2013年第2期。

蒋海燕：《如何认识我国社会主要矛盾的变化》，《中学政治教学参考》2019年第8期。

蒋雪涛、饶远：《对我国少数民族体育文化源流的多元探析》，《云南师范大学学报》（哲学社会科学版）2010年第5期。

李春晖：《当代中国体育文化的内涵、特性与体育人文精神建设》，《北京体育大学学报》2015年第12期。

李凤芝、朱云、刘玉等：《对我国武术文化国际传播中归化与异化问题的研究》，《武汉体育学院学报》2015年第10期。

李樑：《论民族传统体育产业统计指标体系的建构》，《西南师范大学学报》（自然科学版）2012年第6期。

李龙飞、石爱桥、李春霞、何光明：《民族传统体育发展的新时代——基于SWOT分析》，《中国学校体育》（高等教育）2018年第8期。

李梦华：《落实民族政策　发展民族传统体育》，《中国民族》1981年第9期。

李梦华：《期待少数民族传统体育日益发展》，《中国民族》1986年第8期。

李梦璋：《苗族"椎牛"祭的文化人类学阐释》，《民族论坛》2008年第9期。

李念：《孔子思想怎样影响21世纪》，《文汇报》2009年第8期。

李茜：《休闲娱乐类民族传统体育的基本范畴及其特征》，《北京体育大学学报》2008年第4期。

李荣芝、唐守彦：《现代社会我国民族传统体育传承系统构建研究》，《西安体育学院学报》2011年第1期。

李松龄：《供给侧改革的价值论依据与制度保障》，《山东社会科学》2018年第1期。

李通：《健身气功对人身心健康的影响研究》，《武术研究》2018年第1期。

李卫国：《从历史地域特点看中华民族传统体育的发展》，《体育学刊》2011年第3期。

李卫平、王智慧：《我国民族传统体育文化发展的SWOT分析》，《体育与科学》2011年第6期。

李新、张鑫：《"一带一路"视域下区域一体化发展探析》，《新疆师范大学学报》（哲学社会科学版）2016年第4期。

李延超：《建国以来少数民族体育发展的回顾与展望》，《山东体育科技》2012年第3期。

李毅、刘倩映：《民族传统体育进校园的意义与实践》，《智库时代》2018年第39期。

李正贤：《普通高校体育课程体系研究》，《体育文化导刊》2010年第7期。

刘次琴、陆宇榕：《文化自信主题下民族传统体育文化传承发展研究》，《广州体育学院学报》2018年第1期。

刘凤虎：《从文化学的视角谈民族传统体育的传承与发展》，《体育与科学》2010年第5期。

刘坚：《云南省少数民族传统体育非物质文化遗产保护与传承研究》，博士学位论文，北京体育大学，2012年。

刘礼国、徐烨：《黔东南苗族、侗族传统体育习惯法研究》，《中国体育科技》2011年第4期。

刘明：《民族传统体育文化多样性价值及其实践途径》，《广州体育学院学报》2010年第3期。

刘思岑：《近代西方体育在我国的传播研究》，《体育文化导刊》2014年第2期。

刘文武：《武术基本理论问题反思》，《体育科学》2015年第3期。

刘勇、杨昌儒：《当代发展语境下民族杂居区文化适应研究——基于贵州的人类学观察》，《贵州民族研究》2014年第3期。

刘源泉：《中国共产党少数民族文化政策研究》，博士学位论文，华中师范大学，2013年。

刘之杨、孙志国、钟儒刚：《武陵山片区中国传统村落保护与美丽乡村建设》，《浙江农业科学》2013年第11期。

刘忠伟：《论中华武术与西方搏击的文化差异及其近代三次融合》，《南京体育学院学报》（社会科学版）2013年第1期。

卢高峰、王岗：《民族传统体育的发展：现状 问题 机遇 对策》，《北京体育大学学报》2015年第4期。

卢文云、陈佩杰：《全民健身与全民健康深度融合的内涵、路径与体制机制研究》，《体育科学》2018年第5期。

卢文云、唐炎、熊晓正：《建国初期我国竞技体育发展模式的历史回眸》，

《西安体育学院学报》2007年第4期。

吕景章、刘少英、吴桂兰：《民族传统体育学的研究方法之探讨》，《首都体育学院学报》2006年第4期。

罗慧、白真：《改革开放以来我国民族传统体育研究的热点转换与成因》，《浙江体育科学》2018年第2期。

罗廷华：《贵州省少数民族体育工作座谈会在贵阳召开》，《贵州民族研究》1982年第1期。

罗廷华：《贵州省首届少数民族传统体育运动会在贵阳举行》，《贵州民族研究》1982年第3期。

马利亚：《社会学视角下民族传统体育发展的社会价值与文化选择》，《体育与科学》2012年第2期。

马宗保：《试论回族文化的基本精神》，《回族研究》2008年第4期。

梅汉超：《现代民族传统体育理论体系与实践内容的研究》，《武汉体育学院学报》2008年第7期。

明磊、石爱桥：《对中国武术当代发展的"本土化"问题思考》，《沈阳体育学院学报》2017年第4期。

莫概能：《全球化浪潮下民族传统体育的可持续发展研究》，《贵州民族研究》2017年第3期。

倪依克：《论中华民族传统体育的发展》，博士学位论文，华南师范大学，2004年。

潘蛟：《"民族"的舶来品及相关的争论》，博士学位论文，中央民族大学，2000年。

庞博：《少数民族传统体育项目从节庆向常规发展路径研究》，《体育文化导刊》2017年第6期。

庞锦荣：《我国西南少数民族传统体育略论》，《体育文史》1989年第3期。

彭国强、舒盛芳：《我国10届民运会演进的特征、经验及走向》，《武汉体育学院学报》2015年第12期。

彭劲松：《我国民族体育乐舞的多元文化特征及社会价值探析》，《北京体育大学学报》2006年第8期。

戚虎：《"富足矛盾"视角下我国少数民族传统体育发展的困境与破解》，《广州体育学院学报》2018年第4期。

齐超：《割裂与重构——民族传统体育传承的反思》，《体育学刊》2016年第1期。

祁美琴：《论民族符号与国家象征的关系》，《广西民族研究》2014年第5期。

钱娅艳、张君、徐念峰：《近10年少数民族传统体育文化研究回顾》，《首都体育学院学报》2010年第2期。

邱丕相：《全球文化背景下民族传统体育发展的思考》，《体育科学》2006年第8期。

饶远、张云钢、徐红卫：《论中国少数民族体育政策的特征与启示》，《体育科学》2007年第10期。

饶远、赵敏敏、张玉文：《开发我国少数民族体育旅游资源深层思考》，《云南师范大学学报》（哲学社会科学版）2008年第5期。

任春艳：《西学东渐与近代中国体育》，《成都体育学院学报》2008年第4期。

苏慧、周鸿：《中国文化资源转化为文化资本的机制探究》，《改革与战略》2013年第6期。

孙葆丽：《中华人民共和国开基创业时期的群众体育》，《北京体育大学学报》2002年第1期。

孙晨晨、邓星华、宋宗佩：《全球化与民族化：中国民族传统体育的文化认同》，《体育学刊》2018年第5期。

孙庆彬：《民族传统体育文化保护与传承的基本理论问题》，《西安体育学院学报》2012年第1期。

孙永梅、王全军：《民族传统体育融入学校教育的必要性与可行性》，《体育学刊》2012年第1期。

谭广鑫、王小兵、王效中：《武术套路艺术表征源自原始巫术的影响》，《上海体育学院学报》2014年第5期。

汤立许、蔡仲林：《近10年我国民族传统体育研究综述》，《西安体育学院学报》2011年第1期。

汤立许、蔡仲林：《文化变迁视域下我国民族传统体育发展流变》，《武汉体育学院学报》2011年第4期。

汤立许、蔡仲林、刘轶：《我国民族传统体育发展的困境及路径选择》，《西安体育学院学报》2011年第5期。

田麦久、孙大光：《中国体育：体育强国的辨析与建设》，《体育文化导刊》2009年第8期。

田雨普：《60年新中国体育发展回顾与展望》，《体育文化导刊》2009年第9期。

田祖国:《地域文化视阈下我国民族传统体育的发展研究》,《武汉体育学院学报》2010年第9期。

田祖国:《国家文化软实力提升与民族传统体育发展的互动研究》,《沈阳体育学院学报》2010年第2期。

田祖国:《民族传统体育理论研究的历史反思与体系重构》,《当代教育论坛(综合研究)》2010年第10期。

田祖国、陈永辉、夏晟:《国家文化软实力提升下我国民族传统体育开发研究》,《成都体育学院学报》2010年第4期。

田祖国、唐强:《武陵山片区苗族传统体育文化形成的地理学分析》,《湖南人文科技学院学报》2016年第6期。

田祖国、钟海平、白晋湘:《论西方文化对我国民族传统体育文化的冲击》,《体育文化导刊》2002年第3期。

汪全先、商汝松、李乃琼:《中华民族传统体育文化发展中存在的问题分析》,《体育学刊》2013年第3期。

王柏利:《太极拳:一种标识性文化符号》,《西安体育学院学报》2014年第1期。

王川、王维子、彭梓齐:《土家特色村寨的宣传与地方文化名片的打造》,见中国武汉决策信息研究开发中心、决策与信息杂志社、北京大学经济管理学院《"决策论坛——企业党建与政工创新工作发展学术研讨会"论文集(下)》,2016年。

王纯:《民族传统体育发展的问题、使命与取向——基于民族国家建设视角》,《上海体育学院学报》2017年第3期。

王岗:《民族传统体育发展中的问题:文化模仿》,《体育科学》2006年第7期。

王岗、张大志:《从体育走向文化:中国武术发展的必然选择》,《成都体育学院学报》2013年第6期。

王虹、赵小玲:《全国少数民族传统体育运动会研究》,《体育文化导刊》2009年第11期。

王洪珅:《互动仪式链理论视域下的少数民族传统体育本质推演》,《体育科学》2014年第7期。

王杰:《北京市厉兵秣马迎接民族体育盛会》,《中国民族》1986年第6期。

王静、郝建峰:《传播学视域下民族传统体育文化传承发展的困境与疏解》,《广州体育学院学报》2018年第6期。

王凯珍、胡娟、杨风华:《我国龙舟竞渡发展研究》,《体育文化导刊》2010年第3期。

王明兴:《黎族传统体育与民间舞蹈关系初探》,《体育与科学》1988年第3期。

王攀、王岗:《中国武术"入奥"失败的理性反思》,《上海体育学院学报》2014年第2期。

王铁钢:《建国十七年中国共产党的文化政策及其演变研究(1949—1965)》,博士学位论文,湖南师范大学,2015年。

王文娟、付敏:《"健康中国"战略下医疗服务供给方式研究》,《中国行政管理》2016年第6期。

王文香:《大事记》,《中国民族》1981年第3期。

王新武、张建军:《少数民族传统体育资源的社会价值及其发挥》,《体育文化导刊》2014年第12期。

王雪梅、牛聪伟:《民族传统体育仪式的文化解读》,《武术研究》2016年第7期。

王永章:《如何将文化资源转化为产业资源》,《人民论坛》2008年第9期。

王志学、张勇、卢伟:《论宗教仪式对体育竞赛本源的塑造》,《体育与科学》2012年第4期。

王智慧:《图腾崇拜与宗教信仰:民族传统体育文化传承的精神力量》,《体育与科学》2012年第6期。

温佐惠、王广虎、李万来等:《21世纪中华民族传统体育的发展方向》,《成都体育学院学报》2003年第4期。

邬凤:《从市场化运作的角度谈民族传统体育的转型发展》,《体育与科学》2011年第4期。

吴艳红、王广虎:《文化视域下的民族传统体育发展》,《成都体育学院学报》2019年第5期。

吴志平:《我国少数民族传统体育初探》,《贵州民族研究》1986年第3期。

武迪、田松:《论民族传统体育公共服务体系的建构》,《中华武术(研究)》2014年第6期。

武冬:《民族传统体育独特价值及未来走向》,《中国学校体育》(高等教育)2014年第1期。

武恩莲:《生活气息浓郁的我国少数民族传统体育》,《沈阳体育学院学报》1983 年第 2 期。

习近平：《决胜全面建成小康社会夺取新时代中国特色社会主义伟大胜利——在中国共产党第十九次全国代表大会上的报告》，《党建》2017 年第 11 期。

习近平：《要有高度的文化自信》，《党政干部参考》2017 年第 22 期。

萧建波：《对开展民族传统体育活动的一些想法》，《中南民族学院学报》（社会科学版）1986 年第 4 期。

肖进勇：《四川省少数民族传统体育现状研究》，《成都体育学院学报》2003 年第 6 期。

谢地：《马克思语境下的市场经济与市场经济的中国特色》，《马克思主义研究》2013 年第 12 期。

谢智学：《当代裕固族传统民间体育文化的传承裂痕与消弭措施》，《武汉体育学院学报》2014 年第 8 期。

辛治国：《武术门派宗法思想与武术的发展》，《体育成人教育学刊》2017 年第 1 期。

熊少波、周平：《湖南传统节庆体育流变研究》，《吉林体育学院学报》2015 年第 4 期。

熊晓正：《机遇与挑战——对我国民族传统体育发展之浅见》，《成都体育学院学报》1988 年第 4 期。

熊志冲：《传统体育与传统文化》，《体育文史》1989 年第 5 期。

徐莉程：《从被遗忘权现象重新思考"镜中我"理论》，《新闻传播》2017 年第 18 期。

徐礼伯、钞小静、苏德金：《新常态下的供给侧改革与中国产业结构升级——基于钻石理论的视角》，《江海学刊》2016 年第 4 期。

徐淑云：《生产要素与供给侧结构性改革》，《复旦学报（社会科学版）》2017 年第 2 期。

徐素卿：《论体育起源于生产劳动——兼与崔新京同志商榷》，《沈阳体育学院学报》1983 年第 4 期。

徐伟军、李蕾、李英奎：《对高等体育院校民族传统体育专业培养目标和课程设置的思考》，《北京体育大学学报》2004 年第 3 期。

许莉、韦经富、安彦伟：《少数民族传统体育的历史缘起与价值功能的时代演进》，《体育文化导刊》2017 年第 10 期。

薛文忠：《"一带一路"战略下我国民族传统体育的国际传播基本体系研究》，《南京体育学院学报》（社会科学版）2017 年第 2 期。

闫艺、孙世明：《文化生态学视野下维吾尔族传统体育文化变迁研究》，《广州体育学院学报》2011 年第 4 期。

杨更生、方凤娣、姚忠等：《第一届东亚运动会专栏》，《体育科研》1993 年第 1 期。

杨桦：《关于加强体育学学科建设的思考》，《成都体育学院学报》2011 年第 1 期。

杨建营、邱丕相：《"国家需要"对武术发展的驱动力探析》，《体育学刊》2010 年第 2 期。

杨杰：《我国全民健身研究现状及趋势——第三届全民健身科学大会综述》，《中国体育科技》2015 年第 2 期。

杨赳赳：《民族传统体育发展的 SWOT 分析》，《山西师范大学体育学院学报》2007 年第 1 期。

杨柳洁：《少数民族体育现代化的内涵、方向与思路——基于文化人类学视角》，《贵州民族研究》2016 年第 6 期。

杨敏、沈卫珍：《少数民族传统体育文化保护的问题与对策》，《贵州民族研究》2014 年第 8 期。

杨小燕等：《基于微课的翻转课堂在高校体育教学中实施可行性分析》，《南京体育学院学报》（自然科学版）2016 年第 4 期。

杨愉、刘友女、王钊：《供需视域下社会主要矛盾转化的丰富内涵》，《宁波大学学报》（人文科学版）2019 年第 1 期。

叶舒宪：《人类学质疑"发展观"》，《广西民族学院学报》2004 年第 4 期。

易建取、刘英梅、李秋利：《论民族传统体育与全民健身活动的融合及发展契机》，《广州体育学院学报》2007 年第 2 期。

殷鼎、杨建鹏：《我国少数民族传统体育政策发展研究》，《体育文化导刊》2017 年第 10 期。

殷冬水：《国家认同建构的文化逻辑——基于国家象征视角的政治学分析》，《学习与探索》2016 年第 8 期。

尹继林、李乃琼：《我国民族传统体育文化现代化转型的困境与启示》，《西安体育学院学报》2016 年第 1 期。

尹晓燕：《云南少数民族体育的宗教渊源及影响》，《贵州民族研究》2014 年第 10 期。

袁贵仁：《关于价值与文化问题》，《河北学刊》2005 年第 1 期。

袁校卫：《传统体育文化传承的现代风险与危机消解》，《武汉理工大学学报》（社会科学版）2011 年第 4 期。

岳世川：《关于近代西方科学输入中国的两个时期分期问题的讨论》，《贵州社会科学》2010年第1期。

臧卫国：《学校传统民族体育师资培养的现状与思考》，《教学与管理》2016年第5期。

张怀成：《民族传统体育文化现代创新传承思考》，《贵州民族研究》2018年第2期。

张建华、常毅臣、芦平生：《中华民族传统体育文化研究：价值、进展与走向》，《中国体育科技》2013年第3期。

张杰：《基于文化符号圈理论的太极拳文化符号结构研究》，《体育科学》2012年第12期。

张谨：《论文化转型》，《学术论坛》2010年第6期。

张林、刘炜、林显鹏等：《中国体育及相关产业统计研究》，《体育科学》2008年第10期。

张兴奇：《历史人类学视域下水族传统体育文化传承与发展的影响因素的深层思考》，《吉林体育学院学报》2010年第3期。

赵富学、程传银、高继科等：《"一带一路"背景下散存少数民族体育文化信息资源的数字化保护问题研究》，《武汉体育学院学报》2017年第1期。

赵进：《对民族传统体育"现代化"争议的思考》，《体育科学研究》2011年第3期。

赵松乔：《中国综合自然地理区划的一个新方案》，《地理学报》1983年第1期。

赵忠伟、栾桂芝：《将民族传统体育项目融入农村学校体育的探析——以东北地区为个案分析》，《体育与科学》2007年第1期。

郑勤：《地理环境与体育文化》，《华中师范大学学报》（自然科学版）1994年第3期。

郑言：《民族传统体育学术研讨会综述》，《体育科学》1987年第1期。

郑言：《全国体育发展战略讨论会综述》，《体育科学》1986年第3期。

郑志国、危旭芳：《我国社会主要矛盾变化的政治经济学分析——兼论人类需要与社会生产互动规律》，《江汉论坛》2019年第2期。

周强猛：《民族传统体育传承中的地域性探索》，《贵州民族研究》2017年第9期。

朱杰、程晖、王振杰等：《全球化语境下少数民族传统体育文化传承的SWOT分析》，《南京体育学院学报》2010年第2期。

朱珊、王冬：《文革期间我国体育变迁状况简析》，《体育文化导刊》2013

年第 1 期。

庄友刚:《准确把握绿色发展理念的科学规定性》,《中国特色社会主义研究》2016 年第 1 期。

国外学者文献

Higgins Vanessa and Angela Dale, "Ethnic Differences in Sports Participation in England", *European Journal for Sport and Society*, Vol. 10, No. 3, March 2013.

Roux Charl J., "A Physical Education Curriculum Enriched with Indigenous Zulu Games for Improved Social Development Through Cross-cultural Interaction", *Indilinga African Journal of Indigenous Knowledge Systems*, Vol. 6, No. 2, January 2007.

Sachs, Jeffrey D. and Andrew M. Warner, "The Curse of Natural Resources", *European Economic Review*, Vol. 45, No. 4 – 6, May 2001.

Sogawa Tsuneo, "Ethnic Sport, its Concept and Research Perspectives", *International journal of Sport and Health science*, Vol. 4, Special_ Issue_ 2006.

后　　记

如果说"学而不思则罔，思而不学则殆"是学习的真理的话，那么"学而不史则罔，史而不学则殆"是研究民族传统体育的不二法门。转眼参加工作已经20余年，在此期间，我渐渐有了一个整理中华民族传统体育项目的念头。希望通过收集整理民族传统体育项目，可以用文字的形式来保存这些中华民族的瑰宝，从而避免日后相关研究成为无源之水、无根之木。当"中华民族传统体育项目志（1990至今）"这一项目于2014年获批后，我整理民族传统体育项目的工作便由此展开。当我对众多民族传统体育项目种类以及流变进行汇编时，一些疑惑便出现在我的脑海：新中国成立以来民族传统体育到底是怎么发展的？这其中有何经验与教训？因为，在实际调查中，不同的民族传统体育项目之间有着几乎天壤之别的命运。有的进了"非遗"，有的则进了黄土。仅仅只做各族传统体育项目的记载，势必不能够清晰地解释这些问题。这些疑惑一直困扰着我。项目以"优秀"结题后，我对这些困惑突然有了顿悟：何不以70年为时间域，全方位地对中华民族传统体育进行梳理，总结发展的经验教训，并对未来发展提出合理的展望？于是便有了申报新项目的想法。选择70年，不仅仅是时间跨度长，可以更好地梳理民族传统体育发展的脉络，并且在这70年间，新中国民族平等的政策使得各民族文化生活变迁实现了翻天覆地的转变，也使得有"物"可述。5年的实地调查加之前20年的研究，我积累了大量的素材。通过研究与整理，在新中国成立70周年之际顺利完成书稿，疑惑自然也随之被解开。

本书稿的完成要感谢我的团队，查阅文献、田野调研、会议研讨，集体诠释着"痛苦并快乐""学无止境""业精于勤"。也要感谢那些在实地调查过程中支持、配合我们工作的地方官员、文化精英、民间人士。在得知我们所行目的后，他们往往不吝赐教，甚至作向导协助我们进行考察访谈。

本书虽已完结，但对民族传统体育的探究将永不停歇。